김기영
보건교사
04

김기영 편저

미래가치

FEATURE
이책의 특징

STEP 01 과목별 2개 이상 각론서 논리적 정리

STEP 02 그림 삽입으로 내용 이해 증가

STEP 03 임용고시, 공무원, 간호사국가고시 기출 표시로 중요성 인식

STEP 04 임용고시 서답형 대비용

CONTENTS 차례

제8편 성인간호학 II

제7장 혈액과 조혈기관 장애 ·········· 10
- 01 개론 ·········· 10
- 02 철분 결핍성 빈혈 ·········· 13
- 03 대구성(거대적아구성) 빈혈 ·········· 20
- 04 골수부전성 빈혈(재생불량성 빈혈) ·········· 23
- 05 용혈성 빈혈 ·········· 24
- 06 겸상적혈구 빈혈 ·········· 26
- 07 지중해 빈혈 ·········· 28
- 08 유전구형 적혈구증(유전구상 적혈구증) ·········· 29
- 09 혈액응고장애 ·········· 31
- 10 혈우병 ·········· 34
- 11 폰빌레브란드병(VWD) ·········· 39
- 12 면역성 혈소판 감소성 자반증(특발성 혈소판 감소성 자반증) ·········· 40
- 13 헨노흐 쇤라인 자반증, 알레르기성 자반증, 아나필락시스양 자반증 ·········· 42
- 14 파종성 혈관 내 응고증(산재성 혈관 내 응고증, DIC) ·········· 44
- 15 호중구 감소증, 무과립세포증 ·········· 45
- 16 백혈병 ·········· 47
- 17 악성 림프종 ·········· 53
- 18 다발성 골수종 ·········· 55

제8장 배뇨 장애 ·········· 56
- 01 개론 ·········· 56
- 02 요실금 ·········· 62
- 03 급성 사구체 신염 ·········· 69
- 04 신증후군(콩팥 증후군) ·········· 74
- 05 요로감염 ·········· 79
- 06 신우신염(깔대기 콩팥염) ·········· 83
- 07 요로 결석(신석증) ·········· 85
- 08 급성 신부전증 ·········· 89
- 09 만성 신부전증(만성 콩팥 기능 상실, 만성 콩팥병) ·········· 91
- 10 혈액투석 ·········· 96
- 11 복막투석 ·········· 99
- 12 신장이식(콩팥 이식술) ·········· 101
- 13 방광외상 ·········· 103
- 14 방광암 ·········· 104

제9장 남성 생식기계 ·········· 105
- 01 개론 ·········· 105
- 02 정계정맥류 ·········· 107
- 03 고환암 ·········· 108
- 04 양성 전립샘 비대증(BPH) ·········· 110
- 05 전립샘암 ·········· 116

제10장 근골격계 ·········· 118
- 01 개론 ·········· 118
- 02 골다공증(뼈엉성증) ·········· 121
- 03 골연화증 ·········· 130
- 04 골수염 ·········· 132
- 05 척추측만증(척추 옆굽음증) ·········· 135
- 06 강직성 척추염 ·········· 142
- 07 골관절염(뼈관절염, 퇴행성 관절염) ·········· 144
- 08 류머티즘성 관절염 ·········· 148
- 09 전신 홍반성 낭창(SLE) ·········· 155
- 10 통풍(Gout) ·········· 161
- 11 수근관 증후군(손목 터널 증후군) ·········· 165
- 12 견인 ·········· 169
- 13 석고붕대 ·········· 173
- 14 목발 ·········· 178
- 15 절단 ·········· 186
- 16 인공관절 치환술 ·········· 191

제11장 신경계 ... 193
- 01 개론 ... 193
- 02 두부손상 ... 219
- 03 두개내압 상승 ... 224
- 04 척수손상 ... 229
- 05 추간판 탈출증 ... 240
- 06 뇌전증(발작) ... 252
- 07 뇌막염 ... 264
- 08 뇌졸중 ... 267
- 09 파킨슨 질환 ... 277
- 10 헌팅톤 무도병 ... 283
- 11 중증 근무력증 ... 284
- 12 다발성 경화증(MS) ... 288
- 13 길랭-바레 증후군 ... 291
- 14 삼차 신경통 ... 293
- 15 안면 신경마비(벨마비) ... 295

제12장 내분비 장애 ... 297
- 01 뇌하수체 ... 297
- 02 뇌하수체 저하증 ... 298
- 03 뇌하수체 항진증 ... 299
- 04 말단 비대증 ... 301
- 05 갑상샘 항진증 ... 303
- 06 갑상샘 저하증 ... 312
- 07 갑상샘암 ... 318
- 08 부갑상샘 항진증 ... 320
- 09 부갑상샘 저하증 ... 324
- 10 쿠싱증후군 ... 327
- 11 부신피질 기능저하증 ... 334
- 12 알도스테론증 ... 337
- 13 갈색 세포종 ... 338
- 14 요붕증 ... 339
- 15 항이뇨호르몬 부적절 분비증후군(SIADH) ... 341
- 16 당뇨병 ... 342

제13장 감각계 ... 374
- 01 개론 ... 374
- 02 녹내장 ... 376
- 03 백내장 ... 381
- 04 황반변성 ... 382
- 05 맥립종(다래끼) ... 384

제14장 청각 장애 ... 385
- 01 개론 ... 385
- 02 외이도염 ... 387
- 03 중이염 ... 388
- 04 이경화증 ... 394
- 05 메니에르병 ... 394
- 06 난청 ... 397

제15장 피부계 ... 402
- 01 개론 ... 402
- 02 접촉피부염 ... 405
- 03 담마진(두드러기) ... 406
- 04 옴, 개선 ... 407
- 05 단순포진 ... 409
- 06 대상포진 ... 410
- 07 사마귀(우췌) ... 412
- 08 농가진 ... 413
- 09 봉와직염(봉소염, 연조직염) ... 415
- 10 절종(종기), 절종증(종기증), 독종(큰종기, 옹종) ... 416
- 11 백선(무좀) ... 417
- 12 피부암 ... 418

CONTENTS 차례

제9편 응급간호학

제1장 기본 응급처치술 ······ 424
- 01 개론 ······ 424
- 02 심폐소생술 ······ 428
- 03 자동심장충격기(자동제세동기) ······ 442
- 04 상기도 폐쇄 ······ 448
- 05 실신 ······ 455

제2장 환경응급 ······ 458
- 01 고온장애 ······ 458
- 02 화상 ······ 465
- 03 동상 ······ 473
- 04 익수 ······ 475
- 05 저체온증 ······ 475
- 06 약물 중독 ······ 477

제3장 출혈과 쇼크 ······ 485
- 01 상처 ······ 485
- 02 출혈 ······ 494
- 03 쇼크 ······ 500
- 04 과민반응 ······ 507
- 05 비출혈 ······ 511

제4장 근골격계 손상 ······ 515
- 01 염좌 ······ 515
- 02 골절 ······ 518
- 03 절단된 부위 ······ 527

제5장 손상 ······ 529
- 01 폐쇄성 기흉 ······ 529
- 02 개방성 기흉 ······ 530
- 03 긴장성 기흉 ······ 532
- 04 늑골 골절 ······ 533
- 05 연가양 흉곽(동요가슴, flail chest) ······ 535
- 06 안구 이물 ······ 536
- 07 전방출혈 ······ 538
- 08 관통상 ······ 539
- 09 망막박리 ······ 541
- 10 치아 손상 ······ 542
- 11 뱀에 의한 교상 ······ 543

제10편 노인간호학

제1장 노인 인구 ······ 548
- 01 노인장기요양보험 ······ 548

제2장 노화 ······ 555
- 01 생리적 노화 이론 ······ 555
- 02 심맥관계 ······ 556
- 03 호흡기계 ······ 558
- 04 비뇨생식기계 ······ 560
- 05 소화기계 ······ 562
- 06 근골격계 ······ 565
- 07 감각기계 ······ 567

제3장 노인의 건강문제 ······ 569
- 01 노인성 난청 ······ 569
- 02 노인의 약물요법 ······ 570
- 03 노인 학대 ······ 577
- 04 노인우울증 ······ 578

제4장 신경인지장애 ······ 581
- 01 섬망 ······ 581
- 02 루이소체 치매 ······ 582
- 03 전두측두엽 치매 ······ 583
- 04 혈관성 치매 ······ 584
- 05 알츠하이머 치매 ······ 586

● 참고문헌 ······ 595

김기영
보건교사

PART

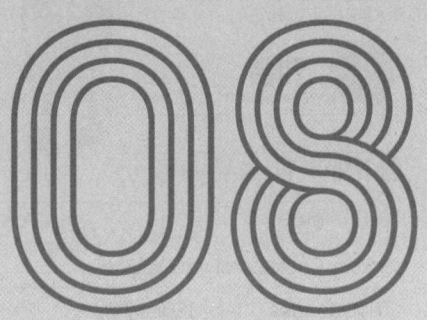

성인간호학 Ⅱ

07 혈액과 조혈기관 장애
08 배뇨 장애
09 남성 생식기계
10 근골격계
11 신경계
12 내분비 장애
13 감각계
14 청각 장애
15 피부계

CHAPTER 07 혈액과 조혈기관 장애

1 개론

암기해야 할 검사 수치

이름	정상	이름	정상
Serum Cholesterol	200mg/dL	chloride	90~110mEq/L
Triglycerides	150mg/dL		
HDL	60mg/dL 이상		
LDL	100~129mg/dL	안압	10~21mmHg
호중구	50~70%		
호산구	1~3%		
PT	11~15초		
aPTT	25~40초	PT INR	2~3
albumin	3.3~5.5g/100dL	암모니아	15~51 μg/dL
A/G ratio (albumin/globulin)	1.5~2.5/1		
Platelets [국시 20]	150(130)~400 $\times 10^3$/mm^3		
중심정맥압	4~12cmH$_2$O(2~12mmHg)		
creatinine [국시 21]	0.6~1.5mg/dL	BUN/Cr 비율	10 : 1
혈액요소질소(BUN)	6~20mg/dL		
혈색소 [국시 20]	12~16g/dL(여)	13~18g/dL(남)	
헤마토크릿 [국시 20]	37~47%(여)	40~54%(남)	
AST	5~40(12~30)U/mL		
ALT	5~40(5~30)U/mL		
백혈구 [국시 20]	4,000~10,000/mm^3		
요 비중	1.010~1.030		
사구체 여과율	90~120mL/min		
혈액 삼투질 농도	275~295mOsm/kg	소변 삼투질 농도	300~900mOsm/kg
		ICP	5~15mmHg
나트륨	135~145mEq/L		

칼륨	3.5~5.0mEq/L			
칼슘	8.5~11mg/dL	인	3~4.5mg/dL	
pH	7.35~7.45	저혈당	70mg/dL 이하	
PaCO$_2$	35~45mmHg			
HCO$_3^-$	22~26			
H$_2$CO$_3$: NaHCO$_3$	1 : 20			
PaO$_2$	80~100mmHg			
SaO$_2$	95~100%			

조혈기관 임용 96

정의	조혈기관은 골수, 림프조직, 비장, 간이다.	
골수	적골수와 황골수로 구분되며 골수 안 적골수에서 혈구 세포를 생산한다. 황골수는 지방이 차 있다.	
림프조직	림프구와 항체를 생산한다. 림프절은 외부 인자나 병원균을 여과한다. 림프계는 림프액, 림프관, 림프 모세관, 림프절로 구성된다. 간질강에서 체액을 혈액으로 운반한다.	
비장	정의	림프계 중에서 가장 큰 기관으로 혈관이 많이 분포한다.
	조혈기능	3개월 태아는 비장과 간장에서 혈구를 만든다. 골수기능 저하 시 비장에서 적혈구와 림프구를 생성한다.
	여과기능	노쇠한 적혈구, 림프구, 혈소판의 파괴에 관여한다.
	면역기능	항체를 합성하여 면역기능과 세균이나 항원을 설러준다.
	저장기능	적혈구와 혈소판의 주요 저장소이다. * 간경화증에서 비장비대 : 문맥압 증가로 커진 비장은 혈구를 파괴하여 백혈구 감소증, 적혈구 감소증, 혈소판 감소증을 일으킨다.
간	혈장단백과 응고인자	혈장단백과 응고인자를 합성한다.
	ferritin	철분은 ferritin의 형태로 저장한다.
	빌리루빈	헤모글로빈이 빌리루빈으로 분해되어 간에서 담즙으로 전환시켜 지방 소화를 돕는다.

혈액의 구성

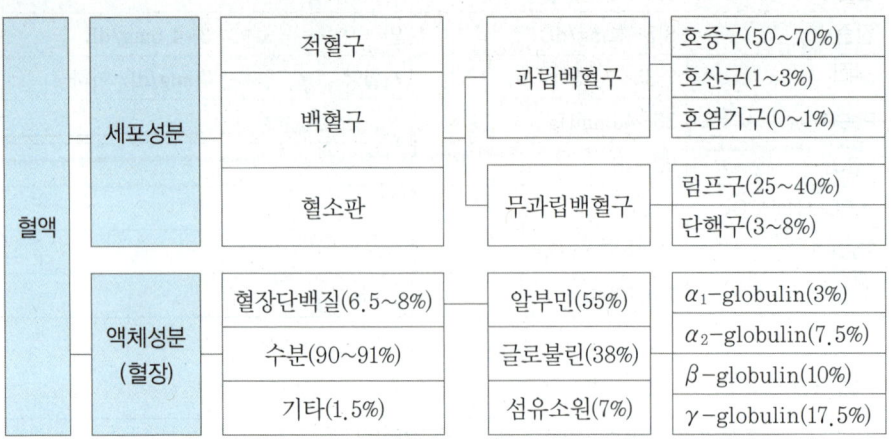

혈액의 기능 국시 06

운반	산소와 영양소를 폐와 위장관으로부터 세포로 공급하고 조직의 노폐물을 배설기관인 폐, 신장, 피부(피지와 땀분비 통해 노폐물 배출)로 운반한다. 호르몬을 내분비샘에서 신체 각 부위로 운반한다.
지혈	지혈을 촉진한다. ex) 혈소판
보호	미생물로부터 신체를 보호한다. ex) 백혈구
열전이	열의 전이로 체온을 조절한다.

비장(지라)의 사정

위치	비장은 횡격막 바로 밑에 있다. 왼쪽 갈빗대가 끝나는 곳에 위치하며 동맥과 정맥의 가지가 비장으로 들어간다.
타진	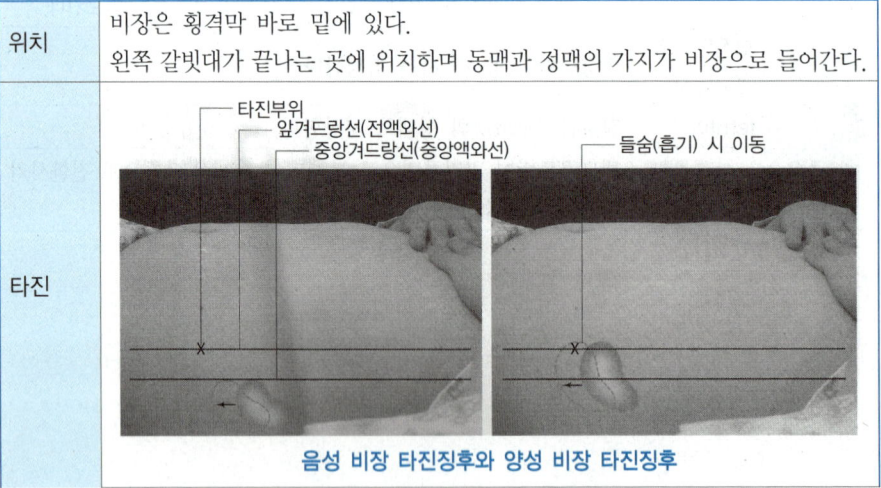 음성 비장 타진징후와 양성 비장 타진징후

타진	방법	좌측 전액와선에서 가장 아래의 늑골연을 타진한다. 대상자에게 깊은 숨을 들이쉬게 한 다음 타진한다.
	정상	타진 시 공명음
	비장 비대	흡기 시 전액와선에서 둔탁음 ex) 간경변증, 백혈병
촉진	방법	대상자를 오른쪽으로 눕게 하고 고관절과 무릎에서 다리를 약간 구부리게 한다. 중력으로 비장이 전방 우측 쪽으로 움직여 촉진할 수 있다.
	정상	비장은 촉진하면 만질 수 없다.
	비장 비대	비장 비대는 깊은 흡식을 할 때 좌측 늑골연 2cm 아래에서 촉진된다.

2 철분 결핍성 빈혈(Iron deficiency anemia)

빈혈의 분류

적혈구 생산 저하
창백
빈맥/두통
피로/호흡이 가쁨
근력 약화
수축기 심잡음
이식증(pica) : 점토, 종이, 치약과 같은 것을 먹음

- **영양결핍**: 철분, 엽산, B_{12}, 구리, 만성질환, 만성적 혈액손실
- **골수 기능장애**: 재생불량성 빈혈, 적혈구 생성장애, 악성종양, 급성 림프구성, 백혈병/신경모세포(neuroblastoma), 감염(parvo, CMV)

적혈구 소실 증가
창백
피로/두통
근력약화
빈맥
말초맥박 저하
혈압저하
(쇼크의 후기 증상)

- **급성 혈액손실**: 코피, 혈우병, 비기능항진증(hypersplenism), 특발성 혈소판감소성 자반증(ITP), 범혈관내 응고증(DIC)

적혈구 파괴 증가
공막의 황달/창백
피로/두통
빈맥
진한 소변색
간·비장 증대
전두골 융기

- **혈구내(intracorpuscular)**: 헤모글로빈이상증 (겸상세포증, 지중해 빈혈), 효소이상증(G6PD), 혈구막결손 (유전성 구상적혈구증, spherocytosis)
- **혈구외(extracorpuscular)**: 면역성 (AIHA, 동종 면역), 약물/독성 물질 (항암요법·방사선 요법), 감염

혈액검사	철분결핍성 빈혈	Vit B_{12} 결핍 (악성 빈혈)	엽산 결핍성 빈혈	지중해성 빈혈
MCH(평균 적혈구 혈색소량)	감소 (소구성 저색소)	증가 (대적아구성)	증가	감소
철분	약간 감소	상승	상승	상승
TIBC(총철분결합능력)	상승	정상	정상	정상
빌리루빈	정상	상승	상승	상승

정의		적혈구 안 혈색소 합성에 필요한 철분이 정상 이하이다. 혈색소가 산소와 결합하지 못하여 조직의 산소 부족 증상이 생긴다. 혈구 특징 : 적혈구 크기가 작고 혈색소치가 정상보다 낮아 창백하다.
원인 국시 00, 06	섭취 부족 국시 14	철분을 포함하는 음식 섭취가 부족하다.
	소화흡수 장애	만성 설사나 위 절제술로 소화흡수 장애이다.
	출혈	출혈로 적혈구가 상실되어 철분 소실이다. 소화성 궤양, 위암(대변에 잠혈), 대장암, 치질, 월경

임상증상

저산소증	점막, 피부	창백한 결막, 점막, 창백한 피부, 피부탄력 상실(예 탈수), 치유장애
	손톱	spoon nail 창백한 손톱, 숟가락 모양의 거친 손톱으로 손톱이 spoon 모양으로 오목해짐
	모발	모발이 가늘어지고, 탈모
	신경계	어지러움, 실신
	소화기계	오심, 구토, 식욕부진, 복통
	전반적	피로감, 추위에 예민해짐, 장기간 철분 결핍성 빈혈은 성장지연
보상기전	심장	체조직의 부족한 산소를 감당하기 위해 심장과 폐가 많은 활동 빠르게 뛰는 심박동, 빈맥 울혈성 심부전 : 조직에 많은 산소를 공급하기 위해 심부담이 증가해 심장박동이 빨라져 심장 수축력이 떨어지고 울혈성 심부전이 생긴다.
	호흡	빈호흡, 기좌호흡, 운동 시 호흡곤란
플램머-빈슨 (Plummer-Vinson) 증후군 ☆ 설염 연구	위축성 설염	혀 유두의 위축으로 혀가 매끈해지고 감염된 상태 * 유두 : 미뢰로 맛 봉오리
	연하곤란	
	구내염	구강 점막 염증

진단검사

혈색소치 감소 [임용 20] [국시 20, 23]	적혈구 크기가 작고 창백 빈혈의 기준 여자 : 12g/dL 미만(이하), Hct 36% 미만, 남자 : 13.5g/dL 미만(이하) 임신 1기 : Hb 11g/dL 미만(이하), Hct 37% 미만 * Hct : 전체 혈액에 대한 적혈구 용적률
MCV 감소	평균 혈구용적(MCV), 평균 혈구혈색소량(MCH), 평균 혈구혈색소농도(MCHC) 저하
ferritin 감소	철분 공급 감소로 총 철분 저장량인 ferritin 합성 억제로 혈청 내 ferritin 감소
TIBC 증가	TIBC는 총 철분결합능력(Total iron binding capacity)으로 transferrin (위장관에서 철분과 결합하여 저장 장소로 운반하는 단백질) 양을 측정하는 검사이다. 철 감소에 보상기전으로 TIBC가 증가한다.
분변 잠혈 검사	만성적 장출혈에 분변 잠혈 검사

비경구 철분제제 : Iron dextran 같은 주사용 철분제제
주사 방법 [국시 09]

새 바늘	방법	병에서 주사용 철분제제를 뽑을 때 사용했던 주삿바늘은 버리고, 주사 시 새 바늘을 사용한다.
	효과	바늘에 묻어있는 철분제제가 피하조직을 자극한다.
공기 주입	방법	주사기에 약물을 채운 후 소량의 공기(0.25~0.5mL)를 넣는다. 바늘을 아래로 향하게 하여 공기가 주사기의 피스톤 쪽으로 가도록 한다.
	효과	주사기 내 용액을 모두 주입하고 소량의 공기까지 주입하여 주사기 바늘 내 약물이 남아 있지 않도록 한다. 공기는 주삿바늘 속 남아 있는 약물을 완전히 밀어내고 바늘을 조직에서 뺄 때 약물이 새어나오는 것을 막는다.
배둔근 (둔부 근육)	방법	배둔근(둔부 근육) 부위에만 주사한다. * 비교 <table><tr><td>BCG</td><td colspan="2">삼각근에 피내 주사</td></tr><tr><td rowspan="2">B형 간염</td><td>영아</td><td>대퇴전면부 IM</td></tr><tr><td>성인</td><td>삼각근 IM</td></tr></table>

Z자 방법	방법	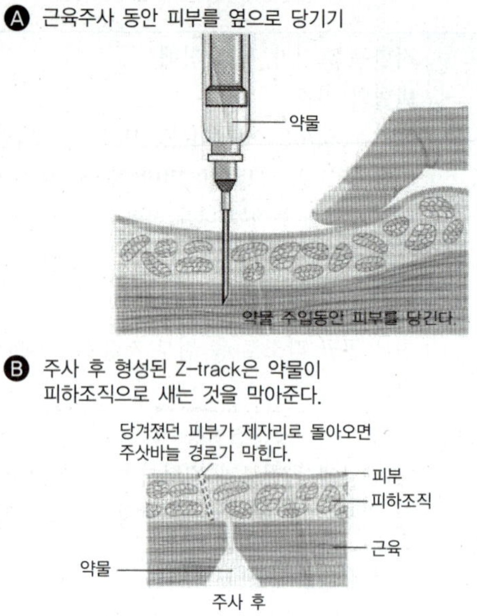 ⓐ 근육주사 동안 피부를 옆으로 당기기 약물 약물 주입동안 피부를 당긴다. ⓑ 주사 후 형성된 Z-track은 약물이 피하조직으로 새는 것을 막아준다. 당겨졌던 피부가 제자리로 돌아오면 주삿바늘 경로가 막힌다. 피부 피하조직 근육 약물 주사 후 **Z-track 기법을 이용한 근육주사** 20G 바늘로 Z자로 90° 각도로 5cm 깊이 삽입한다. Z자 방법은 주사 부위의 피부와 피하조직을 한쪽으로 잡아당긴 후 주삿바늘을 뽑는 동시에 잡아당긴 부위의 손을 떼는 방법이다.
	효과	주사 부위 근육이 다른 피하조직으로 덮여 주사 약물 누출 방지로 약물이 조직에서 새어 나오는 것을 막는다. 철분제제에 의해 지방조직의 괴사로 피부색이 검게 변한다.
걸음	방법	주사 후 마사지는 피하고 걷게 한다.
	효과	걷게 하여 약물 흡수를 돕는다.
낀 옷 제한	방법	너무 꽉 낀 옷은 입지 않는다.
	효과	너무 꽉 낀 옷은 흡수에 지장을 초래하므로 삼간다. ex) 낀 옷 제한 : DVT, 정맥류, 식도이완불능증, 식도게실, 역류성 식도염 : 복압 감소

간호계획 국시 97, 98, 02, 08

지식부족 R/T 철분제제 섭취	철분 인식	방법	철분 결핍성 빈혈은 철분이 부족하여 철분제를 복용한다.
		근거	조직에 산소를 운반하는 적혈구 안 헤모글로빈 합성에 철분이 필요하다.
	액체형 제제	방법	철분제제는 액체형 제제를 섭취한다.
		근거	철분은 십이지장, 공장 상부에서 잘 흡수되므로 유리 속도가 지연되는 당의정이나 캡슐형태(장용제)의 철분제제는 비효과적이다. ＊당의정 : 겉은 당분으로 싼 알약

지식부족 R/T 철분제제 섭취	빨대 임용 21 국시 23	방법	철분제제는 희석해서 빨대를 이용해 먹는다. 섭취 후 양치를 한다.
		근거	철분제제는 치아 착색으로 치아가 변색된다. 희석해서 빨대를 이용해 먹는다. 양치질을 하면 변색 정도를 경감시킨다.
	오렌지 주스, 비타민 C 국시 23	방법	오렌지 주스, 비타민 C와 함께 먹는다. 오렌지 주스, 과일, 귤, 딸기, 멜론, 녹색 야채
		근거 임용 21	철분은 산성 환경에서 잘 흡수된다. 비타민 C는 염산을 활성화시켜 철분 흡수를 증진시킨다.
	공복 섭취 국시 15	방법	철분제제는 공복에 섭취한다.
		근거	산성 환경에서 잘 흡수되어 십이지장 점막이 가장 산성화되는 식사 1시간 전인 공복 섭취는 흡수율을 증가시킨다.
	식사 함께, 후	방법	철분제제는 식사와 함께 또는 음식 섭취 후 복용한다.
		근거	철분제제는 위장 자극 증상인 작열감, 복부 경련, 위장관 불편감, 변비, 설사를 유발한다.
	변비 국시 20, 21	방법	변비에 고섬유소 식이, 변완화제를 준다.
		근거	철분제제는 변비를 유발한다.
	대변색 국시 20, 23	방법	대변색이 암록색(진한 녹색)이나 검정색으로 나온다고 설명한다.
		근거	철분제제는 대변색이 암록색이나 검정색이 된다.
	흡수 방해	방법 국시 20	철분 보충제 섭취 1시간 이전, 철분 보충제 섭취 후 2시간에 섭취하지 않는다. ☆ 잡제와 커피 차 달유? 제산제, 커피, 차 우유, 유제품 국시 23 : 우유 속 인이 철분 흡수를 방해한다. 달걀, 잡곡빵, 통밀빵
		근거	철분 보충제 섭취 1시간 이전, 철분 보충제 섭취 후 2시간에 섭취는 철분 흡수를 방해한다.
	2~3개월 복용	방법	혈색소가 정상으로 회복된 후 2~3개월 동안 복용한다.
		근거 임용 21	철분 저장은 혈색소 생성보다 느리므로 신체의 철분 저장을 위해 2~3개월 동안 복용한다.

부모의 지식부족 R/T 연령에 적합한 조혈음식 섭취	조혈음식	방법	조혈음식인 철분, 비타민 C, Vit B$_{12}$, 엽산, 아미노산을 섭취한다.
		근거	조혈음식 섭취 결핍으로 조혈기능이 방해되어 빈혈이 된다.
	철분 [국시 06]	기전	철분이 있는 음식으로 혈색소 합성을 촉진한다.
		육류	기름기 적은 쇠고기, 돼지고기, 가금류(닭고기), 간, 달걀 노른자
		해산물	굴, 대합조개, 새우
		야채	잎이 많은 채소, 시금치
		과일	토마토, 건포도, 프룬(건자두), 무화과
		콩류	콩, 완두콩, 강낭콩, 흰콩, 두부
		곡류	전곡류, 통곡류 빵, 영양 강화 시리얼
	비타민 C	방법	오렌지 주스, 비타민 C와 함께 먹는다. 오렌지 주스, 과일, 딸기, 멜론, 귤, 녹색 야채를 먹는다.
		근거	철분은 산성 환경에서 잘 흡수된다. 비타민 C는 염산을 활성화시켜 철분 흡수를 증진시킨다.
	Vit B$_{12}$ [임용 20]	방법	붉은 고기, 육류내장, 간, 우유, 달걀, 생선, 조개류이다. 동물성 식품에 많이 포함되나 야채 속에는 적다. 극단적 채식주의자는 동물성 식품을 먹지 않기 때문에 Vit B$_{12}$가 결핍된다.
		근거	Vit B$_{12}$는 DNA를 합성시켜 적혈구를 성숙시킨다.
	엽산	방법	엽산이 많이 함유된 식품을 먹는다. 엽산은 Vit B군에 속하는 수용성 비타민이다.
		고기	고기, 육류내장, 간, 달걀, 생선
		콩	콩류, 전곡류
		야채	녹색 야채, 양배추, 브로콜리, 시금치 채소는 날것으로 먹는다. 가열해서 요리할 때 비타민이 파괴된다.
		과일	오렌지, 멜론, 딸기
		근거	엽산은 DNA 합성을 도와 적혈구를 성숙시킨다.
	아미노산	방법	달걀, 고기, 우유, 유제품(치즈, 아이스크림), 콩, 생선을 먹는다.
		근거	조혈에 필요한 핵단백을 합성한다. ＊ 핵 안에 DNA를 가지고 있다.

피로 R/T 조직의 산소공급 부족 cf) B형 간염: 피로 R/T 에너지 수준과 요구의 불균형: 안정, 활동, 자극감소, 침상활동, 전환요법	안정	방법	활동과 휴식의 균형을 유지한다. 국시 24 심한 빈혈 환자는 혈액상태가 호전될 때까지 침상에서 쉰다. 목욕, 자세 바꾸는 일, 식사, 양치에 도움을 받는다. 호흡곤란, 어지러움, 피로를 느끼면 활동을 줄인다.
		근거	안정은 산소 요구량을 줄인다. 심장과 폐의 긴장을 줄이고 피로 감소로 휴식을 취한다.
	수평 유지	방법	어지럼증에 베개 없이 머리를 수평으로 유지하고 누워서 쉰다. *폐색성 혈전 혈관염: 똑바른 자세: 순환 증진
		근거	수평 유지로 뇌에 혈액 공급으로 산소 공급 증가로 어지럼증을 완화시킨다.
	침상 상승	방법	침상머리 쪽을 높여 호흡곤란을 완화시킨다.
		근거	빈혈로 가쁜 호흡, 호흡곤란에 침상을 상승시켜 횡격막을 하강시켜 폐의 확장을 도와 호흡곤란을 완화시킨다.
신체 손상 위험성 R/T 조직의 산소공급 부족	보온	방법	따뜻한 옷, 담요를 덮어주고 편안하게 휴식을 취한다.
		근거	추위로 혈관수축에 의해 조직의 저산소증이 증가한다.
	열 금지	방법	뜨거운 물주머니, 열 패드를 사용하지 않는다.
		근거	빈혈 환자의 피부는 조직 내 산소공급 감소로 감각이 둔화되어 화상 가능성이 있다. ex) 열금지: 레이노드 증후군, 폐쇄성 혈전혈관염
	감염	방법	목이 아프거나 감기에 걸린 간호사는 빈혈 환자 간호를 삼가고 그러한 방문객의 환자 접촉을 제한한다.
		근거	심한 빈혈 환자는 약하고 지쳐 쉽게 감염되므로 감염 가능성으로부터 격리한다.

3. 대구성(거대적아구성) 빈혈

비타민 B₁₂ 결핍성 빈혈

정의		위내 산성 환경에서 내적 인자가 분비된다. 위벽에서 분비되는 내적 인자는 외적 인자인 비타민 B₁₂와 결합하여 회장에서 외적 인자인 비타민 B₁₂를 이동시켜 흡수시킨다. 위벽에서 분비되는 내적 인자가 없어 비타민 B₁₂를 흡수할 수 없다.
원인	섭취 부족 임용 20	극단적인 채식주의자는 동물성 식품을 먹지 않기 때문에 비타민 B₁₂가 결핍된다. 비타민 B₁₂는 동물성 식품인 고기, 달걀, 유제품, 생선에 존재한다.
	만성 위염 임용 95	자가면역반응에 의한 위에서 벽세포 파괴로 내인자 분비가 없어 비타민 B₁₂를 회장까지 이동하지 못하여 말단 회장에서 비타민 B₁₂ 흡수를 방해한다(A형 만성 위염, 자가면역성 위염, 악성 빈혈). ＊벽세포 기능 : 염산(HCl) 분비, 내인자 분비 ＊악성 빈혈 국시 22, 24 : 위조직 위축이나 위절제술로 내적 인자를 분비하지 못하므로 비타민 B₁₂를 흡수하지 못해 비타민 B₁₂ 부족에 의한 대구성 빈혈이 생긴다.
	위절제술 국시 18, 24	위절제술로 위점막 벽세포 손실로 내인자가 없어 비타민 B₁₂를 회장까지 이동하지 못하여 말단회장에서 비타민 B₁₂ 흡수를 방해한다(악성 빈혈).
	H₂ 수용체 길항제 (히스타민 H₂ 수용체 길항제), 제산제	H₂ 수용체 길항제의 장기 사용자는 위벽세포에서 히스타민 자극을 억제로 산 분비를 억제한다. 제산제 사용은 약한 염기로 산도를 감소시킨다. 두 약제 모두 염산 분비가 감소되어 내적 인자를 분비시키는 위속 산성 환경이 방해받는다.
		H₂ 수용체 길항제 : cimetidine(tagamet), ranitidine(zantac), famotidine (pepcid), nizatidine(axid)
		제산제 : Amphojel, Mg Ox, Mylanta, calcium carbonate, 중탄산염
	회장절제술 국시 18	비타민 B₁₂는 회장에서 흡수되므로 회장절제술은 말단 회장에서 비타민 B₁₂ 흡수를 방해한다.
발생 기전		비타민 B₁₂는 모든 신체 세포의 성숙에 필요하며 골수, 위장계, 중추신경계와 말초신경계는 비타민 B₁₂ 결핍에 예민하다. 비타민 B₁₂는 혈구 생산, 위장계, 신경계 기능에 영향으로 부족 시 빈혈 증상, 위장 증상, 신경계 증상이 나타난다. 비타민 B₁₂ 부족으로 DNA 합성이 방해를 받으면 적혈구 성숙에 결함이 생겨 정상보다 크기가 큰 거대적아구를 생성한다. 거대적아구는 세포막이 취약하여 쉽게 파괴되어 적혈구수를 감소시켜 빈혈을 유발한다. 비타민 B₁₂는 중추신경계와 말초신경계의 성숙에 필요하다. 유수신경 형성에 중요한 역할을 하며 비타민 B₁₂가 부족하면 무수신경이 많아진다. ＊유수신경은 수초가 축삭돌기를 감싸는 신경세포로 전도속도가 빠르고 무수신경은 수초가 없는 신경세포로 전도속도가 느리다.

임상 증상	빈혈	RBC 파괴 증가에 의한 빈혈로 비정상적으로 큰 적혈구가 모세혈관을 통과할 때 용혈이 일어나며 간접 빌리루빈 증가에 의한 황달 ex) 황달 : 비타민 B_{12} 결핍성 빈혈, 엽산 결핍성 빈혈, 용혈성 빈혈
	소화 장애	구내염, 매끄럽고 빨간 혀, 변비, 설사 위축성 위염에서 위장 위축으로 위산 분비 능력이 상실하여 염산 결핍증 초래로 소화장애
	신경계	비타민 B_{12} 결핍으로 뇌, 척수의 신경, 말초신경에 장애 운동 실조, 보행 장애, 우울, 초조, 정신증 신경계 손상은 일단 발생하면 회복되지 않는다. 손과 발의 지각이상 국시22, 사지가 무감각, 저리며, 마비 진동 감각 상실 : 음차를 이용해서 눈을 감게 하고 진동하는 음차를 팔꿈치, 손목의 뼈 부위에 접촉하여 진동이 시작되고 끝나는 지점을 말한다. 위치 감각 저하 : 눈을 감고 엄지와 검지로 대상자의 엄지발가락을 잡고 위 아래로 움직여 움직이는 방향을 말하도록 한다. 평형 감각 : Romberg sign에 음성 - 눈을 뜬 상태와 눈을 감은 상태에서 두 팔은 몸 양옆에 자연스럽게 내리고 무릎을 모으고 서 있게 하여 흔들림이 있는지 관찰한다.

검사

쉴링 검사 (Schilling test) 국시06	Vit B_{12} 경구 투여	방사성 Vit B_{12}를 경구 투여한다. 비방사성 비타민 B_{12}를 근육주사하면 간과 혈장 내 비타민 B_{12} 결합장소가 포화되어 경구 투여한 방사성 Vit B_{12}는 소변으로 배설된다. 내적 인자가 없거나 회장에서 비타민 B_{12}를 흡수하지 못하므로 24시간 동안 소변 내 방사성 비타민 B_{12} 배설량이 적다(7% 미만).
	내인자와 Vit B_{12} 경구 투여	내인자와 Vit B_{12}를 경구 투여했을 때 소변 내 Vit B_{12}가 증가한다. 위 내인자 결핍이 원인인 경우 흡수가 정상화된다. 내인자를 투여해도 비타민 B_{12}가 정상화되지 않으면 회장에 질병이 원인이다.
위액 분석 검사		염산 분비가 적어 위액의 pH가 상승한다.
MCV 증가		적혈구 크기 증가 임용20, 대혈구성 빈혈, 평균 혈구용적(MCV) 증가

간호

비타민 B₁₂ (코발라민) 투여 [국시 08, 18]	방법	악성 빈혈이 있거나 회장에서 흡수가 불가능한 사람은 비타민 B₁₂를 평생 동안 근육주사나 피하로 투여한다. 가장 일반적 방법은 근육주사이다.
	근거 [국시 04]	Vit B₁₂를 경구로 투여해도 내적 인자가 없어 악성 빈혈이 있거나 회장에서 흡수가 안 되어 평생 동안 매달 Vit B₁₂를 근육주사한다.
위축성 위염	방법	위축성 위염 환자는 위암 발생이 높아 위내시경과 조직검사를 한다.
	근거	위축성 위염 환자는 위축성 변화로 위산 분비량이 감소한다. 염산에 의한 살균 작용 부족으로 위암으로 진전된다.
신경 손상	치료	치료하지 않으면 신경 손상은 평생 지속된다.
	관절 운동	관절경직, 근육위축 예방을 위해 관절 운동을 한다.
	열제한	신경 손상으로 열과 통증 감각이 둔해져 더운 물주머니는 피부 화상으로 사용하지 않는다. ex) 철분 결핍성 빈혈, Vit B₁₂ 결핍성 빈혈, 레이노 현상, 폐색성 혈전혈관염(버거씨병)

엽산 결핍성 빈혈 [공무원 20]

정의		엽산(비타민 B₉)은 비타민 B군에 속하는 수용성 비타민이다. 엽산 부족으로 DNA 합성이 방해를 받으면 적혈구 성숙에 결함이 생겨 정상보다 크기가 큰 거대적아구를 생성한다. 거대적아구는 세포막이 취약하여 쉽게 파괴되어 적혈구수를 감소시켜 빈혈을 유발한다.
원인	섭취 부족	생채소, 과일을 섭취하지 않은 사람
	알코올 중독자	알코올 중독자는 장점막 손상으로 엽산 흡수 불량과 엽산 섭취를 안 해서 발생된다.
증상	빈혈 증상	악성(비타민 B₁₂ 결핍성) 빈혈과 유사한 증상
	신경계 증상 없음	비타민 B₁₂는 정상이므로 신경계 증상은 없다.
진단 검사	엽산 감소	혈청 엽산치 4ng/mL 이하(정상 7~20)
	Schilling test	Schilling test는 정상으로 내적 인자와 관련이 없다.
	위액 검사	위액 분석 검사에서 위액에 염산(HCl)이 존재한다.
치료	엽산	엽산 50~100 μg을 10일간 매일 I.M으로 투여하고 그 후 매일 엽산 1mg을 p.o로 투여한다.
간호	엽산	고기, 육류내장, 간, 달걀, 생선 녹색 야채, 오렌지, 딸기, 멜론 가열해서 요리할 때 비타민이 대량 파괴로 채소는 날것으로 먹는다.

4 골수부전성 빈혈(재생불량성 빈혈, Aplastic anemia)

정의	선천성(염색체 이상), 후천성 혈액장애(약물)로 골수기능 장애에 의해 골수의 조혈모 세포가 감소하여 범혈구 감소증으로 적혈구, 백혈구, 혈소판이 감소한다. * 골수 : 모든 혈구 세포를 생성하는 장소	
원인 국시 05	선천적 원인	선천적 원인으로 염색체 이상
	약물	항경련제, DDT(살충제), 항암제 : 조혈모 세포 손상
	자가면역장애	자가면역장애로 조혈모 세포 성장을 방해하는 항체 존재
	불명	환자 반수(1/2)는 원인을 알 수 없다.

병태생리 & 임상증상 국시 03

적혈구 감소	정상 적혈구	적혈구 크기와 혈색소는 정상
	적혈구수 감소	적혈구수 10,000/mm^3 이하(정상 : 450만~560만)
	망상적혈구 감소	골수의 조혈모 세포 감소로 망상적혈구(적혈구의 전구 세포)는 없거나 감소
	빈혈	빈혈로 피로, Hb, Hct 저하 간, 비장 비대는 없다.
백혈구 감소	백혈구수 감소	백혈구수 감소 정상 : 4,000~10,000/mm^3
	감염	식균작용, 면역반응 감소로 감염되기 쉽다. 잦은 감염, 인후염, 발열, 패혈증
혈소판 감소	혈소판수 감소	혈액응고에 필요한 혈소판수 감소 정상 : 150,000~400,000/mm^3
	출혈경향	출혈경향, 점상출혈, 반상출혈, 코, 구강, 항문, 질의 출혈
	출혈시간 지연	혈소판 기능을 평가하는 출혈시간 지연 정상 1~6분

검사 국시 07

범혈구 감소증	적혈구, 백혈구, 혈소판 감소
적혈구 크기, 혈색소 정상	정구성, 정색성 빈혈 평균 혈구용적(MCV), 평균 혈구혈색소농도(MCHC), 평균 혈구혈색소량(MCH) 정상
골수	황골수 증가로 골수의 세포수 감소 * 황골수는 적골수의 조혈 작용이 중지되어 지방으로 대치된 골수
망상적혈구수	망상적혈구(적혈구 전구세포)수 감소
철분 증가	적혈구에서 철이 사용되지 않아 혈청 철분 증가
TIBC	총 철분결합용적(TIBC, transferrin의 양) : 정상, 변화 없음 Transferrin : iron transport protein cf) 철분 결핍성 빈혈 : 철분 감소로 보상 작용으로 TIBC 증가
출혈시간	혈소판 감소로 출혈시간 지연

치료

면역 억제제	재생불량성 빈혈이 면역 장애로 유발된다. 면역 억제제로 자가면역장애차단을 위해 림프구 활동을 억제하는 약물을 투여한다.
수혈 국시 17	빈혈, 출혈이 심하고 교정되지 않을 경우 최소한의 양으로 수혈한다. 수혈은 조혈모 세포이식에 이식 거부반응이나 이식편 대 숙주 반응을 일으킬 가능성이 있다.
조혈모 세포 이식(골수이식)	**적응증**: HLA(human leukocyte antigen, 조직 적합성 항원, 인간 백혈구 항원) 적합 공여자가 있는 경우 시행한다. 40세 이하 중증 재생불량성 빈혈 환자에게 적용(60~80% 생존)한다. 수혈 경험이 없고 나이가 젊은 사람일수록 효과가 있다. 수혈 경험이 많을수록 이식 거부반응이나 이식편 대 숙주 반응이 높다. ＊이식편 대 숙주 반응

	기전	제4형 지연형 과민 반응 면역력이 건강한 공여자의 이식된 성숙한 T 림프구가 수혜자 세포 파괴
	소화기계	오심, 구토, 설사, 소화흡수 장애
	간	간기능 검사 이상, 복부 통증, 간비대, 황달
	피부	홍반성 발진

	방법	공여자의 골수에서 줄기 세포를 채취하여 정맥을 통해 주입한다. ＊줄기 세포: 어떤 조직으로든 발달할 수 있는 세포

5 용혈성 빈혈

정의

용혈성 빈혈은 적혈구가 정상적인 100~120일의 수명을 채우지 못하고 정상보다 빠르게 파괴된 빈혈이다.

원인

유전성 용혈성 빈혈	겸상 적혈구 빈혈	겸상화된 적혈구는 순환 중 쉽게 파괴되어 용혈을 일으킨다. 비장에서 다량 파괴되어 빈혈을 유발한다.
	지중해성 빈혈	적혈구가 비정상적으로 얇고 깨지기 쉬운 세포로 가끔 용혈이 급격히 진행되면서 비장 비대와 약간의 황달을 나타낸다.
	유전성 구형(구상)적혈구증	적혈구는 공처럼 둥근 모양으로 비장에서 쉽게 파괴로 비장 비대

후천적 용혈성 빈혈	정의		적혈구 자체는 정상이나 외적 요인, 항체반응, 간, 비장 내 적혈구 포획으로 적혈구가 손상되어 발생한다.
	자가면역 장애	정의	자신의 적혈구를 항원으로 인식하여 항체를 생산하여 항체로 덮인 적혈구는 비장에서 조기에 파괴된다.
		수혈 반응	ABO형이 부적합한 혈액이 주입된 경우 체내에서 부적합한 혈액에 항체를 형성하여 주입된 혈구를 파괴하는 용혈 현상이다.
		태아적 아구증	태아의 Rh$^+$ 혈액에 모체가 항체를 형성한다. 모체가 생성한 항체가 태반을 통해 태아의 혈액에서 이 항체가 태아의 적혈구를 파괴하여 용혈을 일으킨다.
	SLE		용혈성 빈혈

병태생리와 사정 국시 08 ★ 용혈성 빈혈이라니 황달하고 신비해!	황달	적혈구의 과도 파괴로 혈액 내 많은 양의 간접 빌리루빈이 축적되어 황달이 된다.
	담석	적혈구의 파괴로 담낭 내 빌리루빈이 과도하게 축적되어 담석증이 된다.
	신부전 국시 05	심한 용혈현상으로 적혈구의 분해산물인 혈색소에서 유리된 헴색소와 요산 배설에 대한 신장 부담 증가로 신부전이 있다. ＊요산 : 요산은 퓨린이 높은 음식이나 세포들이 한꺼번에 많이 깨질 때 승가
	비장비대, 간비대	결함이 있는 적혈구를 식균하기 위한 비장, 간 내 대식세포 부담이 커져 기능 항진으로 비장비대, 간비대가 있다.
진단	정구성 빈혈	적혈구 크기, 혈색소 정상
	간접 빌리루빈 증가 국시 14, 20	적혈구의 과도 파괴로 혈액 내 indirect bilirubin이 증가한다. 혈중 direct bilirubin은 증가하지 않는다. 요중 bilirubin 음성
	유로빌리노겐 증가	소변, 대변으로 유로빌리노겐 배설이 증가한다.
	망상적혈구수 (reticulocyet count) 증가	용혈, 실혈을 판단하는 유용한 지표로 적혈구의 과도 파괴에 골수의 보상반응으로 망상적혈구수가 증가한다. cf) 골수 부전성 빈혈 : 망상적혈구 감소
	Coomb's test (쿰즈 검사, 쿰 검사) 국시 23	적혈구 항원에 항체를 찾아내는 검사이다. 후천성 용혈성 빈혈 중 자가면역장애를 진단한다.
치료	corticosteroid	자가면역장애에 corticosteroid를 사용한다.
	비장절제술	자가면역에 의한 용혈반응은 스테로이드 치료에 반응하지 않을 때 비장절제술을 한다.

6 겸상적혈구 빈혈

정의 ☆겸상 발린	유전적인 만성 용혈 장애로 적혈구 내 비정상 혈색소는 겸상세포 혈색소로 혈색소 분자의 β-chain 내 글루타민산 대신 발린으로 대치되어 낫 모양의 적혈구를 형성한다.	
원인 임용 15	겸상적혈구 빈혈 (Hb SS병)	상염색체 열성유전 : 상염색체 한 쌍 중 두 개의 돌연변이 유전자를 가진 염색체인 동형 접합체에서 발생, 보인자인 양쪽 부모로부터 유전인자를 받은 동형 접합체에서 발생한다. 정상 성인 헤모글로빈(Hb A)이 겸상적혈구 빈혈(Hb S)로 대체된 겸상적혈구 빈혈(Hb SS병)이다. 전형적인 용혈성 빈혈과 적혈구가 혈관을 폐쇄하여 허혈 병변 위기를 나타낸다.

병태생리

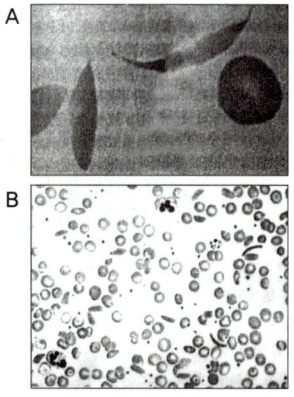

A : 겸상적혈구(sickle cell)
B : 겸상적혈구성 빈혈의 말초혈액도말 소견
  (sickle cell anemia : peripheral blood smear)

적혈구 모양

용혈성 빈혈	겸상화 발작 과정으로 탈수, 저산소증, 바이러스나 세균 감염에 자극된다. 적혈구가 낫 모양이 되어 용혈, 혈관 폐색을 일으킨다. 겸상화된 적혈구는 순환 중 쉽게 파괴되어 용혈을 일으키고 비장에서 다량 파괴되어 빈혈 증상을 유발한다.
혈관폐색성 위기	겸상적혈구 위기는 탈수, 저산소증, 감염에서 발생된다. 낫 모양의 적혈구가 혈관에 걸려 혈관 폐쇄로 미세순환을 차단한다. 적혈구의 겸상화를 가속화시켜 낫 모양이나 초승달 모양으로 변화하여 적혈구가 혈관을 폐쇄하여 혈관폐색성 위기를 초래한다. 겸상세포에 의해 혈류가 차단되면 조직 내 혈액 공급이 중단되어 산소 공급이 차단되어 조직의 허혈, 경색(괴사)이 진행된다.

증상

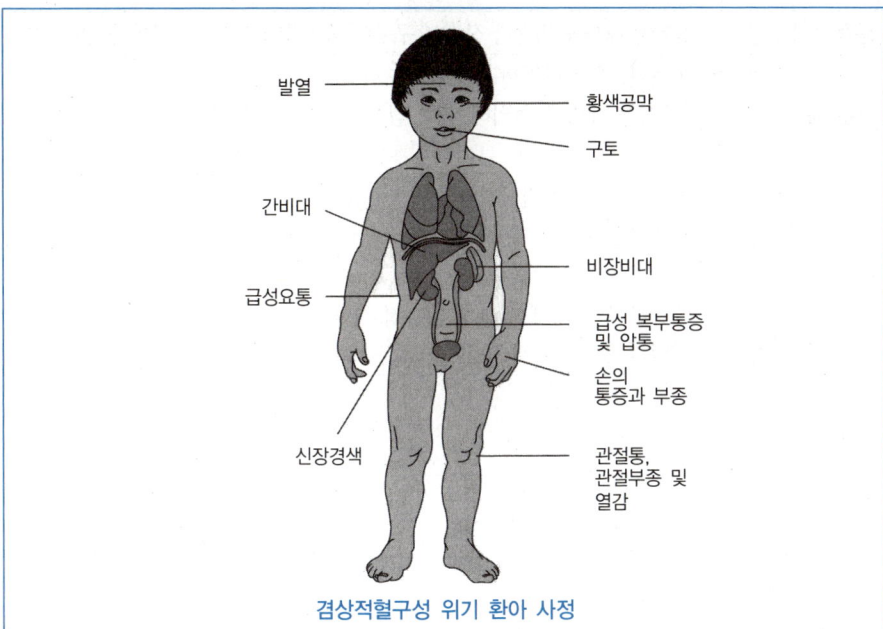

겸상적혈구성 위기 환아 사정

빈혈 (과다 용혈 위기)		용혈성 빈혈로 적혈구 용혈로 빌리루빈이 상승한다.
		황달로 공막은 노란색을 띤다.
비장과 간비대		비장과 간의 비대로 복부가 불룩하다. 비장이나 간에 색전으로 혈액이 정체되어 혈액울혈로 간비대, 비장비대가 된다. 산의 색전으로 경색 또는 섬유화 되는 경색(섬유성 변성)이 된다. 사춘기에 비장이 반복되는 경색과 위축으로 크기가 줄어든다.
면역 저하		비장 장애로 감염에 민감하다. 감소된 혈류는 비장 경색을 일으켜 비장 기능 부전으로 세균 감염이 증가한다. * 비장 : 림프구나 항체를 생성하여 면역 기능과 세균이나 항원을 걸러준다.
혈관 폐쇄성 위기	통증	경색은 통증을 동반한다. 조직 허혈에 의한 통증이 심하다. 손이나 관절 부위 관절통, 관절부종을 호소한다.
	무혈관 괴사	무혈관 괴사로 대퇴골이나 상완골두의 무균성 괴사가 발생된다.
	뇌경색	뇌경색으로 막힌 동맥으로 뇌졸중이 되어 혼수, 경련, 사망까지 이른다.
	신장경색	혈뇨나 옆구리 통증이 발생된다. 신장도 혈관이 폐쇄됨으로 기능이 감소된다.

간호

통증 감소	통증이 없어야 대사에 필요한 산소 요구량이 줄어들어 겸상적혈구화가 없어진다.
수분 공급	탈수를 동반할 때 겸상적혈구화를 유도한다. 겸상적혈구화를 예방하기 위해 혈액 점도 증가 방지를 위해 충분한 수분이 필요하다.
산소 공급	낮아진 산소 분압에서 겸상적혈구화를 유도한다. 진행되는 겸상적혈구화 예방 위해 산소공급이 필요하다.
감염 예방	감염은 겸상적혈구 위기를 촉진시킨다. 감염을 예방하기 위해서 백신과 예방적 항생제를 주사한다. 상기도 감염의 첫 징후 시 즉각적으로 치료한다.

치료

겸상적혈구 빈혈은 치료를 위한 특별한 방법은 없다.
합병증으로 인한 증상을 완화하고 목표 기관의 손상을 최소화한다.

7 지중해 빈혈(thalassemia)

정의		유전적인 만성 용혈성 빈혈로 지중해와 남부 중국사람들에게 나타난다.
병태생리 ☆ 지글로		지중해 빈혈은 유전적 결함에 의해 혈색소 분자의 글로빈(globin)이 없거나 감소한 것이다. α와 β chain 양이 부족하여 비정상적인 혈색소를 합성한다. α 지중해 빈혈에서 α chain의 양이 감소되고 β 지중해 빈혈에서 β chain 양이 감소된다.
종류	대지중해 빈혈 (베타형 지중해 빈혈)	동형접합체(aa)의 심한 빈혈로 대지중해 빈혈 상염색체 열성 유전이므로 양쪽 부모에게 이상 유전자를 물려받는다. 대지중해 빈혈은 생명을 위협하는 질환으로 신체적, 정신적 성장이 지연된다. 창백하고 빈혈로 전형적인 증상들을 보인다. 비장종대 및 간비대, 적혈구 용혈로 황달, 담석증이 나타난다. 만성적인 골수기능항진으로 두개골 비후의 몽골인 외양이다. * 상염색체 열성 유전 : PKU, 갈락토스혈증, 선천성 갑상선 기능 저하증, 겸상 적혈구 빈혈
	소지중해 빈혈 (알파형 지중해 질병, 가벼운 베타형 질병)	이형접합체(Aa)의 경증의 빈혈을 보이는 상태를 소지중해 빈혈이라고 한다. 적혈구는 작은 크기와 저색소성이다. 소지중해 빈혈은 경한 빈혈상태를 보인다. * 이형접합체(Aa) : 유전구형 적혈구증

진단	용혈성	비정상 적혈구의 극심한 용혈, 혈청 빌리루빈과 대변 및 소변 내 유로빌리노겐 상승
	태아혈색소(HbF) 및 HbA2 상승	베타형 지중해 빈혈은 태아혈색소(HbF) 및 HbA2(HbA의 정상적인 변종) 상승 : β chain의 양적 감소를 보상하기 위해 골수는 많은 양의 α chain, γ chain(정상적으로 태아기에만 생성), δ chain을 만들어 내는데, α와 γ chain이 결합하여 HbF이 형성되고 α와 δ chain이 결합하여 HbA2를 생성한다.

8 유전구형 적혈구증(유전구상 적혈구증)

정의	상염색체 우성 유전 적혈구 세포막 이상으로 초래되며 유전성 용혈성 빈혈의 원인 중 가장 흔한 질환이다. * 상염색체 우성 유전 : 상염색체 한 쌍 중에 한 개의 정상 유전자를 가진 염색체와 한 개의 돌연변이 유전자를 가진 염색체로 이형접합체(Aa)에서 질병 발생
병태생리 ★ 유스펙	적혈구 외부막의 구성 성분 중 유전적 결함으로 세포막의 구성 성분의 이상이다. 적혈구막 형성에 중요한 단백질인 스펙트린(spectrin)이 부족하여 적혈구가 공처럼 된다. 결함이 있는 적혈구 세포막은 Na^+에 대한 투과성이 증가됨에 따라 적혈구 내부의 삼투성이 증가되고 세포 내부로 물을 끌어 들여 세포가 구상이 된다. 구상적혈구가 용혈이 증가되며 빈혈과 황달, 담석이 증가한다.
증상	용혈	구상적혈구가 비장의 좁은 모세혈관을 어렵게 통과하면서 용혈이 증가된다. 대사물질인 빌리루빈이 많아져 황달과 담석이 증가한다.
	비장 종대	적혈구 파괴 장소인 비장이 커진다. 비장에서 구상적혈구의 대량 파괴로 비장의 식균세포에 의해 탐식되고 비장이 커진다.

검사	용혈	망상적혈구 증가, 빈혈, 고빌리루빈증
	혈액 도말검사	구상적혈구 증가이다. 정상 적혈구의 크기가 작고 가운데가 오목하게 들어간 원반 모양이 없다.
	삼투압 취약성 검사	저장액 내에서 정상 적혈구보다 쉽게 용혈된다. 저장성 NaCl 용액과 반응시키면 삼투질 농도 차이로 수분이 적혈구 내로 들어가 용혈 반응이 일어난다.
	쿰즈검사 (Coombs' test)	음성 면역 원인이 아닌 세포막의 구성 성분 이상에 의한 파괴이기 때문이다.
치료	엽산	적혈구 조혈의 요구가 증가되어 엽산 보충이 필요하다.
	비장절제술	적혈구의 조기용혈방지, 빈혈과 황달, 담석을 예방한다. 비장 절제 후 패혈증을 줄이기 위하여 6세 이후 적출한다.
	담석절제술 (쓸개절제술)	비장절제술 시 담석이 있으면 같이 시행한다. 담석(쓸개)절제술을 시행한다.
	비장절제 전 예방접종	비장절제 전 폐렴사슬알균, b형 인플루엔자균, 수막염균에 예방접종한다.
	예방적 페니실린	비장절제 후 예방적 페니실린은 경구용 penicillin이나 amoxicillin 사용한다.

9 혈액응고장애

지혈 및 혈액응고

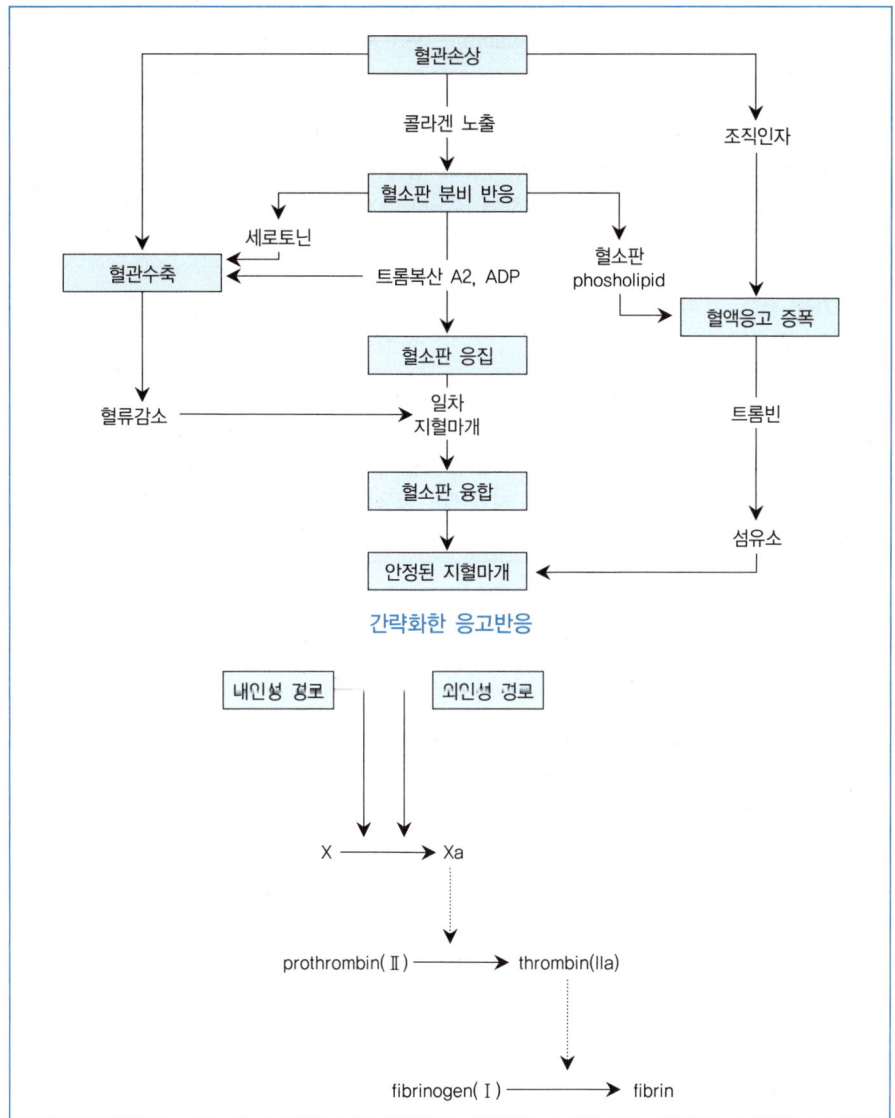

간략화한 응고반응

1차 지혈	혈관수축	혈소판에서 유리된 혈관수축 물질인 serotonin에 의해 상처 부위의 혈관수축이 일어난다.
	혈소판 마개 ☆ ACT	혈소판에서 분비하는 ADP, 트롬복산 A2, Ca^{2+}은 다른 혈소판이 손상 부위로 모이도록 자극하며 응집된 혈소판으로 혈소판 마개인 혈소판 혈전을 형성한다.
2차 지혈 (응고기전)	\multicolumn{2}{l}{$$prothrombin \xrightarrow[\text{응고인자, } Ca^{2+}]{} thrombin$$ 임용 92 응고 과정은 응고인자들의 작용에 의해 내인성 경로와 외인성 경로가 있고 두 경로는 하나의 공통 경로로 합쳐져서 혈액 응고 과정을 완성한다. 응고인자와 Ca^{2+} 존재하에 prothrombin(응고인자 II)을 thrombin으로 전환한다. $$fibrinogen \xrightarrow[\text{응고인자, } Ca^{2+}]{thrombin} fibrin$$ 응고인자와 Ca^{2+} 존재하에 thrombin에 의하여 섬유소원(fibrinogen, 응고인자 I)은 섬유소(fibrin)로 전환한다. 섬유소들은 서로 가까이 뭉치고 겹쳐져서 혈괴가 단단해지는 퇴축 현상으로 섬유소 혈전과 1차 지혈에서 만들어진 혈소판 혈전(마개)은 지혈 마개를 형성한다.}

내인성 경로	혈관 손상에 의해 활성화된다. 응고인자 VIII, IX(혈장 thromboplastin), X, XI(혈장 thromboplastin 전구 물질), XII
외인성 경로	신체 조직 손상에 의해 조직 트롬보플라스틴이 유리됨으로 활성화된다. 응고인자 I, II, V, VI, VII, X 조직 트롬보플라스틴 조직인자(tissue factor, 응고인자 III) : 손상된 피부 조직으로부터 조직 트롬보플라스틴이 생성되어 칼슘의 도움을 받아 응고인자가 활성화되어 외인성 경로가 시작된다.

항응고 기전(섬유소 용해)

plasminogen ⟶ plasmin → 혈전, 섬유소원, 섬유소, 응고인자 파괴 + Ca^{2+} ↓ + 헤파린

혈장에 존재하는 plasminogen이 plasmin으로 전환한다. plasmin이 혈전, 섬유소원, 섬유소, 응고인자를 파괴함으로 혈액응고를 방지한다. 혈액 내 Ca^{2+}을 낮춤으로 항응고제로 작용한다.
혈액 내 헤파린이 혈액응고를 방지한다.

출혈성 질환의 비교

	1차 지혈 장애			2차 지혈 장애	
원인	혈소판 결함 ITP에서 증가 : 항체로 덮여진 혈소판은 대식세포에 의해 파괴 Von Willebrand's Disease : 혈소판의 구조적 결함, 응고인자 Ⅷ 활성 저하			응고계 결함 혈우병 Von Willebrand's Disease : 혈소판의 구조적 결함, 응고인자 Ⅷ 활성 저하	
기전	혈액 응고기전에 의하지 않고 혈소판 기능에 의함			응고인자 부족으로 2차 지혈 과정 장애로 심부 출혈	
증상	superficial	피부, 점막, 코, 소화기, 비뇨기계		deep	피하, 근육, 관절, 후복막
	소화기계, 비뇨기계	위장관, 비뇨생식기관 점막에서 점상출혈		소화기계, 비뇨기계	소화기계, 비뇨기계에서 쉽게 출혈
	피부	피부의 출혈반, 점상출혈, 반상출혈, 자반 찰과상에 의한 다량의 지속적 출혈		혈관절증	관절강 내 출혈
				혈종	피하조직, 근육 내, 말초신경 근처에 혈종 *혈종 : 내출혈로 혈액이 한 곳에 모여 혹과 같이 된 것
		점상출혈 (petechiae)	1~3mm		
		반상출혈 (eccyhosis)	점상출혈보다 크고 다양하다.	찰과상	찰과상에 의한 표재성 출혈은 혈소판 마개 형성으로 심각한 문제를 일으키지 않는다
		자반(purpura)	점상출혈보다 크다.		
	즉시	외상 후 즉시 출혈 시작		지연	수시간~수일 뒤 지속적 출혈
출혈시간 (bleeding time)	지연	1~6분 이상		정상	혈소판은 정상으로 출혈시간은 정상

10 혈우병

기전 임용 16 국시 07, 08	응고인자 Ⅷ(혈우병 A), Ⅸ(혈우병 B), ⅩⅠ의 결핍이며 출혈 부위에 형성된 혈소판 마개에 응고인자 부족으로 인한 2차 지혈 과정 장애이다. 섬유소가 응집되지 못해 심부 출혈과 출혈이 지속된다.		
종류	혈우병 A (고전적 혈우병)	응고인자 Ⅷ 결핍 임용 16, 24	혈우병 A & B는 반성 열성 유전이다. 유전성 응고장애로 X염색체 열성 유전으로 아들과 딸이 다르게 유전된다. * 반성 열성 유전 : 성염색체에 있는 유전자에 의해 일어나는 유전현상 혈우병 B보다 혈우병 A가 5배 많다. 임상증상과 예후에는 거의 차이가 없다.
	혈우병 B (christmas 질병)	응고인자 Ⅸ 결핍	
	혈우병 C	응고인자 ⅩⅠ 결핍	상염색체 열성 유전

반성 열성 유전 양식 임용 07, 16

x = 열성 질환 유전자
X or Y = 우성 정상 유전자
XY or XX = 정상
xx or xY = 질환 상태
Xx = 보인자 상태

어머니 보인자(xX), 아버지 정상(XY)	XY : 25% 정상 남성
	XX : 25% 정상 여성
	xY : 25% 질환자 남성
	xX : 25% 보인자 여성
	자녀의 50% 정상, 25% 보인자, 25% 질환자
아버지 질환자(xY), 어머니 정상(XX)	XY : 25% 정상(남성)
	Xx : 25% 보인자(여성)
	XY : 25% 정상(남성)
	Xx : 25% 보인자(여성)
	자녀의 50% 정상, 50% 보인자

증상 국시 03

피부의 출혈반은 적음		점상출혈, 반상출혈, 자반은 혈액응고기전에 의하지 않고 혈소판 기능에 의하므로 흔하지 않다. 찰과상 같은 표재성 출혈은 혈소판 마개 형성으로 심각한 문제를 일으키지 않는다.
출혈		지연된 출혈, 비출혈, 구강 출혈, 위장 출혈, 낙상이나 복부 외상으로 비장 파열, 요로계 외상으로 혈뇨, 두개내 출혈
혈종	가벼운 외상	가벼운 외상으로 피하조직, 근육 내, 말초신경 근처에 혈종 형성
	신경 이상	혈종에 의한 압박으로 신경이 눌려 지각 이상, 통증, 마비
	쇼크	대퇴 안으로 혈액 손실이 심해지면 쇼크
혈관절증	혈관절	정상 무릎 관절 / 관절 내 출혈 / 관절낭의 혈액성 부종 윤활세포, 윤활막, 연골, 피막, 혈구, 윤활세포 혈관절증과 관절 파괴는 혈우병의 특징이다. 가벼운 외상으로 관절 종창, 통증, 강직
	관절기형	혈관절증 재발로 관절운동 상실, 관절 퇴행과 경축, 근육 위축으로 심한 관절기형, 영구적 불구

진단검사 국시06

지연	aPTT 국시03		aPTT(활성 부분 트롬보플라스틴 시간) 25~40초 국시23 지혈에 관여하는 응고의 내인성 경로평가로 지연된다. 응고인자 Ⅷ은 내인성 경로를 담당한다. 혈우병은 응고인자 Ⅷ 결핍이다.
	응고시간		9~12분 응고과정평가로 심한 응고문제로 응고시간이 지연된다. 심한 응고문제, 헤파린 투여 시 지연
정상	혈청 칼슘 수치		정상 : 8.5~11mg/dL
	PT		PT(프로트롬빈 시간) 정상 : 11~15초 응고의 외인성 경로(응고인자 Ⅰ, Ⅱ, Ⅴ, Ⅵ, Ⅶ, Ⅹ) 평가로 정상이다. 혈우병은 외인성 경로는 정상이다.
	혈소판 수치		
	출혈시간	의의	출혈시간은 1차 지혈 이상 파악으로 1차 지혈 주역은 혈소판이다.
		지연	혈소판 문제, 혈소판감소증(ITP), 혈소판 기능이상증, Von Willebrand's Disease
		정상	1~6분, 2차 지혈 이상인 혈우병과 비타민 K 결핍증에서 출혈시간은 정상이다. fibrin이 생기지 않지만 혈소판이 상처를 막아 출혈이 멎는다.
	thrombin time	의의	섬유소원(fibrinogen)이 섬유소(fibrin)로 전환되어 응고될 때까지 시간을 측정하여 트롬빈의 적절성 평가이다.
		정상	10~15초, 혈우병
		지연	산재성 혈관내응고증(DIC), 저섬유소원혈증, 과도한 헤파린(thrombin 길항제)

약물

EACA : aminocaproic acid	기전	섬유소 용해 억제제로 plasminogen의 활성화를 억제하여 섬유소 용해를 방지하여 응고 형성을 유지한다.
	방법	구강 수술 전 투여 경구용 약제로 약으로 입안을 헹군 다음 삼킨다.
desmopression (데스모프레신, DDAVP)	기전	합성 vasopressin유사체로 항이뇨호르몬(ADH)제제이다. 응고인자 Ⅷ이 증가한다. 혈우병 A에서만 효과
	방법	치과 치료 전 유용, 정맥, 피하주사, 비강스프레이 투여
	적응증	유뇨증, 요붕증(ADH 부족)
응고인자(항혈우인자) 국시22	기전	Ⅷ, Ⅸ 응고인자 농축 제제로 출혈, 혈관절증을 조절한다.
	방법	정맥 주입

간호계획 국시 98

지식부족 R/T 출혈 예방 국시 04	안전한 환경	방법	가정과 놀이 환경을 최대한 안전하게 한다. 침대를 패드로 처리한다. 집안 일을 할 때 장갑을 착용한다.
cf) 항암제의 출혈 가능성 : 사정, 구강위생, 전기면도기, 근육주사, valsalva 금지, 직장 삽입 금지, 운동금지, 약물 제한(항응고제, 아스피린, 알코올)		근거	사소한 작은 외상 후 수시간, 수일 후 출혈이 시작되며 느리고 오래가며 계속되는 지연되는 출혈을 가진다.
	운동	방법 국시 19	수영, 테니스 같은 접촉이 많지 않은 스포츠에 참여한다. 등산, 달리기, 자전거 타기, 스케이트 보드 타기, 인라인 스케이트 타기를 하지 않는다. 국시 22
		근거	위험한 활동으로 관절 손상에 혈관절증 재발로 심한 관절기형, 머리손상에 의해 두개내 출혈은 생명을 위협한다.
	보호대	방법	활동 시 머리보호 장구, 팔꿈치, 무릎 보호대를 착용한다.
		근거	머리보호 장구는 운동 시 두개내 출혈을 방지하고 무릎, 팔꿈치 보호대는 관절을 보호한다.
	음식	방법	단단하고 자극성 음식을 먹지 않고 부드러운 저자극성 식이를 한다.
		근거	단단하고 자극성 음식은 잇몸에 손상을 주어 출혈을 유발한다.
	약물 제한 국시 05	방법	응고 시간을 증가시키는 약물을 피한다.
		근거	항응고제: Heparin(thrombin 길항제), Warfarin(Vit K 길항제)
			혈전 용해제: streptokinase, urokinase, tPA 섬유소 혈전 용해
			NSAIDs 국시 19, 22: Aspirin, ibuprofen, indomethacin (Indocin) 항혈소판 제제로 COX-1이 매개하는 트롬복산 A2 생성을 억제하여 혈소판 응집을 억제하여 출혈을 일으킨다. 진통제로 acetaminophen, codein을 투여한다. NSAID나 아스피린을 투여하지 않는다.
			항암제: 골수 기능을 억압하여 혈소판을 감소한다.
			알코올: 알코올은 응고시간을 증가시켜 출혈을 일으킨다.

지식부족 R/T 출혈 예방 국시 04	약물 제한 국시 05	근거	항감염제	rifampin(Rifadin)	혈소판 감소
				PAS	응고장애
			항생제 ☆ PS	penicillin	응집 반응 감소
				sulfonamides	혈소판 감소증
			항경련제	carbamazepine(tegretol), valproic acid(depakene) 골수 기능 억제로 혈소판 감소	

운동장애 R/T 관절의 경직이나 구축	인식	방법	혈관절이 반복되지 않도록 한다.
		효과	혈관절이 반복되면 관절 내 혈액이 완전하게 흡수되지 못한다. 관절 운동 상실과 관절 고정, 근위축으로 관절 기형이 일어난다.
	상승(E)	방법	출혈 부위를 상승한다.
		효과	상승은 중력 영향으로 혈류를 감소시켜 관절강으로 출혈을 감소한다.
	냉찜질(I)	방법	관절 주변을 냉찜질한다.
		효과	냉찜질로 지혈과 관절의 통증을 완화한다.
	부목, 부동 (P, R)	방법	부동을 유지한다.
		효과	움직임으로 인한 손상을 방지한다. 환부를 많이 움직임으로 혈관 손상에 의한 출혈을 감소한다.
	혈액 흡인	방법	통증이 심하면 관절의 혈액을 흡인한다.
		효과	관절의 혈액 흡인으로 관절 통증을 완화한다.
	ROM 수행	방법	체중이 부하되지 않는 능동적 ROM 운동을 한다. 출혈이 멈추고 관절부종이 완전히 가라앉고 근육힘이 정상으로 될 때까지 환측 다리로 걷는 것은 삼간다.
		효과	부동으로 인한 관절구축, 관절고정, 관절기형, 근위축을 예방한다.
	운동	방법	허용 한계 내에서 규칙적 운동, 신체적 활동을 한다.
		효과	관절 주위 근육을 강화한다.
	힘든 작업 제한	방법	육체적으로 힘든 작업은 피한다.
		효과	육체적으로 힘든 작업은 혈관절증이 쉽게 유발된다.
	체중 유지	방법	적절한 체중을 유지한다.
		효과	비만은 관절에 부담을 주므로 체중유지로 관절에 불필요한 압박을 예방한다.

11 폰빌레브란드병(VWD, Von-Willebrand Disease)

원인	폰빌레브란드병은 상염색체 우성 유전질환이다. 출혈장애의 가족력이다. 남자와 여자 모두에게 영향을 미친다. 유전성 출혈 질환 중 가장 흔하다. ex) 상염색체 우성 유전질환 : 유전구상 적혈구증, 폰빌레브란드병	
병태 생리	혈소판 장애	폰빌레브란드 인자(단백)는 내피조직의 손상부위에 혈소판을 부착해 혈액응고 형성을 돕는다. 폰빌레브란드 인자(단백)의 결핍은 혈소판 기능장애가 나타난다.
	응고인자 Ⅷ 결핍	폰빌레브란드 인자(단백)는 응고인자 Ⅷ 운반체 역할을 한다. 폰빌레브란드 인자(단백)의 결핍은 응고인자 Ⅷ의 결핍을 유발한다.
증상	코피, 잇몸출혈, 베인 곳에서 장시간 출혈, 외상 후 과도한 출혈, 월경과다	
진단 검사	출혈시간 연장	출혈시간(bleeding time) 증가는 폰빌레브란드 인자(단백)의 결핍은 내피조직의 손상부위에 혈소판 부착의 장애로 발생한다.
	aPTT 연장	부분 트롬보플라스틴 시간 증가 응고인자 8번 운반 장애로 내인성 경로에 문제가 생겨 증가한다.
	폰빌레브란드 인자 감소	혈장 내 폰빌레브란드 인자 감소
치료	DDAVP	DDAVP(desmopressin acetate)의 정맥 내 또는 비강 내 투여방법이다. DDAVP제제는 응고인자 8번이 증가한다.
	응고인자 Ⅷ제제	폰빌레브란드 인자를 포함하는 것으로 알려진 고순도 응고인자 Ⅷ제제는 폰빌레브란드병을 치료한다.

12. 면역성 혈소판 감소성 자반증(특발성 혈소판 감소성 자반증, immune thrombocytopenic purpura)

병태생리 국시 04	혈소판에 대한 항체가 생겨서 항체로 덮힌 혈소판은 비장에 도착하면 대식세포에 파괴된다. 혈소판이 감소하여 1차 지혈 장애로 피부에 자반과 점막 내 출혈이 생긴다.		
역학	어린이, 젊은 여성에게 흔하다.		
증상 국시 04	출혈	**자반증** 피가 작은 혈관 밖으로 새어나가 피부에 붉은색 반점을 띠는 현상 피부 & 점막에 점상출혈, 반상출혈, 자반, 비출혈, 잇몸출혈, 토혈(위장 출혈), 흑변(장관 출혈), 혈뇨(요로계 출혈), 월경 과다(여성), 성기출혈, 두개 내 출혈	
	빈혈	심한 출혈 시 창백, 활동 시 호흡곤란, 활동 내구성 감소, 피곤	
	비장 비대, 림프 비대 없음	비장 비대, 림프 비대가 없다. 비장 비대, 림프 비대가 있으면 다른 질환을 먼저 고려한다.	
		cf) 비장 비대	
		간질환	문맥압 증가로 비장기능 변화를 초래하여 백혈구 감소증, 적혈구 감소증, 혈소판 감소증
		외적 용혈성 빈혈	항체로 덮힌 적혈구는 비장에서 파괴
지혈대 검사 양성 (모세혈관 취약성 검사)	정의	정맥을 압박하여 모세혈관 내 증가된 압박으로 모세혈관 벽의 탄력 측정 cf) 정맥류: Trendelenburg검사(지혈대 검사)	
	방법	혈압계의 cuff를 팽창시켜 수축기와 이완기 혈압의 중간압으로 상승시켜 순환이 정지된 상태를 5분 동안 유지시킨다. 모세혈관이 파열되어 생긴 출혈반(petechia)을 cuff로부터 5cm 원 내에 찾아 그 수를 측정한다.	
	정상인	10개 미만	
	양성반응	10개 이상 모세혈관 벽의 약화, 혈소판 결손, 혈소판 감소증, 혈관자반증일 때 점상출혈이 출현한다.	

진단검사	혈소판↓	100,000/mm³ 이하 혈소판 감소로 출혈 위험이 있다. (정상 : 150,000~400,000) anti-platelet antibody(항혈소판 항체) 혈소판 크기가 커져 있다.	
	출혈시간↑	출혈시간 연장 출혈시간 : 출혈이 계속되는 시간 검사로 혈소판 기능 평가 정상 범위 : 1~6분	
	PT, aPTT, 응고시간	정상	aPTT : 내인성 경로, 응고인자 Ⅷ, PT : 외인성 경로 cf) 응고시간 지연 : 심한 응고 문제, 헤파린, 혈우병
	골수 검사	줄기세포에서 혈소판까지 (줄기세포 → 전구세포 → 모세포(MEP) → 거대핵모세포 → 거대핵세포 → 혈소판) 정상 골수로 거대 핵세포(혈소판의 전구체) 수가 증가한다. cf) 재생불량성 빈혈(골수 기능 장애로 조혈모 세포가 감소하여 범혈구 감소증, 적혈구, 백혈구, 혈소판이 모두 감소)의 골수 검사는 골수의 조혈조직 감소로 거대핵세포(megakaryocyte)는 거의 볼 수 없다.	
치료	steroid 요법 국시 24	steroid 요법으로 면역반응에 항원-항체 반응 감소로 비장의 혈소판 파괴가 감소하여 혈소판 수가 정상화된다.	
	IVIG (intraven- ous immunogl- obulin)	IVIG 1회 용량으로 혈소판이 증가하나 효과가 일시적이다.	
		면역글로불린에 함유된 특이 항체가 면역 반응을 방해하여 인체가 항체를 생산할 수 없다. 11개월 동안 생 백신 접종을 미룬다.	
		가와사키 질환	감마글로불린 투여는 혈관 내피세포 증식 억제로 항염 효과, 관상동맥 발생을 감소한다.
	혈소판 주입	출혈이 심할 경우 혈소판을 주입한다. 그러나 항혈소판 항체는 수혈한 혈소판에도 결합한다.	
	비장 절제술	6세 이상 소아에서 1년 이상 ITP와 다른 치료로 효과가 없을 때 실시한다. 혈소판 파괴 기관을 제거함으로 혈소판 수를 정상으로 회복한다.	

13. 헨노흐 손라인 자반증(Henoch-Schönlein Purpura), 알레르기성 자반증, 아나필락시스양(Anaphylactoid) 자반증

정의 국시 22	☆ 헨노흐 손라인 자반증은 위관 신자 비혈소판 감소성 자반, 위장관 증상, 신장, 관절 증상으로 아동들에게 나타난다.
원인 국시 22	상기도 감염 : streptococci, adenovirus, mycoplasma(50%) 알레르기, 약물 과민반응
병태생리 국시 22	세동맥, 세정맥, 모세혈관의 작은 혈관에 염증의 전신성 혈관 장애로 염증과 출혈을 야기한다. 비혈소판 감소성 자반으로 피부의 점상출혈을 일으킨다. 피부, 신장 등에 침착되고 혈관의 염증 반응을 동반한다. 복부 통증, 출혈 등의 위장관 증상과 관절염, 종창 등의 관절 증상과 신장염의 신장에 사구체 출혈 증상을 가진다. | cf) 가와사키질환	중간 크기 혈관
폐쇄성 혈전 혈관염	상하지 원위부의 중소 동정맥
레이노병	손가락, 발가락의 작은 피부 동맥	
기간 국시 22	경과는 양호하고, 지속시간은 4~5주이나 재발 가능하다. 단순한 급성 발병인 경우 1개월 이내 회복한다.

증상 임용 08 / 국시 22 ☆ 헨노흐 손라인 자반증은 위관에 있는 신자이다

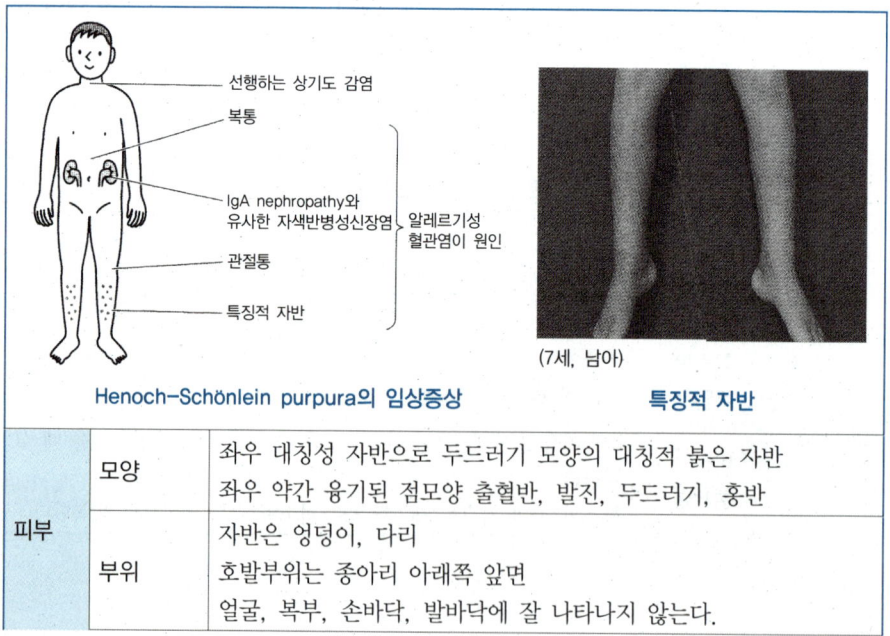

Henoch-Schönlein purpura의 임상증상   특징적 자반 (7세, 남아)

피부	모양	좌우 대칭성 자반으로 두드러기 모양의 대칭적 붉은 자반 좌우 약간 융기된 점모양 출혈반, 발진, 두드러기, 홍반
	부위	자반은 엉덩이, 다리 호발부위는 종아리 아래쪽 앞면 얼굴, 복부, 손바닥, 발바닥에 잘 나타나지 않는다.

피부	cf) 심내막염	Janeway's lesion	손바닥과 발바닥에 무통의 적색 병변, 출혈 불규칙하고 검붉은 색의 편평한 반점
		Osler's node	손가락, 발가락, 발에 통증을 수반한 융기된 병변
	cf) 류머티스열	윤상홍반	초생달 모양으로 중앙은 깨끗하나 주위가 명확한 선으로 둘러싸인 이동성 발진이다. 홍반성 반점은 중심부가 희고 경계선이 뚜렷한 물결 모양의 홍반성 구진이다. 소양증이 없는 발진은 몸통에서 시작하여 말초로 퍼진다.
		피하결절	결절은 팔목, 무릎, 손가락, 발가락 등 대칭적으로 발생, 투명한 잿빛이다. 발적, 통증은 없다. 피하결절은 크기가 작고(0.5~1cm), 압통이 없는 종창으로 발병 직후에 지속되다가 점차 소실된다. 발, 손, 팔꿈치, 두피, 견갑골, 척추 같은 뼈 돌출부 위에 무리를 짓는다.
위장관			배꼽 부근에 심한 산통, 구토, 위장관 출혈
신장 [국시 22]			신장 침범이 예후에 중요한 인자 육안적, 현미경상 혈뇨, 단백뇨, 핍뇨, 고혈압, 질소혈증 만성 신장염과 신부전 진행 가능
관절			무릎과 발목 관절에 관절염, 관절 종창, 관절통 후유증 없이 수일 내 사라진다. cf) 혈우병 : 무릎의 혈관절증 재발로 심한 관절 기형, 영구적 불구 초래

진단 검사	IgA, IgM	50%에서 혈청 IgA, IgM 증가
	증가	백혈구, 호산구 약간 증가
	정상	출혈시간, 혈소판수, 응고시간은 정상 cf) 출혈시간 지연 : 혈소판 문제
	요 검사	신장에 침범한 경우 적혈구, 백혈구 발견
치료	신장 질환	심한 복통, 신장 침범에 입원을 해서 치료한다. 신장 질환에 수분 전해질 균형, 소금 섭취와 혈압을 모니터한다.
	Prednisone	관절통, 복부 산통에 스테로이드를 처방한다. 자반증과 신장 침범에 영향을 주지 못한다.
간호	대증요법	충분한 수분 공급, 통증 조절의 대증요법을 한다.
	관절통	관절통이 있으면 적절한 체위 유지와 조심스럽게 움직인다.
	일시적	소매가 긴 옷과 바지를 입히고, 일시적 증상이라고 설명한다.

14 파종성 혈관 내 응고증(산재성 혈관 내 응고증, DIC)

정의	응고기전이 갑작스럽게 비정상적으로 자극되는 상태이다. 정상적 응고기전에서 응고의 형성과 분해가 조화를 이루지만 DIC에서 균형이 깨진다.
원인	악성 종양, 패혈증, 태반조기박리, 양수색전증
기전	(DIC의 병태생리 도식: 기저질환 → trigger → 응고계 활성화 → 응고인자, 혈소판의 소모 → 출혈증상; 응고계 활성화 → 미세혈전 → 장기증상; 미세혈전 → 섬유소용해계 활성화 → 출혈증상)

기전	혈전	비정상적 응고가 폭발적으로 일어나면 광범위하게 미세혈전이 형성되어 확산된다.
	출혈	이 과정에서 혈소판, 응고인자, 섬유소원이 모두 고갈된다.
		과도한 혈전 형성은 섬유소 용해과정 활성화로 심한 출혈을 야기한다.

증상 국시 09	혈전	중추신경계	중추신경계에 혈전이 형성되면 뇌혈류를 차단하여 의식 수준 변화
		신장	혈전이 흔히 형성되는 기관은 신장이며, 혈뇨가 나타난다.
		적혈구	혈전에 의해 적혈구 손상으로 적혈구수가 감소되는 용혈성 빈혈
	출혈 국시 19		혈소판과 응고인자가 소모되어 출혈, 점상출혈, 반상출혈, 비출혈, 대변에 혈액 양성 반응, 혈뇨

검사 국시 09	감소	platelet count 감소 응고인자 factor I(fibrinogen), Ⅱ, Ⅴ, Ⅶ 감소 plasminogen 감소, 섬유소원 감소 antithrombin Ⅲ(헤파린의 보조 인자) 감소
	증가	D-dimer(D이합체), FDP(plasmin에 의해 분해된 섬유소 분해산물) 증가 출혈 시간, PT, PTT, TT 증가 ex) 폐색전 : D-dimer 증가

치료	혈전 치료	항응고제로 thrombin길항제인 heparin 사용 혈전이 증가하지 않도록 한다.
	출혈 치료	혈액제제	응고인자들이 있는 동결침전제제, 신선냉동혈장, 혈소판 투여 출혈로 혈량이 부족하면 수혈한다.
		EACA	EACA : epsilon aminocaproic acid(Anmicar : 섬유소 용해요소 억제제) 투여로 응고 형성 유지 ex) 혈우병 : EACA는 plasminogen 활성화를 억제하여 섬유소 용해를 방지하여 응고 형성 유지

진단검사 결과 비교

검사	정상	DIC	혈우병	ITP
혈소판	15~40만	감소	정상	감소
출혈시간	1~3분	지연	정상	연장
aPTT	25~45초	지연	지연	정상
PT	11~15초	지연	정상	정상

15 호중구 감소증, 무과립세포증

정의	호중구 감소증	말초혈액 속 절대 호중구수가 1,500개/m^3 이하 정상 범주 : 2,800~7,000/μL, 50~70%
	무과립구증 [국시 20]	말초혈액 속 절대 호중구가 500개/μL 이하 세균 침범에 극도로 취약
	절대 호중구수 (Absolute Neutrophil Count : ANC)	총 백혈구수에 호중구가 차지하는 비율을 곱해 얻는다. ex) $4,000 \times \frac{30}{100}\% = 1,200$
발생기전	감염	호중구는 감염균에 일차적 식균 작용하며 절대 호중구수가 500/mm^3 이하로 떨어지면 세균침범에 취약하다. 미생물에 식균 기능인 탐식 반응 감소로 치명적 감염을 유발한다.
	감염 증상 감소	백혈구는 농의 구성요소로 호중구가 감소되면 발적, 부종, 발열의 감염 증상이 나타나지 않을 수 있다. ＊발열 : 백혈구로부터 나온 사이토카인이 체온조절중추인 시상하부 근처의 혈관에서 내재성 발열물질인 프로스타글란딘의 방출을 자극하여 열이 일어난다.

원인 `국시 09`	약물		항암제(항대사제, 알킬화제, 항종양 항생제) 항정신성(clozapine) : 무과립구증은 과립구(호염기구, 호산구, 호중구)의 심한 감소 propylthiouracil(항갑상선제) : 백혈구 감소증, 호중구 감소증(무과립구증)
	혈액질환		재생 불량성 빈혈(골수 부전성 빈혈), 백혈병
	자가면역장애	SLE	항백혈구 항체로 백혈구 감소증, 림프구 감소증, 항혈소판 항체에 의해 혈소판 감소증, 용혈성 빈혈
		류머티스성 관절염	펠티(Felty)증후군(염증성 안질환, 비장 비대, 임파선증, 폐질환, 빈혈, 혈소판 감소증, 과립구 감소증 같은 혈액 이상)
	감염		바이러스 : 홍역(호중구 감소증, 혈소판 감소증) 세균 : 장티푸스- 백혈구 감소, 호중구, 호산구 감소
증상과 징후 `국시 09`	감염 증상 부족		감염 증상들을 감추어 미열만이 유일한 징후
	전형적 감염징후	호흡기계	인후 궤양, 인후통, 기침, 흉통, 호흡곤란
		소화기계	설사, 항문 압통
		비뇨기계	소변 시 작열감, 빈뇨, 긴박뇨
		생식기계	질 소양감, 분비물
		피부, 점막	통증, 발적, 열감, 분비물
	패혈증		감염에 대항할 능력이 없어 패혈증으로 패혈증, 패혈성 쇼크
진단 `국시 05`	백혈구 감소증		백혈구 감소증(4,000/μL 이하) 호중구 감소(1,500/μL) 이하 절대 호중구수(ANC)500/μL 이하
	배양 양성 `국시 21`		비인후, 객담, 소변, 대변, 혈액의 검체물 배양 시 양성반응
치료	항생제		감염 시 객담, 인후 분비물, 소변, 대변, 혈액 검체물을 배양하여 원인균을 확인하여 항생제 투여한다. 발열에 배양결과에 상관없이 즉각적 광범위 항생제를 시작한다. `국시 23` 한 가지 이상 균이 침범한 경우가 흔하므로 항생제는 병용요법한다.
	과립구 집락 자극인자(G-SM) `국시 19`		과립구 집락자극인자(G-SM)인 뉴포젠(neupogen), 필그래스팀(filgrastim) 골수에서 과립구 생산을 자극하여 호중구 생성과 활성화를 자극한다.
	과립구-대식세포 자극인자 (GM-CSF)		
간호			호중구 감소와 관련된 감염의 위험성 ※ 항암제의 간호 참조

16 백혈병

정의

골수에서 증식한 백혈병 세포로 정상적인 조혈 조직이 압박되어 조혈 기능이 저하되어 범혈구 감소로 백혈구, 적혈구, 혈소판 감소가 발생한다. 골수, 림프절, 비장, 간 등 조혈 기관과 중추신경계로 침윤한다.

증상 & 병태생리 [임용 13 / 국시 00, 02, 06] ☆ 골대 비중 신고요

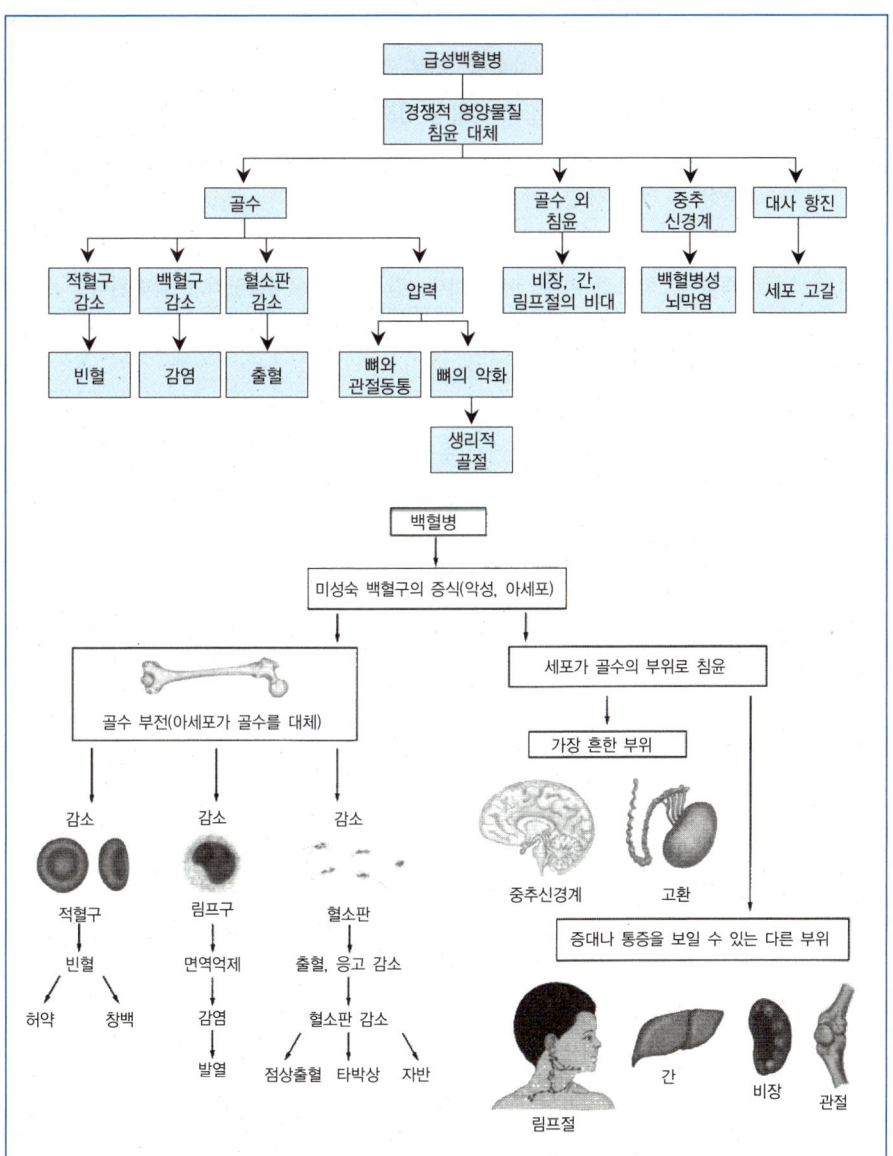

감염	기전	골수에 비정상적 백혈구의 과다 증식과 정상 백혈구 감소는 세균 침입을 방어하지 못한다.
	증상	구강, 인후 감염과 궤양, 폐렴, 발열, 패혈증
빈혈	기전	골수에 비정상적 백혈구의 과다 증식으로 정상적인 조혈조직이 압박으로 조혈 기능이 저하된다. 적혈구의 생성이 부적절하여 적혈구 감소로 빈혈이 발생한다.
	증상	어지러움, 호흡곤란, 식욕부진, 창백, 피로, 전신 권태감
출혈 국시 04	기전	골수에 비정상적 백혈구의 과다 증식으로 정상적인 조혈조직이 압박으로 조혈 기능이 저하된다. 혈소판 생성이 부적절하여 혈소판 감소증으로 출혈 증상이 있다.
	증상	반상출혈, 점상출혈, 잇몸 출혈, 장기 출혈
골수	기전	골수에 비정상적 백혈병 세포가 침윤되어 뼈와 관절의 통증과 뼈를 약화시킨다.
	증상	뼈의 통증, 골절
비대	기전	림프절, 비장, 간에 다량의 비정상적 백혈구가 축적되어 비대된다.
	증상	림프절 비대, 비장 비대, 간 비대로 주위 장기가 압박된다.
중추신경계	기전 뇌 임용 24	중추신경계인 뇌에 비정상적 백혈구를 침윤시켜 뇌압을 상승시킨다.
	증상	뇌압 상승으로 오심, 구토, 불안정, 두통, 지남력 상실, 안저검사에서 유두부종
고요산혈증	기전	다량의 백혈구 파괴로 다량의 요산 방출로 요산 결석이 형성된다.
	증상	요산 결석으로 통증, 폐색 정상 혈청 요산치 (3.4~7.0mg), 요산은 퓨린계의 대사 산물
신부전증	기전	후기에 비정상적 백혈구가 신장을 침윤하면 신부전증이 초래된다.
	증상	요독증(신장 기능이 감소하면서 체내에 쌓인 노폐물들이 배설되지 못한다.)
대사 증가	기전	비정상적 백혈구 증식에 다량의 영양분이 소모되는 신진 대사 증가와 비정상적 백혈구 파괴량이 증가해서 대사 산물이 축적된다.
	증상	허약, 체중 감소

골수검사(골수 흡인과 생검) 국시 24

정의	골수 검사는 골수에서 골수액이나 세포를 흡인하고, 골수생검은 골수에서 조직이나 세포를 얻는다.
목적	골수의 조혈작용 평가로 혈액질환을 진단한다(예) 재생불량성 빈혈, 백혈병, 악성빈혈, 혈소판감소증 등). 골수 흡인이나 골수생검을 통해 적혈구와 백혈구 및 혈소판 전구물질의 수, 크기, 모양 등을 평가하여 골수세포들의 성숙과정에서 나타나는 결함을 판단한다.
검사 과정	2세 미만 영아 경골(정강뼈)에서 골수검사 시행, 척추뼈도 사용한다. ＊ 정강뼈 : 내측에 있는 굵은 뼈 2세 이상 소아, 청소년, 성인 임용 95 / 국시 20 후장골능(뒤쪽엉덩뼈능선)에서 천자하며, 대상자는 복위(엎드린 자세)나 옆으로 누운 자세를 취한다.
골수천자 후 간호	장골능에서 골수검사를 한 경우, 똑바로 누운 상태로 안정을 취하면서 출혈을 예방한다.

요추천자

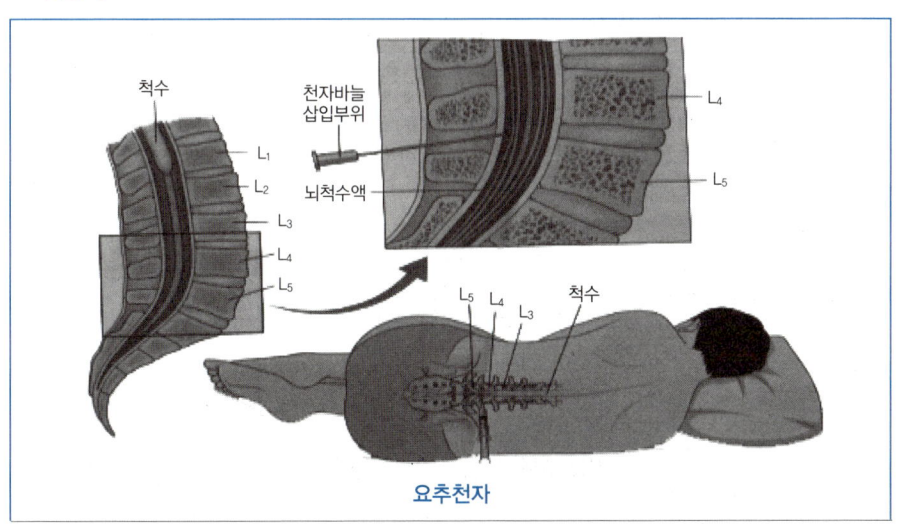

요추천자

CHAPTER 07 혈액과 조혈기관 장애

목적 [임용 24]	진단 목적으로 뇌척수액 압력 측정, 뇌척수액 검체물 채취 [임용 24], 뇌척수액의 순환 상태를 보기 위한 척수액 역동 검사를 한다. 치료 목적으로 척수 마취, 화학요법 및 항생제 주입, 뇌척수액 제거 위해 실시한다.	
방법	요추 3-4번 또는 4-5번 사이의 거미막하강에 척수바늘을 삽입한다. 검사 중 환자는 측위를 취하는데, 다리를 굽혀서 대퇴를 복부에 끌어당겨 붙이고 다리 사이에 베개를 넣어 고정시킨다. 옆구리 밑에 베개를 넣어 척추의 극돌기가 수평을 이룬다. 머리와 어깨는 최대한 구부려 척추골간의 공간을 넓히며 머리 밑에 조그만 베개를 넣어 수평 체위를 유지한다. [임용 24] * 척수는 성인의 경우 제1요추까지 분포	
검사 후	자세	천자 부위로의 뇌척수액 누출로 두통이 발생할 수 있다. 두통은 앉거나 서 있을 때 심해지며 수평으로 누울 때 두통 감소로 3~6시간 머리를 낮춘 편평위를 유지한다.
	수분 [국시 22]	수분 섭취 권장으로 상실한 뇌척수액을 보충한다.

백혈병 종류

		⭐ 골림
급성	미성숙 백혈병 세포의 이상 증식	급성 림프구성 백혈병
		급성 골수성 백혈병
만성	성숙한 백혈병 세포의 이상 증식	만성 림프구성 백혈병
		만성 골수성 백혈병
조혈모세포	골수구	백혈구, 적혈구, 혈소판
	림프구	T림프구, B림프구, NK세포
백혈구	과립구	호중구, 호산구, 호염기구
	무과립구	림프구, 단핵구

급성 림프구성 백혈병 : ALL

대상	소아기 가장 흔한 악성질환(2~10세), 21번 염색체 삼염색체 아동(다운 증후군)	
기전 [임용 24]	미성숙 림프아구(림프아 세포)가 골수에 축적하여 조혈 기능이 저하되고 정상 적혈구, 백혈구, 혈소판이 감소한다. 미성숙 림프아구가 여러 장기로 침윤·전이되어 간다.	
치료	유지요법	항암요법을 피해 숨어 있다가 분열기로 들어가므로 유지요법이 중요하다.
	골수이식	관해가 되지 않거나 재발한 환자에게 골수이식을 시행한다.
		완전한 관해 : 질병의 임상적·병리적 증거가 없는 상태, 백혈병 세포의 소실로 골수와 말초 혈액소견이 정상
		부분 관해 : 질병의 징후가 없고 혈액소견이 정상이나 골수 내 암세포 존재

급성 골수성 백혈병 : AML

대상	젊은 성인들(15~39세)에게 흔히 나타나며 연령이 많아짐에 따라 발생 증가 소아 백혈병 25~30%, 다운 증후군
기전	과립구의 전구 세포인 미성숙 골수아구(골수모세포)의 비정상적 증식으로 골수에 축적하여 골수에서 조혈 기능이 저하된다. 미성숙 골수아구가 여러 장기로 침윤·전이되어 간다.
치료	활발히 분열하는 세포주기 증가로 단기간 파괴하는 관해요법, 공고요법이 중요하고 유지요법 효과는 없다.
	첫 번째 관해에서 골수이식

만성 림프구성 백혈병 : CLL 국시 08

대상	서구에서 노인에게 흔함(50~70세)
기전	성숙한 비정상적 림프구가 비정상적으로 증식한다. 골수, 림프절에 비정상적 B림프구 축적으로 체액 면역 저하로 항체반응이 억제되어 면역글로불린 합성 감소로 저감마글로불린혈증이 있다. T림프구 기능 이상으로 세포성 면역 저하와 병이 진행하면 비정상적 림프구가 비장, 간에 침윤한다.

만성 골수성 백혈병 : CML

대상	30~50세 발병
기전	90%에서 골수 소견상 염색체 이상으로 필라델피아 염색체와 관련된다. 성숙한 악성 과립구가 비정상적 증식으로 골수, 비장에 비정상적으로 과다 축적된다. * 필라델피아 염색체 : 22번 염색체의 말단이 전좌가 생긴 염색체
증상	현저한 백혈구 증가, 호산구, 호염기구 증가 혈소판 : 초기에 증가, 후기에 감소
치료	항암제인 gleevec으로 치료

백혈병 화학요법 단계

관해 도입(유도)	악성세포를 죽이기 위해 처음 시도하는 단계이다. 관해상태에 숨어있는 종양세포에 추가 화학요법을 하지 않으면 재발한다.
공고요법 (강화요법)	유도치료 직후 유도치료와 동일 약물의 고용량 항암제를 수개월 동안 투여로 재발을 감소한다. 관해 유도 후 남아 있는 잔류 백혈병 세포를 없앤다. 급성 골수성 백혈병은 관해와 공고요법이 중요하다.
유지요법	관해 유지는 저용량 항암제를 경구로 2년에서 3년 투여한다. 급성 림프성 백혈병에서 유지 요법이 중요하다. 급성 골수성 백혈병은 관해유지요법이 효과가 없다.

조혈모 세포이식

정의

타인의 조혈모 세포를 투여받아 주입된 새로운 세포가 환자의 빈 골수에 생착되어 혈액 세포를 만든다.
조혈모 세포이식 합병증에 이식거부반응, 이식편 대 숙주질환, 감염이 있다.
* 조혈모 세포 : 모든 혈액 세포를 만드는 능력을 가진 어머니 세포

합병증으로 면역기능저하 국시21, 24

항암 치료와 방사선 치료	조혈모 세포이식 전 고용량 항암 치료와 방사선 치료로 종양 세포를 최대한 제거한다. 국시22 이후 조혈모 세포를 혈관을 통해 주입해 골수 기능을 회복시킨다.
면역 억제제 국시23	이식거부반응과 이식편 대 숙주질환 예방 위해 면역 억제제를 투여하여 면역 기능이 약해져 감염 위험이 높다.

이식편 대 숙주질환(이식편 대 숙주병, Graft-Versus-Host Disease : GVHD)

정의	동종골수이식에서 흔한 합병증은 이식편 대 숙주질환(GVHD)이다. 동종골수이식은 동종이지만 유전적으로 다른 개체로부터 이식이다. * 동종골수이식 : HLA(Human Leukocyte Antigen)가 일치하는 기증자의 골수혈에 포함된 조혈모 세포를 이식하는 것			
병태생리	이식편 대 숙주질환은 4군 지연형 과민 반응으로 공여자의 이식된 성숙한 T 림프구가 수혜자 세포를 이물질로 인식하는 면역반응으로 수혜자 세포를 파괴하는 현상이다.			
종류 국시07	급성 이식편 대 숙주질환 (GVHD)	시기	이식 후 3개월 이내 발생	
		증상 국시20	소화기 염증	구토, 설사, 복통
			간질환(간염)	빌리루빈 증가, 소양증, 황달
			피부	피부발진
	만성 이식편 대 숙주질환 (GVHD)	시기	이식 3개월 이후 발생	
		증상	점막 건조	눈과 구강점막이 건조해진다.
			소화기 염증	구토, 설사, 복통 식도염이나 장의 흡수 장애
			만성 간염	
			피부	피부발진, 피부경화
예방 국시07	조직 적합성 항원 검사 국시17, 18, 23	공여자와 수혜자의 HLA(조직 적합성 항원, 인간 백혈구 항원)가 일치하도록 한다. HLA는 적혈구를 제외한 신체 모든 세포 표면에 조직 적합성 항원이 있다. 공여자와 수혜자의 HLA형이 맞지 않는 경우 자기와 비자기를 구분하여 이식 조직에 거부 반응을 일으킨다.		
	T 림프구 제거	T 림프구를 제거한 골수 이식을 한다. 부작용이 많다.		
	면역 억제제	이식편 대 숙주질환 예방을 위하여 methotrexate(대사 길항제), cyclosporine를 사용한다.		

17 악성 림프종

정의

면역을 담당하는 림프계에 발생한 악성 종양

호지킨 림프종, 비호지킨 림프종 비교 국시 10

	호지킨 림프종	비호지킨 림프종
정의	호지킨은 면역을 담당하는 림프계에 발생하는 악성 종양이다. 림프절에 존재하는 리드 스턴버그(Reed-Sternberg) 세포가 있다.	리드 스턴버그(Reed-Sternberg) 세포를 가지지 않아 호지킨병으로 분류할 수 없는 모든 악성 림프종이다.
빈도	10%	90%(많다.)
원인	불명 20% EpsteinBarr 바이러스 감염력 가족력 화학물질 노출	정확한 원인은 알려져 있지 않으나 종양 억제 유전자 기능을 잃게 만드는 유전자 손상 바이러스 감염, 자가면역질환 방사선, 유해 화학물질 노출
예후	비교적 양호	호지킨 림프종보다 나쁘다.
초발 부위	첫 발생: 림프절 → 인접한 림프조직 → 인접한 림프조직 → 인접한 림프조직 → 마지막으로 림프조직 이외의 장기 (4병기) **호지킨 림프종의 진행방식** 림프절 90%에서 림프절(2/3 경부 림프절)에서 발생하여 인접 림프조직을 통해 확산 질병이 진행하면서 폐, 간, 비장, 모든 조직 침범	림프절 외에도 많다(40%). 림프절에서 시작하지만 초기 결절 이외 조직을 침범하고, 광범위하게 퍼진다. 초기 결절 이외 위장관, 뼈, 골수, 피부 침범
진행 양식	연속성, 규칙적 질병이 횡경막 윗부분에서 시작하여 상당기간 병변의 림프절에 국한	비연속성, 무작위

증상

	호지킨 림프종	비호지킨 림프종
무통성 림프절 비대 국시 18	통증 없는 림프절 비대이며 결절은 단단하고 종창 비대된 림프절은 주변 신경에 압박을 가하지 않는 한 통증을 유발하지 않는다. cf) 정상 림프절: 작고, 아프지 않고 유동적 림프절	통증 없는 림프절 비대 림프절 밖에서 처음 발생도 많다(40%). 국시 05
압박 증상	식도 압박: 연하곤란 기관: 호흡곤란 신경 압박: 후두마비, 마비, 요추, 천골 신경통 정맥 압박: 정맥 압박으로 사지 부종 림프관 폐색: 림프관이 폐색되면 수분이 전신 조직에 축적되어 전신부종 ＊림프관: 림프관은 과다 간질액, 단백질을 정맥으로 운반 담관 압박: 담관을 눌러 폐쇄성 황달	같음
B symptom (B증상)	일반적임(40%) 악성 림프절의 전신 증상 발열, 야간 발한, 체중 감소 B증상에 예후가 불량하다. 병이 림프절뿐 아니라 전신에 퍼져 있을 때 나타난다. B증상은 비호지킨 림프종(10%)보다 호지킨 림프종(40%)에서 흔하다.	일반적이지 않음(10%) 발열, 야간 발한 체중 감소
소양증	원인은 알 수 없으나 소양증이 심하다.	소양증
뼈 통증	골격 침범으로 뼈 통증	골격 침범으로 뼈 통증

검사

	호지킨 림프종
림프절 생검	호지킨병은 조직 검사에만 정확하게 진단한다. 림프절 생검으로 Reed-Sternberg 세포가 존재한다.

치료

호지킨 림프종	비호지킨 림프종
국소적 RTx가 중요한 역할이다. 종양의 확산 방식이 연속적이고 예측 가능하여 국소적 방사선 치료가 중요하다. 방사선 요법 후 다제병용 화학요법을 보조적 시행한다.	전신적인 질환을 가지므로 방사선 치료는 의미가 적고 처음부터 화학요법으로 전신적 치료한다.

18 다발성 골수종

정의		골수 내 비정상적 형질세포가 증식하는 악성 장애로 비정상적 면역글로불린 생산, 정상 면역글로불린 저하이다. * 형질세포 : B세포로 면역글로불린 생성
병태 생리	M-protein	비정상적 형질세포에서 분비하는 특이 면역글로불린인 M-protein (monoclonal protein)이 혈액과 소변에서 검출된다.
	뼈 파괴	골수 내 비정상적 형질세포가 증식하여 과도하게 생성된 cytokine이 뼈를 파괴한다. 병적 압박골절, 허리와 등 통증, 뼈가 파괴되면 혈중 칼슘이 증가한다. * cytokine : 파골세포 활성 증가, 조골세포 활성 감소
원인		방사선, 화학물질, 제초제, 살충제, 유전으로 추정
증상	뼈 통증B	CRAB(high calcium, renal, anemia, bone lesion) 통증, 자연 골절 발생
	고칼슘혈증C	뼈가 녹으면서 칼슘이 유리되어 고칼슘혈증
	신부전R	혈중 벤스 존스 단백(Bence Jones protein) 증가로 신장으로 배설하여 세뇨관 폐색으로 신장 장애 발생 고칼슘혈증으로 칼슘이 세뇨관을 손상시켜 신장이 손상되고 신부전증 * 벤스-존스(Bence-Jones) 단백 : 소변으로 배출되는 urinary M protein
	골수억제A	골수 성분은 형질세포로 대치되어 적혈구, 백혈구, 혈소판 감소로 빈혈, 감염, 출혈 증상
진단 검사	혈액검사	고칼슘혈증 과립구(호중구, 호산구, 호염기구) 감소증, 빈혈
	혈청단백 전기영동검사	monoclonal protein 증가로 골수종 세포에서 분비하는 특이 면역글로불린 ex) 다발성 경화증 뇌척수액 검사 : IgG의 oligoclonal band
	요단백 전기영동검사	monoclonal protein 검출 벤스-존스(Bence-Jones) 단백 검출
	골수 흡입생검	확진 검사로 골수 내 미성숙 형질세포가 30~95% 증식(정상 : 5%)
	비정상적인 면역글로불린 생산	β_2-microglobulin이 높을수록, albumin이 낮을수록 예후가 좋지 않다.

CHAPTER 08 배뇨 장애

1 개론

신장의 구조

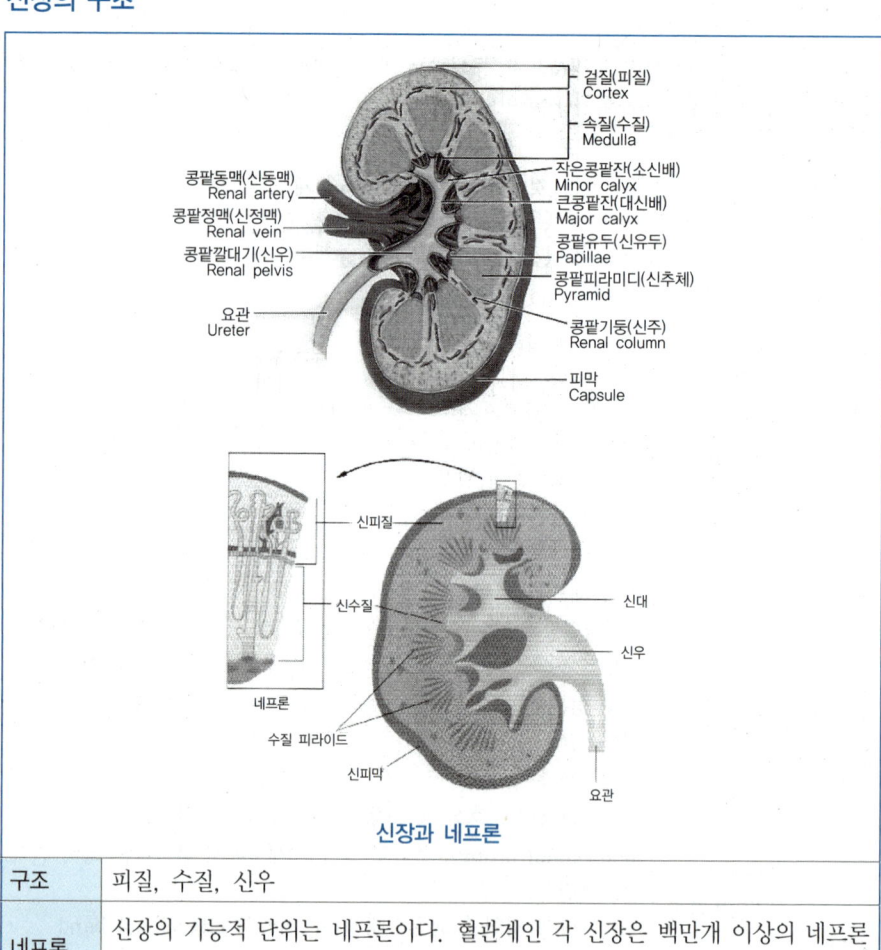

신장과 네프론

구조	피질, 수질, 신우
네프론	신장의 기능적 단위는 네프론이다. 혈관계인 각 신장은 백만개 이상의 네프론으로 구성되며 네프론은 사구체, 세뇨관계로 구성된다.

신장의 기능 임용05 ★ 신장이 혈칼조 체요한다

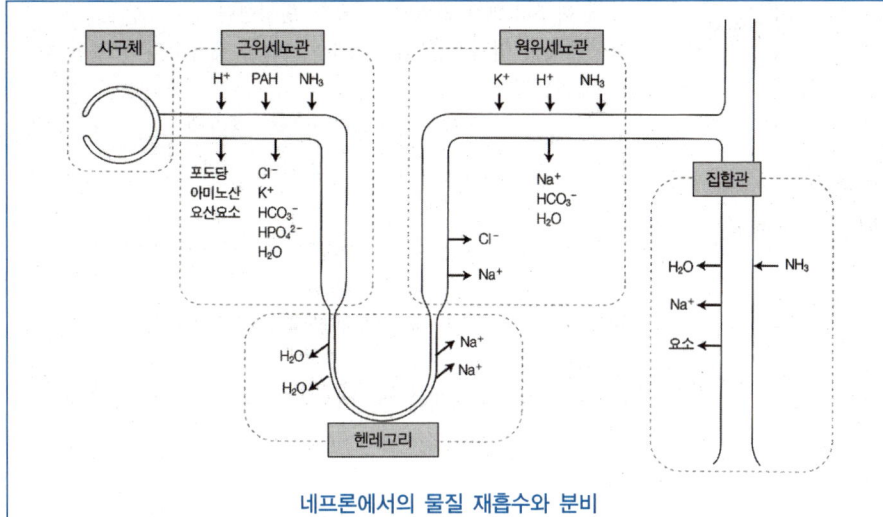

네프론에서의 물질 재흡수와 분비

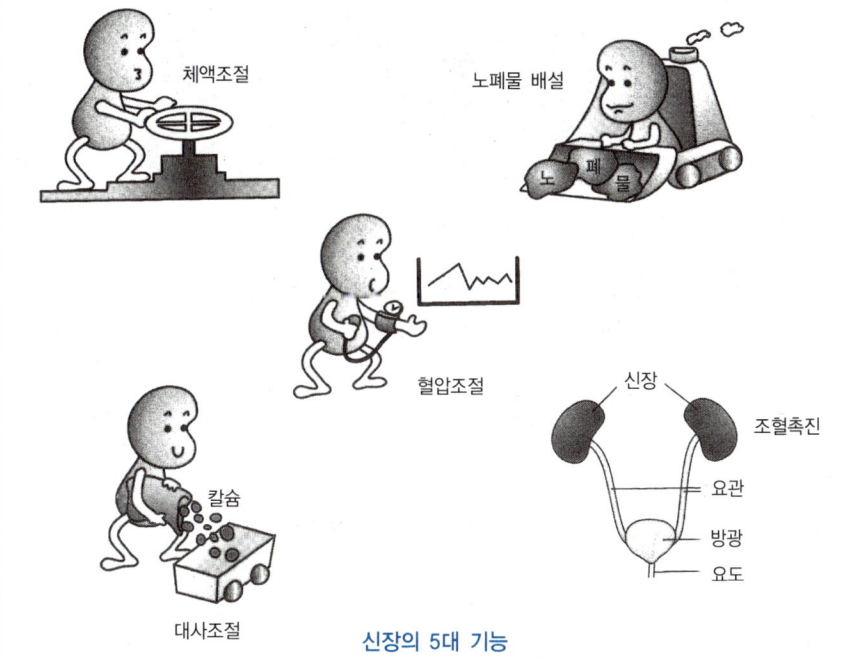

신장의 5대 기능

체액량과 전해질 조절	체액량 감소	체액량 감소에 RAA, ADH 분비가 촉진되어 원위세뇨관과 집합관에서 알도스테론은 Na^+과 수분을 재흡수하고 ADH는 수분을 재흡수하여 체액량을 증가한다.
	Na^+	알도스테론, 레닌-안지오텐신계에 의해 Na^+ 배설을 조절한다. 혈액 내 Na^+이 감소하면 원위세뇨관과 집합관에서 알도스테론은 Na^+을 재흡수한다.
	K^+	알도스테론에 의해 K^+ 분비를 조절한다. 혈액 내 K^+ 증가에 알도스테론은 포타슘을 세뇨관으로 분비하여 혈청 포타슘을 조절한다.

요 형성과 배설	요형성 국시 07	사구체에서 혈액이 여과되며 세뇨관에서 재흡수와 분비과정을 통해 하루 1,200~1,800mL 요를 형성한다. 사구체에서 여과액은 세뇨관에서 99%가 재흡수되며 1%만 체외로 배설된다. 소변 색 : 맑고 투명하며 연한 노란색, 호박색
	배설	대사성 노폐물은 사구체에서 여과되며, 여과된 BUN, creatine, 요소는 소변으로 배설한다. 약물은 직접 신장으로 배설되거나 간에서 비활성 형태로 일차 대사된 다음 신장으로 배설한다.
	산도 조절	케톤산, 인산, 요산, 황산이 신장에서 배설되어 체내 산도를 조절한다. 산-염기 불균형 상태에 수소이온(H^+) 배출, 중탄산 이온(HCO_3^-) 재흡수나 배출시켜 산-염기 균형을 유지한다.
혈압 조절	RAA 공무원 22	renin-angiotensin-aldosterone 체계 신장 안 사구체옆세포(Juxtaglomerular cell)는 혈압 감소에 renin을 분비한다. Renin은 간에 있는 angiotensinogen에 작용하여 angiotensin Ⅰ으로 변화한다. Angiotensin Ⅰ은 폐의 전환효소에 의해 angiotensin Ⅱ로 된다. Angiotensin Ⅱ는 부신피질로 가서 알도스테론 분비를 촉진시켜 원위세뇨관, 집합관에서 Na^+과 수분 재흡수는 증가한다. Angiotensin Ⅱ는 동맥 혈관에 작용하여 혈관을 수축시키므로 혈압이 상승한다.
대사성 기능		비타민 D를 활성화한다. 활성화된 비타민 D에 의해 장의 칼슘 흡수를 자극한다. ex) 신부전 : 활성화된 비타민 D인 디하이드록시 콜레칼시페롤 감소로 칼슘 감소로 신성 골이영양증, 골다공증, 골연화증 초래
조혈 촉진	erythropoietin	신장에서 적혈구 조혈 호르몬(erythropoietin)을 생성하여 골수에서 적혈구 생성에 영향을 미쳐 조혈을 촉진한다. ex) 신부전 : 빈혈

요검사 국시 00

사구체 여과율

정의	사구체 여과율(GFR) : 신장이 1분 동안 특정 물질을 제거하여 깨끗하게 걸러주는 혈액의 양이다(정상 : 90~120mL/분). 국시 18
이눌린 과거임용	물질 A가 사구체에서 여과된 후 세뇨관에서 전혀 재흡수되지 않고 재분비되지 않는다면 이 물질의 배설은 오직 사구체 여과를 통해서만 이루어진다. 이 경우 소변에 배설량은 사구체 여과량과 같다. A와 같은 특징을 가진 물질의 예로 이눌린(inulin)이 있다.

CCr

기전	가장 많이 이용하는 사구체 여과율(GFR) 측정법이다. 사구체 여과율이 떨어지면 혈청 크레아티닌 상승한다. 혈청 Cr 농도와 CCr은 반비례한다.		
방법	소변을 24시간 수집하는데 아침 첫 소변은 버리고 모은다. 혈액의 크레아티닌 측정도 한다.		
임신	CCr, GFR↑	연령↑	CCr↓

요비중(소변 농축검사, Urine Specific Gravity, USG)

정의	신세뇨관의 요 농축, 희석 능력을 나타내고 체액 상태를 평가한다. 요 농축으로 요비중이 증가하고 요 희석으로 요비중이 감소한다.	
정상 국시 20	1.010~1.030	
고정	신세뇨관 손상	요비중 고정은 소변을 농축시키고 희석시키는 신세뇨관 손상으로 요비중이 고정된다.
증가	수분 섭취 감소, 탈수	요비중 증가는 수분 섭취 부족, 체액 손실이 증가되어 탈수
감소	수분 섭취 증가, 요붕증	요비중 감소는 수분을 많이 섭취하면 많은 수분을 배설하여 희석된 요를 배설한다.

임상검사	정상치	비정상	관련 질환	
케톤	없음	존재 임용 20 국시 20	당뇨병	
			기아	혈당이 낮거나 인슐린이 너무 부족하여 포도당을 에너지원으로 이용하지 못하면 몸의 지방을 분해하여 케톤체가 증가한다.
당	0~15mg/dL	증가	당뇨병	혈당이 180mg/dL 신장 역치를 초과하면 소변에서 당이 나온다.
			임신	당에 대한 신장의 요역치 120mg/dL가 저하되어 사구체의 여과 작용 증가와 세뇨관에서 당의 재흡수 장애로 소변에서 당이 나온다.
빌리루빈	없음	증가	간질환	간염으로 직접 빌리루빈이 담관의 담즙 이동 장애로 장 대신 신장을 통하여 배출된다.
pH	pH : 4.6~8.0 국시 24	몇 시간 동안의 소변은 세균 성장에 좋은 알칼리성이 된다.		

단백뇨

병리적 단백뇨 임용 05	신질환	사구체 장애에 따른 단백 투과성 항진이다. 사구체 신염, 신증후군, 만성 신우신염, 신부전, 당뇨성 신병증 ＊만성 신우신염 : 염증이 신실질 침범
	SLE	전신성 홍반성 낭창에서 신장 침범은 급성 사구체 신염, 신증후군으로 단백뇨가 있다.
양성 단백뇨	정의	유발요인을 제거하면 단백뇨는 사라진다.
	기능성	고열, 추위, 스트레스, 외상, 수술, 격렬한 운동
	직립성	환자가 서 있을 때에만 단백질이 소변에 나타난다.

혈뇨

정상	적혈구 0~1개/1HPF(high power field : 고배율 시야)	
양성	적혈구 2개 이상/1HPF	
질환	사구체 신염, 신우신염, 요로감염 (적혈구 10~20개/1HPF) 신결석 신장요로계 암(방광암), 신결핵 출혈성 소인	
	전신 홍반성 낭창	신장 침범은 치명적이며 신장 손상으로 혈뇨, 단백뇨, 소변량 감소
	용혈성 수혈반응	ABO 부적합 수혈에 의한 용혈성 빈혈(제2형 세포 용해성 과민반응)로 혈뇨, 핍뇨, 급성 신부전 발생
	약물	항응고제(heparin, wafarin)
	외상	혈뇨는 신장 타격의 신장요로계 손상 암시

소변 내 백혈구(농뇨)

정상	1~2개/HPF		
양성	기준 [임용 09]		3개 이상/HPF
	신장요로계 감염	증상	농이 많으면 소변은 탁하고 냄새난다.
		신장감염	원주체(소변 내 원주체는 사구체, 세뇨관 질병 의미)
		방광감염	원주체는 없다.
	비감염성		요로의 비감염성 염증성 질병에 소변 내 백혈구가 나타난다.

원주체(cast), 조직절편

기전	적혈구 원주체, 백혈구 원주체로 원주체는 단백질 응집으로 네프론에서 유기화된 구성요소이다.
정상	0개/HPF
양성	소변 내 원주체는 사구체, 세뇨관 질병 의미

혈액요소질소(BUN)

기전	혈액요소질소(BUN)는 단백질 대사의 최종산물이며, 신장을 통해 배설한다. 사구체 여과율이 떨어졌을 때 혈액요소질소가 상승한다.
정상 [국시 18, 20]	6~20mg/dL
증가	탈수, 체내 단백질 이화작용, 외상, 위장관 출혈, 고단백 식이, 감염, 발열, 만성 신부전

Cr

정의	신장 기능에 정확한 지표로 혈액요소질소(BUN)보다 신뢰도가 높다. 근육에서 생성(항상 일정량 발생, BUN과 달리 식사와 관계 없음)되는 노폐물로 신장에서 제거된다.
정상 [국시 05, 19, 21]	0.6~1.5mg/dL
상승	신기능 저하일 때 상승

BUN/Cr ratio

정상	10 : 1
> 10 : 1	수분부족, 탈수, corticosteroid(단백질 이화작용), 감염, 발열, 외상, 위장관 출혈, 고단백 식이에 BUN 증가로 발생
< 10 : 1	수분과잉
BUN/Cr 둘 다↑	신장 기능 부전

2 요실금

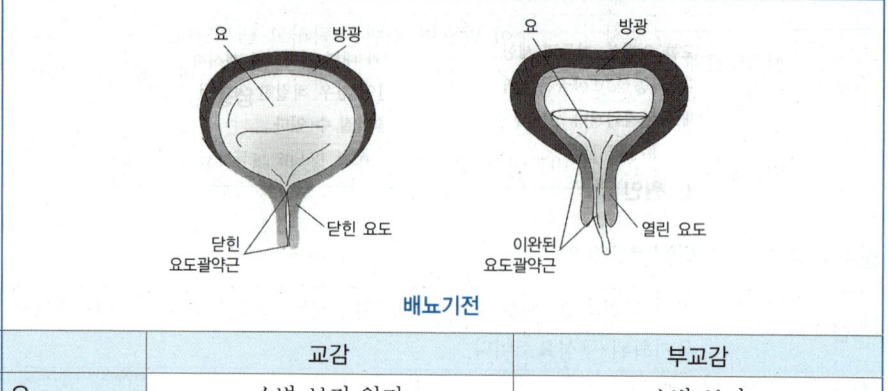

배뇨기전

	교감	부교감
요	소변 보지 않기	소변 보기
방광	이완	수축
요도 괄약근	수축(α)	이완

배뇨과정

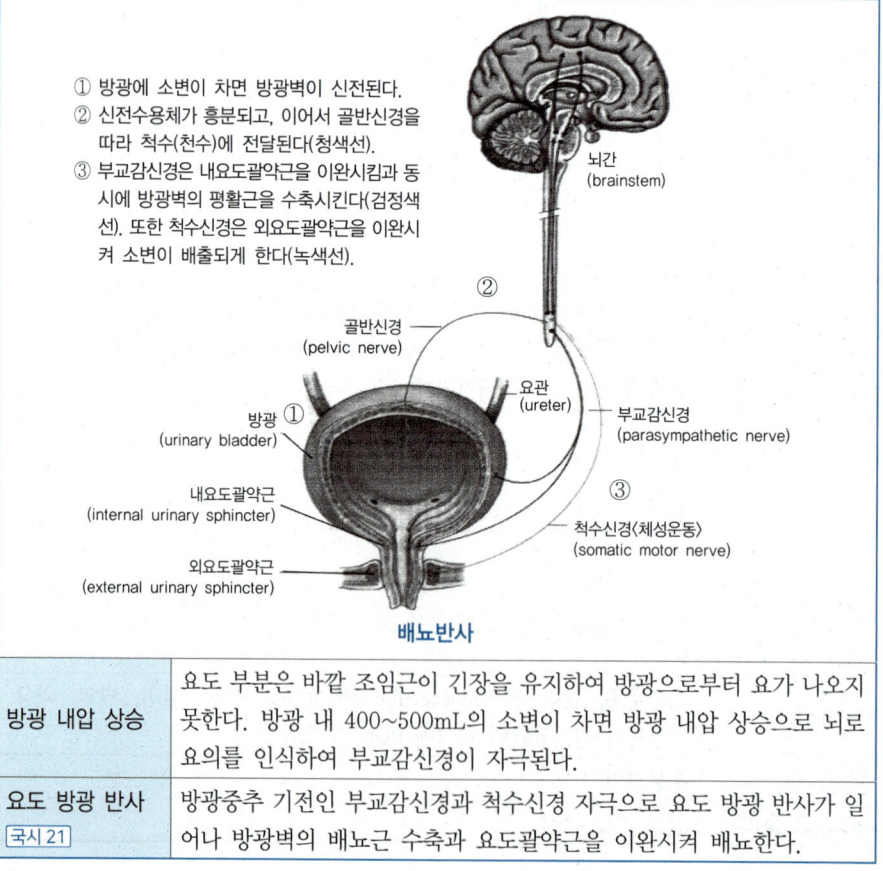

① 방광에 소변이 차면 방광벽이 신전된다.
② 신전수용체가 흥분되고, 이어서 골반신경을 따라 척수(천수)에 전달된다(청색선).
③ 부교감신경은 내요도괄약근을 이완시킴과 동시에 방광벽의 평활근을 수축시킨다(검정색선). 또한 척수신경은 외요도괄약근을 이완시켜 소변이 배출되게 한다(녹색선).

배뇨반사

방광 내압 상승	요도 부분은 바깥 조임근이 긴장을 유지하여 방광으로부터 요가 나오지 못한다. 방광 내 400~500mL의 소변이 차면 방광 내압 상승으로 뇌로 요의를 인식하여 부교감신경이 자극된다.
요도 방광 반사 국시 21	방광중추 기전인 부교감신경과 척수신경 자극으로 요도 방광 반사가 일어나 방광벽의 배뇨근 수축과 요도괄약근을 이완시켜 배뇨한다.

스트레스성(복압성) 요실금 국시 09 ★ 긴스범

정의		복부 내압이 갑자기 증가하여 방광을 압박함으로 요실금이 초래된다.
증상 국시 23		요의 없이 심한 기침, 재채기, 크게 웃을 때, 흥분할 때, 운동, 뛰거나 달릴 때, 줄넘기나 계단을 급히 오를 때, 무거운 물건을 들어올릴 때, 허리를 굽혔다가 갑자기 일어설 때 복부 내압 증가 시 요실금
원인 기전	치골미골근 약화	골반근육(회음근육)이 이완된 여성으로 치골미골근은 방광경부와 요도후벽이 만나는 자리에 90~100°인 요도방광각을 형성한다. 방광압이 높아질 때 소변이 새지 않도록 한다. 치골미골근의 지지가 약할 때 요도방광각이 100° 이상 벌어지고 방광경부가 밑으로 처져 요도 외괄약근의 긴장도가 약화된다. * 치골 : 골반 앞 면의 골조직, 미골 : 꼬리 뼈
	폐경	에스트로겐이 결핍되면 방광과 요도는 위축되어 긴장력이 떨어진다.
	비만	복막 안 지방이 쌓여 복부 내압 증가로 방광을 처지게 만든다.
	선천적	선천적 배뇨 조절 기전 약화로 젊은 미혼 여성 요실금자의 14%는 어려서부터 요실금이 있다.
약물	α-아드레날린 작용제	기전	방광경부와 요도의 괄약근에 $α_1$-교감신경 수용체가 많이 분포되어 있다. 교감신경 흥분제는 방광경부와 요도의 괄약근을 수축시켜 복부 내압이 갑자기 증가하여 방광을 압박할 때 요실금을 방지한다.
		약물	Ephedrine, 페닐에프린[Phenylephrine(Neo-Synephrine)], Norephedrine, Phenylpropanolamine
		적응증	알레르기성 비염(비상 흡입용 비충혈 제거제, $α$-아드레날린 작용제)
	에스트로겐 제제	기전	에스트로겐은 폐경기 여성에서 요도의 혈관 분포와 점막을 증가시켜 요도의 기능 회복과 요도 자극을 감소한다. * 폐경 시 에스트로겐 감소로 요도 점막 감소, pH 증가로 요도염
		약물	Quinestradiol, Piperazine estrone, Estriol, premarin cream, estrace cream
		중재	경구로 투여하거나 질벽에 국소 도포

긴박성(절박성) 요실금 [국시 13]

정의			방광 배뇨근의 과잉작용이나 배뇨반사와 방광수축에 외괄약근을 수의적으로 조절할 수 없다. 요의를 느끼면서 소변을 참을 힘이 부족하여 화장실 도달 전에 실금한다. 고령 여자에서 많다.
증상			억제할 수 없는 요의 직후 갑작스런 소변 누출, 소변을 참지 못하고 소변이 마려우면 급하게 배출되므로 화장실 가기 전 소변 누출 빈뇨, 야뇨
원인	불안정성 방광		방광염, 요도염에서 긴박뇨
	신경성 방광		뇌졸중, 치매, 알츠하이머 질환, 파킨슨병, 다발성 경화증 환자가 외괄약근을 수의적으로 조절할 수 없을 때 발생
약물	항콜린성 제제	기전	항콜린성 제제는 방광의 평활근 이완과 방광 용적 증가로 방광의 근긴장도 감소, 배뇨근 자극 감소, 방광 과잉 수축 감소, 방광 감각의 과민성 감소와 요도 조임근을 증가시킨다.
		종류	oxybutynin(Ditropan) : 유뇨증에서 사용 Propantheline(Pro-Bantine) Dicyclomine(Bentyl) : 위산분비 억제제
		적응증	설사약으로 사용
	삼환계 항우울제 (TCA)	기전	부작용 : 항콜린 효과로 소변 정체 항콜린 작용으로 방광 수축을 감소시켜 방광의 과잉 수축 감소, 방광 근육을 이완하고 긴박뇨를 감소시킨다.
		종류	Imipramine(Tofranil), Desipramine(Norpramin), Nortriptyline(Pamalor)
		적응증 ADHD	ADHD에서 NE 증가로 집중력, 주의력을 증가시키고 과잉 행동 감소
		유뇨증	항콜린 효과로 소변 정체, 수면 깊이 감소
	칼슘채널 차단제	기전	평활근 이완제로 방광근 수축을 감소시킨다. 부작용 : 방광근의 수축 감소로 요정체
		종류	nifedipine(procardia, adalat), verapamil(isoptin)
		적응증 고혈압약	고혈압에서 세동맥 확장

범람성(일류성) 요실금

정의		방광을 완전히 비우지 못하여 방광 팽만 상태가 발생하여 방광 내 많은 양의 소변이 축적되어 자신도 모르게 소변이 흘러넘치는 것이다. 소변이 조금씩 지속적으로 새어나와 넘쳐흐르는 요실금이다. 대부분 잔뇨량이 많다.
원인	방광 출구 폐쇄	전립선 비대로 요도가 막혀 방광 출구 폐쇄로 요폐 상태인 경우
	이완성 방광	무반사 방광에서 방광이 충만된 상태에서 방광 근육을 수축하지 못해 소변이 배출되지 못하여 방광을 완전히 비우지 못한다. 방광 팽만 상태가 발생하여 방광 내 많은 양의 소변이 축적되어 자신도 모르게 소변이 흘러넘친다. ex) 신경근육 질환, 당뇨로 인한 신경손상
약물	콜린성제제	기전	콜린성제제는 이완성 방광에서 방광 수축을 자극하여 소변이 배출되도록 한다.
		종류	Bethanechol(Urecholine) 임용11 Neostigmine(Prostigmine) : 콜린분해효소 억제제로 중증 근무력증에서 사용
	α-교감신경 차단제	기전	요도괄약근을 수축시키는 α₁-교감신경을 차단하여 요배출 시 방광 출구와 요도괄약근의 저항 감소로 소변이 나오도록 한다.
		종류	Prazosin(Minipress), doxazosin(cardura) : 고혈압, BPH에 사용

기능성 요실금

정의	요로계는 기능이 정상이나 인지장애(섬망, 망상), 기동장애, 환경적 문제로 발생하며 문제의 원인이 해결되면 실금도 조절된다.

간호계획 국시04

배뇨장애 R/T 요실금과 불안정한 배뇨근, 방광자극 ↓ 방광재훈련으로 요실금이 없어지거나 완화된다.	수분 섭취	방법	2~3L 충분한 수분 섭취로 일정한 간격을 두고 수분을 섭취한다. 국시23
		효과 ☆ 감과배	배뇨 반사 자극	적당한 수분 섭취로 소변생성의 적절한 요량으로 배뇨 반사 자극으로 정상적 배뇨를 증진한다.
			과민성 감소	수분 제한은 소변을 농축시키고 방광의 과민성으로 긴박뇨 증상이 악화된다. 수분 섭취로 소변을 희석시켜 방광 자극을 감소시킨다.
			감염 감소	방광 내 세척효과로 수분 제한은 감염의 전구요인이다.

배뇨장애 R/T
요실금과 불안정한
배뇨근, 방광자극
↓
방광재훈련으로
요실금이 없어지거나
완화된다.

시간		방법	오후 4시 이전에 대부분의 수분을 섭취하고 저녁식사 후, 오후 8시 이후 수분 섭취를 제한한다.
		근거	취침 시 야뇨증 예방으로 충분한 숙면 위해 수분 섭취를 제한한다.
제한 음료 국시 02, 05, 23		방법	방광 자극 음료인 알코올, 탄산음료, 홍차, 커피, 초콜릿, 매운 음식을 제한한다.
		근거	배뇨근이 불안정한 대상자에게 카페인 섭취는 방광을 자극시켜 배뇨근의 민감성을 증가한다.
배뇨하기	방법	배뇨 시간표	배뇨 간격, 실금 시간에 기초하여 예상배뇨 시간표를 작성하여 정해진 스케줄에 따라 규칙적으로 배뇨한다. 실금이 발생하지 않는 범위에서 배뇨 간격을 15~30분씩 늘려간다.
		2~3시간	2~3시간마다 배뇨시킨다. 방광훈련 초기 배뇨 간격이 짧으나 방광용적이 증가하면 길어진다.
		자세	정상적인 배뇨 자세를 취한다.
		완전히	소변을 볼 때 방광을 완전히 비우도록 이중 배뇨한다. 소변을 보고 잠시 기다려 다시 소변을 본다.
	효과 ⭐ 요정실 과 방자	요정체 감소	요정체를 감소시켜 역류, 감염 없이 배뇨를 조절한다.
		요실금 방지	정해진 시간의 배뇨는 배뇨근의 불안정으로 요급 증상을 감소시킨다. 소변 누출을 막아 실금되기 전에 배뇨한다.
		방광용적 증가	배뇨 시간 조절을 통해 방광용적을 늘린다.
		자제 능력	배뇨 스케줄을 철저하게 지켜 대뇌피질의 방광기능 지배능력을 재습득하여 배뇨자제 능력을 가진다.

요실금 R/T 골반 내 조직의 이완 ↓ 요실금이 없어지거나 완화된다.	케겔(Kegel) 운동 (골반저부 근육강화 운동) 국시 20, 23 ★ 사소근회		방광, 요도, 골반저, 요도괄약근
		적응증	복압성 요실금, 절박성 요실금
		자세	어떤 자세에서도 가능하다. 의자나 변기에 앉아 발은 바닥에 닿고, 무릎을 30cm 벌린다.
		조임	숨을 들이마시고 나서 참으면서 골반저 근육을 조인다.
		근육	케겔운동은 요도, 항문 주위 근육이 긴장되고 조이고 끌어 올려지는 듯한 느낌, 소변 보는 중간에 배뇨를 중지하는 것처럼 성교 동안 질을 수축하는 것 같은 방법이다. 질과 골반 위쪽 근육에 힘을 주면서, 근육이 안쪽과 위쪽으로 당겨지는 듯한 느낌이다. 골반층(방광, 질, 자궁, 직장)을 지지하는 근육 강화로 골반저 근육운동은 수축이 골반의 깊은 곳까지 도달하도록 골반근육, 치골미골근, 회음부 근육을 끌어올리는 느낌이다. 각 수축은 복부, 엉덩이, 대퇴부의 수축 없이 강하게 진행한다.
		횟수	낮에 4~6회로 1회에 10번하며 10초 동안 조였다가 이완시킨다. 각 수축 간격은 10초 이상으로 골반 근육이 다시 힘을 회복할 시간을 준다.
		효과	골반근육과 치골미골근, 회음부 근육의 강한 지지가 있을 때 방광과 요도의 하강을 방지한다. 요도 괄약근의 긴장도가 강하여 복압이 증가되어도 강하게 배뇨를 억제함으로 요 누출이 일어나지 않아 실금을 예방한다.

요실금 R/T 골반 내 조직의 이완 ↓ 요실금이 없어지거나 완화된다.	비만 [국시 20, 23]	방법	필요시 체중을 감소한다.
		근거	비만은 복압 증가로 방광을 처지게 한다.
			ex) 비만
			정맥류 : 정맥 순환을 저해하여 심장으로 정맥귀환 감소
			역류성 식도염 : 복압 감소로 역류 초래
			장게실증 : 비만은 복부내압을 상승시켜 게실 형성과 게실 천공

소변 정체에 방광 자극 간호 [국시 02, 06, 17, 18, 21] ☆ 물 체 피크 거기 발사!

배뇨 체위 [국시 22]	방법	발을 지지한 자세로 앉아서 상체를 앞쪽으로 굽히고 소변을 본다.
	효과	정상 배뇨 체위는 복압을 증가시켜 배뇨를 시작하는 데 도움이 된다. cf) 변비 : 웅크린 자세
기침	방법	강제로 기침을 해서 복압을 높인다.
	효과	복압을 높이어 배뇨를 시킨다.
Valsalva기법	방법	Valsalva maneuver를 시킨다.
	효과	Valsalva maneuver로 배변할 때처럼 힘을 주게 하여 복부 근육을 긴장시켜 배뇨를 시킨다.
크래드 방법 (복부 긴장법) [국시 21]	방법	몸을 구부린 후 복부에서 회음부 쪽으로 손을 밀어 손바닥을 방광 위에 대고 방광 위 복부를 부드럽게 압박하여 눌러주거나 치골 상부를 두드린다. * 방광 : 골반강 내 후복막에 있으며 치골결합 바로 뒤에 있다. [국시 24]
	효과	치골 상부 압력으로 배뇨근의 수축력 증가로 배뇨를 시킨다.
거들, 코르셋	방법	외부 압박이 되도록 거들, 코르셋을 착용한다.
	효과	외부 압박으로 복압을 높이어 배뇨를 시킨다. cf) 거들, 코르셋 금지 정맥류 : 꽉 끼는 옷은 정맥 순환을 저해하여 정맥류를 악화한다. 심부정맥혈전증 : 꽉 끼는 옷은 정맥 정체를 초래하여 심부정맥혈전증을 악화한다.
피부자극	방법	대퇴 안쪽 자극하기, 대퇴 내측 쓰다듬기, 대퇴 두드려주기 치모를 가볍게 잡아당기기를 한다.
	효과	대퇴 내측을 쓰다듬고 음부를 자극하면 배뇨근이 자극되어 방광이 수축하여 자연배뇨를 유도한다.
물	방법	물소리를 듣게 한다. 두 손을 따뜻한 물에 담근다. 회음부에 더운 물을 붓는다. [국시 21]
	효과	물은 배뇨를 자극한다.

3 급성 사구체 신염

병태생리 ★ 항사신

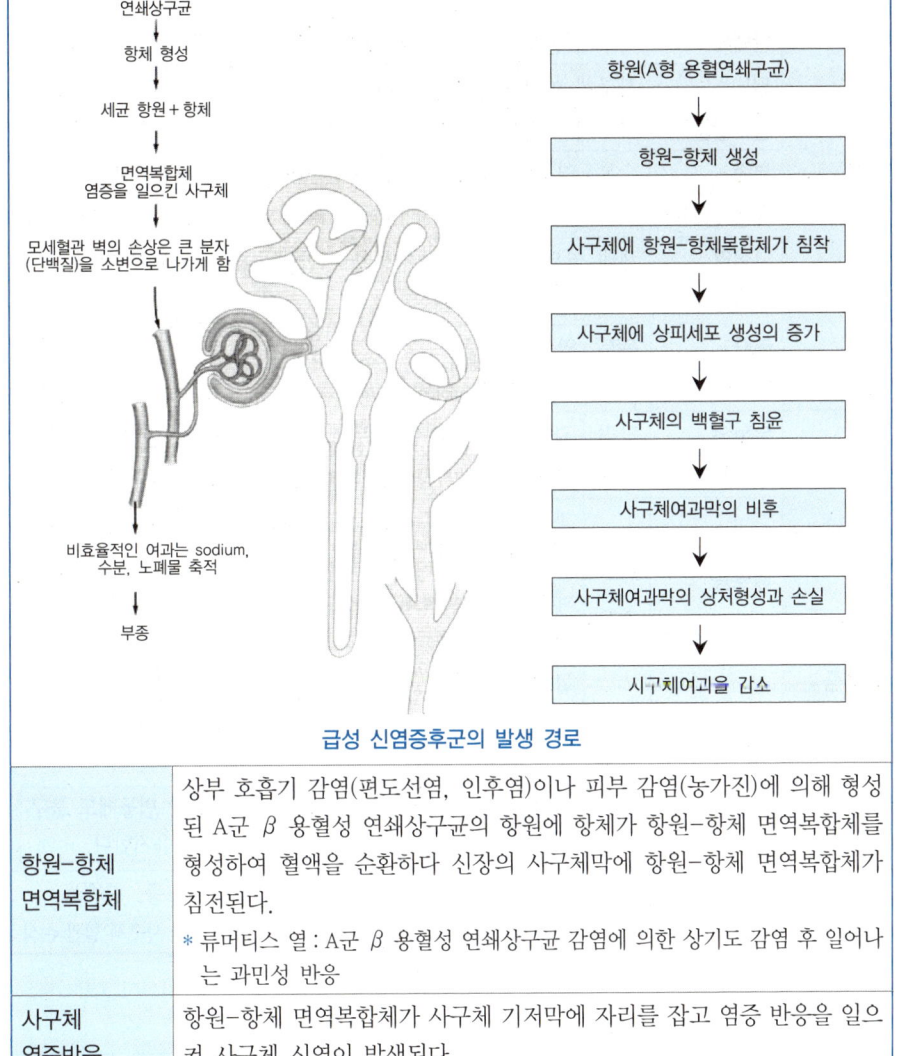

급성 신염증후군의 발생 경로

항원-항체 면역복합체	상부 호흡기 감염(편도선염, 인후염)이나 피부 감염(농가진)에 의해 형성된 A군 β 용혈성 연쇄상구균의 항원에 항체가 항원-항체 면역복합체를 형성하여 혈액을 순환하다 신장의 사구체막에 항원-항체 면역복합체가 침전된다. * 류머티스 열 : A군 β 용혈성 연쇄상구균 감염에 의한 상기도 감염 후 일어나는 과민성 반응
사구체 염증반응	항원-항체 면역복합체가 사구체 기저막에 자리를 잡고 염증 반응을 일으켜 사구체 신염이 발생된다.
신장 기능 저하	사구체의 염증반응과 반흔으로 모세혈관이 막혀 대사 산물을 배설하는 능력인 신장 기능이 저하된다. 혈액을 여과할 수 없어 나트륨과 수분이 축적되어 부종과 핍뇨를 보인다. 사구체막의 투과성이 증가하여 적혈구, 단백질을 소변으로 통과시킨다. * 사구체 여과율 : 신장이 1분 동안 깨끗하게 걸러주는 혈액의 양

사정 임용 07

원인 임용 11		연쇄상구균의 상부 호흡기 감염(편도선염, 인후염) 국시 20, 피부 감염(농가진) 이전의 사구체 신염
증상 국시 98, 00	혈뇨	소변에 적혈구로 진하고 거무칙칙한 콜라 빛, 적색, 갈색 소변 적혈구 2개 이상/1HPF
	단백뇨	사구체 손상으로 소변 내 단백질
	핍뇨	사구체 여과율 감소로 핍뇨
	질소혈증	사구체 여과율 감소로 혈청 질소, 크레아틴, 요산↑
	부종	수분, 염분이 세포 외액에 축적되어 눈 주위 부종, 복수
	체중 증가	
	고혈압	체내 염분 축적으로 체액증가로 혈액량이 증가하여 고혈압
	소화기계	식욕부진, 오심, 구토
	통증	복부, 옆구리 통증
	전신 증상	열, 오한, 쇠약감, 창백
합병증	울혈성 심부전	기전	과다 혈량에 의한 전부하 증가로 울혈성 심부전
		증상	경정맥 울혈, 심장성 분마율, 간 비대, 하지 부종
	폐부종	기전	과다 혈량에 의해 폐정맥압이 높아져 정수압을 증가시키고 체액을 폐로 누출시킨다.
		증상	폐의 악설음, 호흡곤란, 기침, 혈액이 섞인 분홍색 객담, 청색증
	고혈압성 뇌증	기전	급성이고 심한 고혈압은 대뇌 혈류의 자동조절 능력을 방해한다. 전신 혈압 변화에 따라 대뇌 혈류량 변화로 ICP 상승을 유발한다. **대뇌의 자동 조절 기능**: 뇌로 가는 혈류는 전신 혈압 변동에도 불구하고 상대적으로 일정하게 유지한다.
	급성 신부전		사구체 손상으로 급성 신부전에 의한 핍뇨, 무뇨증, 단백뇨

* 신장성 신부전 원인 : 사구체 신염, 루프스 신염에 의한 사구체 혈관 손상

검사

ASO titer	Antistreptolysin O(ASO) titer : 연쇄상구균 항원에 항체 반응 검사 group A β 용혈성 연쇄상구균 감염 후 증가 ex) 류마티스 열, 감염성 심내막염, 성홍열
ESR 증가	
C_3	C_3 보체 감소 보체는 항원-항체 복합체의 침착으로 활성화되면 C_3 수치가 감소 C_3수치 상승은 질병 경과가 좋아지는 지침 * C_3수치 감소 : 급성 사구체 신염, 류머티스 관절염, SLE
만성 사구체 신염	적혈구, 백혈구, 단백뇨 국시 23

치료 국시 07

이뇨제	수분 정체 시 이뇨제
항고혈압제제	수분 조절이 안 되고 혈압이 높을 경우 항고혈압 제제
항생제 국시 20	연쇄상구균 감염 후 사구체 신염에 이환된 환자는 10일간 penicillin 치료
면역 억제제 국시 23	corticosteroid의 면역 억제제를 투여하여 항원-항체 반응 억제 급성기는 1~4주 이내이며 95% 이상에서 완전히 회복된다.

간호계획 국시 04

체액과다 R/T 소변량 감소 ↓ 체액과다 증상 없이 체액 균형을 유지한다. 임용 11 국시 14, 19	사정	I/O 국시 22	수분 섭취량과 배설량을 측정한다.
		체중	체중은 매일 같은 시간 같은 체중기, 같은 옷으로 측정한다. 체중 측정 시 다양한 요인에 의해 달라질 수 있어 오차를 최소화한다.
		부종	
		복부 둘레	복수 정도 파악 위해 매일 복부 둘레를 측정한다.
		혈압	혈압을 측정한다.
		효과 임용 18	I/O, 체중, 부종, 복부 둘레, 혈압으로 체액 과다를 평가한다.
	수분 제한	근거 국시 20 / 급성 사구체 신염	급성 사구체 신염에서 수분 섭취 제한으로 체액과다, 부종과 고혈압을 완화한다.
		신증후군	신증후군은 중증의 부종일 때를 제외하면 일반적으로 수분을 제한해서는 안 된다. 급성 단계 동안에 일시적으로 수분을 제한한다.
		방법	핍뇨, 고혈압, 부종의 급성 증상이 있는 경우에만 수분과 염분을 제한한다. 소변량에 대비한 수분 섭취량으로 체액과다를 막는다. 수분 섭취량= 전날 소변량 + 500~700mL (불감성 손실)

체액과다 R/T
소변량 감소
↓
체액과다 증상 없이
체액 균형을 유지한다.
임용 11
국시 14, 19

염분 제한 국시 20, 22	방법	염분은 부종 정도에 따라 제한한다. 부종이 심한 경우 소듐 섭취는 1일 0.5~1g으로 제한한다. 라면, 훈제식품, 치즈, 젓갈 등 염분이 가미된 음식물을 피한다. 염분을 완전 제거는 아니다.
	효과	급성 사구체 신염의 부종과 고혈압과 신증후군의 부종에서 체액 과다 시 염분 섭취를 제한한다. 염분은 Na^+으로 수분을 축적시킨다. 부종을 유발하는 스테로이드를 치료하는 동안 염분 섭취를 제한한다. 스테로이드 성분인 mineralocorticoid (aldosterone)는 원위 세뇨관과 집합관에서 Na^+의 재흡수를 증가시켜 세포 외액량을 증가시킨다. ex) 염분 제한: 고혈압, CHF, 신부전, 신증후군, 급성 사구체 신염 임용 96
포타슘	포타슘 확인	정상 칼륨: 3.5~5.0mEq/L
	저포타슘 원인	loop, thiazide 이뇨제로 칼륨이 배출되므로 혈중 포타슘 저하로 혈중 포타슘을 확인한다.
	저포타슘 중재	식이에서 포타슘을 충분히 공급한다. 바나나, 오렌지 주스, 오렌지, 토마토, 딸기, 건포도, 곶감, 대추 살구, 복숭아, 감자, 고구마 시금치, 호박, 양배추, 상추, 오이, 마른 미역 귀리, 팥, 수수, 조 소고기, 돼지고기, 새우
	고포타슘 원인	신장의 칼륨배설 능력이 손상되어 고칼륨혈증과 칼륨 보존 이뇨제: aldactone이 신장에서 칼륨배설능력 저하로 혈중 포타슘 수치가 상승한다.
	중재	칼륨 섭취를 제한한다.

영양부족 R/T 식욕부진 ↓ 아동은 적절한 영양을 공급받을 것이다. 국시 07	단백식이 국시 20	사구체 신염	사구체 신염에서 신기능 손상으로 Bun/Cr이 상승, 핍뇨에 의한 심한 질소혈증에 저단백 식이를 한다. 단백질 대사 산물을 적게 유지하여 콩팥을 안정시킨다.
		신증후군	신증후군은 단백질을 제한하거나 과다 섭취하지 않는다. 신증후군은 단백뇨로 저단백혈증이므로 체 단백의 파괴를 막기 위해 일반적인 양의 단백을 섭취한다. 단백질 양은 단백뇨로 소변을 통해 소실되는 양에 따라 조절한다. 고단백 식이는 신장 기능을 악화시킨다.
	고탄수화물 식이	방법	탄수화물 부족으로 에너지원인 단백질을 소비하면 근육 소모와 단백질의 이화작용이 발생한다.
		효과	단백질 소실을 막기 위해 1일 2,500~3,500kcal의 열량을 충분히 공급한다.
피로 R/T 증가된 대사요구	안정 국시 20, 22	방법	급성기의 부종, 고혈압, 혈뇨가 심한 환자는 침상 안정을 한다. 급성기에 절대 안정을 취하고 활동을 제한한다.
B형 간염: 안정 빈혈: 안정, 수평유지, 침상 상승 류머티스열: 안정		근거	콩팥 기능이 정상화되기까지 안정한다.
	활동 국시 20, 22	방법	부종이 없고 혈압과 단백뇨, ESR이 정상이고 체액 균형이 정상으로 회복되는 정도에 따라 활동량을 늘리고 활동을 제한할 필요가 없다. 활동 후 피로하고 혈뇨, 단백뇨가 증가하면 즉시 휴식을 취한다.
		근거	운동은 이화작용을 증가시켜 신장 부담이 증가한다. 활동은 부종 정도, 혈뇨, 단백뇨와 직접적 상관관계가 있다. 연속적 요검사 결과에 따라 활동량을 조절한다. *이화작용 : 물질이 분해되어 에너지원으로 사용되는 것

감염 위험성 R/T 면역반응의 변화 ↓ 감염을 예방하여 감염 증상을 보이지 않는다. ex) 항암제의 골수 기능 저하의 감염의 가능성	면역 저하	기전	면역계 장애, 면역 억제제 투여로 감염 가능성이 높아져 경미한 감염도 신장염이 재발한다.
		사구체 신염 국시 22	연쇄상구균 감염에 자연적 방어력이 낮다. 상부 호흡기 감염, 피부 감염 예방
		신증후군	소변으로 다량의 단백질 소실에 의한 신체 방어력이 손상되고 면역이 저하되어 감염 가능성이 높아진다. * 단백질 기능 : 항체의 주요 성분으로 혈중 단백은 세균에 저항력을 갖는다.
		Corticosteroid	Corticosteroid 제제는 WBC 기능 억제, T림프구와 B림프구의 기능 억제로 면역계를 억압하여 감염에 감수성이 증가한다. 감염 증상이 분명하게 나타나지 않아 경한 증상도 실제적으로 심한 상태이다.

4 신증후군(콩팥 증후군)

정의		사구체막이 손상되어 혈장 단백이 사구체막을 통해 여과되는 상태
원인	사구체 신염	급성, 만성 사구체 신염
	전신 질환	전신성 홍반성낭창, 당뇨병
	약물	비스테로이드성 항염제	부작용은 신장 독성 : COX가 매개하는 프로스타글란딘에 억제 작용으로 신장 혈관을 수축하여 사구체를 통한 혈류를 감소시키고 급성 신장 손상 위험이 있다.

병태생리 임용13 ★ 신증후군 환아가 지혈부단에 가입했다

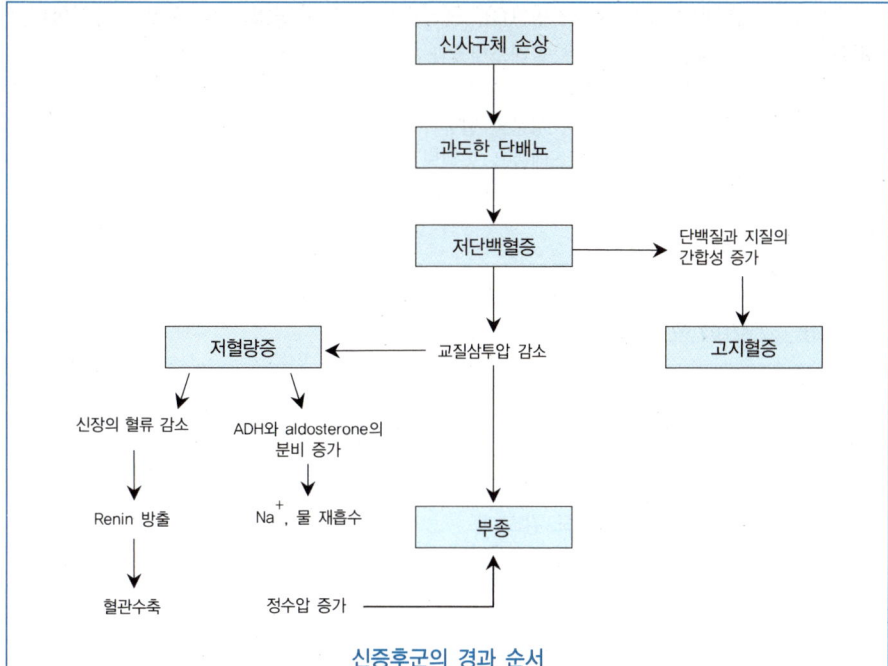

신증후군의 경과 순서

단백뇨 임용20		사구체막은 알부민과 단백을 투과시킬 수 없지만, 신증에서 사구체 기저막 변화로 기공이 커지면 사구체 모세혈관에서 혈청 단백을 투과한다.
부종	교질삼투압 저하 국시05	단백뇨(고알부민뇨증)를 초래하고 혈청 알부민을 감소시기고(저알부민 혈증), 혈청 단백은 교질 삼투압을 형성하여 모세혈관의 교질 삼투압이 저하된다.
	저혈량증	혈관 내 체액을 보유하는 모세혈관 내 교질 삼투압 저하로 혈관 내 체액은 세포 간질(조직 내)로 이동하여 전신 부종을 초래하고 저혈량증이 발생한다.
	RAA	혈량 감소는 신혈류를 감소시키어 레닌을 자극하고 레닌에 의해 간에서 생성되는 angiotensinogen이 angiotensin Ⅰ으로 활성화되고 폐에 있는 전환효소로 angiotensin Ⅰ은 angiotensin Ⅱ로 전환된다. angiotensin Ⅱ는 말초 동맥을 수축시켜 혈압을 상승시키고 부신피질에서 aldosterone을 분비한다. 알도스테론은 원위세뇨관과 집합관에서 소듐과 수분 정체가 증가된다.
	ADH	체액량 감소에 시상하부와 뇌하수체 후엽에 전달하여 ADH 분비를 자극하여 원위세뇨관과 집합관에서 수분 재흡수를 촉진시켜 부종을 심하게 한다.

지방 [임용 20]	혈장 알부민 저하에 대한 반응으로 간에서 지단백 합성 증가로 저밀도 지단백(LDL), 중성지방(TG), 콜레스테롤 같은 혈청 지방 수치가 증가한다. * 지단백 : 지단백은 콜레스테롤과 다른 지질 포함 * 중성지방 : 지단백의 가운데 부분을 구성하는 지질 * 콜레스테롤 : 지방 성분의 일종 * LDL : 간의 콜레스테롤을 동맥벽으로 이동시켜 동맥벽에 죽상경화증 촉진
혈전	저혈량증으로 혈액 점도를 높여 혈액의 과응고력으로 동·정맥의 혈전 형성이 증가한다.

사정 [임용 13 / 국시 03, 07]

부종	아침에 눈 주위 부종에서 오후에 발목, 발 부종
	복수로 복부 팽만, 장점막 부종으로 설사, 식욕부진
	체중증가
소변	배뇨량, 배뇨 빈도 감소
	심한 단백뇨로 소변 색깔이 뿌옇고 거품
	드물게 현미경적 혈뇨 / 육안적 혈뇨는 흔하지 않다.
혈압	혈압은 정상, 약간 감소 10% 미만 : 혈압 상승
전신증상	권태, 불안정
합병증	감염 : 혈청 단백질 감소 저혈압성 위기 혈전 생성 급성 신부전

치료

prednisone [국시 22]	면역 작용을 억제한다. 면역 반응을 감소시켜 소변으로 다량의 단백질이 소실되는 것을 방지한다. 사구체에서 항염증 작용을 하여 사구체 기저막의 투과성을 억제한다.
이뇨제	
알부민 투여	

간호계획 [임용 13 / 국시 98, 14]

피부 손상 위험성 R/T 부종, 혈액순환 감소 ↓ 아동은 피부 통합성을 유지할 것이다.	인식	방법	신증 환자는 부종이 심하고 안정을 취할 경우 욕창을 초래하여 피부 간호가 필수적이다.
		기전	조직 부종이 모세혈관과 세포 사이 거리를 증가시켜 세포에 산소, 영양분 공급을 방해하므로 피부가 약해져 피부 손상이 쉽게 생긴다. cf) 탈수의 피부 간호: 체액 균형 상태의 손상은 압력에 쿠션을 주지 못하고 영양분 운반과 노폐물 배설 부족으로 피부 파괴 위험이 있다.
	피부 사정	방법	피부 상태로 발적, 압통, 궤양을 사정한다.
		효과	발적, 압통, 궤양은 피부 손상 증상이다.
	상승	방법	부종이 있는 부위를 베개로 지지하여 상승한다.
		효과	상승으로 중력으로 인한 정맥 환류를 증진시켜 부종을 감소한다.
	마사지	방법	자극이 적은 로션으로 피부를 마사지한다.
		효과	마사지로 신체 한 부위의 압력을 감소한다. * 마사지 효과: 통증 감소, 근육 이완, 이완, 압력 감소, 림프액 울혈 감소
	압력 감소	방법	체위 변경	체위 변경을 2시간마다 한다.
			활동	신체적 활동을 증진시킨다.
			옷	피부를 압박할 수 있는 옷을 입히지 않는다.
			매트리스	피부에 가해지는 압력을 최소화하는 공기매트리스가 있는 침상을 사용한다.
		효과	부종과 부동으로 인한 압박은 피부손상이 쉬워 압박 감소로 피부 손상을 예방한다.
	피부 청결	방법	매일 목욕을 하여 피부를 청결히 한다. 건조한 피부에 로션을 바른다.
		효과	부종으로 피부 손상이 쉬우므로 깨끗하고 보습된 피부 간호로 피부를 보호한다.
	시트 청결	방법	침대 시트를 매일 교환하여 깨끗하고 건조한 시트로 침상을 만들어 침요가 구겨지지 않도록 한다. 젖었거나 얼룩진 의복과 린넨류는 즉시 교환한다.
		효과	습기나 불결한 위생 상태는 피부 손상에 기여한다.

혈관 내 체액부족 위험성 R/T 단백뇨, 부종, 이뇨제 사용	저혈압성 위기	과도한 단백뇨로 혈중 교질 삼투압 감소로 혈액 내 체액이 조직 내로 이동하여 혈관 내 체액 부족으로 저혈압성 위기가 생긴다.
	활력증후	맥박↑, 빈호흡, 혈압↓을 사정한다. 빈맥, 저혈압은 저혈량증 증상이다.
	체중 감소	매일 같은 시간대에 체중 측정
	피부	피부 관류 감소 분홍빛 피부가 창백, 거무스름, 회색빛 피부 냉기, 차가운 손가락과 발가락 모세혈관 충전 시간은 손가락의 손톱 끝을 창백하게 될 때까지 누르고 뗀 후 정상 피부색으로 돌아오는 데 걸리는 시간 2초 초과 지연(정상 : 2초 이내)
	소변	체액 부족에 요비중 증가, 핍뇨 신혈류 감소로 인한 신부전 신부전 발생 관찰로 I/O를 측정하고 요배설량이 1mL/kg/hr보다 적은지 관찰하고 요비중을 확인한다. <table><tr><td>핍뇨</td><td>400~500mL 이하(미만)/day 30cc 이하(미만)/1hr</td></tr><tr><td>무뇨</td><td>100mL 이하/day</td></tr></table>
	Hb, Hct	탈수에 증가

혈전형성 위험성 R/T 과잉응고 상태 cf) DVT 간호 : 탄력스타킹, 상승, 운동, 부동 제한, 꼬지 않기, 무릎 구부리지 않기, 끼는 옷 제한, 수분 섭취, 경구용 피임약 금지	필요성	부동과 저혈량으로 혈액 점도를 높여 과잉응고 상태로 혈전, 색전을 용이하게 한다. * 정맥 혈전 증가 기전 : 정맥 혈액의 정체, 정맥벽의 손상, 혈액의 과응고력
	상승	방법	발, 하지는 심장 높이 이상으로 상승시킨다.
		근거	심장보다 다리 상승으로 중력에 의해 다리 정맥 순환이 증진된다. 정맥 정체를 방지해 주고 새로운 혈전 생성을 방지한다.
	운동	방법	기동을 권장하고 매 시간 발가락 운동, 다리 운동, 능동적, 수동적 관절가동(ROM) 운동을 시행한다. 이미 혈전이 형성되었을 때 혈전이 떨어져 색전 유발로 운동이 금기이다.
		근거	순환을 증진시켜 혈전 형성을 감소한다.
	부동 제한	방법	오랫동안 같은 자세로 서 있거나 앉아 있지 않는다. ex) 치질, DVT, 정맥류
		근거	오랫동안 앉아 있거나 서 있는 부동 자세를 지속하면 근육 사용을 하지 않아 심장으로 정맥귀환을 감소하고 정맥 혈액이 정체된다.

혈전형성 위험성 R/T 과잉응고 상태 cf) DVT 간호: 탄력스타킹, 상승, 운동, 부동 제한, 꼬지 않기, 무릎 구부리지 않기, 끼는 옷 제한, 수분 섭취, 경구용 피임약 금지	꼬지 않기	방법	의자에 앉을 때 두 발이 바닥에 닿게 하고 다리를 꼬지 않는다.
		근거	다리를 포갤 때 무릎 위 복재 정맥에 압력을 주어 다리 순환을 감소시킨다.
	무릎 구부리지 않기	방법	무릎을 구부리지 않는다.
		근거	무릎을 구부리면 정맥 순환을 방해한다.
	끼는 옷 제한	방법	몸에 꽉 끼는 옷, 코르셋, 다리에 압박을 가하는 양말, 조이는 스타킹, 꼭 끼는 밴드는 피한다.
		근거	꽉 끼는 옷은 정맥 순환을 저해하여 정맥을 정체시킨다.
	수분 섭취	방법	적절한 수분을 섭취한다.
		근거	탈수는 혈액의 점도를 높여 혈액의 과응고력을 만든다. 신증후군은 저혈량증으로 혈액의 점도를 높여 과잉 응고상태로 동맥, 정맥의 혈전 형성이 증가한다.

5 요로감염

요로감염 종류	방광염	방광의 염증으로 요로감염 중 가장 흔하다.
	요도염	요도의 염증
	신우신염	
인체가 요로감염에 저항하는 기전 4가지	소변	소변 줄기의 흐름에 따른 세척효과
	낮은 pH	병원체는 알칼리성 배지를 선호하며 소변의 낮은 pH
	정상 상주균	질내 정상 상주균이 산 배설로 질의 pH 감소와 요도의 pH 감소로 산성 유지로 살균 작용
	요도 괄약근	요도 괄약근으로 외부로부터 세균 침입을 방지한다.
여아에서 요로감염의 발생빈도가 높은 이유 임용 04 국시 24	질, 항문 근처	외요도 위치가 질과 항문에 가깝다. 성관계 시 요도 주변의 균을 방광으로 밀어 올릴 수 있다.
	짧은 요도	요도가 짧아 방광이 요도에 근접해 있어 요도에서 세균이 역류하여 방광이 오염된다. cf) 남성: 요도가 길고 전립선액이 항균성이어서 병원체의 출입과 성장을 저지한다.
	월경	월경 영향으로 혈액은 알칼리성이며 병원체는 알칼리성 배지를 선호한다.

원인	요정체	소변은 무균 상태지만 37℃의 요정체에서 소변이 훌륭한 균 배양의 매개체로 세균이 빠르게 자란다.
	알칼리성 소변	병원체는 알칼리성 배지를 선호한다. 정상적으로 소변은 약한 산성이다. 원인 병원체 : Ecoli(대장균)이 2/3 이상 [임용 96]
증상 [국시 06, 18]	배뇨 곤란	배뇨 시작 곤란, 배뇨지연, 배뇨 완료 후 소변을 흘리는 것 빈뇨, 야뇨증
	요정체	충만감, 방광이 차 있는 느낌
	요실금	요실금은 불수의적 소변 누출이다.
	긴박뇨	방광 감각의 과민성으로 긴박뇨
	배뇨 시 작열감	배뇨 시 작열감으로 염증 부위가 서로 마찰되어 오는 통증
	동통	치골 상부 동통
	탁한 소변	소변이 뿌옇고 탁한 소변 ex) 신증후군 : 색깔이 뿌옇고 거품
	악취	
	혈뇨	염증이 심하여 점막에서 출혈로 혈뇨
	전신 증상	열, 오한, 권태감
진단검사	요배양 검사 [임용 10]	'백세의 적' 소변 내 100,000CFU(Colony Forming Units, 미생물 집락)가 있을 때 요로감염 확진 감염 증상이 있는 대상자는 1,000CFU로도 진단 세균(++), 백혈구(+++), 적혈구(10~20/HPF), 단백(±) HPF : High Power Field(고배율 시야) * 미생물 : 맨눈으로 관찰할 수 없는 작은 생물, 세균, 바이러스 등
	혈액검사	백혈구 증가증 : 감염 의미

간호계획 [국시 00, 05]

배뇨장애 R/T 방광 자극 ↓ 방광 자극의 제거로 배뇨장애를 경험하지 않을 것이다. [국시 19] cf) 요실금 : 수분 섭취, 시간, 제한 음료, 배뇨하기	수분 섭취	방법 [국시 23, 24]	매일 2~3L 수분 섭취를 증가한다.	
		효과 ☆ 감과 배	배뇨반사 자극	수분 섭취는 적당한 요량의 소변 생성으로 배뇨반사를 자극한다.
			과민성 감소	수분 제한은 소변을 농축시키고 방광 자체의 과민성으로 긴박뇨를 악화시킨다. 수분 섭취로 과민성을 감소시킨다.

배뇨장애 R/T 방광 자극 ↓ 방광 자극의 제거로 배뇨장애를 경험하지 않을 것이다. 국시 19 cf) 요실금 : 수분 섭취, 시간, 제한 음료, 배뇨하기(요정체 감소, 요실금 감소, 방광 용적 증가, 자제 능력)	수분 섭취	효과 ☆ 감과 배	감염 감소	수분 섭취는 방광 내 세척 효과로 수분 제한은 감염의 전구요인이다. 다량의 수분을 섭취함으로 이뇨로 감염 상태에서 방광 내 세척효과로 방광 내 세균 제거, 세균 농도를 낮추어 항세균성 성질을 증진시킨다.
	제한 음료 국시 20, 23	방법		카페인 함유 음료, 커피, 홍차, 알코올, 초콜릿, 매운 음식을 제한한다.
		효과		카페인 함유 음료는 방광을 자극한다.
	배뇨하기	방법	2~3hr	소변을 2~3hr 간격으로 배뇨하고 밤에 한두 번 배뇨한다.
			완전히	방광을 완전히 비우도록 이중 배뇨를 한다. 소변을 보고 잠시 기다려 다시 소변을 본다.
			참지 않기 국시 20	소변을 참지 않고 소변의 마려움을 느끼자마자 소변을 본다.
		효과	요정체 감소	방광에 있는 소변을 외부로 배설하여 소변 정체 방지로 세균 증식을 예방한다.

통증 R/T 방광과 요도점막의 자극 ↓ 통증을 더 이상 경험하지 않을 것이다.	수분 증가	방법		수분 섭취를 증가한다.
		효과		다량의 수분을 섭취함으로 요를 희석시켜 점막자극을 줄이면 통증이 완화된다.
	보온	방법		치골 상부에 온찜질로 보온한다.
		효과		방광은 한랭에 영향을 받으며 온찜질로 혈류를 증가시키고 근육을 이완시켜 방광경련, 치골부위 통증을 감소시킨다.
	좌욕	적응증		치질, 항문열상, 질염, 자연 분만 후
		방법		좌욕이나 베이킹 소다를 탄 물에 좌욕한다. ex) 항문열상 간호
		근거	배뇨	요정체 시 좌욕의 온수 자극으로 배뇨한다.
			작열감 감소	따뜻한 좌욕은 배뇨 시 작열감, 요도점막의 자극과 통증을 감소시킨다.
			소양증 감소	베이킹소다를 탄 물에 좌욕으로 피부의 수분 보존으로 피부 보습 효과로 피부 진정, 소양증을 경감한다.

감염 위험성 R/T 자극원 ↓ 감염의 증상을 보이지 않을 것이다. 임용 04	샤워	방법 국시 23, 24	방광염 재발이 잦은 여성은 통목욕보다 샤워를 한다.
		근거	통목욕은 오염으로 요도를 자극한다. cf) 요충증 : 통목욕보다 매일 샤워를 한다.
	거품 목욕 제한 국시 20	방법	거품 목욕을 하지 않는다.
		효과	거품 목욕은 요도를 자극한다.
	질 안쪽 씻기 제한	방법	위생 패드보다 탐폰을 사용한다. 국시 23 강한 알칼리 비누로 회음부, 질 안쪽을 지나치게 씻지 않는다. cf) 유산 후 감염 위험성 : 유산으로 인한 상처 부위에 감염 예방 위해 탐폰보다 위생 패드를 이용한다.
		근거	질 안에 있는 정상 상주균 제거로 질과 요도의 알칼리성과 세균이 증가되어 요로감염을 초래한다.
	젖은 목욕 가운 제한	방법	젖은 목욕 가운, 수건에 눕지 않는다.
		효과	젖은 목욕 가운, 수건에 있는 세균에 의해 간접 전파로 감염될 수 있다.
	대소변 후 임용 24 국시 20, 23	방법	여아는 대소변을 본 후 앞쪽에서 뒤쪽으로 닦는다.
		효과	항문의 대변에 의해 비뇨기계 오염을 막는다.
	면제품	방법	속옷은 면제품으로 된 것을 입고 합성 섬유, 나일론 팬티와 속내의를 입지 않는다. 여성위생 스프레이, 향기 화장지, 위생 냅킨을 사용하지 않는다.
		효과	요도에 자극원이며 자극으로 요로 감염을 유발한다.
	헐렁한 옷	방법	꽉 조이는 팬티 스타킹, 거들, 조이는 청바지를 입지 않는다.
		효과	꽉 조이는 옷, 팬티 스타킹은 회음부에 열과 습도를 상승시켜 세균, 곰팡이 증식을 자극한다. 꽉 조이지 않는 옷으로 공기유통을 촉진시킨다.
	산성 음료 국시 24	방법	산성 식품을 섭취한다. 크랜베리 주스를 권장한다.
		효과	산성 식품은 소변이 산성으로 된다. 병원체는 알칼리성 배지를 선호하므로 소변을 산성화하는 음료를 마신다. 산성 소변은 요로감염, 결석(인산암모늄마그네슘) 형성을 최소화시켜 준다.

감염 위험성 R/T 자극원 ↓ 감염의 증상을 보이지 않을 것이다. 임용 04	수용성 윤활유	방법	폐경 여성의 성교 시 수용성 윤활유를 사용한다.
		근거	수용성 윤활유로 요도 자극 감소로 방광염 위험을 감소시킨다.
	항생제 국시 17, 20	방법	재발성 요로감염 환자는 수개월간 항생제를 복용한다. 성교로 재발 감염 가능성 여성은 예방적 항생제를 투여한다.
		효과	감염증상이 없어진 후에도 세균을 완전히 박멸하여 재발을 방지한다.
	요배양 검사	방법	요배양 검사의 추후 관리를 한다.
		효과	감염 재발 가능성 여성은 요배양 검사로 초기 중재가 필요하다.

6 신우신염(깔대기 콩팥염, Pyelonephritis)

정의

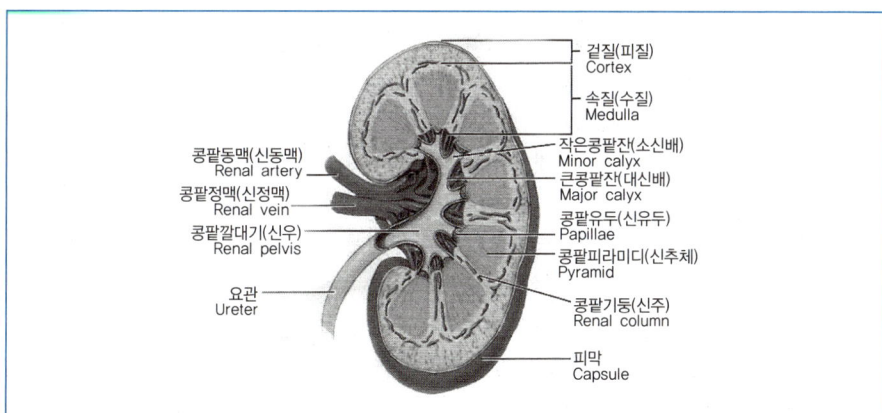

소변이 생성되었을 때 모으는 공간인 신우에 염증, 화농과 출혈이다.
신우는 신장의 실질 부분인 세뇨관과 집합관과 요관을 연결한다.
흔한 원인균 : E-coli(대장균)

급성 신우신염 임상증상 국시 05, 06, 15

옆구리 통증 국시 21	늑골 척추각(costovertebral angle : CVA) 타진 12번째 늑골 아래 늑골 척추각 부위에 통증(압통)이 있다. 검진자의 손가락 끝으로 늑골 척추각에 압력을 가하여 압통 확인 머피(Murphy) 타진법 : 대상자는 앉은 자세로 12번째 늑골 아래에 한쪽 손바닥을 늑골 척추각 위에 대고 다른 손 주먹으로 두드린다. cf) Murphy's sign : 급성 담낭염에서 엄지손가락으로 오른쪽 늑골연 아래를 압박한 상태에서 심호흡 시 통증 때문에 흡기(심호흡)를 중단한다.
배뇨장애	배뇨장애, 빈뇨, 긴급뇨 ex) 방광염 증상
농뇨, 혈뇨	소변 내 백혈구, 세균뇨, 농뇨, 혈뇨
고열	고열, 오한, 권태

만성 신우신염

특징	만성 신우신염으로 손상이 신장 주변 조직까지 확대되어 만성 신부전을 유발한다.	
증상	옆구리 통증 질소혈증, 산증	
	세균뇨, 농뇨, 혈뇨, 단백뇨 : 염증이 신실질을 침범한다.	
	빈혈, 후기에 고혈압	
	BUN(정상 6~20), Cr 증가, creatinine clearance 감소 만성일 경우 콩팥 기능 저하	
치료	항생제	소변 배양 검사, 항생제 감수성 검사 후 투여한다. 투약이 끝나고 2주 후 소변의 추후 배양 검사를 통해 소변 속 균이 없음을 확인한다.
	항경련제	항경련제로 방광경련을 완화한다.
간호	안정	급성기에 안정을 취한다.
	수분 권장	1일 3L의 수분을 권장한다. 염증의 부산물을 씻고 소변 정체를 막아 세균 성장을 예방한다.

7 요로 결석(신석증)

정의		소변이 생성되어 수송, 저장, 배설되는 요로에 결석이다. 신장 결석, 요관 결석, 방광결석, 요도결석이 있다.
원인 국시 06	억제 물질↓	소변 속 결정체 응집을 예방하는 물질이 감소한다. 억제 인자로 구연산, 마그네슘 감소이다.
	불충분한 수분 섭취	수분 섭취가 불충분하여 농축은 심해져 다른 물질이 침전돼 결석이 형성된다.
	소변 흐름↓	소변 흐름이 느림으로 요정체, 부동에 결석이 형성된다.
	소변의 산도 ☆ 알인	높은 산성 → 수산칼슘, 요산결석, cystine결석 높은 알칼리성 → 인산칼슘(calcium phosphate), 인산암모늄마그네슘(struvite)
	동물성 단백식이	동물성 단백식이는 소변에 수산, 칼슘, 인산, 요산, cystine결석이 형성된다.

임상증상 국시 03

통증 국시 06	양상	갑자기 시작하는 신성 산통인 극심한 통증 통증은 결석이 움직일 때, 요관이 막혔을 때 가장 심함
	부위	신산통의 부위 신산통과 요관산통 결석이 신장, 상부 요관에 있으면 옆구리 통증 옆구리 통증이 복부, 음부, 음낭, 고환 쪽으로 방사

통증 [국시 06]	늑골 척추각 압통	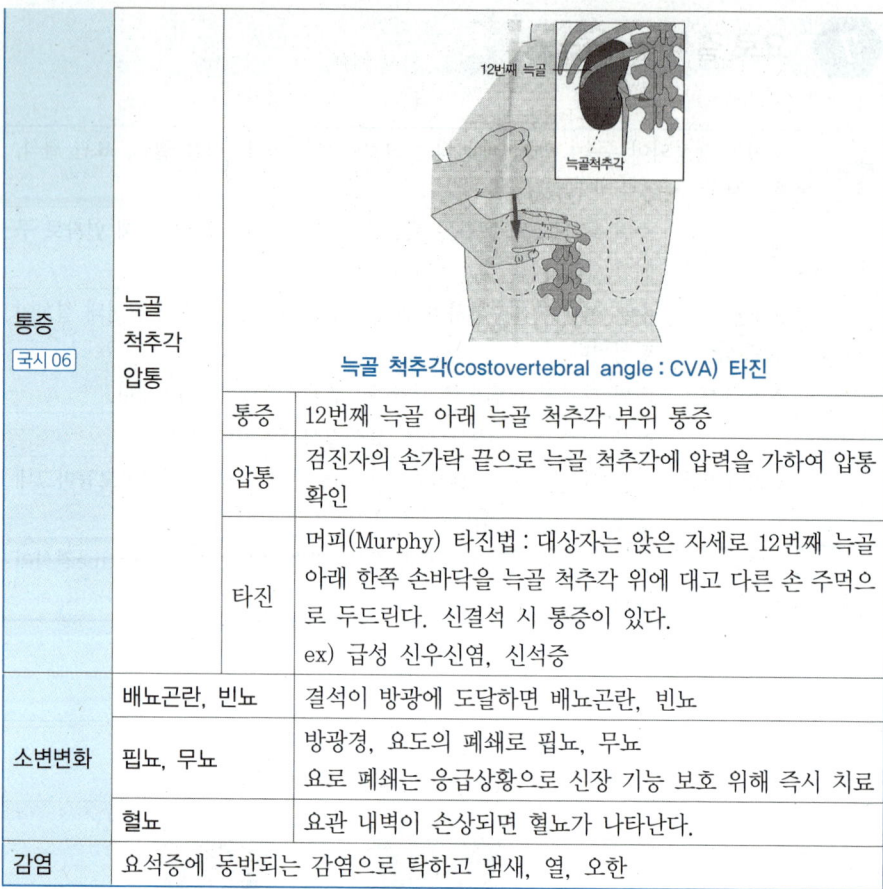 늑골 척추각(costovertebral angle : CVA) 타진	
		통증	12번째 늑골 아래 늑골 척추각 부위 통증
		압통	검진자의 손가락 끝으로 늑골 척추각에 압력을 가하여 압통 확인
		타진	머피(Murphy) 타진법 : 대상자는 앉은 자세로 12번째 늑골 아래 한쪽 손바닥을 늑골 척추각 위에 대고 다른 손 주먹으로 두드린다. 신결석 시 통증이 있다. ex) 급성 신우신염, 신석증
소변변화	배뇨곤란, 빈뇨	결석이 방광에 도달하면 배뇨곤란, 빈뇨	
	핍뇨, 무뇨	방광경, 요도의 폐쇄로 핍뇨, 무뇨 요로 폐쇄는 응급상황으로 신장 기능 보호 위해 즉시 치료	
	혈뇨	요관 내벽이 손상되면 혈뇨가 나타난다.	
감염	요석증에 동반되는 감염으로 탁한 냄새, 열, 오한		

합병증 [국시 03]

감염	폐쇄를 해결하지 않으면, 소변 정체로 감염
요관수종	신장에서 형성된 결석이 요관을 막아 소변 흐름을 막으면 요관 팽창으로 요관수종
수신증	하부요로가 막히고 신장에 소변이 차면서 신장이 커지고 신장이 손상 신우가 확장되어 신장의 실질조직은 위축된다.
신부전	신결석으로 신후성 신부전이 발생한다.

검사

단순요로촬영 (KUB : Kidney, Ureter, Bladder)	요관돌 진단에 정확하며 가장 우선적으로 시행한다. 90% 요로돌은 KUB에서 관찰 가능하다. 대부분 요로결석은 칼슘을 함유하여 방사선 비투과성으로 진단가능하다.
IVP	정맥 내 신우 촬영술 조영제를 정맥으로 투여하여 검사한다. X-선 투과성인 KUB로 발견할 수 없을 때 시행한다.
CT	결석 위치와 크기를 빠르고 쉽게 진단한다. 가장 좋은 영상 진단법으로 다른 질환과 감별 진단도 가능하다.

간호
결석재발 예방에 대한 지식부족 국시 04, 18

수분 섭취 국시 20	방법	수분은 적어도 하루 3L 수분 섭취한다.
	근거	흐름 촉진	수분 섭취로 소변 흐름 촉진으로 요정체가 완화되어 요로 폐쇄를 예방한다.
		희석	수분 섭취를 많이 하면 요량이 증가되고 뇨가 희석되어 용질 농축이 감소된다. 농축이 심해져 다른 물질이 침전되는 결석 형성을 예방한다.
식이	단백 제한	하루 1g/kg 이하로 제한 동물성 단백 섭취가 요중 수산, 칼슘, 인산, 요산, cystine을 생성하여 증가 cf) 신증후군 : 1~1.5g/kg
	칼슘 섭취	칼슘을 충분히 섭취하면 요석 발생이 감소한다. 칼슘 약제는 위험을 증가한다. 부동인 환자는 파골 작용으로 고칼슘혈증으로 칼슘 섭취를 제한한다. 고칼슘혈증의 경우 칼슘 제한, 칼슘을 포함한 식이 제한
배뇨	방법	자주 배뇨하는 습관을 갖는다.
	근거	신석증은 소변 흐름이 느림으로 요정체에 형성한다. 자주 배뇨시켜 요정체를 방지하여 결석을 감소시킨다.
활동 국시 20	방법	규칙적 운동을 한다.
	근거	부동에 의한 소변 흐름이 느림으로 결석이 잘 형성된다.

제한식이 국시 99 ⭐ 수인 인요!
수산칼슘(Calcium oxalate) 결석

식이	고수산 (옥살산) 식품 제한	시금치, 진한 녹색 채소, 토마토 콩, 땅콩, 호도, 밤 차, 인스턴트 커피, 코코아, 초콜릿 cf) 고칼륨 식이 : 시금치, 토마토, 콩
	비타민 C 제한	비타민 C의 장기 섭취로 수산염의 농축 증가로 수산칼슘이 발생한다. 비타민 C를 복용하면 소변이 산성으로 된다.
	저단백	단백 섭취가 요중 수산 증가
	감귤류 (구연산)	구연산(citrate, 레몬, 오렌지, 자몽, 감귤류)은 소변에서 수산칼슘 결정 억제 구연산은 결정체 응집 억제 인자이다.

인산칼슘(Calcium phosphate) 결석

식이	비타민 D 제한	비타민 D가 많은 식품은 피한다. 비타민 D에 의해 장내에서 칼슘을 흡수한다. 부동환자는 칼슘, 비타민 D 섭취를 제한한다. 부동자세로 뼈에서 칼슘이 빠져 나온다.
(국시 04)	저단백	단백 섭취로 요중 칼슘 배설이 증가한다.
	저염 식이 (국시 20)	염분 과다 섭취는 고칼슘뇨이다. ex) 골다공증에서 염분 제한 : 짜게 먹으면 신장에서 칼슘 배설량 증가
	요 산성화	산성 과일 주스, 크랜베리 주스 높은 알칼리성에서 인산칼슘 형성으로 요를 산성화시킨다.
약물	Thiazide계 이뇨제	주로 Thiazide가 사용된다. 부작용이 고칼슘혈증으로 소변 내 칼슘이 감소한다. 원위 세뇨관에서 칼슘의 재흡수를 촉진하여 소변 내 칼슘이 저하한다.

인산암모늄마그네슘[Struvite(스트루바이트 결석)] : 감염석

식이	고인산식품 제한	쇠고기, 우유, 치즈, 닭고기, 달걀, 생선, 콩, 견과류, 통곡, 탄산음료, 콜라를 제한한다.
	요 산성화	알칼리성에서 인산암모늄마그네슘을 형성한다. 산성 과일 주스, 크랜베리 주스
소변 배양 검사		struvite stone은 감염 관련 결석으로 요로 감염증이 관여한다. 요소 분해균에 의해 소변 내 요소를 분해하면서 인산암모늄마그네슘을 생성한다. cf) 소화성 궤양에서 H pylori균은 요소 분해효소를 생성하여 요소를 분해하여 CO_2, 암모니아를 만든다.

요산결석(Uric acid)

식이	퓨린 제한	단백식이 중 purine은 요산을 생성한다. 고기내장, 편두, 뇌, 간, 신장 진한 고기 국물 생선, 고등어, 정어리, 멸치
약물	allopurinol (알로퓨리놀)	요산을 낮추어 요산 결석 형성을 예방한다. 요산 생성에 관여하는 산틴 산화 효소 억제로 산틴이 요산으로 전환되는 것을 예방한다. 요산 생성을 줄임으로 고요산혈증이 감소한다.
	소변 알칼리화	요산은 높은 산성에서 요산 결석을 형성한다. 중조로 소변을 알칼리화(6~6.5, 정상 pH : 5~6)시켜 신장 내 요산 침착을 방지한다. cf) 용혈성 빈혈 : 적혈구 파괴로 요산 증가로 sodium bicarbonate, sodium lactate 투여하여 소변을 알칼리화

Cystine 결석

식이	수분 증가	소변 희석은 cystine 결정체 생성 예방
	단백질 제한	단백질은 요 산성화로 요중 cystine 생성 cystine 결석은 산성에서 발생
약물	소변 알칼리화	산성뇨는 cystine 결정 형성으로 소변을 알칼리화한다.

신체외 충격파 쇄석술

제한	심박동기	심박동기 시술 환자는 쇄석술 시행에 의료진과 상의한다.
	임신	임신에서 금기이다.
합병증 [국시 08]	출혈	혈뇨가 수일간 지속될 수 있다.
	감염	소변에 균이 있는 환자에서 감염 발생
	결석 재발	
쇄석술 후 간호 [국시 13]	통증	방법	통증에 진통제를 투여한다.
		근거	결석이 배출되는 동안 통증 발생으로 진통제를 투여한다.
	조기이상과 수분 섭취	방법	조기이상과 수분 섭취를 증가시킨다.
		근거	적절한 이뇨를 도와 결석조각을 안전하게 씻어낸다.

8. 급성 신부전증(acute renal failure)

정의

신기능이 갑작스럽게 상실하여 사구체 여과율이 감소하며 혈청 내 BUN/Cr치가 모두 상승하면서 둘 사이 비율이 일정하게 유지한다.

원인 [국시 99]

신장전(신전성) 원인

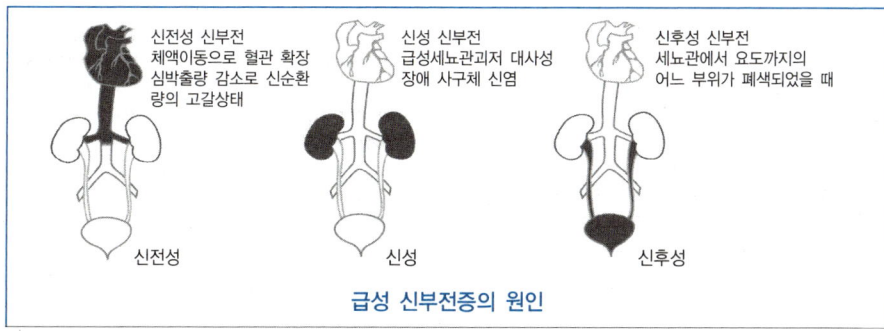

급성 신부전증의 원인

기전	신장으로 혈류공급에 의해 사구체 여과가 일어나므로 신혈류가 감소되면 사구체 여과율이 저하된다. 신장 자체에는 본질적으로 장애가 없기 때문에 세뇨관 기능은 정상으로 재흡수, 분비 능력이 유지된다.	
원인	체액 부족	구토, 설사, 출혈, 이뇨제 과다투여, 화상, 당뇨, 쇼크
	심박출량 감소	심부전, 심장압전
	말초혈관저항 감소	척추마취, 패혈성 쇼크, 아나필락시스
	혈관폐색	양측성 신동맥 협착
	약물	NSAID와 COX-2억제제도 COX가 매개하는 prostaglandin 생산을 차단하여 신장 혈관을 수축하여 콩팥 관류 유지를 저하시킨다.
검사	요비중 증가	요비중, 요삼투성 증가 신혈류 감소로 관류가 줄어들면 레닌-안지오텐신-알도스테론계가 활성화되어 소변량이 감소한다. <table><tr><td>정상 요비중</td><td>1.010~1.030</td></tr><tr><td>정상 소변 삼투질 농도</td><td>300~900mOsm/kg</td></tr></table>
	요중 Na$^+$ 감소	요중 Na$^+$ 25mEq/L 이하 RAA체계에 의해 세뇨관 기능 정상으로 Nacl 재흡수 cf) 대사성 알칼리증 <table><tr><td>저혈량성 대사성 알칼리증</td><td>Urine CL- < 10mEq/L</td></tr><tr><td>알도스테론 과다 대사성 알칼리증</td><td>Urine CL- > 10mEq/L</td></tr></table>
	단백뇨	±

신장성 원인

기전		심한 신장 허혈 후 신실질 변화로 사구체와 세뇨관 손상과 신세포에 독성 물질로 신장기능 자체의 장애이다.
원인	급성 세뇨관 괴사(75%)	신장에 혈류 감소로 급성 세뇨관이 괴사된다. 손상된 근육 세포에서 방출된 미오글로빈, 혈색소의 헴(heme) 색소가 신세뇨관 폐쇄로 급성 세뇨관 괴사 신 독성 물질인 항생제, 화학물질로 급성 세뇨관 괴사 핍뇨기, 이뇨기, 회복기를 거침
	사구체 질환	사구체 신염, 루프스 신염에 의한 사구체 혈관 손상
검사 (급성 세뇨관 괴사)	요비중 감소	요비중 감소, 요삼투성 감소 세뇨관에서 물을 재흡수할 수 없다.
	요중 Na$^+$ 증가	요중 Na$^+$ 25mEq/L 이상 세뇨관에서 Na$^+$을 재흡수할 수 없다.
	단백뇨	사구체 손상에서 단백뇨가 나타난다.

신장후 원인

기전	요로 폐색에 의해 발생한다. 콩팥 단위보다 원위부의 요와 요도까지 특정 부위 폐색에 의해 세뇨관 내 압력이 사구체 정수압보다 높아지면 사구체 여과는 중지되어 무뇨, 핍뇨가 된다. 사구체 여과율의 회복에 비해 세뇨관의 회복이 지연되어 수분, 전해질의 농축 장애가 있다.	
원인	전립선 비대, 결석, 종양 척수손상 : 방광을 비우는 능력이 감소되어 기능적 폐색	
증상	신장이 부분적으로 폐색되고 세뇨관의 농축능력이 상실하면 다뇨증이 된다. 무뇨와 다뇨가 반복	
검사	무뇨	사구체 여과가 중지되어 무뇨로 요의 비중 고정
	다뇨	세뇨관 회복이 지연되어 수분 재흡수 감소로 하루 2L 이상 소변 배설 국시01, 희석뇨, 요비중 감소 * 정상 소변량 : 1,200~1,800mL/day
	단백뇨	약간 나오거나 없다.

임상경로 국시01

핍뇨기	사구체 여과율 감소로 핍뇨, 무뇨가 있다. 핍뇨 : 30mL 이하/1시간, 400~500mL 이하/1일 국시20, 21, 23, 24 무뇨 : 100mL 이하/1일 체액량 세서와 노폐물 배설 위해 투석치료가 필요하다.
이뇨기	사구체 여과율 회복에 비해 세뇨관의 농축능력 장애로 이뇨되어 소변 배설량이 하루 2,000mL 이상되어 탈수가 유발된다.
회복 단계	신부전 이전 수준을 회복한다. 산배설 능력 감소, 세뇨관 농축능력 감소가 몇 년간 지속으로 수분과 전해질 불균형이 가능하다.

9 만성 신부전증(만성 콩팥 기능 상실, 만성 콩팥병)

정의 국시17

신기능이 저하되어 치료로 회복되지 않는 비가역적 상태로 3개월 이상 사구체 여과율이 60mL/분 이하이다.
* 사구체 여과율(GFR) : 신장이 1분 동안 특정 물질을 제거하여 깨끗하게 걸러주는 혈액의 양, 정상 : 90~120mL/분

전해질 불균형 국시14

고칼륨혈증 임용22	정상	3.5~5.0mEq/L 국시24	
	원인	배설 손상	신장의 칼륨 배설 능력이 손상되어 고칼륨혈증이다.
		조직 이화	급속한 조직의 이화작용으로 고칼륨혈증이다.
		산독증	신장의 산 배설 능력이 손상되어 산독증에 고칼륨혈증이다.
		약물	ACEi, ARB[Losartan(Cozaar)], 칼륨 보존 이뇨제(aldactone)
	위험	심부정맥과 심정지 유발, 고칼륨혈증 초기 : 빈맥, 후기 : 서맥	
나트륨 (Na^+)	정상	135~145mEq/L 국시24	
	원인	나트륨(Na^+)이 정상이거나 감소 소듐 배설 장애로 소듐과 함께 수분이 정체되어 체액이 과다하면 희석성 저나트륨혈증이 나타난다. 소듐이 정체되면 부종, 고혈압, 심부전증이 발생한다.	
고마그네슘 혈증	정상	정상 : 1.2~2.0mEq/L 국시24	
	원인	신장의 마그네슘 배설 능력이 손상되어 고마그네슘혈증이다.	
	중재	마그네슘이 포함된 제산제(magnesium제제)를 금한다.	

배설 변화

BUN, creatinine 증가	원인	BUN 증가는 단백질 대사의 최종 노폐물이다. * creatinine : 근육에서 일정량 발생으로 신장 기능에 정확한 지표	
대사성 산독증 국시01	원인	산성 노폐물	산성 노폐물이 축적되어 발생한다.
		수소이온 배설×	수소이온을 배설하지 못한다.
		중탄산염 재흡수 감소	신장에서 중탄산염 재흡수가 감소한다.
	중재	중탄산나트륨을 일시적 투여이다. 산증 치료를 위해 투석 요법이다.	
단백뇨	단백뇨는 신장 손상의 첫 지표이다.		

조혈계 변화

빈혈	원인	에리스로포이에틴 장애 국시08	신장에서 적혈구 조혈인자(Erythropoietin)의 합성 장애로 적혈구 생성이 감소한다.
		적혈구 생존 시간	요독증(체내에 비정상적으로 축적된 대사산물의 총칭)으로 적혈구의 생존 시간이 단축된다. * 적혈구 평균 수명 100~120일
		혈소판 응집 방해 국시08	요독증이 혈소판 응집을 방해하기 때문에 출혈이 나타난다. 출혈로 빈혈이 된다.
	중재	erythropoietin 투여 : 골수에서 적혈구의 증식과 분화를 조절한다.	

심혈관계 변화

고혈압 [국시 04]	원인	사구체 여과율 감소	사구체 여과율 감소로 소듐, 수분이 정체되면 순환 혈류량이 증가하여 BP가 증가한다.
		RAA	콩팥 혈류가 감소하면 레닌-안지오텐신계의 항진으로 angiotensin과 aldosterone이 자극된다. 원위세뇨관과 집합관에서 Na$^+$과 수분이 재흡수되면 혈장량이 증가하여 혈압이 증가한다.
고지질 혈증	원인	고인슐린혈증	신장 기능 저하로 인슐린이 배설되지 않고 혈액 중에 오래 남아 있어 인슐린은 간에서 지단백[VLDL, LDL, 트리글리세라이드(triglyceride)] 생산을 자극하여 상승, HDL이 감소한다. * 인슐린 기능 : 혈중 유리 지방산을 지방 세포에 흡수시켜 지방 합성 촉진과 지방 분해 억제
		요독증	요독증으로 지질분해활동이 저하하여 VLDL상승, LDL 상승, HDL(고밀도 지질 단백질) 생산이 감소한다.
울혈성 심부전 [국시 04]	원인		사구체 여과율 감소로 소듐, 수분이 정체되면 순환 과부하로 전부하 증가와 고혈압으로 인한 후부하로 울혈성 심부전이 증가한다.

근골격계 변화 [임용 10] ☆ 골골골 섬조직

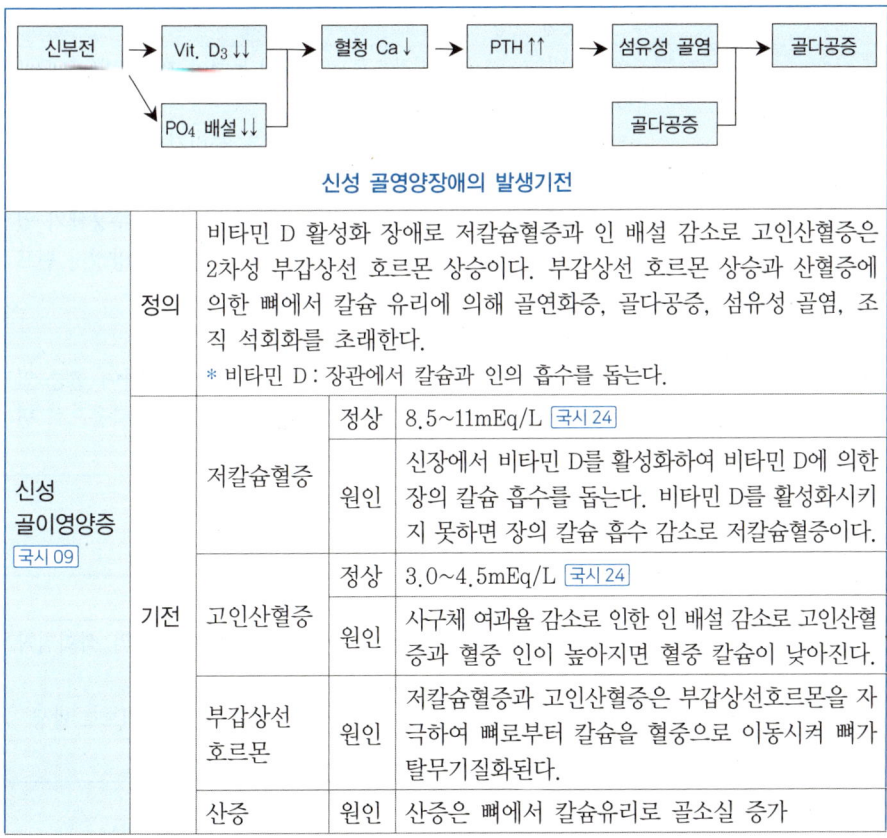

신성 골영양장애의 발생기전

신성 골이영양증 [국시 09]	정의		비타민 D 활성화 장애로 저칼슘혈증과 인 배설 감소로 고인산혈증은 2차성 부갑상선 호르몬 상승이다. 부갑상선 호르몬 상승과 산혈증에 의한 뼈에서 칼슘 유리에 의해 골연화증, 골다공증, 섬유성 골염, 조직 석회화를 초래한다. * 비타민 D : 장관에서 칼슘과 인의 흡수를 돕는다.
	기전	저칼슘혈증	정상	8.5~11mEq/L [국시 24]
			원인	신장에서 비타민 D를 활성화하여 비타민 D에 의한 장의 칼슘 흡수를 돕는다. 비타민 D를 활성화시키지 못하면 장의 칼슘 흡수 감소로 저칼슘혈증이다.
		고인산혈증	정상	3.0~4.5mEq/L [국시 24]
			원인	사구체 여과율 감소로 인한 인 배설 감소로 고인산혈증과 혈중 인이 높아지면 혈중 칼슘이 낮아진다.
		부갑상선 호르몬	원인	저칼슘혈증과 고인산혈증은 부갑상선호르몬을 자극하여 뼈로부터 칼슘을 혈중으로 이동시켜 뼈가 탈무기질화된다.
		산증	원인	산증은 뼈에서 칼슘유리로 골소실 증가

골연화증	원인	비타민 D 결핍으로 칼슘과 인의 대사 장애로 골기질에 무기질이 침착되지 않아 뼈가 연화된다.
	증상	골기형과 잦은 골절 어린이 : 뼈의 석회화가 안 되어 성장 지연
골다공증	원인	신장이 비타민 D를 활성화 형태로 전환하지 못하여 장내에서 칼슘 흡수 감소로 골형성 장애이다. * 골다공증 : 골질량이 전반적으로 감소하여 골밀도가 감소하고 뼈의 강도가 약해져 쉽게 골절되는 골격계 질환
	증상	골절, 척추의 압박골절, 키가 준다.
섬유성 골염	원인	장기간 부갑상선 기능항진증으로 뼈의 X-선상에서 뼈흡수를 특징으로 뼈의 구부러짐, 기형의 섬유성 골염을 확인한다.
조직 석회화	원인	뼈로부터 혈중으로 나온 많은 칼슘과 인이 유리되어 석회화 물질 축적으로 뇌, 관상순환, 혈관, 호흡기계에 치명적이다. ex) 부갑상선 기능항진증 : 혈청 내 과량의 칼슘은 calcium phosphate 형태로 눈, 폐, 심장, 근육에 침전

위장관 변화

요독성 악취 국시 08	기전	호흡 시 악취로 요독증에 의해 암모니아 냄새와 비린 냄새가 난다. * 간경병증 : 간성 악취 : 장내 세균이 메르캅탄을 간이 대사로 해독하지 못해 간성 악취
궤양 질환 국시 07	기전	가스트린(gastrin)이 신장으로 배설되지 못하여 가스트린(gastrin)이 축적된다. 가스트린(gastrin)은 벽세포에서 HCl을 분비시켜 궤양 질환이 잘 생긴다. 식도염, 위염, 대장염, 위장관 출혈이 있다. 벽세포에 Ach 수용체, histamine 수용체, gastrin 수용체가 있어 Ach, histamine, gastrin이 수용체와 결합하여 양성자 펌프를 활성화시켜 염산(HCl) 분비를 자극한다.
변비		수분 제한으로 변비가 생긴다. 고인산 혈증에 인산염 결합약물(aluminum, amphojel)을 투여하여 혈중 인과 결합하여 배출한다. 인산염 결합약물(aluminum, amphojel) 복용으로 변비를 일으킨다.

피부계 변화

소양증 국시 08	요독증	
	석회침착	신성 골이양증에서 부갑상선 기능항진증으로 피부의 석회침착은 소양증이 된다. * 소양증 : 간세포성 황달, 폐쇄성 황달의 담즙산염 축적으로 발생
	땀샘 위축	땀샘 위축으로 피부가 건조하다.

면역계 변화 국시 04

요독증으로 백혈구 기능 감소로 세포성 면역과 체액성 면역에서 항체 생성이 억제되어 면역계 손상으로 감염 감수성이 높아진다.

* 간경병증에서 감염 : ☆ 순환 비단 측부 순환, 비장 비대, 단백질 합성 감소

간호 국시 01, 04, 06

단백질	단백식이 제한 국시 09	GFR이 감소된 대상자가 투석을 받지 않을 때 0.5g/kg로 단백질을 제한한다. 고단백 식이는 사구체의 단백 여과량을 늘려 신장 부담으로 신장 기능을 악화시킨다. 질소성 노폐물을 축적시켜 제한한다.
	알맞은 단백질	혈액투석: 혈액투석 시 질 좋은 알맞은 양의 단백질 섭취 1.0~1.2g/kg/일 복막투석: 알맞은 양의 단백질 섭취 1.2~1.5g/kg/일
	필수 아미노산 국시 12	단백질 섭취 부족으로 근육이 소모된다. 필수 아미노산(체내에서 만들어지지 않으며 식품을 통해서만 섭취)을 함유한 생물학적 가치가 높은 단백질을 충분히 섭취한다. 단백질의 3/4은 육고기, 우유, 유제품, 달걀을 섭취한다. **간경변증**: 암모니아는 중추신경계 독성 물질이다. 간경변증은 암모니아를 대사할 수 없어 암모니아 상승으로 단백질 제한 육류보다 유제품의 단백질 섭취로 유제품의 단백질은 육류보다 암모니아를 형성하는 아미노산이 적다.
고칼로리식		칼로리 섭취를 제한하면 체내 단백질 분해가 진행되어 단백질 이화작용이 촉진되어 BUN이 상승한다. 단백질 이화작용을 막기 위해 고칼로리식을 제공한다.
칼슘	저칼슘혈증 모니터	저칼슘혈증과 관련된 전해질 불균형(예 고인혈증)을 모니터 뼈의 탈무기질화, 골절 가능성을 판단한다.
	칼슘염	처방된 칼슘염(예 탄산칼슘, 염화칼슘, 구연산칼슘) 투여
	비타민 D	위장관에서 칼슘 흡수를 도와주는 비타민 D 섭취로 뼈의 탈무기질화의 예방과 치료를 한다.
저칼륨, 인, 마그네슘 국시 16		신기능 상실로 칼륨, 인, 마그네슘이 축적된다. 칼륨, 인, 마그네슘이 많은 음식을 제한한다. 인 결합제(암포젤)는 음식의 인과 결합하여 대변으로 배설을 촉진한다. 식사 중, 직후 복용한다. ex) 소화성 궤양에서 제산제 : 인 결합제(암포젤)
수분과 염분 제한	기전	신장 기능 상실로 총 체내 수분량이 증가한다. 수분과 나트륨을 제한한다.
	간호	투석을 안 하는 요독증 환자는 나트륨을 하루 1~3g, 투석 환자는 2~4g을 섭취한다. 수분 섭취량은 소변 배설량의 500~700mL를 더한 양으로 제한한다. ※ 사구체 신염의 체액과다 간호계획 참조(수분 제한, 염분 제한)

10 혈액투석

목적(기전) 임용 22		투석기막 반투막을 사이에 두고 환자의 혈액과 투석액 간 상호 교류를 통해 과량의 수분, 전해질과 노폐물(BUN, Cr)을 체외로 배설시킨다. 산-염기 조절, 요독 증상을 완화한다. *반투막 : 물과 요산 같이 작은 입자들 통과시키지만 다른 성분은 통과시키지 않는 막
원리 확! 여삼	확산 (main)	혈액과 투석액 사이 반투막을 통한 용질의 수동적 확산으로 용질 농도가 높은 쪽에서 낮은 쪽으로 이동한다. 혈중 대사성 노폐물과 전해질 등이 제거된다.
	초여과 (main)	초여과는 정수압 차이로 혈액 쪽에서 정수압(양수압)과 투석액 쪽에서 음수압을 사용하여 압력 경사로 반투막을 통해 혈액측 수분을 투석액 쪽으로 이동하여 체내의 과잉 수분을 제거한다.
	삼투질 농도	투석액에 포도당을 넣어서 투석액 농도를 환자 혈액 농도보다 높게 해서 수분이 혈액으로부터 투석액으로 옮긴다. 삼투질 농도가 낮은 곳에서 높은 곳으로 수분이 이동한다. 삼투질 농도는 체내의 과잉 수분을 제거한다.

투석치료의 합병증 국시 12

출혈	출혈은 헤파린 사용으로 지혈되지 않는다.
빈혈	빈혈은 혈액투석 동안 혈액 손실로 악화된다.
저혈압	투석 시 수분이 제거되는 동안 급속한 수분이동으로 저혈압이 발생한다. 빈맥, 오심, 구토, 어지러움증, 발한은 저혈압 징후이다. 활력 징후와 체중을 투석 전과 비교한다.
근육 경련	나트륨과 물의 빠른 제거로 근육이 경련된다. ex) 저나트륨혈증 : 근육 강직, 근육경련, 근육통
부정맥	전해질, K^+과 pH 변화로 부정맥이 생길 수 있다.
투석불균형 증후군 임용 13	기전	투석 불균형은 뇌의 수분변이로 생길 수 있다. 급성 신부전이나 혈중 요소질소가 매우 높고(150mg/dL 이상) 혈액투석을 처음 시작할 때 발생한다. 장시간 과도하게 시행하면 혈액 중 요소, 전해질, pH의 급격한 교정으로 뇌세포 내 삼투질 농도가 혈액 성분보다 높아져 수분이 뇌세포로 이동하여 뇌부종을 초래한다.
	증상	오심, 구토, 두통, 안절부절, 의식변화, 경련
패혈증	투석 중 세균 유입, 혈관 통로 감염으로 패혈증이 된다.

동정맥루 조성술

정의	동정맥루 그림 (독맥선, 정맥선, 정맥, 요골동맥, 루) **동정맥루** 동맥과 정맥 사이 루를 만든다. 전박의 요골이나 척골 동맥과 요골 정맥 사이 문합이다. 동맥과 정맥이 연결되면 압력이 센 동맥혈이 정맥 내로 흘러 들어가 정맥혈관을 울혈시키고 굵어지게 하여 투석에 이용한다.		
간호 국시 19	상승 국시 24		수술 후 손목 부종으로 심장보다 상승시킨다. 부종을 예방한다.
	손운동	방법	수술 2일 후 수술 부위 통증, 부종이 감소한 때부터 손가락 운동을 시작한다. 손등 밑에 배개를 사용하여 팔을 약간 올려놓고 정구공(soft tennis) 같은 부드럽고 작은 공을 주무르는 운동을 한다. 필요한 경우 의료진의 지시에 따라 수술 1주일 후 상박을 고무줄로 감고 공을 주무르는 운동(60~90초간)을 하루 3~4회 실시한다.

간호 국시 19		손운동	효과	동정맥루 수술 후 혈관이 잘 자랄 때까지 혈관 발달을 돕기 위한 운동을 한다. 지름이 넓어지고 혈관벽이 두꺼워져 다량의 혈액이 흐를 수 있다. 동정맥루는 혈관이 성숙하는 데 최소한 2~3달 걸린다.
	ROM		일상적인 ROM운동을 권장한다.
	동정맥루 개존성 국시 13		혈관 통로의 개존성 여부 확인을 위해 손으로 촉진하여 진동이 느껴지고 청진하였을 때 잡음이 들린다.
	혈전 예방		동정맥루가 설치된 팔에서 혈압 측정을 하지 않는다. 국시 24 혈관을 조이는 장신구나 의복 착용을 피한다. 무거운 것을 들거나 팔 베개를 하지 않는다. 국시 24 혈관 통로의 혈전과 폐쇄를 예방한다.
	감염 예방		바늘 삽입 부위 출혈과 감염 증상을 사정한다. 혈관 통로의 감염을 예방한다. 동정맥루를 깨끗하고 건조한 상태로 유지한다. 동정맥루가 설치된 팔에서 혈액 체취, 정맥 주사를 하지 않는다. 국시 24

필수약제

수용성 비타민	수용성 비타민(비타민 B, C)이 투석 도중 소실되므로 수용성 비타민을 보충한다. 철분제제, 칼슘보충제, 활성비타민 D_3
항고혈압제 국시 04	투석하는 날 아침에는 항고혈압제를 먹지 않는다. 투석하는 날 항고혈압제 복용은 투석 동안 저혈압이 생길 수 있다.

11 복막투석

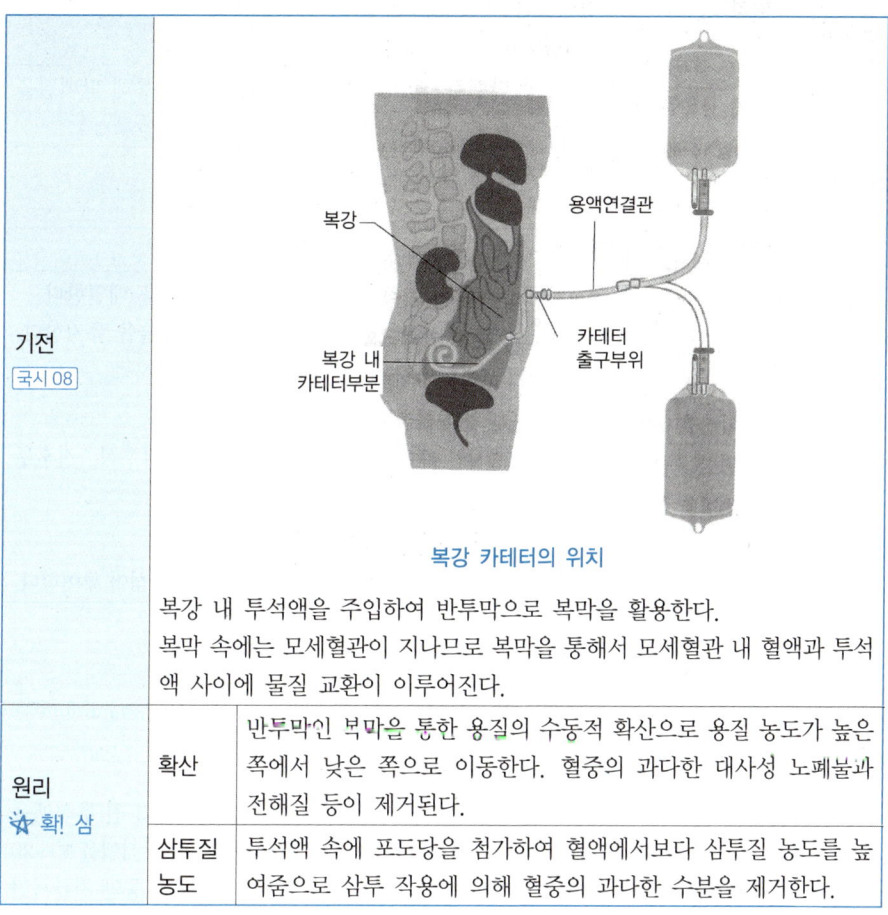

복강 카테터의 위치

기전 [국시 08]	복강 내 투석액을 주입하여 반투막으로 복막을 활용한다. 복막 속에는 모세혈관이 지나므로 복막을 통해서 모세혈관 내 혈액과 투석액 사이에 물질 교환이 이루어진다.	
원리 ☆ 확! 삼	확산	반투막인 복막을 통한 용질의 수동적 확산으로 용질 농도가 높은 쪽에서 낮은 쪽으로 이동한다. 혈중의 과다한 대사성 노폐물과 전해질 등이 제거된다.
	삼투질 농도	투석액 속에 포도당을 첨가하여 혈액에서보다 삼투질 농도를 높여줌으로 삼투 작용에 의해 혈중의 과다한 수분을 제거한다.

투석액 종류 [국시 08]

포도당 농도에 따라 1.5%, 2.5%, 4.25%이다.
수분을 많이 제거하고자 할 때 고농도인 4.25%의 투석액을 사용한다.

합병증

단백질 손실	방법	1.2~1.5g/kg/일의 적절한 양의 단백질 섭취를 유지한다. cf) 혈액투석 : 1~1.2g/kg/일 　　 신부전 : 0.5g/kg/일
	근거	복막은 혈장 단백질, 아미노산 투과로 복막 투석 통해 단백질을 손실한다.
고혈당		포도당이 흡수되어 고혈당이 된다. 매일 혈당 수치를 측정한다.
복막염 [국시 13]	증상 [국시 20]	혼탁한 투석액 배출, 오심, 복부 통증, 발열
	예방 - 드레싱 - 방법	복막 투석 카테터는 무균 드레싱을 매일한다. 투석액 백을 잠그거나 풀 때 무균술을 유지한다.
	예방 - 드레싱 - 근거	카테터 감염을 예방한다.
	예방 - 샤워 - 방법	통목욕을 금지하고 매일 샤워한다. ex) 샤워 : 요로감염, 요충증, 복막투석, 전후두 절제술
	예방 - 샤워 - 근거	카테터 감염을 예방한다.
	치료 [국시 20]	균배양 검사를 하여 항생제를 전신적 또는 투석액에 섞어 투여한다.

간호 [국시 04, 09]

체중 측정	방법	투석을 시작하기 전 항상 같은 저울로 체중을 잰다.
	근거	수분 균형 상태를 확인한다.
체온정도	방법	투석액 주입과 배액은 중력의 힘에 의해 이루어지며 주입 전 투석액을 체온 정도로 가온시킨다. 주입관을 통해 복강 내 1~2L 투석액을 10~20분에 걸쳐 중력을 이용해 복강 안으로 주입한다. 몇 시간 동안 저류시킨 다음 배액 주머니를 밑으로 내리면 중력에 의해 체외로 배액시킨다. cf) 장루 세척 : 미온수 500~1,000mL를 세척통 안에 넣는다.
	근거	체온 정도로 가온은 복막혈관 확장에 따른 물질 교환 촉진과 추위로 인한 불편감을 방지한다.
반좌위	방법	호흡을 용이하게 하기 위해 반좌위를 한다.
	근거	복막 투석액을 복강 내 주입하면 횡격막에 가해지는 압력 때문에 호흡이 불편하다.
배액되지 않을 때	방법	복강 내 주입한 투석액이 배액되지 않는다면 카테터가 꼬이거나 막힌 것이 아닌지 확인한다. * 결장루 세척 : 세척 후 나오는 것이 없다면 복부를 마사지하거나 따뜻한 물로 마신다. 세척 후 나오는 것이 없다면 다음 날 다시 세척하고 나오는 것이 없다면 의사에게 알린다.
	근거	카테터가 꼬이거나 막혔을 때 배액되지 않는다.

12 신장이식(콩팥 이식술)

장기 이식의 조직 적합성 검사 [국시 17]

조직 적합성 항원 검사[HLA(Human Leukocyte Antigen)검사]
* 조혈모세포 이식 : HLA(Human Leukocyte Antigen)검사

신장이식 거부반응

초급성(hyperacute) 신장이식 거부반응

시기	수술 직후부터 수술 후 48시간 이내 발생한다. 콩팥 이식 전 조직 적합성 교차 반응 검사를 철저히 시행하므로 드물다. * 조직 적합성 교차 반응 검사 : 공여자와 수혜자 간 조직 거부반응 여부를 가리기 위한 검사
기전	체액성 면역반응에 의해 림프구에 의한 세포독성 항체가 이식된 조직에 침투하여 이식조직을 괴사시킨다.
임상증상	소변량이 갑자기 감소, 고열, 신장부위 통증, 기능 감소
치료	즉시 신장 적출술을 실시한다.

급성 신장이식 거부반응

시기	수술 후 1주에서 3개월 사이 발생 거부반응 중 가장 흔한 유형
기전	세포 중개성 면역반응(T림프구, 제4형 지연형 과민반응)에 기인한다. 수혜자가 공여자 세포의 항원에 감작(항원에 과민반응)될 때 반응이 시작된다. 감작된 T림프구와 대식세포가 이식한 혈관 자체를 황폐화시켜 이식조직은 괴사한다. * 제4형 지연형 과민 반응 : 24시간 이후 일어나는 모든 과민 반응이다. 항체가 관여하지 않는 것으로 감작된 세포 중개성 면역을 담당하는 T림프구가 형성된다. 거부반응이 자극받아 림포카인을 유리시켜 항원에 식균 작용, 염증세포들을 유인하여 부종, 허혈, 국소적 조직 손상을 일으킨다. * 림포카인 : T림프구가 분비하는 매개물질 ex) 이식편 대 숙주질환 : 4군 지연형 과민 반응, 공여자의 T림프구가 수혜자 세포 파괴
증상 [국시 04, 17]	장기이식 부위 통증, 압통, 부종, 염증 신기능 감소, 소변량 감소, 무뇨, 고혈압, 부종, 체중증가 고열, 백혈구 증가증
검사 [국시 09]	혈액 내 BUN, creatinine 상승, 단백뇨
치료	면역 억제제를 투여한다.

만성 신장이식 거부반응 임용 11 / 국시 02, 03, 05

시기	이식 후 수개월, 수년 후 발생
기전	거부 반응이 진행됨에 따라 콩팥 기능이 비가역적으로 저하된다.
증상	만성 거부반응은 점진적 진행되는 퇴행성 문제로 신기능 부전 소변량 감소, 고혈압, 부종, 체중 증가
약물 국시 07	정의	거부 반응을 억제하기 위하여 여러 가지 면역 억제제를 평생 사용한다. 투약을 중지하면 강력한 거부반응이 나타난다. 면역 억제제[사이클로스포린, 시클로스포린(cyclosporine) 국시 20, prednisone]를 복용하므로 일상생활 동안 감염에 주의한다.
	사이클로스포린 기전	칼시뉴린 억제제로 칼시뉴린을 억제해서 T세포 증식에 필요한 인터루킨-2의 생성을 억제하여 T세포 활성화를 막는다. * 인터루킨-2 : T세포 성장인자
	사이클로스포린 부작용	신장 독성 간독성 : 간기능 주기적 평가 감염 : 면역 억제제로 감염되기 쉽고 암에 걸릴 수 있다. 면역 억제제는 면역계를 억압하여 감염에 감수성이 증가하고 항염 작용으로 감염 증상을 감춘다. 고혈압, 고칼륨혈증
	자몽주스 제한	자몽 주스를 먹지 않는다. 자몽주스가 cyclosporine의 대사를 억제하여 혈중 농도 증가로 독성 위험이 크다.
간호	무거운 것	무거운 것을 들어 올리거나 신체적으로 힘든 일은 2~3개월 후에 한다.
	신체접촉	이식 부위에 외상을 받지 않도록 신체 접촉이 있는 운동은 피한다. ex) 신체 접촉, 운동 제한 : 혈우병, 윌름 종양, 출혈 가능성, 신장 이식

13 방광외상

방광 사정		치골결합부 아래에 위치하며, 비어 있을 때 촉진과 타진이 되지 않는다. 방광이 차서 부풀어 오르면 치골결합부 위로 올라와 배꼽 바로 아래까지 이른다. 촉진 전 배뇨 여부를 질문한다. 치골결합부 위 방광 가장자리의 높이를 재고 방광을 타진한다. 팽만된 방광은 둔탁한 소리를 낸다.
원인	방광 팽만	방광이 비었을 때 치골 후방의 골반강내 위치하여 보호를 받으나, 방광이 채워져 있을 때 치골상부로 팽창되고 방광벽도 매우 얇아져 외부 충격에 손상을 받는다. 교통사고 때 방광이 팽만되면 안전띠에 손상되며, 골반 골절 시 방광이 손상을 받는다.
증상		배뇨 곤란, 혈뇨 국시 24, 치골상부에 통증이나 압통 음낭 주위와 회음부에 소변이 누출되어 부종이 생긴다. 방광외상 후 원인불명의 열 지속은 소변이 새는 것이다.
진단		요로 X-선 검사를 통해 골반골절을 진단한다. 방광조영술을 통해 방광외상을 진단한다.
치료	카테터	경미한 방광외상은 유치카테터나 치골상부카테터로 배뇨시키며 관찰한다.
	개복술	심한 방광외상이나 관통상에 즉시 개복술을 시행한다.
	항생제	복막이나 다른 조직으로 소변이 들어가서 감염으로 항생제를 투여한다.

14 방광암

정의	비뇨기과 암 중에서 발생 빈도가 가장 높다. 한국 남성 5대암으로 위, 폐, 간, 대장암, 방광암으로 다섯 번째로 높다.	
원인 [국시 09]	60~70세 고령층 흡연 : 방광암의 가장 중요한 단일 위험 인자 고무와 케이블 산업에 사용된 염료, 페나세틴 함유 진통제 사이클로포스파마이드(cytoxan) : 알킬화제 부작용 : 출혈성 방광염 재발성 결석과 만성적 하부 요로 감염	
증상 [국시 09]	무통성 혈뇨	무통성 혈뇨가 흔하다. 탁한 소변
	배뇨 곤란	
	방광 과민증상	긴박뇨(절박뇨), 빈뇨 종양이 이물질로 작용하여 방광 과민증상 발생
진단	요세포 검사	방광의 상피표면에서 탈락된 세포들이 소변에서 발견된다. 암이 의심될 때 신생물이나 비전형적인 세포 존재를 확인한다.
	정맥신우조영술 (IVP)	조영제가 신장을 통해 걸러져서 방광에 배액되는 동안 신장과 요관, 방광 내 덩어리의 음영을 X-선 검사를 한다.
	방광경 검사와 생검	가장 중요한 검사로 방광경 검사와 생검이다. 내시경을 방광에 삽입하여 방광 안을 눈으로 관찰하여 생검을 하여 확진한다.

방광내시경

목적	진단목적	요도 통해 방광에 삽입되어 방광 내부를 시각화한다. 방광이나 요도의 구조적 이상, 전립샘의 방광 내 돌출, 암이나 염증성 질환 원인, 방광요관역류, 배뇨 시 통증 원인을 확인한다. 요로계 조직검사를 한다.
	치료목적	종양절제, 결석이나 이물질 제거, 출혈부위 소작, 요관 확장, 신우 배액, 방광수술에 이용한다.
검사 전 간호		검사 전날 자정부터 금식한다. 전날 저녁에 완하제나 관장으로 장을 비운다. 검사 동안 쇄석위를 취하고 움직이지 않는다.
검사 후 간호	방광천공	방광천공 합병증으로 복통, 메스꺼움, 구토, 심한 통증이 있다.
	요정체	시술 후 요도 부종으로 요정체 발생에서 전립샘비대증은 특히 위험하다.
	출혈, 혈전 [국시 23]	소변에 분홍빛이지만, 육안적 출혈은 없다. 출혈, 혈괴, 혈괴로 배뇨량 감소 또는 무뇨 시 의사에게 알린다. 큰 혈괴는 요로계 폐색으로 수분섭취와 소변배출량을 측정한다. 문제 예방 위해 방광내시경 검사 중 세척을 하기도 한다.
	감염	감염 위험으로 체온상승, 오한의 감염징후를 관찰하고 예방적 항생제를 투여한다.
	작열감	방광경련, 빈뇨, 배뇨 시 작열감에 처방에 항콜린성 약물이나 진통제를 투여한다. 검사 후 수분섭취 격려하면 배뇨 시 작열감을 줄인다.
	비정상적 소변색	methylene blue 같은 조영제 시 비정상적 소변색에 알려준다.

09 남성 생식기계

1 개론

해부도

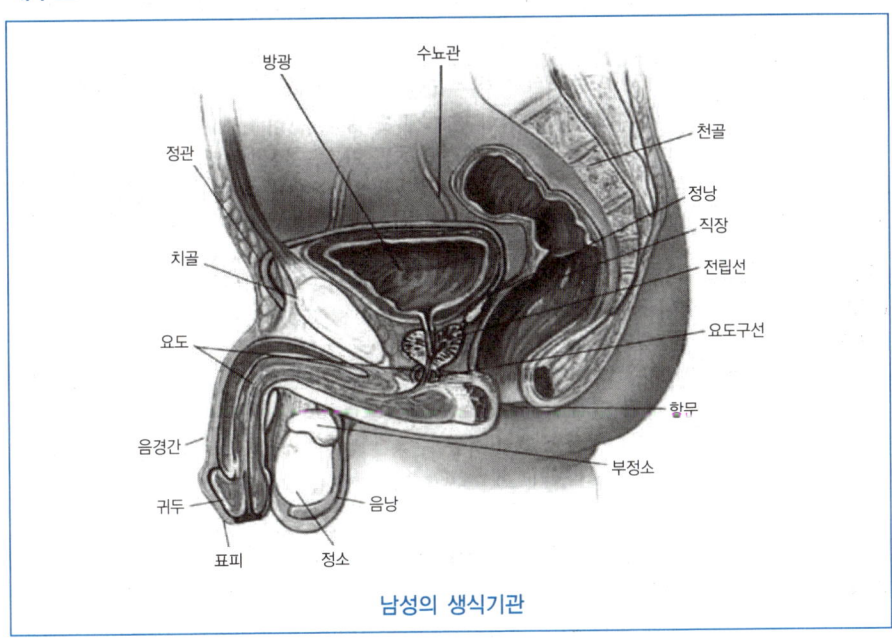

남성의 생식기관

외생식기

음낭	기능		음낭 온도는 체온보다 2도 낮은데 최적 온도를 유지하여 고환이 정자 생성 위한 최적 환경이다. 외부환경이 덥거나 체온이 높을 때 고환거근이 이완되어 신체로부터 고환을 떨어뜨린다. * 고환거근 : 고환을 싸고 있는 근육
음경	기능	배설기관	요도구를 통해 요를 배설한다.
		생식기관	부고환, 정관, 정낭, 전립샘의 수축에 의해 정액을 요도로 보내 정액을 사정한다.
	구성		요도와 3개의 발기성 조직

내부 생식기

고환	모양		폭 : 2~3cm, 길이 : 3.5~5.5cm [임용 09] 사춘기 이전 : 2.5cm 이하, 성인 : 4.5cm 이상 난원형의 매끄러우면서도 견고, 고무 같은 경도, 탄력이 있다. 결절 등이 없다. 좌우 크기가 동일하나 한쪽 고환이 다른 쪽 고환보다 큰 것은 정상
	기능	정조세포	뇌하수체 전엽의 난포자극호르몬(FSH)에 의해 고환 내 정세관 안 정조세포에서 정자가 형성된다. 정자의 완전 성숙에 테스토스테론과 LH가 필요하다.
		간질세포 (Leydig's cell)	정세관 사이 간질성 레이디그 세포는 LH에 의해 남성호르몬(testosterone)을 분비한다. [국시 06]
부고환	구조		고환의 후면에 쉼표모양
	기능	두부와 체부	정자는 고환에서 부고환으로 이동하여 부고환의 두부와 체부에서 성숙
		미부	미부에서 정자 저장
정로 (정관, 배출관)	구조 [국시 05]		정로는 고환 내 정세관 안 정조세포에서 만든 정자가 체외로 배출될 때까지 거쳐 나가는 관이다. 정세관, 부고환, 정관, 사정관, 요도로 구성된다.
	사정관		정낭에서부터 사정관을 이룬다. 사정관은 전립선을 관통하여 요도로 연결된다. 정액은 사정 시 요도를 통해 몸 밖으로 배출한다.

부속선

기능 [국시 09]	정낭, 전립선, 쿠퍼선(Cowper's gland)은 정액을 분비함으로 정자와 함께 사정액을 만든다. 사정액은 알칼리성으로 정자의 생존과 운동에 좋은 환경 제공과 여성의 질내 산성 분비물을 중화하고 항세균 효과가 있다.
정낭	정액의 60%는 정낭에서 분비되며 정낭관은 정관과 합쳐져 사정관이 되어 방광 아래 전립선으로 들어간다.
전립선	방광 바로 아래에서 요도를 싸고 있다.
쿠퍼선(요도구샘)	전립샘 아래 요도 양쪽에 위치한 한 쌍의 분비선

2 정계정맥류

정의	정계정맥류는 고환 상부의 정맥이 비정상적으로 확장된 것이다. 대부분 생식능력이 있는 젊은 남성의 왼쪽(90% 이상)에서 발생한다. 좌우 고환 정맥의 해부학적 차이에 의해 발생한다. 왼쪽에 고환 정맥은 신장 정맥으로 직각으로 들어간다. 오른쪽에 있는 고환 정맥은 하대정맥으로 비스듬히 들어가 압력을 덜 받는다. 남성불임 원인 중 30%이며, 치료하지 않으면 점점 악화되는 진행성 질환이다.
병태생리	(그림: 고환과 부속기 질환 — 정상, 부고환염, 물음낭종, 정액류, 고환암, 조임(염전), 정계정맥류) 정계정맥류가 있으면 음낭의 정맥혈 순환 장애와 정맥혈 울혈로 온도 상승으로 정자가 감소하며, 불임이 될 수 있다.

증상	통증	음낭을 잡아당기는 듯한 통증이 있다.
	확장된 정맥	선 자세의 복압을 높이는 발사바법 시행 시 음낭에서 확장된 정맥을 촉진한다. 누우면 사라진다.
치료		정맥류 절제술은 살굴을 절개하여 정관정맥을 결찰한다.

3 고환암

정의		15~40세 젊은 남성에게 발생한다. 고환암은 매우 빠르게 진행된다. 고환 자가 검진을 통해 조기 발견하면 화학요법으로 치료 가능한 암이다.
원인	잠복 고환	정상피종은 잠복 고환과 관련된 고환암의 보편적 유형 음낭으로 내려오지 않은 잠복 고환은 퇴축, 변성되어 종양으로 변한다.
	고환암 가족력	발병 위험이 높다.
	외상, 고환염	

종류

생식세포 종양	정의	정자를 생성하는 생식세포에서 발생한다. 고환암의 95%
	정상피종	잠복 고환과 관련 종양이 늦게 전이되어 예후가 좋다.
	비정상피종	기형종, 태아암, 융모암
비생식세포 종양	정의	고환암의 5%, 예후가 아주 나쁘다. 생식세포를 지지하는 비생식세포인 레이디그 세포와 세르토리 세포가 있다.
	세르토리 세포 종양	
	레이디그 세포 (간질세포) 종양	testosterone을 분비하는 Leydig 세포에서 생겨 남성 호르몬이 과도하게 분비되어 사춘기가 일찍 나타난다.

임상증상 국시 10	통증 없는 종괴	매끈하게 통증이 없는 종괴가 만져진다. 10%에서 고환 내 출혈이나 경색으로 급성 동통이 동반된다.
	음낭 팽팽	종양이 커지면 음낭이 팽팽, 종양은 투시되지 않는다.
검진	광선투시법	암이 의심되는 덩어리는 단단하며 광선투시상 불빛이 투과되지 않는다.

진단검사

β HCG 상승	생식세포 종양[정상피종(잠복 고환 관련), 비정상피종(융모암, 태아암, 기형종)]	
	β HCG 상승	융모상피암
α-FP (α-fetoprotein) 상승	비정상피종(기형종, 태아암)	
	α-fetoprotein 상승	간암
생검 금지	고환암은 전이가 쉽게 되므로 생검은 금한다.	

고환 자가검진 [국시 11]

고환 자가검진

A. 고환을 수평으로 굴려본다. B. 고환을 아래위로 굴려본다. C. 부고환 검진

방법			
방법	시간	방법	좋은 시간은 몸이 따뜻해진 목욕 직후이다.
		근거	따뜻해진 목욕 직후 음낭은 이완되므로 고환을 검진하기 쉽다. 추우면 음낭이 수축되어 몸쪽으로 올라붙어 고환을 검진하기 어렵다.
	고환		엄지는 고환의 윗부분을 잡고 검지와 중지는 고환의 아랫부분을 검사한다. 엄지와 손가락 사이에 고환을 수평으로 부드럽게 굴리고 위아래로 굴린다. 고환 크기, 결절, 경화, 부종, 모양, 대칭성을 검사한다.
	부고환		부고환은 고환 후방에 있으며 고환 뒤쪽에 초승달 모양의 부고환을 만져본다. 부고환은 해면(스펀지)같이 부드럽게 촉진된다.
	정삭		정삭은 서혜관을 따라 위로 올라가는 정관, 동맥, 정맥, 림프관, 신경을 싸는 결체 조직으로 고환의 후방에서 부고환으로부터 상행하여 엄지와 손가락으로 정삭을 검진하다. 튼튼하면서 부드러운 구조이다.
정상 고환			폭 2~3cm, 길이 3.5~5.5cm, 사춘기 이전: 2.5cm 이하, 성인: 4.5cm 이상 난원형, 고무 같이 탄력성 있게 촉지, 매끄럽고 견고하다. 딱딱하게 느껴지지 않는다. 고환에 압력을 가하면 정상적으로 심한 내장 통증이 있다.
고환암			무통의 딱딱하고 큰 종양 덩어리

4 양성 전립샘 비대증(BPH)

호발부위	전립샘 중앙에 발생한다.
역학 [국시 05]	50세 이상 나이에서 흔하다.

병태생리 [국시 01] ☆ BPH는 전소 방요

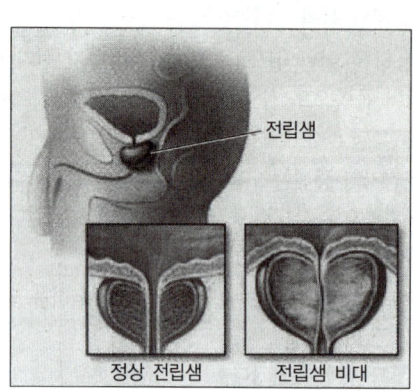

양성 전립샘 비대

50세 이후의 남자에게 증가한다. 침범된 전립샘은 보통 양측성으로 커지며 부드럽고 약간의 탄력성이 있다. 전립샘의 비대는 커진 것이 만져지기 전에 요로의 흐름을 막는다.

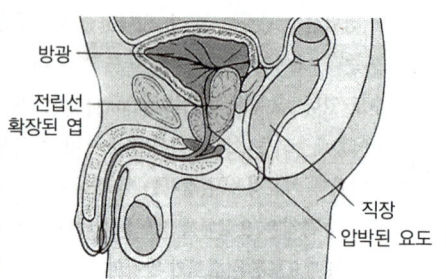

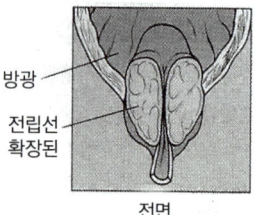

양성 전립선 비대증

전립샘 비대	전립샘의 샘조직에서 전립샘 세포가 증식되어 전립샘 조직이 비대된다.
소변 배설 폐쇄	전립샘이 커지면 방광쪽으로 올라가고 요로가 좁아지면서 요도를 압박함으로 소변 배설 폐쇄로 소변이 정체되어 배뇨곤란, 요정체가 있다.
방광근육 과다 증식	소변 배설 폐쇄를 보상하기 위해 방광은 과다한 일을 하고 방광근육이 과다 증식되고 근육의 긴장도는 약해진다. 방광은 소변을 완전하게 비울 수 없어 요정체가 되고 진행되면 요관, 신장도 확대된다.
	요로결석 합병증	감염, 요관수종, 수신증, 신부전
	심부전 시 보상기전	심실확대와 심근비대: 초기 심장 수축력이 증가하나 시간이 지나면 수축력이 약해지고 많은 산소 요구
요로감염	소변은 정체로 세균 증식에 좋은 배지가 되며 요로감염으로 방광이 예민하여 긴박뇨, 빈뇨가 있다.

증상 [임용 08 / 국시 01, 07]

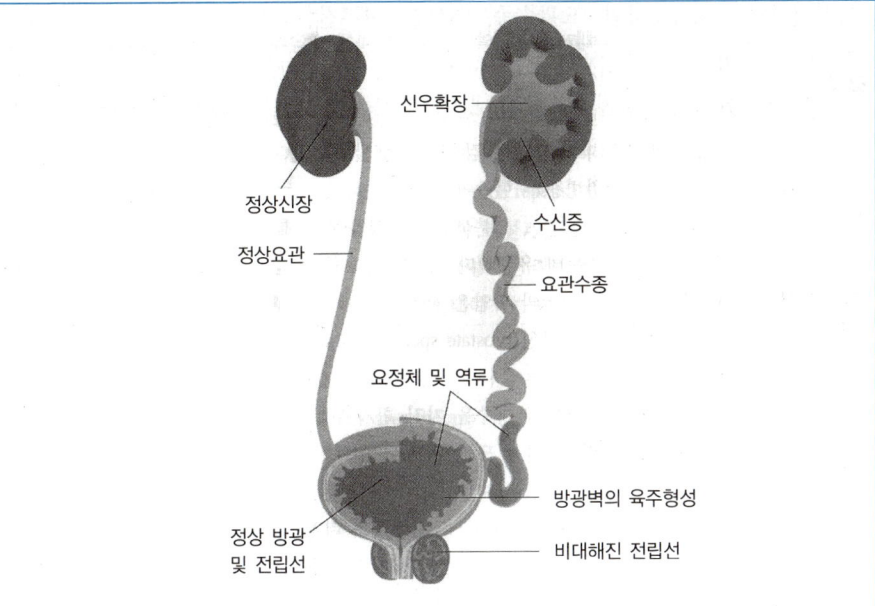

양성 전립선 비대증의 합병증으로 요관수종이나 수신증이 생김

* 육주 : 비대해진 방광근육이 돌출되는 것

방광경 폐색 증상 (하요도 증상)	소변 볼 때	소변을 볼 때 힘·흐름 감소로 소변 줄기가 가늘어지고 방울 방울 떨어진다. 배뇨시간의 지연(지연뇨) 완전하게 방광을 비우기가 어려워 배뇨곤란
	소변 후	배뇨 후에도 소변 방울이 똑똑 떨어진다. 요정체, 잔뇨감 증가 범람성(일류성) 요실금 잔뇨량 증가로 배뇨 후 곧 요의를 느끼고 이때 배뇨하면 소량의 요 배설 간헐적 배뇨, 빈뇨, 야뇨증
자극증상	기전	부분적 요로 폐색으로 방광을 완전히 비우지 못하여 잔뇨 발생으로 세균이 성장으로 감염과 관련된 방광 자극
	증상	빈뇨, 긴박뇨(요의를 느끼면서 소변을 참을 힘이 부족하여 화장실 도달 전 실금) 방광통

합병증 [국시 05]

cf) 신결석의 합병증 : 감염, 요관수종, 수신증, 신부전

결석	잔뇨는 인산암모늄마그네슘의 결석을 형성한다. 요소 분해 균에 의해 소변 내 요소를 분해하여 인산암모늄마그네슘을 생성한다.
요로, 신장 장애	요정체에 의해 요로와 신장 장애로 방광확장증, 요관수종, 요관확장증, 신우확장증, 수신증, 신우신염 * 요관수종 : 소변 흐름을 막으면 요관 팽창으로 요관수종 * 수신증 : 신장에 소변이 차면서 신장이 커진다.
급성 신부전	신후성 신부전

직장 수지검사 [국시 15]

ex) 대장암, 선천성 거대결장

방법	기전	 직장 수지검사 전립샘은 직장벽에 가까워 직장 수지검사를 사용한다. 전립선의 3개 엽이 요도를 둘러싼다. 둥글고 심장 모양이다.
	방광 비우기	방광이 가득 차 있을 때 전립선 기저부를 확인하기 힘들어한다. 방광 팽창 감소를 위해 소변을 보아 방광을 비운다.
	체위	엉덩이를 올리는 체위이다. 슬흉위 : 검진대 위에 팔꿈치와 무릎을 대고 엎드린 체위 좌측위, 심스체위 : 측면으로 누워 태아처럼 구부리게 한다.
	삽입	대상자가 힘을 줄 때 장갑을 낀 두 번째 손가락을 항문 위에 대고 있다가 괄약근이 이완되면 부드럽게 손가락을 배꼽 방향으로 쉽게 삽입한다.
	촉진	검진자 손을 시계 반대 방향으로 돌려 손가락으로 전립선을 만지고, 전립선의 양측엽, 그 사이 정중구를 촉진한다. 전립샘 크기, 단단함, 결절, 모양, 압통을 파악한다.
정상적 전립선		소아에서 작으나 청소년기에 정상 크기로 성장한다. 폭 2cm, 길이 3~4cm의 고무같이 탄력성이 있고 압통이 없다. 코끝, 자궁 경관처럼 느껴진다. 두 개의 측엽은 중앙열구(정중구)에 의해 나누어지며 촉진한다. cf) 고환의 크기 : 폭 2~3cm, 길이 3.5~5.5cm
양성 전립샘 비대증		양측성 전립선이 비대하고 단단하며, 매끈매끈하다. 대칭적으로 커져서 직장벽 안쪽으로 1cm 이상 튀어나온다. 비대로 중앙열구(정중구)를 확인할 수 없다.

검사

| PSA | 혈청 PSA(Prostate-Specific Antigen, 전립샘 특이 항원)은 BPH, 전립샘암 때도 상승한다. |

약물요법

5α-환원효소 억제제(reductase inhibitors) : 항안드로겐

Finasteride (피나스테리드, Prosca), Dutasteride (Duagen)	기전	5α-환원효소를 차단하여 testosterone이 강력한 안드로겐인 DHT(dihydrotestosterone)으로 전환되는 것을 차단한다. DHT는 전립샘 성장을 자극하는 안드로겐이다. 안드로겐을 감소시킴으로 전립선 내 androgen 활동을 억압함으로 전립선 조직이 비대되는 것을 억제하여 전립선 크기를 감소시킨다.
	간호	전립샘 크기 감소는 시간이 걸리므로 6개월 이상 약물을 복용한다.
부작용		성욕 감퇴, 발기부전, 사정량 감소 ex) 발기부전 : cimetidine(tagamet), β-교감신경차단제

α₁-adrenergic(아드레날린) 수용체 차단제(알파 아드레날린 수용체 차단제)

기전		α₁-adrenergic 수용체는 전립선에 많이 존재하여 비대된 전립선 조직에 증가한다. α₁-adrenergic 수용체를 차단으로 전립선의 평활근 이완으로 요도를 통하여 요 흐름이 촉진된다. 증상 개선은 2~3주 안에 나타난다. * α₁-교감신경 : 평활근 수축
종류		독사조신[doxazosin(Cadura)], 테라조신terazosin(Hytrin) : 항고혈압제, 범람성(일류성) 요실금에서 사용 tamsulosin(Flomax), alfuzosin(UroXatral), prazosin
부작용 ☆ 비중이 소심한 약	임산부×	임산부에게 권하지 않는다.
	중추신경계	실신, 현기증, 졸리움, 시야 흐림, 피로, 우울증 * β 차단제 부작용 : 중추신경계, 비뇨생식계, 소화기계, 서맥, 저혈당
	소화기계	설사, 변비, 오심, 입이 마름(중추성 교감신경억제제) 간기능 부전
	심혈관계	기립성 저혈압 국시23, 심계항진, 빈맥
	비뇨생식기계	성불능, 빈뇨

간호계획 국시 03, 06

배뇨장애 R/T 방광자극 ↓ 방광 자극의 제거로 배뇨장애를 경험하지 않을 것이다.			
cf) 요로감염	수분 섭취, 제한 음료, 배뇨하기		
요실금	수분 섭취, 시간, 제한 음료, 배뇨하기		

요로 폐색 인식	증상	요도 폐색으로 소변줄기 변화, 요정체, 요실금, 빈뇨, 야뇨	
	중재	이런 증상이 있으면 곧바로 입원하여 치료를 받는다.	
수분 ☆ 감과 배	방법	금기가 아니면 정상적으로 수분을 하루에 2,500~3,000mL 섭취한다. 너무 빨리 수분 섭취를 증가시키면 전립선 폐색 때문에 방광 팽만이 초래될 수 있다. 저녁에 수분 섭취를 제한한다.	
	근거	배뇨반사 자극	소변을 생성하는데 배뇨반사 자극 위해 적당한 요량이 필요하다.
		과민성 감소	다량 수분을 섭취함으로 요 희석으로 점막자극을 줄이면 과민성이 완화된다.
		감염 감소	다량의 수분을 섭취함으로 이뇨는 방광 내 세척효과로 세균 제거, 세균 농도를 낮추어 항세균성 성질을 증진시킨다. 수분 제한은 감염의 전구요인으로 요로감염이 올 수 있다.
제한 음료	방법	자극이 적은 식이를 섭취하고 방광 자극이 있는 조미료, 매운 음식, 커피, 홍차, 초콜릿의 카페인, 산성 주스, 탄산음료, 알코올을 섭취하지 않는다.	
	근거	카페인, 탄산음료, 알코올을 섭취하면 방광 자극이 있고 전립샘 울혈이 심해져 요도폐색이 증가한다.	
배뇨하기 ☆ 요정실	방법	규칙적 배뇨습관을 갖고 소변을 참는 행위는 피한다.	
	근거	요정체 감소	역류, 감염 없이 배뇨 조절과 요정체를 감소한다.
		요실금	정해진 시간의 배뇨는 배뇨근의 불안정으로 소변 누출을 막아 요급 증상을 감소시킨다. 실금되기 전 배뇨한다.

배뇨장애 R/T 방광자극 (지식부족 R/T 질환) ↓ 방광 자극의 제거로 배뇨장애를 경험하지 않을 것이다.	전립샘 마사지	방법
cf) 요로 감염	수분 섭취, 제한 음료, 배뇨하기	
요실금	수분 섭취, 시간, 제한 음료, 배뇨하기	

전립샘 마사지	방법	(그림: 전립샘 마사지 — 곧창자, 전립샘, 전립샘액, 요도) 더운물로 목욕하며 전립샘을 마사지한다.
	근거	마사지로 전립샘액을 방출시키면 울혈이 경감된다.
약물	방법	소변 정체를 일으키는 약물을 피한다.
	근거	항콜린성제제, 항히스타민제(항콜린성으로 요정체), 항우울제(TCA) 충혈제거제(α, β-교감신경효능제) 기관지 확장제(β-교감신경효능제, β : 방광근 이완) CCB(평활근 이완으로 요정체) 마약성 진통제(중추신경계 감소로 핍뇨)

전립선 절제술 후 간호 국시 19

복압 감소	방법	걷도록 하고 오래 앉아 있지 않는다. 무거운 물건을 들지 않는다. 의사 허락이 있을 때까지 운전과 성생활을 제한한다.
	근거	복압 증가로 수술 부위에 출혈이 발생한다. 전립선은 혈관이 많아 다량 출혈이 가능하다.
케겔운동	방법	수술 후 요실금에 대비하여 골반근육운동(케겔운동)을 한다.
	근거	골반 저부 근육을 강화한다.
직장 수지검사, PSA	방법	정기적으로 직장 수지검사나 PSA 혈액검사로 예후를 감시한다.
	근거	남아 있는 전립선 조직에서 증식이나 암이 발생할 수 있다.

5 전립샘암

역학	성인 남성에서 5번째 암이다. 50세 이후 급격히 증가하며 전립샘암은 서서히 진행되는 암이다.		
병태 생리	선암 (adenocarcinoma)	**전립샘암과 양성 전립샘비대증** BPH는 전립샘 중앙에 발생하는 반면, 전립샘암은 가장자리에 나타난다. 선암은 전립샘암의 95% 전립샘의 가장자리에 발생	
	전이	예측된 양상	예측된 양상으로 전이
		조기 전이	전립샘 주위 림프절, 골수, 골반뼈, 천골, 척추로 요통, 좌골신경통
		후반	후반에 폐, 간, 부신, 신장으로 전이
원인	시상하부 – 뇌하수체 – 정관	시상하부 – 뇌하수체 – 정관 경로 존재로 사춘기 전 거세한 남자는 전립샘암 위험이 거의 없다.	
	남성호르몬	남성호르몬을 투여받은 경우 발병률이 높다.	
	가족력	전립샘암 가족력	
	노화	노화에 따른 호르몬 변화로 나이가 증가함에 증가한다.	
	고지방식이		
	카드뮴	중금속(카드뮴)의 과도한 노출 * 카드뮴 : 폐암, 전립선암 유발	
임상 증상	무증상	전립샘 안에 한정되어 있을 때 무증상	
	요로 폐쇄	배뇨곤란, 지연뇨, 요정체, 빈뇨, 잔뇨량 증가	
	요로 감염	배뇨곤란, 빈뇨, 탁한 소변, 혈뇨, 발열	
	골 전이	골 전이가 초기 증상으로 요통, 골반과 하지 통증 뼈에 혈행성 전이가 흔하다.	

진단검사

직장수지검사: 직장지두검진 임용 15	정상 전립선	고무같이 탄력성이 있다.
	전립선암	나무처럼 딱딱하게 굳어서 얼굴의 이마처럼 느껴진다. 돌출, 편평, 불규칙적 종괴
	양성 전립샘 비대증	양측성 전립선이 비대하고 단단하며, 매끈매끈 대칭적으로 커져서 직장벽 안쪽으로 1cm 이상 튀어나온다. 비대로 중앙 열구(정중구)를 확인할 수 없다.
PSA 임용 15		전립샘 특이항원(PSA, Prostate-Specific Antigen) 검사이다. 전립선암 발견과 수술 후 추후검진에서 수치가 상승하면 질병 재발을 암시한다.
경직장 전립샘 생검		직장 통한 경직장 전립샘은 초음파로 전립샘을 생검한다. BPH와 전립샘암은 촉진으로 감별하기 어렵다. PSA가 3~4ng/mL 이상인 경우 암 감별 위해 전립샘 생검으로 암조직을 확진한다.
직장 통한 초음파 (직장 경유 초음파)		직장 통한 초음파로 전립선암 초기 진단이다. 전립선 크기, 모양, 전립선암 유무, 암의 전립선 밖 주위로 침윤을 확인한다.
CT, MRI		CT, MRI로 암조직의 침습을 사정한다.
뼈 스캔(골조사, bone scan)		뼈의 병변을 정밀하게 조기 파악한다. 전립샘암의 75~85%는 뼈에 전이된다. 뼈 스캔은 뼈의 염증, 손상이나 뼈에 암이 전이되었는지 확인한다. 방사선 의약품을 혈관에 주사하고 뼈로 섭취되어 뼈의 변화를 확인한다. ex) 신경아 세포종에서 뼈 스캔 : 골전이 여부 판단

치료

수술, 방사선 치료, 약물치료

CHAPTER 10 근골격계

1 개론

무릎의 삼출물 사정 [임용13]

무릎 팽륜(팽윤) 징후 검사	방법	무릎에 소량의 삼출물이 있는지 검사한다. 대상자를 앙와위로 눕혀 무릎을 신전시키고 한 손으로 무릎의 내측면을 2~3번 우유 짜듯이 쓸어 내린다 또는 쓸어 올린다. 슬개골 상부 외측면을 가볍게 두드린다. 축적된 체액이 이동하는지 관찰한다.
	정상	슬개골 내측면에 팽륜 징후나 액체 파동이 없다.
	비정상	슬개골 내측면의 움푹 파인 곳으로 액체가 돌아와 팽륜 징후가 있고 액체 파동이 촉진된다. 삼출액 양이 적을 경우 삼출액을 관절 내 한쪽에서 다른 쪽으로 이동시킨다.
슬개골 부구감 검사	방법	무릎에 많은 양의 삼출물이 있는지를 검사한다. 대상자를 앙와위로 눕혀 무릎을 신전시키고 한 손의 엄지와 나머지 손가락으로 슬개골 상낭을 아래쪽으로 압력을 가한다. 다른 손으로 슬개골을 대퇴골 쪽으로 힘껏 힘을 민다. 삼출액을 무릎 관절로 이동시킨다.
	정상	슬개골로 돌아오는 액체 파동이 촉진되지 않는다.
	비정상	슬개골로 돌아오는 액체 파동이 촉진되는 부구감이나 째깍음(click), 부딪히는 소리가 있다. 무릎 관절에 과다한 액체가 있음을 나타낸다.

어깨관절의 회전근개 손상

상지하수 검사 (팔처짐 징후, 낙하상완 징후, drop arm sign) 국시 22	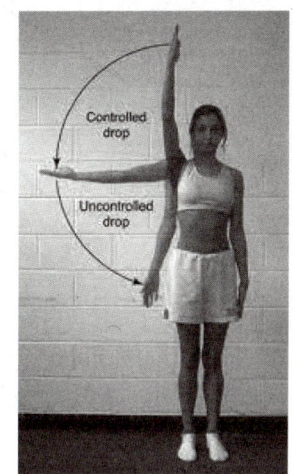
	팔을 점차 내려 외전 각도를 줄일 때 외전 각이 90도 전후 어느 지점에서 갑자기 힘이 빠지며 팔이 떨어진다.

무릎의 십자인대 손상 ☆ 십자인대 라 후

전방 십자인대 손상	증상		손상 당시 '펑'하는 파열음, 심한 통증, 부종, 운동 감소
	라크만 검사 (라흐만 검사) 국시 22, 23 공무원 22	방법	앙와위로 눕혀 무릎을 20~30도 굽히고 한 손으로 대퇴골을 안정되게 잡고 다른 한 손으로 경골을 앞으로 당긴다.
		양성	전방 십자인대 손상이 있는 무릎은 라크만 검사 양성 전방 십자인대 파열 시 경골(정강이뼈)이 앞으로 당겨진다(전위된다). 전방 십자인대 역할은 경골(정강이뼈)의 전방전위를 막는 것이다.

후방 십자인대 손상	후방견인 검사	방법	후방 끌림 검사(Posterior drawer test) 앙와위에서 고관절을 45도 구부리게 한 후 무릎을 90도 구부리고 양쪽 손으로 하퇴 윗부분을 고정하여 경골을 후방으로 밀어 넣는다. * 하퇴 : 무릎에서 발까지
		양성	후방 십자인대 손상 시 경골이 뒤로 밀린다(후방 전위된다).

무릎의 맥머레이(McMurray) 검사

방법	맥머레이 검사(McMurray test) 앙와위에서 무릎 관절을 90도로 굴곡하고 한 손으로 발목을 잡고, 다른 손으로 무릎을 잡아 경골을 외회전, 내회전시키며 통증이나 소리를 판단한다.
내측 반월 연골손상	외회전 시 통증이나 딸각거리는 소리
외측 반월 연골손상	내회전 시 통증이나 딸각거리는 소리

관절 각도계

측정하고자 하는 관절 각도에 맞게 각도계를 조정하여 관절 운동의 제한 정도를 기술한다.

관절경 검사(arthroscopy) 국시 12

정의	관절의 급만성 질환과 관절연골이나 인대 손상 여부를 파악한다. 관절강에 광섬유관을 삽입하여 관절 내부를 직접 관찰하는 검사 흔히 하는 부위 : 무릎(감염 있으면 금지)
간호	검사 전날 밤 12시부터 금식 검사 후 24시간 이내 무리한 활동을 삼가고 휴식을 취한다. 얼음주머니를 24시간 동안 적용 또는 다리를 24~48시간 거상한다. 합병증 사정 : 혈전성 정맥염, 감염, 종창, 통증, 출혈, 관절손상

2 골다공증(뼈엉성증)

정의

뼈의 대사성 병변으로 무기질과 단백질이 현저히 저하되어 골질량이 감소되어 뼈에 구멍이 생긴다.

원인 임용 98

가족력	골다공증의 가족력
나이	30~35세 이후부터 골흡수가 골형성보다 활발해 골밀도가 감소한다. 장에서 calcium 흡수는 노화에 따라 감소한다. ＊ 파골세포 : 골흡수 작용 ＊ 조골세포 : 골형성 작용
폐경기 이후 국시 20 / 공무원 21	폐경기 이후 여성은 estrogen농도가 감소하여 발생한다.

마르고 작은 사람 [국시 20]	마르고 작은 약한 사람		
			BMI(kg/m^2)
	저체중		< 18.5
	정상체중		18.5~22.9
	과체중		23.0~24.9
	비만증		25.0 이상

운동부족	규칙적으로 운동을 하지 않는 사람이다. 체중부하운동은 골흡수를 감소시키고 골형성을 자극한다.
부동 상태	지속적 부동 상태는 골량을 빠르게 감소한다.
햇빛 노출	햇빛 노출이 적은 경우 적절한 비타민 D(칼슘 흡수로 뼈의 무기질화에 필수적)를 얻을 수 없기 때문에 칼슘은 낮아진다.
칼슘과 비타민 D 결핍, 인 과다	칼슘, 비타민 D 결핍(칼슘은 뼈를 재형성), 인 과다는 부갑상샘을 자극한다. 부갑상샘호르몬(PTH)을 생산하여 뼈 조직에서 칼슘을 유리하여 뼈 양이 감소되고 골다공증이 발생한다.
단백질 결핍	단백질 결핍은 뼈의 탈무기질화를 시킨다. 그러나 단백질이 과다하면 단백질 안 인이 많아 소변으로 칼슘 배출을 증가시킨다. * 인산칼슘석 : 단백 섭취로 요 중 칼슘 배설 증가
알코올과 흡연	흡연은 산증을 일으키고 산혈증에 의한 뼈에서 칼슘 유리로 골소실을 증가시킨다. 알코올은 골조직에 직접 독성 효과로 골형성 감소, 골흡수가 증가한다. * 만성 신부전 : 산증은 뼈에서 칼슘 유리로 골소실 증가
카페인	과다한 카페인 섭취는 소변에서 칼슘 소실이 증가한다.

약물

thyroid 제제	thyroid 제제는 골흡수를 항진시켜 골다공증이 된다. ex) 갑상샘 기능항진증 : 골다공증
Corticosteroid [국시 20]	glucocorticoid는 단백질의 이화작용으로 뼈의 단백질 고갈과 장과 신장에서 칼슘 흡수 억제로 칼슘이 뼈로 침착이 억제되어 뼈의 밀도가 감소한다.
GnRH agonist	Lupron, zoladex, synarel, supprelin 저에스트로겐 현상으로 골다공증 GnRH 합성 유사체로 GnRH 수용체를 점유하여 FSH와 LH 유리를 억제하여 에스트로겐이 감소한다.
Heparin	고용량의 heparin은 골흡수를 촉진한다.
aluminum hydroxide (Amphojel) 제산제	인 흡수 방해로 인소실로 골다공증 만성 신부전의 고인혈증 치료제

내과적 문제

흡수장애 증후군		
내분비 장애	갑상샘 기능항진증	갑상샘 기능항진증으로 골흡수를 항진시켜 골다공증
	부갑상샘 기능항진증	부갑상샘 기능항진증으로 뼈 내 파골 세포 활동 증가로 골흡수 증진
	쿠싱증후군	glucocorticoid는 단백질의 이화작용으로 뼈의 단백질 고갈과 장과 신장에서 칼슘 흡수 억제로 칼슘이 뼈로 침착이 억제되어 뼈 밀도 감소
	성장호르몬 결핍증	성장호르몬이 뼈 성장에 필요하며 성장호르몬 결핍증에 골다공증이 된다.
	당뇨병 [임용 98]	포도당이 에너지로 이용되지 못하여 단백질이 이화되어 뼈의 탈무기질화가 된다.
여성 성 기능 부전	여성 성 기능 부전에서 estrogen 감소로 골다공증	
대사성 산증	산증은 뼈에서 칼슘 유리로 골소실 증가	
신부전	신장에서 Vit D를 활성화하지 못하여 장에서 칼슘 흡수가 감소하여 저칼슘 혈증에 의해 PTH항진으로 뼈로부터 칼슘 유리 촉진	
간 부전	간기능 부전으로 Vit D를 저장하지 못한다. 간은 지용성 비타민 A, D, E, K, 수용성 B_{12} 저장	

증상 [임용 08] ★ 치 요키가 운동을 하다 척추골절 호했대

증상 없음	발견되기 오래전부터 진행되며, 골절로 입원하기 전에 증상이 없다.
치아 손실	턱 뼈의 골질량 손실로 치아 손실
통증	흉곽 하부, 요추부 통증, 요통, 관절통
키 감소	복근이 늘어나고 배 부위가 앞으로 돌출(복부팽만) 짧아진 허리, 키 감소
척추 기형	척추후굴, 척추후만증, 흉추의 만곡이 둥글게 증가한다. 뼈의 밀도와 장력(끌어 당기는 힘)이 약하여 체중부하(자신의 신체에 실리는 몸무게)로 척추후굴이 된다.

골절	상황	연령별 자세 및 골절 위험의 변화 50세 폐경기 혈관운동계 증상 55세 이상 폐경 후 척추골절 위험이 큼 75세 이상 척추후만증 고관절골절 위험 골밀도가 감소하여 뼈가 약하여 허리의 척추 뼈, 대퇴부, 손목 뼈들에 골절이 일어난다.
	척추 골절	A : 약화된 골소주가 보여주듯이 골량의 감소로 양면으로 오목해지는 척추체가 발생한다. B : 수많은 강한 정상적인 골소주를 갖는 건강한 척추체 저 칼슘 식사(Low calcium diet) 저 비타민 D 식사(Low vitamin D diet) 흡수장애(소화기병변)(Malabsorption[GI tract disorders]) 폐경기(Menopause) 연령(Age) 균형식(Balanced diet[calcinm/vitamin]) 운동(Exercise) 적절한 일광욕에 의한 비타민 D 활성화(Sum exposure[activates vitamin D]) 호르몬대체요법(Hormonal replacement) 척추 골절은 가장 흔한 골절(T_8~L_3)이며 척추(흉추, 요추)의 압박 골절(한 개의 골절편이 다른 골편에 박힘)이 된다. 뼈의 밀도가 느슨해지고 상하 추체의 압박으로 압박 골절을 동반하며 통증이 심해진다.
	고관절 골절	
	대퇴 경부 골절	
	요골 골절	요골 하단(콜리스 골절, Colle's) 골절 : 정중신경이 눌러 손의 운동 제한, 감각 이상이 있다. 국시 19 ＊정중신경 : 일부 손바닥의 감각과 손과 손목의 운동 담당
	병리적 골절	골다공증이 발생되면 골밀도 감소로 외부의 작은 충격에 의한 경미한 외상으로 쉽게 골절된다.
운동 제한		뼈의 허약으로 운동 제한과 불안정한 걸음걸이
호흡기 장애		흉곽 크기 감소로 폐 기능부전

검사

X-선상	무기질이 손실되어 뼈의 전반적 방사선 투과성 증가
혈청 검사	혈청 ALP(알칼리 인산 효소, alkaline phosphatase) 정상 * 간·담도 폐쇄, 골절, 전립선암에서 뼈의 전이 : 혈청 ALP(알칼리 인산 효소, alkaline phosphatase) 상승
골밀도 검사 (DEXA) 국시 08	척추, 골반의 뼈의 골밀도 측정에 유용한 검사

골다공증 진단

골다공증 진단 공무원 21	허리 뼈(lumbar spine, L_1~L_4 평균), total hip, 대퇴 경부(넙다리 뼈 목, femur neck)의 셋 중 T-score 최소값을 이용한다.
이차성 골다공증	Z-score가 낮으면 이차성 골다공증을 의심한다.
T-score	인종과 성별을 맞춘 젊은 성인 참고치와 비교한 점수 [1점 : 1SD(표준편차) 의미] * 표준편차 : 자료의 산포도(자료가 얼마나 퍼져 있는지)를 나타내는 수치
Z-score	나이와 인종과 성별을 맞춘 같은 연령대의 성인 참고치와 비교한 점수 [1점 : 1SD(표준편차) 의미]

진단범주	정의(T-score : SD)
정상	정상 젊은 성인 평균치의 -1 이상에 해당하는 경우
골감소증 공무원 20	-1~-2.5에 해당
골다공증 국시 23	-2.5 이하
심한 골다공증	-2.5 이하 + 한 개 이상의 취약 골절(fragility fracture)이 있는 경우(그냥 골절이 아님)

약물치료 국시 11

Estrogen & Progesterone 제제(티볼로)	기전	골흡수 차단	골세포 형성제로 골흡수를 차단하여 골밀도 감소를 예방한다. 골파괴로 인한 골흡수를 억제하고 조골세포의 골형성을 자극하여 칼슘을 혈청에서 뼈로 이동시켜 혈청 칼슘을 낮춘다. 칼시토닌의 혈중 농도를 상승시켜 골흡수가 감소한다. 골세포 파괴를 자극하는 물질인 cytokine을 억제하여 골흡수를 차단한다. cf) 다발성 골수종 : 골수 내 비정상적 형질세포가 증식하여 과도하게 생성된 cytokine이 뼈를 파괴한다.

약물			
Estrogen & Progesterone 제제(티볼로)	기전	골밀도 증가	에스트로겐은 조골세포(골아 세포)를 자극하여 골밀도를 증가한다. 조골세포의 골 형성을 자극한다.
		장	활성 비타민 D 증가로 장내 칼슘 흡수를 촉진한다.
		신장	신세뇨관에서 혈중 칼슘 배설 억제로 칼슘 흡수를 촉진한다.
SERM 선택성 에스트로겐 수용기 조절제	종류	Raloxifene(Evista) ☆ 랄~ 유자에 항E	
	기전	뼈, 심혈관계에서 에스트로겐으로 작용하여 골다공증을 감소시킨다. 유방하고 자궁에는 항에스트로겐으로 작용하여 자궁암, 유방암이 감소한다. ex) 폐경에 사용	
칼슘제	기전	뼈 소실 속도를 늦춘다.	
	간호	수분 섭취	칼슘제제를 복용할 때 하루에 1,000mg을 투여하되 수분 섭취를 늘려 고칼슘혈증을 방지한다.
	부작용	과칼슘혈증은 비뇨기계에 치명적 손상	
비타민 D	기전	비타민 D는 소장에서 적절한 칼슘과 인을 흡수한다.	
	부작용	과칼슘혈증, 과인산혈증	
Bisphosphonates(BPS, 비스포스포네이트), alendronate (fosamax)	기전	파골세포에 의한 골흡수를 억제하여 골질량을 증가시킨다.	
	부작용	역류성 식도 장애, 턱뼈 괴사	
	간호	공복 복용	아침 일찍 공복 상태로 복용한다. 음식물이 약물 흡수를 방해한다. ex) 공복 복용 : 폐결핵약, 빈혈약, Bisphosphonates
		먹기 제한	30분 동안 다른 것을 먹거나 마시면 안 된다. 음식물이 약물 흡수를 방해한다.
		다량 물	다량의 물을 함께 복용하여 약물을 완전하게 삼킨다. 약물을 완전하게 삼키지 않으면 식도염, 식도궤양이 발생한다.
		눕기 제한	복용 후 30분~1시간 동안 눕지 않고 상체를 똑바로 세운다. 누우면 약물이 역류되어 식도 자극 위험이 있다.
		식도사정	식도를 사정하여 식도 자극과 통증에 약물 복용을 중단한다.

간호계획 [임용 98 / 국시 12]

식이	칼슘	유제품	Ca과 Vit D 강화 우유, 우유, 요구르트, 치즈류
		뼈째 먹는 생선	뼈째 먹는 연어, 정어리, 멸치, 마른 새우, 굴
		해조류	김, 미역, 다시마
		녹색 채소 [국시 21]	시금치, 무잎, 배추, 양배추, 참깨
		콩	콩, 견과류
	Vit D	식품	칼슘 흡수를 높이기 위해 비타민 D를 같이 먹는다. 지방이 많은 생선, 정어리 유제품, 버터, 마가린 달걀노른자, 간, 간유
		햇빛 노출	비타민 D 섭취가 부족하면 햇볕을 쬐어 비타민 D를 합성한다.
		효과	장내 비타민 D가 칼슘이 혈액으로 흡수되게 한다.
	식물성 에스트로겐	콩	콩, 메주콩에는 식물성 에스트로겐이 많이 있다.
		녹황색 채소	양배추, 상추, 브로콜리, 오이, 가지, 호박, 당근, 고추, 토마토
		과일	
	적당량 단백질	단백질 과다	단백질이 너무 많으면 인 수치가 증가하여 소변으로 칼슘 배설량이 증가하므로 고단백식이를 피하고 적당량을 섭취한다.
		단백질 결핍	단백질은 뼈를 구성하며 단백질 결핍은 뼈의 탈무기질화를 시킨다.
		식이	육류, 닭고기, 달걀, 생선 유제품, 우유, 요구르트, 치즈 콩, 견과, 두유, 두부
	인 제한	기전	칼슘과 인의 적당한 비율은 1 : 1이다. 혈중 인 수치가 높으면 장에서 칼슘 흡수 저하와 소변으로 칼슘 배설량이 증가한다. * 인 : 혈중 인 증가로 혈중 칼슘 감소
		인	인 함유 음식인 쇠고기, 닭고기, 계란, 생선, 콩, 견과류, 통곡물, 탄산음료, 콜라를 줄인다.
	알루미늄 제산제 제한	기전	알루미늄 함유 제산제는 골다공증을 유발한다. 알루미늄 함유 제산제(Amphogel, 인산결합제)는 혈중 인과 결합하여 배설로 인 소실로 골다공증이 발생한다.

식이	담배 제한 [국시 21]	산증	흡연은 산증을 일으키고 산증은 골소실을 증가시켜 골 질량을 감소시킨다.
		에스트로겐 저하	담배의 니코틴은 에스트로겐 분비 저하로 장과 신장에서 칼슘 흡수를 방해한다.
	알코올 제한 [국시 21]		알코올은 골조직에 직접 독성 효과로 골 형성을 감소시키고 골흡수 증가로 골 질량이 감소한다.
	카페인 제한 [국시 21]		카페인은 소변에서 칼슘 소실이 증가한다.
	염분 제한 [국시 21]		짜게 먹으면 신장에서 칼슘 배설량이 증가한다.
		고칼슘혈증	식염수를 정맥 주입하면 소듐 배출이 증가하면 칼슘 배출도 증가
		인산칼슘석	저염식이를 한다. 염분 과다 섭취는 고칼슘뇨로 인산칼슘석 형성
운동	부동		운동을 하지 않고 지속적 부동 상태는 뼈 소실로 골량을 빠르게 감소시켜 골다공증이 악화된다.
	준비운동		운동 강도는 가벼운 운동부터 천천히 시작하여 점차적으로 늘려간다. 근육이 운동을 할 준비가 되지 않으면 손상을 받기 쉬워 준비운동은 근육손상을 줄인다.
	야외운동 [국시 21]		운동은 밖으로 나가 햇볕을 쬐는 일광욕을 한다. 햇볕을 쬐어 비타민 D를 합성한다.
	신발		미끄러지지 않는 신발을 신어 낙상으로 인한 골절을 감소시킨다.
	빈도		빈도는 일주일에 3~5일간, 한 번에 30분 이상한다.
	체중부하 운동 [국시 08, 21]	방법 [국시 23]	걷기 같은 체중부하운동 걷기, 빨리 걷기, 조깅 등산, 하이킹, 계단 오르기 줄넘기, 춤, 에어로빅
		효과	골 형성 자극으로 뼈에 Ca 침착을 높여 뼈를 튼튼하게 해주고 골 파괴, 뼈의 칼슘 손실 감소로 골다공증을 감소한다.
	근육강화 운동	방법	윌리암 운동, 누워서 윗몸 일으키기, 누워서 엉덩이 들기, 누워서 자전거 타기
		근거	복근과 허리근육 강화로 척추 지지를 향상한다. 요추만곡 감소로 요통을 감소한다.
	근육 스트레칭 운동	방법	근육 스트레칭 운동, 허리 근육 스트레칭, 고관절 굴곡근 스트레칭, 고관절 신전 근육 스트레칭, 고관절 회전 근육 스트레칭, 허벅지 근육 스트레칭, 무릎 스트레칭을 한다.
		근거	허리 관절과 주변 근육의 유연성을 유지하여 부드럽게 만든다.
	제한 운동		승마와 볼링같이 척추를 억압하는 운동은 피한다.

자세	자세를 바르게 교정한다. 자세를 바르게 하고 바른 신체역학으로 척추의 지지를 향상한다. ※ 요통 간호 참조
단단한 매트리스	척추를 잘 지지하도록 단단한 매트리스를 사용한다. 그렇지 않으면 바른 신체선열 유지가 어렵고 척추가 굴곡된다.
코르셋	코르셋으로 등을 지지하여 척추 손상을 예방한다. 장기간 사용으로 관련 근육이 약화될 수 있다.
배측 요추 교정기	급성 통증 기간에 배측 요추 교정기로 척추를 지지한다.

낙상 예방 국시 14, 20, 21

인식	골다공증 대상자는 골절 예방 위해 낙상, 과격한 활동을 조심한다.
위험한 환경	위험한 환경은 낙상을 유발한다. 낙상을 막기 위해 바닥이 미끄럽지 않도록 하며 미끄러운 바닥 표면을 피한다. 얼음이 언 보도, 울퉁불퉁한 노면을 걷는 것을 피한다. 빠른 방향 전환, 좁은 문, 군중을 피해서 걷는다.
위험물 제거	낙상으로 인한 신체손상 예방 위해 주변에 위험요소가 있는지 사정하여 위험물을 치운다. 집안에 넘어지기 쉬운 위험한 곳이 없는지 살펴 집을 깨끗이 하고 어질러진 것을 치운다. 어질러진 방, 애완동물, 마루 위 인형, 바닥 깔개, 매트, 가루를 치운다. 전기코드는 벽면에 부착하여 고정한다 국시 20
욕실	욕조 벽 쪽으로 안전 바인 손잡이를 설치하여 목욕 중 넘어지지 않도록 균형유지를 한다. 욕실 안 미끄러지지 않도록 고무 발판, 매트를 깐다.
계단	안전한 난간이 갖추어진 밝은 계단과 필요한 곳에 난간을 설치한다. 난간 : 계단에 설치하여 사람이 떨어지는 것을 방지한다.
조명	쉽게 닿는 곳에 스위치를 두고 적절한 조명을 유지한다.
바로 서 걷기	걷는 동안 바로 서서 걷도록 주지시킨다. 무릎을 과도하게 구부리는 것은 낙상을 증가시킨다.
걸음걸이	낙상을 피하기 위해 천천히 걷는다. 걸음걸이를 넓게 30~40cm 유지한다. 최대한 지지를 제공하여 낙상을 감소시킨다.
신발 국시 20, 24	발에 잘 맞고 발뒤꿈치가 덮이고 발을 지지해줄 수 있는 편안하고 적합한 신발을 신는다. 신이 벗겨지거나 넘어지는 위험을 줄인다.
보조기	걸을 때 안정감을 주도록 지팡이, walker의 보조기를 사용한다. 안전한 보조기구 사용은 낙상을 감소시킨다.
둔부보호대	둔부보호대를 착용하여 둔부 골절을 예방한다.

3 골연화증

정의		
	\multicolumn{2}{l}{비타민 D 결핍 국시15 으로 칼슘과 인의 대사 장애로 골기질에 무기질이 침착되지 않아 뼈가 연화되는 현상이다. 소아기에 구루병이고 성인기에 골연화증이다.}
	\multicolumn{2}{l}{* 구루병 : 골격 변화를 초래한다.}

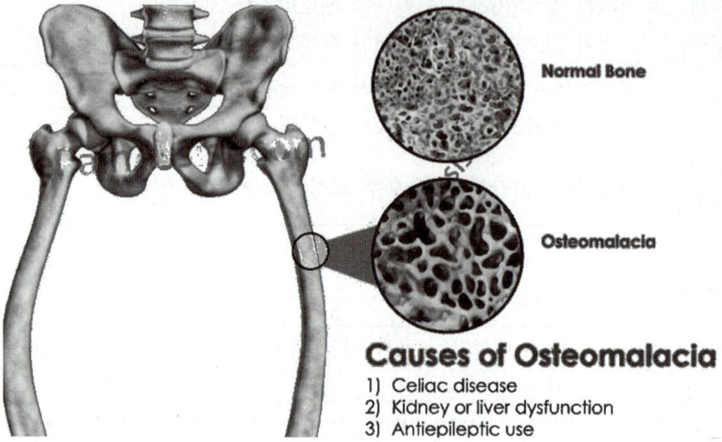

(이미지: 골반 뼈 및 Normal Bone vs Osteomalacia 비교. Causes of Osteomalacia: 1) Celiac disease 2) Kidney or liver dysfunction 3) Antiepileptic use)

원인	태양 노출	1차성 비타민 D 결핍증은 태양 노출과 음식 섭취 부족
	흡수장애	소장의 비타민 D 흡수장애는 소장 수술, 부분 위절제술, 전체 위절제술 후 생긴다. Crohn병도 비타민 흡수를 방해한다.
	신부전	신부전에서 비타민 D의 활성화 감소
	암포젤	암포젤(인산결합제)의 부작용으로 저인산혈증
임상 증상	근허약감	하지의 근허약으로 어기적거리는 보행, 불안정한 보행으로 낙상, 골절 위험
	골절	장골, 척추골, 늑골에 골절
	척추기형	척추기형, 장골 만곡 같은 악성 뼈질환
	뼈 통증	활동할 때와 밤에 뼈의 통증
임상 검사	calcium, 인 감소	혈청 calcium 감소로 PTH 증가
	ALP 증가	부갑상선호르몬이 높아 ALP(alkaline phosphatase) 증가 ex) ALP 증가 : 전립샘암 – 암세포가 뼈로 전이, 골절, 간, 담도 폐쇄
	골생검	골생검으로 골연화증 확인

	특성	골다공증	골연화증
비교	병태생리	골 감소로 뼈내 칼슘이 부족하다.	뼈의 무기질 감소로 뼈가 연화된다. 비타민 D가 부족하다.

		30대 여성의 정상 척추뼈	골연화증 환자에게서 발생한 대퇴골의 골절 소견
비교	방사선 결과	골다공증이 있는 70대 여성의 척추뼈 골량 부족, 골절	**골연화증의 검사 소견** 가성 골절 또는 루저대 골절 골다공증과 유사 * 가성 골절 : 불완전 골절 위에 골막의 비후와 골신생 상태 * 루저대 골절 : 독특한 골의 희박화선(방사선 투과성이 있는 선)
	혈중 칼슘농도	정상	비타민 D 부족으로 칼슘이 낮다.
	혈중 인농도	정상	비타민 D 부족으로 인이 낮다.
	부갑상샘호르몬	정상 원발성 골다공증에서 부갑상샘호르몬은 항진되지 않음	높거나 정상
	Alkaline phosphatase	정상	상승
치료	비타민 D	비타민 D를 증가시킨다. 고칼슘혈증, 칼슘뇨 모니터 위해 혈청검사, 요검사를 한다.	
간호 국시 11	햇빛 노출	비타민 D 합성을 위해 하루 15분 얼굴, 팔, 손, 다리에 햇빛을 노출한다. 집안에만 있는 노인, 시설 노인은 골연화증 위험이 크다.	
	식이	비타민 D가 함유된 음식을 섭취한다. 유제품, 버터, 마가린, 달걀노른자, 간, 간유, 지방이 많은 생선 * 간유 : 어류의 간에서 얻은 지방유	
	골절 예방	골절 예방 위해 단단한 침요, 코르셋, 보조기를 사용한다.	
	골다공증	골연화증 간호는 골다공증과 같다.	

4 골수염

정의	개방성 골절 시 감염되며 혈행으로 전파되어 화농성 세균에 의한 골수, 연조직, 뼈의 감염
원인균	황색 포도상구균(staphylococcus, 80%) 국시 07, 연쇄상구균(streptococcus), E. coli
흔한 발생 부위 국시 07	장골의 구조 장골의 관상절단면 흔한 발생 부위는 성장이 빠른 장골인 대퇴골이나 경골(종아리 안쪽 뼈)을 침범하며 장골의 골간단에 잘 침범한다.

병태생리 국시04 ⭐ 골 뼈 골

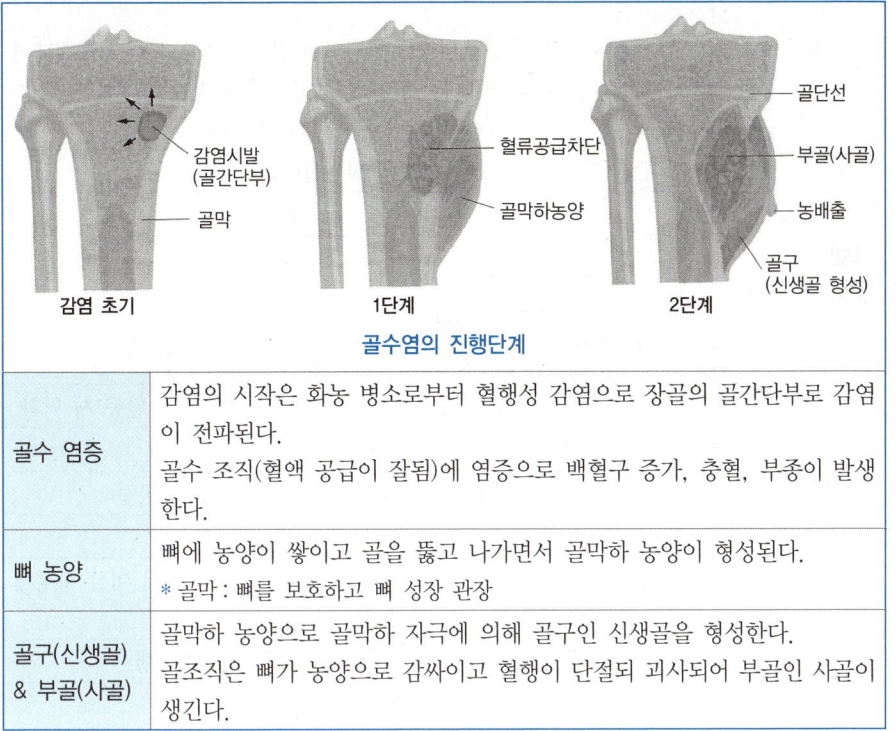

골수염의 진행단계

골수 염증	감염의 시작은 화농 병소로부터 혈행성 감염으로 장골의 골간단부로 감염이 전파된다. 골수 조직(혈액 공급이 잘됨)에 염증으로 백혈구 증가, 충혈, 부종이 발생한다.
뼈 농양	뼈에 농양이 쌓이고 골을 뚫고 나가면서 골막하 농양이 형성된다. * 골막 : 뼈를 보호하고 뼈 성장 관장
골구(신생골) & 부골(사골)	골막하 농양으로 골막하 자극에 의해 골구인 신생골을 형성한다. 골조직은 뼈가 농양으로 감싸이고 혈행이 단절되 괴사되어 부골인 사골이 생긴다.

검사

초기단계	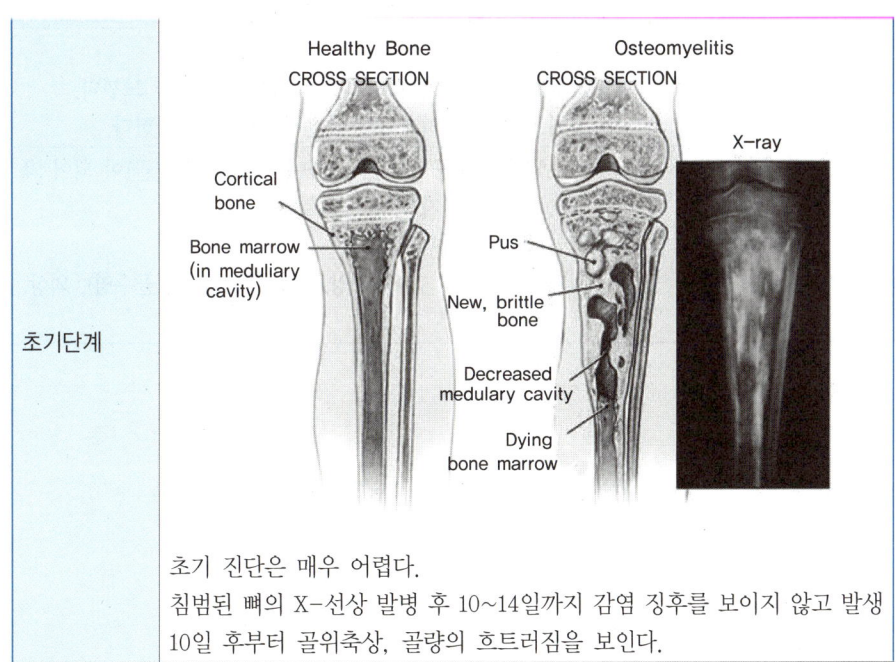 초기 진단은 매우 어렵다. 침범된 뼈의 X-선상 발병 후 10~14일까지 감염 징후를 보이지 않고 발생 10일 후부터 골위축상, 골량의 흐트러짐을 보인다.

뼈 스캔		가장 효과적 진단검사로 뼈 스캔상 혈액 순환이 증가된 뼈조직은 밝게 빛난다. 뼈 스캔은 방사선 의약품을 혈관에 주사하면 전신을 흐르다 뼈로 섭취되어 촬영하여 뼈 변화를 확인한다. 뼈의 염증, 손상, 암 전이를 확인한다. ex) 뼈 스캔 : 신경아세포종(뼈전이), 전립샘암(뼈전이)
뼈에서 농		뼈에서 농을 뽑아냄으로 염증반응을 확인한다.
백혈구 증가		
적혈구 침강속도 상승		

간호사정	감염	뼈의 국소적 압통, 부종, 발적, 열감, 움직임 제한
	통증	통증이 심함, 휴식을 취해도 완화되지 않고 활동 시 악화
	발열	발열, 야간 발한, 오한
부작용	병리적 골절	심하면 병리적 골절(경미한 외상으로 쉽게 골절)
	패혈증	
치료 국시 06	항생제	급성 골수염은 수주 동안 정맥 내로 두 가지 이상 항생제 투여
	절개, 배농술	증상이 완화되지 않을 시 절개와 배농술 시행
급성기 간호 국시 05, 09	침상 안정(R) 국시 15	급성기 동안 침상 안정을 한다. 부동으로 인한 합병증 예방 위해 가능한 활동을 허용한다. 병리적 골절 방지를 위하여 감염된 사지로 체중을 지탱하지 않는다.
	고정(P)	환부를 고정한다. 급성기 동안 감염된 사지를 움직이면 통증을 느낀다. 베개로 사지를 지지하는 것은 불편감을 경감한다.
	마사지 금기	골수염에서 염증 상태가 심하여 뼈가 부골(사골)이 되어 약한 상태로 마사지를 하지 않는다. 감염된 뼈는 매우 약하다. ex) 마사지 금기 : 악성 종양, 색전, 급성 염증(골수염), 외상, 전염성 피부

5. 척추측만증(척추 옆굽음증, Scoliosis)

정의	척추가 측방으로 만곡되거나 편위되어 있다. 국시22 외관상 문제뿐만 아니라 변형이 심하면 주위 장기를 전위시키거나 압박하여 기능 장애가 초래되고 수명을 단축시킨다.		
종류	기능적 (비구조적) 국시07	정의	측막각이 가역적으로 추체 회전이나 비대칭적 변화가 없다.
		원인	요부 통증, 불량한 자세, 다리 길이 차이에 따른 골반 경사
		증상	척추를 앞으로 구부리면 등쪽의 늑골 돌출부가 없어지고, 자세를 바르게 하면 척추측을 똑바로 펼 수 있다. 방사선 소견상 척추 회전이 없다.
	구조적	정의	척추구조에 이상이 있다.
		원인	선천성 기형, 척추체 변형, 마비, 근이영양증, 특발성 측만증
		특발성 측만증 국시97	정의: 가장 흔한 구조적 측만증이다. 원인을 알 수 없고 가장 많다. 급성장하는 청소년기에 흔하다.
			청소년기형: 10세부터 시작하여 서서히 진행되어 척추성장이 끝나는 시기인 남자 17세, 여자 15세에 만곡 진행이 정지된다. 주로 여자에게 호발된다.

방사선 촬영 후 Cobb(콥스)방법

곡선이 있는 부분 위아래 끝의 연장선이 만나는 각도를 사용한다.
만곡의 오목한 쪽으로 가장 많이 기울어진 척추의 끝을 상단과 하단에서 각각 결정한 후 상하부 양쪽의 척추 끝을 따라 선을 그은 후 직각으로 교차된 각을 구한다.

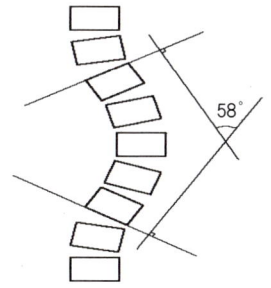

계속 진행 시 주요 증상 [국시 04]

어깨가 한쪽으로 기울어져 있다.
어깨 견갑골(날깨쭉지뼈)이 비대칭이고 한쪽이 튀어나와 있다.
흉부가 비대칭을 보이며 여성의 경우 유방 크기가 달라져 보인다.
허리곡선이 비대칭이다.
골반이 평행하지 않고 어느 한쪽으로 기울어져 있다.
몸이 한쪽으로 기울어져 있다.
몸통이 비대칭이다.

주요 문제 [임용 03] ☆ 불통 피운 퇴심소

불균형	가슴과 등의 균형이 안 맞아 외관상 보기가 흉하다.
통증	증상이 악화될 때까지 통증이 거의 나타나지 않는다. 증상 악화 시 어깨, 등, 허리 불편, 요통이 있다.
피로감	아프면 짜증스럽고 기분이 나빠져서 만사가 귀찮아진다.
퇴행성 관절염	척추의 퇴행성 관절염(골관절염)이 발생한다.
기관장애	흉추 만곡이 50° 이상에서 흉곽 크기가 감소되어 호흡기계 장애로 폐기능, 폐활량 감소 심폐기능부전, 소화기 장애 * 골다공증 증상 : 호흡기 : 흉곽 크기 감소로 폐기능 부전

척추 측만증 진단검사 [임용 98]

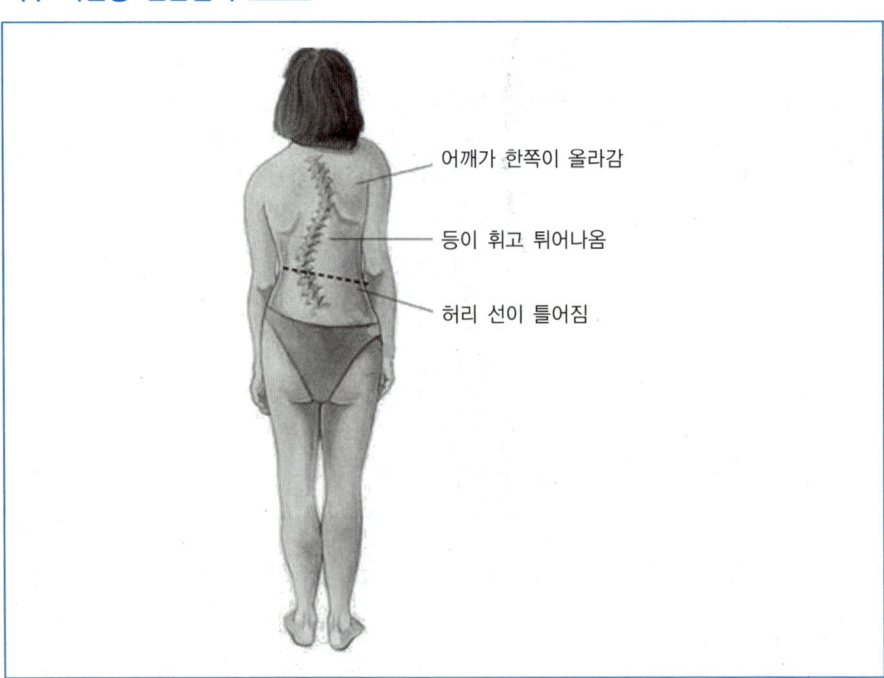

어깨가 한쪽이 올라감
등이 휘고 튀어나옴
허리 선이 틀어짐

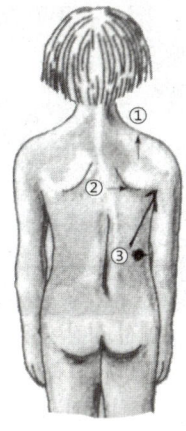
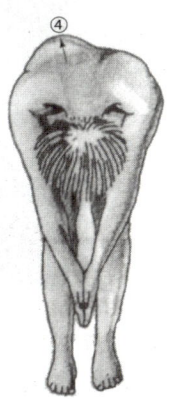

척추 측만증의 진단 요점

① 양측 어깨의 높이의 차이
② 양측 견갑골의 높이의 차이
③ 양측 겨드랑이 선의 차이
④ 앞으로 몸을 숙였을 때 양측 등의 높이의 차이

바른 자세로 약간 다리를 벌리고 세운 후 — 좌우 어깨선 높이의 차이와 좌우 견갑골 높이의 차이를 본다(차이가 나니면 자세 이상자로 본다).

좌우 견갑골 후방돌출 유무를 확인한다. — 돌출 시 자세 이상자로 본다.

서 있는 자세 증상	자세	러닝셔츠만 입힌 상태나 윗옷을 모두 벗은 상태에서 똑바로 선 자세로 약간 다리를 벌린다.
	관찰	
	높이 차이	양쪽 어깨 높이 차이와 양쪽 견갑골 높이 차이, 둔부(골반) 높이 차이를 본다.
	후방 돌출	좌우 견갑골 후방 돌출, 등쪽 늑골 후방 돌출부, 한쪽 둔부 후방 돌출을 본다.
	팔, 몸통 국시 22	똑바로 선 자세에서 늘어뜨린 양쪽 팔과 몸통과의 거리가 다르다.
	팔꿈치 국시 22	한쪽 팔꿈치가 다른 쪽보다 장골능에 더 가깝게 위치한다. 정상적 아동은 팔꿈치가 장골능 위쪽에 위치한다. *장골능 : 엉덩뼈 중 상단부 위치 *충수염 : 맥버니 지점 : 배꼽과 우측 전상 장골극을 연결하는 직선상 아래 1/3 지점

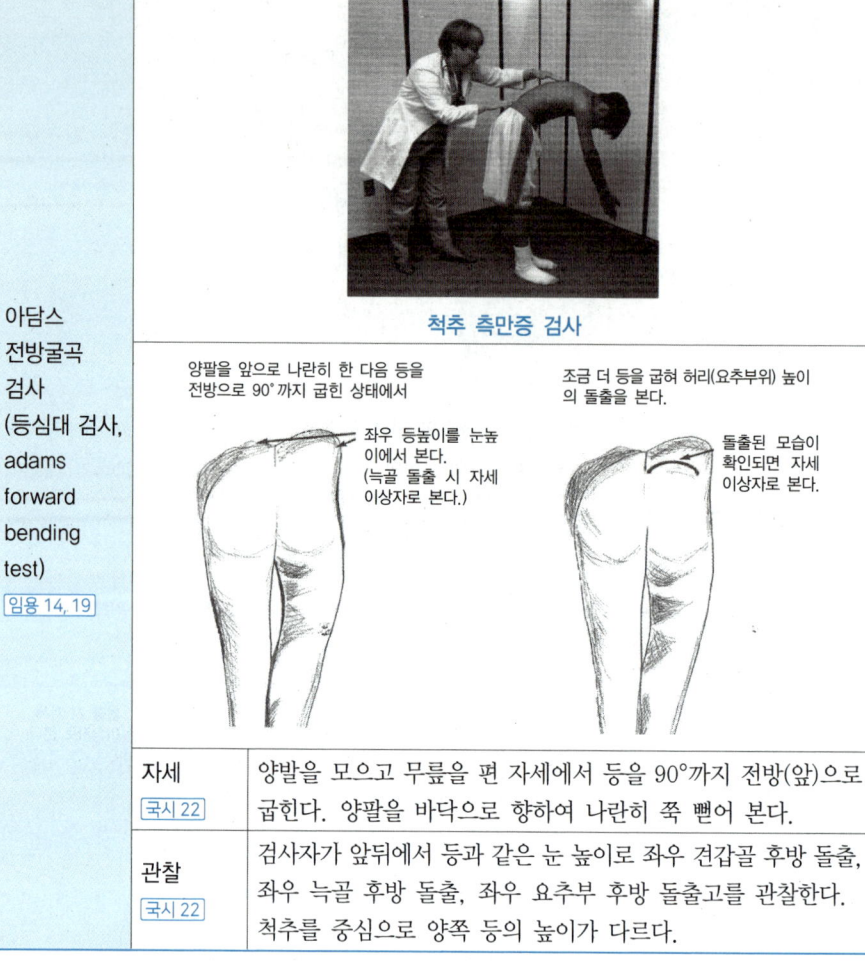

아담스 전방굴곡 검사 (등심대 검사, adams forward bending test) 임용 14, 19	척추 측만증 검사		
	양팔을 앞으로 나란히 한 다음 등을 전방으로 90°까지 굽힌 상태에서		조금 더 등을 굽혀 허리(요추부위) 높이의 돌출을 본다.
	좌우 등높이를 눈높이에서 본다. (늑골 돌출 시 자세 이상자로 본다.)		돌출된 모습이 확인되면 자세 이상자로 본다.
자세 국시 22	양발을 모으고 무릎을 편 자세에서 등을 90°까지 전방(앞)으로 굽힌다. 양팔을 바닥으로 향하여 나란히 쭉 뻗어 본다.		
관찰 국시 22	검사자가 앞뒤에서 등과 같은 눈 높이로 좌우 견갑골 후방 돌출, 좌우 늑골 후방 돌출, 좌우 요추부 후방 돌출고를 관찰한다. 척추를 중심으로 양쪽 등의 높이가 다르다.		

예방 : 질환의 자가 관리와 관련된 지식부족 임용 06

가방	가방무게를 줄인다. 척추 만곡 예방을 위해 가방을 한쪽 어깨에서 다른 쪽 어깨로 번갈아 가면서 맨다.			
책·걸상	체격에 맞는 책·걸상을 사용한다. 앉을 때 등 전체를 받쳐 주는 높이의 등받이를 한다.			
	똑바르고 단단한 의자를 사용한다.			
	의자 높이는 무릎이 대퇴보다 10° 높다.			
누운 자세	단단한 침대	방법	단단한 침대에서 자며 침요가 너무 딱딱, 너무 폭신한 것은 사용하지 않는다.	
		근거	단단한 침대는 척추를 지지하며 척추 각도가 가장 자연스럽다. 허리의 굴곡 기형을 예방한다.	

누운 자세	베개	방법	베개높이는 높지 않게 하고 바로 누워 베개를 낮게 하고 무릎 밑에 베개로 무릎과 엉덩이 관절을 굽히면 좋다.
		근거	허리가 편평해져 편안하다.
앉은 자세			의자에 앉을 때 엉덩이를 뒤로 바짝 붙인다. 머리를 쳐들며, 턱을 안으로 잡아당겨 목, 허리를 반듯하게 똑바로 하고 가슴을 펴고 복부근육에 힘을 준다.
앉았을 때 바르지 않은 자세			척추측만증을 만드는 나쁜 자세
			턱을 약간 한쪽으로 기울인다.
			어깨는 숙이고 등을 구부려 앉는다.
			책상에 한쪽 팔을 기대고 앉는다.
			엉덩이를 의자 뒤에 붙이지 않고 등만 기대어 앉는다.
			한쪽 다리를 다른 쪽 다리 위에 올려서 꼬고 앉는다.
서 있는 자세	발판		장시간 서서 일할 때 한쪽 다리를 발판 위에 올려놓고 일하여 요추 전만증 감소로 허리 긴장을 줄인다.
	벽		발뒤꿈치가 벽에서 5cm 떨어지고 무릎을 약간 구부리고 뒷머리, 등, 엉덩이가 벽에 닿는 자세이다.
	구부릴 경우		구부릴 경우 고관절과 무릎을 구부려 배근과 등근육의 긴장감과 무리를 감소한다.
운동	방법		한 시간 수업 후 쉬는 시간에 일어나 허리운동을 한다. 훌라후프, 줄넘기, 턱걸이, 달리기, 수영을 한다.
	효과		근육의 힘을 키우고 척추의 유연성을 유지한다.
식이			균형 있는 영양으로 고단백질·고무기질·고비타민을 섭취한다. 단백질은 근육, 뼈를 구성한다. 칼슘은 뼈, 골격을 형성한다. 비타민 D는 장내에서 혈액으로 칼슘을 흡수한다.

치료 국시 01

20° 이하	운동을 시키면서 3~6개월마다 방사선 촬영을 하여 교정 정도를 확인한다. 운동으로 만곡의 각도를 줄이지 못하지만 척추의 유연성을 유지한다.
만곡이 40° 이하	만곡의 각도가 20~40도로 만곡이 유연할 때 운동, 보조기로 기형을 교정한다.
45~50° 이상	성장이 끝나고 어른이 되어도 허리가 휠 수 있어 수술로 휘어진 척추를 교정한다.

간호계획 국시 00, 01

지식부족 R/T 브레이스 관리
↓
보조기 사용 방법에 대한 지식을 갖고 보조기 착용을 한다.

보조기 적응증		운동을 적절히 해도 만곡이 증가되는 환자 만곡이 유연하고 각도가 20~40도이고 골격성장이 2년 이상 남아 있는 환자
	Milwakes 보조기 (brace)	측만이 흉추 7, 8번보다 위에 있을 때 후두부와 골반부 사이로 분산하는 힘을 준다. 교정되는 정도에 따라 보조기의 앞뒤 받침을 높이고 등 뒤쪽 패드를 더욱 조인다.
	흉요천추 보조기 (Boston brace)	측만이 흉추 7, 8번보다 아래 있을 때이다.
보조기 교육	방법	보조기는 주만곡의 돌출부에 등 뒤에서 패드로 누른다. 척추 추간판에 압력을 고르게 가하는 교정력을 제공한다. * 선천성 고관절 이형성증에서 보조기 : 전문가 검진 후 끈 길이 재조정, 하루 23시간 착용, 면내의, 긴양말, 어깨 패딩으로 피부 보호
	효과	척추가 성인 크기가 될 때까지 만곡의 진행을 늦춘다.

지식부족 R/T 브레이스 관리 ↓ 보조기 사용 방법에 대한 지식을 갖고 보조기 착용을 한다.	착용 시간		보조기에 적응할 수 있도록 착용 시간을 늘린다. 목욕과 운동 시간 외에는 거의 매일 하루 종일 착용하여 보조기를 착용한 채로 일상 활동을 한다.
	보조기 관리		보조기의 플라스틱 부분은 비누와 물로 씻는다. 가죽 부분은 가죽 닦는 비누로 닦는다. 보조기 끈이 느슨해지면 교육받은 대로 끈과 나사로 조인다.
	방사선 촬영		3~6개월마다 방사선을 촬영하여 보조기를 조정한다.
	중지할 때		방사선 촬영 결과 측만곡 증상이 없을 때까지나 뼈 성장이 끝나는 시기까지 착용한다. 보조기 착용을 중지할 때 1~2년에 걸쳐 서서히 착용 시간을 줄이고 이후 밤에만 착용한다.
피부손상 위험성 R/T 장기간의 보조기 착용 ↓ 피부 통합성을 유지한다.	피부 손상 사정	방법	피부 통합성의 장애, 압박, 자극을 사정한다.
		효과 손상	보조기를 장기간 착용으로 몸에 밀착되어 견갑골, 늑골, 골반의 튀어나온 부분에 피부가 압박되어 발적, 착색, 궤양, 손상이 나타난다. 여름에 땀 분비가 많아서 피부가 자극된다.
		효과 착용 방해	피부 손상으로 브레이스 착용 시간에 방해받지 않는다.
	잘 맞는지 사정	방법	브레이스가 몸에 잘 맞는지 사정한다.
		효과 손상	몸에 잘 맞지 않는 브레이스는 피부를 손상시키고 욕창이 생긴다.
		효과 착용 방해	브레이스가 잘 맞아 브레이스 착용 시간에 방해를 받지 않는다.
	면 티셔츠	방법	깨끗이 샤워하고 완전히 건조시킨 후 면 티셔츠를 입은 뒤 보조기를 착용한다.
		효과	보조기로 인한 피부자극을 감소한다.
	마사지	방법	압박되는 부위를 마사지한다.
		효과	마사지는 혈액순환을 촉진시키고 신체 부위 압력을 감소하여 욕창을 감소시킨다.
	로션, 파우더 제한	방법	로션, 파우더는 사용하지 않는다.
		효과	로션, 파우더는 보조기 안에서 굳게 되면 덩어리가 되어 피부를 자극하여 사용하지 않는다.

6 강직성 척추염

정의		추체를 침범하는 원인 미상의 만성 염증질환. 말초관절과 관절 외도 잘 침범 10~20대 시작되며, 젊은 남성이 호발한다.
원인		유전인자인 HLA-B27가 관련된다.
병태생리		관절과 인접 조직의 염증은 육아 조직인 판누스와 섬유성 반흔을 형성하며 관절 융합을 일으킨다. 염증은 눈, 폐, 심장, 신장, 말초 신경조직을 침범한다. * 판누스 : 염증성 육아조직
증상	만성 요통	아침에 심해지는 요통과 강직 아침에 심하고 오후에 나아지는 만성 요통 국시 23 운동에 의한 증상 호전 국시 23 휴식에 의하여 호전되지 않는 증상 ex) RF : 조조 강직이 1시간 이상에서 하루 종일 강직
	운동성 제한	요추의 운동성 제한, 강직 국시 23
신체검진	Schober test	발뒤꿈치를 붙이고 바로 선 상태에서 요천골 접합부 아래 5cm와 위 15cm를 펜으로 표시한다. 환자를 최대한 전굴곡시킨 다음 양 지점의 거리를 측정한다. 그 거리가 5cm 이상 증가하면 정상이며, 4cm 이하면 요추 운동 감소이다.
	Chest expansion test	Chest expansion test 최대 흡기 시와 최대 호기 시 흉곽 팽창 차이를 측정하며, 남성은 4번째 늑간 위에서, 여성은 유방 바로 밑 지점에서 측정한다. 정상인은 차이가 5cm 이상이다.
합병증	앞포도막염	가장 흔한 관절 외 침범으로 앞포도막염에서 발생 일측성으로 침범되며, 통증, photophobia, 눈물 증가 * 포도막 : 홍채, 모양체, 맥락막 * 소아기 특발성 관절염 : 소수 관절형 전방성 포도막염

방사선 소견	골반 X-선 촬영	대칭성 엉덩엉치관절염(천장 관절염) 미란과 경화가 나타나며, 관절이 없어짐 * 천장 관절염 : 허리뼈와 엉덩이가 만나는 관절 요추전만이 소실되어 직선화되고, 사각형 모양으로 변함 대나무 척추(죽상 척추, 사각형 척추) : 척추끼리 붙어 대나무처럼 보이는 것 양측성 엉치엉덩관절염 엉치엉덩관절염과 대나무 척추 대나무 척추
치료	NSAIDs	Ibuprofen, Indomethacin, Naproxen, Piroxicam 통증, 압통을 줄이고, 운동성을 증가시키는 효과 NSAIDs 치료에 불구하고 질환이 악화되는 경우가 많음
	Anti-TNF (항TNF 제제)	infliximab, etanercept, adalimumab, golimumab, certolizumab pegol TNFα와 결합하여 중화한다. 이 항체는 TNFα에 특이하게 결합하여 TNFα와 수용체의 결합을 억제한다. * TNFα는 류마티스 질환에 관여된 염증과 관련된 사이토카인이다. 광범위 결핵을 포함한 심각한 감염 위험성이 있음 → 치료전 잠복결핵을 검사하여 양성이 나오면 결핵 치료 필요 * 잠복결핵 검사 : PPD검사가 기본 검사이며 혈액 IGRA 추가 * 항TNF 제제 복용 중 PDD검사 : 경결 부위 : 5mm 이상에 양성
	Sulfasalazine	말초관절염이 있는 경우

7 골관절염(뼈관절염, 퇴행성 관절염)

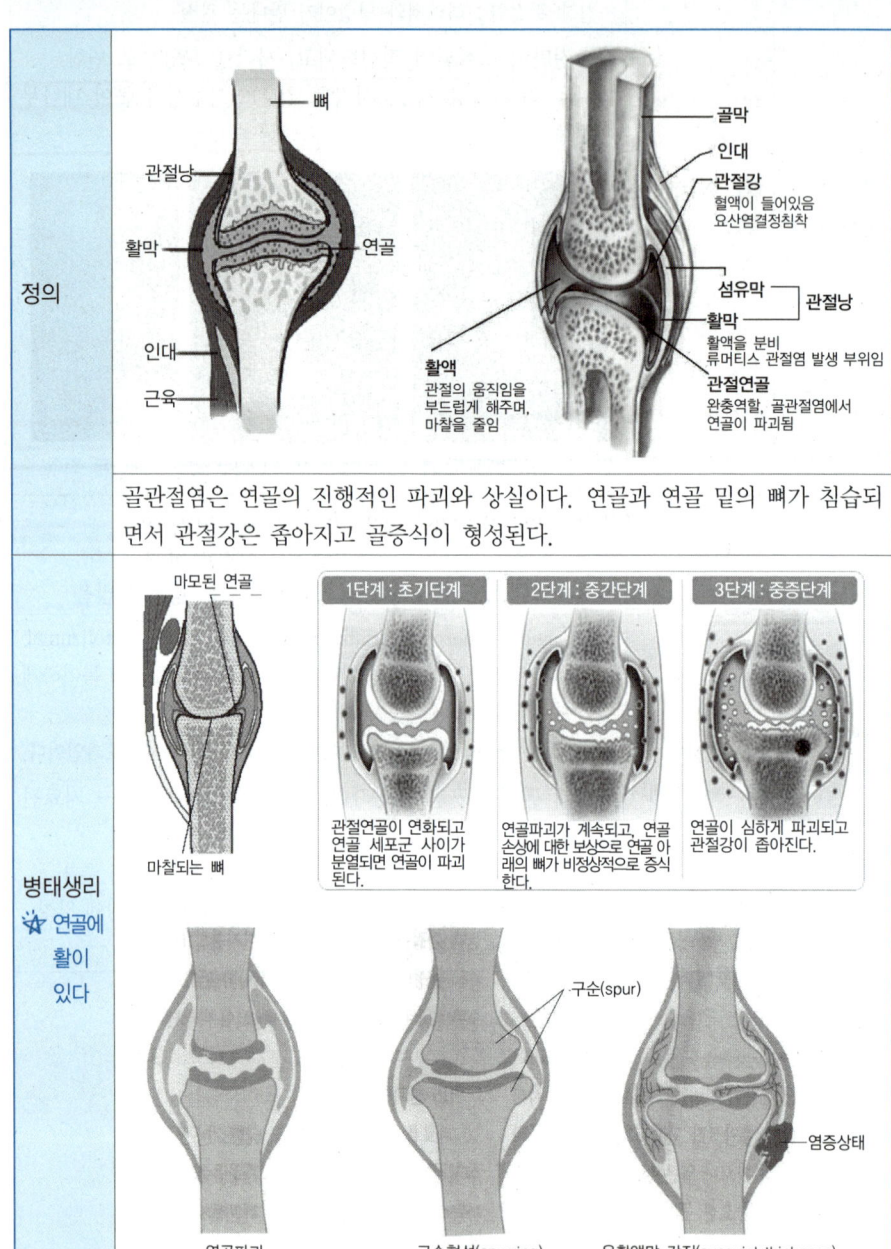

정의

골관절염은 연골의 진행적인 파괴와 상실이다. 연골과 연골 밑의 뼈가 침습되면서 관절강은 좁아지고 골증식이 형성된다.

병태생리

☆ 연골에 활이 있다

골관절염의 조직 변화

병태생리 ☆ 연골에 활이 있다	연골 파괴 [국시 04]	연골에 새로운 콜라겐 합성이 감소하고 콜라겐 파괴는 증가한다. 관절면의 연골이 마모되고 연골부가 얇아지면서 연골이 파괴된다. 연골이 심하게 파괴되고 관절강이 좁아지고 뼈의 모양과 관절 구조가 변하고 관절 가동력이 제한된다. ＊ 관절연골 : 콜라겐, 연골세포로 구성 cf) 류머티스 관절염 : 활액막에서 시작
	골증식체	연골 손상에 보상으로 연골 아래 뼈가 과잉으로 증식된 골증식체, 구순(bony spur)이 형성된다.
	이차적 활액막염	연골의 통합성이 붕괴되고 관절강 내 뼈와 연골조각이 활액 내로 떠다니다가 활액막에 부착하여 이차적 활액막염으로 활액막의 강직, 이상적 비대증이 나타난다.

원인 [국시 06]

연령	55세 이상 70~80%가 X-선상 변화		
폐경	폐경기 이후 에스트로겐 감소로 관절 연골 세포의 증식 감소와 분해 증가		
비만	비만한 사람은 고관절과 무릎에 골관절염이 잘 생긴다.		
심한 운동	과다한 사용으로 관절에 반복적 체중부하가 심한 직업인, 운동선수		
운동 부족	근육이 관절을 지지하나 운동 부족으로 근육 소실이 골관절염 원인		
외상	반복되는 좌상, 염좌, 관절탈구, 골절 외상에 의한 연골 파손		
질환	당뇨병	당뇨병으로 결체조직 퇴행, 상피세포 기능 장애 골다공증 원인 : 당뇨병, Paget병, corticosteroid	
	Paget병	뼈의 흡수와 소실 증가	
	겸상세포빈혈	겸상 적혈구로 혈관 폐쇄로 무혈관성 괴사	
	혈우병	반복적인 관절 내 혈종	
	cf) 흡연, 골다공증은 고위험 인자가 아님		

증상 비교 [임용 14 / 국시 21]

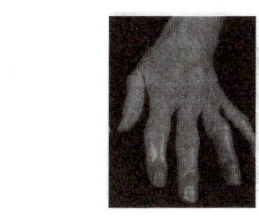
OA

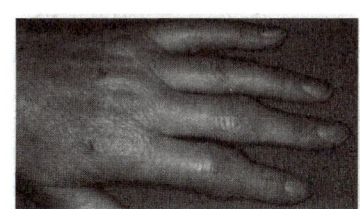
RA

	OA(골관절염)	RA(류머티즘성 관절염)
대칭 [국시 23]	비대칭성	대칭성 [국시 15]
침범 관절	A. 골관절염 환자의 헤버덴 결절 B. 척추의 골관절염 **골관절염** 손, 발의 중족지 관절 체중부하를 많이 받는 척추(경추, 요추), 고관절, 무릎관절 내반슬(무릎팍이 안붙음), 외반슬(슬관절에서 과도하게 내측으로 휘어짐) 발목 관절은 잘 침범하지 않는다.	처음에 소관절(손, 발의 중족지골) 침범 이후 경추, 고관절, 무릎, 발목, 어깨, 팔꿈치, 손목 침범
손	원위지, 근위지, 중수수지	근위지, 중수수지 원위지 관절(DIP)은 잘 침범하지 않는다.
관절 증상	국소통증, 강직이 있다. 부종, 삼출증이 염증성 관절염보다 드물다.	통증, 강직, 부종, 삼출증, 발적, 열감, 압통, 근육통 활액낭염, 삼출액 때문에 부드러움 관절에만 국한되지 않고 근육, 건, 인대로 퍼진다.
조조강직	조조강직이 30분 이내 사라짐	조조강직이 1시간 이상에서 하루 종일 강직
통증	기전: 연골부가 얇아지면서 뼈가 노출되어 뼈의 마찰로 통증이 있고 관절이 붓는다. 악화 [국시 21]: 춥거나 습기가 많은 날씨, 관절 사용 시 악화된다. 완화: 휴식하면 완화된다.	날씨가 습하거나 과로, 피로, 정신적 긴장에 통증
염발음	느슨해진 뼈와 연골 소실로 관절면이 불규칙해지면 운동 시 마찰음(염발음)을 유발한다.	

결절	헤버덴 결절, 헤베르덴 Heberden (DIP) 결절 국시 18, 23	**헤버덴 결절** 이 결절들은 전형적으로 중·노년층의 골관절염 환자들에게 발생한다. 손가락의 원위지 관절에 통증 없는 뼈의 과잉 증식 연골에서 떨어져 나온 조각들이 활액 내로 떠다니다가 활액막에 부착하여 활액막염으로 활액막의 강직, 이상적 비대증이 나타난다.	무통성 피하 결절 국시 23	**팔꿈치에 형성된 류머티스 결절** 무통성 피하결절이 관절 부근의 뼈 돌출 부위나 신근 표면을 따라 생긴다. 류머티즘성 결절이 팔꿈치, 아킬레스건에 나타난다. 결절은 자연퇴화된다. 재발 가능성이 높아 제거하지 않는다. * 감염성 심내막염 : osler's node ; 손가락, 발가락, 발에 통증을 수반한 융기된 피하결절
	보차드 (부샤르, Bouchard) 결절	**보차드 결절** 보차드 결절은 헤버덴 결절과 유사하지만 보다 드물며, 근위부 손가락 사이 관절에 나타난다. 손가락의 근위지 관절에 통증 없는 뼈의 과잉 증식		
전신		피로, 열은 없으며 기관 침범도 없다.		발열, 피로, 허약감, 식욕부진, 체중감소가 관절 증상 이전부터 있다. 서의 모든 신체조직에 영향을 준다.

검사 비교

	골관절염(OA)	류머티스 관절염(RA)
혈액검사 임용 14	류머티스 인자RF(−) 활액염증 시 적혈구 침강속도(ESR) 상승	류머티스 인자[RF(+), 80%] 염증 시 적혈구 침강속도(ESR), CRP 상승
X−선 임용 14	관절강 협착 : 골 증식으로 관절 공간이 좁아진다. 관절변형 관절면이 불규칙하다. 뼈와 뼈가 부딪쳐 관절면이 닳아졌다. 연골하 골증식체, 골경화, 골낭종 * 골경화 : 치밀한 뼈가 됨 * 골낭종 : 뼈에 생기는 낭종	관절강 협착 : 관절 공간이 좁아진다. 관절변형, 관절 연골 파괴, 연골하 골성 미란(침식), 아탈구, 골강직, 골다공증 * 골강직 : 뼈가 굳어짐
관절액 검사	활액에 WBC < 2000/ μL	활액에 WBC > 2000/ μL 활액의 혼탁도가 증가하고 점성이 감소한다.

치료

steroid	관절강 주사
	steroid의 전신 요법은 금기로 질병 과정을 급속히 악화시킨다. 국시 07

간호 국시 02, 04, 06

방법 국시 22	무릎 골관절염 환자는 장기간 서 있기, 꿇어 앉기, 쪼그리고 앉기를 피한다. 활동은 반복적으로 계단을 오르내리지 않는다. 지팡이, 보행 보조기, 목발과 같은 보조기구를 사용한다.
근거	손상된 관절에 스트레스를 감소한다.

8 류머티즘성 관절염

병태생리 단계 국시 07 ★ 류머티즘성 관절염 환자가 활판 섬골에 있다

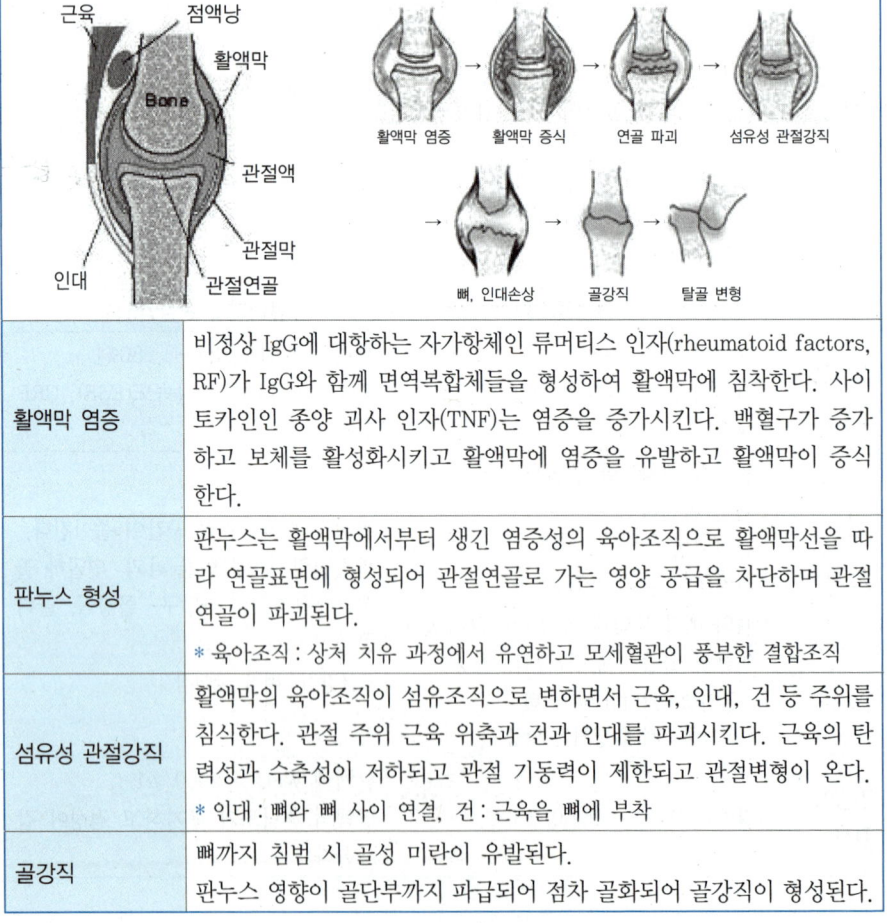

활액막 염증	비정상 IgG에 대항하는 자가항체인 류머티스 인자(rheumatoid factors, RF)가 IgG와 함께 면역복합체들을 형성하여 활액막에 침착한다. 사이토카인 종양 괴사 인자(TNF)는 염증을 증가시킨다. 백혈구가 증가하고 보체를 활성화시키고 활액막에 염증을 유발하고 활액막이 증식한다.
판누스 형성	판누스는 활액막에서부터 생긴 염증성의 육아조직으로 활액막선을 따라 연골표면에 형성되어 관절연골로 가는 영양 공급을 차단하며 관절연골이 파괴된다. * 육아조직 : 상처 치유 과정에서 유연하고 모세혈관이 풍부한 결합조직
섬유성 관절강직	활액막의 육아조직이 섬유조직으로 변하면서 근육, 인대, 건 등 주위를 침식한다. 관절 주위 근육 위축과 건과 인대를 파괴시킨다. 근육의 탄력성과 수축성이 저하되고 관절 기동력이 제한되고 관절변형이 온다. * 인대 : 뼈와 뼈 사이 연결, 건 : 근육을 뼈에 부착
골강직	뼈까지 침범 시 골성 미란이 유발된다. 판누스 영향이 골단부까지 파급되어 점차 골화되어 골강직이 형성된다.

류머티스 관절염 진단기준 : 4개 영역의 합산 점수가 6점 이상인 경우 진단함

		점수
관절	A. 관절침범 양상에 따라(관절 수와 위치) 　양측 어깨, 팔꿈치, 골반, 무릎, 발목 중 1개의 큰관절 　양측 어깨, 팔꿈치, 골반, 무릎, 발목 중 2~10개의 큰관절 　1~3개의 소관절 　4~10개의 소관절 　관절 10개 이상(최소 1개의 소관절 포함해서)	0 1 2 3 5
RF or 항 CCP 항체	B. 혈청학 검사(최소 한 가지 검사 이상) 　류머티스 인자 혹은 항 CCP 항체(ACPA) 모두 음성 　류머티스 인자 혹은 항 CCP 항체 양성(기준치 상한선의 3배 미만) 　류머티스 인자 혹은 항 CCP 항체 양성(기준치 상한선의 3배 이상)	0 2 3
ESR or CRP	C. 급성기 반응물질(최소 한 가지 검사 이상) : 급성기 과민 반응 　적혈구 침강속도(ESR) 또는 C-반응단백질(CRP) 모두 정상 　적혈구 침강속도(ESR) 또는 C-반응단백질(CRP) 수치 상승	0 1
6주	D. 증상 지속기간(증상의 이환기간) 　6주 미만 　6주 이상	0 1

증상 [임용 12 / 국시 06, 14, 19]

초기 증상

관절	대칭적 : 관절 침범은 대칭적이다. 손의 근위지 관절, 중수수지 관절, 발의 중족지골의 소관절 경추, 고관절, 무릎관절 원위지 관절 침범은 드물다.
	관절의 발적, 열감, 부종 시 압통, 강직
	주먹을 쥐기 힘들고 손목관절이 굵어지며 굴곡운동 제한
	기상 후 1시간 이상 아침 강직
	활액낭염, 삼출액 때문에 부드러움
	관절에만 국한되지 않고 근육, 건, 인대로 퍼진다.
	날씨가 습하거나 과로, 피로, 정신적 긴장에 악화
전신	발열, 피로, 허약감, 식욕부진, 체중감소

후기 증상
관절

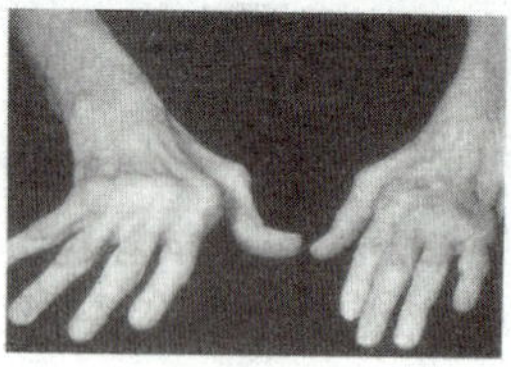

A. 척골 변형 기형 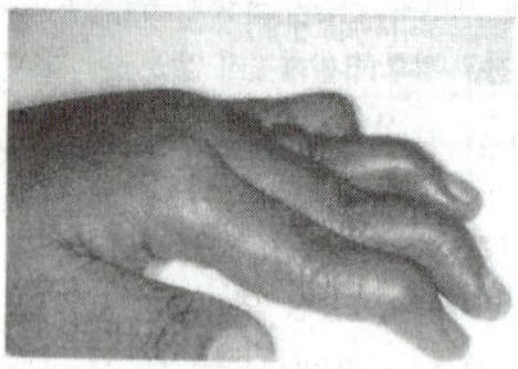   B. Swan neck 기형 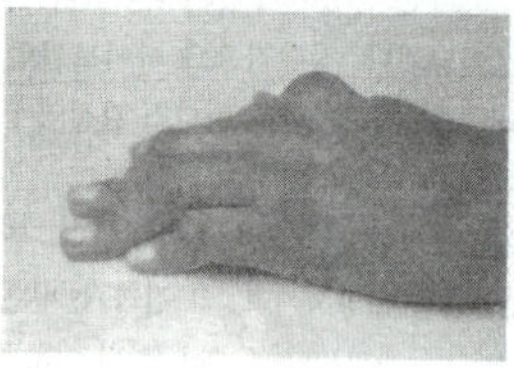   C. Boutonniere 기형

류머티스 관절염의 관절 기형

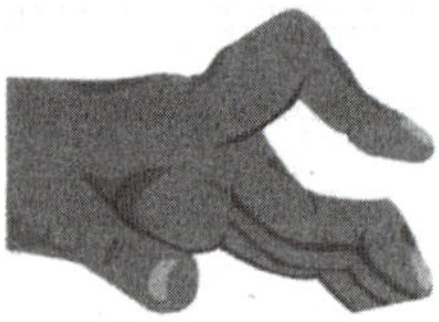

피하결절 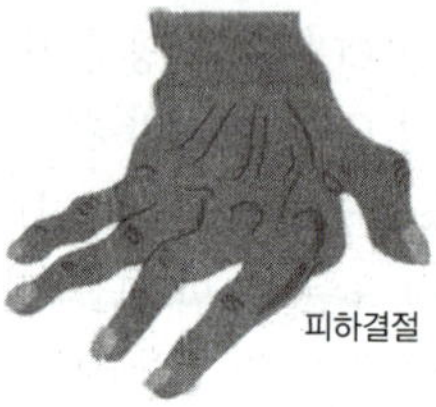   피하결절 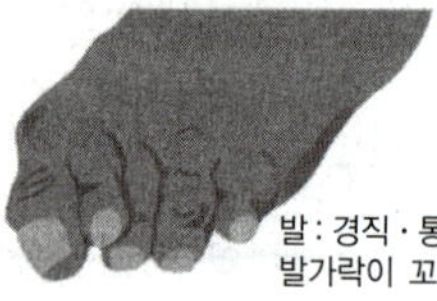   발: 경직·통증 발가락이 꼬임

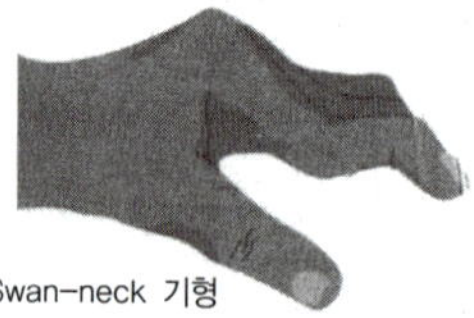

Swan-neck 기형   Boutonniere 기형

척골일탈 (척골변형, 척골기형) 국시 23	중수수지 관절에서 인대와 건이 손상되어 아탈구되어 손가락은 척골쪽으로 척골일탈 모양의 특징적인 방추상의 척골변형 * 방추상 : 무 뿌리같이 생긴 것으로 양 끝으로 가늘어지는 모양
Boutonniere 기형 (단추구멍 변형)	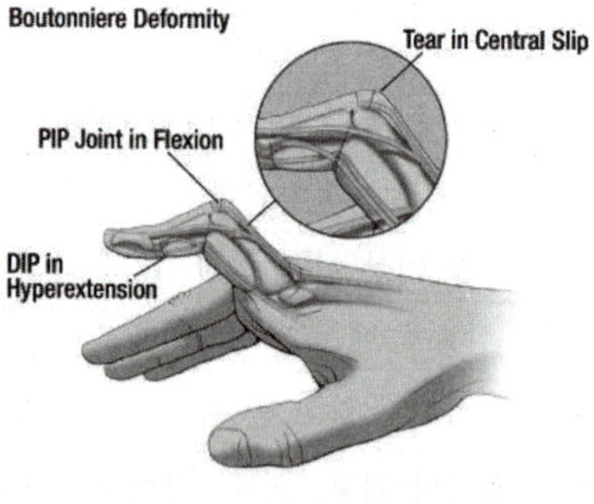 Boutonniere Deformity / Tear in Central Slip / PIP Joint in Flexion / DIP in Hyperextension 단추구멍 변형으로 손가락이 구부러지며 손가락에 원위지 관절의 과신전과 근위지 관절의 굴곡에 기인된다. 지간 관절 주위 인대와 건이 손상되면서 손가락 변형으로 단추구멍 변형과 백조 목 변형이 발생한다.

백조 목 변형 (swan neck 기형) 국시 23, 24	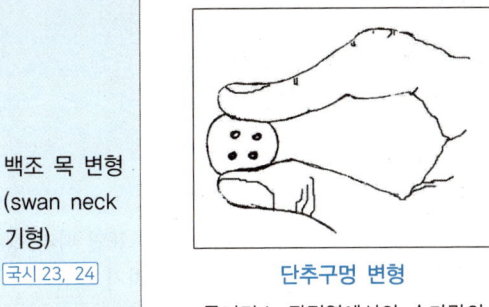 **단추구멍 변형** 류머티스 관절염에서의 손가락의 변형은 검지와 엄지로 단추를 잡을 때의 모습과 같다.	 **백조 목 변형** 류머티스 관절염에서 보이는 변형은 백조 목과 유사하다.
	백조 목처럼 올라오는 모습으로 원위지 관절의 굴곡과 근위지 관절의 과신전	
손목 터널증후군	손목 터널증후군으로 손목에 활막염이 나타나 정중신경을 압박한다. 주먹을 쥐기 힘들고 손목관절은 굵어지며 굴곡운동 제한 ＊ 정중신경 : 일부 손바닥의 감각과 손과 손목의 운동 담당	

RA 후기 전신증상

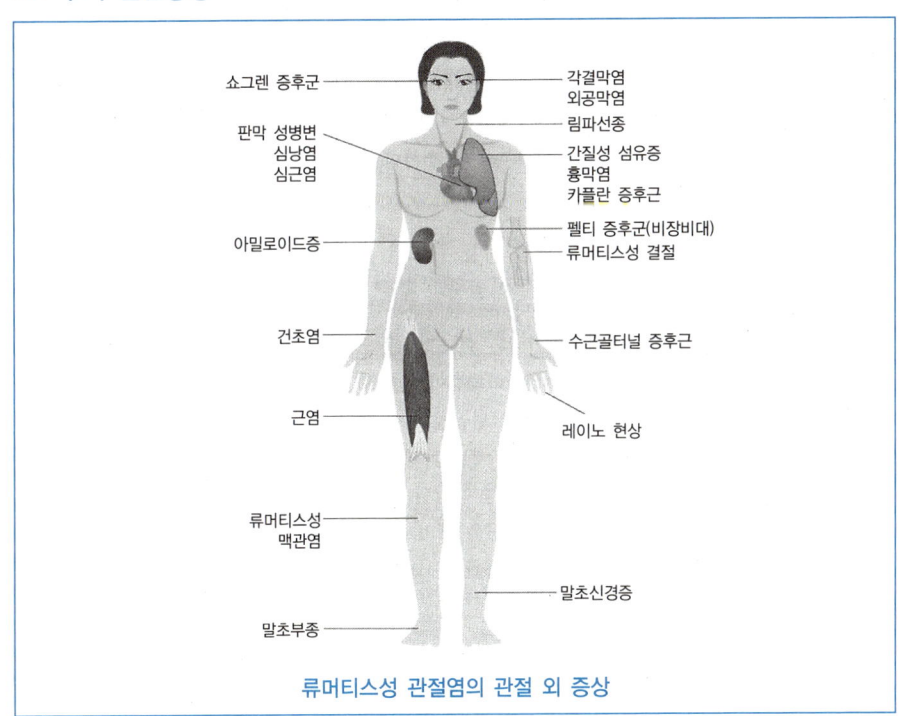

류머티스성 관절염의 관절 외 증상

류머티즘성 결절	팔꿈치에 형성된 류머티스 결절 무통성 피하결절이 관절 부근의 뼈 돌출 부위나 신근 표면 따라 생김, 결절은 지속하거나 자연퇴화, 재발이 높아 제거하지 않음 cf) 류머티스 열의 피하결절: 대칭적이고 발적이나 통증은 없다. 관절과 뼈의 돌출 부위에 무리를 짓는다. 감염성 심내막염의 osler node: 통증, 손가락, 발가락, 발에 통증을 수반한 융기된 피하결절
쇼그렌 증후군 (Sjögren's syndrome)	쇼그렌 증후군으로 외분비 기관 문제 눈물샘, 타액분비 감소로 안구통증, 이물감, 광과민성
펠티 증후군 (Felty syndrome)	염증성 안질환, 폐질환, 비장비대, 임파선증, 빈혈, 과립구감소증, 호중구감소증, 혈소판감소증
심낭염	심낭염이 경증이면 자연 치유되나 심장 압전으로 죽음에 이른다.
혈관염	관상동맥·뇌혈관·장간막 혈관에 맥관염이 생긴다. 심혈관 질환은 사망의 흔한 원인이다.
폐질환	섬유성 폐질환, 늑막염
신장질환	
말초신경증	
골다공증	골다공증은 관절 사용 감소와 스테로이드 사용과 관련된다. cf) 골관절염 : 골다공증과 관련 없다.
빈혈	염증이 심할수록(ESR, CRP 증가) 빈혈이 심해진다.

진단검사 국시 01, 07

류머티스 인자(RF) 국시 06	대상자의 70~80%가 RF 양성 RF는 결체조직 질환에서 생성되는 비정상 IgG항체에 대항하는 자가 항체이다. RF 증가는 다른 결체조직 질환(SLE)에서도 나타나므로 확진하지 못한다. 활성기에 역가가 높아지고 치료하면 류머티스 인자 역가도 낮아진다. RF(+) RA, SLE RF(−) OA, 통풍
Anti-CCP Ab (ACPA)	초기 RA 환자에서 조기 진단 및 예후에 유용 류머티스 관절염 증상이 나타나기 수년 전부터 양성으로 조기진단한다. 양성인 경우 관절 파괴가 많이 진행되므로 예후를 예측한다.
항핵항체 (ANA)	세포핵 내 항원들에 대한 항체의 총칭이다. 양성 : 역가가 1 : 8 이상으로 역가가 높을수록 활동성
ESR, CRP	적혈구 침강속도(ESR), CRP : 상승

C₃ 감소	C₃ 보체(serum complement) : 감소 많은 보체가 면역기전에 참여하면 혈중 보체량은 적어짐 ex) 급성 사구체 신염, RA : C₃ 보체 감소
WBC 증가	

약물

비스테로이드성 소염제(NSAIDs)

Aspirin [국시 03]	종류	ibuprofen, naproxen, tolmetin sodium, indomethacin
	기전	염증 반응을 중개하는 콕스투(COX-2)를 억제하여 prostaglandin의 합성을 방해하여 염증과 통증 감소 COX-1 억제 : 위벽을 조절하는 prostaglandin에 영향
셀렉콕시브 (celecoxib)	종류	셀렉콕시브(celecoxib), 로페콕시브(rofecoxib)
	기전	염증 반응을 중개하는 콕스투(COX-2)를 억제하여 prostaglandin만 억제한다.
	장점	위장관 부작용 감소 혈소판 억제작용이 없어 출혈시간을 증가시키지 않는다. COX-1이 매개하는 트롬복산 A2 생성을 억제하지 않는다.
부작용		신장 독성 : 프로스타글란딘 억제 작용으로 신장 혈관을 수축하여 신장을 손상시킨다.

스테로이드 제제

종류		corticosteroid, glucocorticoid(cortisone or prednisolon)	
기전 [국시 03]	면역억제		당질코르티코이드의 치료 작용은 면역억제이다. 항원의 반응에 백혈구와 대식세포(큰 포식세포, macrophage)의 능력을 억제하고 림프구의 감소작용을 한다.
	항염증 ☆ 사포비	cytokines 감소	당질코르티코이드의 치료 작용은 항염증작용이다. 당질코르티코이드는 염증유발성 cytokines의 생산과 유리를 감소시킨다.
		포스포리파제 A₂ 억제 [임용 21]	포스포리파제 A₂(phospholipase A₂)를 억제하여, 막결합 인지질에서 아라키돈산(프로스타글란딘 및 leukotrien의 전구물질)의 유리를 차단한다. Prostaglandins 및 leukotrien 생산 감소가 항염증 작용의 핵심이다.
		비만세포와 호염기구막 안정화	비만세포와 호염기구막을 안정화시킴으로 염증반응에 영향을 미치며, 히스타민 유리를 감소시킨다.
	결과		염증 매개물질인 히스타민, cytokines, leukotrien, prostaglandin 방출을 억제한다. 모세혈관 투과성과 점막 부종 감소와 기도 수축을 억제하여 기관지 내경을 증가시킨다.
투여 방법			관절강 내 주사, 전신 투여 cf) 골관절염 : steroid를 관절강에 주사하며 전신 투여는 금기

항류머티스제 : DMARD(Disease-modifying antirheumatic drugs)

위장관 장애, 피부발진	hydroxychloroquine, methotrexate
신독성	methotrexate, hydroxychloroquine
간기능 장애	methotrexate
골수 억제	methotrexate
망막장애	hydroxychloroquine

하이드록시클로로킨 hydroxychloro-quine : plaquenil ☆ 망신	작용	면역체계에 대한 영향 감소로 관절의 염증, 부종, 뻣뻣함, 통증을 감소시킨다. 말라리아 치료에 사용한다.
	부작용	위장관 장애 : 입에서 쓴 느낌, 식욕부진, 오심, 구토, 설사, 두통
		피부발진
		망막장애, 망막 독성, 실명 초래 신독성
	간호	사용하기 전과 복용 중 1년에 한 번 안과 검사를 한다.
메토트렉세이트 methotrexate : Rheumatrex	특징	DMARD의 1차 약제이며 병합 요법의 중심 약제이다.
	작용	항대사성 약물로 엽산 대사 방해로 B림프구와 T림프구에 대한 면역 억제를 한다. ＊항대사성 약물 : 세포 주기 중 S기에 DNA 합성을 방해하고 RNA 합성 방해
	금기	임신 중, 임신 계획한 사람(2~3개월 전부터 복용 중단)
		신장, 간질환자, 에이즈환자
	부작용	위장관 장애 : 식욕부진, 오심, 구토, 설사, 구강궤양, 구내염
		피부발진, 광과민성, 탈모
		골수 억제, 백혈구, 혈소판 감소 국시 19
		간기능 장애, 간경변
		신독성 : 고용량 MTX가 세뇨관에 침착
	간호	복용 전과 후에 혈액검사, 소변검사, 간기능 검사
		골수 억제 부작용 : 적혈구, 백혈구, 혈소판검사
		☆ N 태엽알 피하기!
		포상기태 : 알코올을 마시거나 엽산이 함유된 비타민이나 NSAID를 복용하면 부작용 증가

생물학제제

항TNF제제 (항종양괴사인자 제제)	약	infliximab
	작용 공무원 22	TNFα와 결합하여 중화한다. 이 항체는 TNFα에 특이하게 결합하여 TNFα와 수용체의 결합을 억제한다. TNFα는 류마티스 질환에 염증과 관련된 사이토카인이다. * 항TNF제제 복용 중 PPD검사 : 경결 부위 5mm 이상에 양성
	부작용	기회 감염 등 감염 위험이 높으며 활동성 감염 또는 과민 반응 과거력에 금기

간호 임용 08 / 국시 01, 03, 04, 05

※ '소아성 류머티스성 관절염' 참조

9 전신 홍반성 낭창(SLE, Systemic Lupus Erythematosus)

정의	여러 기관에 염증 증상을 나타내는 자가 면역성 질환이다. 세포핵 안 DNA에 비정상 항핵항체(ANA) 반응으로 신경계(2nd 사망 원인), 흉막, 심낭(2nd 사망 원인), 혈액계, 신장(1st 사망 원인), 피부, 관절에 면역복합체 형성으로 염증, 손상이 있다. 사망하는 주요 원인은 콩팥 침범이고 다른 사망 요인은 심장과 중추신경계 침범이다. cf) H-S자반증 : 신장 침범이 예후에 중요한 인자	
원인 임용 92	가족력	유전적 소인
	성별 국시 05	남성보다 초경~폐경 전 가임 여성에서 8~10배 발생으로 성 호르몬이 발생에 일부 역할로 추정한다. estrogen함유 피임약, HRT복용 시 발생 위험이 증가한다.
	환경	자외선
	바이러스	감염성 요인도 면역계 자극
	스트레스	스트레스, 임신, 산욕기 스트레스 : 스트레스는 면역계를 자극하여 자기 관용을 못하고 자기 항원을 이물질로 오인한다. 자기를 비자기 세포로 인식하여 과다 면역 반응을 일으켜 림프구가 건강한 자기 세포를 공격한다.

병태생리 국시 03, 14

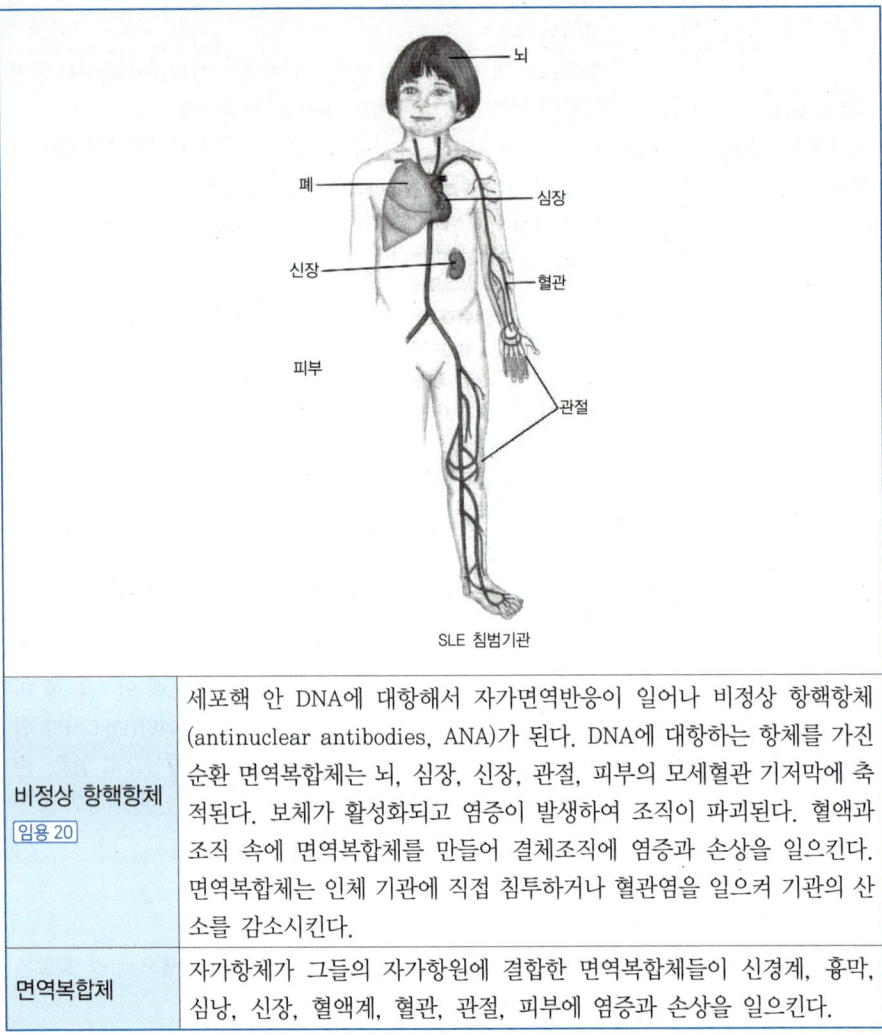

SLE 침범기관

비정상 항핵항체 임용 20	세포핵 안 DNA에 대항해서 자가면역반응이 일어나 비정상 항핵항체(antinuclear antibodies, ANA)가 된다. DNA에 대항하는 항체를 가진 순환 면역복합체는 뇌, 심장, 신장, 관절, 피부의 모세혈관 기저막에 축적된다. 보체가 활성화되고 염증이 발생하여 조직이 파괴된다. 혈액과 조직 속에 면역복합체를 만들어 결체조직에 염증과 손상을 일으킨다. 면역복합체는 인체 기관에 직접 침투하거나 혈관염을 일으켜 기관의 산소를 감소시킨다.
면역복합체	자가항체가 그들의 자가항원에 결합한 면역복합체들이 신경계, 흉막, 심낭, 신장, 혈액계, 혈관, 관절, 피부에 염증과 손상을 일으킨다.

진단기준

☆ 나비와 원반 모양의 발진을 가진 광구가 흉, 심, 장염을 갖고 중관에 신혈면에 갔다

4항목 이상	4항목 이상 충족시키면 진단	
뺨의 나비모양 발진	볼 위 납작, 볼록한 홍반 표피의 장애와 진피 내 혈관염, 모세혈관의 확장 [임용 20]	
원반모양 발진	인설을 포함한 홍반성 볼록한 반점 혈관염으로 발생	
광과민성	태양 노출에 의한 피부 발진으로 광과민성	
구강궤양	점막의 무통성 궤양화 혈관염이 구강에 생겨 궤양 형성	
흉막염, 심낭염, 장막염	흉통, 마찰음의 과거력 심막 삼출액, 심전도로 심막염 확인 ex)	
	건성 늑막염	늑막 마찰음은 흡기와 호기 모두 들리는 '슈-슈-슈'하는 스치는 소리
	급성 섬유성 심막염	심막 마찰음은 짧고 고음인 긁히는 소리
신장장애	단백뇨, 소변 내 세포조각(원주체 : 사구체, 세뇨관의 질병) 고혈압, 신증후군, 신부전, 이식이 필요한 말기 신장 질환	
관절염	압통, 부종, 삼출액이 있는 2개 이상 비미란성 관절 침범 뼈 파괴나 변형은 드물다. cf) 알레르기성 자반증 : 관절염이 후유증 없이 수일 내 사라진다.	
혈액학적 장애	용혈성 빈혈, 백혈구 감소증, 림프구 감소증, 혈소판 감소증	
중추신경학적 장애	발작, 정신증(현실검증능력에 문제가 생기는 환각, 망상)	
면역학적 장애	항핵항체[(ANA, anti nuclear antibody)], LE cell test(+), anti-Smith antibody(+), anti-DNA antibody(+), 매독 혈청검사 : 위양성 * LE cell test(+) : Lupus Erythematosus cell, 항핵항체의 하나인 LE인자 * anti-Smith antibody(+) : 핵 항원에 대한 항체의 부분	

임상증상 국시 02, 03, 17

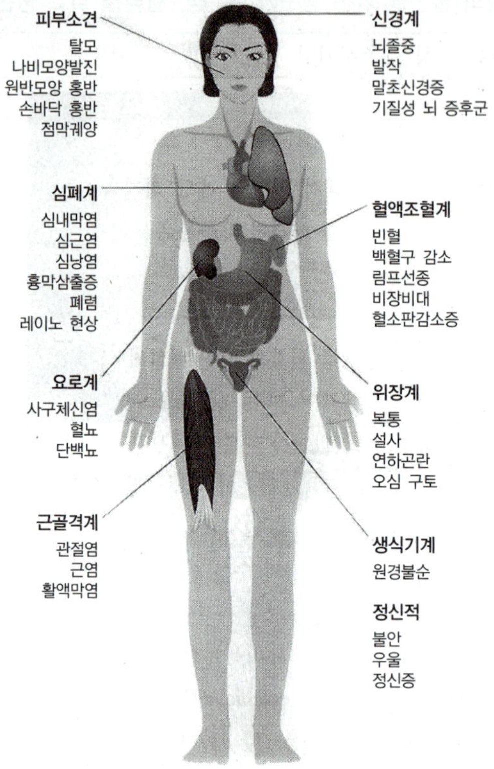

피부소견
- 탈모
- 나비모양발진
- 원반모양 홍반
- 손바닥 홍반
- 점막궤양

신경계
- 뇌졸중
- 발작
- 말초신경증
- 기질성 뇌 증후군

심폐계
- 심내막염
- 심근염
- 심낭염
- 흉막삼출증
- 폐렴
- 레이노 현상

혈액조혈계
- 빈혈
- 백혈구 감소
- 림프선종
- 비장비대
- 혈소판감소증

요로계
- 사구체신염
- 혈뇨
- 단백뇨

위장계
- 복통
- 설사
- 연하곤란
- 오심 구토

근골격계
- 관절염
- 근염
- 활액막염

생식기계
- 월경불순

정신적
- 불안
- 우울
- 정신증

피부변화	얼굴이 낙설과 발진은 태양 노출된 부위에 현저하다. 탈모증이 흔하다.
심맥관계	염증은 심내막염, 심근염, 심낭염을 일으킨다. 빈맥, 흉통, 심근경색증
호흡기계	늑막삼출, 폐렴, 호흡곤란, 과호흡, 좌위호흡
소화기계	입안이 헐음, 오심 & 구토, 설사, 식욕부진, 복통, 장액염, 장간막 동맥염, 췌장염, 대장궤양
신장계 국시 07	신장 침범은 치명적, 급성 사구체 신염, 신증후군, 신부전 혈뇨, 단백뇨, 소변량 감소, 수분 정체, 부종
생식기계	월경불순
혈액계 국시 04	림프 비대, 비장 비대 빈혈 : 항적혈구 항체로 용혈성 빈혈 항백혈구 항체로 백혈구 감소, 항혈소판 항체에 의해 혈소판 감소 혈관염 Raynaud 현상 임용 20 : 손가락과 발가락의 작은 피부 동맥을 침범하는 혈관 수축성 경련성 질환이다.
관절염	다발성 관절염, 비미란성 활액막염, 작은 관절과 무릎 침범, 관절통, 심한 기형은 나타나지 않음
	cf) 류머티스 열에서 다발성 관절염 / 이동성 관절염, 큰 관절(어깨, 팔꿈치, 손목, 엉덩이, 무릎), 통증, 심한 기형은 없음

관절염	cf) OA	손, 체중부하관절, 척추(경추, 요추), 둔부(고관절), 무릎
	cf) RA	경추, 고관절, 무릎, 발목, 어깨, 팔꿈치, 손목, 중수지, 근위지 관절 원위지 관절 침범은 드물다.
중추신경계		뇌조직 내 면역복합체 축적에 의해 나타난다. 우울증, 정신증, 경련, 편두통, 복시, 안구진탕, 안검하수, 운동실조 ＊ 안검하수 : 근무력증, 동안신경 손상 : 안검의 상방운동 조절
전신		발열, 피로감

임상검사

cf) RA검사 : RF 양성, Anti-CCP Ab 양성, 항핵항체(ANA) 양성, ESR, CRP, WBC 증가, C3 감소

RF(Reumatoid Factor)	+
항핵항체(ANA, antinuclear antibody) 공무원 22	antinuclear antibody(+) 진단에 가장 유용한 선별 검사 세포핵 내 항원들에 대한 항체의 총칭이다. 세포핵을 파괴하여 조직을 괴사시키는 항체의 수 전신성 홍반성 낭창(SLE), 류머티스성 관절염
LE cell test(+)	특수한 세포를 볼 수 있다.
anti-Smith antibody(+)	
anti-DNA antibody(+)	항 DNA항체 증가, 질병의 활성도 반영
혈청 C3(보체) 감소	전신성 홍반성 낭창(SLE), 사구체 신염, 류머티스성 관절염에서 질병의 활성도 반영
혈청 매독 검사	위양성
ESR 국시 04	ESR(적혈구 침강속도) 증가
CRP	SLE의 진단검사는 아니지만 질병의 활동성과 치료 효과를 모니터한다.

약물요법

아스피린	NSAID는 전신 홍반성 낭창에서 치료약물이지만 신독성을 유발할 수 있다. 신장손상 대상자에게 금기이므로 신장기능을 모니터 신부전증은 루푸스 환자의 흔한 사망원인이다.
steroid 제제 국시 06	신경학적, 심장, 혈액학적(용혈성 빈혈, 저혈소판혈증) 증상을 감소한다. 부작용 때문에 생명을 위협하는 합병증 대상자에게 제한한다. 증상이 완화되더라도 악화를 예방하기 위해 유지 용량을 투여한다. 국시 24
면역억제	Imuran, Cytoxan(cyclophosphamide) 신장, 중추신경계를 침범한 대상자 Cytoxan : 알킬화제로 세포주기의 모든 단계에서 DNA 합성을 방해한다.

항류머티스제	hydroxychloroquine : plaquenil	항말라리아제로 치료, RA치료제 hydroxychloroquine이 활액막염과 염증반응을 줄인다.
	methotrexate	포상기태, RA치료제 SLE의 신장침범

간호

cf) 여드름 간호 : 순한 비누, 강한 비누 제한, 지나친 세정 제한, 보습제, 화장품

피부보호 국시 01	자외선	방법 국시 24	외출할 때 챙이 넓은 모자, 긴소매 옷, 긴 바지를 착용한다. 자외선 차단지수 15(30) 이상 선크림을 바른다. ex) 자외선 차단제 : 피부암 예방, retinoids 사용
		근거	태양 노출은 피부 발적 초래로 장기간 자외선 노출을 피하여 피부손상 방지
	비누	방법	거칠거나 향이 많은 성분을 사용하지 않고 부드러운 비누로 피부를 씻는다.
		근거	거칠거나 향이 많은 성분은 피부가 건조, 발진, 낙설된 피부에 자극을 준다.
	말리기	방법	피부를 문지르지 말고 두드려서 완전히 말린다.
		근거	피부를 문지름으로 피부가 손상된다.
	로션	방법	피부는 깨끗이 씻고 말린 후 로션을 바른다.
		근거	로션은 수분을 포함하는 물질로 피부에 수분을 제공하고 피부의 수화가 촉진된다.
	화장품	방법	의사의 처방 없이 염색약, 화장품을 사용하지 않으며 파우더나 다른 건조 유발 물질은 피한다. 국시 24 저알레르기성 화장품과 수분이 많고 자외선 차단 성분이 함유된 것을 사용한다.
		근거	SLE 대상자는 피부가 건조, 발진, 낙설로 피부에 자극을 주고 건조시키는 화장품을 사용하지 않는다.
잠재적 감염	구강궤양	방법	부드러운 음식을 먹고 세심하게 구강 간호를 한다. ※ '항암제의 구강 궤양 간호' 참조
		근거	점막의 무통성 궤양화가 있다.
	감염 민감 국시 01	방법	휴식을 취하며, 충분히 수면을 취한다. 사람이 많이 모인 곳과 감염 환자를 피한다. 상기도 감염이 흔한 계절에 추위에 노출하지 않는다.
		근거	항백혈구 항체에 의해 백혈구 감소로 감염에 민감하다. 스테로이드제(면역 억제제)로 감염 위험이 증가된다. 휴식으로 면역력을 높인다.
임신	방법		임신이 계획적이고 산전간호를 잘 받으면 성공적일 수 있다. 질병 활동이 최소화된 시점에 임신을 계획한다.
	근거		임신과 산욕기는 신체에 스트레스가 되며 질병의 활동성을 증가시킨다. 태반에 면역복합체 축적으로 태반 혈관의 염증 반응으로 일어난다.

10 통풍(Gout)

정의			단백식이 중 퓨린(purine)의 최종 대사 산물인 요산의 과잉 공급이나 배설 장애로 요산이 증가한다. 혈청 요산 결정체가 관절, 혈액, 활액, 심근, 신장, 귀에 축적되어 격심한 발작적 관절통이 있다.
역학			30~50세 비만한 남자
원인	원발성		Purine 대사의 유전적 결함, 요산 생산 > 신장 배설
	속발성	신부전증	신장 기능 저하로 요산 배설량 감소로 요산 증가
		조혈기관 장애 — 다발성 골수증	비정상적인 형질 세포에서 M 단백을 만들어 증가로 세포 파괴 산물인 요산 증가 ＊형질 세포: 림프구에서 분화된 세포로 항체 분비
		조혈기관 장애 — 원발성 다혈구혈증	적혈구의 과도 생성에 따른 과도 파괴로 세포 파괴 산물인 요산 증가
		조혈기관 장애 — 백혈병	다량의 백혈구 파괴로 다량의 요산 방출
		항암치료	백혈병에서 항암제 투여로 백혈구 파괴 증가로 다량의 요산을 생성하여 신질환 초래
		aspirin	요산 배설↓ → 통풍 악화
		nicotinic acid(niacin), thiazide계, Loop 이뇨제, PZA(Pyrazinamide)	요산↑ ex) 고요산, 고요당 : thiazide계, Loop 이뇨제, nicotinic acid(niacin)
	고요산혈증 유발요인		음주, 알코올중독, 고지방식이, 산증 또는 케톤증, 외상, 수술

병태생리 임용 18 / 국시 05 ★ 요토 신관

요산 증가	단백식이 중 퓨린(purine)의 최종 대사 산물이 요산이다. 퓨린 대사 장애로 요산이 과잉 공급되거나 신기능 장애로 배설 장애가 있을 때 혈청 내 요산 수치가 상승한다.
요산 결정체 (토피)	관절부인 연골하부, 활액막, 관절면, 인대에 크림 같이 하얗게 요산 결정체(요산 나트륨, 토피 tophi)가 고인다. 요산 결정체(tophi)는 피부, 신장, 심장, 장기에도 나타난다.
다발성 관절염	요산 결정의 침착과 축척 증가로 백혈구 활동이 증가하여 심한 염증 반응을 일으켜 다발성 관절염을 일으킨다.
요산 결석 국시 20	반복적으로 요산 결석이 생기는 경우 콩팥이 손상된다. 요산 성분의 신결석이 형성된다. 반복적인 요산 결석으로 신기능 부전이 나타난다.

질병 단계 국시 08

무증상성	고요산혈증		
	신결석		'tophi(요산 결정체)'를 보여 신결석 형성
급성기	다발성 관절염	증상	야간에 통증이 심해지는 관절염 증상 관절 염증으로 관절부종, 발적, 압통, 급성 관절통, 열감, 발열도 심해짐
		부위	엄지발가락에 심한 통증 : 엄지발가락은 혈류가 부족한 말초이며, 운동량이 많은 부위로, pH 저하가 쉽게 발생하여 호발된다. Tophi는 첫 번째 발가락 관절에 흔하며 손, 손목, 주관절, 무릎에 발생된다. 어깨, 척추, 고관절 이환은 드물다.
간헐기 통증	급성 통풍 발작 후 1년 내 재발 두 번째 발작 : 처음보다 심하거나 오래 지속하며 발열 동반		
만성기	퇴행성 관절염		관절 연골의 만성적 변형으로 퇴행성 관절염이 나타난다.
	통풍결절		피부에 요산결절은 외이(이륜), 소 관절부, 팔과 손가락의 관절 주위에 생긴다. 여러 관절 피부에 요산 결정체 침착으로 통풍결절이 생긴다.
	신기능 부전		요산 결석

약물 [국시02] ⭐ 콜 알프

콜키신(콜히친, colchicine) [국시14]	기전	colchicine은 항염증 작용으로 요산 결정이 침전된 관절 조직의 염증반응이 감소한다. 염증이 있는 관절로 백혈구 이동을 차단하여 백혈구에 의한 염증반응을 억제한다. 통풍 발작 예방, 염증, 통증을 감소한다.
	부작용	구역, 구토, 복통, 설사 [국시22]
알로퓨리놀 (Allopurinol) [국시04, 17]	기전	요산 생성 억제제로 요산 생성에 관여하는 효소인 잔틴 산화효소(xanthine oxidase) 억제로 잔틴(xanthine)이 요산으로 전환되는 것을 예방한다. 요산 생성을 줄임으로 고요산혈증을 감소한다.
	부작용	피부발진 알로퓨리놀은 스티븐슨-존스 증후군, 독성 표피 괴사용해(TEN) 가능성이 있다. 투약 후 피부 반응이 있으면 페북소스태트(febuxostat)를 고려한다. 페북소스태트는 요산 생성 억제제이다. * 스티븐슨-존스 증후군 : 약물로 발생하며 생명 위협. 피부와 점막의 상피가 급격히 파괴, 라모트리진
프로베네시드 (probenecid) [임용18]	기전	요산배설 촉진제로 근위세뇨관에서 요산의 재흡수를 감소하여 요산 배설을 촉진한다. 소변으로 요산이 배설되며 혈청 내 요산 농도를 감소한다. benzbromarone : Cr > 2mg/dL 일 경우 사용
	부작용	구역, 구토, 피부반응
NSAID [국시06]	효과	ibuprofen, indomethacin(indocine) 말삭 시 단시간에 대량으로 사용한다. NSAID 사용 전 크레아티닌 수치를 확인한다.
코르티코 스테로이드 (prednisone)	효과	요산 제거와 항염증 효과가 있다. 경구 또는 관절강 내 주사는 급성기 치료이다.
아스피린 금기	효과	아스피린은 요산 배설 감소로 통풍이 악화된다.
약물 간호		약물 투여 시 금기가 아니라면 배설 촉진을 위해 수분 섭취를 증가시킨다.

식이요법 [국시07]

저퓨린식이	저퓨린식이 권장 [국시99, 05] 빵, 쌀밥, 곡류 [국시23] 과일, 주스류 감자, 야채(아스파라거스, 시금치, 버섯류, 콩 제외) ⭐ 아시버콩 우유, 치즈, 달걀 cf) 간경화증의 간성 뇌병증에서 식물성 단백질과 유제품이 좋다.
고퓨린식이 [임용14, 18] [국시23]	급성기에 고퓨린식이 금기 내장류(뇌, 허파, 간, 곱창, 신장), 육즙, 진한 고기 국물(곰국, 갈비탕) 등푸른 생선(고등어, 정어리, 꽁치, 청어), 멸치(멸치조림, 멸치국물) [국시23] 새우, 대합조개

중퓨린식이	중퓨린식이 고기류(쇠고기, 돼지고기, 닭고기) 국시 23 흰살 생선(조기, 갈치, 동태) 조개 곡류(현미, 통보리 등 도정이 안 된 것) ★ 아시버콩 콩류, 버섯류, 일부 야채류(아스파라거스, 시금치)
단백질 제한	단백질은 체중 1kg당 1g 이상 초과되지 않고 육류는 줄인다. 엄격한 식이제한 : 단백질이 지나치게 부족 우유, 치즈, 달걀, 한 토막 정도의 흰살 생선으로 단백질을 보충한다. | 만성 신부전 | 체중 1kg당 0.5g 섭취 |
지방 제한	고지방식이가 고요산혈증을 유발한다.
알코올 제한	알코올을 금한다. 알코올은 요산 생성을 증가시키고 배출을 저하시킨다.
알칼리성	알칼리성 식품 섭취와 산성 식품 제한으로 신결석을 예방한다. 요산 결석은 소변이 높은 산성에서 발생한다. | 소변 알칼리성 | 중탄산 |
수분	신장, 심장에 이상이 없으면 신결석 방지 위해 수분을 매일 2,000~3,000mL 이상 섭취한다. 요산의 요배설을 증가시킨다. 수분 섭취를 많이 하면 요량이 증가되고 요가 희석되어 용질의 농축이 감소되어 결석을 예방한다.

간호

안정(R) 임용 18	절대적 안정으로 급성 통풍 동안 관절을 쉬게 한다.
부목(P) 임용 18	움직임을 줄이기 위해 손목, 손가락에 기능성 부목을 제공한다. 해당 하지 부목고정으로 통증성 관절을 쉬게 한다.
냉찜질(I) 임용 18	통증을 완화하기 위해 냉찜질을 적용한다. 국소적 신진 대사를 저하시켜 항염증, 진통 효과가 있다. 염증이 있다면 온찜질 요법은 피한다.
마사지	급성기 이후 마사지를 한다. cf) 마사지 금기 : 악성 종양, 염증, 골절, 색전 위험, 전염성 피부질환
유발 요인	손상받지 않도록 주의한다. 통증은 음주, 작은 외상, 수술로 유발된다.
체중 감소	비만이 고요산혈증의 유발 요인이다. 요산 생성을 줄이고 관절 부담을 주지 않도록 비만을 예방한다. 체중 감소는 1주일에 0.5kg이 적당하며 갑자기 많은 살을 빼면 통풍이 악화될 수 있다.

11 수근관 증후군(손목 터널 증후군)

병태생리 국시 07

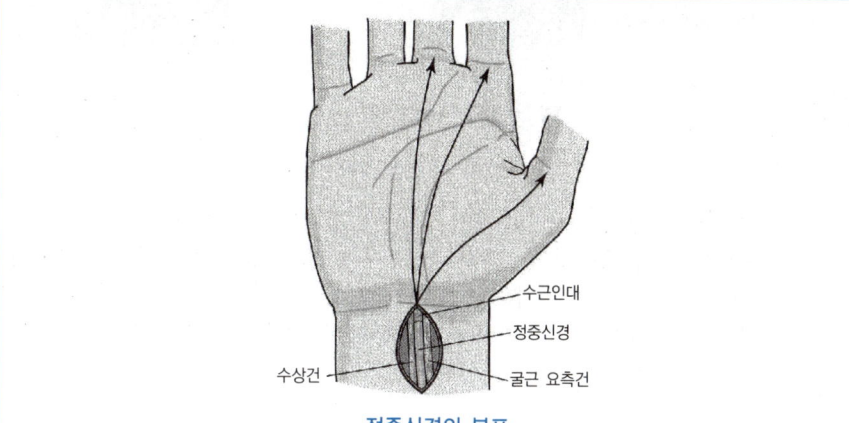

정중신경의 분포

수근관

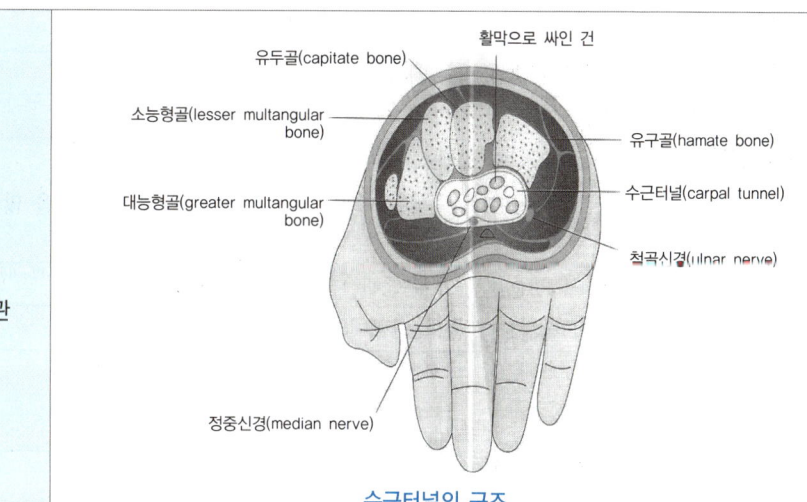

수근터널의 구조

수근관 내 활액막으로 싸인 9개의 힘줄(건)과 정중신경은 한 덩어리이다.
* 힘줄(건) : 근육을 뼈에 붙이는 역할

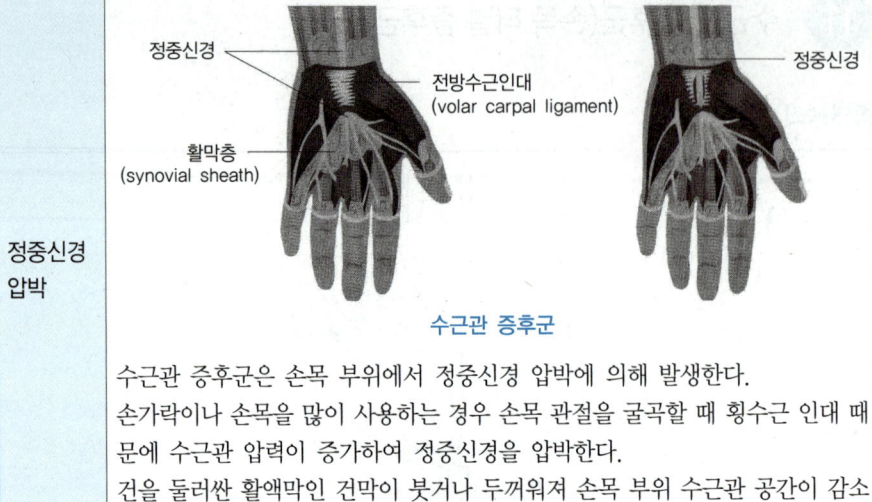

정중신경 압박

수근관 증후군은 손목 부위에서 정중신경 압박에 의해 발생한다.
손가락이나 손목을 많이 사용하는 경우 손목 관절을 굴곡할 때 횡수근 인대 때문에 수근관 압력이 증가하여 정중신경을 압박한다.
건을 둘러싼 활액막인 건막이 붓거나 두꺼워져 손목 부위 수근관 공간이 감소되어 정중신경을 압박한다.

원인

건초염	건 주위에 생긴 염증
류머티스 관절염	후기 증상
말단비대증	골단 융합 이후 성장호르몬 과잉 분비로 뼈의 과잉 성장
직업	공장 노동자, 현금 출납원, 음악가, 컴퓨터 운용자처럼 수근을 많이 사용하는 사람
임신 [국시 08]	임신 시 부종 때문에 수근관 내 정중신경이 눌린다.
여성	여성이 남성보다 손목 터널이 좁다.

증상 [국시 04, 07]

부위	엄지, 검지, 중지, 약지, 손바닥의 감각, 운동 변화 정중신경은 손바닥, 엄지, 2, 3번째 손가락, 4번째 손가락 반의 감각 담당
감각 변화	정중신경 부위에 이상 감각, 감각 저하, 감각이 무디어진다.
통증	팔, 어깨, 목, 가슴으로 통증 방사
운동 변화	근육이 허약, 손에 힘이 없어 엄지손가락 외전이 약해져 물건잡기 힘들다.
합병증	근육 허약, 위축

검사 임용 15 ☆ 티를 팔 손이다

검사		내용
티넬 징후 (Tinel 징후) 국시 24	방법	수근터널 증후군을 진단하기 위한 Tinel 검사 삼각 해머나 손가락으로 팔목의 정중신경 부위인 손목을 가볍게 타진한다.
	정상	무반응
	양성	손과 손가락에 저린감(얼얼한 느낌), 감각이상
팔렌 징후 (Phalen 징후) 국시 19	방법	Phalen 검사 양 손등을 마주한 채 손목을 90°로 구부린 상태에서 손목을 20~30초간 힘 있게 굴곡한다.
	정상	무반응
	양성	손과 손가락에 저린감(얼얼한 느낌), 감각이상
손목 압박 검사	방법	손목의 굴근 표면에 30초간 손으로 압박을 가한다.
	양성	손과 손가락에 저린감(얼얼한 느낌), 감각이상
손가락 외전검사	방법	손바닥을 위로 하고, 엄지손가락을 수직으로 펴게 한다. 엄지손가락을 외전한다. 검사자가 엄지손가락을 아래쪽으로 힘을 가하면서 근력을 확인한다.
	정상	가하는 압력에 충분히 저항한다.
	양성	가하는 압력에 저항하지 못한다.

치료

진통제	비스테로이드성 항염제(NSAID) 진통제를 복용한다. 항염 해열 진통제로 prostaglandin 합성을 억제하여 진통작용이 있다.	
corticosteroid	corticosteroid를 환부에 국소적으로 주입한다.	
	골관절염(OA)	steroid를 관절강 주사
	류머티스성 관절염(RA)	steroid를 관절강 주사, 전신 투여
외과적 치료	수근관 해리술로 횡수근 인대를 절단한다.	

간호 [국시 14]

cf) 혈우병에서 혈관절 관리 : 인식, 상승(E), 냉찜질(I), 부동(R), 혈액흡인, ROM수행, 운동, 힘든 작업 제한, 체중유지

cf) 통풍 : 안정(R), 부목(P), 냉찜질(I), 급성기 이후에 마사지

휴식(R)	방법	손목 사용을 제한한다.	
	근거	환부를 많이 움직일수록 손상과 통증을 초래한다. 반복적 사용으로 인한 행위 손상을 예방한다.	
부목(P)	방법	환부를 고정하기 위하여 손목에 부목을 대준다.	
	근거	손목 부목으로 손목의 굴곡 운동 제한으로 악화시키는 손동작을 피한다. 부목은 팔목의 굴곡방지를 위해 밤에도 적용한다.	
상승(E)	방법	아픈 쪽 손을 높인다.	
	근거	손목 상승은 중력 작용으로 손목 부종을 감소시킨다.	
냉찜질(I)	방법	냉찜질을 한다.	
	근거	통증관리	얼음찜질로 신경 전달 속도를 느리게 하여 대뇌에 도달하는 통증 감소 냉각이 지각적으로 우세하여 통증 감소
		부종감소	얼음찜질로 혈관을 수축시켜 혈류량을 감소시켜 부종 감소
저염식이	방법	저염식이를 한다.	
	근거	고염식이는 시상하부의 삼투감수체를 자극하여 뇌하수체 후엽에서 ADH를 방출한다. ADH는 신장에서 수분을 재흡수시킨다.	

12 견인

목적 [임용 96]	근육 경련 감소	계속적으로 당겨 주는 것이 근육 경련을 제거한다.
	관절 고정	관절과 신체 부위를 고정한다.
	골절 고정	골절 정복, 골절된 뼈 끝의 위치를 바르게 일직선 유지, 골절 부위를 고정한다. 다발성 골절에 사용한다.
	탈구 복원	탈구된 관절을 복원한다. * 탈구 : 관절을 구성하는 골, 연골, 인대가 정상적 위치에서 이동한 상태
	기형 교정	
견인의 원리		역견인 근위골편 골절부위 → 반대편 힘에 의한 고정 (평형상태) 원위골편 견인 **견인의 원리** 끈과 추를 활용하여 특정 방향으로 힘을 가해준다. 상대적 견인력으로 골편을 정복한다. 상대적 견인은 신체의 원하는 부위에 견인(끌어서 당김)을 유지시키기 위해 필요한 반대편 힘이다.

견인 종류

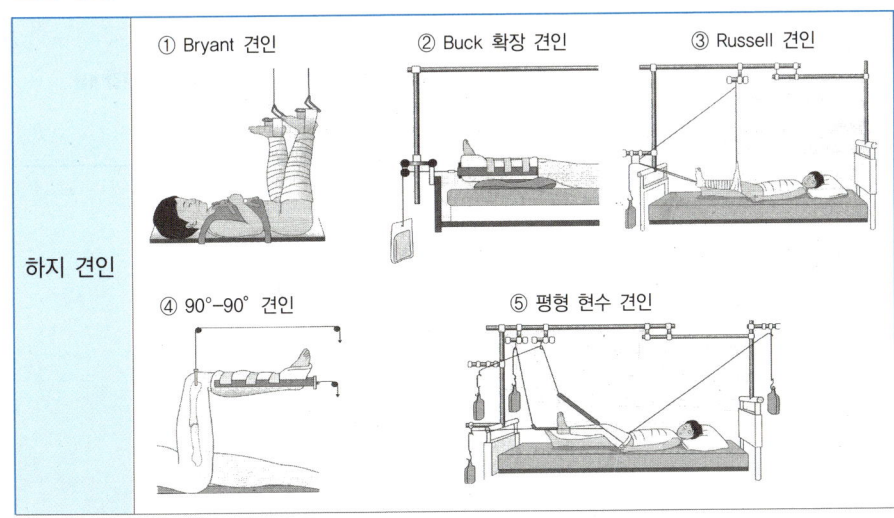

하지 견인
① Bryant 견인
② Buck 확장 견인
③ Russell 견인
④ 90°-90° 견인
⑤ 평형 현수 견인

경부 견인	① cervical halter 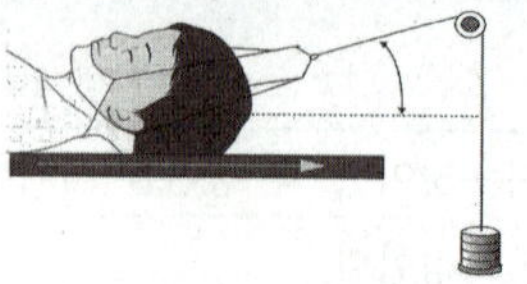 ② cervical tong 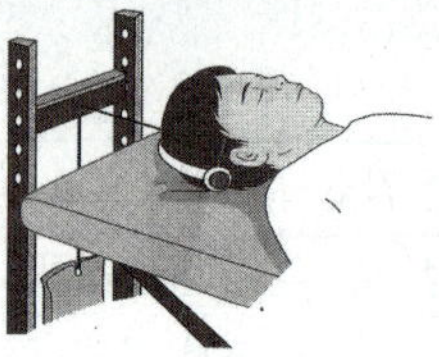 ③ halo 견인 
기타 견인	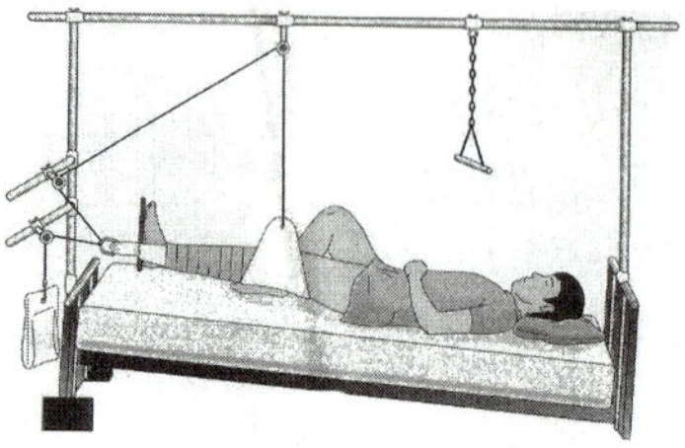 Russell 견인 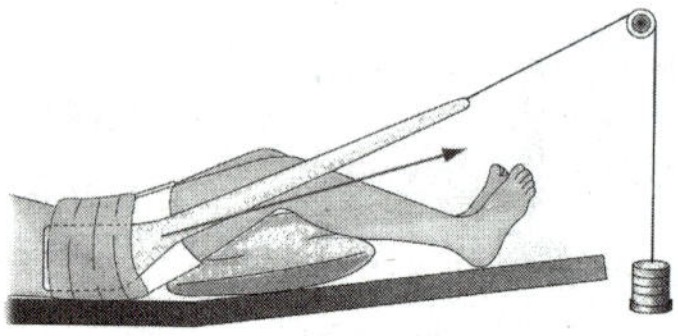 / 골반띠 견인 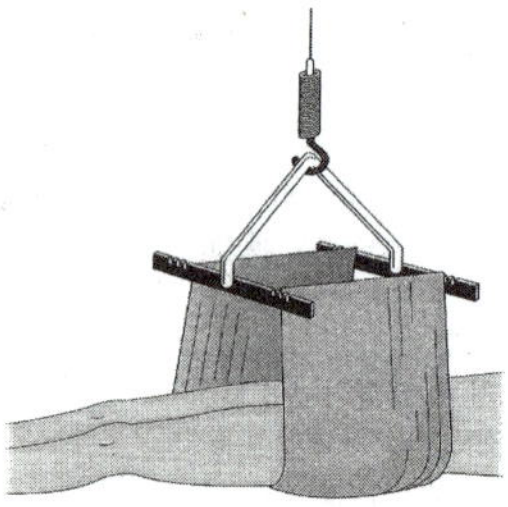 골반걸대 견인 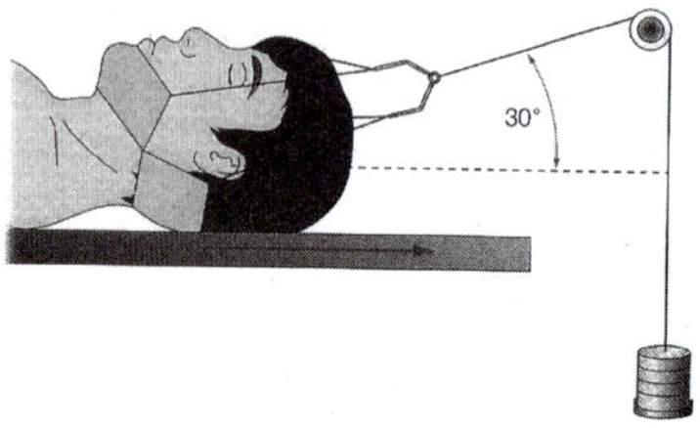 / halter 견인 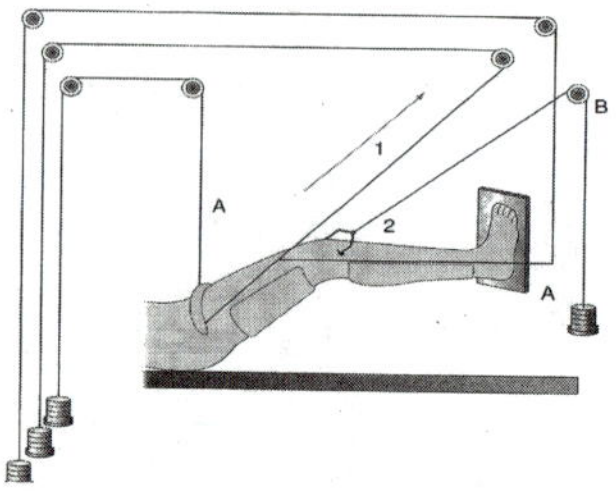 A. 현수견인(suspension traction) 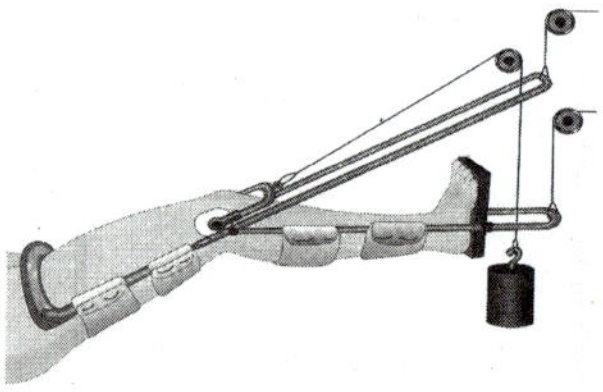 B. Thomas 부목과 Pearson 연결대를 이용한 평행 현수견인 **현수견인**

피부 견인	단기간(3~4주) 적용, 적은 무게로 2~3kg까지 사용 [임용 96]	Buck 확장견인	다리를 뻗친 상태에서 견인, 둔부를 굴곡하지 않음
		Bryant 견인	앙와위로 누운 상태에서 두 다리를 둔부에서 90도로 구부림
		Russell 견인	하지의 수평인 것과 하지에 수직인 두 방향의 견인선
		경추견인	홀터와 추를 이용해서 머리가 신장되도록 유지
골격 견인	4.5~9kg, 추의 무게가 무겁고 견인 기간이 장기화	평형 현수 견인	다리를 매달아서 고정시킴 pearson 장치(무릎을 굴곡시키며 다리하부 지지), thomas 부목(무릎과 엉덩이 지지)
		90°-90°대퇴 견인	앙와위로 누워 엉덩이와 무릎을 90°로 굴곡
		halo traction	머리를 둘러싸는 halo ring의 핀을 두 개에 부착하여 경추견인

피부 견인

기전	뼈에는 직접 외력을 가하지 않고 피부에 직접 견인력을 적용하여 뼈에 있는 근육, 연조직을 간접적으로 고정한다.		
간호	붕대가 정확하게 적용되는지 본다. 탄력붕대를 너무 단단히 감았을 때 혈액순환장애가 있다. 견인 실패를 이끄는 느슨함은 없는지 확인한다.		
Bryant 견인 [국시 10, 21]	적응증	대퇴부 골절, 고관절 형성장애아에서 탈구된 고관절 정복 2~3세 이하 아동	
	방법	무릎을 펴고 엉덩이를 90°로 굴곡하며 엉덩이가 침대에 닿지 않도록 약간 올려주어 체중이 역견인으로 작용한다. 한쪽 다리만 손상되었더라도 양쪽 다리에 적용한다. 엉덩이가 회전하는 것을 막기 위해 몸통을 억제하며, 재킷 억제대를 이용하여 침대에 고정한다.	
Buck 확장 (신전) 견인	적응증	골반부 골절, 대퇴 골절 정복	
	방법	추의 견인력으로 엉덩이, 대퇴, 무릎이 당겨져 펴진다.	
Russell 견인	적응증	무릎 손상, 대퇴부 골절, 고관절 정복	
	방법 [국시 07]	두 방향 견인선	하지에 수평인 것과 수직인 두 방향의 견인선을 유지한다. 수평 방향 견인줄 : Buck 확장 견인과 같다. 수직 방향 견인줄 : 무릎 아래 패드를 대고 위쪽 방향으로 들어올린다.
		상대적 견인력	베개를 무릎이나 하지에 대주어 뒤꿈치가 침상에 닿지 않는다.

골격 견인

| 기전 | 골절 원위부에 철사, 핀을 삽입한 후 추를 연결하여 골편이 어긋나거나 겹치게 됨을 막고 근육경련을 감소한다. |

견인 간호 국시 06, 07

신경혈관계	신경혈관계 사정, 앙와위 시 압박 부위 사정 피부와 손톱 색깔, 감각 변화, 통증 증가, 운동 변화
견인 유지 국시 05, 19	추가 침대나 바닥에 닿게 되면 견인력이 변하므로 추가 매달린다. 도르래에 견인줄이 서로 닿지 않는다. 도르래에 견인줄이 서로 닿아 있으면 효과가 없다.
상대적 견인력	상대적 견인력을 유지하기 위하여 침대발치를 상승하거나 침대의 무릎부위를 올린다. 상대적 견인이란 치료적 견인력에 대응하여 환자가 침대 밑으로 미끄러지는 것을 방지하고 치료적 견인력의 분산을 막는다. 상대적 견인력을 유지하기 위해 환자의 등을 올릴 때 침대 각도가 20도보다 높지 않도록 한다.
견인줄	핀에 있는 견인줄을 확인하여 줄이 평평해야 한다. 견인줄이나 도르래가 빠져 있지 않은지 확인한다.
핀	핀 부위 감염 위험을 줄인다. 핀에 의해 긁히지 않도록 핀 끝을 보호패드로 덮는다. 견인장치를 핀에 연결시키는 나사가 잘 조여져 있는지 점검한다.
방사선 촬영	방사선 촬영을 하여 골절 부위에 가골 형성을 확인한다. 가골 형성이 확인되면 골격 견인을 중단한다. 고정 핀을 제거한 후 치유되는 뼈를 지지 위해 석고붕대, 부목을 사용한다. * 가골 : 정상적 뼈의 직경보다 넓고 크고 느슨하게 짜여진 뼈와 연골 덩어리

13 석고붕대

석고붕대 형태

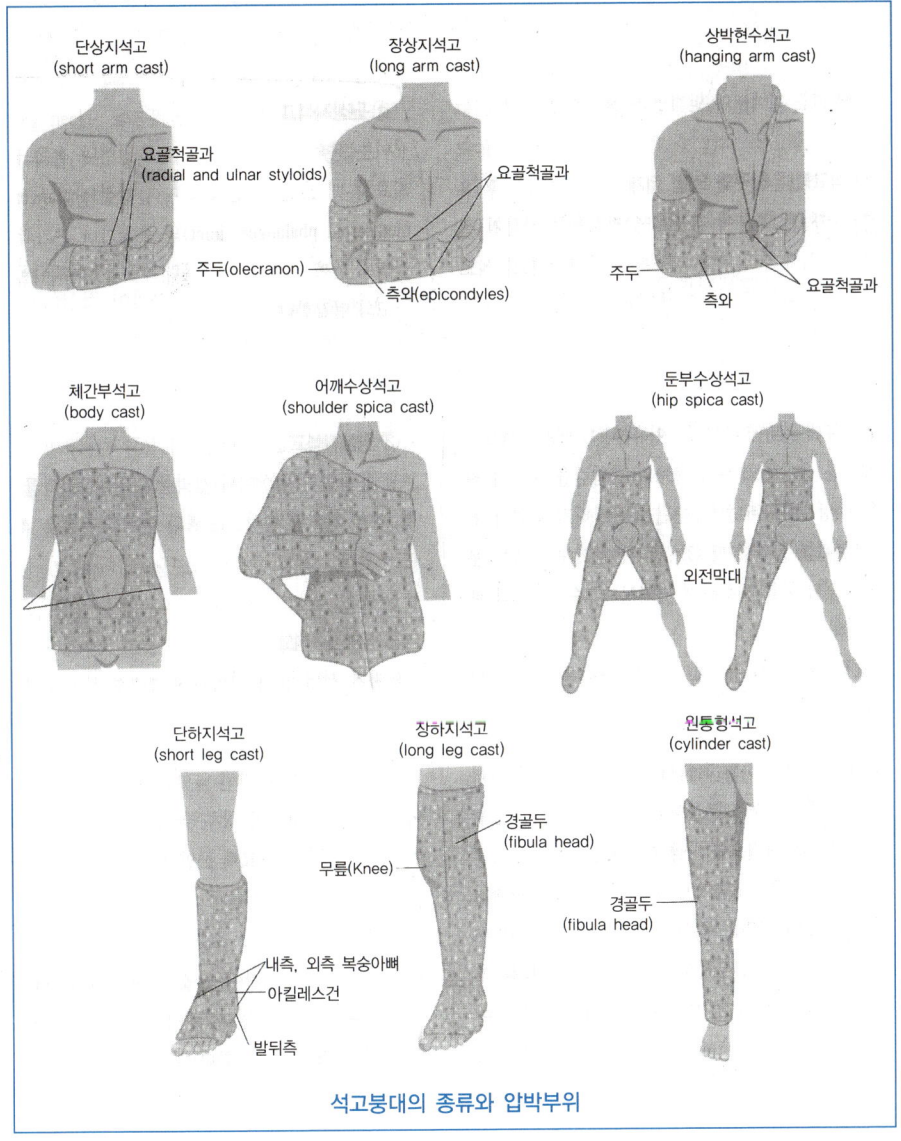

석고붕대의 종류와 압박부위

간호사정 국시 05, 09, 14

혈관 압박 임용 24	기전		석고붕대 압박으로 혈관이 압박되어 혈류가 손상된다. ★ 냉창고 통맥수 마감
	창백(pallor) 국시 24		손, 발, 손가락에 정맥혈의 귀환 장애나 동맥의 혈액 순환 부전으로 창백하거나 청색증
	피부 냉감 (poikilethermia) 국시 21		동맥의 혈액 순환 부전으로 피부 냉감
	맥박소실 (pulselessness)		동맥 혈류의 상태 확인(요골동맥, 족배동맥)으로 사지에 맥박소실
	모세혈관 충혈 시간 = 모세혈관 재충전 시간, 탈색검사 (blanching test)	방법	석고붕대를 하고 있는 사지의 손톱과 발톱을 누른 후 손을 떼어 소실되었던 색깔이 정상(2초 이내)으로 돌아오는지 확인한다.
		동맥 순환장애	손톱, 발톱에 부적절한 혈액 공급으로 색깔이 천천히 돌아온다. ex) 탈수, 선천성 심장질환
	부종		석고붕대 끝의 부종 관찰로 부종이 심하면 석고붕대가 꽉 조이는 것 같다.
	출혈		상처의 출혈 상태로 출혈이 석고붕대로 배어나오는지 관찰
신경 압박 임용 24 국시 14, 22	기전		사지의 국소적 허혈로 신경에 혈액 공급 부족과 신경에 압박으로 신경손상
	통증(pain)		통증 증가
	감각 변화 (paresthesia)		핀으로 찌르거나 가볍게 만지면 감각이상, 감각감소
	운동 마비 (paralysis)		손가락 or 발가락을 움직여 보도록 하면 운동 기능 약화, 운동마비
감염	열감		석고붕대 위의 열감
	배농		석고붕대 부위에서 배농 or 배액
	냄새		석고붕대 부위, 끝 부분에서 조직 괴저 시 역한 냄새
	체온 상승		
	백혈구 증가		

합병증

무혈관성 골괴사 국시 04, 12

대퇴경부 골절	대퇴경부 골절 시 대퇴두부로 공급되는 관절낭 내 혈관이 손상되어 뼈로 가는 혈액공급이 차단된다. 정상 혈류공급을 받지 못해 두부가 무혈관성 골괴사가 생긴다.
스테로이드	고단위 스테로이드 치료로 관절에 혈액을 공급하는 작은 혈관을 수축시켜 무혈관성 골괴사가 생긴다.

구획 증후군

정의		인체는 46개 구획으로 구성되며 그중 38개가 사지에 있다. 강한 근막 조직에 둘러싸인 근육에서 구획 증후군이 발생하기 쉽다.
기전 [임용 16]		하지의 구획 구획은 근막으로 둘러싸여 근육, 신경, 혈관으로 구성되며 구획의 근막은 늘어나지 못한다. 구획 내부 출혈 or 부종 시 종창으로 압력이 증가하는 것이나 구획 외부에서 압박붕대, 부목, 석고붕대 때문에 압력이 유발되어 구획 내부 신경 압박으로 신경 손상과 혈관이 압박되어 근육과 신경이 국소 빈혈이 되어 발생한다.
증상 [국시 15]	창백함	
	냉감	사지 냉감
	맥박 감소	맥박 감소, 소실
	감각이상	감각이상, 핀으로 찌르는 듯한 감각 변화
	통증	동맥혈이 감소된 허혈성 통증, 움직일 때, 진통제로 감소되지 않는 극심한 통증
	움직임 제한	사지의 움직이는 능력 감소
간호	제거 [국시 04, 14, 24]	드레싱, 부목, 석고붕대가 꽉 조이지 않도록 한다. 구획 증후군 발생 시 석고붕대와 압력붕대도 제거한다.
	심장 높이 [국시 98, 24]	사지를 심장 위치보다 높게 상승시켜서는 안 되며 심장과 같은 높이에 둔다. 심장 높이로 사지를 올려 사지에 동맥 관류를 느리게 하여 부종을 감소한다. 너무 높이 올리면 동맥 혈류가 방해될 수 있다.
	냉요법 제한 [국시 24]	구획 증후군이 의심되는 환자에게 냉요법을 적용하지 않는다. 냉요법이 혈관 수축을 일으키고 구획 증후군을 악화시킨다.

볼크만씨 허혈성 구축

기전	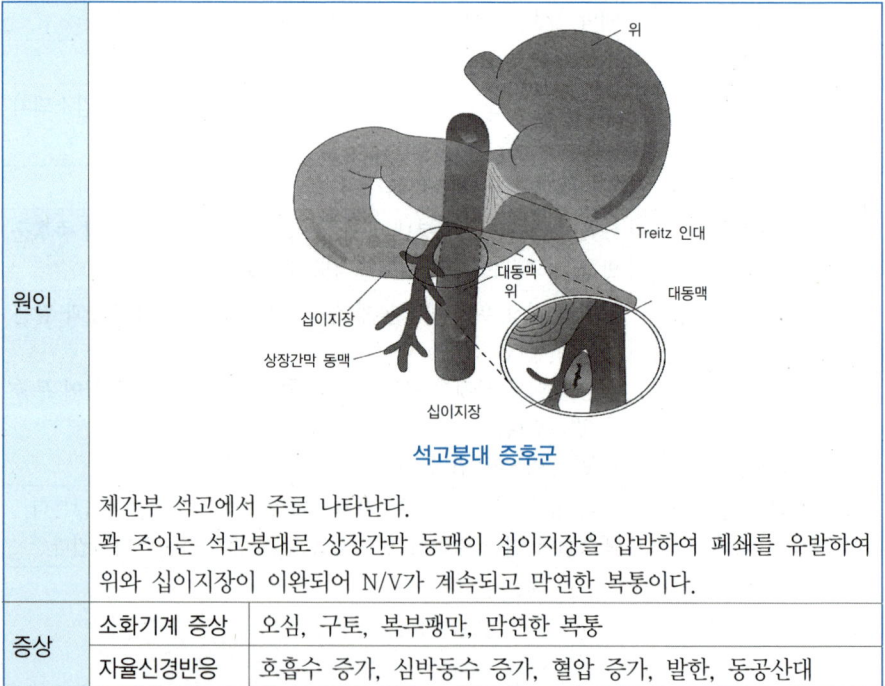 Volkman 구축 상지 석고붕대에서 동맥, 정맥의 순환부전으로 팔과 손에 구획 증후군으로 영구적으로 Volkman 구축이 발생된다. 압박으로 동맥, 정맥의 순환부전, 상지의 근육과 신경이 손상을 입는다. 팔과 손이 영구적 경직 & 갈고리 모양 기형, 운동, 감각 기능 상실로 회복이 불가능하다.
증상	요골 맥박이 촉진되지 않는다. 손, 손가락의 부종과 변색이 나타난다.

석고붕대 증후군(cast syndrome)

원인	석고붕대 증후군 체간부 석고에서 주로 나타난다. 꽉 조이는 석고붕대로 상장간막 동맥이 십이지장을 압박하여 폐쇄를 유발하여 위와 십이지장이 이완되어 N/V가 계속되고 막연한 복통이다.	
증상	소화기계 증상	오심, 구토, 복부팽만, 막연한 복통
	자율신경반응	호흡수 증가, 심박동수 증가, 혈압 증가, 발한, 동공산대

석고붕대 간호 국시03

사지 상승	방법	석고붕대 부분을 심장보다 높게 한다. cf) 구획 증후군 : 사지를 심장 위로 상승시켜서는 안 되며 사지를 심장과 같은 높이에 둔다.
	근거 국시06	부종은 심장으로 정맥귀환 방해로 발생한다. 상승은 중력 영향으로 심장으로 귀환시킨다.
집어넣지 않기 국시07	방법	석고붕대 속에 철사 등을 집어넣지 않는다.
	근거	철사의 이물질은 석고붕대 속 피부에 손상을 준다.
접착성 테이프	방법	끝이 날카로운 경우 끝을 접착성 테이프로 감싸준다.
	근거	접착성 테이프로 피부를 보호한다.
청결	방법	석고붕대가 더러워지면 세제를 이용하여 젖은 천으로 닦아낸다. 물에 담그는 것은 삼간다.
	근거	젖은 천으로 문질러 닦으면 깨끗해지며 물에 담그면 변형을 준다.
마사지	방법	알코올을 사용해 피부 마사지를 할 수 있다.
	근거	피부 마사지로 혈액 순환과 신체 부위 압력을 감소한다.
로션 제한 국시24	방법	로션을 사용하지 않으며 로션을 캐스트 안에 집어 넣어서는 안 된다.
	근거	로션이 안에서 굳게 되면 덩어리가 되어 피부를 자극한다. * 척추측만증, 석고붕대 : 로션, 파우더는 보조기 안에서 굳게 되면 덩어리가 되어 피부 자극으로 사용하지 않는다.
가스 제한	방법	체간부 석고, 고관절 수상석고는 가스 발생 음식 : 콩, 옥수수, 오이, 무, 양파, 양배추, 탄산음료, 맥주를 피한다. cf) 가스 발생 음식 제한 : 자극성 장증후군, 장루술, 석고붕대
	근거	체간부 석고, 고관절 수상석고는 가스 발생 음식에 의한 복부팽만을 피한다.
운동	등척성 운동 임용09 / 방법	팔, 복근, 둔부와 발에 등척성 운동을 시행한다. 대퇴사두근 힘주기로 간호사의 손을 환자의 무릎 밑에 대고 5~6초간 힘을 주도록 한 후 힘을 풀고 근육을 이완한다. * Kegel 운동 : 10초 동안 조였다가 이완
	근거	근육의 양, 근육의 힘, 근육의 긴장도를 길러 준다. 근육의 허약증, 불용성 위축을 예방한다.
	관절 운동 / 방법	A. 대퇴사두근 힘주기 B. 둔부근 힘주기 운동 **근육 힘주기 운동** Dr가 허용하면 석고붕대한 아래와 윗부분의 관절운동으로 매일 손가락, 발가락의 운동 등 모든 관절 운동을 시행한다.
	근거	관절의 운동성을 보존한다. 근육 강화로 근육의 허약증, 불용성 위축을 예방한다.

14 목발

목발 보행운동

평형대 운동	방법	근육군의 힘과 조정력 증진을 위한 평형대 운동을 한다. 휠체어 또는 의자에서 평행봉을 잡고 일어나는 훈련을 한다. 서 있는 자세에서 지구력, 균형 잡는 법, 상지강화훈련을 한다.
	효과	목발을 짚고 체중을 지탱해야 하기 때문에 팔의 힘이 요구된다. 어깨, 팔, 상지 근육, 이두근, 삼두박근 근육의 힘을 발달시킨다. 기립 자세의 균형 유지를 한다. * 이두근 : 위팔의 앞 면, 삼두박근 : 위팔의 뒤쪽
균형 훈련	방법	목발 사용 전 의자 옆에서 정상 하지로 서도록 한 후 균형감, 안정감과 체력을 사정한다.
	효과	목발 보행 시 균형이 좋다. 균형 잡는 훈련을 한다.
손	방법	손을 쥐었다 폈다 한다.
	효과	손의 힘을 기른다.
고무공	방법	고무공을 꼭 쥐거나 손을 움켜쥐는 운동을 한다. cf) 혈액 투석의 동정맥루술 : 정구공 같은 부드럽고 작은 공을 주무르는 운동
	효과	손가락의 굴근을 강화시킨다.

목발 구조

목발 길이 측정	서 있는 자세 (main)	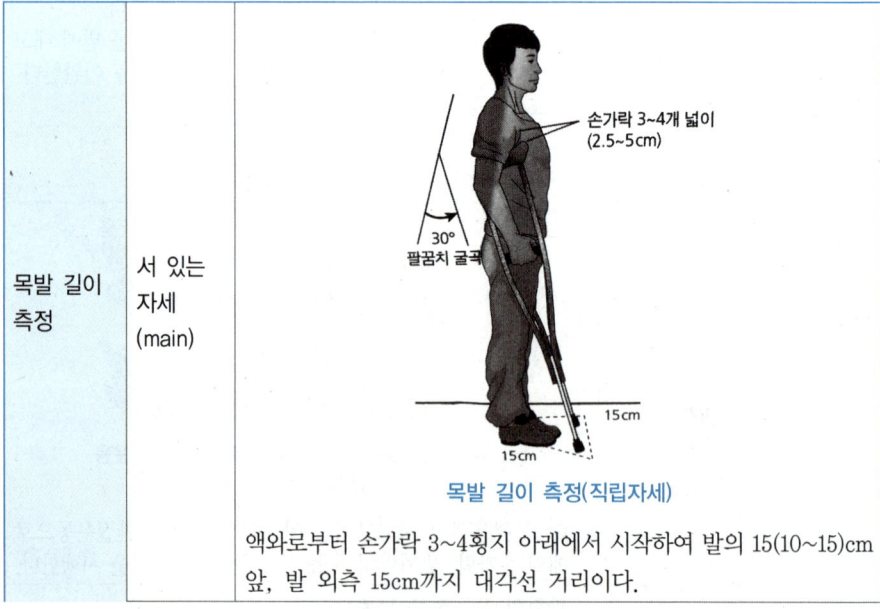 목발 길이 측정(직립자세) 액와로부터 손가락 3~4횡지 아래에서 시작하여 발의 15(10~15)cm 앞, 발 외측 15cm까지 대각선 거리이다.

목발 길이 측정	누워 있거나 선 자세	앙와위나 선 자세에서 전액와 밑에서 손가락 3~4개 넓이 정도 떨어진 곳에서부터 발뒤꿈치 측면으로 15cm 떨어진 지점까지 거리이다.
	신장	대상자의 신장에서 40cm를 뺀다.
긴 목발 임용 10 국시 06		A. 액와 목발 B. 전박지지 목발 **액와 목발과 전박지지 목발** 목발 길이가 길면 상완 신경총을 압박하여 목발 마비가 발생한다. ＊상완 : 팔 윗부분, 상완 신경총 : 목의 척수로부터 내려와 팔로 연결
짧은 목발		목발 길이가 짧으면 등이 굽어지는 자세가 된다.
손잡이 높이 임용 18	방법	30°각 국시 23	손잡이 높이는 손을 손잡이에 올려 놓았을 때 관절 각도계로 팔꿈치가 30°(20~30°)각이 되어 약간 굴곡되는 것이다. 손잡이가 올바르지 않으면 체중이 액와에 실리게 되어 상완 신경총 임용 22 이 눌려 팔에 마비가 온다. 목발 손잡이를 잡았을 때 손목이 꺾이면 안 된다.
액와 받침대	방법 공무원 22	똑바로 서서 액와 아래 3~4개의 손가락 아래에 액와 받침대가 있고 패드를 액와 받침대에 댄다.
	효과	액와 받침대는 흉곽과 상지에 가해지는 압력을 완화한다.
고무 덮개(패드) 국시 23	방법	목발 끝에 고무 덮개가 있어야 한다.
		목발 끝 고무 덮개는 건조하게 유지한다.
	효과	목발 끝 고무 덮개는 미끄러짐으로 인한 낙상을 방지한다.

목발 간호 [임용 10]

신발	방법	바닥에서 미끄러지지 않도록 발에 잘 맞고 굽이 낮고 튼튼하고 단단한 밑창이 있는 신발을 신는다. *다리 석고붕대용 신발*
	효과	튼튼한 신발은 미끄러짐으로 인한 낙상을 방지한다.
삼각위치	방법	기초적 목발위치를 삼각위치로 목발의 위치가 발 앞쪽으로 15cm 옆으로 15cm 떨어진 곳으로 보행은 삼각위치에서 시작한다. *삼각위치*
	효과 [임용 18]	이 위치는 기저면을 넓혀주어 균형을 유지하고 안정감을 최대화시킨다.
곧은 자세	방법	삼각위치에서 신체 선열은 머리와 목은 똑바로 하고, 척추는 반듯하며 둔부와 무릎은 신전시켜 곧은 자세를 유지한다.
	효과	곧은 자세가 낙상을 방지한다.
체중부하 부위 [국시 08, 23]	방법	목발이 3~4횡지 액와로부터 떨어지고 체중부하는 액와에 주지 말고 팔과 손목, 손에 주어 옮긴다.
	효과	액와에 체중이 가해지면 상완 신경총에 체중이 가해지며 압박되어 목발 마비가 생긴다.
걸을 때	방법	고개를 들고 발 앞으로 10~15cm, 발의 옆 25cm에 목발을 한다.

의자

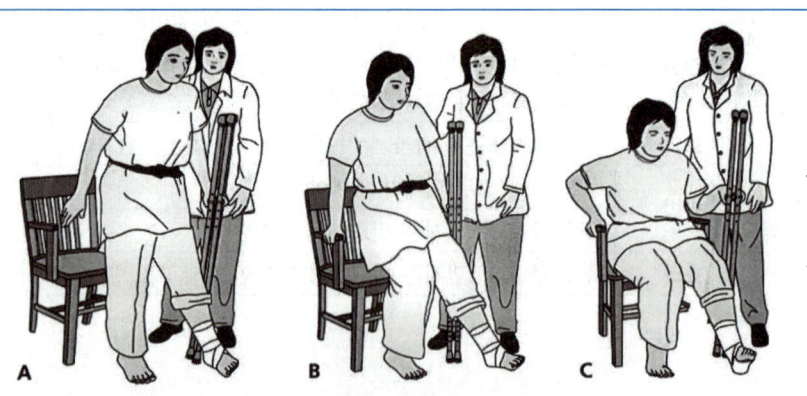

A. 아픈 다리 쪽 손에 목발을 모아 쥔다. 체중을 건강한 다리와 목발로 지탱한다.
B. 자유로운 손으로 의자 팔걸이를 잡고 앉는다.
C. 의자에 완전히 앉는다.

의자에 앉기

의자	목발 사용 대상자에게 팔걸이가 있고 벽에 안전하게 고정되어 있는 의자가 필요하다.	
앉을 때	건강한 다리 쪽 [임용 18]	의자 앞면에 다리 뒤가 닿도록 선다. 의자에 앉을 때 몸을 약간 앞으로 숙이고 건강한 다리 쪽 손에 목발 2개를 포개어 손잡이를 잡는다. 체중은 건강한 다리와 모아 쥔 목발로 지탱한다. 목발 잡은 손에 체중을 지탱하면서 건강하지 않은 다리의 손은 의자의 손잡이를 잡고 몸을 서서히 낮춘다. 앉는 동안 체중이 가해지는 것과 굴곡을 막기 위해 손상된 다리를 앞으로 뻗는다.
	아픈 다리 쪽	건강한 다리가 의자 중간에 오도록 한다. 아픈 다리 쪽으로 목발을 옮겨서 쥔다. 건강한 다리 쪽 손으로 의자의 팔걸이를 잡는다. 건강한 다리와 모아 쥔 목발로 체중을 지지한다. 몸을 앞쪽으로 기울이면서 낮춘다. 이환된 다리를 앞으로 뻗고 빈손으로 의자의 팔걸이를 잡고 의자에 앉는다.
설 때	건강한 다리 쪽	건강한 다리를 의자 앞면으로 옮긴다. 건강한 다리 쪽의 손에 포개어 목발 손잡이를 잡는다. 체중은 건강한 다리와 두 목발과 의자 팔걸이를 잡은 손에 싣고 일어선다.
	아픈 다리 쪽	설 때는 목발 보행 시작 시의 삼각위치로 목발을 놓고 일어선다. 의자에서 일어설 때 의자의 가장자리에 건강한 다리를 놓고 부상당한 다리를 앞으로 쭉 편다. 아픈 다리 손으로 목발 손잡이를 붙잡고 건강한 쪽 손으로 의자의 팔걸이를 잡는다. [국시 22] 일어설 때 체중을 건강한 다리와 목발과 의자 팔걸이를 잡은 손에 싣는다.

계단 [임용 10, 12 / 국시 07]

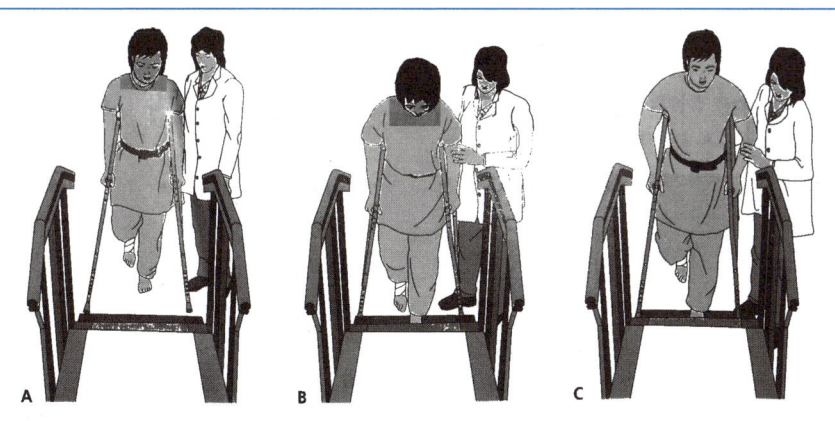

A. 체중을 목발로 지탱한다.
B. 건강한 다리를 먼저 계단 위로 올린 후 체중을 건강한 다리로 옮긴다.
C. 목발과 이환된 다리를 계단 위로 올린다.

목발을 이용하여 계단 오르기

  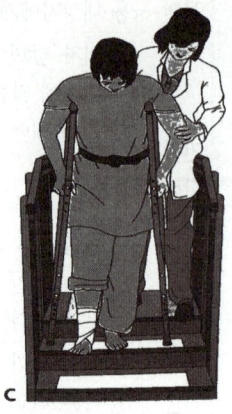

A. 체중을 건강한 쪽 다리로 지탱한다.
B. 목발을 먼저 계단 아래로 내린다. 체중을 목발로 지탱하면서 이환된 다리를 내린다.
C. 건강한 다리를 내린다.

목발을 이용하여 계단 내리기

난간이 없는 곳 [임용 22]	오르기 [임용 19]	삼각위치에서 시작한다. 건강한 다리를 위쪽 계단에 올린다. 이때 목발과 약한 다리로 체중을 지탱한다. [공무원 23] 계단에 올린 후 체중을 건강한 다리로 이동한다. 목발과 약한 다리를 위쪽 계단의 건강한 다리 옆에 나란히 둔다.
	내려오기	삼각위치에서 시작한다. 체중을 건강한 다리로 지탱한다. 목발을 한 계단 내려 놓고 체중을 목발로 이동한다. 약한 다리를 아래 계단으로 옮긴다. 건강한 다리로 아래 계단의 목발까지 내려온다.
난간이 있는 곳	오르기	삼각위치에서 시작한다. 난간이 있을 때 양쪽 목발을 한 손에 잡고 다른 한 손은 계단 난간을 잡는다. 건강한 다리를 위쪽 계단에 올리고 계단에 올린 후 체중을 건강한 다리로 이동한다. 목발과 약한 다리를 위쪽 계단의 건강한 다리 옆에 나란히 둔다.
	내려오기	삼각위치에서 시작한다. 체중을 건강한 다리로 지탱한다. 양쪽 목발을 한 손에 잡고 다른 한 손은 계단 난간을 잡는다. 목발을 한 계단 내려 놓고 체중을 목발로 이동한다. 약한 다리를 아래 계단으로 옮긴다. 건강한 다리로 아래 계단의 목발까지 내려온다.

ex) 상·하의 입고 벗기 : 옷은 환측부터 먼저 입고 환측을 나중에 벗는다.

목발 보행의 종류 [국시 98, 01, 04, 09, 13]

색깔 있는 부분이 무게를 지탱한다. 화살표가 발이나 목발의 진행을 의미한다.
(가만히 서 있는 자세부터 시작하므로 밑에서 부터 위로 읽어라.)

4점 보행	2점 보행	3점 보행	뛰기 보행	건너뛰기 보행
• 두 발에 부분무게지탱 • 최대한의 지탱 제공 • 무게 전이가 계속 요구됨	• 두 발에 부분무게지탱 • 지탱이 덜 제공됨 • 4점 보행보다 빠름	• 비무게지탱 • 좋은 균형과 팔의 힘 필요 • 보다 빠른 걸음 • 보행기와도 사용 가능	• 양발에 무게지탱 • 안정감 • 팔의 힘 필요 • 보행기와도 사용 가능	• 무게지탱 • 팔의 힘 필요 • 조정과 균형 필요 • 가장 앞선 보행

4. 오른발을 앞으로 내딛는다. | 4. 오른발과 왼쪽 목발을 앞으로 내딛는다. | 4. 오른발을 앞으로 내딛는다. | 4. 양발을 들어 앞으로 보내어 발을 양쪽 목발 옆에 착지시킨다. | 4. 양발을 들어 앞으로 보내어 양쪽 목발보다 앞에 착지시킨다.

3. 왼쪽 목발을 앞으로 내딛는다. | 3. 왼발과 오른쪽 목발을 내딛는다. | 3. 왼발과 양쪽 목발을 내딛는다. | 3. 양쪽 목발을 앞으로 내딛는다. | 3. 양쪽 목발을 앞으로 내딛는다.

2. 왼발을 앞으로 내딛는다. | 2. 오른발과 왼쪽 목발을 내딛는다. | 2. 오른발을 앞으로 내딛는다. | 2. 양발을 들어 앞으로 보내어 발을 양쪽 목발 옆에 착지시킨다. | 2. 양발을 들어 앞으로 보내어 양쪽 목발보다 앞에 착지시킨다.

1. 오른쪽 목발을 앞으로 내딛는다. | 1. 왼발과 오른쪽 목발을 앞으로 내딛는다. | 1. 왼발과 양쪽 목발을 앞으로 내딛는다. | 1. 양쪽 목발을 앞으로 내딛는다. | 1. 양쪽 목발을 앞으로 내딛는다.

시작자세 | 시작자세 | 시작자세 | 시작자세 | 시작자세

목발 보행

4점 보행 (four point gait)	적응증	양측 하지에 약간의 체중부하가 가능한 환자
	특징 국시 05	매 보행 시마다 3점의 기저를 이루므로 매우 안전하나 느리다. 우측 목발, 좌측 발, 좌측 목발, 우측 발 순서로 걷는다.
	방법	⑤ 오른발을 앞으로 ④ 왼쪽 목발을 앞으로 ③ 왼발을 앞으로 ② 오른쪽 목발을 앞으로 ① 삼각위 4점 보행 ③ 오른쪽 목발과 왼쪽 다리를 앞으로 ② 왼쪽 목발과 오른쪽 다리를 앞으로 2점 보행 삼각위치에서 시작한다. 오른쪽 목발을 앞으로 옮긴다. 왼발을 앞으로 옮긴다. 왼쪽 목발을 앞으로 옮긴다. 오른발을 앞으로 옮긴다.
2점 보행 (two point gait) 국시 24	적응증	양쪽 하지가 어느 정도 체중을 지탱하며 균형 유지가 가능할 때이다.
	특징	4점 보행보다 빠른 방법으로 체중을 2점에 지탱하여 균형 유지가 많이 필요하다. 항상 2점이 땅에 닿게 된다.
	방법	삼각위치에서 시작한다. 오른쪽 목발과 왼쪽 발을 앞으로 동시에 옮긴다. 왼쪽 목발과 오른쪽 발을 앞으로 동시에 옮긴다.
3점 보행 (three point gait) 임용 22 국시 15	적응증 국시 05	한쪽 하지가 약해서 체중부하를 할 수 없고 다른 한쪽 하지는 튼튼하여 건강한 다리에 체중을 지탱한다.
	방법 국시 07	③ 건강한 다리를 내민다. ② 두 개의 목발과 이환된 다리를 앞으로

3점 보행 (three point gait) 임용 22 국시 15	방법 국시 07	건강한 다리와 양쪽 목발에 체중을 지탱한다. 삼각위치에서 시작한다. 양쪽 목발과 약한 다리를 앞으로 옮긴다. 공무원 22 건강한 다리를 앞으로 옮긴다.
삼각보행 (tripod gait)	적응증	하지마비 대상자에게 적용되는 보행
	방법	몸의 중심점을 전방으로 옮겨 좌측 목발이 먼저 나가고, 그 다음 우측 목발이 나간 후 몸을 앞으로 끌어당긴다. 나중에는 양측 목발, 몸을 앞으로 끌어당기는 순서로 보행한다. 보행 시는 기저를 넓게 하여 몸을 충분히 전방으로 기울이게 하여 중력 중심이 골반 전방에 오게 한다. 중력 중심이 골반 후방에 위치하면 넘어지기 쉽다.
뛰기 보행 (swing to gait)	적응증 국시 06	보조기를 착용한 둔부와 다리 마비를 가진 대상자 절단 환자 양쪽 발이 체중부하가 불가능한 경우
	특징	양측 목발이 앞에 오고 몸을 들어서 앞으로 나가게 하는데 몸이 목발 선을 넘지 못하고 양발을 띄어 놓는 보행
	방법	Swing-to 보행 Swing-through 보행 삼각위치에서 시작한다. 양쪽 목발을 앞으로 옮긴다. 팔(목발)에 체중을 의지하고 양발을 들어서 몸이 목발 선을 넘지 못하고 목발까지 옮긴다.
건너뛰기 보행 (swing through gait)	특징	장애물을 뛰어넘기 위해 양발을 동시에 들어 올려 뛰는 보행이다. Swing-to 보행과 달리 양발이 목발 위치를 뛰어 넘는 것이다. 양측 목발이 앞에 오고 몸을 들어 올려 양측 목발을 넘어 양발을 뛰어 놓는다. 보행속도가 가장 빠르나 넘어질 수 있어 주의를 요한다.
	방법	삼각위치에서 시작한다. 양쪽 목발을 앞으로 옮긴다. 목발에 체중을 의지하고 양발을 들어서 목발을 지나 앞으로 옮긴다.

15 절단

절단 후 합병증 국시 06

환상지감	절단 환자의 대부분은 수술 직후 환상지 감각인 절단한 발이나 손부위의 얼얼한 느낌, 무감각, 경련, 가려움증을 경험한다. 환상지 감각은 주로 자기 제한적이나 수십 년간 지속되기도 한다.	
환상지통 국시 04, 07, 17	증상	환상지 감각이 통증을 동반하면 환상지통으로 전환된다. 사지를 절단한 후 잘려나간 부위가 아프게 느껴진다.
	기전	남아 있는 신경이 전과 같이 뇌의 같은 부위에 자극을 보낸다.
	중재 — 의수족 착용	의수족 착용에 의해 환상지통이 완화된다.
	중재 — 거울요법	거울은 뇌로 전달된 사지로부터 감각을 대체하는 시각적 정보를 제공하여 환상감과 통증을 완화시킨다.
관절구축	가장 흔한 구축은 고관절 굴곡이다. * 구축 : 근육이나 건이 수축됨으로 사지가 구부러진 채 운동 제한	

간호 임용 13

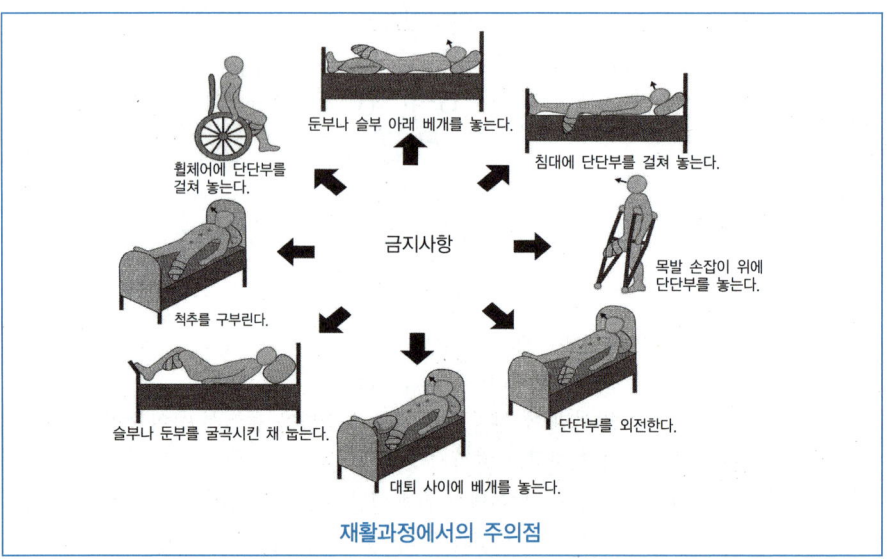

재활과정에서의 주의점

손상의 위험성 R/T 근육 긴장도의 저하 국시 00, 06	24시간 동안 상승	방법	수술 후 24시간 동안 무릎 아래 절단 시 절단부 밑에 베개를 대어 무릎을 신전시킨 채 절단부를 상승시킨다. 수술 후 24시간 이후에는 더 이상 상승시키지 않는다.
		근거	정맥귀환을 촉진시켜 절단부 부종을 감소시킨다.
	복위	방법	의족을 착용하지 않을 때는 되돌아 눕는 복위 체위를 한다. 금기되지 않는다면 매일 30분~3, 4시간 동안 복위로 고관절을 펴고 누워 있다. cf) JRA의 복위 : 복위는 둔부, 무릎을 곧게 하여 고관절, 슬관절의 굴곡구축을 방지한다.
		근거	관절구축을 예방한다. 관절구축은 정상적인 관절 가동 범위에 제한이 있다.
	내전 임용 13	방법	절단 부위 다리를 규칙적으로 내전시킨다. 단단부가 외전되지 않도록 한다. 대퇴 사이에 베개를 놓지 않는다.
		근거	관절구축을 예방한다.
	관절구축 예방	방법	둔부나 슬부를 굴곡시킨 채 눕는 것을 제한한다. 둔부나 슬부 아래 베개를 놓는 것을 제한한다. 척추를 구부리는 것을 제한한다. 침대나 휠체어에 단단부를 걸쳐 놓는 것을 제한한다. 목발 손잡이 위에 단단부를 놓는 것을 제한한다.
		근거	관절구축 유발로 금한다.
	운동	방법	수술 후 24~48시간 내 모든 관절의 능동적 ROM운동을 시작한다. 절단부는 규칙적으로 운동과 기동력 훈련을 한다.
		근거	운동 부족은 절단부 허약 또는 전신 허약증이 생긴다. 운동은 근육 강도와 근력 강화와 관절의 가동성과 지구력을 길러 의지 사용에 대비한다. 관절 범위 운동은 관절구축을 예방한다.
	균형	방법	몸의 균형을 잡도록 의자 옆에서 정상 하지로 서는 균형 운동으로 몸의 균형을 바르게 한다.
		근거	한쪽 하지 절단 후 중력의 중심선에 따라 몸의 균형을 잡기가 어려워 넘어진다. * 중력선 : 중력 중심을 통과하는 수직선

피부 손상의 위험성 R/T 절단부의 피부 관리 부족	축화기구 (shrinkage device)	방법	수술 직후 축화기구를 조기 착용한다. 축화기구는 탄력 붕대, 축화 양말, 탄력 스토키넷, 플라스틱 캐스트이다.
		근거	잘린 끝을 손상으로부터 보호하고 조직 부종 감소, 절단부에 보철물을 적용하기 용이하게 형태를 갖추고 환상지통을 예방한다.
	의족	임시 의족	절단부 상처가 완전히 치유된 후 체중부하를 위해 임시 의족을 사용한다.
		영구 의족	잘린 끝(절단단)이 완전히 성숙된 후 절단 후 2~3개월에 영구 의족으로 체중부하를 한다.
	맞는 의족	방법	의족을 잘 맞게 제작한다.
		근거	의족이 헐렁한 상태에서 과도하게 움직이면 심한 피부 자극과 손상을 가져온다.
	체중부하 통제	방법	절단부면의 찰과상, 발적, 수포, 괴사, 피부 자극이나 찰과상이 있으면 의지 착용을 잠시 중단한다.
		근거 [임용 13]	절단부 상처가 완전히 치유되기 전까지 체중부하는 체중이 절단부에 가해져 피부손상이 일어난다. 절단부면의 피부 상처가 치유되지 않으면 절단부를 재절개하고 재봉합한다.
	마사지	방법	잘린 끝을 부드럽게 마사지 해주거나 가볍게 쳐주기, 진동해주기, 지긋이 압박해 준다. 수술 3주 후부터 절단부에 마사지를 한다.
		근거	마사지는 잔존 사지의 민감성을 감소시킨다. 잘린 끝을 단련시켜 의지 착용을 원활하게 한다. ex) 마사지 금기 : 염증, 류머티스 관절염의 급성기, 골수염, 화농성 피부염
	지속적 착용 [임용 13]	방법	의족을 지속적으로 착용한다.
		근거	봉합 부위가 치유된 후 의족 착용을 시작하고 의족을 수시로 벗으면 절단부에 부종이 생긴다.
	붕대감기 [국시 07]	방법	절단부 탄력붕대 감기(Above-Knee amputation)

피부 손상의 위험성 R/T 절단부의 피부 관리 부족	붕대감기 [국시 07]	방법	압박붕대는 물리 치료와 목욕 시간 외 하루 종일 적용한다. 치유되면 의족을 신지 않을 때 붕대만 한다. 붕대는 매일 풀고 감는다. 맞게 감아야 하며 순환을 방해할 정도로 너무 조여서는 안 된다. 붕대는 사지의 원위부에서 근위부로 적용하여 정맥귀환을 촉진한다. 탄력붕대를 일정하게 감지 못하면 절단부 모양이 적당한 형태를 이루지 못하여 붕대를 일정하게 감는다.
		근거	탄력붕대는 연조직을 지탱하여 부종과 통증을 감소하고 잔류 사지가 원뿔 모양으로 모양이 잡히도록 한다.
	목양말	방법	절단부에는 목양말이나 잔존 사지 스타킹을 신는다. 매일 절단부의 양말과 붕대를 교환한다.
		근거	양말이나 잔존 사지 스타킹을 신어 땀을 흡수하고 피부가 보철물에 닿지 않아 피부 손상을 방지한다.
	절단부 청결	방법	매일 부드러운 비누로 씻고 잘 닦은 후 말린다. 청결 후에는 아무 것도 바르지 않는다.
		근거 [임용 13]	절단부 청결과 피부 보호를 한다. 알코올은 피부를 건조시키고 크림이나 기름은 절단부를 부드럽게 하여 의지 사용에 불편을 주어 사용하지 않는다. cf) 석고붕대 : 알코올을 사용해 피부 마사지를 하며 피부 마사지로 혈액 순환과 신체 부위압력을 감소한다.
	먼지, 땀 제거	방법	허리띠 버팀끈 조정대 **임시 의족**

피부 손상의 위험성 R/T 절단부의 피부 관리 부족	먼지, 땀 제거	방법	(의족 그림: 대퇴부 코르셋(high corset), 슬개하 소켓(below knee socket), 발(foot), 소켓(socket), 고관절(hip joint), 스프링판(spring valve), 정강이(shin), 발(foot)) **의족**
		땀제거 [임용 13]	소켓(socket) 속이 젖지 않도록 매일 아침에 의지 착용 전 socket 속을 깨끗이 마른 수건으로 땀을 제거하여 닦는다.
		먼지 제거	의지를 매일 점검하여 먼지를 제거한다.
		근거	절단부의 손상과 감염을 예방한다.
	일회용 밴드 금지	방법	찰과상이 있을 때 일회용 밴드를 사용하지 않는다.
		근거 [임용 13]	일회용 밴드는 연한 피부면을 자극하여 사용하지 않는다.

16 인공관절 치환술

전슬관절 치환술

정의	인공으로 만든 구조물을 슬관절에 대치하는 치환술이다.
내전 제한 [국시 20]	통증과 수술 받은 다리가 짧아지거나 회전되면 탈구 증상이다. 마취에서 회복되면 바로 눕혀 머리를 약간 올려주고 탈구를 예방하기 위해 다리가 내전되지 않도록 외전베개나 부목을 대준다.
중립	회전 예방 위해 수술 받은 쪽 다리를 중립으로 유지하고 안정용 부츠를 착용한다.
기동	수술 다음날 침상 밖 기동을 격려한다. 건측 다리로 서고 수술한 다리에 체중이 가해지지 않도록 간호사는 수술한 쪽 다리를 지지해준다. 의자에 앉을 때도 환측 다리를 베개로 받쳐서 상승시킨다. [국시 20] 무릎고정장치를 적용할 때 너무 조이거나 느슨하지 않도록 하고, 수술 후 2~10일에 제거한다. [국시 20]
운동	수술 후 1~2일부터 다리 곧게 올리기 운동과 사두근 힘주기 운동을 시작하여 근육 강도와 기능을 증가시킨다. 지속적 수동운동 기구로 무릎을 천천히 부드럽게 구부리고 펴는 운동을 한다.
퇴원 [국시 24]	퇴원은 수술 후 3~7일 독립적으로 침대 출입이 가능하고 무릎을 90°로 구부리고 펼 수 있을 때 한다.
재활	재활기간이 고관절 인공관절치환술보다 오래 걸리며, 몇 달 동안 기동 위한 보조기가 필요하다.

고관절 수술 후 간호

등척성 운동 [국시 20]	1시간 이내로 둔부군과 대퇴사두근의 등척성 운동을 시행한다.
보행훈련	수술 후 2일이 지나면 보행훈련이 가능하다.
수술한 쪽 제한 [국시 21]	수술한 쪽으로 몸을 뒤틀거나 돌리지 않는다.
내전 제한 [국시 20]	두 다리 사이에 외전 베개를 놓아서 관절의 내전, 내회전을 피하여 탈구를 예방한다. [국시 18, 23] 고관절이 탈구되면 매우 심한 통증으로 걸을 수 없고 다리 길이가 짧아지고 다리가 안쪽으로 돌아간다. 다리나 발을 안쪽으로 돌리지 않는다. 신발이나 양말을 신을 때 무릎이 몸의 바깥쪽을 향한다. 수술 후 고관절은 외전 상태로 유지한다. * 고관절 : 골반과 다리가 만나는 지점 * 절단 간호 : 절단 부위 내전
굴곡 제한	고관절의 회전과 굴곡을 피한다. 고관절이 90도 이상 굴곡되지 않도록 한다. 대퇴관절이 직각 이상이 되지 않게 한다. 바닥에 물건을 잡을 때 허리를 굽혀 잡지 말고 무릎을 굽혀서 잡는다. 허리를 구부리는 활동을 제한한다. 인공 관절 탈구의 원인이 된다.
양반다리 제한	3개월간 양반다리를 하지 않는다. 다리를 교차하지 않는다.
의자 [국시 16]	낮고 푹신한 안락한 의자를 피한다. [국시 23] 낮은 변기를 피하고 높은 좌변기를 사용한다. [국시 23] 팔걸이 없는 의자를 피한다. 설 때 지지할 부분이 없기 때문이다. 앉는 자세는 20~30분 이내로 제한한다. [국시 23] 한 시간 이상 오래 앉지 않는다. 의자에 앉을 때 몸을 90도 이상 앞으로 구부리지 않는다. 의자에 일어날 때 둔부를 의자 가까이 옮긴 후 인공관절부를 먼저 앞으로 쭉 내밀고 정상 다리에 힘을 주면서 일어난다.
침대	침대에 올라가거나 내려올 때 수술한 다리를 먼저 이동시킨 다음 건강한 다리를 사용한다.
제한 [국시 16, 23]	6주까지 부부생활이나 운전을 피한다. 수영, 자전거 타기, 골프는 제한한다. [국시 23] 무거운 것 들기, 조깅, 허리 굽히기 등 엉덩 관절에 긴장을 주는 활동을 삼간다.

11 신경계

1 개론

신경계 구조

중추신경계	뇌	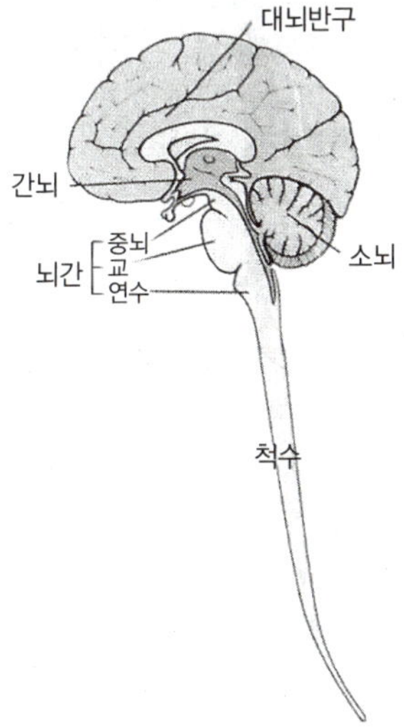 중추신경의 주요 구성 대뇌, 소뇌 대뇌 : 대뇌피질, 피질 밑 구조 : 변연계(해마), 기저신경절(변연계를 둘러싸고 있다.) 간뇌 : 대뇌피질 아래, 시상, 시상하부, 뇌하수체 뇌간 : 뇌의 중추로 중뇌, 뇌교, 연수
	척수	척수는 뇌와 온몸의 신경계를 연결시키고 자율신경계인 교감신경계와 부교감신경계에 작용한다.
말초신경계	뇌신경	
	척수신경	
	자율신경	교감신경, 부교감신경
뉴런	신경의 단위	

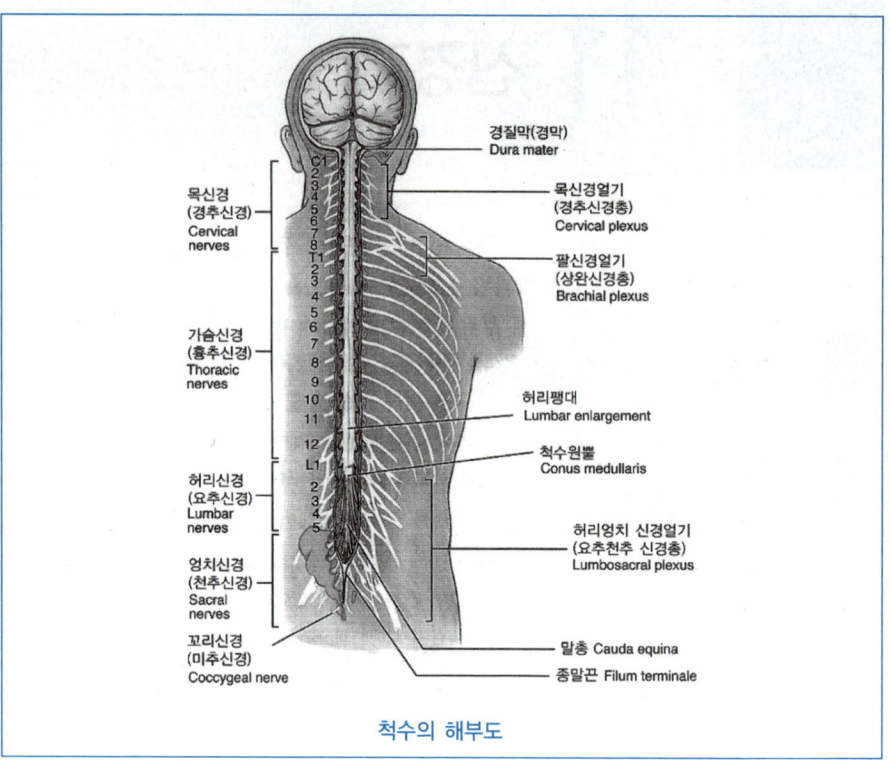

척수의 해부도

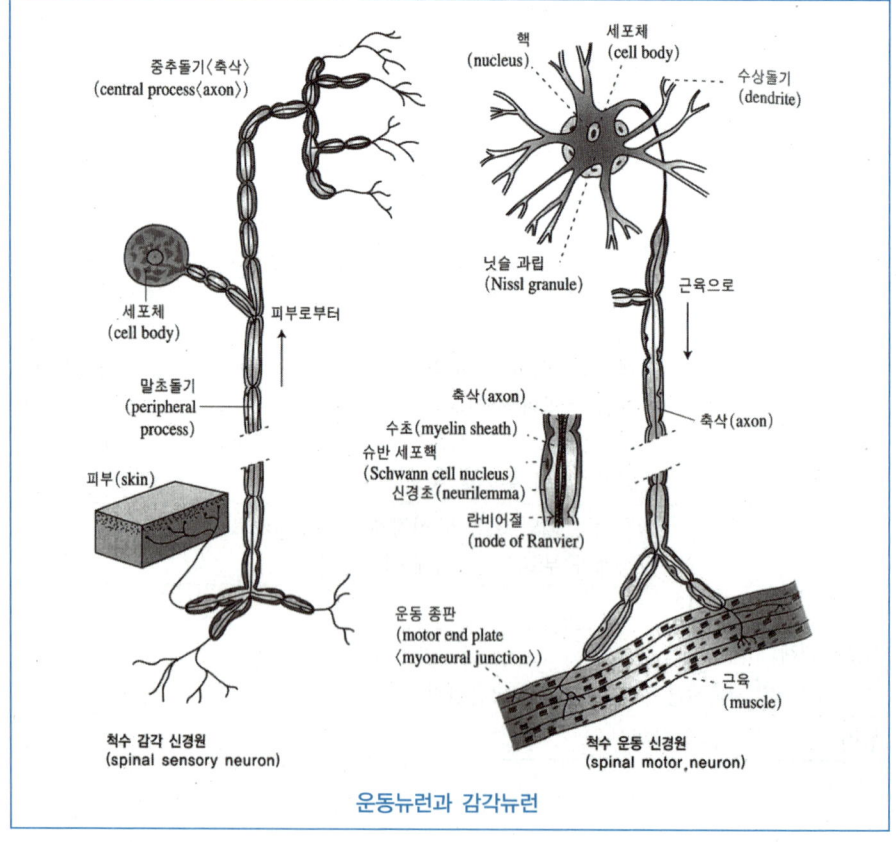

운동뉴런과 감각뉴런

대뇌피질(대뇌겉질)

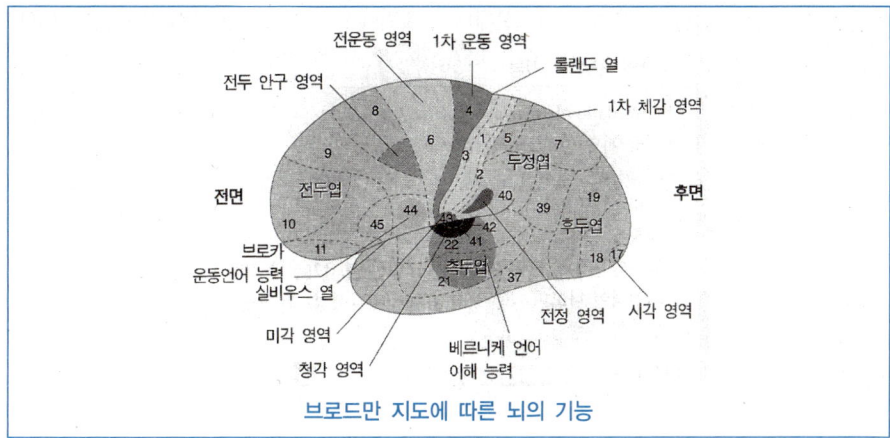

브로드만 지도에 따른 뇌의 기능

전두엽 (이마엽)	운동 국시 14	1차 운동 영역	추체로 중추 (피질 척수로)	추체로 중추가 있어 수의적 운동, 우측 전두엽의 운동중추 흥분은 연수에서 교차하여 좌측 신체 움직임 조절
			cf) 추체외로계 중추	피질 척수 외 나머지 기저핵과 소뇌에서 시작하여 연수의 추체를 통과하지 않는다. 학습된 자동적인 수의적 운동과 무의식적 운동, 불수의적 운동, 숙련된 운동, 자세 유지 ex) 타이핑, 쓰기
		운동언어 중추 국시 06, 10		우성 반구의 브로카(Broca) 운동언어중추 : 좌측 반구 95% ex) 운동실어증은 이야기한 것에 이해를 하지만 말하기와 쓰기 장애이다. 표현하는 능력에 장애
		수의적 눈 운동		
	정신 기능	문제해결, 의지력, 도덕, 윤리적 가치관 합리성, 집중력, 추상력, 추리, 창조적 사고, 지적 기능, 학습		
	인격	인격과 태도		
	정서	정서 조절		
	자율신경계	자율신경계 조절		
	장애 공무원 20	이상 시 반사회적 행동, 자제력 상실, 분노, 인격 변화 감정 둔마, 무관심, 판단력 장애 정신 기능, 운동 기능 장애, 파악 반사		

두정엽 (마루엽)	감각 기능	체감각을 통해 유입된 정보를 통합하여 신체, 공간을 인식하고 운동 기획, 신체의 반대편에서 들어오는 감각을 받아들이고 인식한다. 청각, 미각, 후각, 시각 제외
	노래, 악기 연주	
측두엽 (관자엽) ☆ 청미후 이기감	청각	소리 해석으로 청각중추가 있어 소리를 이해한다.
	미각, 후각	
	기억 과정	측두엽 안쪽 해마가 기억력에 관여한다.
	기분과 감정	측두엽 안쪽 피질 하 변연계에서 기분과 감정 조절 *변연계 : 해마(기억), 편도체(정서)로 구성
	언어이해 국시 06, 10	베르니케(Wernicke) 언어이해중추 ex) 감각 실어증(유창성 실어증)은 상대의 말을 이해하지 못한다. 듣기, 읽기장애
후두엽 (뒤통수엽)	시각 중추	시각적 정보를 받아들이고 해석하는 역할로 시각적 정보를 통합한다.

실어증 종류 ☆ 운전을 측으로 감

운동 실어증 공무원22 = 브로카 실어증, 표현성 실어증, 비유창성 실어증	
정의	언어구사 능력 장애로 말하기, 쓰기 장애 국시 14 다른 사람의 말을 이해하지만 실제 말을 하는 표현 능력의 장애
원인	전두엽 손상으로 전두엽은 브로카 운동 언어 중추로 언어 표현을 하는 곳이다. 말을 들을 수 있고, 말하는 근육의 마비는 없지만 언어구성에 필요한 잠재 기억이 소실되어 말할 수 없다.
증상	단어를 알고, 볼 수 있지만 그 단어를 발음할 수 없다. 인사와 같은 자동적 언어, 단순한 언어는 남아 있다.

감각 실어증 = 베르니케 실어증, 유창성 실어증, 감수성 실어증	
정의	언어 이해능력 장애로 듣기, 읽기 장애이며 말과 글의 이해에 어려움
원인	측두엽 손상을 의미한다. 측두엽은 베르니케 언어 이해 중추로 정보를 이해하는 역할
증상	말은 할 수 있으나 남의 말을 이해하기 힘들다. 말은 유창한 것 같으나 비논리적, 작화증, 신어조작증, 의미 없는 말 *말 비빔 : 논리적으로 연결되지 않는 단어, 구, 말을 나열 *신어조작증 : 과장되고 부적절하게 말을 만드는 조어증

변연계 국시 22

정의	변연계는 측두엽 안쪽에 있고 해마, 편도체 등으로 이루어졌다. 동기부여, 희로애락, 공격성의 감정, 욕망, 학습과 기억에 관련된다.
편도체 국시 18	감정, 동기 부여, 기억 등을 담당한다. 정서기억을 저장하고 학습된 정서 반응, 공포감에 중요한 역할을 한다. 공포와 기억을 통합한다. 측두엽 안쪽에 편도체가 손상되면 정서적 단서를 탐지하는 능력을 잃어 위협적인 얼굴 표정이나 소리를 알아채지 못하고 공포 반응이 일어나지 않는다.
해마	기억하는 기능을 한다. 해마가 손상되면 기억할 수 없다. ex) 치매 : 해마의 뉴런이 파괴되어 기억 상실이 있다.

소뇌(Cerebellum)

위치		대뇌와 척수 사이
기능	운동조절	대뇌피질이 시행하지 못하는 정교하고 무의식적 운동을 수정하고 조절
	평형	내이의 삼반규관과 함께 자세, 근육의 평형을 유지한다. 신체운동의 방향 변화와 자세 변화를 지각하고 전정신경과 뇌간(중뇌, 뇌교, 연수)을 경유하여 소뇌로 전달한다. ＊전정신경 : 전정과 삼반고리관에 분포하여 위치 감각과 평형 감각
소뇌 기능 이상	운동실조증	조정력, 보행, 평형 장애로 운동실조증, 운동조정곤란, 길항운동 반복불능증 소뇌 병소가 왼쪽에 있다면 왼쪽 사지에 조정 장애
	의도성 떨림	운동 중 떨림 증가로 목표물에 접근할 때 떨림이 심해진다. cf) 파킨슨 질환 : 안정 시 떨림
	안구진탕증	
	근긴장도 저하	기저신경절계, 소뇌계 질병은 마비를 유발하지 않는다. ex) 무긴장증(운동실조증) 뇌성마비 : 소뇌와 경로에 병변을 초래해 평형 감각에 문제 초래

소뇌 기능 사정

손가락-코 조정 검사 (지적검사)		환자 손의 검지를 이용해 검사자의 손가락과 환자 코끝을 교대로 접촉한다.
빠른 교대운동 검사		앉아서 무릎 위에 양손을 올려 놓고 손바닥과 손등을 교대로 무릎을 접촉한다.
발뒤꿈치-정강이 조정 검사		두 눈을 감고, 누워서 한쪽 발의 발뒤꿈치를 다른 쪽 다리 무릎 위에 올려놓고 앞정강이를 밀고 내려간다. 다른 쪽 다리도 똑같이 시행한다.
Romberg 검사 (롬베르그 검사, 기립검사) 국시 17	방법	평형 감각 검사 눈을 뜬 상태에서 무릎과 발을 모으고 서 있게 한 후 눈을 감게 한다. 두 팔은 몸 양옆으로 자연스럽게 내리고, 흔들림이 있는지 관찰한다.
	정상	두 눈을 감고 그 자세를 유지한다.
	소뇌장애 (음성)	환자는 눈을 뜨거나 감을 때 모두 흔들림으로 발을 모으고 서 있을 수 없다.
	전정문제 (양성)	메니에르병 같은 전정문제는 시각이 전정 기능을 보상하여 눈을 뜨면 흔들림이 심하지 않지만 눈을 감은 상태에서만 흔들림이 심해진다. ＊전정 : 평형 감각 담당
보행검사		소뇌성 운동실조는 걸음이 비틀거리고 휘청거리며 보상하고자 폭이 넓고 방향을 바꿀 때 이런 동작이 커진다.

간뇌

시상	![변연계 그림] 변연계 체감각계는 시각계, 청각계로 냄새(후각)를 제외한 모든 감각을 시상을 거쳐 대뇌피질에 전달한다.
시상 하부	자율신경계 조절로 교감, 부교감신경을 조절한다. 심박동, 혈압, 체온조절(set point), 수분 대사, 식욕, 수면-각성 주기, 갈증 조절(갈증 중추) 등 신체의 항상성을 조절한다. 빛이 시상하부의 시신경 교차 상핵을 조절한다. 시신경 교차 상핵에서 자극이 송과체에 도달하여 멜라토닌 유리 조절로 일주기 리듬을 형성한다. ex) 삼투감수체 호르몬 활동 호르몬 방출인자와 억제인자 배출로 뇌하수체 후엽, 전엽 호르몬을 분비한다.
뇌하 수체	시상하부의 통제하에 호르몬을 순환계로 방출 전엽 : 갑상샘 자극 호르몬, 부신피질 자극 호르몬, 성장 호르몬 임용23, LH, FSH, 프로락틴 후엽 : ADH, Oxytocin

뇌간

기능 공무원22	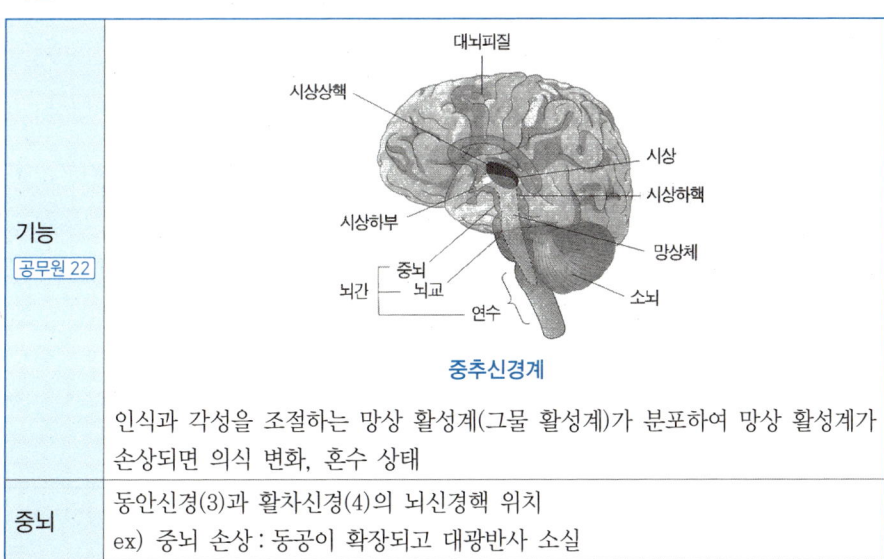 중추신경계 인식과 각성을 조절하는 망상 활성계(그물 활성계)가 분포하여 망상 활성계가 손상되면 의식 변화, 혼수 상태
중뇌	동안신경(3)과 활차신경(4)의 뇌신경핵 위치 ex) 중뇌 손상 : 동공이 확장되고 대광반사 소실

뇌교	삼차신경(5), 외전신경(6), 안면신경(7), 청신경(8)이 기시 ex) 뇌간기능으로 각막반사 : 제5뇌신경, 제7뇌신경 신경 정보를 전달해 주거나 소뇌로부터 정보를 받아들이는 중간 교통로
연수	뇌와 척수가 연결되는 곳으로 추체로 교차가 이루어진다. 설인신경(9), 미주신경(10), 부신경(11), 설하신경(12)이 나온다. 생명 유지 중추로 호흡 중추, 심박동 조절 중추, 혈관 운동 중추, 연하 중추, 구토 중추, 딸꾹질 중추

말초신경계

자율신경계

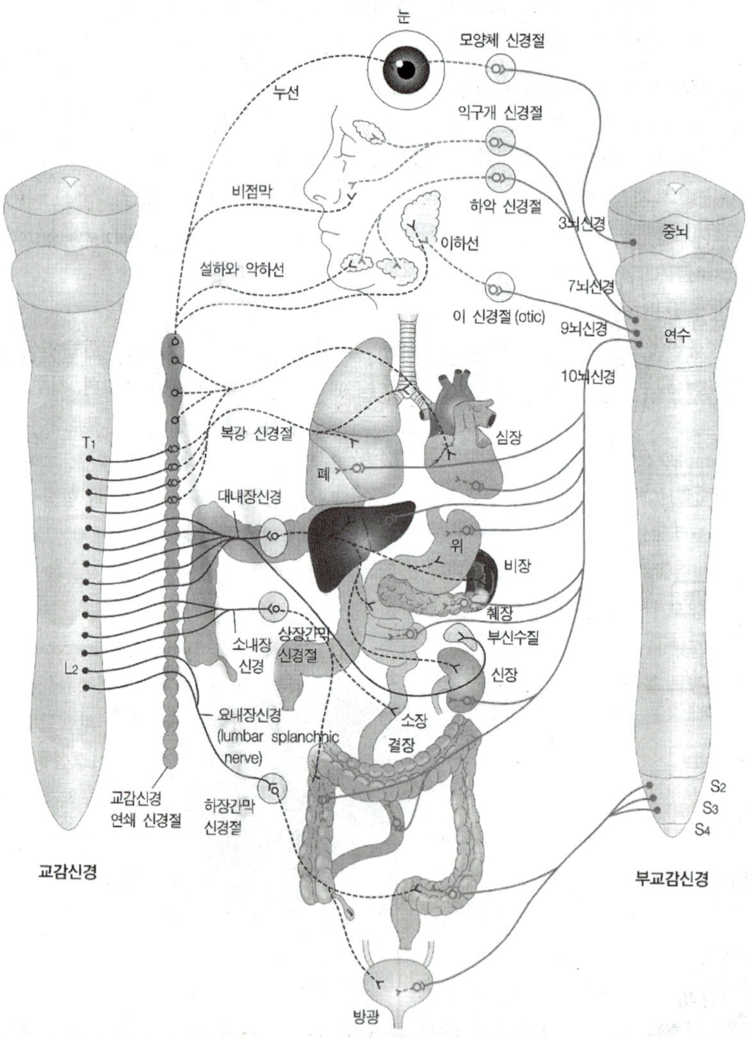

자율신경계와 분포 장기

교감신경계

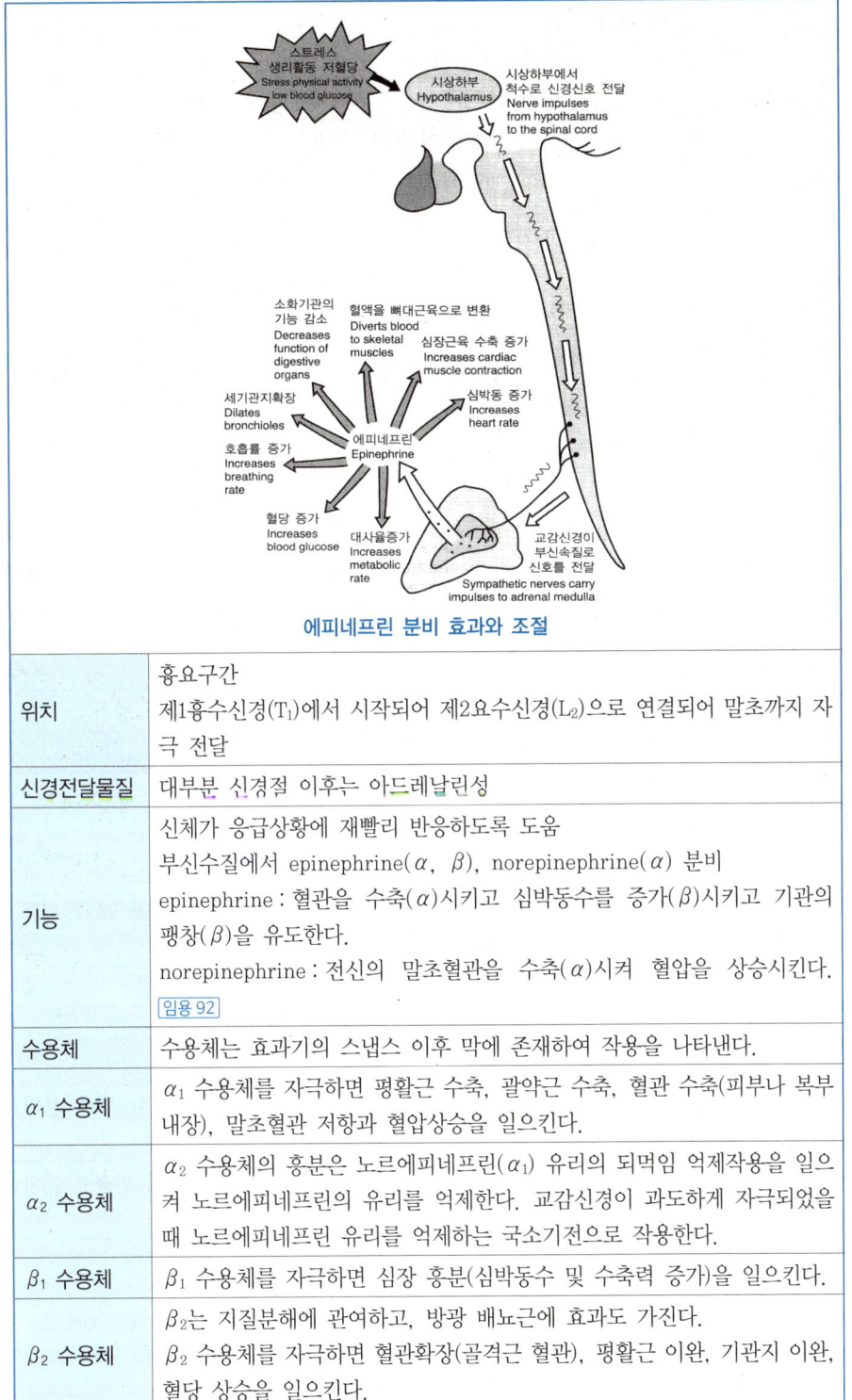

에피네프린 분비 효과와 조절

위치	흉요구간 제1흉수신경(T_1)에서 시작되어 제2요수신경(L_2)으로 연결되어 말초까지 자극 전달
신경전달물질	대부분 신경절 이후는 아드레날린성
기능	신체가 응급상황에 재빨리 반응하도록 도움 부신수질에서 epinephrine(α, β), norepinephrine(α) 분비 epinephrine : 혈관을 수축(α)시키고 심박동수를 증가(β)시키고 기관의 팽창(β)을 유도한다. norepinephrine : 전신의 말초혈관을 수축(α)시켜 혈압을 상승시킨다. 임용 92
수용체	수용체는 효과기의 스냅스 이후 막에 존재하여 작용을 나타낸다.
α_1 수용체	α_1 수용체를 자극하면 평활근 수축, 괄약근 수축, 혈관 수축(피부나 복부 내장), 말초혈관 저항과 혈압상승을 일으킨다.
α_2 수용체	α_2 수용체의 흥분은 노르에피네프린(α_1) 유리의 되먹임 억제작용을 일으켜 노르에피네프린의 유리를 억제한다. 교감신경이 과도하게 자극되었을 때 노르에피네프린 유리를 억제하는 국소기전으로 작용한다.
β_1 수용체	β_1 수용체를 자극하면 심장 흥분(심박동수 및 수축력 증가)을 일으킨다.
β_2 수용체	β_2는 지질분해에 관여하고, 방광 배뇨근에 효과도 가진다. β_2 수용체를 자극하면 혈관확장(골격근 혈관), 평활근 이완, 기관지 이완, 혈당 상승을 일으킨다.

부교감신경계

위치	두개-천골 구간 제3, 7, 9, 10뇌신경의 뇌간핵과 천수신경($S_{2\sim4}$)
신경전달물질	부교감신경의 연접 전후 신경절에 acetylcholine 분비
기능	에너지를 절약하여 신체에 저장하는 작용 심장을 천천히 움직이게 함 장의 연동운동 증가

자율신경계의 기능

장기		교감신경 : 아드레날린	부교감신경 : 아세틸콜린
심장		심박수와 혈압 증가(β 수용기)	심박수와 혈압 감소
혈관 평활근	피부혈관	수축(α_1 수용기)	영향 없음
	골격근혈관	확장(β 수용기)	영향 없음
	관상혈관	확장(β 수용기), 수축(α 수용기)	확장
	내장혈관	수축(α_1 수용기)	영향 없음
	외부생식기의 혈관	남성생식기(부고환, 정관 등)의 평활근 수축으로 사정	발기를 초래하는 혈관 확장
괄약근과 내장 평활근	기관지	확장(β 수용기)	수축
	소화기(괄약근 제외)	평활근운동 저하(α 수용기)	연동운동 증가
	소화기의 괄약근	수축(α_1 수용기)	이완
	방광	이완(β 수용기)	수축
	방광괄약근	수축(α_1 수용기)	이완
눈	홍채 동공	동공 확대 먼 곳 보기 위해 이완	동공 축소 가까운 곳 보기 위해 수축
입모근		수축으로 털이 서고 소름이 생김	영향 없음
선세포	땀샘	발한 증가(신경흥분전달물질은 아세틸콜린)	
	소화기 선세포 (타액선, 위액선)	타액분비 감소	타액과 위 염산 분비 증가
	췌장 선세포	분비감소	췌장액과 인슐린 분비 증가
	간	당원분해 증가(β_2 수용기)로 혈당 증가 글리코겐을 포도당으로 전환	
	지방세포	지방세포에서 지방 분해로 혈액 내 지방산 증가	

Glasgow Coma Scale(GCS, 글래스고 혼수 척도) 임용 15 / 국시 06, 19

★ 자음통이 지혼부이로 명통회에 굴신하다

눈뜨는 반응 (E)	4	자발적	자발적으로 눈을 뜬다.
	3	음성	이름을 부르거나 음성(명령)에 의해 눈을 뜬다.
	2	통증 국시 24	통증 자극에 눈을 뜬다.
	1	없음	전혀 눈을 뜨지 않는다.
언어 반응 (V)	5	지남력 있음	연도, 달, 장소, 자신을 바르게 안다.
	4	혼돈된 대화 (confused conversation)	질문에 적합하지 않은 답변을 하거나 하나 이상 영역의 지남력 상실로 연도나 날짜를 잘못 말한다.
	3	부적절한 언어 (inappropriate words)	말은 하되 부적절한 언어로 적절하지 않고 비조직적 단어로 잘못된 단어를 무작위로 대답한다.
	2	이해 불가능한 소리 국시 24 (incomprehensible sounds)	신음을 하거나 말이 되지 않는 이해할 수 없는 소리나 괴성을 지른다.
	1	없음	전혀 소리를 내지 않는다.
운동반사 반응 (M)	6	명령	명령에 따른다.
	5	통증부위 인식과 제거 (localize to pain)	통증 부위를 지적하고 통증 부위까지 접근하여 손으로 통증을 제거한다.
	4	통증에 회피굴곡반응 (withdraws to pain)	비정상적 굴곡자세 없이 통증을 피하려고 자극에 움츠린다.
	3	이상 굴곡 반응 국시 24	자극을 주면 이상 굴곡 반응을 한다.
	2	이상 신전 반응	자극을 주면 이상 신전 반응을 한다.
	1	없음	전혀 없음
해석 *만점: 15점	경증	13점 이상	
	중등도	9~12점 공무원 23	
	중증 국시 21	8점 이하	

운동기능 감소

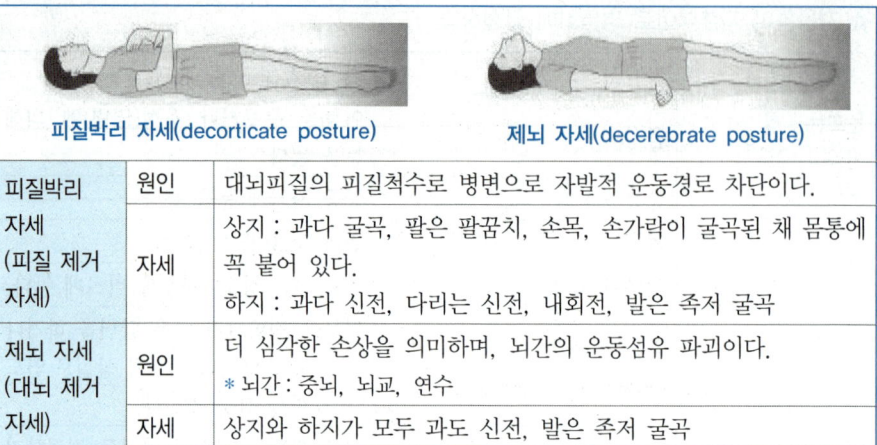

피질박리 자세(decorticate posture)　　제뇌 자세(decerebrate posture)

피질박리 자세 (피질 제거 자세)	원인	대뇌피질의 피질척수로 병변으로 자발적 운동경로 차단이다.
	자세	상지 : 과다 굴곡, 팔은 팔꿈치, 손목, 손가락이 굴곡된 채 몸통에 꼭 붙어 있다. 하지 : 과다 신전, 다리는 신전, 내회전, 발은 족저 굴곡
제뇌 자세 (대뇌 제거 자세)	원인	더 심각한 손상을 의미하며, 뇌간의 운동섬유 파괴이다. ＊뇌간 : 중뇌, 뇌교, 연수
	자세	상지와 하지가 모두 과도 신전, 발은 족저 굴곡

의식 수준 5단계(LOC) : 자극 + 언어 반응 　국시 01, 05, 10

	눈뜨기	명령수행/응답 적절	자발운동	통증자극
명료(Alert)	자발적	적절	있음	정상
기면(Drowsy)	작은 자극에 눈을 뜨지만 바로 수면	적절/부적절	있음	정상
혼미(Stupor)	강한 자극에 눈을 뜨지만 바로 수면	없음/부적절	있음	회피
반혼수(Semicoma)		없음	없음	굴곡/신전 없음
혼수(Coma)		없음	없음	없음

명료, 각성(Alert)	시각, 청각, 감각 자극에 적절한 반응으로 행동과 언어로 적절히 반응한다. 자신과 주위에 인지한다.
기면 (졸림, Drowsy / Lethargy) 　국시 24	자극이나 언어, 질문에 쉽게 깨어나 대화가 가능하다. 질문에 적절하거나 자극에 반응이 느리고, 불완전한 상태이다. 외부 자극이 없으면 각성 상태를 유지하지 못하고 자려고 한다.
혼미(Stupor) 　국시 01	아주 강하고 지속적 큰 소리, 통증, 밝은 빛의 자극에 의해서만 겨우 반응하거나 눈을 뜬다. 의사소통은 되지 않는다. 반응이 부적절하다.
반혼수(Semicoma) 　국시 04, 22	스스로의 자발적 움직임은 없고 아주 심한 자극을 주어도 깨어나기 어렵다. 통증 자극에 눈을 찡그리거나 움찔하는 정도의 반사적인 움직임이나 비정상적인 반응을 보인다.
혼수(Coma)	모든 자극에 전혀 반응이 없다.
	얕은 혼수	대광 반사(빛에 동공수축) +
	깊은 혼수	반사 반응 -

뇌신경 검사 ★ 후시동 활삼 외 안청설 미부설

제1뇌신경	후각신경	눈을 감게 하고, 검사하지 않는 비공을 손가락으로 막게 하고 커피, 담배, 비누같이 익숙한 냄새를 감지하여 말한다.		
제2뇌신경	시신경	시력 검사		중심시력표 또는 Snellen chart 이용
		시야 검사 [국시 07]	방법	검사자의 코에 시선을 모으게 하고, 검사자가 시야 바깥쪽에서부터 시야 안쪽으로 양 손가락을 이동시켜 간다. 어느 지점까지 대상자가 검사자의 손가락의 움직임을 볼 수 있는가를 말하게 한다.
			이상	시각신경로 중 뇌병변 위치에 따라 시각장애 범위가 다르다.
		대광(동공수축) 반사		제2뇌신경(구심신경), 제3뇌신경(원심신경) ＊ 구심신경 : 감각 수용기로부터 중추신경계로 신호 전달 ＊ 원심신경 : 중추신경계에서 수의근의 운동 담당
제3뇌신경 [국시 06, 14]	동안신경	기능		안구운동, 동공축소, 눈꺼풀을 올림 동안신경 파괴로 눈이 바깥쪽으로 돌아가고 동공이 확장되고 안검하수 ex) 안검하수증 : 제3뇌신경 마비, Horner 증후군(집락성 두통 : 눈의 교감신경 마비로 환측의 안검하수, 축동), 중증 근무력증
		동공 크기		정상 동공은 3~5mm 동공이 5mm보다 크거나 3mm보다 작거나 양쪽 동공 크기가 동등하지 않다.
		동공 조절 능력	방법	동공의 조절 능력 사정으로 가까운 곳에 있는 물체와 먼 곳에 있는 벽쪽을 교대로 보아 동공 변화를 본다.
			정상	물체를 가까이하면 동공은 수축되고 눈동자는 한곳으로 수렴한다.
		대광(동공수축) 반사 [국시 24]	방법	정상적인 동공은 빛을 비추면 수축하게 된다. 대광반사(동공수축 반사)로 어두운 방에서 대상자의 한쪽 눈 가까운 곳에 penlight를 비춘다. 다른 쪽 눈의 공감성 대광반사도 검사하며 한쪽 동공에 빛을 비추었을 때 반대편 눈에서도 동공이 축소되는 것은 간접 빛 반응이다. 제2뇌신경(구심신경), 제3뇌신경(원심신경)

제3뇌신경 국시 06, 14	동안신경	대광(동공수축) 반사 국시 24	정상	양 동공은 빛에 동시에 수축(축동)한다. * 축동 : 동공 수축, 산동 : 동공 이완
			동안신경 손상	직접 대광반사 + 간접 대광반사 모두 소실
			시신경 손상	직접 대광반사만 소실
제4뇌신경	활차신경	방법		**외안근과 지배신경** 안구의 안쪽 아래 방향으로 회전
		손상		안구는 외상방으로 편위된다.
제5뇌신경	삼차신경	정의		1. 안신경분지 2. 상악신경분지 3. 하악신경분지 **삼차신경의 분포** 삼차신경의 3가지인 안신경(감각), 상악신경(감각), 하악신경(운동)을 좌우 대칭적 검사
		각막반사		안신경(감각) 검사로 솜으로 각막의 모서리 부분을 접촉했을 때 눈을 깜박이면 정상 * 감각 : 5뇌신경, 운동 : 7뇌신경 * 각막 : 동공과 홍채를 덮고 있는 부위
		얼굴 감각		상악신경(감각) 검사로 안전핀 같은 물체를 얼굴에 접촉하여 느낌을 구별한다. cf) 제7뇌신경 : 얼굴 운동 담당
		하악 운동 임용 92, 95		측두근 / 측두하악관절의 관절판 / 익상외근 / 익상내근 / 저작근 저작 운동에 관여하여 측두근과 저작근의 촉진으로 입을 다물고 힘을 주어 물어보게 하여 씹기 근육이 부풀어 오르는 것을 촉진한다.

제6뇌신경	외전신경	측면운동		안구의 측면운동으로 머리를 똑바로 한 상태에서 검사자의 손가락이나 들고 있는 물체에 따라 시선을 움직이게 한다.
		이상		안구가 안쪽으로 몰린다.
제7뇌신경 [국시 01]	안면신경	얼굴운동	주름 짓기	이마 찡그리기, 주름 짓기 사정
			눈 감기	안검을 스스로 닫을 수 있는지를 사정 눈을 꼭 감게 하고 물리적으로 안검을 열어 근력을 사정
			뺨	웃기, 뺨을 불룩하게 부풀리게 하여 양쪽이 대칭인지 확인
		미각		쓴맛 — 설인신경(혀 뒤쪽 1/3) 신맛 짠맛 — 안면신경(혀 앞쪽 2/3) 단맛 **안면신경과 설인신경의 미각 지배영역** 혀의 전방 2/3부분에 미각의 감각신경
		누선, 타액 분비		누선에 작용 이하선, 악하선, 설하선에 분포하여 타액분비 증가 * 부교감신경 : 제3, 7, 9, 10뇌신경 ex) 안면신경마비(Bell's palsy) 침범된 부위의 안면근육이 마비되어 안면표정이 상실되고 마비된 쪽의 안검이 닫히지 않는다. 혀의 전방 2/3의 미각 상실 각막반사(5, 7뇌신경) 소실 마비된 쪽 눈 & 입에서 눈물과 침이 흐름 등골 근육을 지배하는 신경을 침범하여 청각과민증 (안면신경이 등골 근처 위치)
제8뇌신경	청신경 ☆ 전와	전정신경	평형 감각 [국시 06]	안구진탕증, 현기증에 기립(Romberg) 검사, 제자리걸음 검사, 보행 검사, 온도(calori) 검사를 실시한다. 전정신경 : 전정과 삼반고리관에 분포
		와우신경	청력 감각	감각(청각) 검사 눈을 감게 하고 귀 가까이에 시계를 대주어 소리 난 쪽을 말한다. 전도성 장애, 감각신경성 장애 확인 위해 Weber 검사, Rinne 검사를 한다.

제9뇌신경	설인신경	미각	혀의 후방 1/3에서 단것, 짠것, 신것, 쓴것을 맛보게 한다.
		인두운동과 감각	인두에 분포되어 10뇌신경과 함께 연구개 운동, 연구개 반사, 구토반사, 연하반사, 소리내기를 본다. ＊인두 : 구강과 식도 사이 소화기관으로 공기와 음식물이 통과하는 통로
제10뇌신경 국시 13	미주신경	제9뇌신경과 함께 인두, 후두 운동과 감각	연구개 운동	대상자가 '아' 소리를 내도록 하면 연구개, 구개수(목젖)는 양측으로 똑같이 올라간다. 장애 시 연구개가 올라가지 않는다.
			연구개 반사 국시 08	**인두, 구개, 구강점막의 비정상** 설압자로 연구개를 건드리면 연구개가 상승하며 좌우 차이를 본다. 제10번 뇌신경 마비에서 동측 연구개는 상승하지 못하고 목젖은 반대측으로 편위된다.
			연하반사 국시 03	연하반사로 연하작용을 한다. 장애 시 연하곤란과 침이 입에 고인다.
			구토반사 국시 06	설압자로 한쪽씩 교대로 후인두를 자극하여 후인두벽에 닿으면 구토반사를 자극하여 '게-' 소리가 난다.
			소리 내기	정상적으로 소리를 내고 말한다. 인두, 후두(성대) 마비로 비음, 말더듬증
제11뇌신경	부신경	정의	**제11뇌신경 - 운동** 흉쇄유돌근, 승모근의 움직임을 담당한다.
		승모근	승모근의 위축을 본다.

제11뇌신경	부신경	머리 돌리기	목 운동으로 머리 돌리기는 검진자는 손으로 대상자 얼굴을 좌우 번갈아 옆으로 민다. 대상자는 저항하여 얼굴을 반대로 돌림으로 흉쇄유돌근과 승모근의 힘을 사정한다.
		어깨 운동 [국시 08]	어깨 운동으로 대상자의 양 어깨 위에 손을 올려놓고 검진자의 손에 대항해서 으쓱해 보라고 한다.
제12뇌신경	설하신경 [공무원 23]	정의	혀의 운동이다.
		검사	혀를 내밀어 혀의 운동 상태를 검사하고 설압자를 밀어 보도록 혀의 근력을 검사한다.
		손상	혀를 내밀었을 때 비대칭인지 혀가 한쪽으로 치우치지 않았는지 사정한다.

대면법에 의한 시야 검사 [임용 17]

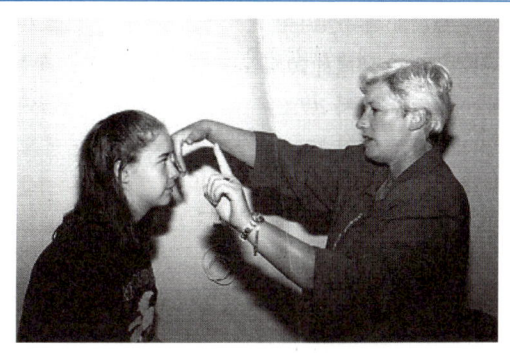

방법 [임용 09]	마주보기	시야가 정상인 검진자는 대상자와 50cm~1m 떨어져서 마주본다.
	가리기	각각 불투명한 덮개로 환자는 우안을, 검사자는 좌안을 가리고 서로 가려지지 않은 눈을 응시한다.
	바깥쪽에서 안쪽	바깥쪽에서 안쪽으로 손가락이나 펜라이트 같은 작은 물체를 움직이고, 손가락을 움직이면서 서서히 안으로 이동한다. 대부분 시야 결손이 귀쪽(이측, 측두쪽)을 침범하므로 이 부위에서 시작한다.
	4분원	양 측두, 상부, 하부의 4분원에서 반복 실시한다.
	말하기	대상자는 검진자의 손가락이 보이면 바로 "보입니다."라고 말한다.
정상		정상 시야는 검진자와 동시에 손가락을 볼 수 있다. 생리적 맹점 [국시 07] : 시신경 유두는 생리적 맹점으로 신경 섬유만 있고 시각 수용체가 없어 시야 결손 부분이다. 시선 중 귀쪽으로 12°~15° 옆이다.

주변 시야계

방법	회전하도록 된 반구형 모양이며 각도가 세분되어 있는 기구이다. 시야 장애를 정확하게 평가할 때 사용한다.
정상 시야	위쪽 50~60°, 아래쪽 70°, 안쪽(코쪽) 60°, 바깥쪽(귀쪽) 90°

시야 결손 [임용 09]

뇌질환
망막 박리 : 커튼을 드리운 것 같은 시야 상실
유두부종(심한 고혈압에서 유두부종)
시신경염, 시신경 위축
녹내장 : 주변 시야 상실
* 녹내장 : 눈의 전방에서 방수 유출이 안 되어 안압 상승으로 망막세포와 시신경 변화
* 망막 : 물체를 보면 그 상이 망막에 의하여 뇌에 전달, 눈에 들어온 빛은 전기 신호로 바뀌 신경을 통하여 뇌에 전달

동공

양측성 산동 [임용 94, 11]	교감신경흥분제(코카인, 암페타민) 항콜린제제 중독 : 부교감신경은 동공수축 opioid 금단 두개내압 상승 : 두개내압 상승은 동안 신경을 눌러 동공을 산대하고 고정된 부동의 동공 동안신경 마비 O_2부족, 심정지 : 무반응성 * 동안신경 : 안구운동, 동공축소, 눈꺼풀 올림
축동	호너(Horner) 증후군, 다리뇌(pons) 부위 출혈이나 경색, opioid 중독(중추신경 억제), 유기인산염(organophosphate) 중독(아세틸콜린이 축적)

감각기능 검사

감각 결손	중추신경계와 말초신경계 문제 관련으로 중추신경계로 대뇌겉질의 감각영역, 척수시상로, 뒷기둥(뒤뿔, 후근) 병변을 발견한다.
방법 [국시 10]	검사는 눈을 감게 한 후 실시한다. 몸의 양쪽을 대칭적으로 검사한다. 먼 쪽 부위가 정상이면 몸쪽 부위도 정상이다.
통각과 온도 감각 검사 [국시 10]	통각 검사 안전핀의 날카로운 부분과 둔한 부분을 이용해 통증감각 사정으로 날카로운 자극을 받았을 때 통증을 느끼는지 물어본다. 통증과 온도 감각은 같은 신경 통로인 척수시상로로 전달하므로 둘 중 한 가지 감각이 정상이면 나머지 감각도 정상이다.

판별 감각 검사	두 점 판별 검사	
	한 지점	눈을 감게 하고 한 지점 국소화를 검사하기 위하여 손가락으로 대상자를 접촉하면서 손가락이 닿은 부분을 가리켜 보도록 지시한다.
	2지점	2지점 식별력을 검사하기 위해서 한쪽 사지에 면봉 두 개로 동시에 두 부위를 자극하여 두 지점을 감지한다.
자극감수성 검사	위치감각 검사 / 진동감각 검사	
	위치감각 검사	눈을 감고 엄지와 검지로 대상자의 엄지발가락을 잡고 위아래로 움직여 움직이는 방향을 말하도록 한다.
	진동감각 검사	눈을 감고 진동하는 음차를 팔꿈치나 손목의 뼈 부위에 접촉하여 진동이 시작되고 끝나는 지점을 말한다.
실체 감각 검사	두 눈을 감은 상태에서 손바닥에 놓인 물체가 무엇인지 인지한다.	
숫자 확인 검사	숫자 또는 글자 식별 감각 / 두 지점 식별 검사	
	대상자의 손바닥에 볼펜으로 숫자나 글자를 써서 올바르게 감지하는지 확인한다.	

감각기능	무감각	신경이 마비된 부위에서 감각기능 저하
	비정상적 감각	손상된 신경이 분포하는 신체부위에서 비정상적 감각
	통증	통증에 대해 반응을 보기 위해서 환자를 가볍게 꼬집는다. 신체를 꼬집거나 눌러서 통증자극을 주어 반응 관찰

근육의 강도 국시 03

0	근육수축✕	근육수축 관찰에서 근육수축이 전혀 없다.
1	근육수축 가능 관절 운동✕	아주 관찰하기 어려운 정도의 흔들림, 근육수축만 있다. 능동적 관절 운동이 불가능하다.
2	중력배제 운동	중력을 배제한 신체 부분의 능동적 움직임으로 수평으로만 움직임이 가능하다. 중력에는 저항하지 못해서 수직 방향으로 움직이지 못한다. ex) 전완을 옆으로 세워서(회내와 회외 중간) 손목을 신전시켜 　　(손목을 뒤로 젖히는 것) 중력을 배제했을 때 검사 ＊ 전완 : 아래팔, 팔꿈치부터 손목까지 부분
3 국시 07	중력에 운동	중력에만 대항한 능동적인 움직임으로 수직 방향으로 움직인다. 검진자의 저항을 이길 수 없다. ex) 전완이 회내되어 있을 때 손목을 배굴시켜 중력에 대항하는 　　지 검사 ＊ 회내 : 손등이 전방을 향하는 운동
4	검진자의 약간 저항	중력과 검진자의 약간의 저항에 대항하여 능동적인 움직임이 있다.
5	큰 저항에 대항	정상 근육강도 피로함 없이 검진자의 큰 저항에 대항하여 능동적인 움직임이 있다.

운동 기능 [국시 13]	상지 [국시 99, 01, 04]	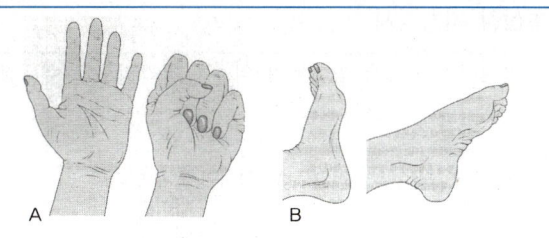 네 번째 단계는 다음의 운동기능을 평가하는 것이다. A. 손을 쥐었다 폈다 하면서 상지의 운동기능을 평가 B. 발을 들었다 내렸다 하거나, 발가락들을 움직여서 하지의 운동기능을 평가	
		악력	양손의 힘과 악력 측정으로 검진자의 손가락 2개를 쥐게 한 후 쥐는 힘을 검사한다. 정상적으로 검진자는 손가락을 빼기 어렵다.
		Barre's sign	Barre's sign
			방법	눈을 감고 팔을 앞으로 내밀게 한 후 손바닥을 위로 하여 20~30(10)초 동안 들어올린다.
			정상	정상적 사람은 이 자세를 잘 유지하여 손바닥을 위로 하면서 팔을 몸의 앞쪽으로 들어올린다.
			비정상	근력이 약하면 손바닥이 아래를 향하면서 팔이 아래로 떨어지는 엎침 이동(회내 이동)이 있다.
		움직임	어깨, 전완, 손목, 손가락의 움직임을 사정한다.
	하지	중력 대항	중력에 대항하여 다리를 굴곡, 신전하도록 발을 침상에서 위로 들어 올리고 무릎을 굽히도록 요구한다.
		검진자 대항	대상자를 침상에 앙와위로 눕도록 한 후 넓적다리에 검진자의 손을 놓고 다리를 올리게 함으로 엉덩관절(고관절)의 굴곡을 검사한다.
		움직임	발가락을 움직여 보게 함으로 근육약화를 관찰한다.

말초신경 기능검사

말초신경 기능을 알아보기 위하여 감각검사와 운동검사를 실시한다.

신경	감각검사	운동검사
비골신경 (peroneal nerve)	엄지와 둘째 발가락 사이를 찔러 본다.	발목을 배굴시키고 발가락을 중족지관절 수준에서 신전시킨다.
경골신경 (tibial nerve)	발바닥의 안쪽과 측면을 찔러 본다.	족저를 향해 발가락과 발목을 굴곡시킨다.
요골신경 (radial nerve)	엄지와 검지 손가락 사이를 찔러 본다.	엄지를 과신전시킨 후, 나머지 네 손가락을 중수지관절 수준에서 틀면서 과신전시킨다.
척골신경 (ulnar nerve)	다섯째 손가락의 원위부를 찔러 본다.	다섯 손가락을 모두 외전시켜 본다.
내측신경 (median nerve)	검지의 원위부를 찔러 본다.	엄지와 새끼 손가락을 맞닿게 한 후 손목이 굴곡되는지 확인한다.

말초신경 기능 사정

비골신경 [국시 12] ☆비경	감각	첫째와 둘째 발가락 사이 자극 * 비골신경 : 무릎 아래 전면을 거쳐 발등으로 내려가는 신경
	운동	발목과 발등을 굴곡(배굴)하고 엄지발가락을 위로 신전(배굴) 비골신경 압박 시 족하수(foot drop) 발생 [국시 22]
경골신경	감각	발바닥의 내측과 외측을 자극 * 경골신경 : 무릎을 지나 발목까지 하행하여 발바닥에서 전하측으로 돈다.
	운동	족저를 향해 발목, 발바닥, 발가락 굴곡(족저굴곡)
요골신경 [국시 19]	감각	엄지와 둘째 손가락 사이를 자극
	운동	손목, 손가락, 엄지를 과신전 ex) 상완골 골절 시 요골신경 손상이 동반되어 손목을 펴지 못한다. * 요골신경 : 팔꿈치의 외측부에 나타나 손과 엄지손가락 쪽으로 보낸다.
척골신경	감각	다섯째 손가락의 원위부 자극 * 척골신경 : 전완과 손바닥 안쪽 담당
	운동	모든 손가락을 외전
정중신경	감각	둘째 손가락의 원위부 자극 * 정중신경 : 일부 손바닥의 감각과 손과 손목의 운동 담당 ex) 요골 골절 시 정중신경이 눌린다.
	운동	엄지와 다섯째 손가락을 맞붙혀서 손목의 굴곡 확인

척수반사

정의		무조건 반사로 척수에서 자극에 의해 근육이 운동하는 반사 작용
크기 [임용 09]	4+	심한 반사, 과도 활동, 간대성 경련
	3+	평균보다 항진
	2+	평균, 정상 cf) 맥박 강도 : +2, 정상 맥박
	1+ [임용 17]	약간의 활동성 감소, 낮은 정상
	0	무반응
삼각해머 [임용 10]	끝이 뾰족한 부분	신체의 좁은 부위
	끝이 편평한 부분	신체의 넓은 부위, 아픈 부위

반사 소견 기록

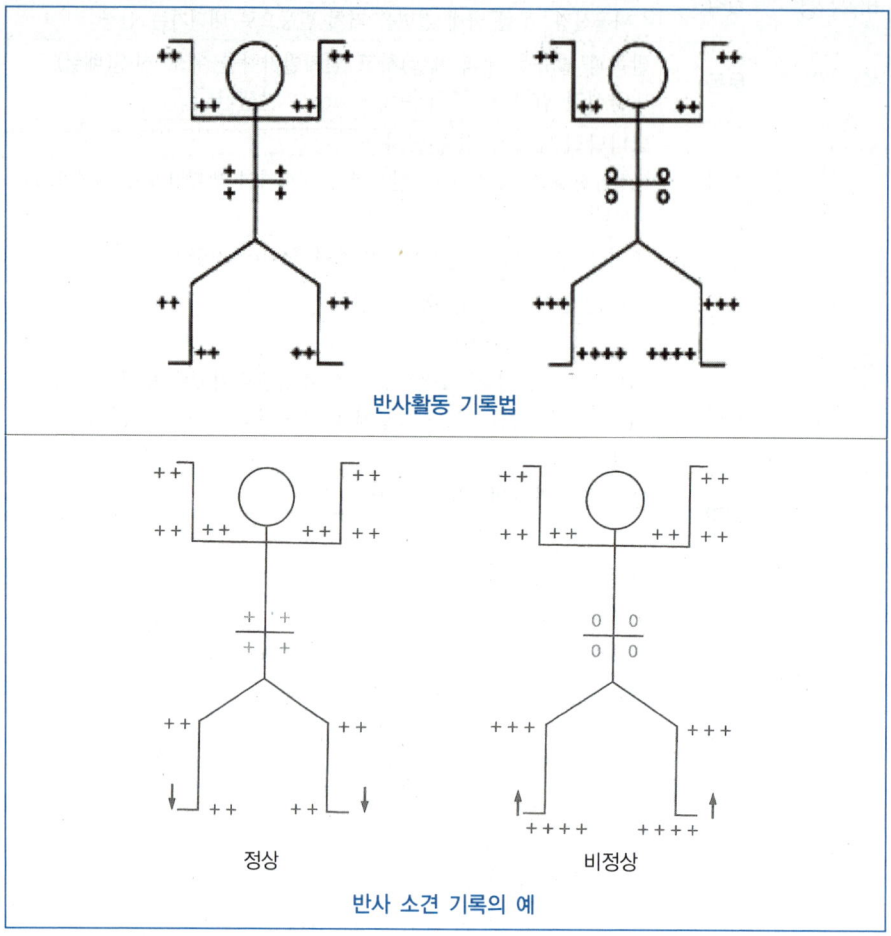

반사활동 기록법

정상 / 비정상

반사 소견 기록의 예

심부건 반사 국시 17

반사	부위	방법	결과
이두근 반사	C_5, C_6	앉은 자세 / 누운 자세 대상자의 손바닥을 아래로 하고 팔꿈치 부분은 약간 굴곡하고 검진자의 엄지를 이두근의 건 위에 올려 놓고 그 위를 해머로 친다. * 건 : 근육을 뼈에 부착	팔꿈치에 약간의 굴곡 현상과 대고 있는 엄지로 이두근의 수축 감지

삼두근 반사	C_7, C_8	대상자의 팔꿈치를 구부린 후 손바닥을 몸쪽으로 향하게 하여, 가슴 부분을 지나가게 약간 잡아당겨 팔꿈치 2~5cm 위에 있는 삼두근을 직접 해머로 때린다.	삼두근의 수축과 팔꿈치의 신전 관찰
상완 요골근 (회외근) 반사	C_5, C_6	대상자의 팔을 무릎 위에 가만히 놓고 손바닥은 아래쪽을 향하고 손목의 2~5cm 위에 요골을 해머로 친다.	팔의 굴곡과 회외(손바닥이 전방을 향하게 하는 운동) 운동 관찰
슬관절 반사 (무릎)	L_2, L_3, L_4	무릎관절(슬관절) 반사 발목 반사 앉은 자세나 누워 있는 자세를 취하게 한 후 대상자 무릎을 굴곡하여 슬개골 밑의 슬개건을 가볍게 친다.	대상자의 대퇴 전면부에 검진자의 손을 올려 놓으면 대퇴사두근 수축과 무릎이 신전한다.
발목 반사 (아킬레스건)	L_5~S_2	무릎을 어느 정도 굴곡시킨 상태에서 발목을 배측으로 굴곡하고 아킬레스건을 친다.	발목에서 족지 굴곡 관찰

표재성 반사 국시 17

복부반사	T_8~T_9 T_9~T_{11} T_{11}~T_{12}	복부에서 배꼽의 위쪽, 중앙, 아래쪽 부분을 배꼽을 향하여 같은 방향으로 면봉으로 가볍게 자극	복부근육의 수축 & 배꼽이 자극을 받은 쪽으로 치우침
거고근 반사	T_{12}, L_1	대퇴 상부의 내측 부위를 자극	동측 음낭과 고환의 상승
항문 반사	S_3~S_5	항문 부위를 자극	외항문 괄약근의 수축

병적 반사

족저(바빈스키)반사	L₅, S₁	A. 검사 방법(끝이 무딘 것으로 발바닥을 그림같이 긁어준다.) B. 정상: 바빈스키 음성 C. 비정상: 바빈스키 양성 **바빈스키 반사** 면봉의 끝을 가지고 발뒤꿈치로부터 엄지발가락 방향으로 발바닥 외측으로 계속 줄을 긋는다.	정상(음성)	발가락은 족저굴곡
			비정상(양성)	엄지발가락은 배측굴곡(신전)이 되고 나머지 발가락은 부챗살 모양으로 펴진다. 생후 1년까지 정상 상위운동 신경원의 질환
오펜하임 검사		무딘 물체를 이용해 경골(정강 뼈)의 안쪽 면을 위에서 아래쪽으로 자극을 가한다.	양성	엄지발가락은 배측굴곡(신전)이 되고 나머지 발가락은 부챗살 모양으로 펴진다. 상위운동 신경원의 질환

상위·하위운동 신경원 비교 ☆ 하행척수로-추체로

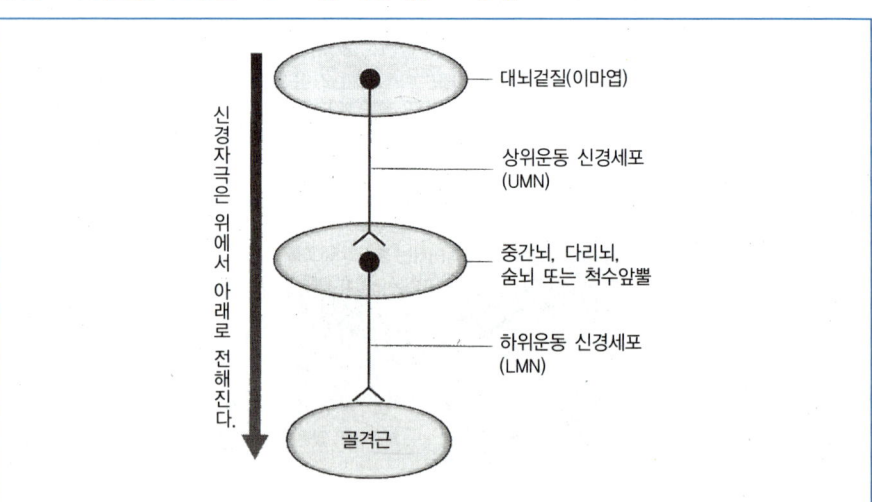

- 상위운동 신경원: 운동계의 척수 전각 이전 단계로 하위운동 신경세포를 조종하는 신경세포로 대뇌피질에 존재한다.
- 하위운동 신경원: 운동계의 척수 전각 이후 단계로 근육으로 간다.

		상위운동 신경원 질환	하위운동 신경원 질환
마비 형태		경직성(구축) 마비	이완성 마비
반사	심부건 반사	항진	감소
	표재성 반사	감소	정상
	병적 반사	바빈스키 반사: +	바빈스키 반사: −
질환		두개내압 상승 다발성 경화증(중추신경계의 수초 탈락) 강직성 뇌성마비(대뇌피질 손상으로 상부 운동 뉴런이 과도하게 자극) 후기단계 뇌졸중, 후기단계 척수손상	길리안 베르(말초신경을 침범하는 급성 염증성 질환) 추간판 탈출증 초기단계 뇌졸중, 초기단계 척수손상
근위축		거의 없음	심함

추체로와 추체외로 비교

	추체로 징후	추체외로 징후
기전	상위운동 신경원의 기능 상실	기저핵/추체외로 손상(파킨슨병)
근긴장형태	경직성 마비(spasticity) 근긴장도 항진	강직(rigidity) 수동운동에 대한 증가된 저항
불수의 운동	없음	있음
병적 반사	있음	없음

2 두부손상

두부손상

부위	두피 손상, 두개 골절, 두개내 손상
충격 손상	타격을 받은 쪽의 뇌에 생기는 손상
반충 충격 손상	뇌의 반대편에 생긴 손상

뇌손상 종류 ☆ 진 좌열

뇌진탕 임용 13

정의	가벼운 두부손상으로 뇌에 명백한 구조적 손상이 나타나지 않은 일시적 신경 기능 소실이다. CT나 MRI에서 이상 소견이 없다.	
증상	뇌 손상 중 가장 양호한 상태로 5분 이내 의식상실 역행성 기억상실(장기 기억 손상으로 사고 이전 기억손상), 전진성 기억상실(손상 후 기억상실로 사고 이후 기억 손상)	
뇌진탕 후 증후군	뇌진탕 후 증후군은 뇌진탕 후 2주~2개월 동안 두통, 기면, 집중력 & 단기 기억력 저하, 지력 변화, 성격과 행동 변화	
	기면 (Drowsy, Lethargy)	자극이나 언어, 질문에 쉽게 깨어나 대화가 가능하다. 외부 자극이 없으면 각성 상태를 유지하지 못하고 자려고 한다.

뇌좌상(뇌타박상)

정의	주로 전두엽이나 측두엽에 발생한다. 뇌조직의 타박상이며 중등도에서 중증 두부손상이다. 뇌는 둔기 외상으로 함몰골절이 많다. 지주막, 연막에 손상을 받아 뇌조직에 점상 출혈, 부종, 경색, 괴사가 있는 신경학적 결손이다. ＊타박상 : 세게 부딪쳐서 생기는 폐쇄성 상처	
대뇌좌상	전두엽좌상	반신 부전마비 ＊전두엽 : 1차 운동 영역
	측두엽좌상	흥분되고 혼돈 ＊측두엽 : 내측 변연계와 함께 기분과 감정 조절
	전두엽과 측두엽좌상	전두엽 : 운동 실어증(브로카 실어증) 측두엽 : 감각 실어증(베르니케 실어증)

뇌의 수막

뇌간좌상	의식수준 변화	5분 이상 장기간 무의식 상태 뇌간(중뇌, 뇌교, 연수) 파괴로 의식수준 변화와 혼수 망상 활성계가 손상되면 의식 변화
	자율신경계 이상	뇌간손상은 자율신경계 기능 이상으로 호흡과 맥박이 빠름, 고열, 발한이 증가한다. 연수에 생명유지 중추인 호흡 중추, 심박동 조절 중추가 있다.
합병증	발작	발작은 뇌세포에 비정상적이고 조절 불가능한 전기적 충격을 내보낸다.
	이차적 손상	뇌수종, 뇌부종으로 두개내압 상승 및 탈출 증상

뇌열상

정의 국시 03	함몰 복합골절과 함께 관련되며 뇌조직이 찢어져서 뇌실질 내 출혈로 혈종이 유발되며, 혈종은 뇌조직을 압박하여 회복이 불가능한 뇌손상을 일으킨다.
증상	뇌내 출혈로 반대측 반신마비, 동측 동공 산대(동안 신경, 제3뇌신경), 혈종이 커지면 ICP 상승, 무의식이 지속된다.

기저 두개골절 임용 15 / 국시 10, 12

중요성	기저 두개골절은 뇌간 부위가 인접해 위험하다.
라쿤징후(Racoon's sign) 공무원 22	안구 주위의 반상출혈(피부나 점막에 3mm 이상 출혈)
배틀징후 (Battle's sign)	 A. Racoon 징후와 비루 B. Battle 징후 C. Halo 또는 ring 징후 유양돌기에 반상출혈
이루, 비루 국시 07	이루, 비루 : 뇌척수액은 물같이 투명
혈당 검사	방법	혈당 검사 용지로 누출된 용액에 당이 존재하는지 테스트이다. 코나 귀로 누출되는 액체가 뇌척수액인지 확인한다.
	양성 반응	뇌척수액은 당이 정상적으로 존재하여 양성 반응을 나타낸다. 혈액이 당을 함유하여 액체에 혈액이 존재하면 양성 반응이다.
halo sign(ring sign, 달무리 징후) 공무원 22	뇌척수액에 혈액이 있는지 확인하기 위해 누출된 액체를 하얀 패드에 떨어뜨리고 몇 분 안에 혈액이 중앙으로 뭉치고 투명한 뇌척수액이 혈액을 감싼다.

두부 외상 종류

경막외 혈종 (경막상 혈종, 경질막외 혈종) 국시 06	정의	심한 외상의 10%에서 발생하는데 경막하 혈종에 비해 뇌피질 손상이 적다. 출혈이 두개골 내측면과 경질막 사이에 생긴 혈종이다. 경질막은 혈종 형성부위에서 머리 뼈와 분리되면서 혈종이 커져 두개내압이 높아지고 뇌조직에 압력을 가하면서 신경계 합병증이 있다.
	증상	수분에서 수시간까지 의식 명료기가 나타난 다음 바로 의식을 잃는다.
	뇌 CT	뇌 CT 사진에서 볼록렌즈 모양의 음영이 특징적이다. 경막외 혈종은 뼈와 경질막 사이 결합이 강하여 출혈이 확대되지 않고 국한되어 볼록 렌즈 형태이다. * 뇌 CT : 밀도가 높을수록 하얗다.
경막하 혈종	정의	경막 하부에서 손상된 혈관으로부터 출혈되어 경막하 혈종이 유발되며, 혈종은 뇌조직을 압박하여 회복이 불가능한 뇌손상을 일으킨다. 경막밑 혈종은 경질막과 거미막(지주막) 사이 공간에 출혈로 생긴 혈종이다. 급성 경막밑 혈종은 경막외 혈종보다 뇌손상이 심하다. 광범위하여 혈종을 제거해도 심한 뇌부종 때문에 예후가 나쁘다.
	증상	50%에서 손상 초기부터 혼수 상태
	뇌 CT	CT상 초승달 모양의 경막하 혈종을 확인한다. 경막밑 혈종은 경질막과 거미막(지주막)과의 결합이 약하여 초승달 모양이다.

간호

손상 위험성 R/T개방성 창상으로 인한 출혈 → 출혈로 인한 신체 손상을 보이지 않을 것이다. 국시 05

척추 사정	방법	목 부위를 관찰해 척추손상 가능성을 조사한다.
	근거	머리 손상은 척추손상을 동반할 수 있다.
30도 상승	방법	**두부손상 응급처치 시 환자의 자세** 두부손상만 있는 경우에는 들것에 누인 자세에서 두부를 30° 올려주거나 15cm 정도 올려주는 것이 바람직하다. 이러한 자세는 뇌부종을 최소화시킬 수 있다. 하지만 척추손상이 의심되는 경우에는 환자를 바로 누인 자세가 바람직하다. 척추손상이 동반되지 않을 때 머리와 어깨를 30° 올린다.
	근거	상승으로 혈액을 감소시켜 뇌부종을 최소화시키고 머리 출혈을 지혈시킨다.
소독된 거즈	방법	상처 가장자리 압박: 개방성 두개골 골절이 의심될 때 상처 중심부를 소독된 거즈를 두껍게 덮고 압박해서는 안 된다.
		덧대기: 드레싱이 혈액으로 완전히 젖어도 떼어 내지 말고 다른 드레싱을 위에 덧댄다. 이미 형성된 응괴를 떨어지게 하므로 피를 빨아들인 천을 제거해서는 안 된다.
	근거	상처 가장자리도 출혈이 발생하므로 넓게 압박하여 지혈시킨다.
탄력붕대 금지	방법	소독된 거즈를 탄력붕대로 압박하여서는 안 된다.
	근거	탄력붕대로 압박하면 뇌손상에 의한 뇌압 상승을 악화시킨다.
소독	방법	뇌척수액이 누출되는 부위를 소독한다.
	근거	소독으로 뇌척수액이 누출되는 부위를 통해 외부오염원이 뇌로 유입되는 것을 방지한다.
뇌척수액 누출	방법	뇌척수액은 자연 배출되도록 하며 멸균 거즈로 살며시 덮는다. 멸균 거즈를 탄력 붕대로 압박해서는 안 된다.
	근거	뇌척수액이 누출되는 부위인 코나 귀를 거즈나 솜으로 완전히 막으면 압력에 의해 뇌압이 상승된다.
만지기 금지	방법	뇌척수액이 누출되는 비강이나 외이도를 만지지 않는다.
	근거	소독되지 않은 손으로 만짐으로 오염원이 뇌로 유입되는 것을 방지한다.
세척 금지	방법	두개골 골절이 의심될 때 두피에 난 상처를 세척하지 않는다.
	근거	세척 시 사용되는 용액, 불순물과 세균이 뇌로 들어갈 수 있다.
Dr	방법	소독된 거즈를 대고 Dr 처치를 위하여 병원을 방문한다.
	근거	뇌가 노출된 개방성 손상 시 긴급히 봉합하는 처치가 필요하다.

3 두개내압 상승

원인 국시 08

두부외상	혈액뇌장벽 손상	두부손상 후 혈액-뇌장벽(Blood-Brain Barrier) 손상으로 뇌세포 내 수분 용량 증가로 뇌부종
	CO_2 상승	두부손상으로 뇌에 저산소증이 악화되어 CO_2가 상승하여 뇌혈관 확장으로 혈액량이 증가되어 혈관 울혈, 뇌부종
	혈종	경막상, 경막하 혈종, 뇌내 혈종 : 혈종이 커지면 ICP 상승
뇌출혈		뇌출혈로 혈액 용적 증가
뇌수종		뇌척수액의 생성장애, 통로, 흡수 폐쇄
뇌종양		뇌종양으로 뇌실질 증가
뇌수막염, 뇌농양		뇌실질 속 박테리아와 배액물은 혈관울혈과 뇌부종을 일으키고, 염증 반응으로 뇌척수액 생성 증가로 두개내압 상승

* 뇌부종 : 뇌의 수분이 증가된 상태

두개내압 상승의 병태생리

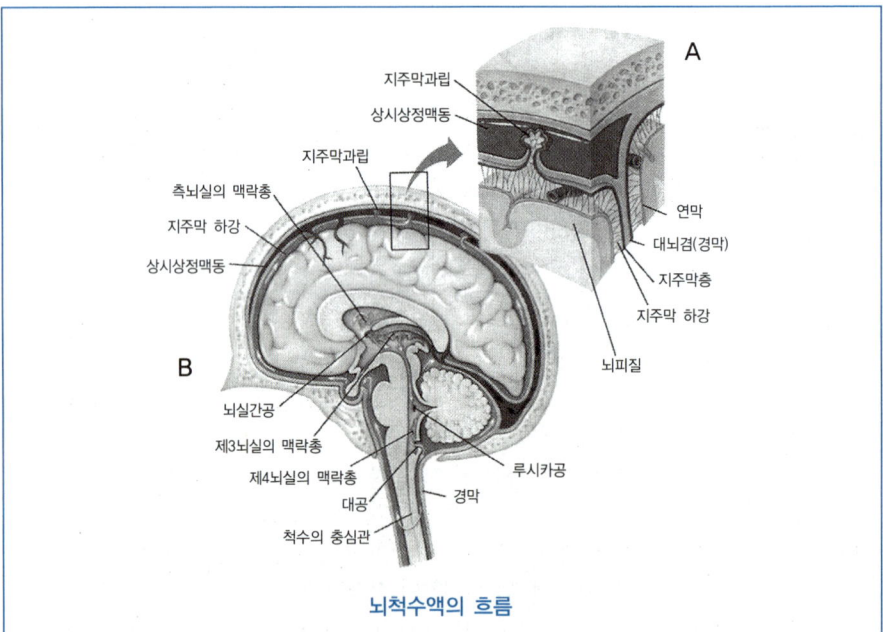

뇌척수액의 흐름

각 뇌실의 맥락층에서 혈액의 여과로 생성된 뇌척수액은 뇌실, 뇌실간공, 제3뇌실, 대뇌수도, 제4뇌실, 지주막 하강을 지나 혈액으로 들어간다.

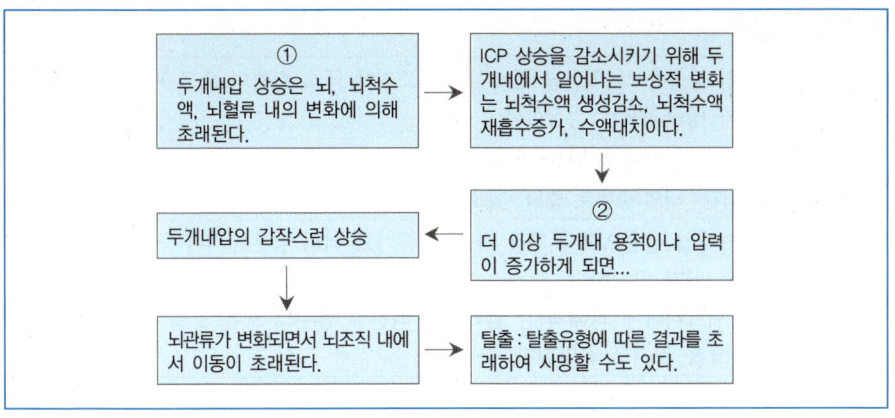

두개내압(ICP) 상승 기전 국시 04, 20

두개내압 정상 : 5~15mmHg, 정상 뇌관류압 : 70~100mmHg

ICP 상승 기전	두개 내용물		두개 내용물은 뇌실질 조직, 뇌혈액, 뇌척수액으로 하나 이상 상승 시 ICP가 상승한다.
	뇌실질 증가		뇌실질 증가로 ICP가 상승한다.
	뇌혈액 증가		뇌혈관 손상으로 뇌혈액 상승이나 뇌혈액의 저산소혈증 & 고탄산혈증($PaCO_2$ 상승)은 대뇌 혈관을 확장시켜 ICP가 상승한다. 국시 22
	뇌척수액 증가		뇌척수액 생산 증가나 통로 폐쇄, 흡수 저하로 뇌척수액이 증가하여 ICP가 상승한다.
ICP 보상 기전 임용 05	정의		뇌실질 조직, 뇌혈액, 뇌척수액 중 한 가지가 증가하면 나머지 2가지 양을 줄여 전체 양과 압력을 일정하게 유지한다.
	뇌척수액↓	생성	뇌척수액 생성이 감소한다.
		흡수	뇌척수액은 정맥으로 흡수가 증가한다.
		척수 공무원 22	뇌척수액이 두개 구간에서 척수의 지주막 하강으로 이동한다.
		결과	뇌척수액은 뇌의 신경세포에 영양을 공급하고 노폐물을 제거한다. 뇌척수액 감소로 뇌의 신경 기능이 손상된다.
	대뇌 혈류량↓	혈류↓	뇌에서 혈류량을 줄여 혈류가 감소한다.
		결과	두개내 혈류량이 저하되어 뇌조직의 국소 빈혈과 두개내 혈류에 저산소증이 악화되고 H^+과 CO_2가 상승하여 두개 혈관이 확장하여 두개내압을 악화시킨다.

ICP 상승 결과

국소 빈혈	뇌압 상승은 뇌혈류를 감소시켜 뇌조직에 국소 빈혈이 오고 괴사가 진행되어 뇌가 영구적으로 손상한다.
뇌간 기능부전	두개내압 상승은 뇌간 기능부전을 의미한다. * 뇌간 : 뇌의 중추로 중뇌, 뇌교, 연수
뇌 헤르니아	두개내압 상승으로 두개강 내 압력 증가로 뇌의 일부가 후두공을 통해 척수강으로 뇌가 탈출한다. 뇌 헤르니아에 의해 뇌간 압박으로 뇌간에 연수의 호흡 조절 중추 압박에 의해 호흡 정지로 사망한다.

증상 [국시 00, 04, 07, 18]

Vital sign [국시 08]	기전 [국시 08]	두개내압 상승으로 시상하부, 연수의 압력 상승으로 발생한다. * 연수 : 호흡 중추, 심박동 조절중추, 혈관운동 중추가 있다. * 시상하부 : 자율신경 조절, 체온 조절, 뇌하수체 조절, 수분대사 조절
	Cushing triad [공무원 22]	서맥, 불규칙적인 느린 호흡, 수축기 혈압 상승, 맥압 상승
	체온 상승	뇌압이 증가하여 시상하부 체온조절중추에 영향을 미치어 체온 변화로 발열이 나탄다.
	맥박	서맥 혈압 증가에 부교감신경 흥분으로 심박동수를 낮춘다.
	호흡	Cheyne stokes 호흡(불규칙한 과호흡과 무호흡 반복) 실조성 호흡(불규칙적 얕은 호흡 후 무호흡) 불규칙한 호흡 양상
	혈압	수축기 혈압 상승, 맥압 상승 뇌간이 압박을 받으면 혈관운동중추의 허혈로 혈관 수축을 일으켜 수축기 혈압이 상승한다. 연수에 혈관운동 중추가 있어 혈관운동조절로 혈압을 유지한다. 맥압 : 수축기압과 이완기압의 차로 정상 맥압은 35~45mmHg
두통 [국시 06]	두개내 압박	두개내 구조 압박은 두통을 일으킨다. 발사바 요법은 기침, 재채기, 배변, 긴장, 움직일 때 두개내압 증가로 두통이 있다.
	아침 두통	아침 두통이 심하다. 수면 시 혈중 이산화탄소 농도가 증가하여 뇌혈관이 확장되어 두개내압 증가로 두통이 있다.
경련	기전	두개내압 상승으로 뇌의 신경원 내 전기 에너지가 과도하게 비정상적 방출로 경련이 생긴다.
	증상	대발작(강직성 간대성 발작) 형태

의식수준 저하		대뇌피질과 망상 활성계에 뇌혈류량 감소로 뇌의 산소공급 저하로 의식수준 저하
동공	동공 확장	두개내압 상승은 동안신경(3뇌신경)을 눌러 동공이 산대한다. 정상 동공은 3~5mm * 동안신경 : 동공 크기, 동공 조절 능력, 대광 반사
	고정된 동공	대광반사로 펜라이트에 빛을 비춘 눈의 동공반응이 두개내압 상승에서 동안신경이나 시신경을 압박하여 발생한다. 느려진 고정된 부동의 동공이다. cf) 정상 대광반사 : 대광반사에서 펜라이트에 빛을 비춘 눈의 동공이 빠르게 수축하며 교감반응으로 반대쪽 동공 수축
	시력장애	
	복시	3, 4, 6번 뇌신경
유두부종		두개내압이 상승할 때 뇌척수액에 의한 정맥 울혈로 유두부종 발생
운동기능	기전	두개내압 상승은 전두엽에 있는 1차성 운동영역의 신경전달로인 겉질척수로(추체로 중추)를 압박하여 반대쪽 운동기능 상실을 초래한다.
감각기능	기전	두개내압 상승은 두정엽에 있는 감각영역의 신경전달로를 압박하여 반대쪽 감각의 기능상실을 초래한다.
구토 임용 21	기전	뇌압 상승에 따른 뇌간 압력으로 연수의 구토 중추를 자극하여 구토한다.
	증상	오심 없이 반복적 분출성 구토
Cushing 궤양	기전	시상하부 자극으로 미주신경이 활성화되어 아세틸콜린과 gastrin이 증가되어 염산 분비 증가로 Cushing 궤양이 발생한다. * gastrin : 부교감신경이 흥분을 유도한다. * COPD : 동맥혈 중 CO_2 증가, O_2 감소로 위산 분비를 자극하여 소화성 궤양
	증상	식도, 위, 십이지장에 심한 위장 출혈

치료제

mannitol 임용 11 / 국시 22

기전	삼투성 이뇨제로 삼투작용으로 삼투압에 의해서 두개강 내 용액을 혈관 내로 이동시켜 수분배설 증가로 ICP가 감소한다.
방법	경구 투여 시 흡수되지 않으며, 정맥 내로만 투여한다. 시간당 소변량을 확인한다. 국시 21

간호 국시 05, 09

뇌조직 관류 장애 위험성 R/T두개내압 상승, 고체온, 연수압박, 감염 → 뇌조직 관류를 증진시킨다. 국시 19, 24

일직선 국시 20	방법	머리는 똑바로 가운데로 유지하고 경추 collar 부목을 이용하고 목의 굴곡, 과다 신전, 머리를 돌리지 않는다. 간호사의 손으로 머리를 지지하여 경부의 과도한 굴곡과 회전으로 인한 두개내압 상승을 방지한다.	
	기전	경정맥의 배액을 용이하여 뇌부종이 감소한다. 목의 심한 굴곡, 신전, 회전으로 경정맥이 압박되거나 꼬이면 두개내압이 상승되므로 금한다.	
머리 지지	방법	대상자를 돌리는 동안 호기(성문이 열리도록)한다.	
	기전	성문 닫힘으로 발사바법에 의한 두개내압 상승을 호기로 방지한다.	
체위 변경 제한 국시 20	방법	빈번한 체위 변경을 하지 않는다.	
	기전	체위를 빠르게 변경시키면 두개내압을 상승시키므로 천천히 변경시킨다.	
30도 상승 임용 21 국시 06, 17, 21, 22, 23	방법	경추손상을 입을 우려가 없다면 두부를 30도 상승시킨다. 경추손상 유무를 판정하기 어렵다면 수평으로 누운 자세를 취한다.	
	근거	경정맥 배액 방해로 ICP가 상승된다. 두부를 30도 상승시켜 중력에 의해 경정맥 배액으로 정맥귀환이 되어 뇌부종을 감소시킨다.	
옷 느슨	방법	목둘레, 흉부, 복부의 단추, 벨트를 느슨하게 해준다.	
	근거	정맥 배액	목둘레를 느슨하게 하여 정맥 배액을 돕는다.
		복압 감소	흉부, 복부 단추, 벨트를 느슨하게 하여 끼는 옷에 의한 복압 감소로 두개내압을 낮춘다.
과도 환기 국시 04	방법	저산소증 & CO_2 축적은 혈관 확장으로 두개내압을 높인다. 국시 23 동맥혈 탄산가스분압($PaCO_2$) : 25~30mmHg 이하(정상 35~45mmHg) 유지하도록 과도 환기를 유지한다.	
	기전	과도 환기로 뇌혈관을 수축시켜 뇌혈량을 줄이고 두개내압을 감소시킨다.	
	금기	과환기 치료 금기는 두개내압 상승이 없거나 두부외상을 받은 첫 24시간 이내, 뇌관류압 CBF이 낮을 때이다.	
기침, 재채기 제한 국시 20, 23	방법	기침, 재채기, 코를 풀거나 귀 청소, 흡인을 하지 않는다.	
	기전 국시 22	기침, 재채기는 발사바 조작(Valsalva maneuver)으로 ICP가 상승한다.	
변비 제한	방법	배변 시 힘을 주지 않는다. 처방에 따라 변 완화제를 사용한다.	
	기전	변비를 방지하여 발사바 조작 감소로 ICP를 감소시킨다. 국시 23 cf) 발사바 조작 : 서맥 유도 위해 심실 상부 빈맥에 일시적 치료 방법	
복부, 둔부 굴곡 제한	방법	과도하게 복부와 둔부를 굴곡시키지 않는다.	
	근거	두개내압 상승	복부, 둔부 굴곡은 흉부, 복부 내 압력을 높여 두개내압을 상승시킨다.
		호흡장애	복부를 굴곡시키면 횡격막을 압박하여 호흡장애를 일으킨다.

	방법	등척성 운동을 하지 않는다.
등척성 운동 제한	기전	등척성 운동은 혈압 증가로 ICP를 증가시킨다. * 등척성 운동 : 정적인 운동으로 근수축 시 근섬유의 길이는 그대로 있고 장력만 변화
통증 예방	방법	통증을 예방한다.
	기전	통증은 두개내압을 증가시킨다.
안정	방법	정서적 스트레스를 피한다.
	기전	정서적 긴장, 흥분, 울음은 ICP를 상승시킨다.
체온 하강 국시 23	방법 국시 22	저온 담요, 스펀지 목욕으로 체온을 낮춘다. 해열제로 고체온을 조기에 치료하여 뇌 대사 변화를 예방한다.
	기전	고체온에 의해 증가된 신진대사는 노폐물을 증가시켜 뇌혈관 확장 초래로 ICP를 증가시킨다.

4 척수손상

손상이 잘 발생하는 부위 임용 96 / 국시 04

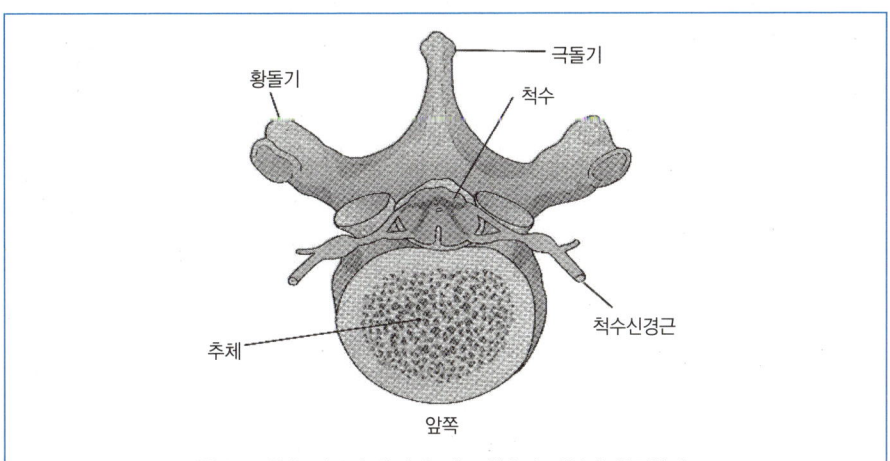

척수는 척추 체부의 후방에 있는 척수강 내부에 위치한다.

C1,2 / C4~6 / T11,12 / L4,5

C1~8	경추
T1~12	흉추
L1~5	요추
S1~5	천추

척수신경 부위

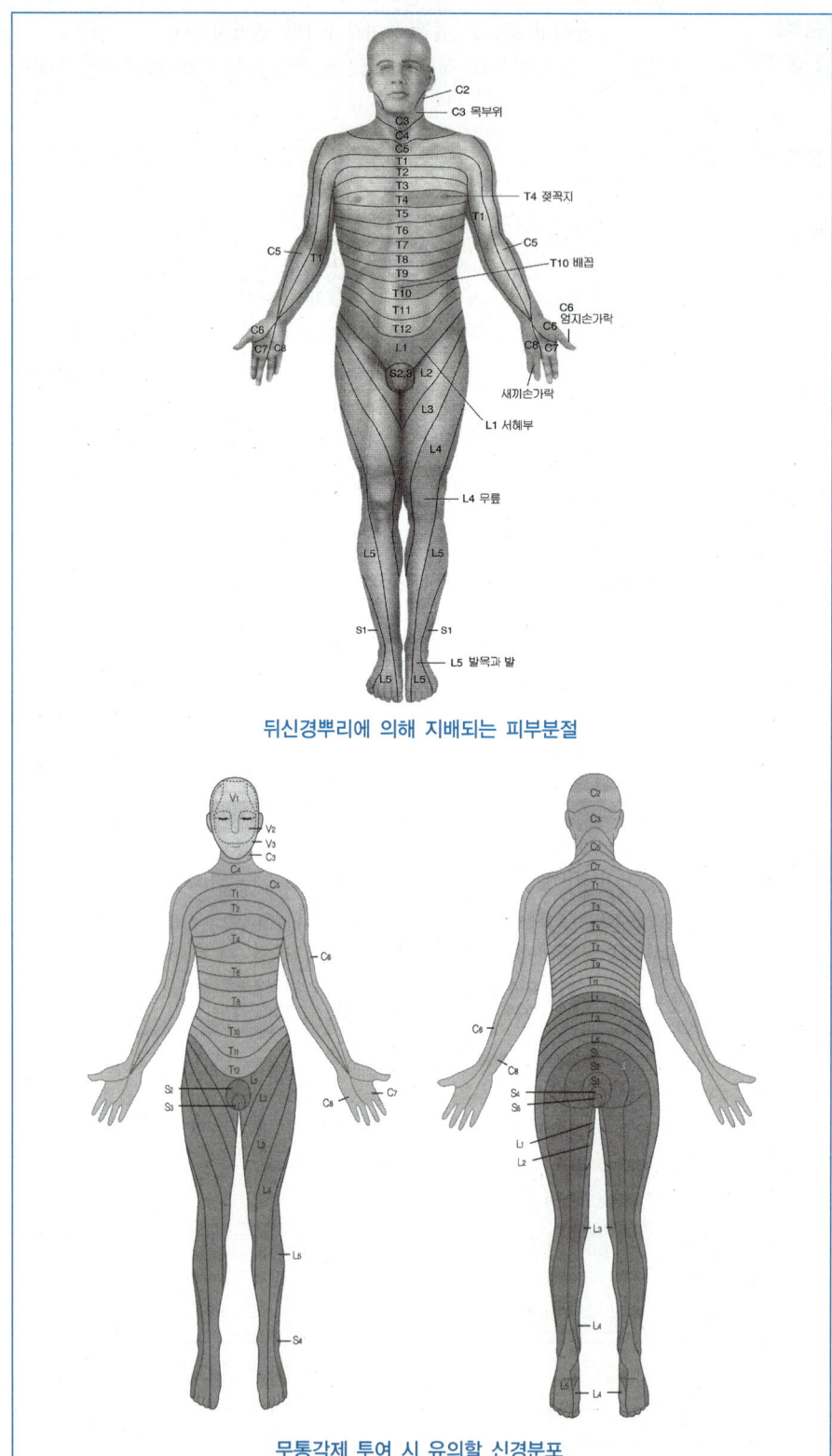

뒤신경뿌리에 의해 지배되는 피부분절

무통각제 투여 시 유의할 신경분포

C2	아래턱 일부		
C3	목, 쇄골 앞쪽		
C4	목, 쇄골 뒤쪽, 양쪽 어깨	횡격막 신경 (C3, 4, 5)	
C5~T1	C5 : 어깨, 이두근, 상완, 전완(아래 팔)	C5, C6	이두근 반사, 상완 요골근 반사
	C6 : 상완, 전완, 제1수지, 제2수지	C7, C8	삼두근 반사
	C7 : 삼두근, 제2, 3수지		
	C8 : 상완, 전완, 제4, 5수지		
	T1 : 상완, 전완, 전흉벽		
C6(엄지), C7(중지), C8(약지, 새끼손가락)	손		
T4	유두	T1~T7	늑간근
T10	배꼽	T8~T12	복부반사
T12, L1	서혜부 L1 : 서혜부, 고관절 굴곡	T12, L1	거고근 반사
L3, L4	무릎	L2, L3, L4	슬관절 반사(무릎) L2 : 서혜부, 대퇴 앞면 L3 : 대퇴부, 무릎 L4 : 대퇴부, 무릎, 종아리
L5(발의 중앙부), S1(발의 측부)	L5 : 대퇴부, 하지, 제1족지 S1 : 대퇴부 후방, 종아리, 발바닥, 제4, 5족지	L5	엄지발가락
		L5~S2	발목 반사(아킬레스건)
		L5~S1	족저(바빈스키) 반사
S2	대퇴후면과 종아리		
S2, S3, S4, S5	음부, 엉덩이, 발기, 사정	S2~S4 (S3~S5)	항문 반사

심부건 반사

이두근 반사, 상완 요골 근반사	C5, C6
삼두근 반사	C7, C8
슬개건 반사	L2, L3, L4
아킬레스건 반사	L5~S2

척수손상 부위별 신경학적 장애 [국시 08, 10, 14]

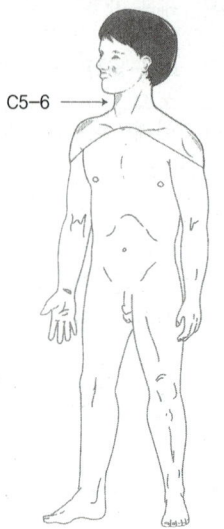

① 어깨 아래의 모든 근육에 마비가 온다.
② 단지 횡격막으로만 호흡을 한다.
③ 어깨 아래부터 감각이 마비된다.

하얀 부분은 제5, 6 경추의 위치에서 척수가 손상되어 무감각과 마비가 있는 부분을 나타낸다.

C4 손상	장애	C2 : 아래턱 일부 담당 C4 : 목, 쇄골 뒤쪽, 어깨 으쓱하기 담당 아래 경부의 사지마비로 모든 감각, 운동기능 상실 호흡기능 소실로 즉각적 호흡구조가 없으면 호흡부전으로 사망 [국시 23]
	능력	횡격막 신경손상(C3, C4, C5), 호흡 기능 장애로 기관절개술, 인공 호흡기 필요 물을 마시고, 입이나 턱으로 전동휠체어 조절
C5 손상	장애	C5 : 어깨, 팔(이두근), 전완 담당 횡격막성 호흡을 한다. 목, 어깨, 쇄골, 전완의 일부는 정상, 전박을 회전 사지마비
	능력	상지 조절을 해주는 보조기를 사용하여 음식을 먹고 머리를 빗는다.
C6 손상 [국시 05]	장애	C6 : 상완, 전완부, 엄지 담당 어깨는 잘 조절하며 팔과 손의 부분 마비와 하지마비가 있다. 손목을 구부림, 손을 뒤집는다. 전완과 엄지손가락의 감각은 약간 있다.
	능력	보조기구를 사용해서 전완 이용(식사, 옷 입기, 몸치장 가능) 보조기구를 사용하여 바퀴 손잡이를 잡고 휠체어를 민다. 자가도뇨를 할 수 있다.
C7 손상	장애	C7 : 중지 감각담당, 삼두근 담당 머리, 어깨, 대부분의 전완과 손의 일부 감각 정상(손기능 약간 조절) 어깨, 팔꿈치, 손목을 들어올릴 수 있으며 손의 기능도 있음
	능력	다소의 일상생활 활동 수행 가능(독립적으로 옷을 입고, 음식을 먹음) 손으로 미는 특수 장치의 휠체어, 특수 장치된 자가 운전 가능

C8 손상	장애	C8 : 약지 담당 얼굴, 어깨, 이두박근, 전완, 대부분 손 감각은 정상 손을 수의적으로 잡고 놓을 수 있음, 손목, 손가락 운동은 정상 휠체어에서 몸을 일으킬 수 있다.
	능력	대부분의 일상생활 활동을 독립적 수행 휠체어 이용을 독립적 수행
T1~T6 손상 국시 18	장애	T4 : 유두 담당, T1~T7 : 늑간근 담당 가슴 중앙 이하 운동, 감각 기능 상실로 양측 하지 마비 장, 방광, 성기능의 소실을 동반한 하지 마비
	능력	상지 기능은 완전, 독립적으로 가사 활동
T6~T12 손상 국시 05	장애	T10 : 배꼽, T12 : 서혜부 하지마비, 허리 이하 운동, 감각 기능 상실 국시 14
	능력	어려움이 있지만 보행기와 장하지 부목과 목발로 걸을 수 있다. (T12) 휠체어 조작이 매우 용이
L1~L2 손상	장애	L1 : 서혜부, 고관절 굴곡, L2 : 대퇴 앞면 어깨, 팔, 손은 정상, 요추부 이하 마비로 하지마비 장과 방광의 기능부전
	능력	단하지 부목과 목발을 이용하여 걸을 수 있음 휠체어 의존이 필요 없음
L3~L4 손상	장애	L3, L4 : 대퇴부, 무릎, 종아리 담당 등 하부를 모두 조절한다. 다리를 일부 조절한다. 다리 하부, 발목, 발의 기능 상실
	능력	보조기를 이용하여 보행 가능
S1~S5 손상	장애	L5 : 발의 중앙부, S1 : 발의 측부, S2 : 종아리와 대퇴 후면 땅을 밀 수 있는 힘이 있으면 설 수 있음(적응 기구 필요) 방광과 장의 조절 불가능 S2~S5 : 장, 방광 조절, S2~S4 : 발기, 사정
	능력	보조기를 이용하여 보행 가능 둔부를 똑바로 편다. 무릎(L3, L4), 발목(L5~S2), 발가락(L5, S1)을 잘 조절한다.

응급간호 [임용 09]

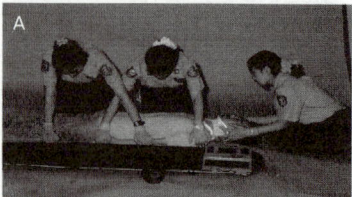
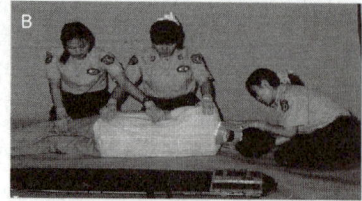

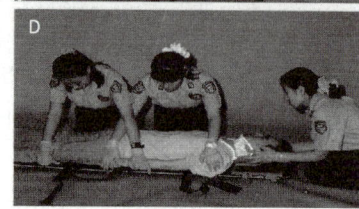
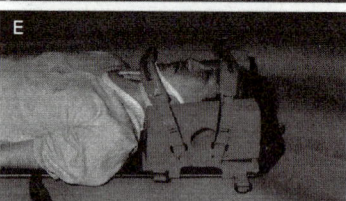

A. 환자의 한쪽 상지를 위로 편다.
B. 환자를 옆으로 굴린다.
C. 환자를 완전히 옆으로 굴려 측와위 자세에서 정지한다.
D. 하부에 위치한 사람이 척추고정판을 환자에게 밀착시킨다.
E. 환자를 다시 원래의 누운 자세로 돌려서 척추 고정판에 눕힌 뒤 머리고정대와 띠로 고정한다.

Log Roll 방법으로 척추고정판에 옮기기

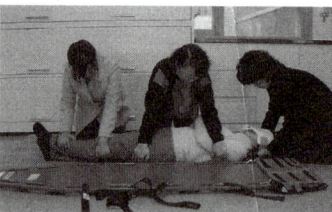

A. 통나무 굴리기(log roll)를 준비하는 동안 머리와 목을 일직선으로 유지한다.
B. 안전성을 유지하고 구조자 방향으로 몸 전체를 돌린다.

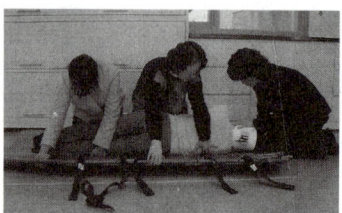

C. 등을 검사하면서, 척추를 척추 고정판의 바닥으로 이동시킨다.
D. 척추 고정판에 안전한 자세로 유지하며, 중앙선에 눕힌다.

경추 손상이 의심되는 환자를 병원으로 후송하기 위한 처치

일직선 [국시 21]	방법	목이 전후, 좌우로 구부러진 경우 머리와 몸체를 정중 축에 평행한 일직선에 위치한다. 기도가 유지될 정도로 변형을 교정한 후 경부를 고정한다. 통증 증가나 심한 저항에 견인을 시행하지 않고 경부는 변형된 자세로 고정한다. [공무원 22]
	효과	기도를 유지한다.

하악 견인법 (턱 밀어 올리기) 임용 22	방법	구조자는 환자의 머리 쪽에서 팔꿈치는 바닥에 닿게 하고 두 손을 각각 환자 머리 양옆에 두고, 두 손으로 아래턱 모서리를 잡아 앞쪽(전방)으로 들어올린다.
	효과	경부를 움직임이 없거나 최소한의 움직임으로 척추손상을 악화시키지 않고 기도를 유지한다.
경추고정 국시 99, 21	방법	접은 삼각건 11장이 필요하며 두 발을 묶어 널빤지 등에 고정시킨다. 경추손상환자를 이동할 때 한 사람은 환자의 머리를 고정시키도록 한다. **경추골절 시 고정법** 머리는 몸과 일직선을 시키고 경추칼라로 고정하여 경추를 안정시킨다.
	효과	경추손상은 촉진으로 알기 어렵다. 경추는 약한 외력으로 손상을 당하기 쉬워 함부로 움직이면 척수에 영구적 손상으로 사지마비나 생명을 잃는다.
통나무 굴리기 임용 22	방법	환자를 옮길 수 있는 사람 수가 적절할 때 2명 이상이 통나무 굴리는 식으로 전신을 한 단위로 척추고정판에 옮겨 척추고정판 위에 반듯이 눕힌다. 환자 한쪽 상지를 편다. 환자를 완전히 옆으로 굴려 측와위 자세에서 정지한다. 하부에 위치한 사람이 척추고정판을 환자에게 밀착시킨다. 환자를 다시 원래 누운 자세로 돌려서 척추고정판에 눕힌 뒤 머리고정대와 띠로 고정한다.
	효과	전신을 한 단위로 목, 등, 척추 움직임을 최소화시켜 더 이상 척수 손상을 방지한다.
머리고정	방법	머리 고정대로 머리 양측에 고정시킨다.
	효과	머리 고정으로 머리와 몸체를 일직선에 위치하여 기도를 유지하고 경추손상을 방지한다.
척추고정	억제대	머리, 가슴, 골반, 다리를 척추관의 억제대로 묶는다.
	베개	목, 허리, 무릎의 빈 공간에 베개나 말은 담요로 채운다.
	손	손은 이송 도중 떨어지지 않도록 양손을 서로 느슨하게 붙들어 맨다. 손목은 서로 교차시키고 넥타이, 부드러운 붕대로 묶는다.
	효과	척추의 굴곡, 신전, 뒤틀림을 예방하여 손상의 진행과 악화를 방지한다.

척수손상 시의 합병증

호흡장애	횡격막 마비, 늑간근 마비		
	상부 경수 손상	기전	제4경수 상부 척수손상 횡격막을 지배하는 운동 신경은 C3, C4, C5에서 나온다. 상부 경추 손상에 횡격막 운동이 저하된다.
		결과	호흡 기능 장애로 즉각적 호흡구조가 없으면 호흡부전으로 사망
	하부 경수 손상	기전	하부 경수 손상 시 횡격막 운동은 정상적으로 유지되므로 복부가 상하로 움직이는 복식호흡 증가 흉부와 복부 근육 마비로 흉식호흡은 할 수 없다.
		결과	호흡 능력 저하, 가스교환 장애, 폐렴, 무기폐
신경인성 쇼크	혈관 이완으로 혈압저하		
척수 쇼크			
자율신경 과다반사			

신경인성 쇼크

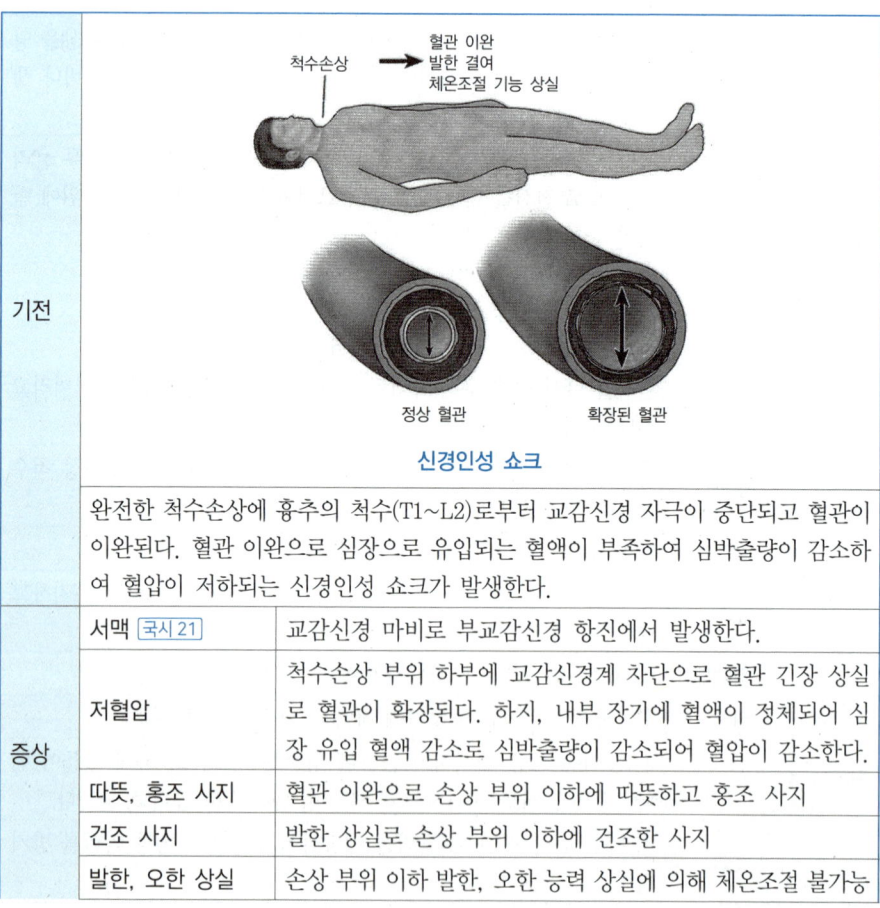

신경인성 쇼크

기전	완전한 척수손상에 흉추의 척수(T1~L2)로부터 교감신경 자극이 중단되고 혈관이 이완된다. 혈관 이완으로 심장으로 유입되는 혈액이 부족하여 심박출량이 감소하여 혈압이 저하되는 신경인성 쇼크가 발생한다.	
증상	서맥 국시21	교감신경 마비로 부교감신경 항진에서 발생한다.
	저혈압	척수손상 부위 하부에 교감신경계 차단으로 혈관 긴장 상실로 혈관이 확장된다. 하지, 내부 장기에 혈액이 정체되어 심장 유입 혈액 감소로 심박출량이 감소되어 혈압이 감소한다.
	따뜻, 홍조 사지	혈관 이완으로 손상 부위 이하에 따뜻하고 홍조 사지
	건조 사지	발한 상실로 손상 부위 이하에 건조한 사지
	발한, 오한 상실	손상 부위 이하 발한, 오한 능력 상실에 의해 체온조절 불가능

증상	저체온, 체온 변화		신경 지배가 없는 부위에 오한, 발한 상실에 의해 체온조절 능력 상실이다. 저체온, 외부 환경에 따라 체온이 변화한다. 교감신경 자극이 중단되어 혈관이 이완되어 피부를 통해 열 손실을 초래한다. 추운 환경에서 체온 손실이 급격히 증가하여 저체온증에 빠질 수 있다.
치료	혈압 상승제	방법	혈압 상승제(혈관 수축제) 정맥 주사, 수액 공급
		효과	혈관 이완으로 저혈압에 혈압 상승제로 혈관을 수축시켜 혈압을 유지시킨다.

신경인성 쇼크 응급 간호 ★ 신경인성 쇼크는 변 옷 보안

cf) 쇼크 간호 : 원인 처치, 변형된 trendelenburg 자세, 안정, 옷 느슨, 젖은 옷 벗김, 보온, 열이용 금기, 저체온법 금기, 금식, 측위, 병원후송

변형된 trendelenburg 자세 임용10	방법		경부 고정장비와 척추 고정판으로 척추를 고정하고, 하지를 심장보다 높게 척추고정판으로부터 20~30cm 정도 높게 상승시킨다. 하지를 너무 높게 거상하면 복강 내 장기들이 횡격막을 흉부쪽으로 밀어서 폐가 압박되어 호흡기능이 저하된다.
	효과		하지를 20~30cm 상승시켜 하지의 확장된 혈관의 혈액들이 심장으로 유입하여 혈압을 상승시킨다.
안정	방법		조용한 곳에서 안정시킨다.
	효과		심한 불안은 상태를 악화시키므로 안정시키고 조용히 쉬게 해준다.
옷 느슨	방법		옷을 느슨하게 풀어준다.
	효과		옷을 느슨하게 하여 혈액 순환을 높는다.
보온	방법		수족의 보온에 유의하여 모포나 시트로 전신을 싸준다.
	효과	체온 보존	신경인성 쇼크에서 신경 지배가 없는 부위에 체온이 현저하게 떨어진 저체온이 생기므로 체온을 보존한다.
		혈액 순환	보온으로 혈액 순환을 증가시켜 쇼크 진행을 막는다.
탄력스타킹	방법		신경인성 쇼크일 경우 하지에 탄력스타킹을 신긴다.
	효과		신경인성 쇼크에 혈관이 이완된다. 탄력스타킹은 혈관에 압박을 가함으로 하지의 표재성 정맥 지름을 감소시켜 정맥 흐름을 증가시킨다.

척수 쇼크

기전		72시간 이내 발생하며 외상 직후 신경전달로 파괴로 손상 부위 이하 모든 척수 기능(운동, 감각, 반사, 자율신경기능)이 일시적 소실된다.
증상	수일~수개월간 지속	척수신경은 흥분성을 되찾아 반사 활동이 돌아와 회복된다.
	초기	초기에 하위운동 뉴런 질환
		손상 부위 이하 반사활동 소실 심부건 반사 상실
		이완성 마비 : 손상 부위 이하 모든 골격근 침범
	후기	3~12주에 상위운동 뉴런 질환
		심부건 반사 항진, 바빈스키 반사 양성 경직성 마비
	회복	척수쇼크 회복은 항문 반사, 발기 반사 회복 * 항문 반사 : 항문 부위를 자극하면 외항문 괄약근 수축
	감각 상실	손상 부위 이하 촉각, 통각, 온도 감각, 위치감 상실
	방광, 장 긴장 상실	위 팽만, 연동운동과 장음 감소, 마비성 장폐색

		상위운동 신경원 질환	하위운동 신경원 질환
마비 형태		경직성(구축) 마비	이완성 마비
반사	심부건반사	↑	↓
	표피 반사	↓	정상
	병적 반사	바빈스키 반사 : +	바빈스키 반사 : -
		다발성 경화증 후기단계 척수손상, 뇌졸중	길리안 베르 초기단계 척수손상, 뇌졸중

자율신경 과다반사(자율신경 반사 항진)

기전		T6, 7 부위 이상 손상 대상자에서 척수 쇼크 해결 후 발생한다. 유해 자극을 감각 수용기가 감지하여 척수 후부를 거쳐 장애가 있는 교감신경계를 흥분시킨다. 신경 전달이 파괴되어 대뇌피질의 상위 중추에서 교감신경계(T1~L2)를 통제하지 못한다. 원심성 신경 자극이 척수 병변을 통과할 수 없기 때문이다. 척수병변 수준 이하에 비전형적 자극으로 비억제성 교감신경으로 심맥관 반응을 조절하지 못하는 지나친 교감신경 과다반사를 일으킨다. * 원심성 신경 : 중추신경에서 말초신경으로 신경 충격 전달
증상 국시 14 : 지나친 교감신경 반응	서맥	30~40회/분, 부교감 경동맥동과 대동맥에 있는 압력수용체는 고혈압을 지각하여 부교감을 자극한다.
	고혈압	300mmHg 이상 : 혈관 수축으로 고혈압
	두통	욱신거리는 두통, 불안정
	눈	동공산대, 흐릿한 시력, 복시
	코	비울혈, 코막힘(부교감)
	오심	
	피부	안면 홍조, 털세움, 발한

간호 국시 01

유발 요인 제거	자극 제거 국시 21	방법	유발 요인을 사정하여 자극 제거 시 지나친 교감신경 반응은 없어진다.
		효과	척수병변 수준 이하에 비전형적 자극으로 교감신경 반응이 있다. 유발 요인을 사정하여 자극 제거 시 지나친 교감신경 반응인 자율신경 과다반사는 없어진다. 자율신경 과다반사는 자극이 완전히 제거되지 않는 경우 다시 발생하며 손상 후 5~6년 동안 지속 가능하다.
	복부	방법	장의 팽만, 복부 이상, 심한 직장 자극을 사정한다.
		효과	분변 매복이 있는지 사정하여 즉시 제거한다.
	비뇨생식기 국시 15, 19	방법	방광 팽만, 방광 결석, 음경 압박, 자궁 수축을 사정한다.
		효과 - 요 제거	방광 팽만을 점검하고 즉시 도뇨관을 삽입하여 요 정체를 제거한다.
		효과 - 자극 감소	음경 압박이나 자궁 수축을 감소시킨다.
	피부	방법	욕창이나 살 속으로 파고드는 발톱을 사정하여 제거한다.
		효과	피부손상, 꽉 끼는 옷과 신발 같은 피부자극, 촉각자극을 제거하고 조이는 옷을 느슨하게 한다. 압박하는 스타킹을 벗는다.
	통증	방법	통증을 사정한다.
		효과	통증을 제거한다.
	찬 기온	방법	실내온도를 점검한다.
		효과	너무 찬 기온이나 외풍에 노출X
심한 고혈압	90도 상승	방법	침대 머리를 즉시 90도로 올린다.
		효과	머리를 상승시켜 경정맥 배액으로 정맥귀환이 되어 뇌혈량을 감소한다.
	항고혈압제		지시에 따라 항고혈압제인 혈관확장제, hydralazine, nitrates (NTG)을 투여한다.

5. 추간판 탈출증

척추 구조와 기능

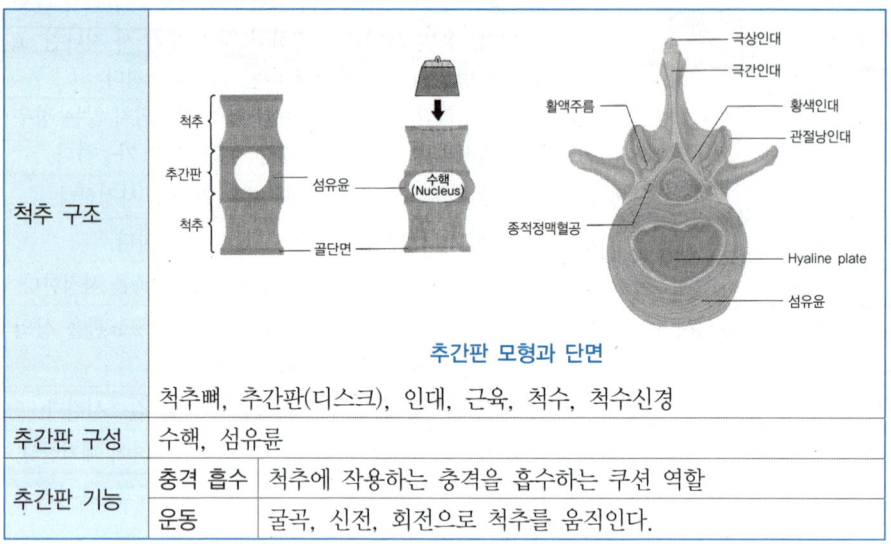

추간판 모형과 단면

척추 구조	척추뼈, 추간판(디스크), 인대, 근육, 척수, 척수신경
추간판 구성	수핵, 섬유륜
추간판 기능	충격 흡수	척추에 작용하는 충격을 흡수하는 쿠션 역할
	운동	굴곡, 신전, 회전으로 척추를 움직인다.

추간판 탈출증(수핵 탈출증) 기전

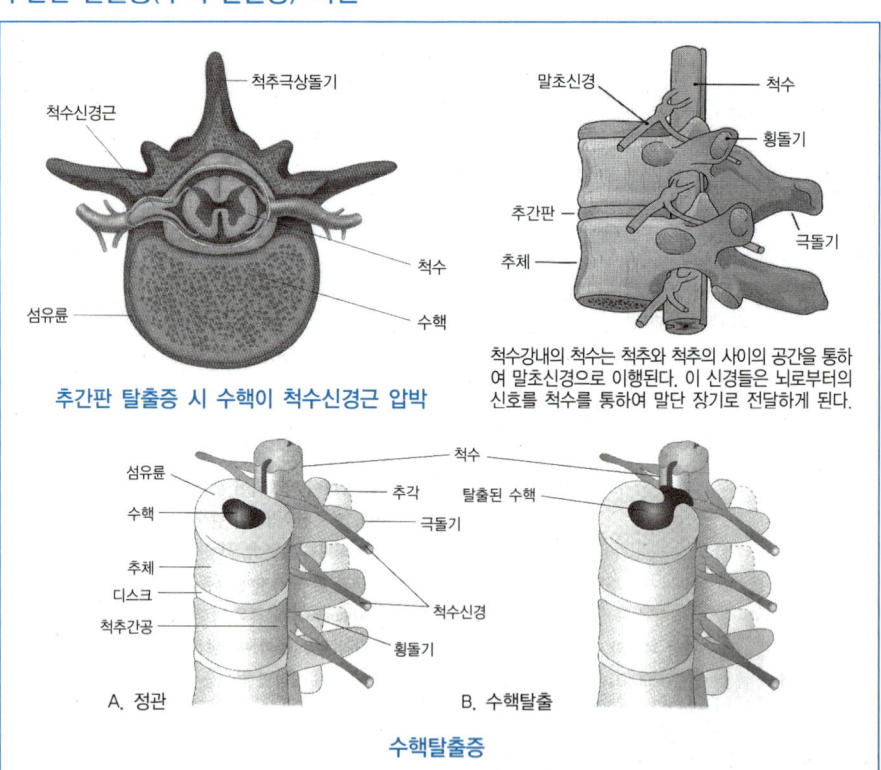

추간판 탈출증 시 수핵이 척수신경근 압박

척수강내의 척수는 척추와 척추의 사이의 공간을 통하여 말초신경으로 이행된다. 이 신경들은 뇌로부터의 신호를 척수를 통하여 말단 장기로 전달하게 된다.

수핵탈출증

척추 뼈 사이에 추간판 안 수핵이 약해진 섬유륜을 밀고 탈출되면 척수나 척수신경근에 자극을 주거나 압박을 하여 통증이 유발된다.

추간판 탈출증 증상 국시 00, 05, 06

운동 기능 손상	경추 추간판 탈출증에 목의 경직, 악력 악화로 무거운 것을 드는데 어렵다. 근육 힘 감소, 하지 근력이 약해 절뚝거린다. 근육경련, 경직, 등과 사지 근육 위축			
감각 기능 손상	감각	지각이상, 감각장애, 감각 감퇴, 무감각 경추 추간판 탈출증에서 손의 지각이상, 감각장애		
	통증 임용 13	P	악화	통증을 악화시키는 요소 기침, 재채기, 배변 허리를 구부리거나 물건을 들어올릴 때 다리를 똑바로 뻗쳐 올렸을 때
			완화	통증을 완화시키는 요소 안정이나 무릎 굴곡(허리가 편평해져서 좌골 신경을 이완시킨다.)
		Q	질, 어떻게 아픈가?	
		R	부위	어디가 아픈가? L4~5, L5~S1(90~95%), C5~6, C6~7(5~10%)
			경추 추간판 탈출증	어깨 통증에서 팔, 손으로 방사
			요추 추간판 탈출증 국시 24	하부 요통에서 둔부, 대퇴부 후방, 하지로 방사되는 좌골신경통
		S	양과 심한 정도	
		T	시간 : 언제 통증을 심하게 느끼는가?	
심부건 반사	심부건 반사활동을 검사하다 심한 추간판 탈출증은 영향받은 척수신경의 심부건 반사가 약화된다.			

추간판 탈출증 검사

하지 직거상 검사 [국시 11]	방법	하지 직거상 검사(straight leg raising test) A. 하지를 45° 거상시 통증이 증가한다. B. 발목굴곡을 하면 때로 통증이 증가된다. C. 반대편 다리의 직거상시에도 통증이 계속된다. 환자를 앙와위로 반듯이 눕게 한다. 무릎을 완전 신전한 상태에서 검사자는 환자의 한쪽 발을 서서히 검사대로부터 들어올리고 발목을 배굴한다. 정상인 : 거상 각도가 70~90°까지 가능
	결과	L5와 S1 신경근 압박(90~95%)으로 하지에 심한 통증과 허약과 반대편 다리의 직거상 시에도 통증과 허약이 지속된다.
대퇴신경 신장 검사 (femoral nerve stretching test)	방법	femoral nerve stretching test 환자를 엎드리게 하고 무릎관절을 90°로 굽혀서 들어올려 엉덩관절을 신전되도록 한다.
	결과	대퇴부 앞쪽에 통증이 일어난다. L3, L4 신경근 압박으로 인한다. * L3, L4 : 대퇴부, 무릎, 종아리 담당

척수반사 크기

4+	심한 반사, 과도 활동, 간대성경련
3+	평균보다 항진
2+	평균, 정상
1+	약간 활동성 감소, 낮은 정상
0	무반응

심부건 반사

이두근 반사	C5, C6	검진자 엄지를 이두근 건 위에 올려 놓고 그 위를 해머로 친다.	팔꿈치 굴곡 대고 있는 엄지로 이두근 수축
삼두근 반사	C7, C8	팔꿈치를 구부린 후 삼두근을 직접 해머로 친다.	팔꿈치 신전 삼두근 수축
회외근 반사 (상완 요골근)	C5, C6	손바닥은 아래쪽을 향하고 손목의 2~5cm 요골을 해머로 친다.	팔 굴곡 회외 : 손바닥 위
슬관절 반사 (무릎)	L2, L3, L4	무릎을 굴곡하고 슬개골 밑 슬개건을 친다.	무릎 신전 대퇴사두근 수축
발목 반사 (아킬레스건)	L5~S2	무릎을 굴곡시킨 상태에서 발목을 배측 굴곡하고 아킬레스건을 친다.	발목에서 족저굴절

추간판 탈출증 응급간호 국시 04, 07

☆ 윌리엄이 보조기를 차고 단단한 침요에서 안정을 취했다

침상안정	방법	증상이 심할 때 2~4일간 침상안정을 한다.
	효과	침상안정으로 추간판에 가해지는 압력 감소로 통증을 완화하고 근육경련을 감소한다.
단단한 침요	방법	단단한 침요 위에서 안정한다.
	효과	척추를 지지하며 척추 각도가 가장 자연스럽고 척추의 굴곡 기형을 예방한다.
Williams 체위(반좌위)	방법	반좌위 상태에서 다리(무릎) 밑에 베개를 대 주어 슬관절을 약간 굴곡시킨다.

Williams 체위

Williams 체위	효과	반좌위	반좌위는 추간판 후면의 간격이 넓어져 추간판 내압이 현저히 감소한다. 척수와 척수신경근에 대한 압력이 제거되어 긴장이 감소된다.
		무릎 굴곡	무릎을 굴곡시키면 허리가 편평해져서 좌골신경을 이완시킨다. * 좌골 신경 : 골반 밖으로 나와 엉덩이, 대퇴, 종아리, 발까지 분포
냉요법	방법		급성일 경우 처음 48시간은 얼음 주머니를 대준다. 냉요법 시간은 10~20분 동안 실시한다. 30분 이상 초과 시 조직손상 가능성이 있다. cf) 온열법 : 15~20분
	기전	진통	냉 → 피부의 대섬유 자극 → 척수의 통증 관문을 닫음으로 통증 감소 국소적 신진대사↓로 진통 신경전달속도↓로 대뇌에 도달하는 통증↓ 냉각이 지각적으로 우세하여 통증↓
		근육경련↓	근육에 전달되는 신경말단부 활동↓로 근육경련↓
열요법	방법		급성기 이후 열 패드, 더운 물수건, 더운물 목욕, 온욕, 샤워를 한다.
	기전	통증 감소	열 → 피부의 대섬유 자극 → 척수의 통증 관문을 닫음으로 통증 감소
		근육이완	관절 경직, 근경련↓
		진정작용	긴장과 불안↓
보조기	방법		급성 추간판 탈출증에 6주간 코르셋, 보조기를 착용하고 증상이 완화되면 제거한다. 장시간 사용하면 제한된 등 움직임으로 근육 약화와 척추구조 퇴행으로 보조기는 3개월 이상 착용하지 않는다. ex) 골다공증 : 코르셋, 교정기로 척추 지지
	효과	요추운동 최소화 [국시 20]	보조기(brace)로 요추의 가동 범위 제한으로 운동과 굴곡을 제한하여 디스크의 긴장감이 감소한다.
		지지	허리 지지로 체위가 향상된다.

근육이완제 [국시 21] : Dantrolene(단트롤)

기전	말초신경계의 요추신경에 있는 골격근에서 칼슘 이온 유리를 방해함으로 근육 수축을 차단하여 경직된 근육 이완, 안위 증진, 고통을 경감한다. * 골격근에서 칼슘 이온을 유리함으로 근육이 수축한다.

요통

요통 학습 지도안

대상	사무직 근로자(20명)	장소	소강당	일시	2023.7.21. 14:00~14:50
학습주제	허리통증 관리				
학습목표	1. 요통의 관리방법을 설명할 수 있다. 2. 요통관리를 위한 운동요법(체조)을 실시할 수 있다.				
학습자료	유인물(운동요법 그림), 동영상, Beam Projector				

단계	학습내용	교수-학습 내용	시간	자료 및 유의점
도입	동기 유발 학습목표 진술	현재 요통을 앓고 있는 사람을 파악하고 현재 실시하고 있는 요통관리방법을 질문한다. 요통 예방의 중요성을 인식한다. 학습목표를 명확하게 설명한다.	5분	Beam Projector
전개	요통의 관리	요통의 관리방법 - 바른 자세 유지 - 체중 감량 - 유해 요인 제거	10분	Beam Projector
	운동요법	요통의 관리를 위한 운동요법 - 근육의 부족을 극복하도록 이완, 신전을 위한 운동요법 설명	25분	Beam Projector 시범 운동실습
정리 및 평가	요통의 관리와 운동요법 요약정리	요통의 관리방법을 질문한다. 근로자가 요통 운동요법 시범을 보인다.	10분	근로자 시범

요통 예방 교육 [국시 06]

자세부분: 요통, 척추측만증, 골다공증, 골관절염, SLE
운동: 요통, 척추측만증, 골다공증

체중	방법	표준체중 10% 이내 체중을 유지한다.
	근거	비만은 척추에 부담을 주어 허리 근육의 긴장을 이끈다. 비만은 자세불량의 원인이다.
신발	방법	굽이 높은 구두나 신발을 신지 않는다.
	근거	굽이 높으면 신체는 균형을 유지 위해 요추를 앞으로 내밀고 요추 전만증↑로 허리 근육의 긴장을 유발하여 요통이 발생한다.
금연	방법	금연을 한다.
	근거	흡연은 추간판을 퇴행시킨다.

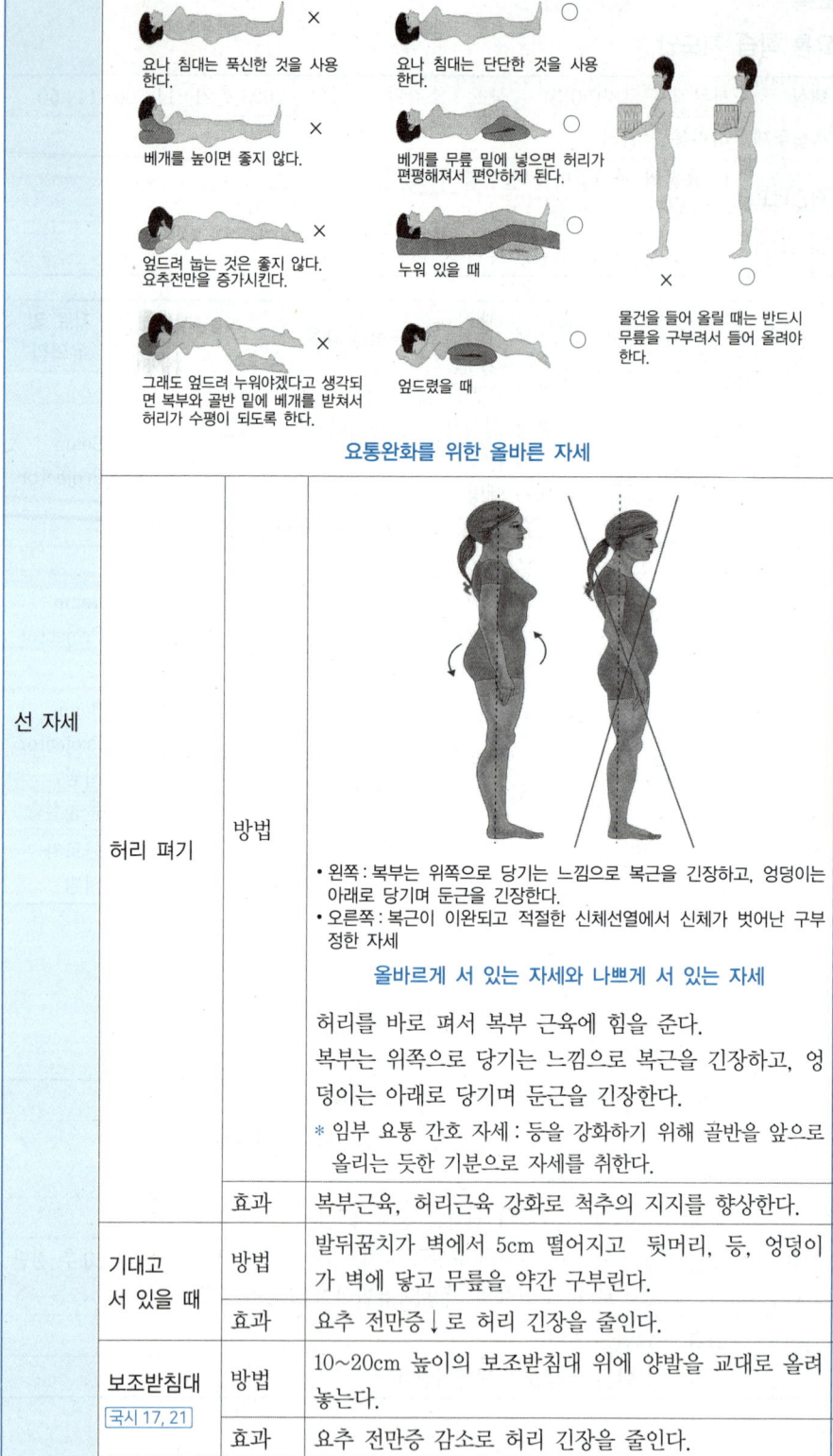

요통완화를 위한 올바른 자세

선 자세	허리 펴기	방법	• 왼쪽: 복부는 위쪽으로 당기는 느낌으로 복근을 긴장하고, 엉덩이는 아래로 당기며 둔근을 긴장한다. • 오른쪽: 복근이 이완되고 적절한 신체선열에서 신체가 벗어난 구부정한 자세 **올바르게 서 있는 자세와 나쁘게 서 있는 자세** 허리를 바로 펴서 복부 근육에 힘을 준다. 복부는 위쪽으로 당기는 느낌으로 복근을 긴장하고, 엉덩이는 아래로 당기며 둔근을 긴장한다. ＊ 임부 요통 간호 자세: 등을 강화하기 위해 골반을 앞으로 올리는 듯한 기분으로 자세를 취한다.
		효과	복부근육, 허리근육 강화로 척추의 지지를 향상한다.
	기대고 서 있을 때	방법	발뒤꿈치가 벽에서 5cm 떨어지고 뒷머리, 등, 엉덩이가 벽에 닿고 무릎을 약간 구부린다.
		효과	요추 전만증↓로 허리 긴장을 줄인다.
	보조받침대 국시 17, 21	방법	10~20cm 높이의 보조받침대 위에 양발을 교대로 올려놓는다.
		효과	요추 전만증 감소로 허리 긴장을 줄인다.

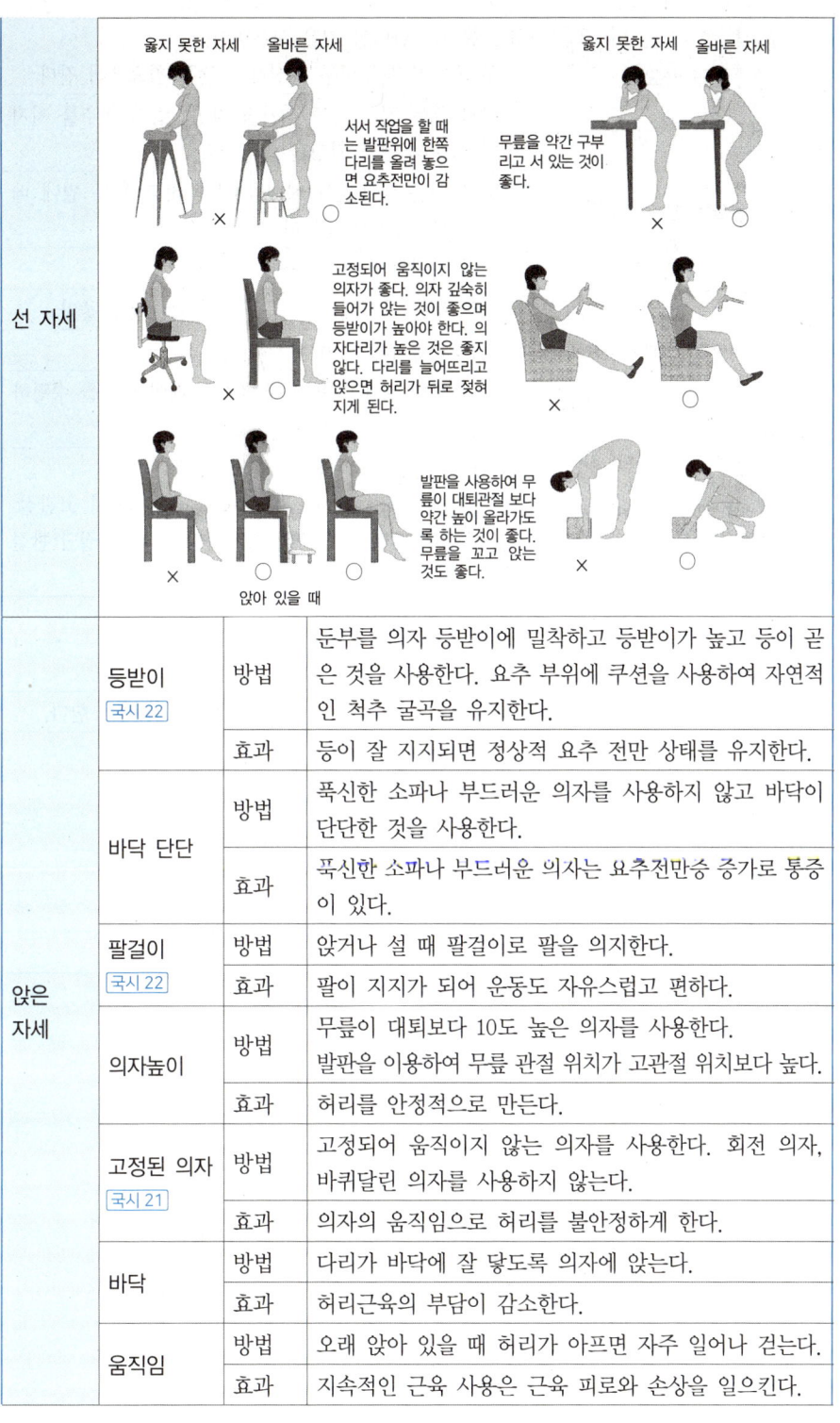

선 자세			앉아 있을 때
앉은 자세	등받이 [국시 22]	방법	둔부를 의자 등받이에 밀착하고 등받이가 높고 등이 곧은 것을 사용한다. 요추 부위에 쿠션을 사용하여 자연적인 척추 굴곡을 유지한다.
		효과	등이 잘 지지되면 정상적 요추 전만 상태를 유지한다.
	바닥 단단	방법	푹신한 소파나 부드러운 의자를 사용하지 않고 바닥이 단단한 것을 사용한다.
		효과	푹신한 소파나 부드러운 의사는 요추전만승 증가로 통증이 있다.
	팔걸이 [국시 22]	방법	앉거나 설 때 팔걸이로 팔을 의지한다.
		효과	팔이 지지가 되어 운동도 자유스럽고 편하다.
	의자높이	방법	무릎이 대퇴보다 10도 높은 의자를 사용한다. 발판을 이용하여 무릎 관절 위치가 고관절 위치보다 높다.
		효과	허리를 안정적으로 만든다.
	고정된 의자 [국시 21]	방법	고정되어 움직이지 않는 의자를 사용한다. 회전 의자, 바퀴달린 의자를 사용하지 않는다.
		효과	의자의 움직임으로 허리를 불안정하게 한다.
	바닥	방법	다리가 바닥에 잘 닿도록 의자에 앉는다.
		효과	허리근육의 부담이 감소한다.
	움직임	방법	오래 앉아 있을 때 허리가 아프면 자주 일어나 걷는다.
		효과	지속적인 근육 사용은 근육 피로와 손상을 일으킨다.

누운 자세	단단한 요 국시21	방법	요, 침대는 단단한 것을 사용한다. 너무 딱딱하거나 너무 폭신하지 않은 침요에서 잔다.
		효과	단단한 요는 척추 각도가 가장 자연스럽게 척추를 지지하여 척추의 굴곡 기형을 예방한다.
	똑바로 누운 자세	방법	똑바로 누운 자세에서 베개를 낮게 하고 무릎 밑에 베개, 수건을 말아서 넣는다.
		효과	허리를 편평하게 하여 편안하다.
	옆으로 누운 자세	방법	옆으로 누운 자세에서 무릎을 구부리는 것이 좋다.
		효과	허리를 편평하게 하여 편안하다.
	엎드리는 자세 국시21	방법	엎드릴 때 복부와 골반 밑에 베개를 대어 허리를 수평하게 한다.
		효과	엎드리는 것은 요추 전만 증가로 통증이 있다. ex) 엎드리는 것 : RA(둔부, 무릎을 곧게 하여 고관절, 슬관절의 굴곡 구축을 방지한다.), 하지 절단(관절 구축을 예방한다.)

운동

운동 종류	방법	에어로빅, 걷기, 달리기, 등산, 자전거 타기, 테니스, 수영을 한다.
	효과	허약한 복부와 등 근육은 만성 요통을 일으킨다.
		등 근육 강화로 척추의 지지와 신경에 압박 감소
		근육의 긴장 감소
		근육의 유연성 강화
		단축된 근육을 신장
		요추 만곡 완화로 요통 감소

허리 근육강화 운동

	방법	누워서 윗몸 일으키기, 누워서 엉덩이 들기, 누워서 자전거 타기
윌리암 운동	효과	자세를 바르게 자세교정 복부근육과 허리근육 강화로 척추의 지지 향상 요부근육을 신장시킨다. 요추만곡 감소로 요통 감소
맥캔지 운동	방법	엎드려 윗몸 일으키기 엎드려 다리를 뒤로 들어올리기
	효과	허리 근육과 신전근을 강화한다.

허리 유연성 운동

방법	허리 근육스트레칭, 고관절 굴곡근육스트레칭, 고관절 신전근육 스트레칭, 고관절 회전근육스트레칭, 허벅지 근육스트레칭, 무릎 스트레칭
효과	허리, 고관절, 슬관절 주변 근육의 스트레칭을 통해 관절과 주변 근육을 부드럽게 하여 유연성을 유지하여 요통을 예방한다.

표는 근육 스트레칭 운동(허리 유연성 운동)에 대한 것이다.

물체를 들어 올릴 때 신체 역학의 원리 국시 14, 18

구부릴 때	방법 국시 22	고관절과 무릎을 굴곡하여 들어 올린다. 척추의 굴곡운동은 구부정한 자세에서 반복적인 물건 들어올리기, 허리를 굽혀 회전 운동을 하지 않는다. cf) 인공 고관절 치환술 : 바닥에 물건을 잡을 때 허리를 굽혀 잡지 말고 무릎을 굽혀서 잡는다.
	효과 임용 21	고관절과 무릎을 굴곡하여 들어 올리면 등 근육의 긴장감과 무리를 감소시킨다. 척추의 굴곡운동은 추간판에 긴장으로 추간판을 약하게 하고 수핵을 탈출시켜 만성 요통을 일으킨다.

몸 밀착 국시 20, 22	방법	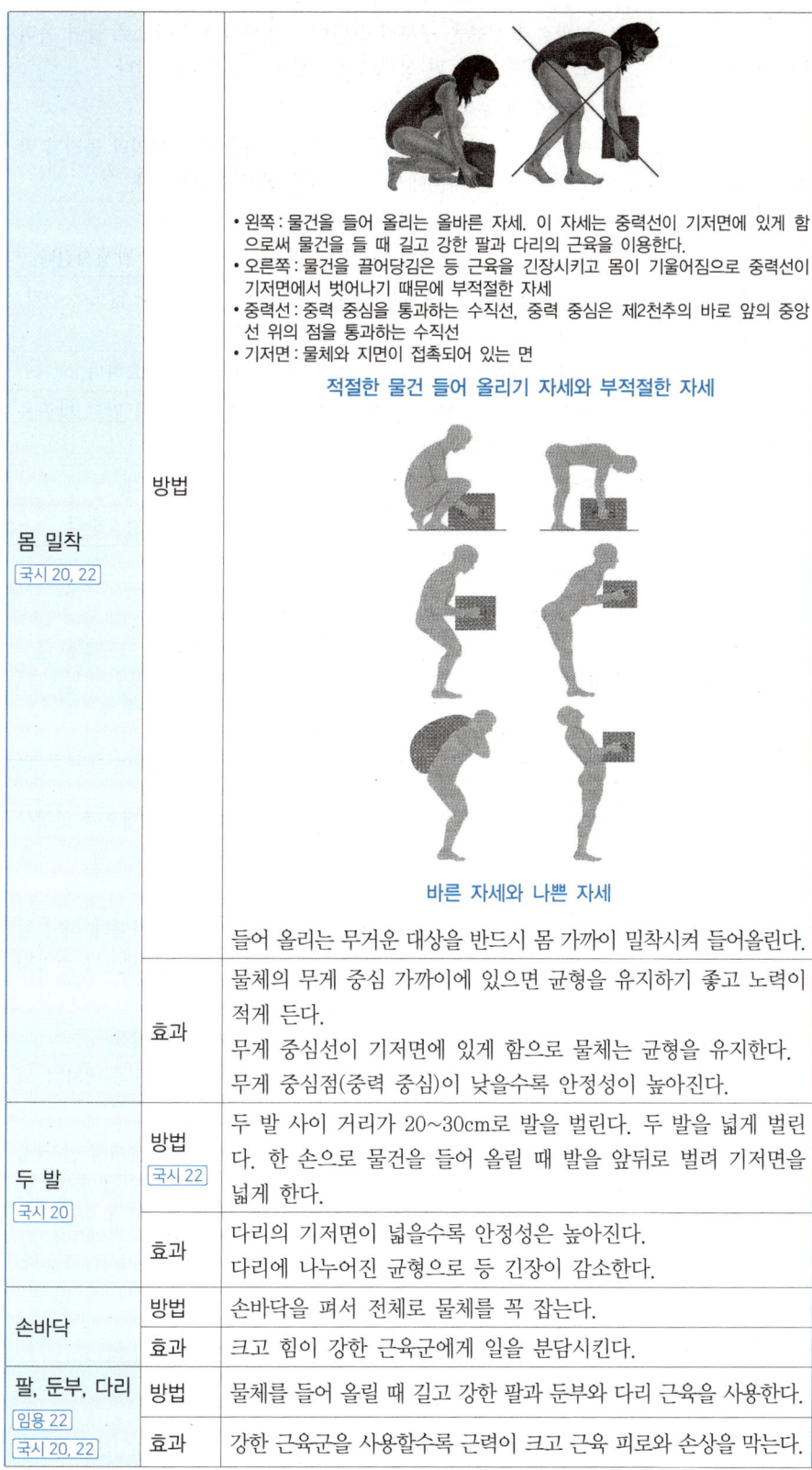 • 왼쪽 : 물건을 들어 올리는 올바른 자세. 이 자세는 중력선이 기저면에 있게 함으로써 물건을 들 때 길고 강한 팔과 다리의 근육을 이용한다. • 오른쪽 : 물건을 끌어당김은 등 근육을 긴장시키고 몸이 기울어짐으로 중력선이 기저면에서 벗어나기 때문에 부적절한 자세 • 중력선 : 중력 중심을 통과하는 수직선. 중력 중심은 제2천추의 바로 앞의 중앙선 위의 점을 통과하는 수직선 • 기저면 : 물체와 지면이 접촉되어 있는 면 **적절한 물건 들어 올리기 자세와 부적절한 자세** **바른 자세와 나쁜 자세** 들어 올리는 무거운 대상을 반드시 몸 가까이 밀착시켜 들어올린다.
	효과	물체의 무게 중심 가까이에 있으면 균형을 유지하기 좋고 노력이 적게 든다. 무게 중심선이 기저면에 있게 함으로 물체는 균형을 유지한다. 무게 중심점(중력 중심)이 낮을수록 안정성이 높아진다.
두 발 국시 20	방법 국시 22	두 발 사이 거리가 20~30cm로 발을 벌린다. 두 발을 넓게 벌린다. 한 손으로 물건을 들어 올릴 때 발을 앞뒤로 벌려 기저면을 넓게 한다.
	효과	다리의 기저면이 넓을수록 안정성은 높아진다. 다리에 나누어진 균형으로 등 긴장이 감소한다.
손바닥	방법	손바닥을 펴서 전체로 물체를 꼭 잡는다.
	효과	크고 힘이 강한 근육군에게 일을 분담시킨다.
팔, 둔부, 다리 임용 22 국시 20, 22	방법	물체를 들어 올릴 때 길고 강한 팔과 둔부와 다리 근육을 사용한다.
	효과	강한 근육군을 사용할수록 근력이 크고 근육 피로와 손상을 막는다.

일어날 때	방법	고관절과 무릎을 구부리고 앉아서 일어나며 수직으로 들어 올리고 허리를 곧게 편 상태에서 무릎을 펴면서 일어난다.
	효과	등 근육의 무리, 긴장감을 감소시킨다.
좋은 선열 [국시 22]	방법	허리를 돌리거나 비틀지 않고 시선을 바꿀 경우 허리만 돌리지 말고 허리를 편 자세에서 몸 전체를 천천히 회전한다.
	효과	비정상적인 척추의 비틀림을 방지한다. 비트는 동작은 척추에 과부담을 주고 심한 부상을 발생시킨다.
밀기 [국시 20]	방법	무거운 짐이 척추에 부담을 주므로 무거운 짐을 들지 않도록 한다. 물체를 들어 올리는 것보다 물체를 민다.
	효과	물체를 미는 것은 들어 올리는 것보다 힘이 덜 필요하다.
물건 꺼낼 때	방법	높은 선반에서 물건을 꺼낼 때 팔을 뻗쳐서 꺼내지 말고 발판을 놓고 올라가서 꺼낸다.
	효과	팔을 뻗쳐서 드는 경우 요추부의 긴장감이 증가한다.
휴식	방법	휴식과 활동을 교대로 배분하면 근육군의 피로가 감소한다.

6 뇌전증(발작)

뇌전증		발작이 2회 이상 있는 환자에게 뇌전증으로 진단한다.	
병태 생리	전기적 활동	국소적(부분 발작) 또는 전신적(전신 발작)으로 뇌세포에 비정상적이고 조절 불가능한 전기적 충격을 내보내어 운동, 감각, 자율 신경기능, 정신적 기능 변화가 초래된다.	
	뇌세포 손상	발작은 대뇌의 대사 활동과 대사 요구가 크게 증진되나 대뇌 혈류가 공급하는 산소와 영양이 충분하지 못하면 뇌세포가 손상되고, 치료하지 않으면 사망이 가능하다.	
발작 종류 [국시 04]		부분 발작	전신 발작
	뇌	대뇌피질의 일부에서 시작되어 인지, 정서, 행동 증상	양측 대뇌 반구를 침범하여 뇌의 전체에 영향
	종류 단복	단순 부분 발작, 복합 부분 발작	소발작, 긴장성 간대성 발작(강직성 간대성 발작, 대발작), 근간대 발작, 무긴장성 발작
	전조, 기시감	전조, 기시감이 있다.	일반적으로 전조, 기시감이 없다.
	증상	몸의 일부에만 증상	전신 증상
	의식	대부분 의식○(단순부분발작)	대부분 의식소실

부분 발작(국소 발작)
단순 부분 발작(단순 초점 발작, 초점 발작)

정의		피질 영역들과 연관되어 운동, 감각, 자율신경계, 감정이 있다. 의식수준이 있다.
증상	전조	발작 전 신체적, 감각적, 심리적 경고이다. 이상한 느낌이 위에서 목으로 올라오는 것, 통증, 지독한 냄새 지각 전조가 60%에서 있다.
	기시감	기시감(déjà vu) 현상은 어떤 일이 전에도 일어난 것 같은 느낌
	운동	의식이 청명하기 때문에 스스로도 경련을 자각할 수 있다 순서대로 경련이 진행 Jackson 발작 a b c d 전두엽, 초점성 운동 발작(잭슨 발작) 얼굴 측면에 강직성 경축으로 시작하여 한쪽 손가락에서 침범된 사지 측면으로 퍼져나가 한쪽 발가락의 강직성 경축 * 경축 : 근육의 불수의적인 움직임

증상	감각	착각	실제적 외부 자극을 잘못 인식
		환각	외부 자극이 실제로 없음에도 마치 외부에서 자극이 있는 것처럼 지각 체험을 하는 것
		시각 후두엽	빛이 번쩍이는 느낌
		후각 측두엽	고약한 냄새
		청각 측두엽	시끄러운 소리가 들림, 윙윙거리는 소리
		미각 측두엽	이상한 맛을 느낌
		촉각 두정엽	저림, 쑤심, 얼얼함, 통증
	자율신경		전두엽에 자율신경계 조절로 심박동 변화, 빈맥, 복통, 오심, 구토, 배뇨장애, 홍조, 발한, 두통, 산동
	감정		측두엽, 우울, 불안, 두려움

복합 부분 발작(복합 초점 발작)

정의		정신운동성 발작, 측두엽 발작
증상	전조	인식장애: 친밀한 느낌(기시감), 낯선 느낌(미시감)
		감각장애: 불쾌한 냄새, 맛, 시각, 청각, 환각, 환시, 환청
		감정증상: 우울, 불안, 두려움
	자동증	정신 운동성 장애로 의식이 없는 상태에서 불수의적 행동 입자동증으로 입술 움직임, 입맛을 다시거나, 씹는다. 언어자동증으로 같은 단어를 계속 말한다. 동작자동증으로 옷을 비비거나, 쥐어뜯는 듯한 자동 행동 배회자동증으로 목적 없이 걸어 다닌다.
	의식 상실	1~3분 의식 상실, 외부 자극에 정상적 반응을 보이지 못한다.
	기억 상실	측두엽을 침범해서 행동을 기억하지 못한다.
		측두엽: 측두엽의 내측 변연계와 함께 기분과 감정 조절 청각(청각중추가 있어 소리를 받아들이고 이해), 미각, 후각, 기억 과정에 관여 베르니케(Wernicke) 언어 이해 중추

전신발작
결신발작 = 소발작(무동성 발작)

정의	4~15세 어린이에게 흔하며 청소년기에 사라진다. 경고, 전조 없이 나타남
증상	마치 혼이 빠진 듯한 상태가 되기 때문에 실신발작이라고 한다. **실신발작의 증상**

횟수	하루에 많게는 20번 이상
의식 소실	하던 행동을 멈추면서 5~10초 동안 의식 상실 잠깐 동안 반응을 보이지 않거나 혼이 나간 사람처럼 멍하니 응시 cf) 복합 부분 발작 : 1~3분 동안 의식 상실
활동 정지	활동의 일시적 정지로 움직이지 못한다. 근긴장성은 유지되어 넘어지는 일은 없다.
자동증	눈꺼풀 간대발작, 허공을 응시하거나 위로 굴린다. 입주위 간대발작, 입술을 핥거나 입맛 다시기, 얼굴을 씰룩씰룩 움직이기, 옷을 만지작거린다.
발작 후	발작 여부를 인지하지 못하고 발작 후 졸음 없이 정상으로 되돌와 하던 행동을 한다.

긴장성 간대성(강직성 간대성) 발작(대발작, tonic-clonic seizure)

특징	가장 일반적, 극적인 증상 전조 없이 발생하나 10~20%에서 두통, 현기증, 심와부 불쾌감, 지각 이상의 전조 호소, 발작은 2~5분 지속
긴장기 (강직기)	10~30초간 지속 즉각적인 의식상실 전신적, 대칭적 긴장성 수축으로 전체 근육 경직 상체와 횡격막이 경직되어 호흡곤란, 무호흡, 청색증 초래 연하반사 소실로 연하가 안 되어 타액 증가 호흡근 긴장으로 괴성이 동반
간대기	몇 초~30분 이상까지 다양 몸과 사지의 율동적 경련으로 율동적인 수축 & 이완 혀를 깨물 수 있다. 입에 거품을 뿜을 수도 있다. 방광과 장의 근육도 영향을 받아 실금, 실변한다. 경련 기간이 길어지면 청색증을 동반한다.
발작 후	깊은 수면, 두통, 혼동, 피로 호소 자신에게 일어난 사건을 기억할 수 없다.

대발작의 증상

근간대성 발작(myoclonic seizure)

특징	빠르고 반복적인 짧은 근 반사 모양의 움직임이 양측성, 동시성 또는 비동시성으로 발생한다.
증상	갑자기 전신 또는 사지와 몸통에 강한 경련의 발작이다.
원인	저산소증, 대사성 원인에 의해 발생 가능하다.

무긴장성 발작

특징	2~5세 아동, 하루에 여러 번 발작하여 아침에 잠에서 깨어난 후 흔히 나타난다.	
증상	의식 소실	순간적 의식 소실
	근육 긴장 상실	근육긴장 & 자세조절 능력의 순간적 상실
	발작 후	기억의 상실, 혼동이 나타남

발작 동안 응급간호 임용 02 / 국시 00, 07, 10

신체손상 위험성 R/T 경련 ↓ 아동은 발작 동안 신체손상을 입지 않을 것이다.	눕히기	방법	서 있거나 앉아 있는 경우 조심스럽게 바닥에 눕히고 머리 아래에 베개, 접은 담요를 놓아둔다.
		효과	떨어져서 외상을 입지 않게 하고 머리가 바닥에 닿지 않도록 한다.
	위험한 물건 제거 국시 17, 20	방법	주위에 위험하거나 단단한 가구, 사물을 제거한다. 환자가 부딪쳐 손상을 입을 수 있는 물건들을 치운다.
		효과	주위에 부딪칠 만한 것을 제거한다.
	안경 제거	방법	안경을 썼으면 안경을 벗기고 옆에 있다.
		효과	안경으로 상처를 입지 않도록 보호한다.
	억제금지 국시 20, 23	방법	억지로 발작을 멈추지 않는다. 발작을 억제하거나 방해하지 않고 발작이 끝날 때까지 놔둔다. 아동을 저지하거나 폭력은 쓰지 않는다.
		효과	발작이 시작되면 멈추는 것은 불가능하다. 억제는 발작 상태 악화로 손상을 야기한다.
	프라이버시 유지	방법	문을 닫거나 스크린으로 사람들로부터 격리한다.
		필요성	발작은 아동, 방문객, 가족 모두 당황함으로 프라이버시를 유지한다.
기도개방 유지불능 R/T 구토반사 상실 ↓ 아동의 호흡양상이 위태롭지 않고 기도는 개방될 것이다. 국시 19 ★ 일측금옷	일직선	방법	머리와 혀의 위치를 확인하여 머리가 지나치게 젖혀진 경우 머리와 목이 일직선을 유지하고 자세교정을 한다.
		효과	머리와 목을 일직선으로 기도를 유지한다.
	측위 임용 20 국시 14, 19	방법	옆으로 눕힌다.
		효과 임용 25	의식 저하로 혀와 후두개가 이완되어 혀가 뒤로 넘어가 기도 폐쇄를 일으킨다. 측위는 혀가 뒤로 넘어가지 않아 혀가 기도를 폐쇄하지 않도록 한다. 환자를 옆으로 눕히기는 분비물, 구토물의 배액을 촉진하여 기도를 유지한다. 의식 수준 저하로 인두반사인 구토반사, 기침반사, 연하반사가 없어 증가한 분비물은 구강인두에 고여 기도를 막아 호흡곤란과 기도 흡인으로 폐렴 위험이 있다.

기도개방 유지불능 R/T 구토반사 상실 ↓ 아동의 호흡 양상이 위태롭지 않고 기도는 개방될 것이다. 국시 19 ☆ 일측금옷	설압자 임용 13	발작 전	깨끗한 천으로 싼 설압자나 손수건을 말아서 치아 사이에 넣는데 강제로 넣거나 억지로 턱을 열지 않는다. 혀가 기도를 막지 않게 한다. 치아 사이에 설압자로 혀를 깨물지 않는다.
		발작 직후 국시 20	발작이 시작된 직후에 이 사이에 아무것도 넣지 않는다. 턱을 강하게 물고 있기 때문에 강제로 설압자를 입안으로 넣으면 치아가 부서져 부러진 치아조각을 흡입 위험이 있다. 잘못 삽입하면 기도가 폐색된다.
	금식	방법	발작 중 입에 액체나 음식물을 주지 않는다. 정신이 완전히 돌아오고 연하반사가 회복될 때까지 액체, 음식물을 주지 않는다. ex) 실신, 쇼크, 경련
		근거	경련 중 연하반사가 없어서 액체나 음식이 식도로 내려가지 못하고 기도로 흡입되어 폐렴을 유발한다.
	옷 느슨 국시 23	방법	목 주위에 조이는 옷은 느슨하게 한다.
		근거	느슨하게 하여 호흡을 도와 준다. ex) 실신, 쇼크, 경련, 두개내압 상승
	산소 주입	방법	긴장성/간대성 발작에서 처방에 따른 산소를 주입한다. ex) 보건실의 시설과 기구 : 응급처치용 기구로 휴대용 산소기
		근거 — 가스 교환 부족	긴장성/간대성 발작은 흉복부 근육, 횡격막이 딱딱하여 가스 교환을 하지 못한다.
		근거 — 대사율↑	경련은 대사율 증가로 조직의 산소요구도가 증가한다.

항뇌전증제

	종류	일차 선택 약물
전신발작	강직 간대	발프로에이트(valproate), 페니토인(phenytoin), 토피라에이트
	소발작	에토숙시미드(ethosuximide), 발프로에이트(valproate)
	근간대성 발작	발프로에이트(valproate)
	종류	일차 선택 약물
부분발작	단순 부분 발작	카바마제핀(carbamazepine), 페니토인(phenytoin)
	복합 부분 발작	발프로에이트(valproate), 토피라에이트

항뇌전증제 종류

발프로에이트 (valproate)	☆ 마당 발
	여러 형태의 발작에 효과가 있는 항뇌전증제
페니토인 (phenytoin), 카바마제핀 (carbamazepine)	부분발작에 효과적인 항뇌전증제 ☆ PC
	일차성 전신강직 간대 발작 이외 다른 전신 발작에 효과가 없고 악화시킨다.
	소발작과 근간대성 발작에 사용하면 안 된다.

valproic acid(발프로 인산, valproate, depakene, 데파코데)

기전	GABA 증가	억제성 신경전달물질인 GABA가 증가한다.
	Na^+	신경자극이 전달되는 동안 신경 세포막의 Na^+ 통로에서 나트륨 유입을 감소하여 탈분극이 일어나지 않게 하여 신경 세포를 안정시킨다. 신경 충동 전파 감소, 경련활동을 감소시킨다.
	Ca^{++}	신경자극이 전달되는 동안 신경 세포막의 T형 칼슘 통로를 억제함으로 Ca^{++} 유입을 감소하여 탈분극이 일어나지 않게 하여 신경 세포를 안정시킨다. 신경 충동 전파 감소, 경련활동을 감소시킨다.
적응증	전신 발작, 부분 발작에 사용 결신발작 순환성 기분장애	
부작용	중추신경계	진정, 졸음, 어지러움
	소화기계	오심, 구토
	피부발진	
	간독성, 췌장염	간 독성, 췌장염
	골수억제	백혈구 감소, 적혈구 감소, 혈소판 감소
	모발상실	
	태아기형	태아의 신경관 결함
간호	CBC, PT, PTT, AST 모니터 약물이 혈구세포, 간에 손상을 주는지 검사한다. 출혈이나 멍드는 증상이 있는지 살핀다.	

Phenytoin(페니토인, Dilantin)

작용	발작을 유발하는 신경 세포에 신경 세포막의 나트륨 유입을 감소하여 신경 세포가 안정이 된다. 신경 세포의 신경 충동 전파 감소로 경련활동을 감소시킨다.
적응증	부분 발작, 전신 강직-간대성 발작에 일차 선택 약 결신발작(무발작)에 금기
부작용	항경련제의 현저한 부작용

부작용	중추신경계	CNS 억제 작용이 일어남 졸음, 진정작용, 안구진탕증, 말더듬증, 구음장애 운동실조, 불명료한 운동 : CNS 억제작용이 소뇌와 전정계에서 발생
	치은 비대 임용 95	무통성 잇몸 과형성증으로 치육 증식이 일어나 치아 위로 증식된다. 임파 조직 증식으로 잇몸 비대가 발생한다. 엽산을 복용하면 잇몸의 과증식을 예방할 수 있다.
	소화기계	위통, 복통, 오심, 구토, 식욕부진
	근골격계	골연화증 : 비타민 D 대사를 촉진시켜 골연화증을 유발한다. 말초 신경병
	피부 발진	피부 발진이 발생한다. 드물게 스티븐스-존슨으로 진행될 수 있다. ex) 카바마제핀, 라모트리진, 알로퓨리놀
	태아 기형	기형 유발 물질이다.
간호	구강 간호	Phenytoin은 잇몸 문제, 잇몸 출혈을 유발하여 구강 간호가 중요하다. 구강 위생을 청결히 하고 부드러운 칫솔을 사용하고 매 식사 후 치실을 사용한다. 부드러운 잇몸 마사지를 한다. 3~6개월마다 치과의사에게 정기검진을 받는다.
	Vit D, 칼슘	골연화증이 발생할 수 있어 Vit D, 칼슘을 공급한다.

carbamazepine(카바마제핀, tegretol, 테그레톨)

기전	신경자극이 전달되는 동안 신경 세포막의 나트륨 통로에서 나트륨 유입을 감소하여 탈분극이 일어나지 않게 하여 신경 세포를 안정시킨다. 신경 충동 전파 감소, 경련활동을 감소시킨다.
적응증	부분 발작에 사용 강직-간대성 발작(2차 선택 약물) 삼차신경통 : 제5 뇌신경 장애로 발작적인 찌르는 듯한 통증 순환성 기분장애 : 경조증 증상과 우울증 증상이 있다.
부작용	중추신경계	졸음, 진정작용, 인지기능장애, 어지러움, 복시, 흐린 시야
	소화기계	위장 자극
	피부발진	피부발진, 스티븐슨-존슨 증후군 발생 시 투약을 중단한다.
	골수기능억제	적혈구 감소, 백혈구 감소, 혈소판 감소
	저나트륨혈증	ADH분비를 촉진시켜 수분 저류와 저나트륨혈증을 유발한다.
	태아 기형	태아의 신경관 결함 * 신경관 : 뇌와 척수와 이들을 보호하는 구조물로 발달
간호	CBC를 모니터한다. 약물이 혈구세포에 손상을 주는지 검사한다.

라모트리진

기전	나트륨 통로와 고전압 칼슘 통로를 차단한다.
적응증	부분 발작, 전신 발작, 실신발작(소발작), 양극성 장애

Topiramate(Topamax)

기전	GABA 증가	억제성 신경전달물질인 GABA가 증가한다.
	Na^+	신경자극이 전달되는 동안 신경 세포막의 Na^+ 통로에서 나트륨 유입을 감소하여 탈분극이 일어나지 않게 하여 신경 세포를 안정시킨다. 신경 충동 전파 감소, 경련활동을 감소시킨다.
	Ca^{++}	신경자극이 전달되는 동안 신경 세포막의 칼슘 통로를 억제함으로 Ca^{++} 유입을 감소하여 탈분극이 일어나지 않게 하여 신경 세포를 안정시킨다. 신경 충동 전파 감소, 경련활동을 감소시킨다.
	글루탐산염	흥분성 신경전달물질인 글루탐산염 수용체를 차단한다.
적응증	부분발작 또는 1차 전신 강직간대발작	

에토숙시미드(ethosuximide) ☆ 에니깐 소발작에!

기전	T형 칼슘 통로를 억제함으로 뇌에 비정상적인 전기 활동의 전위를 감소시킨다. * T형 칼슘 통로 : 저전압 활성화 칼슘 통로이다. 신경 세포의 세포막에서 막 전압에 따라 칼슘 통과
적응증	소발작만을 치료하는데 효과가 있다.

지식부족 R/T 약물치료[phenytoin(Dilantin)] 국시 14

투여 목적	방법	발작은 신경 세포 흥분의 역치(자극의 크기)를 초과하여 발생한다. 약물로 신경 세포 흥분을 감소시켜 발작을 예방한다. * 역치 : 약한 자극에도 흥분하면 역치가 낮고, 강한 자극을 주어야만 흥분하면 역치가 높다.
	효과	투여 목적을 알고 약물 복용에 통제력을 갖는다.
규칙적 복용	방법 국시 22	처방대로 정확하게 규칙적으로 복용한다.
	근거	약물을 규칙적으로 복용하여야 발작을 조절할 수 있다. 충분한 기간 동안 규칙적 시간에 투여로 약물의 혈중 농도를 유지하고 최고의 약 효과를 나타낸다.
약물 중단	방법	의사와 상의 없이 갑자기 약물을 중단하지 않는다. 약물의 치료적 중단에 1~2주에 걸쳐 투여량을 점진적 감소한다.
	효과	약물투여를 갑자기 중단하면 간질 재발을 초래하고 발작 횟수와 심각성이 증가한다. 생명을 위협하는 지속적 간질 발작이 생긴다.
		반동성 고혈압 국시 04 — 방법: 약물을 2~4일에 걸쳐 서서히 끊고 급히 끊지 않는다. 근거: 갑작스런 약물 투여 중단은 중증의 반동성 고혈압성 반응을 일으킨다. 고혈압은 후부하를 증가시켜 심장부담을 이끌어 O_2요구량 증가로 협심증, 심근경색증, 부정맥을 악화시킨다.
구토, 발열	방법	구토, 발열 시 의료진에 연락한다. ex) digoxin 시 2회 연속 토했을 때 의사에게 연락한다.
	근거	구토는 약물 흡수를 방해하고 발열은 대사 요구 증가로 발작을 촉진시킨다.

부모의 지식부족 R/T 발작의 손상 예방 관리

지속적 간질 발작	근거	갑작스런 항경련제 중단, 알코올, 두부 외상, 뇌부종, 대사장애가 원인이다. 지속적 간질 발작은 발작이 5~30분 이상 지속되어 즉각적 중재를 필요로 하는 응급의료 상황이다.
	영향	뇌 손상 — 발작은 대뇌의 대사 활동과 대사 요구가 증가하고 기도가 완전히 차단되어 호흡 부전으로 저산소증에 의해 뇌에 영구적 손상을 준다.
케톤형성 식이	적응증	결신발작, 무동성 발작, 간대성 근경련 발작
	방법	단백질과 탄수화물 섭취를 극히 제한하여 신체가 케톤을 에너지원으로 사용 한다. 90% 이상 칼로리가 지방에서 유리되며 지방과 탄수화물 비율은 4 : 1이다.
	효과	지방 농도 변화, 체액과 전해질 균형 변화, 발작 역치 조정, 중추신경계 안정이다.

유발요인 제거	탈수		적당한 수분 섭취를 한다.
	저혈당		저혈당이 발생하는 아침 식사 전 깨어나자마자 과자, 주스를 제공한다. 저혈압, 감염, 외상을 피한다.
	신체 상태 국시 22		수면부족, 스트레스, 피로의 심한 에너지 소모와 정서적 과잉 자극을 피한다.
	단백질 부족		단백질 부족은 유발요인으로 양질의 단백질을 제공한다.
	카페인, 초콜릿		카페인, 초콜릿은 유발요인으로 카페인 없는 음료를 제공한다.
	알코올, 마리화나 국시 22		알코올, 마리화나(대마초)는 금한다. 알코올, 마리화나(대마초)는 발작 역치를 낮추어 발작을 유발한다.
	빛		불빛, 카메라 불빛의 번쩍임, 자동차 헤드라이트를 피한다. 조명을 환하게 하고 수면을 취하지 않는다. 국시 22 cf) 두통 유발 요인 : 불빛, 소음
	큰 소음		큰 소음을 제거한다.
	TV		2미터 이상 떨어진 곳에서 TV를 시청한다. ex) 시력 예방 : TV는 2m 이상 거리에서 시청한다.
	벽		천장용 선풍기, 줄무늬 벽지를 제거한다.
	효과		발작 유발요인을 확인하여 유발요인을 제거한다.
안전 조치	침대 난간 공무원 20	방법	잘 때 침대 난간을 올린다. 침대 높이는 낮게 해준다. cf) 저삼투성 불균형(세포 내액 과다) : 침상 난간을 올려준다.
		효과	발작 시 침대 난간으로 낙상을 방지한다.
	패드	방법	침대 난간, 딱딱한 부분에 패드를 댄다. cf) 혈우병 : 침대를 패드로 처리한다.
		효과	패드는 딱딱한 침대로 인한 신체손상을 방지한다.
	호흡기구	방법	침대 곁에 패드를 감은 설압자를 준비해 혀를 깨물지 않게 한다. 침대 곁에 산소 마스크, 앰뷰백(수동식 산소 공급기), 흡인기를 둔다.
		효과	발작 시 호흡부전에 의한 저산소증을 방지한다.
	보호대	방법	자전거, 인라인스케이트, 스케이트보드를 탈 때 보호헬멧, 보호대를 착용한다. ex) 혈우병
		효과	자전거, 인라인스케이트, 스케이트보드를 탈 때 보호대로 발작 발생 시 낙상에서 보호한다.
	목욕, 수영	방법	목욕, 수영과 같이 물과 관련된 활동을 항상 관찰하고 수영을 할 때 친구나 인명 구조원이 함께 한다. 욕조 안에 아동을 혼자 남겨두지 않는다. 혼자서 목욕하는 아동은 샤워기를 사용한다.
		효과	목욕, 수영 시 익사 위험이 높아 발작 발생에 대비한다.
	기계장치/장비	방법	위험한 기계장치/장비 사용에 감독을 한다.
		효과	발작 시 위험한 기계장치/장비에 의한 손상을 방지한다.

7 뇌막염

정의			뇌막인 뇌의 지주막, 뇌척수액, 연막, 척수가 감염된 상태
원인	세균성 뇌막염	두개 구조물	중이염, 급성 부비동염의 세균, 화농이 두개 구조물을 통해 지주막하 감염으로 뇌척수액, 연막에 염증을 일으킨다. 중이염, 급성 부비동염, 폐렴의 합병증 : 뇌막염
		혈행	폐렴구균, 수막염구균(호흡기 분비물 격리, 아동기, 청소년기에 발생)이 상기도 감염이나 폐렴의 혈액 확산으로 혈액-뇌 장벽을 통해 중추신경계로 침입한다.
		뇌척수액	뇌, 척수 수술이나 기저부 두개 골절에 이루, 비루가 있을 때 외부 환경과 연결되어 뇌척수액이 균에 감염된다. 균이 지주막 하강을 통해 중추신경계로 유입한다.
	바이러스성 뇌막염 (무균성 뇌막염)		인플루엔자균, 홍역, 이하선염, 단순 헤르피스, 대상포진의 바이러스성 질환의 후유증으로 발생한다. 바이러스는 혈액을 통해 신경계로 전파된다.
특징	세균성 뇌막염		내과적 응급상태로 치료하지 않으면 치사율이 100%에 이른다.
	바이러스성 뇌막염 (무균성 뇌막염)		두통, 발열, 경부 경직 증상이 나타난다. 완전히 회복되고 심각한 상태를 초래하지 않는다.
병태 생리	신경계 결손		박테리아성 뇌막염은 지주막, 지주막하강, 뇌척수액, 연막, 뇌실, 척수까지 염증 반응을 일으킨다. 염증성 삼출액은 뇌실질 속과 척수로 퍼지고 신경계 결손을 초래한다.
	두개내압 상승		뇌실질 속으로 전파하여 박테리아와 배액물은 혈관울혈로 뇌부종을 일으킨다. 염증성 반응으로 뇌척수액 생성 증가로 두개내압 상승을 유발하며, 뇌탈출과 사망을 초래한다.

간호사정

감염 증상	발열, 빈맥, 두통, 전신 근육통, 권태감 세균성 내막염은 내과적 응급상황 세균성 내막염 : 경부경직, Kernig 징후 & Brudzinski 징후 양성반응 바이러스성 뇌막염 : Kernig 징후 & Brudzinski 징후 음성반응		
뇌막 자극 증상 임용 07, 14 국시 03, 05	정의		뇌와 척수를 싸고 있는 뇌막에 염증으로 뇌막 자극 증상이다.
	경부 경직 임용 25		
		방법	목을 앞으로 굴곡시킨다.
		결과	목을 굽힐 때 목이 경직, 뻣뻣, 통증이 있다.
	케르니그 (Kernig) 징후 국시 21		
		방법	앙와위로 눕히고 한쪽 다리는 똑바로 펴도록 하고 다른 쪽 다리의 대퇴부와 무릎을 90° 각도로 구부렸다가 무릎을 편다.
		결과	다리를 펼 때 대퇴 후면, 무릎, 종아리 근육에 통증과 저항이 있다.
	브루진스키 (Brudzinski) 징후	방법	목을 가슴 쪽으로 부드럽게 굽힌다.
		결과	목의 통증과 함께 대퇴와 무릎, 발목이 저절로 굽혀지고 굴곡이 생긴다.
두개내압 상승	활력징후		서맥(미주신경 반사), 수축기 혈압 상승, 맥압 상승, 힘든 호흡(체인 스톡 호흡, 실조성 호흡), 체온 상승
	의식		의식수준 저하
	두통		
	경련		
	눈		두개내압 상승으로 시신경이 압박되어 시력 상실, 양측 동공 확대, 동공의 느린 빛 반응, 유두 부종
	운동		운동기능 감소
	감각		감각기능 감소
	구토		오심 없이 반복적, 분출성 구토

뇌신경 장애	검사	뇌신경 손상 가능성으로, 3, 4, 5, 6, 7, 8, 9, 10, 11, 12번 뇌신경은 뇌간에서 나옴	
	증상	2뇌신경	반맹증
		3뇌신경	동공크기, 동공 빛 반응(대광 반사), 안검 하수증
		3, 4, 6뇌신경	안구 움직임, 비정상적 안구운동
		5, 7뇌신경	각막반사 장애
		7뇌신경	안면마비
		8뇌신경	감각 신경성 난청, 이명, 현훈, 안구진탕증
		9, 10뇌신경	연하곤란
신경계 증상	수명증, 반신부전마비, 반신마비, 근육긴장도 감소 안절부절못함, 기억력 변화, 짧은 집중력, 인격과 행동 변화 섬망, 지남력 상실, 경련성 발작(대뇌피질 자극) * 섬망 : 급성 뇌증후군으로 지남력 장애, 의식장애, 인지 장애, 지각장애 등 다양한 증상		
붉은 반점성 발진	수막구균성 뇌막염(Neisseria Meningitis)		

뇌수막염의 뇌척수액 검사 국시18

방법	요추천자에 의한 뇌척수액 검사		
금기	두개내압이 상승하면 뇌조직 탈출 위험으로 요추천자는 금기이다. 국시20		
	정상	세균성 뇌막염	바이러스성 뇌막염
뇌척수액	물과 같이 투명	화농성을 띠고 혼탁	맑거나 변화 없다.
백혈구		현저히 증가	
단백질		상승	상승
포도당		감소	정상

치료 국시18

세균성 뇌막염 의심에 뇌척수액 배양검사 결과가 나오기 전까지 광범위 항생제를 투여한다. 국시24
* 호중구 감소증, 무과립 세포증 : 발열기 배양 결과에 상관 없이 즉각적 광범위 항생제 시작

간호

격리	방법	수막구균성 뇌막염은 항생제 치료 시작 후 24시간 동안 격리한다.
	효과	감염자의 코, 인후 분비물에 직접 접촉에 의한 전파를 방지한다.
소독	방법	수막구균성 뇌막염 환자의 분비물에 오염된 물건은 소독한다.
	효과	콧물, 인두 분비물로 오염된 물품에 의한 간접 전파를 방지한다.

8 뇌졸중

병태생리

뇌세포	뇌세포는 산소와 당을 저장할 수 없다. 지속적 혈류 공급으로 뇌세포에 필요한 산소와 당을 공급하고 CO_2와 젖산 같은 대사 산물을 제거한다.
뇌조직 손상	뇌로 가는 혈관이 하나 이상 폐쇄되거나 파열로 뇌세포에 혈류 감소로 인한 허혈이 있다. 뇌에 무산소증, 저혈당증으로 수분 내 허혈된 부위의 신경에 괴사가 되어 뇌조직이 영구적 손상을 받는다.

뇌졸중 종류

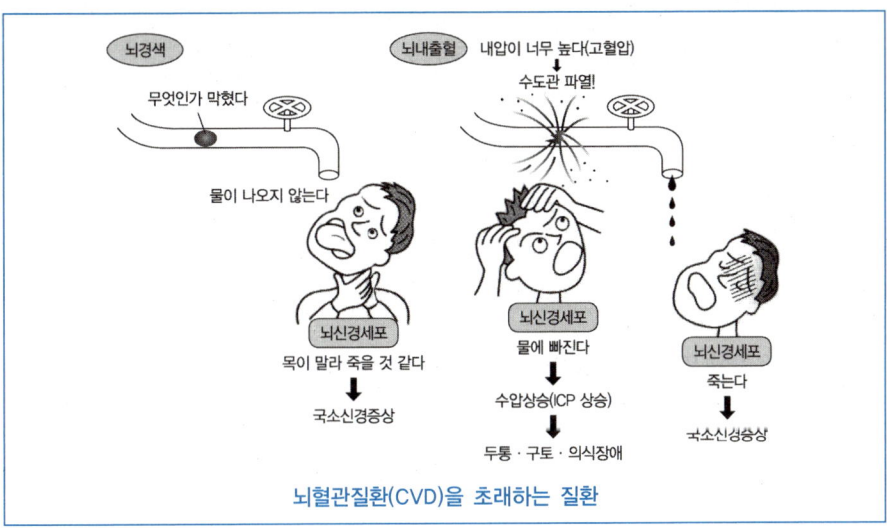

뇌혈관질환(CVD)을 초래하는 질환

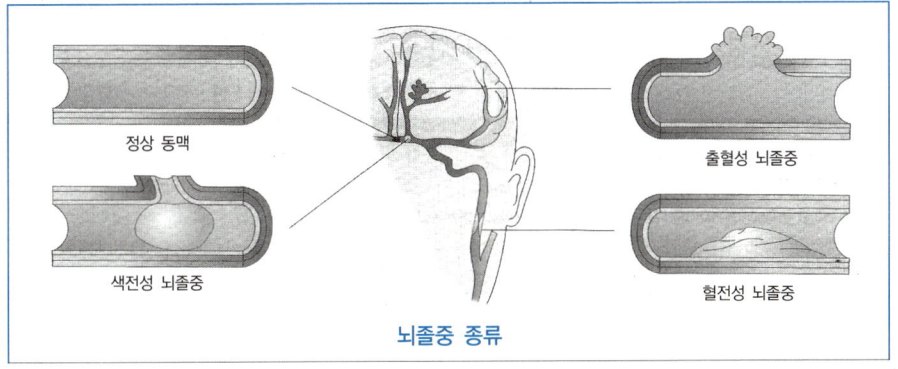

뇌졸중 종류

	허혈성(ischemic) 뇌졸중 ☆ 혈색		출혈성(hemorrhagic) 뇌졸중
구분	혈전성 뇌졸중	색전성 뇌졸중	출혈성 뇌졸중
정의	혈전성 뇌혈관 폐쇄	색전성 뇌혈관 폐쇄	뇌동맥 파열에 의한 출혈
원인 국시 03	고혈압, 죽상경화증	심방세동, 심내막염, 심장판막질환(대동맥판과 승모판 질환), 심근경색	뇌동맥류, 고혈압, 혈관기형, 외상, 응고장애, 혈우병
기전	뇌혈관의 죽상경화증으로 인한 혈전은 혈관 직경이 좁아지고 혈전에 의한 뇌혈관의 폐쇄가 된다. 허혈된 부위의 뇌세포에 산소 공급이 갑자기 줄어들어 신경에 괴사로 뇌조직 손상이 발생한다.	좌심장에서 혈전이 만들어져서 떨어져 나온 색전이 뇌혈관쪽으로 이동하여 뇌혈관의 폐쇄가 된다. 허혈된 부위의 신경에 괴사로 뇌조직 손상이 발생한다.	고혈압과 관련되어 탄력이 떨어진 혈관이 혈압이 오르는 상황에서 터지면서 뇌동맥 혈관의 파열로 뇌실질로 뇌출혈이 일어나 혈종이 발생한다. 출혈된 부위의 신경에 괴사로 뇌조직 손상이 발생한다. 뇌혈관 손상으로 출혈과 혈종이 인접 조직을 압박한다.
경고증상	TIA(30~50%)	없음	두통

일과성 허혈발작(일과성 허혈증, Transient Ischemic Attack : TIA)

정의		국소적 대뇌허혈로 단순 가역성 신경계 기능장애
특징	경고증상	임박한 뇌졸중 경고 증상으로 자주 재발되며 완전한 뇌졸중이 발생한다.
	회복	뇌혈류가 정상으로 돌아와 신경계 기능장애는 24시간 이내 회복
기전		진행성 동맥경화증으로 두개혈관의 폐쇄로 뇌의 일시적인 혈액공급이 감소하여 신경학적 기능 장애의 일시적 단계이다. 하나의 혈관이 막히더라도 측부 순환 발달로 다른 혈관을 통해 혈액 공급이 가능하다.

신시내티 병원 전 뇌졸중 척도(Cincinnati Prehospital Stroke Scale, CPSS) 임용 25

뇌졸중 FAST

F Face — 얼굴 마비
이~ 소리내면서 웃어 보세요

A Arm — 한쪽 팔 마비
양쪽 팔을 들어 보세요

S Speech — 언어장애
발음이 어눌하거나 말을 못하거나 이해를 못한다

T Time — 골든 타임
빨리 응급실로 오세요!

FAST 척도

구분	방법	정상	이상
얼굴마비 (Facial droop)	치아가 보이게 웃어 보라고 함	얼굴의 좌우 대칭	한쪽이 다른 쪽과 같이 움직이지 않음. 얼굴의 한쪽이 반대쪽에 비해 움직이지 않음
팔 근육 약화 (Arm drift)	환자의 눈을 감게 하고 양팔을 펴서 손바닥을 위로 향하게 한 후 10초 이상 들고 있게 함	양쪽 팔을 똑같이 들고 있을 수 있음	한쪽 팔만 들지 못하거나, 반대쪽에 비해 처져 있음
언어장애 (Abnormal speech)	환자에게 말을 하게 함	지체하지 않고 정확히 말할 수 있음	뚜렷하지 않은 말, 발음이 늘어짐, 잘못된 말, 또는 전혀 말할 수 없음

일과성 허혈 발작(허혈성 뇌졸중의 조기 경고) 증상 [국시 10, 18] ★ FAST 두 시 보감

두통, 현훈	갑자기 이유 없는 심한 두통, 현훈(어지러움)
시각결핍	한쪽이나 양쪽의 시력장애, 흐린 시야, 복시
안면근육 이상 (Face)	미소짓기, 치아가 보이게 하거나 웃어보라고 한다. 뺨을 불룩하게 부풀리게 하여 양쪽이 대칭인지 확인하여 안면근육이상을 확인한다. 얼굴이 비대칭이다. 중추신경장애, 7뇌신경 손상
언어장애 (Speech)	간단한 문장을 말해보도록 한다. 타인의 말을 이해하기 어렵거나 대화가 어렵다. * 구음장애 : 언어구사에 장애가 없으나 발음이 불완전한 것, 9, 10뇌신경 손상
보행장애	보행장애(실조증) : 걷기가 어렵다.
반신 부전 마비(Arm) [국시 20]	Barre's sign : 눈을 감고 양측 팔을 20~30(10)초간 앞으로 펴서 손바닥을 위로하여 들고 있게 한다. 팔을 들었을 때 뚝 떨어진다. 팔, 손, 다리에 반신 부전 마비(허약감) 주먹을 쥐지 못한다.
감각결핍	얼굴, 팔, 다리의 한쪽에 비정상적인 감각, 무감각증

지주막하출혈(Subarachnoid hemorrhage, 거미막밑출혈)

원인	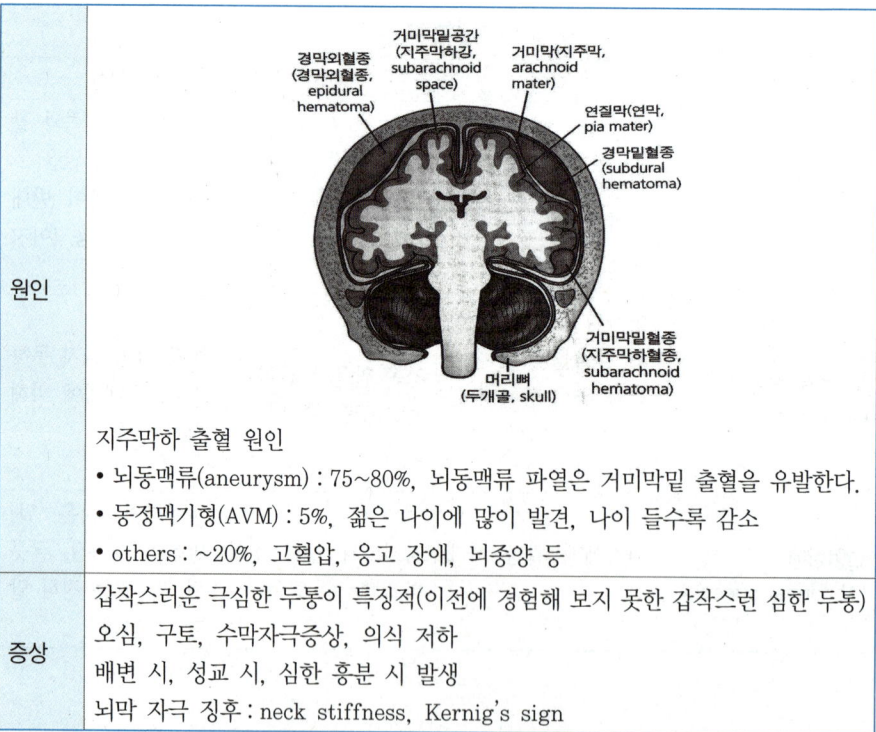 지주막하 출혈 원인 • 뇌동맥류(aneurysm) : 75~80%, 뇌동맥류 파열은 거미막밑 출혈을 유발한다. • 동정맥기형(AVM) : 5%, 젊은 나이에 많이 발견, 나이 들수록 감소 • others : ~20%, 고혈압, 응고 장애, 뇌종양 등
증상	갑작스러운 극심한 두통이 특징적(이전에 경험해 보지 못한 갑작스런 심한 두통) 오심, 구토, 수막자극증상, 의식 저하 배변 시, 성교 시, 심한 흥분 시 발생 뇌막 자극 징후 : neck stiffness, Kernig's sign

뇌동맥 손상에 따른 증상 국시 06

동맥	부위	실행증	마비	감각	눈	언어	
전대 뇌동맥	전두엽, 두정엽 내측	실행증	☆ 전다 반대측 반신부전 (다리 > 팔) : 족저 굴곡, 족하수 : 발이 아래로 떨어지는 증상	감각장애는 심하지 않으며 하지 감각 결핍에 국한, 실인증	동측성 반맹증은 없다. : 시교차 이전 손상	운동 실어증 (말하기, 쓰기 장애) : 전두엽	인격, 행동 변화 집중력 장애, 정신력 기민성 감소 혼란, 건망증, 무표정, 무감동
							잡는 반사, 빠는 반사 : 양성 잡는 반사 : 4개월에 사라진다. 빠는 반사 : 7개월에 사라진다.
							요실금 기억력 장애
중대 뇌동맥	전두엽, 두정엽, 측두엽 바깥쪽	실행증	☆ 중팔 반대측 반신부전, 마비 (팔 > 다리)	평형감각, 공간감각 결핍 (두정엽) 실인증	동측성 반맹증 : 양쪽 눈의 동측 시력 상실, 두정엽과 측두엽 병변은 시삭에 영향, 시교차 이후 손상	운동, 감각 실어증 실독증, 실서증	기억력 장애
후대 뇌동맥	후두엽, 측두엽, 시상			광범위한 감각 소실, 심부감각 상실	동측성 반맹증, 실명, 환시, 피질성 맹(눈의 망막과 시신경은 정상이지만 볼 수 없는 상태) 시각적 실인증 (지시한 사물의 모양, 색은 알아맞히면서도 물건 용도를 인지하지 못하는 상태) 안구진탕증	감각 실어증 (읽기, 듣기 장애) 실독증	기억력 장애
기저동맥 뇌졸중 국시 02		소뇌기능 이상 : 운동실조성 보행, 운동 조정 곤란			동측성 반맹증		기억력 장애 뇌신경기능장애 : 안면운동부전 (7뇌신경), 청력 상실, 이명, 안구진탕, 현훈(8뇌신경), 혀의 무감각 (7뇌신경)

* 실행증 : 운동 기관에 손상이 없고 손상받은 부분을 움직일 수 있으나 자신이 의도하는 대로 행동을 수행할 수 없는 상태, 실행증은 대개 두정엽 손상
* 실인증 : 지적기능, 언어기능, 감각기능에 이상이 없음에도 사물을 인지하지 못하고 그 의미를 파악하거나 감별하지 못하는 상태

시야 경로

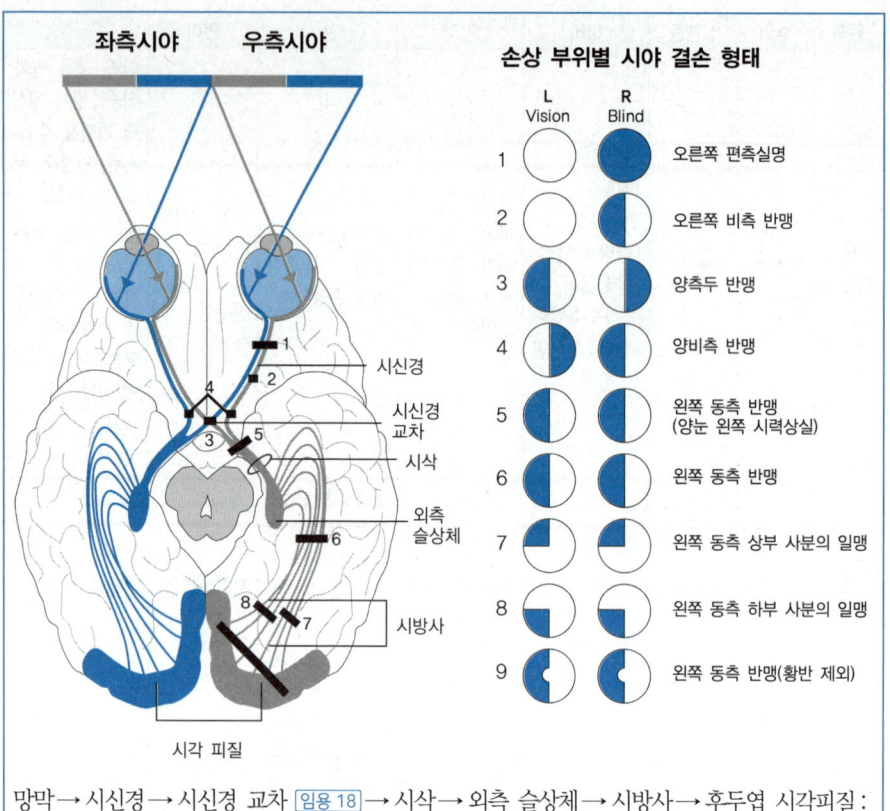

망막→ 시신경→ 시신경 교차 임용18 → 시삭→ 외측 슬상체→ 시방사→ 후두엽 시각피질 :
시신경 교차의 병소로 양측두야 반맹

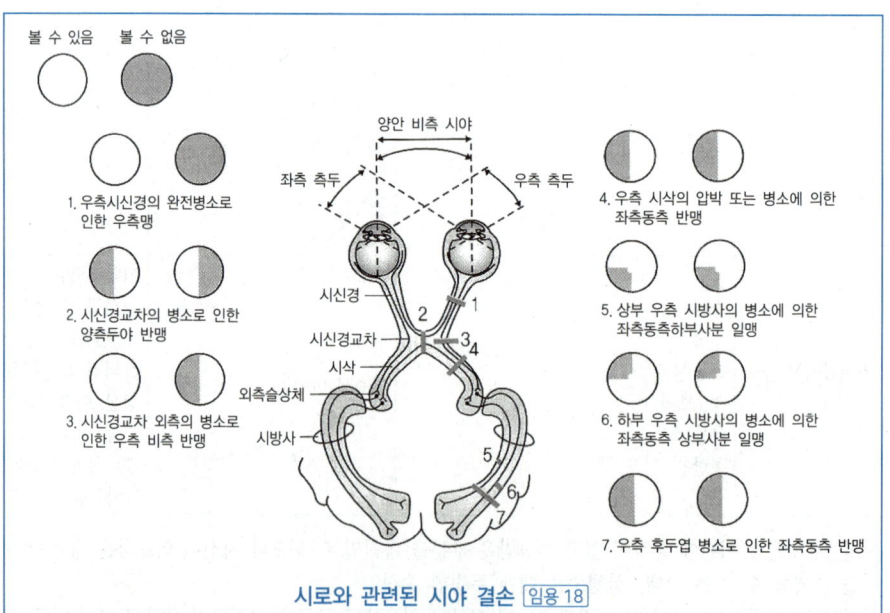

시로와 관련된 시야 결손 임용18

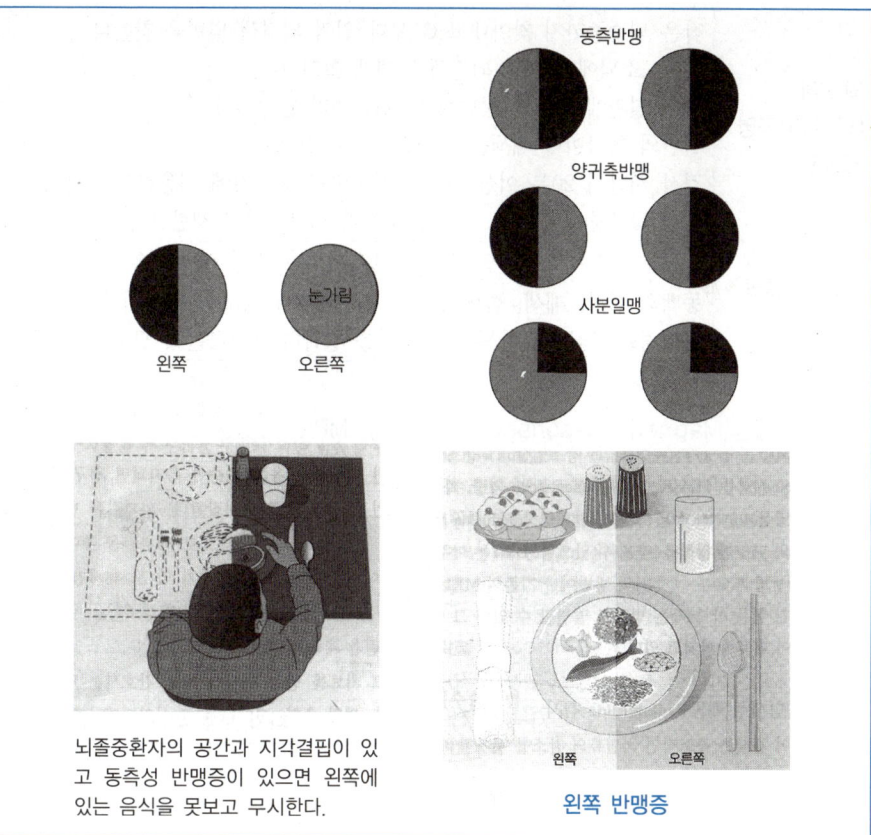

뇌졸중환자의 공간과 지각결핍이 있고 동측성 반맹증이 있으면 왼쪽에 있는 음식을 못보고 무시한다.

왼쪽 반맹증

뇌졸중 검사

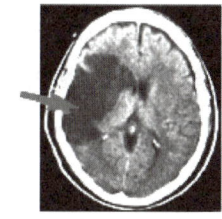	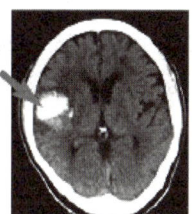	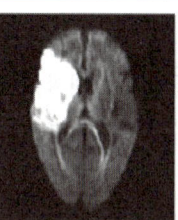	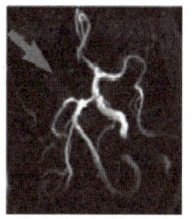
뇌경색 CT사진	뇌출혈 CT사진	뇌경색 MRI소견	대칭으로 있어야 할 혈관이 보이지 않는 뇌혈관 사진

뇌 CT (뇌 컴퓨터 단층촬영술)	혈관에 조영제 주입 후 검사한다. 컴퓨터 단층촬영술(CT)은 뇌졸중 발생 시 우선적 진단적 검사이다. 병변의 크기와 위치, 출혈성과 허혈성을 구분한다. 뇌경색은 하루나 이틀이 지나야 CT에서 병변이 보이지만 뇌출혈은 곧 바로 나타난다. 급성기 뇌졸중에서 CT가 정상이면 뇌경색으로 진단할 수 있다.

뇌 MRI (뇌 자기 공명 영상술)	작은 뇌졸중까지 찾아내고 CT보다 일찍 뇌경색 병변을 찾는다. 뇌간, 소뇌에 발생한 뇌경색을 쉽게 확인한다. 작은 혈관에 나타난 허혈성 변화를 조기 발견한다. 혈관의 협착이나 폐색을 비침습적으로 진단한다. 검사 시간이 20분 이상으로 급성 환자나 중환자에 이용하기 어렵다. 폐쇄 공포증이나 인공 심박동 조율기 대상자에게 제한한다.
뇌혈관조영술 국시 18	사타구니의 대퇴동맥을 통해 조영제를 주입하여, 뇌혈관을 촬영한다. 동맥의 협착, 폐색, 출혈 유무를 진단하는데 중요한 검사이다. 동맥경화, 뇌동맥류, 동정맥 기형을 정확히 진단하는데 필수적이다.

자기공명영상(Magnetic Resonance Imaging, MRI)

특징	자기 작용과 고주파를 이용하여 컴퓨터 스크린에 단면 영상화한다. 방사선 노출이나 조영제에 요오드제제를 사용하지 않는다. MRI는 CT보다 정상과 비정상조직 사이 대조가 분명하다.
제한	금속물질을 제거 공무원23 하며, 자기를 사용하여 신체 이식된 금속기구(인공심박동기나 인슐린펌프, 금속성 고관절 보철물)가 있는 대상자는 검사를 받을 수 없다. 비만이나 밀실공포증이 있거나 임산부도 검사받기 어렵다.
간호	검사 전 소변을 보고 검사 동안 시끄러운 소음으로 환자 보호 위해 귀마개를 한다.

일과성 허혈증 약물 국시 07
허혈성 뇌졸중 치료

항혈소판 (Antiplatelet) 제제	Aspirin 아스피린	혈소판 응집에 의해 혈소판 마개로 혈소판 혈전을 형성한다. aspirin은 COX-1이 매개하는 트롬복산 A2 생성을 억제하여 혈소판 응집 작용을 억제함으로 혈전 형성을 예방한다.
	ticlopidine hydrochloride (Ticlid), clopidogrel (Plavix, 플라빅스) 국시 21	P2Y$_{12}$ 수용체 길항제이다. 혈소판 응집을 유도하는 ADP가 혈소판에 있는 P2Y$_{12}$ ADP수용체에 결합하여 작용하는 것을 방해하여 혈소판 응집을 억제한다.
항응고제 (Anticoagulant)	헤파린, heparin	thrombin 길항제로 thrombin을 비활성화시켜 fibrinogen이 fibrin으로 전환 방지로 혈전이 더 이상 증가되지 않도록 한다.
	와파린, warfarin (Coumadin)	Vit K 길항제로 Vit K 의존성 응고인자를 합성하는 간의 능력을 변화시킨다. 응고인자 생산을 억제시켜 혈전이 더 이상 증가되지 않도록 한다.

항응고제 (Anticoagulant)	경구용 직접 인자 Xa 억제제 (Direct oral factor Xa inhibitors)	약명	아픽사반(Apixaban), betrixaban, edoxaban, rivaroxaban	
		기전	Xa의 억제는 prothrombin이 thrombin으로 전환되는 작용을 억제하여 트롬빈 생성과 혈액 응고를 막아준다. ＊Xa 인자는 프로 트롬빈(응고인자 Ⅱ)에서 트롬빈 (응고인자 Ⅱa)으로 전환을 촉매한다.	
		부작용	가장 심각한 부작용은 출혈	
혈전용해제 (Thrombolytic therapy) 국시 04	종류 임용 11 국시 20, 23		tissue plasminogen activator(조직-플라즈미노겐 활성제, t-PA), 스트렙토키나제(streptokinase), 우로키나아제(urokinase)	
	기전		plasminogen을 plasmin으로 전환시켜 혈전, 섬유소원, 섬유소, 응고인자를 분해, 용해로 뇌동맥 폐색을 완화시키고 뇌색전을 예방한다.	
칼슘통로 차단제 : 동맥 확장제	종류		Amlodipine(norvasc), Nifedipine(procardia), Nicardipine (cardene), diltiazem, Verapamil(Isoptin)	
	기전 국시 09		뇌졸중 후 발생하는 뇌혈관 경련은 혈류를 방해하고 허혈상태를 악화한다. 혈관의 탈분극 시기에 칼슘 유입 금지로 혈관의 평활근을 이완시켜 뇌 허혈 부위의 측부 혈관을 확장시킨다. ex) 허혈성 심질환 : 심장과 혈관의 탈분극 시기 칼슘 유입 금지로 말초 세동맥 확장으로 후부하를 줄이고 관상동맥을 확장시켜 산소 공급을 증가시킨다. 심근 수축력 억제와 심박동수 감소로 심근 부담, 산소 요구도를 감소시킨다.	

응급 간호 ★ 일측금

기도개방유지불능 R/T구토 반사 상실 국시 08, 20 → 기도 청결을 유지한다.
cf) 발작 시 응급 간호 : 일직선, 측위, 설압자, 금식, 옷 느슨

일직선	방법	머리가 지나치게 젖혀진 경우 머리와 목은 일직선을 유지한다.
	근거	머리와 목을 일직선으로 기도를 유지한다.
인공 기도	방법	구강에 인공 기도를 삽입한다.
	근거	인공 기도로 환기를 하도록 한다. 의식이 저하되면 혀와 후두개가 이완되어 기도가 폐쇄된다.
측위 국시 15, 17	방법	경추 손상이 없는 경우 분비물이 기도 내로 흡입 방지를 위해 환자를 옆으로 눕는 측위, 반복위(반 엎드린 자세)인 엎드리게 하여 고개를 옆으로 해준다. 고개를 옆으로 돌려 분비물이 배액되도록 한다.
	근거	의식수준 감소로 혀와 후두개의 이완으로 구강인두를 폐쇄한다. 측위는 혀가 뒤로 넘어가지 않아 혀가 기도를 폐쇄시키지 않는다. 턱과 혀를 앞으로 내밀어 분비물이 흘러 나온다. 무의식 환자는 인두 반사, 기침 반사가 없어 토물, 비강인두 분비물의 기도 흡인과 흡인성 폐렴으로 사망한다.
흡입기	방법	흡입기로 인두 분비물은 즉시 제거하여 기도는 청결한 상태를 유지한다.
	근거	후두(인두)반사 상실로 대상자가 삼킬 수 없다. 흡입기로 분비물을 제거하여 흡입 위험을 없앤다.
금식	방법	무의식 환자에게 입으로 아무것도 주어서는 안 된다.
	근거	뇌졸중이 발생하면 구강과 인후 근육이 마비되어 삼키지 못한다. 무의식 환자는 삼킬 수 없다.
응급의료	방법	재관류 요법이 가능한 병원으로 빠른 이송 위해 응급의료체계를 활성화시킨다.
	근거	빠른 시간 내 재관류 요법을 한다.
이송	방법 국시 06	의식장애가 있는 뇌졸중환자는 마비된 쪽을 아래로 한 채 손상되지 않도록 보호하면서 이송한다. 응급의료체계 시설로 이송 시에는 들것을 충분히 푹신하게 하여 마비된 쪽이 손상받지 않도록 한다. cf) 편마비 환자는 정상 쪽으로 눕는 것이 편안하다. 견딜 수 있는 한 마비된 쪽으로 눕도록 한다. 근육 긴장도가 증가되어 필요한 체중부하를 준비한다.
	근거	마비된 쪽을 아래쪽으로 하여 이송해야 움직일 수 있는 사지를 자유롭게 한다.

9 파킨슨 질환(Parkinson's disease)

역학

주로 50~60대에 발병하며 여성보다 남성에게 많이 나타난다.

병태생리

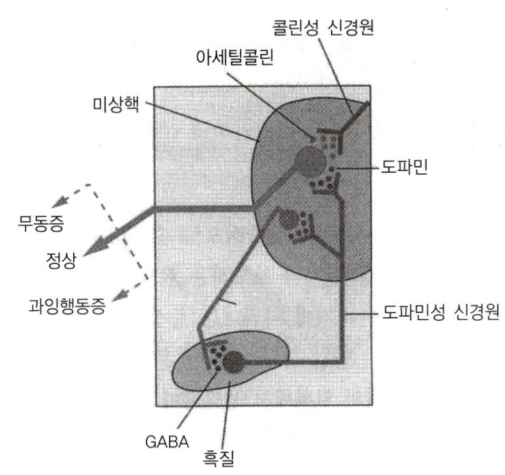

도파민성 시냅스 활동은 도파민에 의해 매개된다. 콜린성 시냅스 활동은 아세틸콜린에 의해 매개된다. 이 두 종류의 활동 사이의 균형에 의해 정상운동기능이 이루어진다. 콜린성 활동의 상대적 과잉은 운동불능증과 경직을 유발하고 도파민성 활동의 상대적 과잉은 불수의적 움직임을 유발한다. 미상핵의 신경세포는 γ-aminobutyric acid(GABA)를 함유하고 피드백 경로를 통해 흑질에 있는 도파민성 신경세포들을 조절한다.

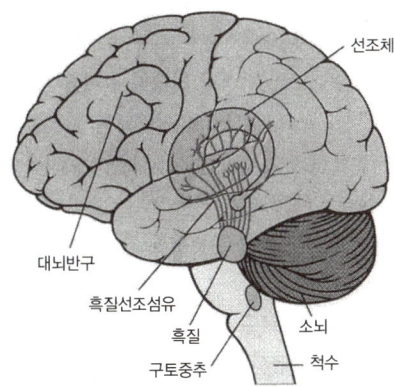

흑질과 선조체 장애가 파킨슨병을 유발시킨다. 인간 뇌의 왼쪽 측면은 대뇌 반구 안쪽 깊숙이 놓여 있는 흑질과 선조체(짙은 색 부위)를 보여준다. 신경섬유는 흑질에서부터 위쪽으로 확장되어 있고 많은 가지들로 나누어지며, 선조체의 모든 부위로 도파민을 보낸다.

중뇌의 흑색질에서 만들어지는 도파민이 감소한다. 기저신경절 안의 선조체에 도파민 공급이 감소한다.

추체외로계가 지나가는 기저 신경절(기저핵)의 도파민 감소와 아세틸콜린이 도파민에 의해 적절히 조절되지 못하여 아세틸콜린이 증가한다. 도파민 감소와 콜린성 활동의 상대적 과잉으로 자발적 행동의 시작과 통제가 어려워 강직, 서행증, 휴식 시 진전이 유발된다.

* 추체외로계 : 자동적인 수의적 운동, 무의식적 운동, 근육의 긴장도와 유연성 제공
* 기저신경절 : 뇌의 기저 부위에 선조체로 구성된다. 기저신경절은 추체외로의 시발점
* 도파민 : 자동적인 수의적 운동과 불수의적 운동에 관여하는 추체외로 기능에 중요한 신경흥분 전달물질
* 도파민성 시냅스 활동과 콜린성 시냅스 활동의 균형에 의해 정상 운동기능이 이루어짐

도파민성 시냅스 활동 : 의도적 움직임 촉발
콜린성 시냅스 활동 : 골격근의 신경-근육 접합부에 분포

간호사정 [국시 14] ☆ 강서진이 자세 불안정

진단 : 3대 증상인 강직, 서행증, 휴식 시 진전(떨림) 중 2개가 있어야 내림
4대 증상인 강직, 서행증, 휴식 시 진전(떨림), 강직, 자세 불안정

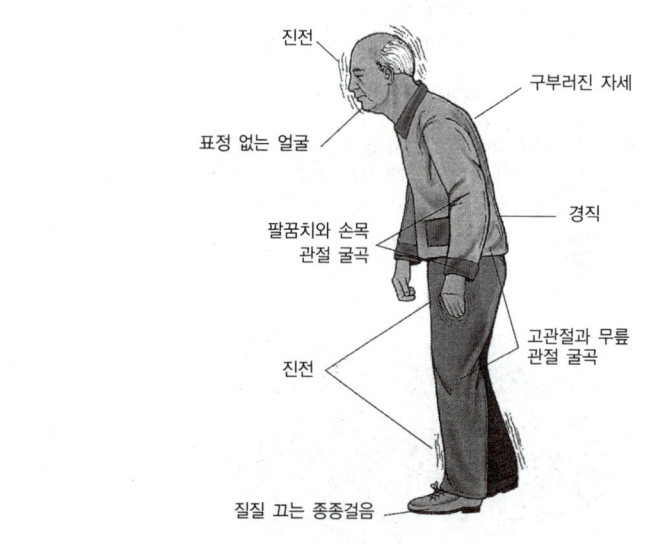

파킨슨 질환의 증상

비대칭적 국시 21	증상이 비대칭적	
운동장애 (운동불능증)	서행증	운동완서증은 동작을 수행하려 할 때 고정되고 자발적으로 동작을 시작하는 것이 어렵다. 그러나 감각장애, 운동실조는 없다.
	걸음걸이	걸음걸이는 시작이 어려우나 일단 시작하면 가속화되어 정지하기 힘들다. 걸음걸이 폭은 짧고 질질 끄는 종종걸음을 하며, 보행 시 팔을 흔들지 않는다. 몸을 돌릴 때 동상처럼 한꺼번에 몸을 돌린다.
근육 강직, 경직(rigidity) 국시 23	안면근육 강직	안면근육 경직으로 마스크 같은 얼굴, 표정 없는 얼굴
	후두근 강직	후두근이 경직되면 씹고 삼키는 능력에 어려움, 침 흘림 목소리가 작고 낮으며 단조로워 알아듣기 힘들다.
	톱니바퀴 강직	관절이 수동적 운동에 저항 증가로 자전거 바퀴를 돌릴 때 같은 강직
안정 시 진전 (떨림) 국시 98, 04 11, 21, 23	환약조제양 움직임	**환약을 굴리는 것과 같은 동작** 안정 시 떨림으로 안정 시 나타나고 운동 시 사라진다. 휴식 시 손바닥에 환약을 놓고 엄지손가락으로 굴리는 것 같은 동작이다. 목적이 있는 수의적 운동을 하면 진전이 감소한다. 수면 중에 없다.
	소서증	진전 증상으로 글씨가 흔들리고 작아지는 소서증 * 리튬 부작용 : 떨림으로 글씨를 작게 쓴다.
	악화	피곤, 스트레스, 긴장, 추위에 악화
	완화	수면, 활동 동안 감소 국시 23 cf) 의도성 떨림 : 운동 중 떨림 증가는 소뇌성 질환, 다발성 경화증
자세 불안정 (체위 불안정)	정상적 체위 반사 소실로 체위 불안정이 발생하여 평형유지, 서 있는 것이 어렵다. 똑바로 앉거나 균형을 유지하기 어렵다. 자세 반사 상실로 반사 능력이 떨어져 자주 넘어진다.	
자율신경 장애	체위성 저혈압, 변비, 배뇨 장애, 과다한 발한, 기름기 있는 피부, 지루증	
구부정한 자세 국시 21	중력에 안정감을 얻으려고 관절을 굴곡시키고 몸을 앞으로 구부리는 구부정한 자세, 목, 허리, 팔꿈치, 무릎 관절이 구부정하게 구부러진 자세	
심리 사회적	우울(도파민 감소, NE, 세로토닌 감소), 정신병, 급격한 기분 변화 인지장애(치매, 40% 이상), 수면장애 : 렘 수면 행동 장애로 폭력적 꿈으로 렘 수면 중 위험한 활동이 있다.	

약물

도파민 대체제(Dopaminergics)

levodopa (레보도파) [국시 23]	기전	파킨슨 질환은 중뇌의 흑질과 선조체에서 dopamine 감소로 발생한다. dopamine은 혈관뇌장벽을 통과할 수 없다. 혈관뇌장벽을 통과하는 dopamine의 전구물질인 levodopa를 투여하여 뇌 속에서 dopamine으로 전환한다. ex) dopamine : 교감신경 효능제는 α, β-아드레날린 수용체 흥분으로 CHF에서 사용
칼비도파 (Carbidopa)	기전	말초조직에서 levodopa의 대사를 억제함으로 중추신경계에서 levodopa를 증가시킨다.
부작용 cf) methyl-phenidate : NE, D증가, 불면증, 정신증, 오심, 구토, 식욕부진, 빈맥, 고혈압		Anorexia, Nausea, Tachycardia, Hypotension, Psychiatric problems **Levodopa의 유해작용**
	심혈관계	직립성 저혈압 [국시23], 심계항진, 부정맥
	소화기계	구강 건조 오심, 구토(도파민이 구토 중추 자극), 식욕부진
	중추신경계	산동, 불면증, 흥분, 환각(환시, 환청)

간호 [국시 00, 05, 14]

장기 투여	방법	장기 투여 시 약물 효과 감소로 용량을 점차적 증가한다. 장기적으로 levodopa를 투여할 경우 1주 정도 투약을 중단한 후 아주 작은 용량부터 다시 시작한다. ex) Methylphenidate : 몇 달 동안 매번 '약을 쉬는 날'을 가진다. 약을 쉬는 날을 통해 치료가 계속 필요한지 판단한다.
	근거	장기 투여 시 약물 효과가 감소한다.
공복	방법 [국시 23]	공복 시 투여한다. 오심이 발생하면 음식과 함께 투여한다. [국시 20] cf) 공복 시 흡수가 잘됨 　　항결핵약 　　비스포스포네이트 : 공복 복용, 30분 동안 다른 것을 먹거나 마셔서는 안 된다. | 점막 보호제(sucralfate : carafate) | 식전 1시간, 식후 2시간, 취침 시 | | 양성자 펌프 억제제 | 식전 30분~1시간 전 | | 철분제제, levodopa | |
	근거	공복 시 흡수가 잘 된다.
단백질 제한 [국시 20, 23]	방법	우유, 치즈, 돼지고기, 달걀, 생선, 콩제품, 견과류, 땅콩류, 해바라기씨 등 단백질 식품을 50%까지 제한한다. 저단백 아침, 점심 식사와 고단백 저녁 식사는 증상을 호전시킨다. [국시 24]
	근거	아미노산은 levodopa의 흡수를 방해한다.
비타민 B6 (피리독신) 제한 [국시 20, 23, 24]	방법	비타민 B6 보충제는 금한다.
	근거	★ 피리 대사 비타민 B6(피리독신, Pyridoxine)은 간에서 levodopa의 대사를 증가시켜 뇌에서 도파민 전환이 감소하여 levodopa 효과가 감소한다. * 대사 : 약물을 배설이 용이한 수용성 형태로 변화 | 비타민 B6 보충 격려 | | | INH, 사이클로세린 | 말초 신경염 감소 |
알코올 제한 [국시 24]	방법	알코올 섭취를 피한다.
	근거	알코올은 Levodopa에 길항작용이다. ex) 알코올 금지 : levodopa, 항히스타민(진정작용), 이뇨제(저혈압), β차단제(중추신경억압), 수면제, 마약제
구강 건조	방법	설탕 없는 사탕, 껌을 씹는다.
	근거	설탕 없는 사탕, 껌은 타액 생성으로 침 분비를 촉진한다.
직립성 저혈압, 심계항진	방법 [국시 22]	자세 변경을 조심스럽게 시행한다. 증기욕, 사우나, 열탕은 금한다. cf) 이뇨제 : 더운물 목욕, 사우나, 일광욕은 피한다. 뜨거운 물은 말초혈관을 확장시켜 저혈압을 유발한다.
	근거	직립성 저혈압, 심계항진을 유발하는 상황을 주의한다.
협우각형 녹내장 금기 [국시 24]	방법	협우각형 녹내장에서 투여하지 않는다.
	근거	도파민은 산동을 일으켜 협우각형 녹내장에서 안압을 높인다. ex) 항콜린성 : 산동증으로 녹내장에서 투여하지 않는다.

기타 약물

도파민 분비제	아만타딘 amantadine (Symmetrel)	기전	☆ 아마! 도글 도파민 분비제로 도파민 신경 세포를 자극하여 도파민 분비를 촉진한다. NMDA 수용체 길항 작용으로 NMDA 수용체 자극을 감소시킨다. NMDA 수용체는 글루탐산 수용체의 일종으로 글루탐산염의 과잉 노출은 신경 세포에 해를 주는 신경 독성이 있다.
분해억제제제	MAO-B 억제제	기능	MAO-B의 도파민 분해를 억제하여 중추에서 도파민을 증가시킨다.
		종류	selegiline(Eldepryl), rasagiline ex) 항우울제의 MAO 억제제 : MAO대사를 감소시켜 dopamine, NE, serotonine, 증가
	COMT 억제제	작용	COMT(Catechol O-methyltransferase)의 levodopa의 분해를 억제하여 중추에서 levodopa 흡수가 증가되어 뇌의 도파민 농도가 증가한다.
		종류	entacapone(comtan), tolcapone(tasmar)
도파민 수용체 작용제	Bromocriptine	기전	도파민 수용체를 활성화한다.
항콜린제제 국시 23		적응증	항정신병약물에 의한 추체외로 부작용에 치료, 긴박성 요실금에 사용 oxybutynine(ditropan), propantheline(pro-Bantine), dicyclomine(bentyl)
		종류	benztropine mesylate(Cogentin), 프로사이클리딘(procyclidine), 벨라도나 임용 92
		기전	파킨슨병은 아세틸콜린이 도파민에 의해 적절히 조절되지 못하여 콜린성 활동의 상대적 과잉으로 운동불능증, 강직의 파킨슨 증상을 유발한다. 항콜린제제는 아세틸콜린 수용체를 차단시켜 아세틸콜린을 감소시키고 도파민을 증가시킨다. 증상 완화와 파킨슨 질환 진행을 지연시킨다.

간호 [국시 05]

운동 [국시 23]	안면과 혀 운동	연하와 언어 기능 촉진 위해 안면과 혀의 근육운동과 언어훈련 * 후두근 경직 : 씹고 삼키는 능력에 어려움
	관절운동 [임용 92]	능동적/수동적 관절운동, 근신장 운동 운동은 근육 강화, 관절 기능 유지, 기형과 경축 예방
	보행 훈련 [국시 19]	발을 질질 끌지 않고 발꿈치, 발바닥, 발끝의 순서로 발을 딛고 걷는다.
자가 간호		입기 쉬운 옷으로 지퍼 대신 접착포가 부착된 옷, 끈이 없는 신발을 사용하여 스스로 입고 신을 수 있다.
피부 간호		매일 목욕을 시켜 자율신경장애에 의한 과도한 발한과 지루를 감소한다.
영양관리	원인	진전으로 식사 곤란, 후두근 경직으로 연하 장애
	연하장애	연하를 촉진하며 흡입을 방지한다.

10 헌팅톤 무도병

원인		기저신경절의 신경원이 부분적으로 파괴되는 단일유전자 4번 상염색체 우성 유전질환이다. 대물림악화 현상으로 세대가 계승됨에 따라 질환 증상이 악화된다. 헌팅톤 무도병은 우성유전으로 한쪽 부모가 질병을 가지면 자녀에게 유전될 확률은 약 50%이다.
병태생리		기저신경절 내 신경전달물질인 아세틸콜린과 γ-aminobutyric acid(GABA) 감소한다. 아세틸콜린이 감소되어 도파민과 아세틸콜린의 불균형이 초래된다. 도파민이 과다하여 비정상적이고 과도한 불수의적 움직임이 특징적이다. 전두엽 위축으로 치매증상이 나타난다.
증상	인격변화	우울증, 집중력 감소, 기억상실, 정서적 불안정, 충동성
	치매	치매로 진행되어 지남력 상실, 혼동, 인격의 황폐화
	불수의적 움직임	질환의 회복과 악화로 얼굴, 사지, 몸통이 비틀린다. 말이 느려지며, 폭발적인 양상으로 말을 하여 이해가 어렵다. 저작과 연하곤란으로 흡인과 질식 위험이 있다. 보행도 어렵다. 사망 원인은 흡인성 폐렴이나 감염증이다.
간호 [국시 24]		언어, 연하, 얼굴 움직임과 관련된 근육조절 능력 불능으로 언어적 의사소통에 문제가 발생한다. 의사소통 위해 반응이 없더라도 눈 맞추기, 접촉하기, 직접 말하기 등을 시도한다.

11 중증 근무력증

신경계 질환 비교

중추신경계 장애 *중추신경계 : 뇌, 척수		말초신경계 장애 *말초신경계 : 뇌신경, 척수신경, 자율신경	
파킨슨병	기저 신경절부위에 도파민 감소, 아세틸콜린 증가	GB 증후군	말초신경을 침범하는 수초 탈락의 염증성 질환으로 하위운동 신경원 질환 뇌신경 증상, 척수신경 증상, 자율신경 증상
알츠하이머병	뇌에 아밀로이드 베타 단백질 존재와 아세틸콜린, NE, 세로토닌 감소	삼차 신경통	제5뇌신경 장애(안신경 가지와 상악 신경은 감각, 하악 신경에 운동)
다발성 경화증	중추신경계의 수초 탈락으로 뇌, 척수, 시신경의 전도 장애로 운동 마비, 감각장애, 소뇌증상, 뇌신경 장애의 상위운동 신경원 질환	안면 신경마비	안면운동을 지배하는 7번 뇌신경 장애로 안면 마비

병태생리 국시 04

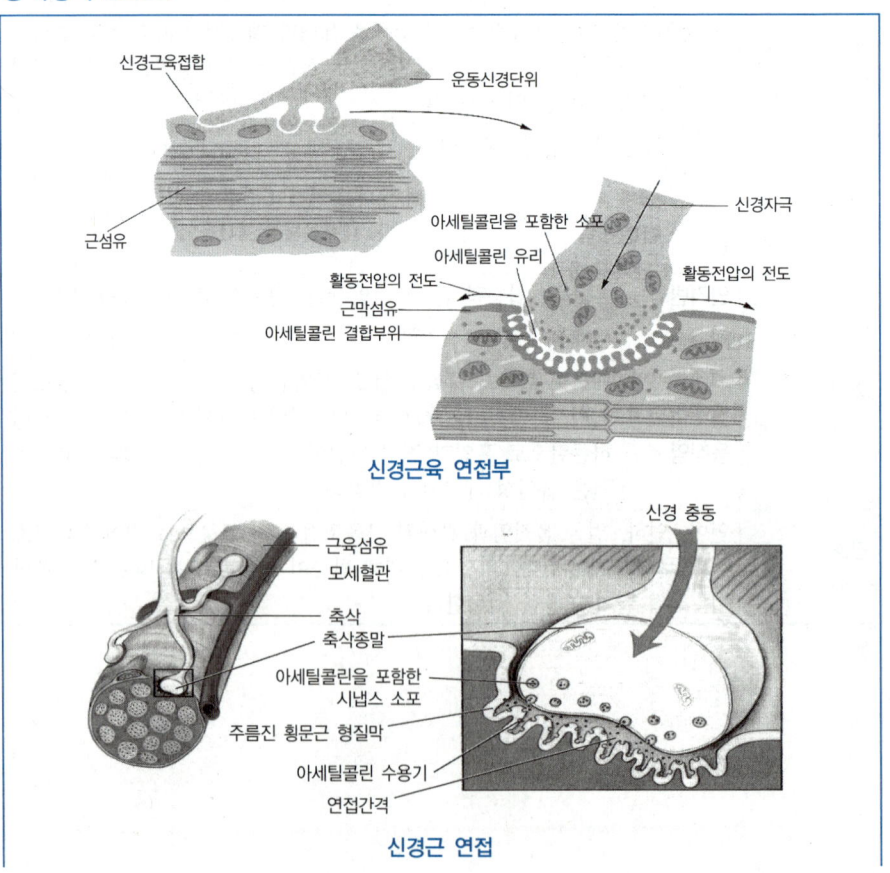

신경근육 연접부

신경근 연접

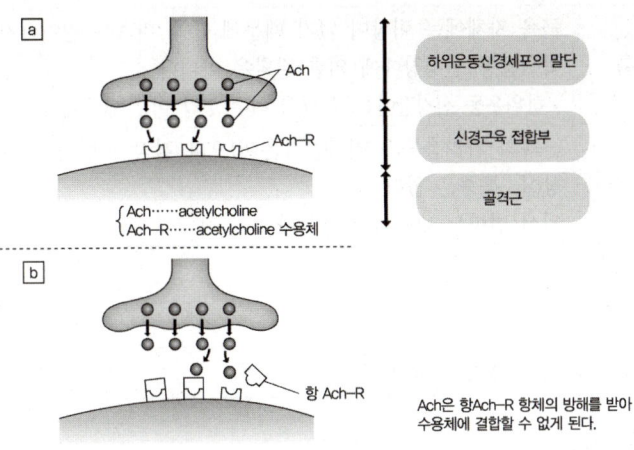

중증 근육무력증의 발생기전

신경근육 접합부에서 발생하는 자가면역질환으로 항아세틸콜린 수용체 항체가 아세틸콜린 수용체를 침범하여 아세틸콜린 기능이 감소한다. 신경근육 접합부에서 근육 수축을 방해하여 골격근(수의근)의 허약감이 생긴다.

증상과 징후 국시 04, 07, 11

비대칭성	근력 약화는 비대칭성 cf) RA : 대칭성으로 관절 침범
상지 근위부 근육	목, 어깨, 엉덩이의 상지 근위부 근육이 침범된다.
안검거근, 외안근	안구와 안검을 움직이는 근육, 안구마비, 복시 외안근 약화 : 외안근 지배신경 : 3, 4, 6 뇌신경 안검하수(제3뇌신경 장애, Horner증후군)
안면 표정 장애	웃는 모습은 으르렁거리는 것처럼 보인다. 안면 근육 침범 시 가면양 얼굴(예 파킨슨)
언어 근육 장애	목소리가 단조롭고 비음(9, 10 뇌신경 장애, 인두, 후두 마비로 말더듬증) ex) 파킨슨 질환 마스크 같은 얼굴, 표정 없는 얼굴, 후두근 경직으로 연하장애
저작 근육 장애	저작, 연하장애, 질식, 위 내용물의 역류로 호흡기계 합병증이 생겨 사망
목 근육	목 근육을 침범하면 머리를 바로 세우기가 어렵다.
호흡근	늑간근과 횡격막 근육의 호흡근 마비
척추 기립근	척추 기립근 영향으로 앉거나 걷기가 어렵다. 계단 오르기 어렵다.
팔, 손 근육	손 근육 영향으로 무거운 물건 들기, 팔을 머리 위로 올리기 어렵다. 글쓰기, 일하기, 손을 입으로 가져오기 어렵다.
휴식 시 회복	진행성 근쇠약, 부전마비, 근력은 휴식을 하면 회복된다. 아침에 가장 강하고 활동하면 쇠진되어 일과가 끝나는 시간에 근력 약화이다.

드문 근육위축	근육 자체에는 이상이 없기 때문에 근육 위축은 일어나지 않는다. 하위운동 신경장애에 의한 질환은 아니다. * 하위운동 신경장애 : 운동계의 척수 전각 이후 단계에서 근육으로 간다.
정상 감각	근육의 가려움증과 이상감각은 있으나 감각과 반사는 정상으로 감각 상실, 통증은 없다. 의식 변화는 나타나지 않는다.

합병증

흡입, 호흡기능 부전, 호흡기계 감염

진단검사

아세틸콜린 (acetylcholine) 항체 검사		항Ach(acetylcholine) 수용체 항체[anti-AchR ab(+), 아세틸콜린 수용체 항체]가 증가한다.
반복 신경 자극 검사		골격근을 연속적으로 수축시키면 차차 근력이 저하된다. 운동 신경 반복 자극 시 활동 전위 진폭이 처음 얻어진 진폭과 네 번째 또는 다섯 번째 진폭을 비교하여 10% 이상 감소한다.
Tensilon(텐실론) 검사(항콜린에스 테라제 검사) 국시 03, 07, 22		A. 심한 안검하수 B. Edrophonium hydrochloride(Tensilon) 10mg 정맥주사 1분 후 회복된 안검 중증 근무력증
	기전	콜린분해효소 억제제인 tensilon, Neostigmine(Prostigmin)을 정맥 주사한다. 아세틸콜린을 불활성화하는 콜린분해효소(acetylcholinesterase)를 차단하여 아세틸콜린을 증가시켜 근육 수축력 향상을 본다.
	위기 진단	콜린분해효소 억제제(anticholinesterase)의 과다사용의 콜린성 위기와 근무력증 위기를 진단한다. | 중증 근무력증, 근무력증 위기 | 근육 수축력 증가 | | 콜린성 위기 | 근력 허약 |
	중화제	Cholinergic antagonist인 아트로핀(atropine)은 tensilon의 해독제이다. 부작용이 일어났을 때 효과를 중화한다.

중증 근무력증 약물요법

콜린분해효소 억제제	종류	Neostigmine(Prostigmin), pyridostigmine(Mestinon)
	작용	• 아세틸콜린(A)은 신경시냅스부터 방출되어 시냅스 건너편으로 메시지를 전달한다. • 콜린에스테라제(B)는 아세틸콜린을 분해한다. • 콜린에스테라제 억제제(C)는 콜린에스테라제를 차단함으로써 아세틸콜린이 메시지를 전달하기 위한 시간을 벌어준다. **콜린에스테라제(cholinesterase) 억제제의 기전** 콜린분해효소 억제제(anticholinesterase)는 아세틸콜린을 증가시킨다. 신경근 접합부에서 Ach을 불활성화시키는 효소인 콜린분해효소(acetylcholinesterase)를 억제함으로 아세틸콜린을 증가시킨다. 신경근 전도를 촉진시키고 근육반응을 증가시켜 근력을 향상시킨다.
면역 억제제	종류	azathioprine(Imuran), cyclophosphamide(Cytoxan)
	작용	중증 근무력증이 자가면역질환이므로 면역 억제제들이 사용된다.
corticosteroid (prednisone)	작용	T림프구와 B림프구의 기능억제로 면역계를 억압하여 자가면역을 감소한다.

외과적 치료

흉선은 아세틸콜린 수용체의 항체 생산 증가로 흉선 제거는 증상을 향상시킨다.

근무력성 위기와 콜린성 위기 비교

	근무력성 위기	콜린성 위기
원인	근무력증을 악화시키는 촉발요인으로 약물용량이 부족하거나 약물을 복용하지 않은 경우	콜린분해효소 억제제(anticholinesterase)의 과다투여 자연적 또는 흉선절제술 후 증상 완화 수용체 부위에서 아세틸콜린 증가로 콜린분해효소 억제제(anticholinesterase) 약물 용량이 과다해진 경우
공통증상	안검하수, 구음장애, 연하장애, 안면근육부전, 호흡곤란, 골격근 허약감 눈물 증가, 타액, 발한(교감신경이나 신경흥분 전달은 아세틸콜린)	

증상	호흡, 맥박, 혈압 상승 소변량 감소 요실금, 변실금	부교감신경 항진 동공축소, 흐린 시야 서맥, 저혈압 오심, 구토, 복부경련, 설사 acetylcholine이 항상 수용체와 결합된 상태가 되어 신경전달이 억제되어 근력 저하
감별진단	콜린분해효소 억제제(anticholi-nesterase) 투여 후 힘이 생길 때	콜린분해효소 억제제(anticholinesterase) 투여 1시간 내 골격근 허약
치료		atropine을 투여한다.

12 다발성 경화증(MS, Multiple Sclerosis)

정의		중추신경계의 수초 탈락으로 뇌와 척수의 전도 장애를 초래하는 만성 진행성 퇴행성 신경계 질환으로 재발과 관해를 반복한다.
원인 국시 05	바이러스	바이러스는 염증반응에 수초 탈락을 일으킨다.
	면역이론	어떤 요인이 뇌, 척수, 시각계에 자가면역반응 유발로 체액성 면역과 세포 중개성 면역이 관여한다. 뇌척수액에 IgG와 oligoclonal band(이상 밴드) 증가 cf) 다발성 골수종 : 혈청에서 M-protein(monoclonal protein) 증가
병태생리 국시 08		(그림) A. 수초(myelin sheath)를 가진 정상 신경세포 B. 정상축삭(axon) C. 수초의 파괴 D. 완전히 파괴된 말이집 : 축삭의 기능부전

병태생리 국시 08	자가면역반응으로 바이러스 노출로 감작된 T세포가 중추신경계로 이동하고 혈관-뇌-장벽을 파괴시킨다. 중추신경계 내부로 많은 염증 세포가 유입된다. 중추신경계인 뇌와 척수(대뇌, 뇌간, 뇌간에 있는 뇌신경, 소뇌와 척수)에 있는 수초(말이집)는 항원-항체반응이 일어나고 염증반응을 일으키고 탈수초화가 일어난다. 수초가 재생되면 증상은 사라지고 완화기를 갖는다. 염증이 진행될수록 수초의 재생 능력은 소실된다. 수초 탈락과 축삭이 파괴되어 신경자극의 전도 장애를 초래하는 만성 진행성 퇴행성 신경계 질환으로 재발과 완화를 반복한다. 신경 축삭의 파괴는 모든 자극의 전달을 차단시켜 영구적 기능 상실을 가져온다. 말초신경계는 손상되지 않는다.

임상증상 국시 03

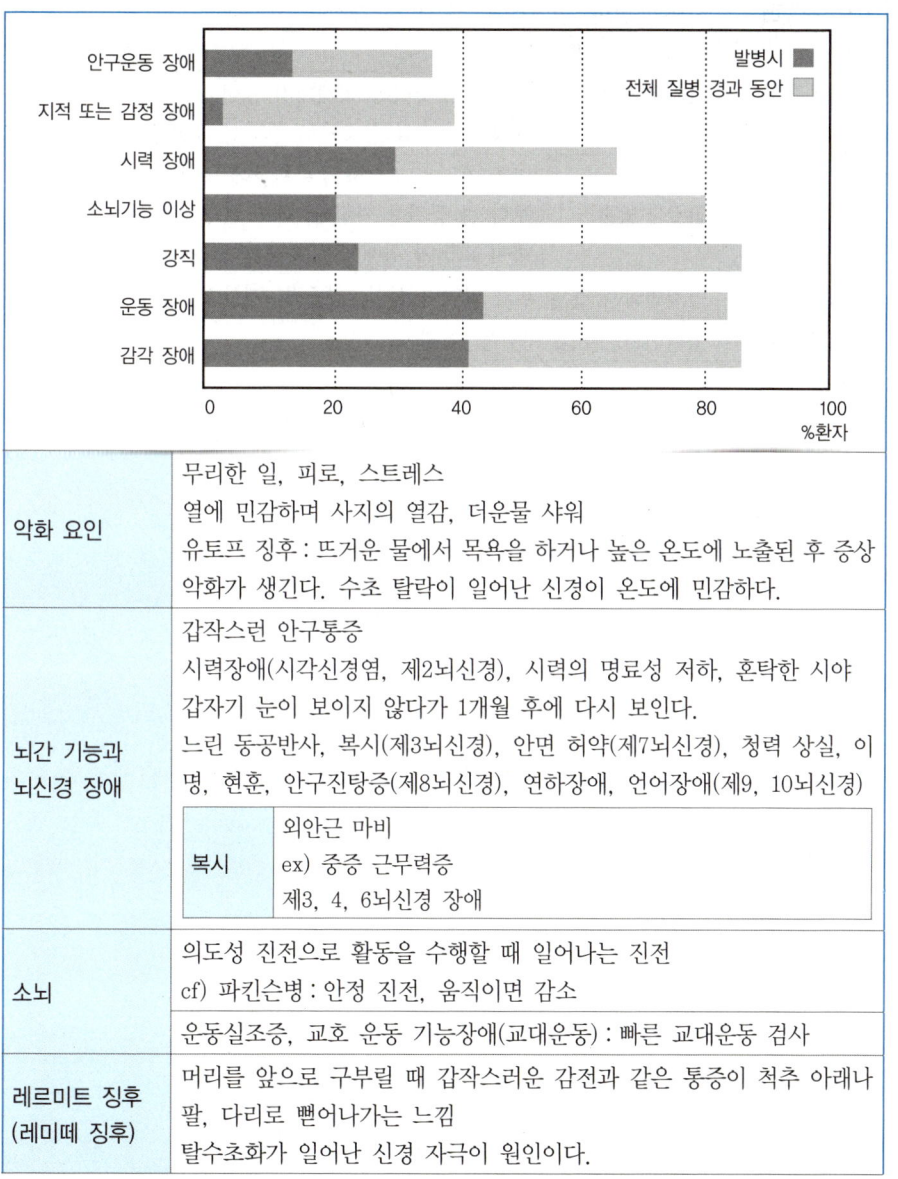

악화 요인	무리한 일, 피로, 스트레스 열에 민감하며 사지의 열감, 더운물 샤워 유토프 징후 : 뜨거운 물에서 목욕을 하거나 높은 온도에 노출된 후 증상 악화가 생긴다. 수초 탈락이 일어난 신경이 온도에 민감하다.
뇌간 기능과 뇌신경 장애	갑작스런 안구통증 시력장애(시각신경염, 제2뇌신경), 시력의 명료성 저하, 혼탁한 시야 갑자기 눈이 보이지 않다가 1개월 후에 다시 보인다. 느린 동공반사, 복시(제3뇌신경), 안면 허약(제7뇌신경), 청력 상실, 이명, 현훈, 안구진탕증(제8뇌신경), 연하장애, 언어장애(제9, 10뇌신경) | 복시 | 외안근 마비 ex) 중증 근무력증 제3, 4, 6뇌신경 장애 |
소뇌	의도성 진전으로 활동을 수행할 때 일어나는 진전 cf) 파킨슨병 : 안정 진전, 움직이면 감소 운동실조증, 교호 운동 기능장애(교대운동) : 빠른 교대운동 검사
레르미트 징후 (레미떼 징후)	머리를 앞으로 구부릴 때 갑작스러운 감전과 같은 통증이 척추 아래나 팔, 다리로 뻗어나가는 느낌 탈수초화가 일어난 신경 자극이 원인이다.

감각장애	지각이상, 무감각, 통각 감퇴, 온도 인지 감소, 진동감각 장애, 통증	
	통증	GB, 다발성 경화증, 삼차 신경통, 안면 신경마비(안면 신경마비의 원인인 대상포진으로 통증)
	통증×	파킨슨병, 중증 근무력증
운동장애	하지의 경직(상위운동 신경원), 경직성 하반신 마비	
반사	과다 활동, 심부건반사 항진, Babinski 반사 양성(상위운동 신경원) 복부반사(표재성 반사) 상실	
	상위운동 신경원 질환 강직성 마비, 심부건 반사 항진, 표재성 반사 감소, Babinski 반사 양성	
직장, 성장애	척수의 수초 탈락으로 직장 긴장도 감소, 변비 국시24, 실변 성생활 변화, 발기장애, 질분비물 감소 S_2~S_5 : 장, 방광 조절	
방광 장애 국시24	자동성(경련성) 방광	방광은 수축력이 억제되지 않아 작은 공간으로 소량 요량에도 민감성 증가로 긴박성 요실금 초래
	이완성 방광	방광 기능을 조절하는 반사궁에 병변으로 정상적 공간보다 큰 공간을 가진다. 배뇨 욕구, 감각을 느끼지 못하여 소변이 정체되어 범람성 요실금을 초래한다.
지적장애	인지변화는 질병 후기 기억력 상실, 집중력, 계산력, 판단력 감소	
감정장애	성격변화, 불안, 무감동, 우울	

13. 길랭-바레 증후군 [길랑-바레(Guillain-Barre) 증후군]

정의	말초신경인 뇌신경, 척수신경, 자율신경을 침범하여 급격한 증상을 일으키는 급성 염증성 질환으로 운동 허약, 이완성 마비가 특징이다. 운동 신경 증상이 우세하다.	
유발요인	상기도 감염 (m/c)	바이러스 : 거대세포바이러스, Varicella- zoster virus, 마이코플라즈마 폐렴 Mycoplasma pneumoniae
	위장관계 감염	캠플로박터 Campylobacter jejuni(식중독 원인균)
	예방접종	독감(flu), group A 연쇄상구균, 광견병
병태생리	신경원(neuron)의 구조 : 세포체, 수상돌기, 축삭	자가면역장애로 세포성 면역반응 유발로 T림프구를 끌어들이고 항원-항체 복합체로 염증반응을 유발하여 탈수초화가 일어난다. 말초신경인 뇌신경, 척수신경, 자율신경의 수초가 파괴된다. 수초 탈락에 의한 신경 전도속도가 지연, 상실된다. 뇌신경 증상과 자율신경계 증상과 척수신경의 운동신경 증상으로 운동 허약, 이완성 마비를 가지며 감각신경 증상으로 이상감각, 통증이 동반되기도 한다.

임상증상 국시 03

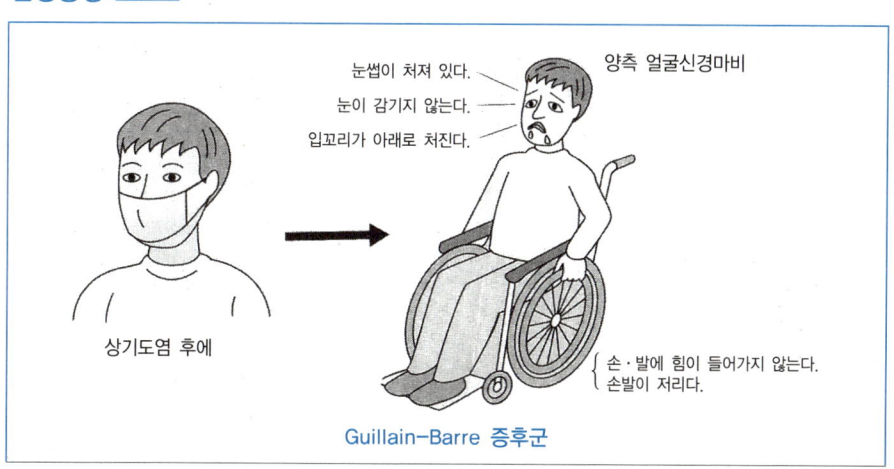

Guillain-Barre 증후군

운동신경 증상	상행성 마비 (근허약증) [국시 23]	이완성 마비(하위운동 신경원) 하지 → 상지 : 마비는 대개 하지에서 시작하여 흉부, 상지, 얼굴 침범 대칭성으로 다리가 움직이지 않는 근허약 허약, 감각이상이 하지부터 시작하여 위로 올라와 몸통, 팔 침범 cf) 근무력증 : 근력 약화는 비대칭성, 근육 위축은 드물다.
	하행성 GBS	상지 → 하지 얼굴, 혀, 인두, 후두근, 턱, 흉쇄유돌근이 허약하고 하지로 진행 안근마비를 일으켜 복시 호흡근 마비의 호흡부전 위험으로 호흡을 유지해준다. [국시 17] ex) 중증 근무력증 : 늑간근, 횡격막 근육 영향으로 호흡곤란이 급속히 진행
감각신경 증상		무감각, 이상 감각, 통증 운동신경 증상보다 덜하다. cf) 중증 근무력증 : 통증이 없다.
반사 [국시 23]		심부건 반사 감소(하위운동 신경원)
자율신경 증상		교감신경, 부교감신경 침범 동공장애, 발한장애, 심부정맥, 빈맥, 서맥, 불안정한 혈압(체위성 저혈압, 고혈압), 마비성 장폐색, 요정체
뇌신경 증상		안면마비(7뇌신경), 복시(외안근 마비의 3, 4, 6뇌신경), 각막반사 저하(5, 7뇌신경) : 눈이 감기지 않는다. 연하곤란, 언어곤란(9, 10뇌신경)
대뇌 정상 [국시 23]		의식수준, 대뇌기능에 영향을 미치지 않는다.

검사

뇌척수액 검사	세포수는 증가하지 않고 단백질만 증가 포도당 농도는 정상 염증 세포의 증가가 없다.
신경전도 (근전도) 검사	신경 전도가 감소되었다.

14 삼차 신경통

정의		제5번 뇌신경 장애로 삼차신경의 3개 분지인 안신경(감각)가지, 상악신경(감각)가지, 하악신경(운동)가지 중 하나 이상의 신경분지에 반복적인 발작적인 찌르는 듯한 통증이 나타난다. 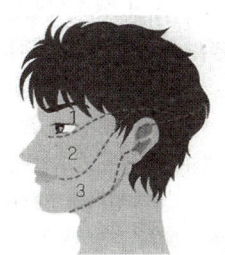 삼차신경의 분포 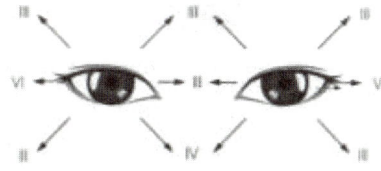 외안근과 지배신경
원인	혈관 기형, 동맥류	혈관 기형이나 동맥류에 의한 주위 혈관이 압박되어 삼차신경의 감각신경과 운동신경 장애 초래
	감염	헤르페스 감염, 치아나 턱의 감염
증상		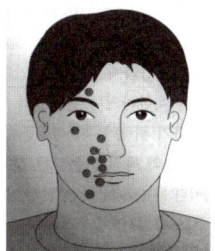 삼차 신경통 발생 부위
	P 통증 유발 국시 24	가벼운 촉각, 뜨겁거나 차가운 온도에 통증 유발
	Q 통증 양상	발작성으로 칼로 베는 듯한, 타는 듯한 통증
	R 통증 부위	안면 중앙부, 코, 뺨, 입술
	T 통증 횟수	하루에 수십 번 반복적으로 수초에서 수분 지속되다 자연적으로 사라진다.
치료	carbamazepine (카바마제핀, tegretol, 테그레톨)	신경자극이 전달되는 동안 신경 세포막의 나트륨 통로에서 나트륨 유입을 감소하여 탈분극이 일어나지 않게 하여 신경 세포를 안정시킨다. 신경 충동 전파 감소, 발작적 통증을 완화시킨다.

간호 국시 98, 05

통증 유발 국시 21	피하기 국시 22	찬바람, 추위, 심한 더위는 통증 유발로 피한다.
	개인위생 국시 22	세면 시 실온의 물과 면 패드를 이용한다. 식후 구강위생을 위해 가볍게 함수한다.
눈 간호 국시 14	사정	눈의 자극이나 충혈을 사정한다. 각막반사가 없어서 각막이 먼지, 이물질로부터 손상 → 각막염, 각막 궤양
	안대 제한	눈이 감기지 않으면 안대를 덮어주어 각막염, 실명으로부터 보호한다. 각막반사가 상실되어 눈을 감지 못하고 눈을 뜬 채로 있을 수 있다. * 각막 반사 : 제5뇌신경(감각), 제7뇌신경(운동)
	인공 눈물	손상된 눈의 건조를 막기 위해 처방된 인공 눈물을 적용한다. 국시 22 눈이 감기지 않으면 눈물의 증발로 각막이 매우 건조하다.
	비비지 않기	손상을 초래할 수 있는 통증도 지각하지 못하므로 눈을 비비지 않는다.
영양관리 국시 20 ☆ 온소유를 먹는다	온도 국시 22	너무 뜨겁거나 차면 통증발작 유발로 음식은 적당한 온도로 준다.
	소량	통증이 없을 때 하루에 3번 주는 것보다 소량을 자주 먹는다.
	유동식	칼로리, 단백질이 높고 저작이 용이한 음식(유동식, 반고형 음식)을 먹는다. 국시 22
	침범되지 않은 쪽	하악 신경의 운동 가지 손상으로 침범되지 않은 쪽으로 씹는다.
활동 국시 22		활동은 특별히 제한하는 경우 외에는 가능한 일상 활동을 유지한다.

15 안면 신경마비(벨마비, Bell's palsy)

정의 [국시 20]	얼굴근육을 지배하는 7번 뇌신경에 영향을 받아 급성적 마비를 초래한다. 대부분의 Bell's palsy는 몇 주 이내 회복되며 후유증도 남기지 않는다.
원인	HSV type 1형, 대상포진에 의한 염증성 부종 반응으로 신경 압박과 안면 신경 내 국소적 허혈로 발생한다. 발병 6개월 : 회복

신경부위에 의한 얼굴신경마비 증상 차이

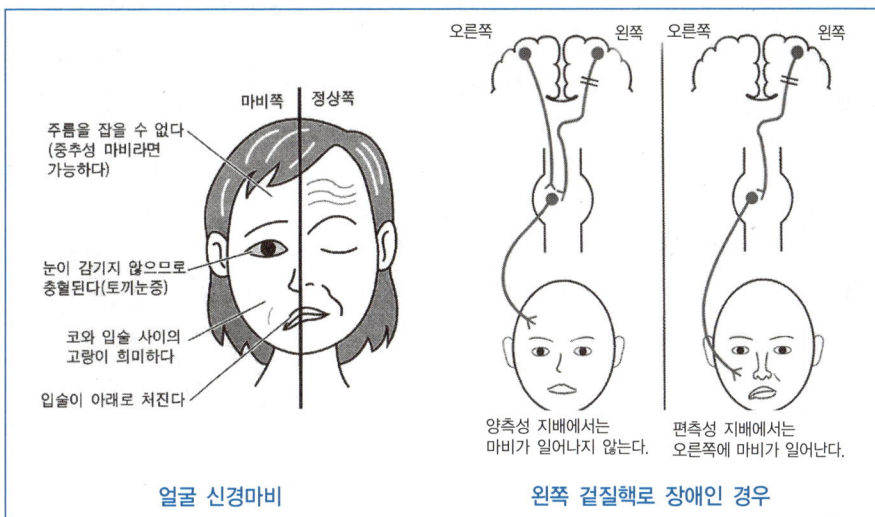

겉질핵로는 목 위의 얼굴 근육을 움직이는 신경이다. 겉질핵로는 대뇌겉질에서 내려와 뇌간에서 끝나며 하위운동 신경세포와 연접한다. 얼굴 근육 상부는 양측성 지배를 받고 얼굴 근육 하부는 하위운동 신경핵이 반대쪽으로 교차함으로 지배를 받는다.

	중추성 마비 : 뇌졸중	말초성 마비 : Bell's palsy
원인	뇌졸중의 뇌의 왼편 전두엽 손상 시 오른쪽 아랫 부분 안면 마비 + 오른쪽 위부분 안면은 피질 양쪽에서 온 신경로 지배로 정상	Bell's palsy 시 오른쪽 안면신경 손상으로 이마를 포함한 전체 오른쪽 안면 마비
이마 주름잡기	○ (피질의 양측성 지배)	×
눈감기	○ 경도	×
코입술고랑, 입꼬리	× (반대측성 지배)	×
증상	반대쪽	같은 쪽

증상과 징후 [국시 18, 20]

귀 통증	마비가 나타나기 수시간, 1~2일 전 귀 뒤쪽과 안면에 통증 * 안면 신경이 귀 뒤를 지난다. * 안면 신경마비 원인인 대상포진으로 통증
얼굴 한쪽 완전마비	이마에 주름을 잡을 수 없음 눈썹을 올리거나 눈을 감지 못한다. [국시 17] 안면 표정 상실, 입술 주름이 펴짐, 미소를 짓지 못한다. 휘파람을 불지 못한다. 음료수나 음식을 먹거나 빨대 사용 어려움 ex) 안면 표정 상실 : 중증 근무력증(신경근 접합부에 아세틸콜린 기능 감소로 안면 근육 침범), 파킨슨 질환(도파민 감소, 아세틸콜린 증가로 안면근육 경직)
각막 반사 소실	각막 반사는 대부분 소실로 눈을 감지 못한다. ex) 삼차 신경통 : 각막 반사 소실
미각 상실	침범된 쪽 혀 전면 2/3 미각 상실
눈물, 침	침범받은 쪽 눈에서 눈물이 흐르고 침이 흐른다. 안면 신경은 누선과 타액 분비
청각 과민증	안면 신경이 등골(이소골 중 하나) 근처에 있어 청각 과민증

간호중재 [국시 14]

온습포	온습포를 적용한다. 헤르페스 병소의 불편감과 통증을 감소시키고 순환을 돕는다.
마사지	마사지로 안면신경을 자극한다.
지지	근육은 힘이 없고 이완되어 늘어난 안면 근육은 안면 감각건(facial sling), 반창고를 사용하여 지지한다.
동작 연습	얼굴 찡그리기, 눈 꼭 감기, 휘파람 불기, 뺨에 바람 넣기의 동작 연습
각막보호	
영양 부족 온소유	얼굴의 운동신경 마비와 관련된 영양 부족 감각 결여(혀의 전방 2/3 미각)로 너무 덥거나 찬 음식은 피한다. 부드러운 음식을 소량씩 먹는다. 항상 침범받지 않은 쪽으로 저작한다. 식사 후 구강 간호를 하여 남은 음식에 의한 충치, 잇몸질환 예방 ex) 삼차 신경통 : 영양 관리

12 내분비 장애

1 뇌하수체

호르몬 조절

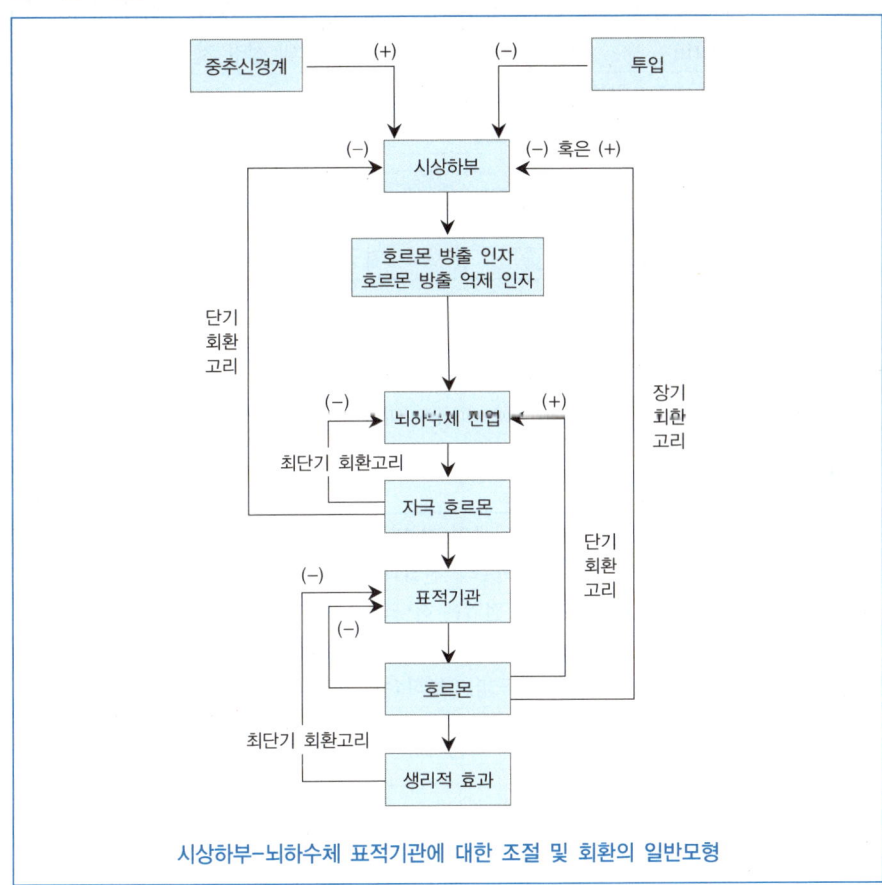

시상하부-뇌하수체 표적기관에 대한 조절 및 회환의 일반모형

뇌하수체의 기능 국시 04

전엽	☆ G! TAM, LH, FSH, prolactin 성장호르몬(GH), TSH, ACTH, MSH, LH, FSH, prolactin
후엽	ADH, Oxytocin

	호르몬	기본작용
뇌하수체 전엽 임용 24	성장호르몬(Growth Hormone, somatotropin) 국시 14	뼈, 근육, 다른 조직의 성장 자극
	Thyroid Stimulating Hormone(TSH)	갑상샘에서 갑상샘호르몬 분비 자극
	Adrenocorticotrophic Hormone (ACTH)	부신피질에서 당류 코르티코이드, 염류 코르티코이드, 성호르몬의 분비 자극
	Gonadotropic Hormone(LH, FSH)	성기관의 성장, 성숙, 기능에 영향을 줌
	Prolactin	유방조직의 성장 자극과 유즙 분비
	멜라닌세포자극호르몬[Melanocyte Stimulating Hormone(MSH)]	색소침착에 영향을 줌
뇌하수체 후엽 국시 04	Antidiuretic Hormone (ADH, vasopressin) 국시 07	수분 재흡수로 소변 배설 감소, 수분 균형 유지
	Oxytocin(pitocin) 국시 08	자궁 수축 자극, 유즙 배출 자극

2 뇌하수체 저하증

정의	뇌하수체에서 분비되는 호르몬이 한 가지 이상 결핍된다. 범하수체 기능저하증은 뇌하수체 전엽과 후엽에서 분비되는 모든 호르몬 분비가 안 될 때이다. 뇌하수체 전엽은 하나의 호르몬이 부족한 경우보다 뇌하수체의 전반적 기능 저하로 많은 호르몬 부족 현상을 나타낸다. 범하수체 기능저하증(시몬드병) : 뇌하수체 전엽과 후엽의 기능장애	
원인 국시 04	뇌하수체샘종(비분비성 뇌하수체선종, 36%)	비분비성 뇌하수체 종양
	시한(sheehan) 증후군(23%) 임용 19 / 국시 06	분만 후 산후 출혈에 의한 뇌하수체의 허혈성 괴사
	두개인두종(15%)	두개인두종은 뇌종양으로 뇌하수체 상부 표면 가까이 위치 증상 : 뇌압상승, 시력·시야 손상, 내분비 장애 : 저신장증(뇌하수체 전엽의 성장호르몬 부족), 요붕증(뇌하수체 후엽의 ADH 감소로 소변량 증가)
	수술, 방사선	뇌하수체 절제 수술, 방사선

전엽 저하	ACTH 부족	2차성 부신피질 기능 저하증	원인	뇌하수체샘에서 ACTH 감소로 부신피질에서 glucorcorticoid, mineralocorticoid, 성호르몬(androgen, estrogen) 분비 감소
	TSH 부족	2차성 갑상샘 기능 저하증	원인	뇌하수체에서 분비되는 TSH 결핍으로 갑상샘에서 갑상샘호르몬(T_3, T_4) 부족
			치료	갑상샘호르몬
	GH 부족	난쟁이증	원인	성장호르몬 결핍증 = 뇌하수체 기능저하증 성장장애
			증상	저신장, 골 연령 지연, 성장속도 감소
			치료	조기 진단되면 성장호르몬 주사로 치료
	LH/FSH 부족	성 장애	원인	성샘자극호르몬(FSH, LH) 부족
			증상 남성	2차 성징 감소, 고환위축, 정자 형성 감소, 음모소실, 근력저하, 성욕감퇴
			증상 여성	2차 성징 감소, 무월경, 불임증, 유방위축, 성욕감퇴
후엽 저하	ADH 부족	요붕증	원인	뇌하수체 후엽에서 ADH 결핍으로 소변량 증가
			증상	다뇨, 다음 cf) 뇌하수체 후엽의 기능항진증 : SIADH
신경학적 증상	뇌하수체샘종(비분비성 뇌하수체선종), 뇌종양(두개인두종)에서 발생 시력손상, 시야결손(양측두야 반맹), 복시 뇌하수체 송양이 성상함에 따라 시신경, 3, 4, 6뇌신경에 영향 두통, 뇌내압 상승			

3 뇌하수체 항진증

정의 국시 06	뇌하수체선에서 분비되는 호르몬 중 한 가지 이상 호르몬의 과잉 분비이다.			
전엽 장애	ACTH 증가	ACTH 의존성 쿠싱 증후군	원인	뇌하수체샘종으로 부신피질자극호르몬(ACTH)이 과잉 분비된다. 부신피질에서 부신피질호르몬[(glucorcorticoid, mineralocorticoid, 성호르몬(androgen, estrogen)]이 과다 분비한다.
	TSH 증가	속발성 갑상샘 기능항진증	원인	갑상선자극호르몬 분비선종은 갑상선 기능항진증의 원인이다.

전엽 장애	GH 증가	거인증	원인	어린이의 골단이 융합되기 전 성장호르몬의 과잉분비 ＊성장호르몬(GH) : 뼈, 조직의 성장 자극
		말단 비대증	원인	성인의 경우 골단 융합 이후 성장호르몬의 과잉 분비
	LH/FSH 증가	진성 성조숙증	원인	뇌하수체샘종은 생식샘 자극호르몬(LH/FSH) 과잉 분비로 어린이에게 성 조숙 초래
	prolactin 증가	프로락틴 생산 종양	원인	뇌하수체 전엽의 프로락틴 생산 종양은 가장 흔한 종양
			증상	유즙 누출증: 프로락틴이 증가하여 과량 유즙분비가 자극된다. 무월경, 불임증 국시 03: 프로락틴이 시상하부에서 GnRH를 억제하므로 뇌하수체 전엽에서 FSH, LH가 감소되어 난소기능 감소로 월경과 배란이 지연된다.
후엽 장애	ADH 증가	항이뇨호르몬 부적절분비 증후군(SIADH)	원인	뇌하수체 후엽에서 ADH 과잉 분비
			증상	수분 정체, 소변량 감소
신경 학적 증상				양관자쪽반맹 시야의 결손 뇌하수체샘종에 의해 시각교차 쪽으로 압박 **뇌하수체샘종에 의한 양관자쪽반맹의 발생** 시력 변화, 시야 변화, 복시 뇌하수체에서 양 측두부 반맹(양 이측 반맹) 공무원 22 이 생긴다. 뇌하수체가 시신경 교차에 가깝다. 두통, 뇌내압 상승 : 종양이 커지면서 뇌조직 압박

4 말단 비대증

정의 국시 06	뇌하수체 전엽 종양으로 성인의 경우 골단 융합 이후 성장호르몬 국시 03 의 과잉 분비이다. * 성장호르몬 : 고혈당, 지방 분해와 단백질 합성물 촉진으로 뼈, 근육, 조직 성장 자극
역학	20대에 시작하여 5~10년 서서히 지속되며, 진단은 40세에 된다. 사춘기 이후 발병하므로 키가 크지는 않지만 연조직, 기관, 뼈를 자극하여 넓고 두껍게 자란다.

증상 임용 10

종양 압박	기전		뇌하수체 전엽 종양이 뇌조직 압박
	증상		시력 상실, 시야 장애, 복시, 두통
비대	기전		단백질 합성 촉진으로 뼈, 근육, 다른 조직의 성장을 자극한다.
	연조직	코, 턱, 손, 발	키 성장은 없으나 뼈의 두께 증가, 연조직 비후, 전두골 돌출, 코와 턱이 튀어나오고 입술 비대, 손은 두껍고 넓어져 손, 발 크기 증가
		굵은 목소리	성대 비후로 목소리가 굵어진다.
		기관비대	혀, 타액선, 심장, 간, 비장, 신장 비대
		수면 무호흡	기관비대에 의한 폐쇄로 수면 무호흡
	뼈	흉추 후만증	뼈의 과잉 성장으로 척추체 승가도 흉추 후만증
		관절염	뼈의 과잉 성장으로 관절염으로 요통, 관절통
		팔목 터널 증후군, 말초신경장애	뼈의 과잉 성장으로 신경 압박으로 팔목 터널 증후군, 말초신경장애
피부	증상		다한증, 여드름, 지루성 피부 ex) 파킨슨 질환 : 자율신경 장애로 과다한 발한, 지루증
유루증(25%)	증상		성장호르몬을 생산하는 종양 세포는 성장호르몬만 생산하는 것과 성장호르몬과 프로락틴을 생산하여 프로락틴 증가로 유루증, 무월경, 불임
고지혈증	기전		지방 대사 변화로 지방을 분해하여 혈관 내 지방 증가
	증상		고지혈증, 관상동맥 질환
고혈압	기전		심장 비대로 인한 혈압 상승과 전해질 대사 작용으로 나트륨과 수분 저류로 고혈압
당뇨병	기전		성장호르몬 증가로 인슐린에 길항 작용으로 세포에서 포도당 흡수를 억제시켜 고혈당이 된다.

검사

선별검사	IGF-1 검사	혈청 인슐린 유사 성장인자-1(인슐린양 성장인자-1, Insulin-like growth factor-1 ; IGF-1)의 농도를 확인한다. 성장호르몬이 상승하면 IGF-1도 증가한다. * GH와 달리 IGF-1은 비교적 혈중 농도가 일정하다. cf) 성장호르몬 결핍증 : IGF-1의 혈중 농도 감소, 성장호르몬 자극 검사(인슐린 유발 저혈당 검사)에 성장호르몬 감소
확진검사	경구포도당부하 검사 (당부하를 통한 성장호르몬 억제 검사)	75gram 경구 포도당부하 검사(OGTT)를 통해 2시간 이내 성장호르몬이 감소하지 않으면 확진한다. 정상적으로 포도당에 의해 성장호르몬 분비는 감소한다. 확진검사를 통해 말단비대증이 진단되면, 자기공명영상검사를 통해 뇌하수체 종양을 확인한다. * 성장호르몬은 고혈당 자극

치료

조기 진단	신체적 변화가 나타난 경우 원상태로 돌아가기 어려워 초기 진단될수록 치료가 쉽다.
수술, 방사선 조사	거인증이나 말단비대증 원인은 뇌하수체 전엽 종양으로 뇌하수체 절제술, 방사선 요법, 약물 요법이다. 뇌하수체 전체를 모두 절제한 경우 뇌하수체 호르몬이 분비되지 않으므로 일생 동안 호르몬을 보충한다.

5 갑상샘 항진증

갑상샘 구조	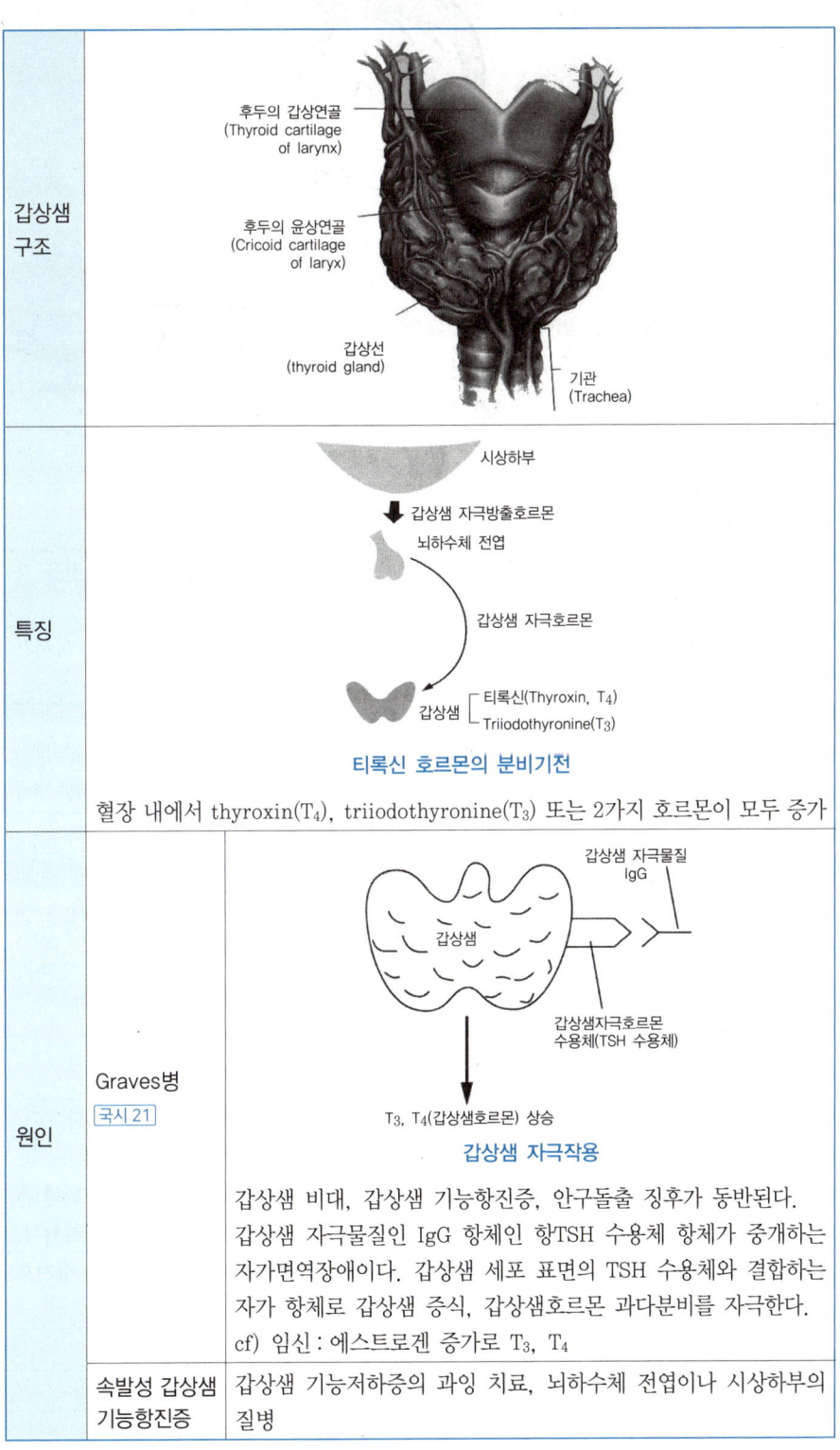	
특징	티록신 호르몬의 분비기전 혈장 내에서 thyroxin(T_4), triiodothyronine(T_3) 또는 2가지 호르몬이 모두 증가	
원인	Graves병 국시 21	갑상샘 자극작용 갑상샘 비대, 갑상샘 기능항진증, 안구돌출 징후가 동반된다. 갑상샘 자극물질인 IgG 항체인 항TSH 수용체 항체가 중개하는 자가면역장애이다. 갑상샘 세포 표면의 TSH 수용체와 결합하는 자가 항체로 갑상샘 증식, 갑상샘호르몬 과다분비를 자극한다. cf) 임신 : 에스트로겐 증가로 T_3, T_4
	속발성 갑상샘 기능항진증	갑상샘 기능저하증의 과잉 치료, 뇌하수체 전엽이나 시상하부의 질병

그레이브스병(Graves병)의 진단기준

뚜렷한 외모 변화	눈이 크고 돌출되어 있다. / 목부분이 부어 있다. / **Graves병의 특징** 불안한 표정, 튀어나온 눈, 확장된 목	
증상	불안, 안절부절못함, 더위에 민감, 발한 증가, 손떨림, 체중 감소	
맥박 증가	심질환의 증거 없이 안정 시 맥박수 90회/분 이상 수면 중 맥박 수 80회/분 이상	
잡음 청진	갑상샘의 잡음 청진	
검사	혈청 T_3, T_4 증가	
	혈청 cholesterol 감소	갑상샘호르몬은 순환계에서 콜레스테롤 제거기전을 자극한다.
	RAIU 증가	갑상선 스캔에서 요오드를 경구적으로 투여한 24시간 후 갑상샘에 섭취된 양을 측정한다.
	EKG 상 심방세동	P(심방수축)파의 변화 * 심방세동 : 불규칙하게 빠른 세동파(350~600회/분), 방실 결절에서 차단, 심박수 160~200회/분, 매우 불규칙한 맥박

증상과 징후 국시01

안구돌출 (Graves병)	기전	안와조직과 안구근육에 지방과 수분 축적으로 안구가 돌출된다.
	결과	안구돌출로 완전히 눈을 감지 못하고 사물의 초점을 맞추기 어려움 안구돌출로 외안근 비대, 안구운동 장애 시신경 장애로 흐릿함, 복시, 수명, 눈물 증가
갑상샘	갑상샘 증식	갑상샘 세포의 비후, 증식으로 갑상샘이 커질 수 있다.
	갑상샘 잡음	갑상샘에 혈류량 증가로 갑상샘에 진동과 잡음 청진 cf) 동정맥류 개존성 : 혈관 통로의 개존성 여부 확인 위해 손으로 촉진하여 진동이 느껴지고 청진하여 잡음이 들린다.
대사 항진 국시21	기전	과다한 갑상샘호르몬은 교감신경계를 자극하여 대사 항진으로 기초대사율 증가
	결과	열에 민감성, 미열
호흡기계	호흡곤란	안정 시 또는 운동 시 호흡곤란

심맥관계	심계항진	심계항진, 심방세동
	수축기압 상승	갑상샘호르몬 상승으로 β-교감신경이 항진되어 심박수 증가, 심박출량 증가로 수축기압 상승
	이완기 혈압 감소	① 말초조직 O_2 소비↑ (대사항진) ② O_2 공급 ③ 혈관확장 다량의 혈액 조직으로 O_2의 공급을 증가시키기 위해 혈관이 확장된다. **Graves병에서 확장기압이 내려가는 이유** 말초조직에서 산소 소비 항진으로 조직으로 O_2 공급을 증가시키기 위해 말초혈관이 확장되어 이완기 혈압 감소
위장관계		신진대사 증진으로 왕성한 식욕에도 체중 감소, 피로, 허약감 장운동 증가로 배변을 자주함
당뇨		T_4는 인슐린 길항제로 인슐린을 분해시켜 인슐린 효과 감소와 당원 분해와 포도당 신생 작용으로 당뇨 * 포도당 신생 : 단백질, 아미노산, 글리세롤을 포도당으로 전환한다.
근골격계	골다공증	갑상샘호르몬 증가에 의해 뼈 흡수와 뼈 형성이 모두 촉진되지만 뼈 흡수가 강하게 촉진되어 골다공증
	근육허약	근유소모, 근무력증
	주기적 마비	저칼륨혈증성 주기적 마비로 앉았다 일어서려 할 때 다리에 힘이 빠져 일어날 수 없는 것 T_3, T_4↑ → glucose↑ → insulin↑ → K^+의 세포 내 이동 → K^+↓
신경계		신경 과민으로 과도한 심부건 반사, 진전
생식기계		월경과소, 무월경, 월경과다, 불임증, 성욕 감퇴
피부	발한	더위에 적응하지 못하고 땀을 많이 흘려 따뜻하고 습한 피부
	홍조	말초 조직에 산소 소비 항진으로 말초 혈관이 확장되어 피부 홍조
	피부 색소	피부에 색소 침착, 백반
	모발	가늘고 부드럽고 매끈한 모발, 탈모현상 cf) SLE : 탈모증
정서		흥분, 불안감, 불면증

갑상샘 항진증 검사

혈액 검사 [국시 21]	T_3, T_4 ↑		
	TSH	TSH ↓	Graves병에 T_3, T_4 상승에 음성 되먹이 기전으로 TSH ↓ * 음성 되먹이 기전 : 정상에서 벗어난 변화를 다시 정상으로 되돌리는 역할
		TSH ↑	TSH 분비 뇌하수체 종양(속발성 갑상샘 기능항진증)에서 TSH 과다 분비
	anti TSH 수용체 항체 검사		anti TSH 수용체 항체(혈청 항갑상샘자극호르몬 수용체 항체) 검사가 확진에 도움이 된다.
thyroid scan	결절이 크다.		

약물

항갑상샘제

종류	프로필티 오우라실[propylthiouracil(PTU)], 메티마졸[methimazole(antiroid)], carbimazole(neo-mercazole)	
기능	요오드 이용을 차단시켜 갑상샘호르몬 합성을 방해한다. T_4(티록신)의 T_3로의 전환을 억제하여 T_4보다 강력한 T_3를 빨리 감소시킨다.	
독증상	무과립구증	무과립구증은 절대 호중구수가 500개/uL 이하 무과립구증에 즉시 항갑상샘제를 끊고 치료법을 바꾼다.
	알레르기성 발진	피부반점, 소양증
	간염	간독성
임신 [국시 20]	임신 시 항갑상샘제는 투여 원칙이나 최소량을 쓴다. 항갑상샘제는 태반을 통과하므로 태아에게 갑상선 저하증이 발생되지 않도록 용량을 조절한다.	
간호 [국시 08]	용량	처음에 대량 투여하고 서서히 조금씩 줄여간다. ↔ 갑상샘 기능저하증 : levothyroxine(synthyroid) 소량 시작하여 서서히 양을 늘려 유지
	18~24개월(기간)	이미 합성된 갑상샘호르몬 유리를 방해할 수 없어 증상을 경감시키는 데 몇 주 걸린다. 유지량으로 18~24개월 투여한다.
	무과립구증 [국시 20]	무과립구증으로 백혈구 검사와 감염 증상을 사정한다. 고열, 심한 편도염에 복용을 중지한다. ex) ACE억제제 : 열, 인후통이 발생하면 약물 투여를 중단하고 의료진 보고

요오드 요법 [국시 04]

종류	SSKI(saturated solution of potassium iodide), Lugol's solution : potassium iodine
작용	갑상선의 혈관 분포를 줄인다. 다량의 요오드는 일시적으로 요오드의 갑상선 내 이동 억제로 갑상샘호르몬 합성을 방해한다.
적응증	갑상샘 수술 전	갑상샘 수술 전 갑상샘 호르몬 유리를 감소시키고 갑상샘 혈관 분포, 갑상샘 크기를 감소시켜 수술 시 출혈 방지
	갑상샘 위기 예방	수술 후 합병증인 갑상샘 기능항진증이 급격하게 심해지는 갑상샘 위기 예방
부작용	구강 점막 부종, 과도한 타액 분비, 치아 착색, 금속성 맛, 피부발진
간호	일과성	propylthiouracil(PTU)와 병용해서 일과성 사용 장기간(6~14주) 사용하면 갑상선 기능항진이 재발되어 주의
	희석	물, 우유, 과일 주스에 5~10방울 떨어뜨려 희석
	빨대	치아 착색 방지 위해 빨대 사용 ex) 철분제제 : 치아 착색으로 희석해서 빨대 이용해 먹음

β-교감신경차단제 : propranolol, atenolol

기능	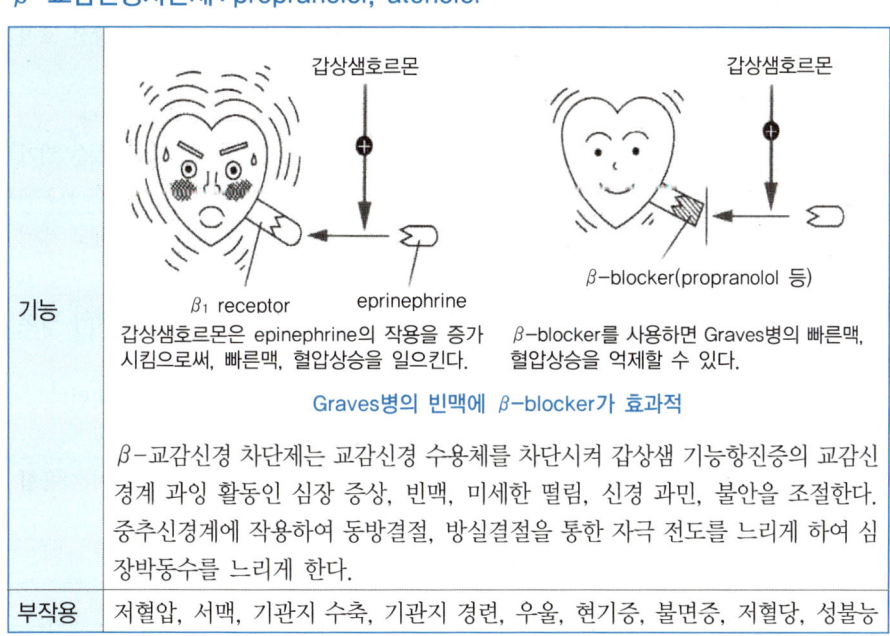Graves병의 빈맥에 β-blocker가 효과적 β-교감신경 차단제는 교감신경 수용체를 차단시켜 갑상샘 기능항진증의 교감신경계 과잉 활동인 심장 증상, 빈맥, 미세한 떨림, 신경 과민, 불안을 조절한다. 중추신경계에 작용하여 동방결절, 방실결절을 통한 자극 전도를 느리게 하여 심장박동수를 느리게 한다.
부작용	저혈압, 서맥, 기관지 수축, 기관지 경련, 우울, 현기증, 불면증, 저혈당, 성불능

방사성 요오드 요법[Radioactive iodine(131 I 요법)] 국시 04

적응증	항갑상샘제 치료 후 재발되었을 때나 수술 후 재발한 경우	
금기증	가임기 여성에게 투여하지 않는다. 임신, 수유	
효과	방사성 요오드로 갑상샘 조직을 파괴한다.	
부작용	갑상샘 기능저하증	
방법	물에 희석해서 구강으로 투여한다.	
간호 국시 19	근거	방사선 요오드가 소변, 대변, 타액, 땀으로 나올 수 있다.
	접촉 제한	방사성 요오드 치료 후 7일 동안 어린이나 임산부와 신체적 접촉은 피한다. 어린이와 태아 갑상선은 성인보다 방사선에 민감하다.
	거리 멀리	주변 사람과 거리를 멀리할수록 방사선 피폭량은 감소한다. 1~2m 정도만 떨어져도 상당한 효과가 있다.
	시간 짧게	함께 하는 시간이 길수록 방사선 피폭량은 증가한다. 사람과 접촉하는 시간을 줄인다.
	수분 섭취	많은 물을 섭취한다. 많은 수분을 섭취하면 많은 소변이 생성되어 체내 방사성 요오드가 신속히 배설된다.
	요오드 섭취 제한 국시 22	방사성 요오드 투여 전, 후 1주간 요오드가 많이 함유된 음식, 해조류(김, 미역, 다시마, 파래)나 약물 섭취를 제한한다. 체내 축적된 요오드는 갑상선에 축적되어 방사선 요오드가 갑상선 조직을 파괴하는 것을 방해한다.
	손 씻기	화장실 사용 전후 비누로 손을 씻고 여러 번 물로 헹군다. 방사성 요오드의 대부분은 소변으로 배출되므로 충분한 손 씻기를 통해 방사능 오염을 줄인다.
	수저 세척	방사성 요오드 복용 후 며칠간 환자 수저는 따로 사용하고 세척한다. 환자 침으로부터 방사성 요오드를 줄인다.
	분리 세탁	수건은 가족들과 별도로 사용하며 이불, 속옷은 분리하여 따로 세탁한다.
	변기	변기는 깨끗하게 사용하며 사용 후 2~3회 물을 흘려 버린다. 방사선 요오드는 소변을 통해 며칠 동안 배설된다.
	욕조와 세면대	욕조와 세면대는 사용 후 여러 번 닦는다. 욕실을 깨끗이 사용함으로 환자 침으로 배설되는 방사성 요오드를 줄인다.
	운동 제한	운동을 제한한다. 땀은 방사선 요오드의 배출경로이다.
	부부생활 제한	방사성 요오드 치료 후 3~4일간 혼자서 자고 부부생활은 피한다.
	모유 중단	방사성 요오드는 모유를 통해 분비되므로 아기에게 모유를 중단한다.
	피임	치료 후 6개월 동안 피임한다. cf) 항암제 치료 2년 후 임신

갑상샘 위기

정의			갑상샘 항진증 증상이 급격하게 심해지는 응급 상태이다.
원인			갑상선 중독증 치료를 하지 않거나 불충분한 치료로 발생한다.
			내과적 치료를 받지 못한 환자가 갑작스런 스트레스, 감염, 외상, 수술을 경험한다.
증상 국시 17	고열		체온 상승, 발한
	심장계		빈맥, 심계항진, 수축기 고혈압, 심장기능 상실, 심부전
	저혈압, 쇼크		말초혈관 확장, 발한 증가, 위장관 증상으로 저혈압, 쇼크
	호흡계		호흡곤란
	소화기계		구토, 설사, 복통
	의식장애		불안, 흥분, 의식 상실, 혼수, 섬망, 정신증
	hypokalemia		T_4는 당원 분해와 포도당 신생 작용 T_3, T_4 증가로 glucose가 증가되어 insulin이 증가되며 K^+이 세포 내 이동하여 K^+이 감소한다.
치료	PTU	방법	항갑상샘 약물(PTU) 후 potassium iodide을 줌
		효과	갑상샘 호르몬 분비를 차단한다.
	propranolol	방법	propranolol을 경구, 정맥 투여
		효과	심박동수를 저하시켜 적절한 심박출량을 유지하고 심부전을 방지한다.
	수액, KCl	방법	정맥 내 수액, KCl 투여
		효과	탈수와 저칼륨혈증 완화
	해열제	방법	acetaminophen으로 체온을 하강시킨다.
		주의	아스피린 금지 : 아스피린은 유리 갑상선 호르몬을 증가시켜 갑상선 기능항진증 환자에게 피한다. ex) 통풍 : 아스피린은 속발성 통풍의 원인이다. 요산 배설 감소로 통풍을 악화시키므로 피한다.
예방	약물	방법	항갑상샘제를 규칙적 투여한다.
		근거	갑상선 중독증 치료를 하지 않거나 불충분한 치료로 갑상샘 위기가 발생된다.
	스트레스, 감염, 외상	방법	스트레스, 감염, 외상을 예방한다.
		근거	적절한 내과적 치료를 받지 못한 환자가 갑작스런 스트레스, 감염, 외상으로 갑상샘 위기가 발생된다.

간호계획 〔국시 98, 99, 07〕

사고과정 장애 R/T 성격변화 ↓ 환자는 자신의 문제를 수용하고 적절하게 대응해 나간다.	신체적 휴식	방법	활동 중간에 휴식을 취한다.
		근거	피로를 예방하고 육체적 안정을 도모하며 대사 항진으로 인한 심부전을 방지한다.
	정신적 안정	방법	환자를 불안하게 하는 대화, 흥분된 내용의 토론은 피한다.
		근거	갑상샘 기능항진증 환자는 흥분을 잘 하고 불안감, 신경질적으로 정신적 안정을 도모한다. 적절한 내과적 치료를 받지 못한 환자가 갑작스런 스트레스로 갑상샘 위기를 경험한다.

영양 불균형(영양부족) R/T 대사율 증가 ↓ 적절한 영양 상태를 유지한다. 〔국시 08, 22〕	고칼로리	방법	고탄수화물 식이를 한다. 하루 4,000~5,000kcal의 식사 제공
		근거	신진대사 증가로 탄수화물 부족에 의한 에너지원으로 단백질을 소비하면 근육이 소모된다. 단백질 이화 작용으로 질소 불균형이 발생한다.
	영양	방법	영양이 풍부하고 균형 잡힌 음식 섭취로 단백질, 비타민 B 복합체, 무기질을 충분히 섭취한다.
		근거	많은 식사에도 체중이 줄며, 칼로리 부족에 아미노산을 이용하여 질소음성균형 상태가 발생한다. * 질소음성균형(질소불균형) : 소모하는 질소량이 섭취하는 질소량보다 많다.
	카페인 제한	방법	카페인을 제한한다.
		근거	과다한 갑상샘호르몬은 교감신경계를 자극하며 카페인은 중추신경 자극제이다.
	자극적 음식 제한	방법	설사를 일으킬 수 있는 양념 많은 맵고 자극적 음식, 섬유성 많은 음식은 제한한다. cf) 설사의 제한 식이 : 자극적 음식, 지방음식, 섬유질 음식은 제한한다.
		근거	장운동을 증가시켜 설사를 일으킨다.

피부 손상 R/T 열에 대한 불내성, 발한, 안구돌출 ↓ 피부와 눈의 합병증이 없음 국시 07	침대 상승 국시 24	안구돌출증으로 눈 주위 부종 감소 위해 침대머리 부위를 올린다.
	불빛 제한	조명은 어둡게 하고, 번쩍이는 불빛은 피한다. 햇볕에 나갈 때 색안경을 낀다. 국시 24 ex) 뇌막염에서 수명 : 방을 어둡게 하여 편안하게 한다.
	안대	심한 안구돌출증에 수면 시 안대를 붙여 안검을 닫는다.
	인공 눈물 국시 24	안구돌출증으로 각막의 건조 예방 위해 처방에 따라 인공 눈물을 눈에 점적한다.
	염분 제한	부종 완화 위해 염분 섭취 제한
	이뇨제	이뇨제를 투여하여 눈 주위 부종 완화
	근육 운동	눈 주위 근육 운동을 격려하여 눈 기능 증진
	근거	안구돌출증으로 눈을 감지 못하고 수명(눈부심), 눈 피로, 복시, 충혈된 결막이 있다.

신체손상 위험성 R/T 갑상선 수술 ↓ 신체손상을 갖지 않을 것이다.	부갑상샘 기능 저하증 국시 21	방법	부갑상샘 기능저하증 증상인 혈중 칼슘 저하로 근육강직, 경련의 테타니에 calcium gluconate를 즉시 정맥 투여한다. 칼슘, 비타민 D를 투여하면 대부분 회복된다.
		근거	갑상샘 절제술 중 실수로 부갑상샘 절제로 부갑상샘 기능저하증이 발생된다. 국시 23
	회귀후두 신경 손상 국시 24	방법	수술 중 회귀후두신경(되돌이 후두신경) 손상은 성대가 움직이지 않아 쉰 소리를 낸다. 일시적이며 몇 주 내 좋아지므로 안심시킨다.

6 갑상샘 저하증

갑상샘 저하증 종류

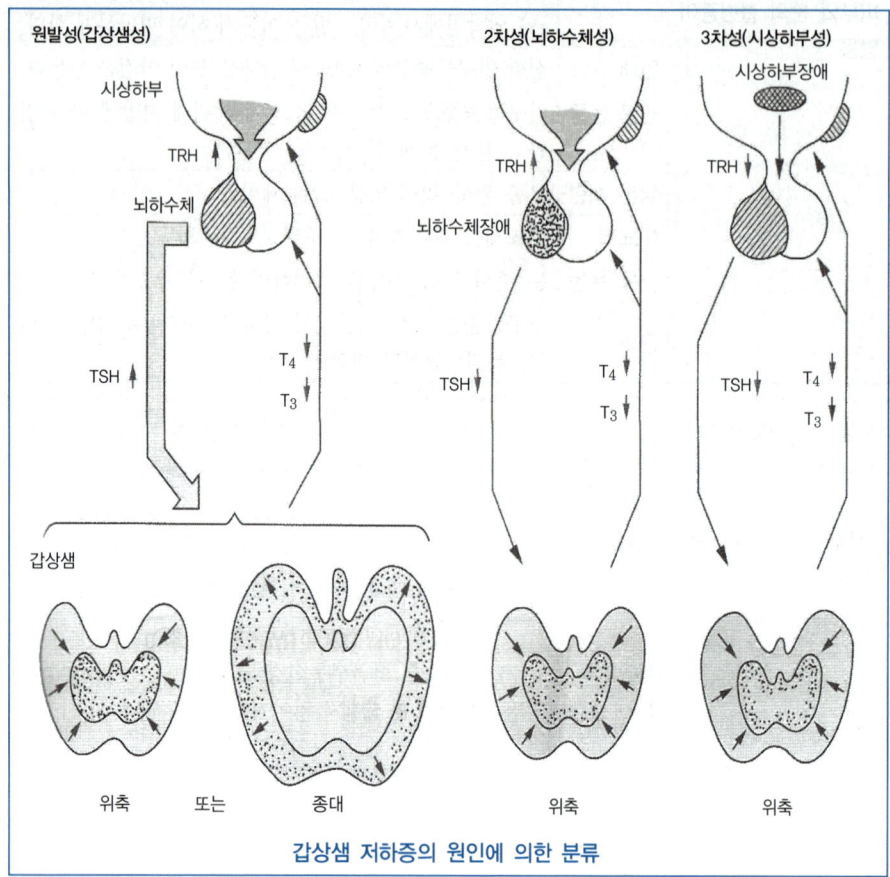

갑상샘 저하증의 원인에 의한 분류

원발성, 2차성, 3차성 저하증 비교

cf) 갑상샘 항진증 종류

자가면역	그레이브스병
속발성 갑상샘 기능항진증	

	원발성 갑상샘 저하증	2차성 갑상샘 저하증	3차성 갑상샘 저하증
정의	갑상선에서 갑상선호르몬을 만들지 못함	뇌하수체 전엽 문제로 갑상선자극호르몬(TSH) 자극 부족으로 갑상샘이 위축되며 기능 상실	시상하부가 TRH(갑상샘자극호르몬 방출호르몬)을 생성할 수 없어 뇌하수체 전엽에서 갑상선자극호르몬(TSH) 분비를 자극하지 못함

검사 국시 18, 23	갑상선에서 T₃, free T₄ 감소 임용 25 뇌하수체에서 갑상선자극호르몬 (TSH) 상승 : 음성 되먹이 기전		T₃, free T₄ 감소 갑상선자극호르몬 (TSH) 부족 TRH 증가	T₃, free T₄ 감소 갑상선자극호르몬 (TSH) 부족 TRH 감소
원인	하시모토 갑상샘염 (90%)	순환하는 갑상샘 자가항체가 원인인 자가면역성 갑상샘염	뇌하수체 종양 뇌하수체 부전 상태 산후 뇌하수체샘의 괴사(시한 증후군)	
	선천성 갑상샘 기능저하증	갑상선 형성 장애 (85%), 갑상선호르몬 합성 장애(10%)		
	요오드 결핍	지역적으로 요오드 결핍		
	항갑상샘 약	항갑상샘 약으로 호르몬 합성에 결함		
	갑상샘수술	갑상샘 기능항진에 갑상샘수술로 갑상샘 조직 제거		

병태생리

갑상샘 호르몬 감소	갑상샘호르몬 감소로 기초대사율이 감소한다. 신체 대사가 전반적으로 느려지면서 위장 연동운동, 신경계 기능이 느려지며 열생산이 감소되고 서맥 발생

증상 국시 04, 14

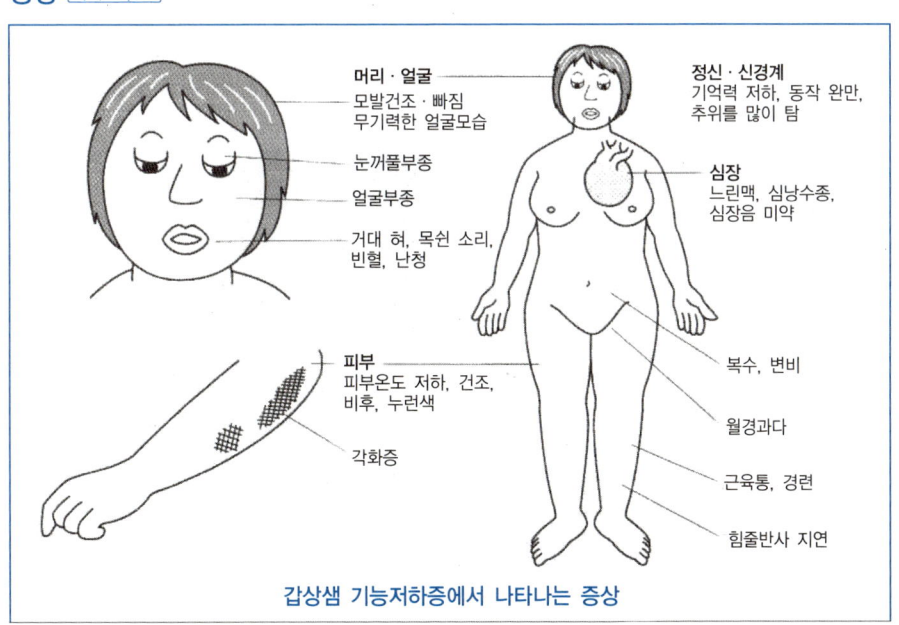

갑상샘 기능저하증에서 나타나는 증상

갑상선	갑상샘 비대	갑상샘호르몬 생산이 부족하면 보상으로 갑상샘 비대 갑상샘 비대로 호흡곤란, 연하곤란
	갑상샘 위축	
대사	추위 국시23	갑상샘호르몬 감소로 기초대사율이 감소한다. 국시23 신체 대사가 느려지면 열생산이 저하되어 추위에 예민해진다.
	무기력	피로감 국시23
	감염	감염에 예민성 증가
심혈관계	서맥	갑상샘호르몬 감소로 심박동수 감소로 서맥
	이완기 고혈압	갑상샘호르몬 감소로 신체 대사가 감소되어 심박출량도 저하되어 혈압은 정상 또는 저하 이완기 고혈압 : 고콜레스테롤혈증을 동반하고 혈관 평활근에 영향을 미쳐 동맥경화가 촉진되고 혈관벽의 탄력성이 감소하면 말초혈관저항 증가로 이완기 고혈압이 된다. * 동맥경화 : 동맥벽 내면에 기름기가 끼고 이상조직이 증식하여 동맥 탄력이 떨어지고 좁아진다. * 수축기압 : 심장의 수축력에 의해 결정 * 이완기압 : 심장이 이완될 때 혈압으로 혈관이 피를 내보내며 저항하는 압력, 혈관 저항에 의해 결정
	고지혈증 국시07, 09	갑상샘호르몬이 콜레스테롤 제거 기전을 자극한다. 갑상샘호르몬 감소로 혈청 내 콜레스테롤과 중성 지방이 증가하고 동맥경화증과 관상동맥 질환이 발생한다.
위장계	기전	갑상샘호르몬 감소로 위장의 연동 운동이 느려진다.
	변비 국시23	변비, 식욕 부진
근골격계	관절통, 관절 강직, 관절 삼출액	
피부	건조 피부	발한이 적어 피부가 건조, 마르고 거칠며 껍질이 벗겨지는 피부
	건조 모발	머리카락은 거칠고 마르고 건조해서 빠지기 쉽다. cf) 갑상선 기능항진증 : 가늘고 부드럽고 매끈한 모발, 탈모 현상

점액수종	기전	 점액수종(myxedema) 피부(진피)나 다른 조직에 친수성 점액 다당(점액소, mucin)이 축적되어 발생한다.
	비요흔성	건조하고 창백한 형태의 부종으로 비요흔성 형태(눌러도 들어가지×)

점액수종	얼굴, 눈	얼굴, 눈 주위 부종, 체중증가 국시23
	혀	점액수종으로 혀는 부종이 생겨 혀가 앞으로 튀어나옴
	목쉰 소리	성대에도 부종이 와서 목쉰 소리
신경계	반사 지연	갑상샘호르몬 감소로 신경계 기능이 느려져 아킬레스건 반사 (L5~S2) 지연
	우울증	무감동, 느린 행동, 건망증이 심해지고 우울증
혈액계	빈혈	갑상샘호르몬은 적혈구 생성에 중요한 역할로 빈혈
생식기계	여성	월경 과다 후 무월경, 무배란, 불임, 자연유산, 성욕 감퇴
	남성	성욕 감퇴, 발기부전, 정자 결핍증 cf) 갑상선 기능항진증 : 월경 과소, 무월경, 월경 과다, 성욕 감퇴

점액수종 혼수(Myxedema coma)

정의	전신의 대사율이 저하된 위험한 상태로 저체온과 혼수가 온다.
원인	갑상샘 치료법을 이행하지 않거나 스트레스, 감염, 외상, 수술에 의해 점액수종 혼수를 초래한다. cf) 갑상선 기능항진증의 갑상샘 위기 : 스트레스, 감염, 수술에 갑상샘 위기
증상 국시07	저체온, 서맥, 저혈압, 호흡률 감소로 호흡성 산증 저소듐증 : 세뇨관에서 나트륨 재흡수가 감소하여 저소듐혈증이 생긴다. 저혈당, 전신부종, 의식장애, 혼수
치료	기도 유지	호흡률 감소로 호흡성 산증으로 기도 유지, 산소 투여
	levothyroxine	Sodium levothyroxine을 포도당, corticosteroid와 함께 정맥 투여
	hydrocortisone	갑상샘호르몬인 levothyroxine(synthroid)을 투여하면 대사 기능이 항진되어 부신피질이 요구되니 부신피질 부족 가능성이 증가하여 hydrocortisone을 동시에 정맥 주사한다.
	포도당	저혈당으로 포도당 생리식염수 투여
	보온	저체온으로 따뜻하게 한다. 열찜질은 금기이다. 혈관계 허탈을 유발시킨다.

Levothyroxine(Synthyroid) 임용 25 / 국시 16

기전 인식	T₄인 갑상샘호르몬은 갑상샘호르몬 결핍 교정으로 증상 완화, 심장과 동맥 손상을 예방한다.
저용량 시작	갑상샘 기능저하증에서 약물치료 시작 시 소량으로 시작하며 점차 치료량을 늘려 지속한다. 치료 시작 시점에서 많은 양의 갑상샘 호르몬제를 투여하면 신진대사율, 교감신경계가 갑자기 활성화되면서 심근에 많은 산소가 필요하다. 갑상샘 저하증 환자는 관상동맥 협착으로 산소 공급이 부족하여 협심증, 심근경색증이 가능하다. cf) 항갑상샘제 PTU : 처음에 대량 투여하고 서서히 조금씩 줄여간다.
매일 아침	매일 같은 시간에 복용하여 아침마다 1알씩 복용하여 불면증을 예방한다. 복용을 잊은 경우 즉시 약을 복용한다. cf) methylphenidate : 약을 아침에 복용하고 저녁 6시 이전에 복용한다. 학교생활 중 약물 효과를 최대화하고 야간에 불면증이 생기지 않도록 한다.

공복	이른 아침에 공복 시 약물을 복용하고 1시간 동안 음식을 섭취하지 않는다.
	호르몬 흡수를 최대화한다.
	cf) 공복 시 흡수가 잘됨
	    항결핵약
	    비스포스포네이트 : 공복 복용, 30분 동안 다른 것을 먹거나 마셔서는 안 된다.
	
	| 양성자 펌프 억제제 | 식전 30분~1시간 전 |
	| 점막 보호제(sucralfate : carafate) | 식전 1시간, 식후 2시간, 취침 시 |
	| 철분제제, levodopa, 갑상선제 | |

다른 약물 국시 22	갑상샘호르몬을 복용하기 적어도 4시간 전 또는 후 두유, 제산제, 비타민, 무기질, 철분제제, 칼슘을 복용한다. 갑상샘호르몬 흡수를 방해한다. ★ 갑상샘호르몬을 먹은 두 제비가 철칼로 무기를 만들었다
두 배 용량	투약을 한 번 놓쳤다면 다음 날 두 배 용량을 준다. cf) digoxin : 약물을 복용하지 못한 경우 2배 용량을 복용하지 않는다.
평생 복용	진단 즉시 갑상선호르몬(levothyroxine)을 복용하고 평생 복용한다. 투약은 아동의 뇌와 성장 발달에 필수적으로 제대로 투여하지 않으면 지적발달 장애와 성장 발달이 지연된다. cf) 갑상샘 기능항진증에서 PTU : 18~24개월 투여
Vit D	갑상샘제제를 처음 복용하면 골격이 빠르게 성장하여 Vit D를 충분히 제공하여 구루병을 예방한다. Vit D 결핍 시 성장 중 뼈에 칼슘, 인의 침착이 안 되므로 뼈가 변형되는 구루병이 된다.
철분	갑상선호르몬은 적혈구를 생산하여 철분 요구량이 증가하므로 육류, 해산물을 제공한다.
결핍증과 과다증 국시 08	갑상선호르몬 과량 복용으로 갑상샘 과다증 증상인 불안정, 흥분, 잠을 못잠, 심한 체중 감소, 흉통, 빠른 맥박, 설사 같은 부작용에 연락한다.
TSH 수치	혈청 TSH 수치의 주기적 확인이 중요하다. 치료 시 TSH를 정상 유지한다.
악화 요인	갑상선 기능저하증을 악화시키는 추위, 스트레스, 상처, 감염을 피한다.

간호계획 손상의 위험성 R/T 대사율 감소

약물 요구량 감소	방법	정상인보다 약물 요구량이 감소한다.
	근거	신진 대사율이 감소되어 약물 작용 강화로 약물 요구량이 감소한다.
진정제, 마약	방법	진정제, 마약을 투여하는 경우 정상량의 1/2, 1/3을 투여한다. 호흡 억압이나 혼수 징후를 관찰한다.
	근거	진정제, 수면제, 마취제에 과민하여 사망 초래 가능 갑상선 기능저하증 환자는 갑상샘호르몬 감소로 신경계 기능이 느려지고 갑상샘 비대로 호흡곤란 * 진정제 : 중추신경억제제로 졸음, 진정, 혼돈과 호흡수 감소 * 마약제 : 중추신경계 억제로 혼수, 호흡기계 억제, 호흡 마비, 서맥
저칼로리	방법	체중이 안정될 때까지 저칼로리, 고단백, 고섬유소를 섭취한다. cf) 갑상선 기능항진증 : 고칼로리, 고단백 섭취. 양념이 많고 맵고 자극적 음식, 섬유성 많은 음식 제한
	근거	증상 : 식욕부진, 변비, 체중 증가
보온 국시 17, 22	방법	환경을 편안, 따뜻하게 유지한다. ex) 보온 : 빈혈, 레이노드 증후군, 신경인성 쇼크 ex) 자율신경계 과다 반사 간호 : 너무 찬 기온이나 외풍에 노출하지 않는다.
	근거	열생산이 저하되어 추위를 견딜 수 없다. 보온으로 체온을 유지한다.
전기 담요	방법	전기 담요, 보온 패드를 금지한다.
	근거	전기 담요, 보온 패드는 정신 기능 저하로 자극에 반응 지연으로 화상, 말초 혈관 이완, 혈관 허탈로 피한다. ex) 열요법 금기 : 악성 종양, 급성 염증, 외상, 출혈장애, 혈관장애, 감각장애, 마비환자, 의식장애, 유아와 노인
감염 예방	방법	감염을 예방한다.
	근거	갑상선 기능저하증 환자는 감염에 저항력 감소와 감염은 점액수종 혼수를 유발한다. * 빈혈 : 심한 빈혈 환자는 약하고 지쳐 쉽게 감염되므로 감염 가능성으로부터 격리

7 갑상샘암

예후가 양호한 순서

유두샘암 > 여포샘암(소포암) > 수질암(속질암) > 역형성암(퇴화성암)

갑상샘암 종류 ☆ 갑상샘암에 걸린 여수의 유역

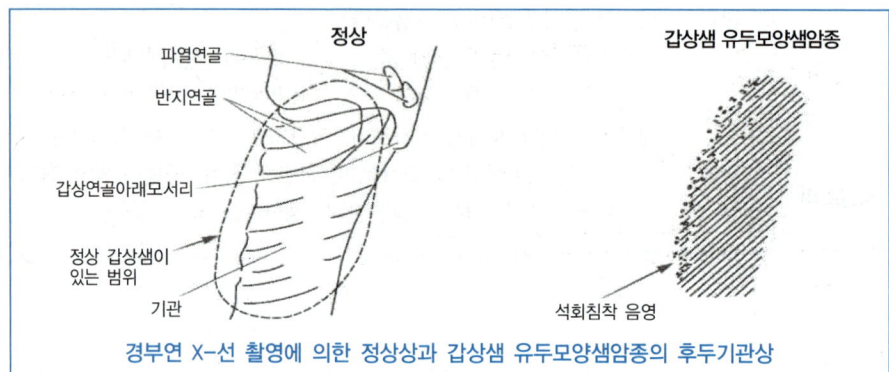

경부연 X-선 촬영에 의한 정상상과 갑상샘 유두모양샘암종의 후두기관상

	역형성암(퇴화성암)	수질암(속질암)	유두샘암	여포샘암(소포암)
연령	50세 이상	30~40세(가족성)	40세 이하	40~50세
성차	여성에게 약간 많다.	여성 = 남성	여성 : 남성 = 3 : 1	여성 : 남성 = 2~3 : 1
빈도	2~3%	1~2%	약 85%	약 10%
전이 부위	주위로 침윤	림프성 및 혈행성	림프성 인접 림프절	혈행성(뼈, 폐, 간)

유두암(유두샘암, 쇄골 중간샘암, papillary ca)

빈도	가장 흔한 형태, 젊은 여성, 40세 이하, 갑상샘암의 85%
특성	느리게 성장하는 종양 방사선 요법과 관련된 암인 경우 10~20년 잠복기
전이	50%는 국소 림프절에 퍼진다.
예후	일반적으로 예후가 좋다. 갑상샘에만 국한되면 예후는 좋으며 외과적 절제는 완치 방법이 된다.
치료	전체 갑상샘 절제술 : 전이 유무에 상관 없이 수술 엽절제술, 협부절제술

여포암(소포암, follicular ca)

빈도	갑상샘암의 10%, 40~50대에 주로 많다.
전이	혈행성 전파로 뼈, 폐, 간으로 쉽게 전이
예후	전이되지 않았다면 예후가 좋으나 유두샘암보다 나쁘다.
치료	전체 갑상샘 절제술 전이 유무에 상관 없이 수술

수질암(속질암, medullary thyroid ca)

빈도	갑상샘암의 1~2%, 30~40대
전이	주위 조직에 림프성, 혈행성 전이
특성	유전성, 가족력으로 올 수 있다. 결절이 매끈하다. 종양이 칼시토닌(calcitonin), 부신피질자극호르몬, 이소성 호르몬을 분비하여 혈중 calcitonin이 증가한다. calcitonin이 잔존 종양이나 재발 지표이다.
예후	나쁘다. 평균 생존율 6.6년
치료	전체 갑상샘 절제술이 필요하다. 전이된 경우 광범위 경부절제술이 필요하다.

역형성암(퇴화성암, 미분화암, anaplastic ca)

빈도	갑상샘암의 2~3% 50세 이상에 주로 온다.
전이	급히 성장, 1년 이내 광범위 전이, 주위로 침윤한다. 급격히 자라 경부 종괴로 호흡곤란, 쉰 목소리, 연하곤란, 인후통, 기침
예후	악성으로 예후가 아주 나쁘다.
치료	갑상샘 절제술과 외부 방사선 조사, 항암 요법을 병합한 요법 시행 이미 주위 조직으로 침윤되어 수술하는 경우는 적다.

임상증상

결절	무통성 결절이 매우 크다. 딱딱하며 부드럽지 않다. 불규칙한 결절 주위 조직에 유착되고 고정 정상 갑상샘 : 엄지 끝마디 크기, 고무 같은 느낌으로 매끄럽다. ex) 고환, 전립선 : 고무 같은 느낌으로 탄력성이 있다.
림프샘	림프샘이 커질 수 있다.
종양 진전	종양이 후두 신경을 침범하여 쉰 목소리, 성대마비, 호흡곤란, 연하곤란

8 부갑상샘 항진증

산-염기 상태와 칼슘

정상	8.5~11mg/dL
존재	Ca+alb(50%), Ca^{2+}(50%) 칼슘은 반은 알부민과 결합, 반은 이온 상태
산증	알부민이 과다한 H^+과 결합하여 알부민과 결합하는 칼슘이 감소되어 칼슘이온 증가
알칼리증	H^+ 부족으로 알부민과 칼슘 결합이 증가하여 칼슘이온 감소

칼슘 조절 [임용 13 / 국시 03]

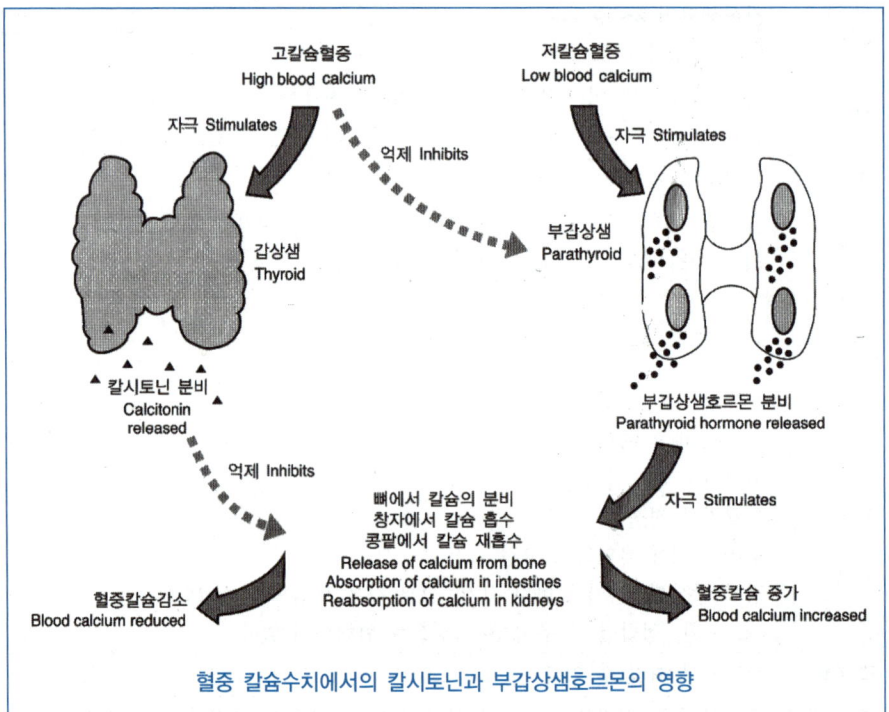

혈중 칼슘수치에서의 칼시토닌과 부갑상샘호르몬의 영향

호르몬	작용		설명
부갑상샘호르몬 (PTH : parathyroid hormone) 임용 24 / 국시 05	혈중 칼슘↑	자극	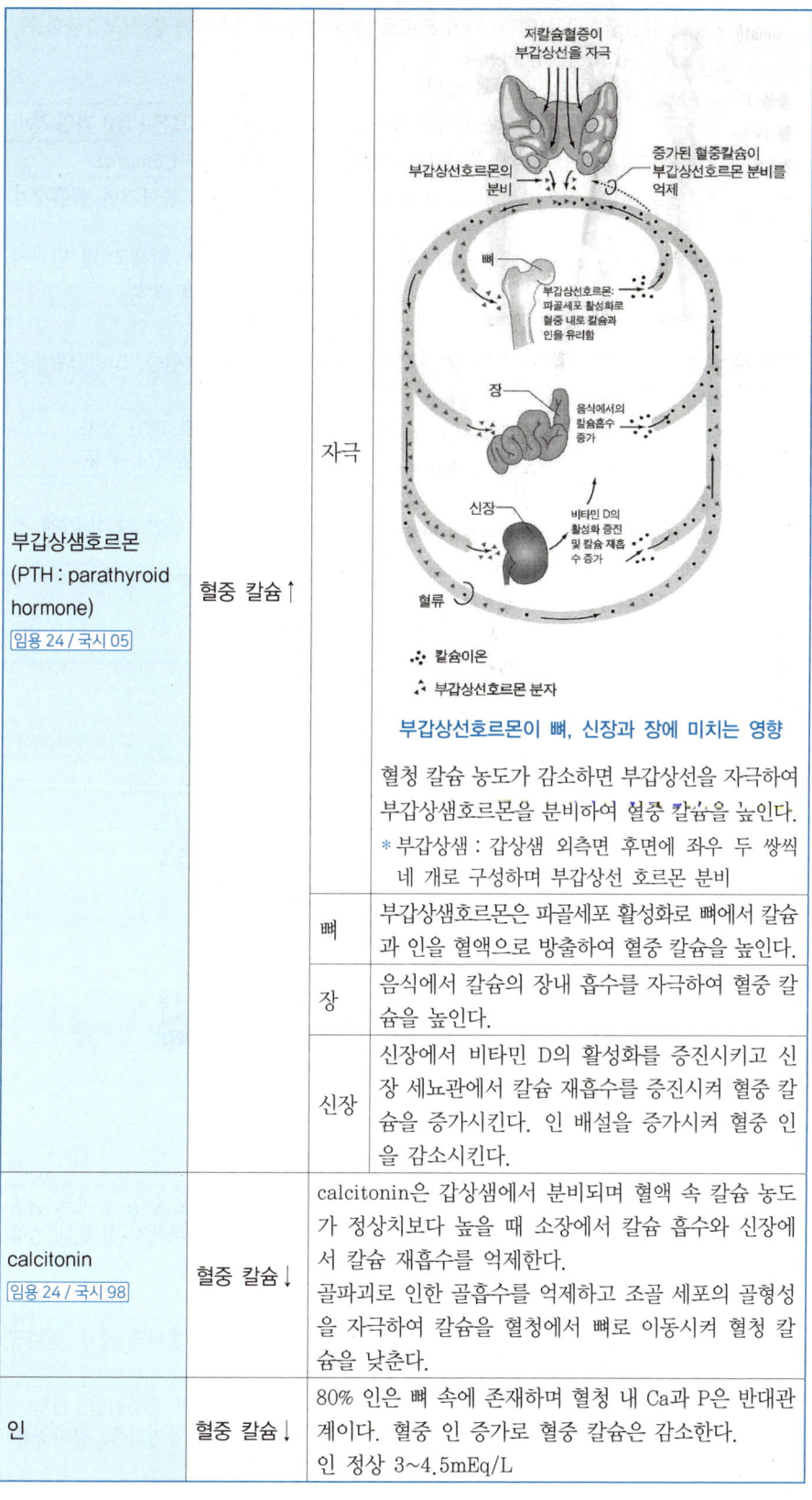 **부갑상선호르몬이 뼈, 신장과 장에 미치는 영향** 혈청 칼슘 농도가 감소하면 부갑상선을 자극하여 부갑상샘호르몬을 분비하여 혈중 칼슘을 높인다. * 부갑상샘 : 갑상샘 외측면 후면에 좌우 두 쌍씩 네 개로 구성하며 부갑상선 호르몬 분비
		뼈	부갑상샘호르몬은 파골세포 활성화로 뼈에서 칼슘과 인을 혈액으로 방출하여 혈중 칼슘을 높인다.
		장	음식에서 칼슘의 장내 흡수를 자극하여 혈중 칼슘을 높인다.
		신장	신장에서 비타민 D의 활성화를 증진시키고 신장 세뇨관에서 칼슘 재흡수를 증진시켜 혈중 칼슘을 증가시킨다. 인 배설을 증가시켜 혈중 인을 감소시킨다.
calcitonin 임용 24 / 국시 98	혈중 칼슘↓		calcitonin은 갑상샘에서 분비되며 혈액 속 칼슘 농도가 정상치보다 높을 때 소장에서 칼슘 흡수와 신장에서 칼슘 재흡수를 억제한다. 골파괴로 인한 골흡수를 억제하고 조골 세포의 골형성을 자극하여 칼슘을 혈청에서 뼈로 이동시켜 혈청 칼슘을 낮춘다.
인	혈중 칼슘↓		80% 인은 뼈 속에 존재하며 혈청 내 Ca과 P은 반대관계이다. 혈중 인 증가로 혈중 칼슘은 감소한다. 인 정상 3~4.5mEq/L

부갑상샘 항진증 정의			부갑상샘호르몬(PTH) 과잉 분비로 순환 혈청 내 칼슘치는 증가(고칼슘혈증), 인은 감소(저인혈증)한다. 정상 칼슘혈증 : 8.5~11mg/dL
원인	원발성	정의	부갑상샘에서 샘종 증식으로 부갑상샘호르몬(PTH) 과잉 분비
		검사	PTH 증가로 Ca 증가, P 감소(정상 3~4.5mg/dL) Alkaline phosphatase 증가 : PTH가 높아지면 골흡수가 촉진되어 ALP상승 ex) 간질환, 담도 폐쇄에서 ALP 상승 : 간세포 내 담관에 존재하는 효소로 담즙 배설 장애에 상승
	2차성	정의	혈중 칼슘 저하에 반응으로 PTH 증가
		원인	신기능 부전 신기능 부전으로 저칼슘혈증, 고인산혈증은 PTH 증가 골연화증 혈청 Ca 감소, P 감소로 PTH 증가 ex) 골연화증 : PTH는 높거나 정상
		검사	혈청 Ca 감소, PTH 증가 Alkaline phosphatase 증가 : 뼈 손상 동반 시 상승(예) 전립샘 암 : 암세포가 뼈로 전이 시 상승)

부갑상샘 항진증과 고칼슘혈증의 병태생리와 증상, 징후 [국시 01]

부갑상샘 기능항진증과 고칼슘혈증의 증상

뼈 손상	기전	PTH의 과잉분비로 뼈 내에서 파골세포 활동 증가로 골흡수 증진으로 뼈의 재흡수가 증가된다. 뼈에서 혈액 내 칼슘을 흘려보내고 고칼슘혈증이 초래된다.
	통증	등 통증, 관절통
	병리적 골절 [국시 05]	뼈는 칼슘 소실 상태로 작은 외상에서 병리적 골절, 골다공증, 골연화증
	섬유성 골염	장기간 앓아오면 섬유성 골염으로 뼈의 구부러짐, 기형 ex) 만성 신부전 : 신성 골이양증으로 골연화증, 골다공증, 섬유성 골염, 조직 석회화

고칼슘혈증	신경계	고칼슘혈증이 되면 신경계 흥분이 억제되어 우울증, 망상
	위장 증상	갈증, 오심, 식욕부진 변비, 마비성 장폐색, 복부통증
		소화성 궤양 : 고칼슘혈증이 gastrin 분비를 자극하여 위액 분비를 증가시켜 소화성 궤양, 복통, 위장계 출혈
		췌장염 : 부갑상샘 기능항진증으로 혈액 내 과다한 칼슘량에 의한 췌장염 발생
	근력 저하	고칼슘혈증에 근육이 흥분하기 어렵고 근력이 저하된다.
	고혈압	혈관 내 칼슘 침전으로 고혈압 ex) 강심제 : 세포 내 Ca^{++}을 증가시켜 심근 수축력 증가
	조직 석회화	혈청 내 과량 칼슘은 calcium phosphate 형태로 눈, 폐, 심장, 혈관에 침전되며 눈에 칼슘화가 형성하여 시력 상실 cf) 신부전에서 조직 석회화 : 뼈로부터 혈중으로 많은 칼슘과 인이 유리되어 석회화 물질 축적
신장 손상	기전	과다한 PTH 증가로 뼈의 재흡수 결과 뼈에서 칼슘과 인을 혈액으로 방출하여 혈중 칼슘을 높인다. 혈액 내 칼슘과 인이 증가하여 소변에 과량 칼슘과 인을 배설한다.
	다뇨	다뇨(고칼슘혈증은 신장의 소변농축능력 감소로 다뇨), 갈증, 다음
	신결석	많은 양 칼슘과 인이 신장으로 배설하여 신결석
	신부전	신부전, 질소혈증, 요독증으로 진전

간호중재 국시01

움직임		부동 환자도 움직임 증가로 고칼슘혈증을 예방한다. 움직일 수 없는 환자는 뼈에서 칼슘이 빠져나간다.
변비	움직임 국시22	고칼슘혈증으로 변비 예방 위해 활동을 한다. 운동이 중요하나 뼈 손상의 중증도에 따라 다르다.
콩팥돌증 (신결석 예방) 국시06,16	수분 섭취 국시22	하루에 3,000mL 수분 섭취 증가로 신장 결석이 감소한다. 탈수에 혈청 내 칼슘량 증가로 신석 형성 위험이 있다. 고칼슘혈증 시 수분 섭취로 갈증을 감소시킨다.
	식이 국시16	칼슘과 비타민 D가 적은 음식을 섭취한다. 국시22 부동 환자는 저칼슘식이로 유제품을 제한한다. cf) 인산칼슘결석 간호 : Vit D 제한, 저단백, 저염식이, 요산성화
	산성화 국시22	인산칼슘석은 소변이 높은 알칼리성으로 발생한다. 소변을 산성화하여 인산칼슘결석을 예방한다. 산성 과일주스, 크랜베리주스
	신결석 증상	소변에 혈액, 신장 통증을 관찰한다. 비뇨기계 감염으로 탁하고 냄새나는 소변, 혈뇨, 치골 상부 통증을 관찰한다.

9 부갑상샘 저하증

병태생리

칼슘 저하 [국시 14, 20]	부갑상샘 분비가 감소되면 골흡수는 느려지고 혈청 내 칼슘량 저하로 신경 근의 흥분성이 증가하여 근경련, 강직, 얼얼한 느낌이 생긴다. 혈청 내 칼슘치 8.5mg/dL 이하 [국시 18] 정상 : 8.5~11mg/dL
인 상승	PTH는 신장에서 인을 배설시키나 부갑상샘 분비 감소로 신장은 인 배설을 감소시켜 혈청 내 인은 상승한다.

부갑상샘 저하증과 저칼슘혈증 증상 [임용 12 / 국시 13, 14]

테타니 [국시 05, 19]	테타니는 강직, 경련으로 신경의 흥분성을 증가시킨다. 세포 외액에 칼슘 농도가 낮으면 세포막 투과성이 증가하여 소듐이 쉽게 이동하여 쉽게 탈분극이 된다. * 운동신경 흥분 : 근육강직, 얼굴경련, 얼굴이 비뚤어짐, 입주변 뒤틀림, 손목, 발의 경련, 강직성 경련 * 감각신경 흥분 : 손가락의 저림과 무감각
쉬보스텍 징후 (크보스테크 징후, chvostek's 징후) [임용 24 / 국시 20]	 **쉬보스텍 징후** 저칼슘혈증에서 안면근육반응 양성 얼굴 한쪽을 가볍게 두드린다. 안면신경의 과흥분 상태로 얼굴 근육의 강직성 경련이다.
트루소 징후 (Trousseau's 징후) [임용 24]	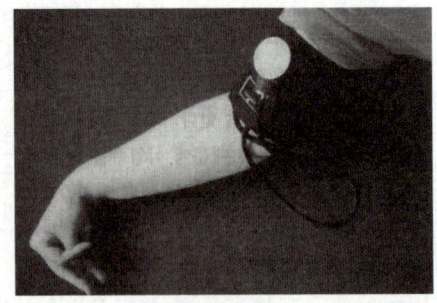 **트루소 징후** 팔을 압박할 때 손바닥 굴절이 나타나면 트루소 징후 양성(저칼슘혈증 의미)

트루소 징후 (Trousseau's 징후) 임용 24		팔의 상부에 혈압기를 감아서 수축기 혈압보다 20mmHg 높은 압력으로 수분간 순환을 억제시킨다. 손과 손가락이 강직되고 굴곡된다.
	cf) 면역성 혈소판 감소성 자반증 : 지혈대 검사 양성	
	방법	혈압계의 cuff를 팽창시켜 수축기와 이완기 혈압의 중간압으로 상승시켜 순환이 정지된 상태를 5분 동안 유지시킨 후 모세혈관이 파열되어 생긴 출혈반(petechia)을 cuff로부터 5cm 원 내에서 찾아 그 수를 측정한다.
	양성반응	10개 이상 모세혈관 벽의 약화, 혈소판 결손, 혈소판감소증, 혈관자반증이 있을 때 점상출혈이 출현한다.
호흡기계		후두경련, 후두연축, 후두강직, 천명, 호흡곤란
심혈관계		심박동수 감소, 부정맥
위장계		장운동 증가, 장음 증가, 복부 경련, 설사 ex) 고나트륨혈증, 저나트륨혈증, 고칼륨혈증, 저칼슘혈증 : 위장계에서 같은 증상(오심, 구토)
혈액학적		응고시간 지연 * Ca^{2+} : 2차 지혈 관여
석회화		눈, 기저신경절에 석회침착한다. 혈중 인 농도가 현저하게 높을 경우 눈, 기저신경절에 석회화가 형성되어 석회 침착이 일어난다. cf) 부갑상샘 기능항진증 : 눈에 칼슘화
정신신경계		흥분, 우울, 정신증, 인성 변화
알칼로시스		pH가 상승한 알칼로시스에 이온화된 칼슘량은 떨어져 저칼슘혈증 증상은 심해짐

ECG

ST 분절 증가, QT 간격 증가, 전도 지연

약물 국시 02, 07

calcuim gluconate	방법	급성에 10% calcuim gluconate용액을 10~15분 동안 정맥 내 투여한다. * PTU에서 황산 마그네슘 중화제 : 10% calcium gluconate * 고칼륨혈증 : calcium gluconate IV : 혈중 칼슘치가 높으면 세포막의 투과성을 방해하여 심근막을 안정시켜 심장 흥분 최소화
	효과	혈청 내 칼슘량을 증가시킨다.
칼슘염	방법	급성이 아닌 경우 처방에 의해 경구용 칼슘제제인 calcium carbonate, calcium citrate를 투여한다.
	효과	칼슘염 투여로 혈청 내 칼슘량을 증가시킨다.

비타민 D	방법	비타민 D는 처방을 받아 투여하며 증상이 완화되기까지 1주일 이상 걸린다.
	효과	비타민 D는 장에서 칼슘제 흡수를 촉진시키어 혈청 내 칼슘량을 증가시킨다.
thiazide 이뇨제 (ca보존 이뇨제)	방법	thiazide 이뇨제를 준다.
	효과	신세뇨관에서 calcium의 재흡수를 촉진시키어 혈청 내 칼슘량을 증가시킨다.
aluminum hydroxide (인산염 결합제)	방법	aluminum hydroxide(인산염 결합 약물)을 투여한다.
	효과	aluminum hydroxide은 장에서 인산염과 결합하여 인을 배출시켜 혈청 인을 감소시키어 칼슘을 높인다. * aluminum hydroxide(인산염 결합제) 사용 신부전 | 사구체 여과율 감소로 인 배설 감소로 고인산혈증 소화성 궤양 | 제산제로 위산을 중화하는 약한 염기

간호중재 국시 06

기관절개 세트	방법	기관 내 삽관, 기관절개 세트를 환자 가까이에 준비한다. * 기관 내 삽관 : 기도 유지가 필요하거나 인공 호흡기 치료가 필요한 환자에 기관 내로 튜브를 넣어 기도를 확보한다.
	효과	후두강직 조절로 호흡기 폐쇄를 방지한다. ex) 급성 후두기관기관지염과 급성 후두개염에서 후두 폐쇄성으로 기도 완전 폐쇄가 가능하여 생명에 위협을 줄 수 있다. 응급 물품인 기관 내 삽관, 기관절개 세트는 환자 가까이에 배치한다.
종이 가방	방법	종이 가방을 입에 대고 호흡을 시켜 자신의 탄산가스(CO_2)를 흡입한다.
	효과	탄산가스(CO_2) 흡입으로 경한 호흡기 산혈증 초래로 혈액 내 이온화된 칼슘량을 상승시킨다.
칼슘↑ 식이		우유, 치즈, 뼈째 먹는 생선, 연어, 멸치, 정어리, 굴, 콩은 인이 많으므로 주지 않는다. 해조류(김, 미역, 다시마 : 비타민 A, Ca도 많다.) 녹색 채소(시금치, 브로콜리, 무잎, 배추, 양배추 : 비타민 A, C, 철분, Ca, 에스트로겐도 많다.)를 준다.
인↓ 식이		우유, 치즈, 생선은 칼슘은 많으나 인 함량도 높으므로 섭취× 인 높은 식이 : 견과류, 통곡류, 콩류, 쇠고기, 닭고기, 달걀, 우유제품, 치즈, 생선, 탄산 음료, 콜라 고수산 식이 (수산칼슘) | 무, 시금치/콩, 땅콩, 호두, 밤/토마토, 포도, 사과, 감귤/차, 인스턴트 커피, 코코아, 초콜릿, 콜라, 맥주 고칼륨 식이 | 시금치, 토마토, 콩

10 쿠싱증후군

정의 국시 03	피질, 수질, 우부신, 좌부신, 신장
	부신피질은 염류 코르티코이드, 글루코 코르티코이드(당류피질호르몬, glucocorticoid, cortisol, 스트레스호르몬), 성호르몬(androgen, estrogen)을 분비한다. 쿠싱증후군은 주로 글루코 코르티코이드(당류피질호르몬, glucocorticoid)인 cortisol이 만성적으로 과도하게 분비된 상태이다.
당류피질호르몬 (당류코르티코이드, glucocorticoid, cortisol)	탄수화물 대사로 혈당 상승 국시 08, 단백질, 지방 대사, 조혈기능, 염증과 면역 억제, 스트레스 반응에 영향을 미친다.

염류 코르티코이드 (알도스테론, mineralocorticoid = aldosterone)	분비 국시 04	저혈량이나 소듐 감소나 칼륨 증가에 알도스테론 분비에 작용한다. Renin angiotensin system으로 Renin 상승으로 알도스테론 분비가 증가한다.
	기능	원위 세뇨관과 집합관에서 나트륨, HCO_3^-을 재흡수하여 정체시켜 수분 축적으로 혈액과 세포외액 용량, 심박출량, 혈압을 정상으로 유지한다.
		Na^+, HCO_3^- 정체
		K^+, H^+ 배설 증가

종류

	원발성 쿠싱증후군	ACTH 의존성 쿠싱증후군(쿠싱병)	이소성 쿠싱증후군	의원성 쿠싱증후군 (의인성 쿠싱증후군)
원인	부신성 쿠싱증후군으로 부신 종양으로 부신피질호르몬을 과다하게 분비한다.	뇌하수체, 시상하부 문제로 뇌하수체와 시상하부가 ACTH를 과잉생산하여 증상을 초래한다. 뇌하수체 종양에서 ACTH를 분비한다.	폐(소세포암), 종격동, 위장관, 여러 기관 암종이 ACTH를 생성하여 발생한다.	cortisol의 약물 과잉으로 발생한다. 면역장애, 염증질환, 류머티스 관절염으로 일정 기간 cortisol을 투여 받은 환자이다.
검사	ACTH 감소	ACTH 상승	ACTH 상승 ex) 수질암 : 종양이 calcitonin, 부신피질자극호르몬(ACTH), 이소성 호르몬을 분비한다.	시상하부-뇌하수체-부신 축을 억압하여 ACTH 감소

검사

야간 1mg 덱사메타손 억압(억제) 검사		선별 검사이다. 밤에 덱사메타손 1mg을 투여해서 다음날 아침 plasma cortisol > 5 μg/dL 이면 쿠싱증후군을 의심한다. 확진 검사가 필요하다.
저용량 dexamethasone 억압 검사	특징	확진 검사이다.
	방법	저용량 dexamethasone을 투여한다.
	정상	dexamethasone으로 ACTH 분비가 억압되어 코티졸이 5 μg/dL 이하로 감소
	쿠싱증후군	코티졸이 감소되지 않는다.
고용량 dexamethasone 억압 검사	특징	ACTH 의존성 쿠싱증후군의 감별 검사이다.
	ACTH 의존성 쿠싱증후군 (뇌하수체성)	뇌하수체성 ACTH 의존성 쿠싱증후군(Cushing's disease)으로 고용량 dexamethasone에 음성 되먹임 기전으로 ACTH 분비가 억압되어 cortisol이 감소한다. * 음성 되먹임 기전 : 정상에서 벗어난 변화를 다시 정상으로 되돌리는 역할
	그 외	부신 종양(원발성 쿠싱증후군) 이소성 ACTH syndrome은 ACTH 분비 억제가 안 되어 cortisol이 증가한다.

임상증상(steroid의 부작용) 국시 99, 01, 02, 06

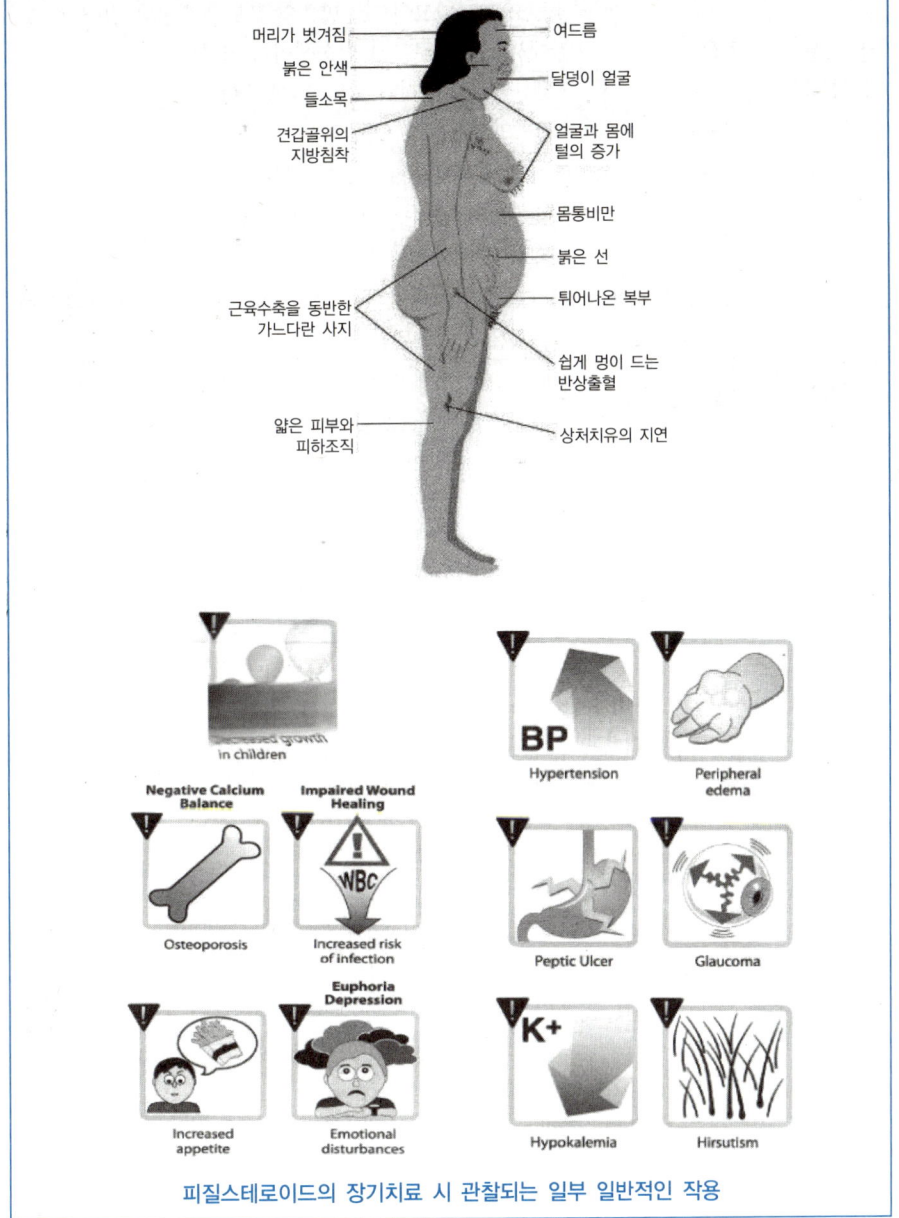

피질스테로이드의 장기치료 시 관찰되는 일부 일반적인 작용

☆ 탄단지, 소화기 안에 염증이 있어 수혈을 하니 정색했다

탄수화물 대사장애	기전	글루코 코르티코이드는 말초의 포도당 활용을 감소시키고 간에서 단백질로부터 당신생이 증가한다. * 당신생 : 아미노산이 포도당으로 전환
	당뇨병	식후 고혈당과 당뇨병 초래
단백질 대사장애	반상출혈	단백질의 이화작용으로 모세혈관 약화로 반상출혈
	자색선	단백질 대사장애로 피부 콜라겐이 감소되어 피부 약화로 분홍이나 자색 피부선
	상처치유 지연 임용 23	단백질은 근육과 피부를 구성하나 단백질의 이화작용으로 상처치유가 지연된다.
	근육소모	단백질의 이화작용으로 사지근육 소모로 가느다란 팔과 다리, 근력 저하, 전신 허약과 피로하다.
	골다공증 국시 15, 20	cortisol은 Vit D와 길항적으로 작용하여 장 내 칼슘 흡수를 억제하고 신장에서 칼슘 재흡수 억제로 칼슘이 뼈로 침착이 억제되어 뼈 밀도가 감소한다. 단백질의 이화작용으로 뼈의 단백질이 고갈된다.
지방 대사장애	기전	지방 합성이 촉진되고 지방산의 대사가 느려져 신체 지방이 증가한다. 합성된 지방에서 지방산의 유리 증가로 혈중 지방산이 상승한다.
	비정상적 분포	지방의 비정상적 재분포로 만월형 얼굴, 견갑 부분의 경부 비만, 체간 비만이다. * 체간 : 몸의 중추 부분
염증과 면역 반응 장애	감염 증가 임용 23 국시 14, 17	백혈구 증가증, 림프구 감소증, 호산구 감소증 corticosteroid는 림프구를 저하시켜 T-림프구와 B-림프구의 기능 억제로 세포 매개성 면역과 항체 활동장애를 준다. 조직 손상에 정상 염증반응이 억압되어 감염성이 증가한다. 염증, 면역반응의 방어기전 저하로 감염에 감수성 증가한다. * 비장과 림프절에서 림프구 생성 * steroid제 기전 : 백혈구 능력(염증 부위로 이동하는 것) 억제. cytokines, leukotrienes, prostaglandin의 염증 매개 물질 방출을 억제한다. 염증반응, 과민반응, 면역반응억제, T-림프구와 B-림프구의 기능억제로 면역계를 억압하여 자가면역 감소, 전신성 염증 질환의 염증억제로 조직 파괴를 방지하여 염증 조절
수분과 전해질 대사 장애	부종, 고혈압	염류 코르티코이드는 원위 세뇨관과 집합관에서 나트륨을 정체시켜 수분 축적으로 고혈압, 체중 증가, 부종이 있다.
	저칼륨혈증, 대사성 알칼리증	염류 코르티코이드는 원위 세뇨관과 집합관에서 칼륨과 H^+ 배설로 저칼륨혈증, 대사성 알칼리증

혈액학적 장애	안면홍조	당류 코르티코이드는 조혈 기능에 영향으로 적혈구, 헤모글로빈, 헤마토크리트 상승으로 안면홍조 ex) 부신피질호르몬은 재생불량성 빈혈의 치료에 사용된다.
	색전 ☆ 코티졸은 혈응	당류 코르티코이드는 혈소판, 응고인자 증가로 혈전, 색전증 * 에스트로겐 증가 : 응고인자, 섬유소원 증가, 섬유소 용해작용 감소로 혈전색전증 * 흡연 : 니코틴 : 혈소판 응집 증가와 혈전의 용해를 촉진시키는 플라즈미노겐 감소로 혈전 유발, CO : 피브리노겐이 증가하여 혈전 형성
소화성 궤양		glucocorticoid는 위에 단백질을 소모시켜 위 점막 세포의 재생률을 감소시킨다. 점막손상에 반응하여 마개를 형성하지 못하고 점막에서 점액 분비 감소와 중탄산 분비 감소로 방어력이 감소한다. glucocorticoid 증가는 염산 분비를 증가시키며 궤양을 촉진시킨다. 위염, 위궤양, 소화성 궤양을 유발한다. * 위염 : steroid제 – 벽세포 재생으로 사용
과도한 androgen	남성화	부신에서 androgen이 과도하게 분비되면 여성이 남성화
	대머리	부신에서 androgen이 과도하게 분비되어 두피 모발 소실로 대머리
	여드름	부신에서 androgen이 과도하게 분비되어 여드름이 생긴다.
	다모증	얼굴과 몸 전체에 가는 솜털이다. androgen은 겨드랑이털과 음모를 자라게 한다. ex) 다모증 : spironolactone(aldactone), amiloride, triamterene, 스테로이드 ex) 2차 성징의 음모 성장 : 안드로겐
	성기능 변화	부신에서 androgen이 과도하게 분비되어 불규칙적 월경, 과소 월경, 무월경, 성욕 변화
정서적 불안정		불안, 우울, 기억력 감퇴, 조증, 정신증 * 부갑상샘 항진증 : 고칼륨혈증이 되면 신경계 흥분이 억제되어 우울증, 망상
색소 침착	ACTH 과도	ACTH는 피부 속 멜라닌 색소 자극으로 피부 색소 침착을 증가시킨다. ACTH 과도로 피부와 점막에 과잉 색소가 침착한다. <table><tr><td>원발성, 의원성</td><td>ACTH 감소</td><td>과잉 색소 없음</td></tr><tr><td>ACTH 의존성, 이소성</td><td>ACTH 증가</td><td>과잉 색소</td></tr></table>

스테로이드제 부작용 국시 04, 06, 09

백내장	수정체의 혼탁으로 백내장
녹내장	방수의 유출장애로 안압이 증가되어 녹내장
무혈관성 골괴사	관절의 뼈로 가는 작은 혈관을 수축시켜 혈액 공급이 차단됨으로 고관절, 슬관절, 여러 관절에서 무균성 무혈관성 골괴사가 생김
성장억제	시상하부–뇌하수체 축이 억제되어 성장호르몬 감소로 성장 억제

스테로이드제 투여 시 간호 [국시 09, 11]

투여 시간	아침(2/3) + 오후 4시 이전(1/3) 스테로이드 호르몬 분비 시간과 맞게 아침에 2/3, 오후 4시 이전에 1/3의 약을 먹는다. 증상이 조절되면 하루에 1회 투여로 오전에 투여한다. 코티손은 중추신경을 자극하여 오후 늦게 투여하면 수면을 방해한다.		
위장자극	방법	스테로이드제제를 식사, 간식과 함께 투여한다. 제산제를 투여한다. 위장을 자극하는 음식을 섭취하지 않는다.	
		제산제와 금지	철분제제, digitalis, levothyroxine, 위산분비억제제, 점막보호제
		제산제와 함께	steroid, famotidine(pepcid), NSAID, 중추신경자극제(ADHD)
	효과	식사나 제산제로 스테로이드제제의 위장 자극, 위장 장애를 예방한다. 글루코 코르티코이드 증가는 염산 분비를 증가시킨다. 단백질 소모로 위점막 세포의 재생률 감소로 방어력이 감소되어 위염, 위궤양, 소화성 궤양이 발생한다.	
저소듐 식이	체액이 정체되면 저소듐 식이를 한다.		
고포타슘 식이	저포타슘 혈증 예방을 위해 포타슘이 풍부한 음식, 포타슘 보충제를 준다.		
	↑ 칼륨		
	곡류	귀리, 메밀, 오트밀, 팥, 조, 수수, 팝콘, 감자, 고구마	
	과실류	곶감, 건포도, 대추, 무화과, 바나나, 참외, 살구, 자두, 딸기, 오렌지	
	야채류	고사리, 마른 미역, 파래, 고춧잎, 호박, 양배추, 상추, 생강, 쑥갓, 부추, 마른 버섯, 시금치, 당근, 오이, 토마토	
	육류	소고기, 돼지고기, 새우	
	음료수	원두 커피, 토마토 주스, 야채 주스	
저지방 식이	지방축적으로 저지방 식이를 한다.		
당뇨병	정기적 혈당을 측정한다. 고혈당 방지 위해 혈당을 조절한다.		
혈압	활력징후를 측정하여 혈압 증가를 보고한다.		
체중 증가	매일 같은 상태(시간, 의복)로 체중을 측정하여 수분 정체를 사정한다.		
골다공증 [국시 15]	골밀도 감소로 골밀도를 감시한다. 골다공증으로 가벼운 외상에 병리적 골절로 외상을 받지 않도록 보호한다. 적당량의 단백(고단백질), 고칼슘 식이를 한다.		
감염 예방	코르티솔의 과잉 분비는 면역계를 억압하므로 감염에 노출되지 않도록 예방 감염 취약 : 전염성 질환 대상자와 접촉을 피한다.		
	감염 증상을 사정한다. 코르티솔 과잉 분비는 감염을 은폐하므로 경한 증상도 실제적으로 심하다.		

사고과정 장애	근거	Glucocorticoid 요법은 정신 및 감정 변화를 초래한다.
	사정	극심하게 우울해 보이는 환자는 세심하게 관찰한다. 정신상태, 기억, 사고 장애를 평가하여 정신상태 변화가 나타나면 담당의사에게 보고한다.
부신위기 예방	용량 증가	steroid를 계속 사용한 경우 감염, 독감, 고열, 임신, 큰 사고, 스트레스, 수술에 부신위기를 초래한다. 반드시 의사와 연락하여 처방에 따라 용량을 증가한다. 감염은 신체에 스트레스가 되어 부신위기 초래로 부신피질호르몬 요구가 증가한다. 감염 증상을 관찰하고, 징후가 나타나면 의사에게 보고한다. * 감상샘 위기 : 불충분한 치료, 적절한 치료를 받지 못한 상태에 스트레스, 감염, 외상, 수술 경험 * 점액수종 혼수 : 갑상샘 치료법을 이행하지 않거나 스트레스, 감염, 외상, 수술 초래
	알리기	24시간 이상 동안 구강 복용을 할 수 없을 경우 의사에게 알린다. 의사와 연락이 되지 않는 경우 응급실을 방문한다.
	점진적 중단 임용 21	Glucocorticoid 요법은 갑자기 중단하면 안 된다. 약물투여가 5일 이상 지속될 경우 약물투여를 중단하고 싶으면 며칠에 걸쳐(7~10일 이상) 점진적으로 용량을 줄인다. Glucocorticoid 투여를 갑자기 중단하면 급성 부신기능 부전을 초래하고 관리하지 않으면 사망할 수 있다. 고용량의 호르몬을 투여할 경우 시상하부-뇌하수체-부신 축이 억제된다. 부신피질 스테로이드를 점진직으로 용량을 줄여주어 하루씩 걸러서 투여하면 호르몬을 투여하지 않는 날에 시상하부-뇌하수체-부신 축의 기능이 점차적으로 회복하여 급성 부신기능 부전을 예방한다. ex) 점진적 중단 : 항고혈압제, 발작약, 스테로이드제
투약팔찌		투약팔찌를 착용하고 위급한 상황인 큰 사고, 수술에 용량을 증가한다.

치료

양측 부신절제술	평생 동안 호르몬 대체 요법으로 당류 코르티코이드와 염류 코르티코이드를 투여한다.
한쪽 부신절제술 국시 17	한쪽 부신샘만 절제하는 경우 코티손을 6~12개월 동안 투여한다. 건강한 쪽의 부신피질 기능이 회복될 때까지 cortisol 보충을 실시한다.

11 부신피질 기능저하증

정의

염류 코르티코이드(알도스테론), 당류 코르티코이드(코티졸), 남성호르몬(안드로겐)의 감소가 나타난다.
안드로겐 결핍은 남자는 고환에서 성호르몬이 분비되기 때문에 부족 증상이 나타나지 않으나 여성에게 겨드랑이와 음모 등 체모가 감소한다.

분류

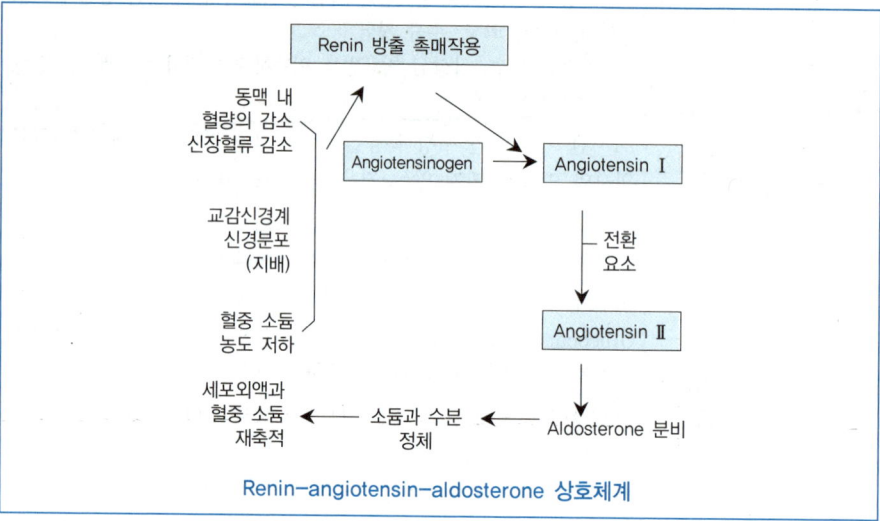

Renin-angiotensin-aldosterone 상호체계

	1차성 부신피질 기능저하증 : 애디슨병(Addison's disease)	2차성 부신피질 기능저하증
기전	만성 원발성 부신피질 기능저하증으로 부신피질 자체 문제 알도스테론 감소로 저나트륨혈증, 저혈량증, 고칼륨혈증, 산증	스테로이드 투여 후 중단이나 시상하부, 뇌하수체 문제로 ACRH 결핍, ACTH가 결핍된다. RAA에 의한 알도스테론이 분비되어 칼륨, 소듐이 정상 * ACRH : 부신피질 자극호르몬 방출 호르몬
원인	결핵(우리나라 m/c) 특발성 부신 위축 : 자가면역 질환으로 항 부신 항체	ACTH 결핍에 의한 양측 부신 위축 장기간 다량 스테로이드 투여 후 중단 시 뇌하수체 선종 시한 증후군(Sheehan's syndrome) : 분만 후 산후 출혈에 의한 뇌하수체의 허혈성 괴사 뇌하수체 종양에 수술, 방사선조사 * 두개인두종 : 두개인두종은 뇌하수체 상부 표면 가까이 위치하며 내분비 장애

급속 ACTH 자극검사	ACTH 투여 후 cortisol 반응이 없거나 감소	ACTH 투여 후 cortisol 증가
ACTH	↑	↓
색소침착	색소 과도침착	색소침착 없음

임상증상 국시 98, 05

일차성 (Addison병, 애디슨씨병)	저나트륨혈증		알도스테론 감소로 소듐 배출 증가로 저나트륨혈증은 신경충격 전달이 감소한다. 근육 쇠약, 근 긴장 저하, 심부건 반사 저하, 두통, 혼돈 오심, 구토, 설사, 복통, 식욕부진
	저혈량증		알도스테론 감소로 수분배출 증가에 의한 탈수가 있다. 저혈압, 피부 긴장도 감소, 구강점막 건조, 안구 함몰
	고칼륨혈증		알도스테론 감소로 포타슘 배출 저하로 고칼륨혈증이 있다. 식욕부진, 오심, 구토, 경련성 복통, 설사, 부정맥 ECG상 변화: QRS 진폭은 감소하고 넓어지고 T-파는 올라간다. 심한 경우 심정지
	산증		알도스테론 감소로 HCO_3^- 배설, 수소이온 재흡수 촉진으로 산증
	체중 감소		식욕부진과 탈수로 체중이 감소한다.
공통 증상	저혈당		glucocorticoid 부족으로 당원 분해와 당 신생이 감소하여 저혈당, 기초대사량 감소, 무력감
	성적 변화	모발 상실	여성에서 부신의 안드로겐 생산 감소로 신체와 액와 부위의 모발 상실 * 쿠싱증후군: 부신에서 androgen이 과도하게 분비되어 두피 모발 소실
		월경 변화	체중 감소와 관련하여 월경 변화
		발기부전	부신피질 기능저하증으로 전신 쇠약과 관련하여 남성은 발기부전
	정신적 이상		cortisol은 너무 많아도 너무 적어도 정신적 이상, 혼란, 우울, 정신병
	피부 증상	원발성	 볼 점막의 색소침착 원발성(일차성)은 ACTH 증가로 멜라닌세포 자극호르몬을 분비하여 색소침착 과잉
		속발성	속발성은 ACTH 감소로 백반, 피부탈색

치료

일차성 (Addison병)	치료	호르몬 치료	부신이 둘 다 기능하지 못하여 평생 호르몬 치료 국시16 hydrocortison(glucocorticoid)와 mineralocorticoid (fludrocortisone) 경구 투여
	간호 국시16	고단백, 고칼로리	고단백, 고칼로리 식이를 규칙적 섭취 금식은 부신 위기를 진전
		수분	하루에 3L 수분 섭취
		염분	식이에서 염분 증가
2차성 부신피질 기능저하증	호르몬 치료		hydrocortison(glucocorticoid) 보충한다. fludrocortisone(mineralocorticoid) 보충은 대개 필요 없다. 부신피질은 정상이어서 RAA에 의한 알도스테론 분비로 칼륨, 소듐이 정상이다.

부신위기(급성 부신기능 상실증) 임용21

정의	만성 부신피질 저하증 대상자가 신체, 정서적 긴장, 부적절한 약물 치료로 급성으로 진전하여 순환 허탈로 치명적 상태이다.
원인 국시03,07	장기적 steroid 복용을 갑자기 중단했을 때 시상하부-뇌하수체-부신 축이 억제되어 발생한다. 임용21 stress를 받을 때 금식, 식욕부진, 발열, 탈수, 감염, 수술, 임신
증상 국시05	저혈압, 쇼크/오심, 구토, 복통, 설사, 식욕부진/ 콩팥기능 상실, 무뇨/극심한 허약감, 등, 다리의 심한 통증/ 발열, 의식 저하, 혼수, 사망
검사	hypoglycemia, hyponatremia, hyperkalemia, 대사성 산증
치료	normal saline	저혈압, 탈수 교정
	5% glucose	저혈당 교정
	Steroid	1L 생리식염수에 hydrocortisone phosphate 정맥 주사
	혈압 상승	NE, Dopamine, 강심제 투여로 혈관 수축
	섭취량과 배설량	매시간 섭취량과 배설량 측정
	산소 공급	처방된 산소 투여
	환경 관리	환자에게 신체적, 정서적 스트레스가 적은 환경 제공

위기 비교

갑상샘 위기	갑상샘 기능항진증이 급격하게 심해지는 응급상태 hypokalemia
점액수종 혼수	갑상샘 기능저하증이 급격하게 심해지는 응급상태 hyponatremia
부신위기	만성 부신피질 저하증 대상자가 순환 허탈로 치명적 상태 hypoglycemia, hyponatremia, hyperkalemia, 대사성 산증

12 알도스테론증

정의		알도스테론증은 부신의 염류 코르티코이드인 알도스테론의 과잉 분비로 생긴다.
원인	일차성(원발성) 알도스테론증	부신피질에서 RAAS와 무관하게 부적절하게 알도스테론을 과잉 생성한다. 양성 종양이 한쪽 또는 양쪽 부신피질에서 알도스테론이 과잉 분비된다. 부신 피질암에 의해 발생한다. 혈장 내 레닌양은 낮다.
	속발성 알도스테론증	RAAS의 활성화에 따른 레닌, 알도스테론이 증가한다. 부신 이외에서 생긴 자극으로 알도스테론 분비가 증가된다. 심부전, 간경화증, 콩팥증, 콩팥동맥 질환에 레닌 분비가 자극을 받을 때 나타난다.
증상	고혈압	과도한 알도스테론은 요세뇨관에서 나트륨과 수분의 재흡수를 자극하고 수소이온과 칼륨을 배설한다. 나트륨의 정체는 수분정체를 동반하여 혈량을 증상시키고 혈압을 높인다.
	저칼륨혈증	저칼륨혈증은 정상 신경근 흥분 감소로 근육약화, 마비, 심부건 반사 감소, 심부정맥, 콩팥요세관(신세뇨관)의 소변 농축능력이 상실되어 다뇨, 다갈, 다음증이 생긴다.
	대사성 알칼리증	대사성 알칼리증은 이온화된 칼슘량을 감소시켜 강직, 호흡 억제를 가져온다.
일차성(원발성) 알도스테론증 진단	선별 검사	혈장 알도스테론 / 혈장 레닌 활성 검사 혈장 레닌 활성도가 감소한다. hypokalemia를 교정하고 나서 측정한 혈중 알도스테론 값을 혈장 레닌 활성 값으로 나누어 30 이상이면 양성 소견이다. * 칼륨에 영향인자 : 알도스테론, 인슐린, 산-염기
	확진 검사	생리 식염수 부하 검사 4시간 동안 2L saline 주입에서 aldosterone이 억압되지 않는다.
투약	spironolactone (Aldactone)	spironolactone(Aldactone)을 투여하여 나트륨 배설을 증가시키는 고혈압과 저칼륨혈증을 치료한다. Aldosterone 길항제로 원위세뇨관과 집합관에서 Na^+, Cl^-, 물, Ca^{++}을 배설하여 혈압을 감소하고 K^+, H^+보유로 혈장 내 K^+이 증가한다.

13 갈색 세포종

정의		부신 수질의 크롬 친화성 세포에서 발생한 catecholamine을 분비하는 부신수질 종양이다. 국시 04 교감신경절을 따라 인체 어느 곳에서나 발견된다. 부신수질에서 catecholamine인 에피네피린, 노르에피네피린을 분비한다.
특징		대부분 갈색세포종은 양성, 10%는 악성 일측성 부신 종양이 대부분이고 10%는 양측성, 다발성
병태 생리	epinephrine 과잉 분비	α, β-교감신경 수용기 작용을 증폭시켜 심장 수축력을 증가시킴으로 심박출량 증가, 심계항진, 두통, 발한, 떨림, 불안, 열에 민감성, 안면홍조 후 창백
	norepinephrine 과잉 분비	α-교감신경 수용기 작용을 항진시켜 혈관을 수축시킴으로 말초혈관 저항 증가로 이완기, 수축기 혈압이 현저하게 상승
임상 증상	고혈압	심한 두통 / 뇌출혈, 심부전으로 사망
	교감신경계 과다 활동	심계항진, 빈맥, 고혈압 기립성 저혈압 : 자율신경 기능 장애로 기립성 저혈압을 초래한다. 기립 시 혈압이 떨어지지 않도록 하는 교감신경계의 보상 기전이 작동하지 않는다. 발한, 진전, 오심, 구토 / 고혈당, 당뇨($β_2$가 혈당 상승) / 대사 항진
	신경아 세포종 비교	아동기에만 출현되는 신생물, 교감신경절을 따라서 부신수질 안에서 발생, 부신에서 신경아 세포종은 카테콜라민 생성에 고혈압
		원발 종양 자체 증상	복부 종양, 후종격동 종양, 척추 신경절 종양
		전이 증상	골수전이, 골전이, 안구전이, 간전이, 피부전이
진단 검사	카테콜라민 (catecholamine) 농도 국시 20	24시간 소변 메타네프린(metanephrine) 검사 24시간 소변에 카테콜라민(catecholamine) 대사 산물인 메타네프린(metanephrine), normetanephrine, VMA(vanillymandelic acid) 배설량이 증가한다. cf) 신경아 세포종 : hemovanillic acid(HVA, 카테콜라민 파괴 산물) 상승, vanillymandelic acid(VMA) 증가
	부신 CT, MRI	과도한 catecholamine 분비가 확실해지면 종양 위치 확인
치료	수술	수술은 주치료법으로 종양이 양쪽에 있는 경우 양쪽 부신 제거 수술 불가능에 α-교감신경, β-교감신경 차단제로 내과적 치료
	×	항암화학 요법, 방사선 요법에 잘 반응하지 않는다.
간호 국시 04	안정	두통이 심한 환자는 조용하고 어두운 공간, 움직임을 제한한다.
	혈압 감소	금연하고 카페인을 금지한다. 고혈압성 위기를 야기하는 스트레스 요인을 감소한다.
	복부 촉진 주의	복부 촉진은 catecholamine이 갑작스럽게 분비되어 심한 고혈압을 야기한다. cf) 윌름 종양(신아세포종) : 복부 촉진 금기로 종양 세포의 전이를 피한다.

14 요붕증

정의 국시 14	뇌하수체 후엽 질환으로 항이뇨호르몬(ADH) 결핍으로 초래되는 수분대사 질환이다. *항이뇨호르몬(ADH) : 원위 세뇨관, 집합관에서 수분 재흡수	
병태생리	항이뇨호르몬 결핍	항이뇨호르몬 결핍은 신장의 원위 세뇨관과 집합관에서 수분 재흡수를 손상시켜 다량의 희석된 소변 배설
	탈수	다량의 이뇨에 따른 탈수와 혈장 삼투질 농도 증가 정상 혈장 삼투질 농도 : 275~295mOsm/kg

종류 ☆ 요붕증 환자가 정신 중학교에 다닌다

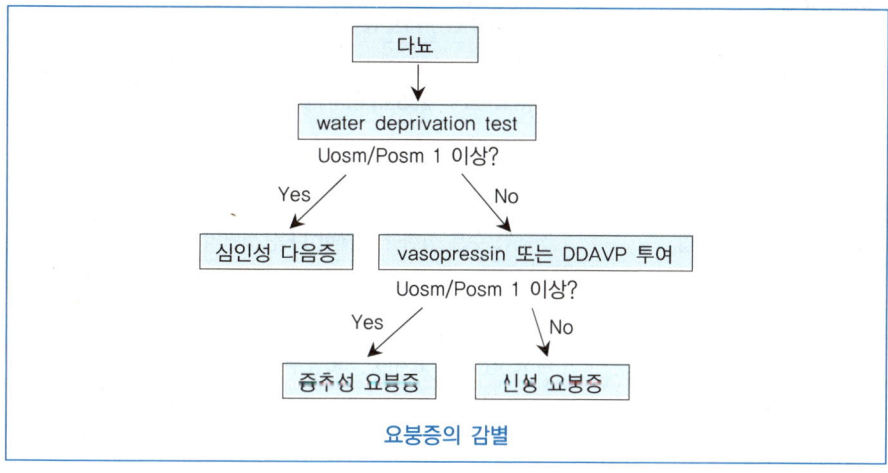

요붕증의 감별

중추성 요붕증 (신경성 요붕증) 국시 21	정의	시상하부, 뇌하수체에 문제가 있어 뇌하수체 후엽에서 ADH 합성 방해	
	원인 국시 07	원발성 뇌종양, 뇌하수체 절제술, 두부외상, 감염, 면역성 장애	
	치료	vasopressin	DDAVP(desmopressin데스모프레신), vasopressin(ADH) vasopressin은 항이뇨와 혈관 수축 효과를 가진다. DDAVP 적응증 : 유뇨증, 혈우병(응고인자 Ⅷ 증가)
		chlorpropamide (diabese, sufonylurea계열)	혈당 강하제 뇌하수체에서 vasopressin분비를 촉진시켜 항이뇨로 신장의 수분 재흡수
정신성(심인성) 요붕증	정의	다량의 수분 섭취에 의해 혈장과 소변 모두 희석되어 혈중 삼투질 농도 저하와 다뇨	
	치료	수분 제한	

신성 요붕증	정의	ADH분비는 정상적이나 신장 문제로 원위 세뇨관과 집합관이 ADH에 반응이 없어 수분 재흡수를 못한다.
	치료	thiazide이뇨제 + Na⁺ 제한 요붕증은 물만 나가므로 Na⁺ 증가로 thiazide를 사용하여 원위 세뇨관에서 Na⁺의 재흡수를 방해하여 Na⁺ 배출 증가

임상증상 국시 07

다뇨 국시 21, 23	소변량은 1일 5~20L까지 배설(정상 : 1,200~1,800mL/day) 요비중 감소 : 1.001~1.005(정상 : 1.010~1.030) 국시 24 소변의 삼투질 농도 감소 : 100mOsm/kg 이하(300~900mOsm/kg)
탈수	혈액농축, 갈증, 체중 감소, 탈수, 쇼크
고나트륨혈증	불안정, 발작 : 뇌세포 탈수 근육강직, 근육약화, 심부건 과반사, 반사 감소
삼투질 농도 상승	혈청 삼투질 농도 상승 정상 혈장 삼투질 농도 275~295mOsm/kg

진단검사

수분 억제 검사	방법	경구적 수분 섭취를 억제한 다음 소변의 양과 농도 변화 관찰
	정신성 요붕증	다뇨 감소와 요비중, 요삼투질 농도가 증가한다.
	중추성, 신성 요붕증	중추성, 신성 요붕증일 경우 수분 섭취를 억제하더라도 다뇨 감소와 요비중, 요삼투질 농도가 증가하지 않는다.
외인성 항이뇨호르몬 주입 검사	방법	수성 항이뇨호르몬(pitressin)인 desmopressin acetate (DDAVP)을 주입해 보아 다뇨증, 다갈증이 완화되는지 관찰한다.
	중추성, 정신성 요붕증	다뇨가 감소한다.
	신성 요붕증	외인성 항이뇨호르몬 주입에 무반응

치료 : 항이뇨호르몬

Vasopressin	피하, 근육, 정맥 주사 항이뇨와 혈관 수축 효과를 가진다. 항이뇨호르몬으로 원위 세뇨관과 집합관에서 수분을 흡수한다. 평활근 수축으로 혈압 상승 국시 17
desmopressin (DDAVP)	비강 분무기, 피하, 정맥 주사 혈압 상승 효과가 거의 없다.
부작용	수분중독, 저나트륨혈증
중재	평생	치료가 평생 동안 이루어진다.
	비강 vasopressin	증상의 일시적 완화 위해 비강 vasopressin 분무기를 가지고 다닌다.

15 항이뇨호르몬 부적절 분비증후군(SIADH)

정의	혈장 삼투질 농도가 낮은 상태에도 뇌하수체 후엽에서 항이뇨호르몬(ADH)의 과잉 분비로 수분, 전해질 불균형 초래로 부종이 없이 저나트륨혈증이 동반된다.	
원인	두부손상, 뇌막염으로 시상하부에 장애 부종양 증후군 : 폐암의 소세포암(SIADH)	
병태생리	ADH 분비	항이뇨호르몬(ADH)을 조절하는 회환기전이 기능하지 않아 혈장 삼투압이 낮은 상태에서도 항이뇨호르몬(ADH)이 계속 분비된다. 정상 혈장 삼투질 농도 275~295mOsm/kg
	저나트륨혈증	ADH는 원위 세뇨관과 집합관에서 수분을 재흡수하여 수분이 축적되어 세포외액양(혈량)이 증가되어 혈액이 희석되어 저나트륨혈증이 온다. 혈량 증가로 레닌과 알도스테론 분비 억제로 Na^+을 재흡수하지 못하여 소변에서 소듐 소실이 증가하여 저나트륨혈증이 심해진다.
	수분 중독	낮은 혈장 삼투질 농도로 수분이 세포 내로 이동하여 세포 내 수분이 과다하여 수분 중독이 된다.
임상증상	수분과 전해질 변화	혈중 소듐, 삼투압 감소, 소변 내 소듐, 삼투압 증가 식욕부진, 오심, 구토, 수분 정체로 체중 증가 부종은 없다. 소변량 감소 [국시 22]
	신경학적 변화 [국시 18, 22]	저나트륨혈증으로 수분이 뇌세포 내 이동으로 불안, 두통, 기면, 지남력 상실, 경련 발작
검사	저나트륨혈증 [국시 22]	부종이 없는 저나트륨혈증, 혈청 삼투질 농도 저하
	요중 나트륨 배설량 증가 [국시 22]	혈량 증가로 레닌과 알도스테론 분비 억제로 소변에서 소듐 소실 증가로 소변 삼투질 농도 상승
치료	이뇨제	furosemide(lasix) 심장의 과부담 상태를 초래한 경우 이뇨제를 사용할 수 있다. 이뇨제로 소듐상실은 SIADH를 악화시키므로 주의한다.
	고장성 saline [국시 22]	고장성 saline(3~5% sodium chloride)을 사용한다. 혈청 나트륨 수치가 120mEq/L 이하 감소한 경우 투여한다. * 등장성 saline : 0.9% normal saline
간호 [국시 14]	수분 제한	1kg 체중 증가는 1,000cc의 수분정체와 같다. * 급성 사구체 신염의 체액과다 간호
	안전한 환경 제공	과도한 자극 방지를 위하여 소음과 빛을 줄인다. ex) 뇌전증, 임신성 고혈압 장애 경련 발작 : 저나트륨혈증으로 수분이 뇌세포 내 이동으로 경련

16 당뇨병

당뇨 교실 교육 계획안

주제 : 당뇨병 관리
교육대상 : 당뇨병 진단을 받은 본원 외래 방문환자
교육장소 : 본원 당뇨 교육실
교육일시 : ○○○○년 ○○월 중 매주 월요일 오후 2시
일반적 학습목표 : 당뇨병에 관한 올바른 지식을 갖고, 자신에 맞는 적절한 관리법을 일상생활에서 실천할 수 있다.

구분	구체적 학습목표	학습내용	교육 방법	소요 시간	교육매체	평가 방법
1주	당뇨병의 특성, 자신의 당뇨유형을 말할 수 있다.	1. 당뇨병의 특성 2. 당뇨병으로 인한 문제	강의, 토의	1시간	유인물, 파워포인트	질문
2주	혈당을 정확하게 측정할 수 있다.	1. 혈당측정 목적 2. 혈당측정 방법 – 테이프측정법, 혈액 채취방법 – 테이프관리, 측정시기	강의, 시범	1시간	유인물, 혈당측정기, 소독솜, 란셋	시범
3주	자신에게 맞는 혈당조절 방법을 실천할 수 있다.	1. 약물요법 – 경구용 혈당강하제 – 인슐린 주사 2. 식이요법 – 당뇨식이, 술과 당뇨 3. 운동요법	강의, 토의, 시범	2시간	유인물, 주사모형, 약물, 식품모형	약물사용 기록지 기록, 시범, 식단표 작성
4주	합병증의 종류, 예방법을 설명할 수 있다.	1. 당뇨병의 급성 합병증 예방법 – 저혈당증, 케톤산증, 고삼투성 고혈당성 비케톤산증 혼수 2. 당뇨병의 만성 합병증 예방 – 눈, 심장, 신장, 발 3. 발간호의 중요성, 관리 방법	강의, 토의	1시간	유인물, 파워포인트, 발모형	질문지

혈당 조절에 관여하는 호르몬 국시 00

혈당 하강	인슐린, GIP(인슐린 분비를 자극한다.)
혈당 상승	글루카곤 : 당원 분해로 고혈당 ACTH, 부신피질호르몬인 글루코 코르티코이드는 말초의 포도당 활용을 감소시키고 단백질로부터 당신생 증가 갑상샘호르몬 : T_4는 인슐린 길항제로 인슐린을 분해시켜 인슐린 효과 감소로 당원 분해와 포도당 신생 작용으로 당뇨 성장호르몬 : 성장호르몬 증가로 인슐린에 길항 작용으로 세포에서 포도당의 흡수를 억제시켜 고혈당 카테콜라민 : β_2가 혈당 상승

Insulin의 기능 국시 05

탄수화물 대사 국시 03, 16	글리코겐 합성	포도당은 인슐린에 의해 간, 근육에 글리코겐으로 축적되고 글리코겐이 포도당으로 분해 억제로 혈당이 감소한다.
	포도당 이용	혈액 속 포도당이 세포막을 통과하여 근육과 지방세포에 포도당 흡수와 이용 증가로 혈당이 감소한다.
단백질 대사	단백질 합성	아미노산을 세포 내로 이동하여 아미노산을 단백질로 전환하여 단백질이 근육에 축적한다.
	당신생 전환 억제	간에서 단백분해 억제로 아미노산이 포도당으로 전환 감소하여 당신생 전환 억제로 혈당을 감소한다.
지방대사	지방 합성	혈중 유리 지방산을 지방세포에 흡수시켜 지방합성 촉진과 지방분해를 억제한다.
	산화 억제	혈중 유리 지방산의 산화를 줄여 케톤 형성을 억제한다.
칼륨 국시 17	칼륨 농도↓	칼륨을 세포 내로 이동시켜 혈청 칼륨 농도를 감소시킨다.

당뇨병 종류

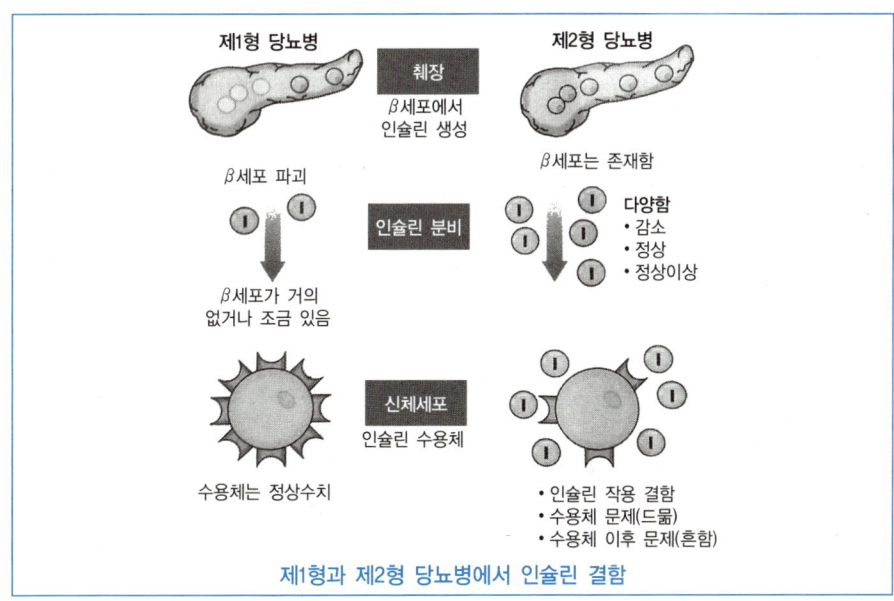

제1형과 제2형 당뇨병에서 인슐린 결함

			1형 당뇨 : 인슐린 의존형 [임용 92, 94, 96]	2형 당뇨
기전			잘못 인도된 자가항체가 췌장에서 베타세포를 공격하는 병리 과정 자가 면역기전으로 면역계는 췌장의 랑게르한스섬 β세포에 항체가 매개하여 췌장 랑게르한스섬의 β세포 파괴이다. 절대적 인슐린 결핍으로 인슐린 형성 능력이 거의 없다. 인슐린 부족으로 포도당 흡수장애는 고혈당증을 초래한다.	인슐린 분비 저하나 인슐린 저항성 증가이다. 인슐린은 세포막에 인슐린 수용체와 결합하여 세포 내에 포도당 대사가 이루어진다. 인슐린 저항성은 세포막의 인슐린 수용체에서 반응이 저하되어 세포에서 효과적으로 포도당을 흡수하지 않아 고혈당을 보인다.
나이			보통 30세 전에 온다.	45세 이후 나타난다.
원인	유전			비만 [공무원 21]	비만으로 인슐린 저항성에 의한 인슐린에 대한 반응이 떨어져 고혈당을 보인다.
	면역학적 요인			가족력	유전적 소인이 강하다.
	환경적 요인			임신성 당뇨	임신성 당뇨 혹은 4kg 이상 아기 분만
	바이러스 감염으로 특정한 바이러스가 췌장의 β세포를 파괴하므로 인슐린이 분비되지 못한다.			다낭성 난소난종	다낭성 난소난종은 비만으로 당뇨병이 나타난다. * 다낭성 난소난종 : LH, 안드로겐, E1(estrone) 상승, 프로게스테론 감소
증상	체중감소	시작 체중	시작 시 체중은 세포가 기아 상태로 체중 감소나 정상체중	시작 체중은 비만하다.	
		기전 [국시 06]	인슐린은 포도당을 세포로 운반하며, 인슐린이 거의 없어 포도당이 세포막을 넘어 근육, 지방세포로 이동하지 못한다.		
	초기 분명		초기 케토시스, 의식장애가 분명하다.	초기 케토시스, 의식장애는 분명하지 않다.	
증상	케토시스		세포가 포도당을 사용하지 못하므로 지방 사용으로 케톤증과 의식장애 호소	고혈당이 진전되면서 비케톤성 혼수 인슐린 양은 케톤증과 산증이 생기지 않을 정도로 있다.	

치료	인슐린 주사	인슐린은 필요하며 평생주사요법	식이 + 운동 + 경구용 혈당강하제 or 인슐린 요법
	경구용 혈당 강하제	경구용 혈당강하제는 효과 없음 예외 : 전분차단제는 1형에서 사용 가능	인슐린 작용을 돕기 위해 경구용 혈당강하제를 쓰며 or 인슐린 요법을 식이요법과 운동과 함께 한다.
	식이, 운동	식이, 운동은 보조요법	식이요법과 운동이 인슐린 작용을 돕는다. 단당류는 줄이고 탄수화물과 단백질, 지방 식품을 준다. 운동은 체중을 감소시킨다.

인슐린 의존성 DM의 병태생리 [임용 99] ☆ 고혈당과 당뇨에 삼다의 체대

고혈당	베타 세포 파괴	췌장 랑게르한섬의 베타 세포가 파괴되어 insulin 분비가 거의 안 된다. insulin 부족으로 포도당이 세포막을 넘어 근육과 지방세포로 이동하지 못하여 포도당 흡수장애는 고혈당증이 초래한다.
	포도당 생산	세포에 에너지원이 부족하여 간은 계속 포도당을 생산하여 혈류로 보내므로 고혈당이 가중된다.
당뇨		혈당이 계속 오르게 되어 혈당이 180mg/dL의 신장 역치를 초과하면 소변에서 당이 나온다.
다뇨		혈당이 증가하면 혈관 내가 고장액이 되어 세포에서 혈관 내로 수분이 이동되어 세포는 탈수되고 혈관 내 이동된 수분은 신장에서 당과 배설로 다뇨가 된다.
다음		다뇨로 탈수를 초래하여 뇌의 갈증 중추를 자극하여 다갈이 나타나 물을 많이 마신다.
다식		당뇨 증상으로 많은 당이 소실되어 에너지원의 보충을 위해 저장된 지방, 단백질 대사로 조직 파괴와 소모는 허기증을 초래하여 많이 먹는다.
체중 감소		포도당이 세포의 에너지로 이용될 수 없으므로 저장된 지방과 단백질을 대사하여 지방과 단백질의 이화작용으로 체중이 감소한다. 탈수, 소변 내 당 소실로 체중이 감소한다.
대사성 산증		포도당이 에너지로 이용되지 못하면 지방과 단백질을 대사하여 쓰게 된다. 인슐린이 부족하여 포도당을 에너지원으로 이용하지 못하면 지방을 분해하여 케톤체가 형성되고 케톤은 수소 이온을 생성하므로 대사성 산증이 초래된다.

당뇨병 진단기준 [국시 04]

cf) 대사증후군 : 공복 시 혈당 100mg/dL 이상 또는 당뇨병 치료 중

진단	다음 중 한 항목에 해당하면 당뇨병으로 진단
공복 시 혈당 검사	126mg/dL 이상
임의 혈당 검사	200mg/dL 이상과 당뇨병의 전형적 증상으로 다뇨, 다갈, 다음, 다식, 체중 감소
75g 경구 당부하 검사 후 2시간 혈당	200mg/dL 이상
당화 혈색소(HbA1C)	6.5% 이상

공복 혈당장애		공복 혈당 100~125mg/dL
내당능 장애 [공무원 22]		75g 경구 당부하 검사 후 2시간 혈당이 140~199mg/dL
임신 당뇨 검사 : 임신 24~28주	선별 검사	1시간 50g 경구 포도당 부하 검사 140 이상
	확진 검사	밤에 금식 후 3시간 100g 경구 포도당 부하 검사 2회 이상 공복 95, 1시간 후 180, 2시간 후 155, 3시간 후 140

당뇨병 환자의 조절 목표

식전	80~130mg/dL [국시 24]
식후 1~2시간 내	180mg/dL 이하(미만) [국시 24]
당화 혈색소(HbA1C)	7.0% 미만(제1형) 6.5% 미만(제2형) [국시 24]
BP	140/85mmHg 미만 * 노인 고혈압, 중저 위험도 고혈압 : 140/90 미만, 심뇌혈관 위험도가 높은 고위험도 고혈압 : 130/80 미만
LDL(저밀도지단백)	100mg/dL 미만
TG(중성지방)	150mg/dL 미만
HDL(고밀도지단백)	40mg/dL 초과 초과 : 기준치와 비교해서 높은 상태

	이상지질혈증	대사증후군
총 콜레스테롤	240mg/dL 이상	
LDL(저밀도지단백)	160mg/dL 이상	
TG(중성지방)	200mg/dL 이상	150mg/dL 이상
HDL(고밀도지단백)	40mg/dL 미만	40mg/dL 미만(남), 50mg/dL 미만(여)

당뇨병 검사

75g 경구 당부하 검사	정의	75g을 경구로 당을 투여 후 혈당이 정상으로 돌아오는 데 시간이 얼마나 걸리는지 확인한다.
	진단	경구 당부하 검사 후 2시간 혈당이 200mg/dL 이상 : 당뇨로 진단
당화 혈색소 (HbA1C) 임용 14 국시 11, 17, 21, 24	정의	2~3개월 동안 평균 혈당치를 반영한다. 혈당치 상승으로 포도당 분자는 적혈구의 헤모글로빈에 붙게 되어 얼마나 많은 포도당이 적혈구의 혈색소에 부착되는지 측정한다. 당뇨병 환자가 혈당조절이 잘 안되어 당결합 헤모글로빈이 상승하면, 동맥질환 발생 가능성이 높다.
	정상	당결합 헤모글로빈의 정상범주는 4~6%이다.
당화 알부민	정의	당화 알부민은 2~3주 동안 혈당조절 상태 반영
C-펩타이드 국시 09, 14	정의	C-펩타이드는 췌장 β세포의 인슐린 분비 능력으로 인슐린 분비량을 정확히 반영한다. 인슐린 투여 중이거나 신장 기능에 좌우되지 않는다. 외인성 인슐린 치료에도 췌장 β세포의 기능을 측정한다. sulfonylurea에서 C-펩타이드가 증가한다. * sulfonylurea : 췌장의 β-세포를 자극하여 인슐린 분비 증가
	당뇨병 분류	제1형과 2형 당뇨병 분류이다. 제1형에서 공복 시 혈중 C-펩타이드가 0.6ng/dL로 C-펩타이드가 적다. 정상 : 1.3~1.5ng/dL

경구 혈당강하제 ☆ 니 3GD α MDT

금기

1형 당뇨	
임산부, 모유수유자	태반을 통과하고 모유로 분비되며 태아와 아이에게 저혈당 발생
수술을 받는 사람	경구 혈당강하제의 반감기가 길어서 수술 중 저혈당 방지하기 위해 수술 1~2일 전 복용을 중단한다. 국시 23 * 반감기 : 약물 복용 후 체내의 약물이 50% 감소하는데 필요한 시간

Class	Drug	Mx	장점	부작용	적응증
설포닐우레아류, 설포요소제, SU (sulfonylurea) 국시 03	chlorpropamide (diabese), glipizide(glucotrol), glimepiride, glyburide, * chlorpropamide (diabese) : 중추성 요붕증에서 뇌하수체에서 vasopressin 분비 촉진	췌장의 β-세포를 자극하여 인슐린 분비가 증가한다.	공복 혈당을 낮춤	고인슐린혈증, 저혈당, 체중증가	type 2 DM (주로 발병 5년 이내)

분류	약물	기전	장점	부작용	비고
메글리티니드 (Meglitinides), 글리나이드류 (Glinides)	속효형 인슐린 분비 촉진제, 레파글리나이드 repaglinide(prandin), nateglinide(starlix)	췌장의 β-세포를 자극하여 인슐린 분비가 증가한다.		저혈당, 체중증가 (Sulfonylureas 보다 적지만 저혈당 가능)	
바이구아나이드 (biguanide)	메트포민 metformin (glucophage)	간과 말초 조직에서 인슐린에 대한 감수성을 증가시킨다. 간의 포도당 생산 감소와 말초 조직의 인슐린 감수성 증가로 세포 내로 포도당 이동을 향상시킨다. 임용 25	체중증가×, 저혈당×, 지질 개선	신부전 대상자에서 젖산증, 소화기계 장애 : 오심, 구토, 복부팽만, 설사	비만형 type 2 DM
전분차단제, 알파-글루코시데이즈 억제제 (α-glucosidase 억제제)	아카보스 acarbose (glucobay), 보글리보스 voglibose	소장에서 탄수화물의 흡수를 지연하여 식후 고혈당을 낮춘다.	저혈당×, 체중증가×	소화장애 : 복부팽만, 가스형성, 복통, 설사	DM 1형의 유일한 식후 혈당강하제
인슐린 작용 증진제, 치아졸리딘디온류, 티아졸리디네디온 (thiazolidinedione)	피오글리타존, pioglitazone(Actos) rosiglitazone (Avandia)	말초 조직인 근육과 지방 조직에서 인슐린 저항성 개선으로 인슐린 감수성, 이용을 개선한다. 말초의 포도당 이용이 증가한다.	저혈당×, 지질 개선	수분 저류, 부종, 체중증가 심부전	insulin, SU 보조
DPP4 억제제	alogliptin, linagliptin, sitagliptin	DPP4 효소를 억제하여 incretin 호르몬인 GLP-1(글루카곤유사펩티드-1)의 불활성화를 억제시켜 GLP-1이 증가하여 인슐린이 증가된다.		비인두염, 두통, 췌장염	
GLP-1 수용체 작용제	Exenatide, Liraglutide, Dulaglutide	GLP-1 수용체를 활성화시킴으로 incretin 호르몬인 GLP-1이 증가하여 인슐린이 증가하고 글루카곤 분비를 억제한다.		피하주사 오심, 구토	
SGLT2 억제제 (나트륨-글루코스 공동 수송체 2 억제제, Sodium-Glucose Co-Transporter 2) 억제제	canagliflozin (invokana), dopagliflozin	신장에서 포도당 재흡수를 차단하고 포도당 배설을 증가시켜 혈당 수치를 낮춘다.		여성 생식기 진균 감염, 요로 감염, 빈뇨	

간호	sulfonylurea	sulfonylurea 섭취 시 아스피린을 같이 투여하면 저혈당을 유발한다. ex) 갑상선 위기 : 아스피린은 유리 갑상선 호르몬치를 증가시켜 갑상선 기능항진증 환자에게 피한다. ex) 통풍 : 아스피린 금기로 요산 배설을 감소시켜 통풍을 악화시킨다.
	메트포르민	메트포르민 치료 중인 대상자는 신독성 조영제(요오드)를 사용하여 방사선 검사를 시행할 경우 검사 전 48시간 동안 복용을 중단하고 신기능 평가 후 재게 한다. 국시 23

인슐린 종류 임용 11 / 국시 05

	인슐린 종류	작용 시간	최대 효과 시간	저혈당
초속효형(투명) ☆ 풀이 발린 아스파에 스포츠 카	Glulisine글루리신(Apidra) Lispro(Humalog) aspart(아스파르트 Novolog)	0.25(15분)	1~1.5	아침
속효형(투명)	Regular Insulin Humulin R (Novolin R)	0.5(30분)	2~4(2~3)	한끼 : 점심 전
중간형(불투명)	Insulatard Lente Monotard NPH, Novolin N Humulin NPH	2시간	6~12 (6~8, 6~10)	두끼 : 저녁 전 (오후)
장시간형(투명)	Ultralente 글라진glargine (란튜스Lantus) detemir(Levemir)	1~2시간	특별하게 최대 효과 없이 장시간 작용한다.	

* Regular Human Insulin은 투약 후 2~4시간이 지나면 약효가 최고조에 도달하므로 점심시간 전 인슐린의 최대 효과가 나타난다.
* NPH Human Insulin은 투약 후 6~12시간이 지나면 약효가 최고조에 도달하므로 점심시간이 지난 오후에 인슐린 최대 효과가 나타난다.

인슐린 투여

기전 [국시 17]	혈중의 포도당을 세포 내로 이동시키고 간에서 글리코겐과 아미노산이 포도당으로 전환하는 것을 억제하여 혈당을 낮춘다.
구강 제외 [국시 10]	인슐린은 구강으로 섭취할 경우 위장계 내 단백질 분해 효소에 의해 비활성화된다. 구강으로 인슐린 투여는 의미가 없다.
체외 인슐린 펌프	혈당센서, 피하유지바늘, 인슐린 펌프 복부 피하에 바늘을 삽입하여 고정하고 속효성 인슐린을 기저 속도로 지속해서 주사한다. 인슐린은 기초대사율에 맞게 소량으로 주입되며 섭취한 탄수화물 양이나 운동 증가에 따라 인슐린을 조정한다. 속효성 인슐린을 기초 주입과 추가 주입 방법으로 주입한다.

밀월기 [임용 25]

당뇨병 발병 시 조기 인슐린 투여를 비롯한 집중적 치료로 췌장 베타세포 기능이 일시적으로 회복되면서 인슐린이나 당뇨 약제를 중단해도 혈당이 정상화되는 시기이다.
수 개월에서 1년 동안 지속될 수 있다.
밀월기가 당뇨병의 완치는 아니며 꾸준한 식습관과 운동 등의 관리가 지속되지 않으면 베타세포 기능은 거의 완전히 소실되어 당뇨병이 악화된다.

인슐린 자가주사 교육 [국시 98, 00, 02]

1. 한 손으로 피부를 안정적으로 넓게 잡아올린다.

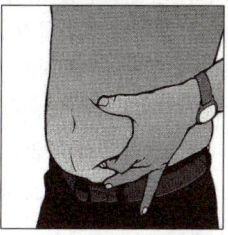

피부를 잡는다.

2. 다른 손으로 주사기를 연필 쥐듯이 잡고 피부와 직각
   (경우에 따라 45°)으로 삽입한다.

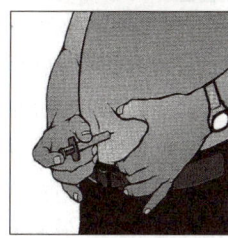

피부에 바늘을 삽입한다.

3. 주사기의 피스톤을 그대로 밀어 넣어 인슐린을 주사한다.

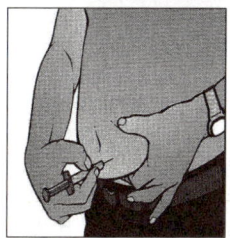

인슐린을 주입한다.

4. 주삿바늘을 제거하고, 주사부위를 몇 초 동안 소독솜
   으로 눌러준다.

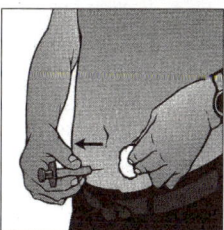

바늘을 제거하고 솜으로 지혈한다.

5. 사용한 주삿바늘과 주사기를 수거함
   (빈 표백제 용기나 세제 용기 같은 단단한 플라스틱 용기)에
   버린다.
   * 주사기 및 바늘처리에 관한 규정을 따른다.

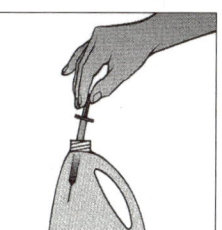

주사기를 버린다.

인슐린 자가주사

혈당 검사		혈당 검사 – 인슐린 주사 – 식사 식사 전 인슐린을 주사한다. 식사 섭취를 예측하기 어려울 때 식사 후에 투여하기도 한다. 초속효형은 주사 직후 바로 저혈당이 나타날 수 있다. 혈당치로 처방된 인슐린 양을 결정한다. 인슐린은 포도당을 세포 내로 이동시킨다.
인슐린 보관	인슐린	개봉하지 않은 인슐린은 냉장고(2~8℃)에 보관한다. 개봉 후 인슐린 종류에 따라 냉장 상태나 실온에서 보관한다. 너무 차갑거나(2℃ 이하)나 뜨거운 곳(30℃ 이상)은 안 된다. 응결은 효과가 없으므로 폐기한다. 인슐린은 단백질로 열이나 동결은 인슐린 분자 구조를 바꾼다.
	주사기	인슐린을 미리 뽑은 경우 주사기는 바늘에 인슐린 결합체로 막히는 것을 방지하기 위해 바늘이 위로 향하여 수직으로 보관한다.
인슐린 준비	상온	차가운 인슐린 투여는 통증, 불편함과 피부 변화를 일으킨다. 상온의 인슐린 준비로 냉장고에 둔 인슐린은 투여하기 몇 시간 전에 꺼내 놓는다.
	맑은 인슐린 먼저	**방법**: 한 주사기로 두 약물을 준비할 경우 '맑은 약물 다음에 혼탁한 약물'을 채우는 원칙이다. 맑은 속효형 인슐린(RI)을 먼저 뽑은 후 뿌연 흰색의 중간형을 뽑는다. **근거**: RI를 먼저 준비하면, RI의 오염 여부를 알 수 있다. RI는 맑은 투명색이며, RI가 맑지 않다면 오염된 것으로 버려야 한다. 단백질(protamine이라는 단백질)이 포함되지 않은 속효형 인슐린은 단백질이 포함된 혼탁형 인슐린인 중간형 인슐린(NPH)에 오염되어서는 안 된다.
	굴리기 국시 03	혼탁한 인슐린은 양 손바닥 사이에 인슐린 병을 넣고 10~20회 부드럽게 굴려서 섞도록 하며 흔들지 않는다. 인슐린 병은 흔들 경우 기포로 정확한 용량을 넣기 어렵다.
주사 부위 국시 03	신체 부위	A. 복부, 팔, 허벅지, 둔부의 주사부위 B. 복부 주사부위: 1일부터 31일까지 부위가 표시 **인슐린의 주사 부위**

주사 부위 국시 03	신체 부위		팔, 복부, 대퇴부, 둔부 하루 중 같은 시간에 같은 복부나 팔, 다리에 주사한다. 한 부위 내 이용 가능한 주사 부위를 모두 이용하며 전체적으로 회전한다. 가능한 주사 부위를 모두 이용하지 않으면 주사 부위에 따라 인슐린의 혈류 이동 속도가 달라 혈당치가 잘 조절되지 않을 수 있다. 아침 주사 : 복부, 저녁 주사 : 팔, 다리에 함
	덜 민감		주사 부위는 통증에 덜 민감하며 감각이 정상인 곳으로 신체 중심 부위의 신경 분포가 많은 곳은 피한다. 배꼽 중심으로 5cm 이내 주사를 피한다. 배꼽 중심으로 5cm 이내는 흡수가 일관적이지 못해 피한다. cf) heparin : 혈관 분포가 좋은 팔, 다리, 배꼽 근처 5cm 이내는 피한다.
	1~2cm	방법	그전 주사 부위에서 1~2cm(2~3cm) 떨어진 곳에 주사한다. 1개월 이내(2~3주) 같은 곳에 한 번 이상 주사하지 않는다.
		근거 국시 17	반복적으로 한정된 곳에 주사는 주사 부위의 조직 비후나 위축으로 인슐린 흡수가 안 되어 혈당 조절이 안 된다.
	운동, 열		운동이나 열은 인슐린 흡수율을 증가시키고 인슐린의 작용 시간과 최대 효과 시간을 빠르게 한다. 운동하는 근육이나 열을 대는 부위는 주사를 피한다.
	운동	사지 제한 국시 17	운동 시 사지에 주사하지 않는다. 사지에 주사로 인슐린 흡수 속도 증가로 저혈당에 빠진다.
		근육 제한	운동 시 근육에 주사하지 않는다. 근육은 인슐린 흡수율 증가로 피하조직 내 주사한다.
인슐린 주사	손 씻기		주사하기 전 손을 씻는다. 손에 있는 균을 최소화한다.
	주삿 바늘		주삿바늘로 27G~31G(게이지)를 선택한다.
	소독		주사 부위를 알코올 솜으로 소독하고 알코올 증발 후 인슐린을 주사한다. 투약 전 피부가 마르지 않으면 알코올은 세포로 전달되어 국소적으로 붉어지거나 작열감을 일으킨다. 공무원 22
	피하 주사 국시 03		옳은 방법 — 엄지와 검지, 중지로 피부를 들어올린다. 잘못된 방법 — 모든 손가락으로 피부를 들어올리면 근육이 따라 올라오게 된다. 인슐린 주사법

인슐린 주사	피하 주사 [국시 03]	엄지와 검지를 이용하여 피부를 넓게 피하지방만 잡아올린다. 다른 한 손은 주사기를 잡고 지방층에 따라 90도 각도로 피하 주사한다. 매우 말랐을 때나 근육이 많은 경우 45도 각도를 한다. 모든 손가락으로 피부를 들어 올리면 근육이 따라 올라온다. 피하조직 내 너무 얕게 주사, 근육 내 너무 깊게 주사 : 인슐린 흡수율에 영향 주삿바늘을 찌른 상태에서도 피부를 잡고 있어야 주삿바늘이 근육으로 들어가지 않는다. 피하조직에는 혈관 분포가 거의 없으므로 내관을 뽑아 혈액이 나오는지 확인하지 않는다.
	누르기 [국시 05]	약을 다 주입한 후 주삿바늘을 빼고 주사 후 문지르지 않고 소독 솜으로 수초간 누른다. 주사 후 문지르는 것은 인슐린을 빨리 흡수하고 피부를 자극한다. ex) 철분제제 : 문지르지 않고 걷게 하여 흡수 도움
식이	혈당 증가	혈당이 높을 때 음식 섭취를 미루는 시간이 길수록 안전하다.
	혈당 감소	혈당이 낮을 때 음식을 미루는 시간을 짧게 한다.

조직 비후나 위축(지방 이영양증) [국시 07, 17]

문제점	같은 부위에 계속 주사하는 경우 조직 비후나 위축으로 인슐린 흡수가 잘 안되어 혈당이 상승한다. 인슐린 용량을 늘리게 되며 늘린 인슐린 양을 정상 조직에 주사하면 저혈당이 올 수 있다.
간호	조직 비후나 위축된 경우 치료될 때까지 새로운 부위에 주사를 놓는다.

소모기(Somogyi) 현상과 새벽 현상

		소모기 현상	새벽 현상
기전 [임용 16]		운동이나 과다한 인슐린 투여로 새벽 2~3시에 급성 저혈당에 반응으로 카테콜라민·코티졸·성장호르몬(C·C·G)이 분비되어 반동적으로 다음날 아침 7시에 고혈당이 나타난다.	새벽 2~3시 정도에 정상 혈당인데 성장호르몬(G)이 밤중에 분비되어 그 이후부터 혈당이 증가하기 시작한다.
원인	운동	적절한 칼로리 섭취 없이 운동을 하는 경우	
	인슐린	아침 검사 시 높은 혈당으로 과량의 인슐린 투여	
S & S	혈당	새벽(3AM)에 혈당이 60~70 mg/dL 이하	
	반응	야간 저혈당 반응으로 식은 땀, 악몽, 아침 두통	

간호	혈당 확인	3AM 저혈당 혈당 검사를 새벽 3시에 하는 것은 원인 구분에 도움이 된다.	3AM 정상혈당 새벽 고혈당 규명 위해 자기 전, 새벽 3시, 잠에서 깰 때 혈당을 측정한다.
	인슐린	인슐린 용량을 줄인다.	인슐린 용량을 증가시켜 밤 동안 혈당을 조절한다.
		저녁 시간에 인슐린 주사 시간을 더 늦은 시간인 자기 전으로 변경한다.	
	간식 국시 19, 23	밤 늦게 간식으로 탄수화물을 섭취한다.	

당뇨식이 국시 03, 06, 16

규칙적 식사	방법	정해진 식이를 규칙적으로 일정한 시간에 식사한다. 점심~저녁 사이 간단한 간식, 밤에 간단한 간식을 한다.
	근거	규칙적 식사로 정상 혈당 범주에 달성한다. 혈당치의 광범위한 변화, 저혈당을 예방한다.
식품 교환표 임용 14	방법	식품 교환표란 영양소가 비슷하고 몸에서 같은 일을 하는 6가지 식품군으로 나누어 묶은 표이다. 식품 교환표는 같은 군에서 영양소가 비슷하여 서로 교환이 가능하므로 교환하여 섭취한다. 음식을 남긴 경우 섭취되지 않은 영양소와 같은 종류의 음식을 교환하여 섭취한다. 밥 70g(1/3 공기)과 빵 35g(1쪽)은 교환이 가능하다. 6가지 식품군 : 곡류군, 어육류군, 우유군, 지방군, 채소군, 과일군으로 나눈다.
	근거	정해진 칼로리 안에서 변화성 있게 식단을 선택할 수 있는 기회를 제공한다. 정해진 칼로리를 모두 섭취하여 저혈당을 예방한다.
당 지수 (GI, Glycemic index) 공무원 23	방법	탄수화물 식품이 식후 얼마나 혈당을 빨리 상승시키는지 강도와 속도를 숫자로 나타낸다. 식후 탄수화물이 포도당으로 전환되어 얼마나 빠른 속도로 혈당 수치를 높이는지 나타낸다. 흰밥, 흰빵, 찹쌀보다 잡곡밥, 멥쌀을 선택한다. 채소류, 해조류, 우엉 등 식이섬유를 선택한다. 주스보다 생과일, 생채소를 선택한다. 잘 익은 과일, 당도 높은 과일(예 열대 과일)은 피한다. 과일은 거의 단순 당질이며 섭취하는 과일의 양은 반 개 정도이다. * 당질 50g을 함유한 표준 식품과 비교 후 백분율로 표시한 값

당 지수 (GI, Glycemic index) 공무원23	근거	높은 당지수	당 지수가 70 이상인 음식은 당 지수가 높다. 공무원22 당 지수가 높은 음식은 포도당으로 전환 속도가 빨라 혈당이 올라간다. ex) 수박, 파인애플, 감자
		낮은 당지수	당 지수가 55 미만인 음식은 당 지수가 낮다. 당 지수가 낮은 음식은 혈당을 느리게 유리하고 혈당 변화가 적은 당질로 인슐린이 필요한 만큼만 분비된다. ex) 콩류, 유제품
당부하 지수	방법		탄수화물의 흡수 속도 뿐 아니라 1회 섭취량을 고려하여 혈당을 예측한 것이다. 10 이하 : 낮은 음식, 11~19 : 보통, 20 이상 : 높은 음식
전분 (다당류)	방법		전분(다당류, 복합 탄수화물 : 곡류, 콩류, 종자류)을 단백질, 지방 함유 식품과 함께 준다.
	근거		전분(다당류)을 단백질, 지방 함유 식품과 함께 주면 위장관에서 흡수가 느려져 혈당이 낮아진다.
저혈당 방지 국시14	공복		지나친 공복을 피한다. 지나친 공복은 저혈당 위험이 있고 다음 끼니과식으로 고혈당 위험이 있다. 식사가 늦어지는 경우 저혈당을 피하기 위하여 우유나 크래커를 섭취한다. 식욕이 없을 때 식사를 굶지 말고 당질을 국물이나 주스로 섭취하여 저혈당을 방지한다.
	운동		운동을 길게 할 때 저혈당을 피하기 위하여 칼로리 섭취량을 증가한다.
단순 당질 제한	방법		당성분이 많은 음식은 피한다. 음식에 꿀, 설탕, 시럽, 젤리, 잼 등을 첨가하지 않는다.
	근거		단당류, 이당류는 빨리 소화되어 포도당으로 전환되어 혈당치에 미치는 영향이 가장 크다.
술 제한	방법		술을 마시지 않는다.
	효과		공복 시 음주하면 저혈당이 유발된다. 술(에탄올)에는 과량의 포도당이 있어 간에서 흡수된 에탄올을 에너지원으로 우선 사용된다. 간에 술로 인한 지나친 양의 수소 방출로 대사 방해로 간에서 당원 분해와 당원 신생 작용이 감소하여 저혈당이 유발된다.
고섬유질	방법		채소류, 콩, 율무, 보리, 현미의 섬유소 음식을 섭취한다.
	효과	혈당↓	섬유질이 풍부한 음식은 장운동을 항진시켜 음식이 장에 머무르는 시간을 감소시켜 당질 흡수를 저하시켜 고혈당을 낮추어 인슐린 요구량 감소
		콜레스테롤↓	섬유질이 풍부한 음식은 장운동을 항진시켜 음식이 장에 머무르는 시간을 감소시켜 콜레스테롤, 지방산의 배설을 촉진하여 혈중 콜레스테롤, LDL를 감소시킨다.

3대 영양소	방법		3대 영양소 배분은 당질 55~60%, 지방 20~25%, 단백질 15~20%와 비타민, 무기질의 영양소가 골고루 섞인 균형 잡힌 식사를 한다.
	근거	성장발달	균형 잡힌 식사로 정상적 성장발달을 유지한다.
		저열량 제한	저열량 식이는 단백질 이화를 촉진하여 단백질 부족을 초래한다.
체중 감소	방법		Ⅱ형 DM 환자는 개인에 따른 체중 감소 목표 달성으로 주당 체중감소가 0.5~1kg이 되도록 총 칼로리를 제한한다.
	효과	인슐린 저항↓	비만은 말초 조직에서 인슐린 저항을 증가시킨다. 체중감소로 인슐린 저항을 감소시켜 혈당을 감소시킨다.
		혈관 장애↓	기전: 체중 감소로 복부지방, 지방조직 감소로 고지혈증을 감소시켜 죽상경화증(동맥경화증) 감소로 당뇨병성 혈관 장애를 감소시킨다. ex) 고지혈증: 복부지방, 지방조직에서 지속적 지방분해를 일으켜 지방산 생성으로 VLDL, LDL, 콜레스테롤↑, HDL↓ ex) 죽상경화증(동맥경화증): 혈관 내벽에 지방, 콜레스테롤, 혈청 지질 증가로 죽상경화증(동맥경화증)이 생긴다.

운동요법

cf) 심근경색 한자이 심장 재활 시 운동 : 등척성 운동 제한, 식후 2시간 운동 제한, 준비 운동, 자각 증상 지수

유산소 운동 국시 06, 24	방법	유산소 운동은 체내의 산소 소비량을 늘리는 운동으로 강도가 낮은 장기간의 유산소 운동을 한다. 1주에 최소 3회 이상 30분 동안 걷기, 조깅, 등산, 자전거타기, 수영하기를 한다. 연령에 따라 최대 심박동(220-연령)의 60~75%까지 운동을 한다.
	체중 유지	과다한 칼로리를 소모하여 체중 감소
	인슐린 저항성↓	운동은 인슐린 수용체의 민감성을 증가시켜 인슐린 저항성을 개선시킨다.
	혈당↓	운동은 근육 세포에서 인슐린 이용을 촉진시켜 포도당 이용을 높여 혈당을 감소한다.
	지방↓	저장된 지방이 사용되어 체지방 감소, 복부지방을 감소시켜 TG와 지방 감소, 고밀도 지질단백(HDL)을 증가시킨다.
	혈압↓	혈압을 감소시킨다.
	말초 순환 증진	반복된 운동으로 근육을 많이 사용하여 말초 순환을 증진시킨다.

운동 제한	방법		혈당이 300mg/dL 이상이나 혈당이 250mg/dL 이상이고 소변에 케톤체가 나올 때 혈당이 정상이 되고 소변 케톤 검사가 음성이 될 때까지 운동을 삼간다.
	근거 [임용 25]		혈당이 높을 때 운동을 하면 카테콜라민(C), 성장호르몬(G), 글루카곤(G)이 증가하여 간에서 글리코겐이 포도당으로 전환되어 혈당이 상승하여 운동하지 않는다.
준비운동	방법	저강도	본 운동을 하기 전과 후에 준비운동과 정리운동으로 운동 강도를 서서히 증가시키며 저강도의 유산소 운동, 걷기를 낮은 수준에서 천천히 시작한다. ex) 천식, 협심증
		스트레칭	전신의 근육, 건, 인대, 관절을 부드럽게 풀어주는 도수체조, 스트레칭을 한다.
		심장 먼 곳	심장의 먼 곳부터 시작한 후 심장의 가까운 부위로 운동한다.
	효과	대비	준비운동으로 호흡기계, 심혈관, 근골격계, 신경계가 운동에 대비하는 기회를 갖는다.
		산소증진	혈액 순환을 증가시킴으로 심장과 골격근육에 산소포화도를 증진시켜 적절한 심폐기능을 도와준다. 운동 중 심근괴사와 근육 손상을 방지한다.
저혈당 예방 [국시 14]	혈당 농도 최고	방법	식사 후 고혈당을 낮출 수 있는 혈당 농도가 최고 시간에 운동을 실시한다. 인슐린 작용이 최대에 달할 때 운동을 피한다.
		근거	운동 기간에 근육이 포도당을 이용하여 혈당이 급격히 떨어진다. 계획이 없는 운동은 인슐린, 혈당강하제를 투여받는 사람에게 위험하다.
	혈당 측정	방법	운동 전, 중, 후 혈당 농도를 측정한다.
		근거	혈당 농도 측정으로 저혈당에 대처한다.
	간식	운동 전	운동 전 단백질이 포함된 복합 탄수화물 간식을 투여하여 저혈당을 예방한다.
		운동 중	저혈당에 대비하여 사탕, 간식을 가지고 저혈당 증상이 나타나면 즉시 대처한다.
		운동 후	운동 후 저혈당을 막기 위해 간식을 먹는다.

합병증 예방	의사 상의	망막증, 심맥관계 질환, 말초 신경증 합병증 있는 당뇨병 환자는 운동하기에 적합한가를 의사와 상의하여 시행한다. ☆ 말발이 허망하여 탈수되었다
	당뇨병성 망막증	운동으로 혈압이 상승하여 당뇨병성 망막증에서 망막 출혈 위험
	허혈성 심질환	관상동맥에 죽상경화증이 발생된 대상자에게 운동 시 심부담이 증가하여 허혈성 손상으로 협심증이 발생한다. 흉부 불편감, 현기증, 호흡곤란, 발한에 운동을 멈추고 도움을 청한다.
	말초 신경증	신경증으로 지각 이상에 의한 하지 손상을 입지 않도록 주의한다. 양말과 양질의 운동화를 착용하여 발에 물집, 염증이 생기지 않도록 주의한다.
	발 감염	발 위생관리를 철저히 하여 발 감염을 예방한다.
	탈수	탈수 예방을 위한 충분한 수분 섭취를 한다.

저혈당

정의

혈당이 70mg/dL 이하

원인 [임8 11 / 구시 08]

인슐린	과량의 인슐린 투여 인슐린을 아침 투여 시 저혈당 반응		
		작용 시간	최대효과
	초속효형	15분	1~1.5시간(아침)
	속효형 인슐린(RI)	30분	2~4시간(점심 전)
	중간형 인슐린(NPH)	2시간	6~12시간(저녁식사 2~3시간 전)
	장시간형 인슐린	1~2시간	특별하게 최대효과 없이 장시간 저혈당
음식	식사시간이 지연, 적은 양의 음식 섭취, 간식을 먹지 않았을 때		
운동	음식 보충을 하지 않고 과다한 운동		
n/v	n/v로 인한 영양 부족으로 저혈당		
음주	음주는 간의 당원 분해와 포도당 신생 억제		
질병	급성 질병, 뇌졸중, 신기능 감소, 간기능 이상, 뇌하수체 기능 저하, 부신피질부전(glucocorticoid 부족으로 저혈당)		
약물	Sulfonylureas(구강 혈당강하제) NSAIDs : Salicylates : sulfonylurea 섭취 시 아스피린을 같이 투여하면 저혈당 유발		

증상 국시 18, 20

	교감신경 자극증상	충추신경 증상
	급격한 저혈당	만성적 저혈당

(성격변화, 기억장애, 이상행동, 경련 / 복시)
(해리성 장애 등 정신질환으로 착각할 수 있다.)

떨림　　식은땀　　현기증　　흥분
불안정　가슴 두근거림　공복감　두통　피로감

교감신경계 임용 16 국시 23	혈당이 갑자기 떨어지면 교감신경계가 자극되고 부신수질에서 에피네프린(epinephrine)과 노르에피네프린(norepinephrine)을 분비한다.
	빈맥, 심계항진, 떨림, 진전, 발한, 창백, 신경과민, 불안, 불안정, 초조함, 배고픔, 구토
신경 저혈당	혈당 농도 저하로 중추신경계가 부적절하게 기능
	어지러움, 현훈, 두통, 정신이상, 집중력 저하, 기억력 저하, 정서 변화, 흐린 시야, 복시, 느린 말투, 불분명한 언어(발음), 혀, 입술에 무감각, 운동 실조, 비정상적 행동, 허약감
	cf) 일과성 허혈 발작(FAST 두시 보감): 두통, 현훈, 시각 결핍, 타인의 말을 이해하기 어렵거나 대화가 어려움(S), 구음장애, 반신 부전 마비(A), 보행장애, 비정상적인 감각, 무감각증, 안면 근육 이상(F)
	중증의 저혈당증으로 중추신경계가 큰 손상
	발작, 지남력 상실, 혼돈, 기면, 의식소실, 혼수, 사망 국시 21

저혈당 응급간호 [임용 11 / 국시 04, 06, 09]

혈당검사	저혈당 증상을 느낄 때 즉시 혈당검사로 혈당치를 확인한다. 저혈당 : 혈당이 70mg/dL 이하	
단당류 [국시 05, 24]	약한 저혈당으로 혈당 70mg/dL↓, 의식이 있으면 빨리 흡수되는 단당류인 15(10~20)g 당질을 투여한다. 120~180mL 오렌지 주스(1/2~1컵 주스), 180~240mL 소다수(설탕이 있다), 탈지우유 1컵 2~3개 사탕, 4티스푼 설탕, 2~3개 포도당 정제, 포도당 젤 튜브 1개	
무의식 환자 [임용 20] [국시 00]	측위	측위로 옆으로 눕힌다. 의식수준 감소로 혀와 후두개의 이완으로 구강인두를 폐쇄한다. 측위는 혀가 뒤로 넘어가지 않아 혀가 기도를 폐쇄시키지 않는다. 턱과 혀를 앞으로 내밀어 분비물이 흘러 나온다. 무의식 환자는 인두 반사, 기침 반사가 없어 토물, 비강인두 분비물의 기도 흡인과 흡인성 폐렴으로 사망한다.
	글루카곤	심한 저혈당의 무의식 환자에게 글루카곤 1mg을 피하나 삼각근에 근육이나 정맥 주사한다. 근육 주사가 빠른 반응을 이끈다. 글루카곤은 간에 저장된 글리코겐을 분해하여 포도당 분비를 자극한다. ＊학교보건법 : 사전에 학부모의 동의와 전문 의약품을 처방한 의사의 자문을 받아 제1형 당뇨로 인한 저혈당 쇼크 또는 아나필락시스 쇼크로 인하여 생명이 위급한 학생에게 투약 행위 등 응급처치를 제공하게 할 수 있다.
	단당류	글루카곤은 작용시간이 짧으므로 환자가 깨어나면서 저혈당 재발을 막기 위해 단당류를 준 후 간식을 제공한다.
	포도당	50% 포도당 50mL 정맥 주사
	구강×	무의식 환자는 주스, 설탕물의 구강 투여로 기도 흡인에 의한 폐 합병증으로 절대 구강 투여를 삼간다.
혈당 재검사와 당질 투여	15(30)분 후 혈당을 다시 측정하여 혈당이 100↓, 증상이 완화되지 않으면 오렌지 주스 등 빨리 흡수되는 당질을 반복 투여한다.	
당질, 단백질	증상완화 후 의식이 돌아오면 장기간 작용하는 당질과 단백질, 지방을 준다. 우유, 치즈, 샌드위치 반쪽, 빵 1조각, 땅콩 잼이나 치즈와 크래커, 우유와 크래커를 준다. 우유는 유당과 단백질과 지방에 의해 효과를 지속시킨다.	
의사	빨리 흡수되는 당질 음료를 2~3회 투여 후에도 증상이 완화되지 않으면 급히 의사에게 연락한다.	
위험성 인식	저혈당의 위험성으로 뇌세포에 필요한 포도당이 부족하여 뇌의 영구적 손상과 생명 위험성을 인식한다. cf) 당뇨성 혼수 : 뇌세포가 인슐린이 없는 상태에서 포도당 이용이 가능	
이유 인식	근거	처치 후 저혈당증 초래 이유를 확인하여 앞으로 저혈당이 발생하지 않도록 한다.
	인슐린	인슐린주사와 식사시간은 적절하였는지? 인슐린을 어디에 투여했는지? 인슐린 양은 정확하게 투여했는지?
	음식	무엇을 얼마큼 먹었는지? 술을 마셨는지?
	운동	심한 일, 운동을 했는지?

저혈당 예방

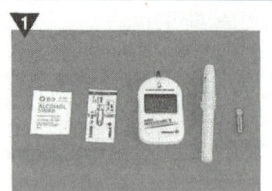
혈당기와 시험지(스트립), 채혈침, 채혈기, 알코올솜 등을 준비한다.

혈당기에 시험지를 삽입한다.

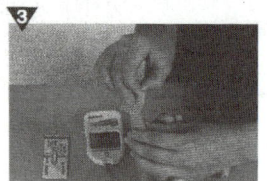
알코올솜으로 적당한 부위를 소독한다.

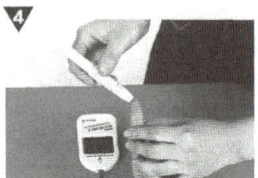
채혈기로 소독된 부위를 찌른다.

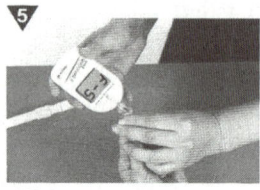
시험지 끝부분에 혈액이 닿게 하여 흡수시킨다.

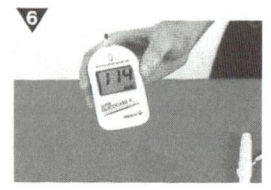
혈당이 정상치인지 확인한다.
(공복시 : 126mg/dL 이하)

혈당 측정 순서

저혈당 원인 교육 [임용 11]	인슐린 [국시 06]	방법	과량의 인슐린 투여로 저혈당이 발생하며 의사의 감독 하에서만 인슐린 양을 조절한다.
		근거	인슐린은 혈당을 세포 내 이동과 간에서 글리코겐을 포도당으로 분해 억제와 당원 신생 작용을 억제하여 저혈당을 유발한다.
	경구용 혈당강하제	방법	경구용 혈당강하제 투여환자는 식사 시간이 늦어지거나 운동량이 많아지거나 음주와 신기능 저하에 저혈당 위험이 크다.
		근거	경구용 혈당강하제[sulfonylureas(glipizide, glimepiride, glyburide), Meglitinides(repaglinide, nateglinide)]를 복용하는 II형 당뇨병 환자는 저혈당이 일어날 수 있다.
	음식	시간	식사 시간을 잘 지킨다. 4~5시간마다 음식을 먹는다. 끼니를 거르지 않는다. 식사기간이 늦어지지 않는다.
		간식	점심~저녁 사이 간단한 간식, 밤에 간단한 간식의 2번의 간식으로 저혈당을 예방한다.
		근거	처방된 양보다 적은 양의 음식 섭취, 식사시간이 지연, 간식을 먹지 않았을 때 저혈당이 일어난다.
	음주	방법	음주를 하지 않는다.
		근거	음주는 간의 당원 분해와 포도당 신생 작용을 억제하여 저혈당을 유발한다.
	운동	방법	운동 전 음식 섭취량 증가, 간식을 섭취한다.
		근거	음식의 보충 없이 과다한 운동은 저혈당을 유발한다.
	n/v	방법	n/v에 평소에 금지되었던 주스, 소다수, 젤리를 포함한 탄수화물을 소량씩 자주 섭취한다.
		근거	n/v로 인한 저혈당과 수분 불균형을 초래한다.

	근거	혈당 확인	혈당을 측정하여 저혈당, 고혈당을 감지하여 인슐린 요구량의 변화를 예방한다. 고혈당 인식으로 당뇨병성 합병증을 감소한다. 혈당치에 따라 인슐린 용량, 식이, 운동을 조절한다.
		다른 원인	두통, 허기의 저혈당 증상은 다른 원인으로 나타나 저혈당과 같은 방법으로 치료해서는 안 된다.
	4번		혈당치는 매 식사 전, 취침 전에 측정한다.
자가혈당 검사 측정 국시 24	도구 준비		A. 측정기 B. 란셋 C. 주사침 D. 시약 E. 테이프 **자가혈당 측정도구** 자가혈당 측정을 위해 필요한 도구로 채혈기(란셋), 주사침, 검사지, 측정기를 준비한다.
	손 준비 공무원 20		손 부위를 미지근한 물, 비누로 세척하고 건조시킨다. 혈당을 측정하기 전 따뜻한 물로 손을 씻거나 알코올솜으로 소독한 후 물기가 마르도록 기다린다. 청결하게 하고 표면에 혈액이 모인다.
	혈액 채취 공무원 20		채혈하기 좋은 부위 : 손가락 끝의 가장자리 통증이 적은 천자를 위해 손가락 끝의 측면에서 혈액을 채취한다. 손가락의 중간보다 신경분포가 거의 없는 가장자리를 이용한다. 손가락 끝의 측면이 통증에 덜 예민하다. 천자부위에서 힘주어 혈액을 짜내지 말고 혈액이 자연스럽게 흘러나오게 한다 천자부위를 짜거나 압력을 가해서 혈액이 나오게 하면 검사결과에 영향을 미칠 수 있다.
	검사지		손가락 끝의 측면을 바늘로 찔러 한 방울 혈액을 검사지 위에 떨어뜨린다. 측정기의 검사지 삽입구에 넣으면 15~60초 이내 혈당치를 표시한다.

사탕 휴대	저혈당을 치료할 수 있는 단당류, 탄수화물, 단백질 식품에 교육한다. 저혈당 상황에 즉시 대처하도록 흡수가 잘되는 사탕을 항상 지니고 다닌다.
주사용 글루카곤	가족이나 방을 같이 쓰는 사람들에게 극심한 저혈당 시 주사용 글루카곤 사용법을 알려준다.

당뇨 케톤산혈증(DKA, Diabetic Ketoacidosis)

정의		인슐린 부족으로 포도당이 에너지원으로 사용하지 못하여 지방이 이용되어 케톤산 형성과 심각한 고삼투압 상태와 저혈압과 혼수가 있다.
기전 ★ 당뇨 케톤산혈증 환자가 고탈케	고혈당	인슐린 투여 부족이나 스트레스 요인으로 고혈당이나 감염, 질병으로 인슐린 저항 증가로 포도당이 세포 내로 이동될 수 없고 간의 당 생성 증가로 혈액 내 당이 증가하여 고혈당이 된다.
	탈수	고혈당으로 삼투성 이뇨로 인한 다뇨로 탈수, 체액과 전해질 손실이 된다.
	케톤 임용 17, 25 국시 02	인슐린 부족으로 세포는 포도당을 에너지원으로 사용하지 못한다. 에너지를 만들기 위하여 지방이 이용되고 케톤이 형성되며, 대사성 산증이 유발된다.
원인	인슐린 부족	인슐린 용량이 부적절한 경우, 인슐린을 투여하지 않은 경우
	스트레스	신체적·정신적 스트레스는 에피네프린(β_2), cortisol 증가 * glucocorticoid : 말초의 포도당 활용을 감소시키고 포도당 신생 작용을 하여 고혈당 * catecholamine : β_2수용기에서 당원 분해 증가로 고혈당
	질병, 감염 국시 04	질병, 감염은 인슐린 저항과 관련된다.
	수술, 외상	
	임신	임신 2, 3기에 태반 호르몬인 코티졸, 태반 락토젠, HCG, estrogen, progesterone, 인슐린 분해 효소가 인슐린 길항제로 작용

증상 임용 06, 17 / 국시 01, 07, 22

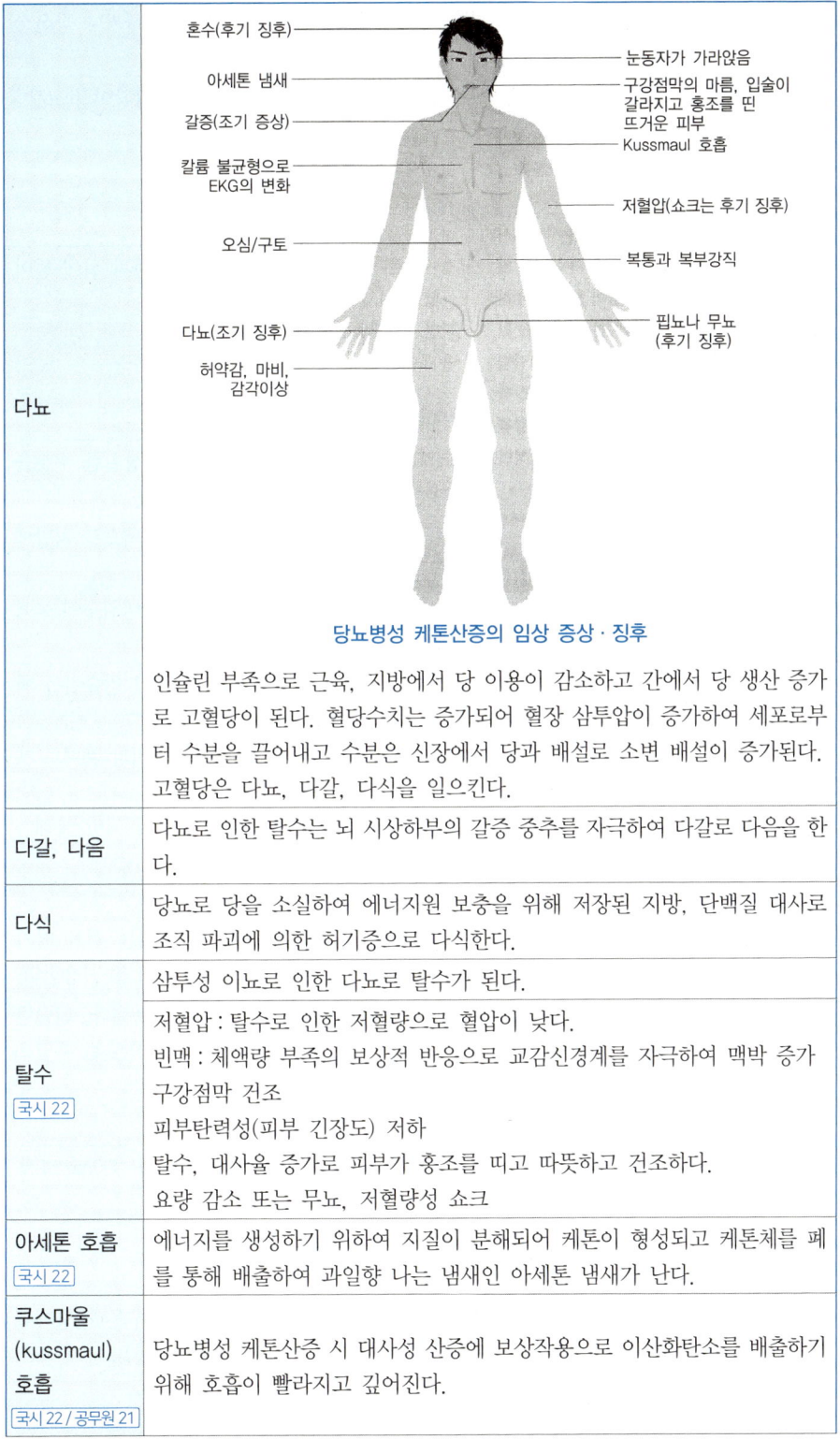

당뇨병성 케톤산증의 임상 증상·징후

다뇨	인슐린 부족으로 근육, 지방에서 당 이용이 감소하고 간에서 당 생산 증가로 고혈당이 된다. 혈당수치는 증가되어 혈장 삼투압이 증가하여 세포로부터 수분을 끌어내고 수분은 신장에서 당과 배설로 소변 배설이 증가된다. 고혈당은 다뇨, 다갈, 다식을 일으킨다.
다갈, 다음	다뇨로 인한 탈수는 뇌 시상하부의 갈증 중추를 자극하여 다갈로 다음을 한다.
다식	당뇨로 당을 소실하여 에너지원 보충을 위해 저장된 지방, 단백질 대사로 조직 파괴에 의한 허기증으로 다식한다.
탈수 국시 22	삼투성 이뇨로 인한 다뇨로 탈수가 된다. 저혈압: 탈수로 인한 저혈량으로 혈압이 낮다. 빈맥: 체액량 부족의 보상적 반응으로 교감신경계를 자극하여 맥박 증가 구강점막 건조 피부탄력성(피부 긴장도) 저하 탈수, 대사율 증가로 피부가 홍조를 띠고 따뜻하고 건조하다. 요량 감소 또는 무뇨, 저혈량성 쇼크
아세톤 호흡 국시 22	에너지를 생성하기 위하여 지질이 분해되어 케톤이 형성되고 케톤체를 폐를 통해 배출하여 과일향 나는 냄새인 아세톤 냄새가 난다.
쿠스마울 (kussmaul) 호흡 국시 22 / 공무원 21	당뇨병성 케톤산증 시 대사성 산증에 보상작용으로 이산화탄소를 배출하기 위해 호흡이 빨라지고 깊어진다.

위장계 증상	케톤체 증가로 오심과 구토, 식욕부진, 복통, 복부 경련이 있다.
신경계 저하	혈장의 삼투압 증가, 탈수, 산증으로 의식은 다양하며 명료하거나 정신 상태 변화로 졸음, 혼수가 있다. 고혈당으로 흐린 시력, 두통(대사성 산증), 허약감, 마비, 감각이상(고칼륨혈증)

체액과 전해질 불균형 위험성 R/T 고혈당

혈당 측정	방법	손가락 끝 측면을 바늘로 찔러 한 방울 혈액을 검사지 위에 떨어뜨려 15~60초 이내 자동적 혈당치가 나온다.
	근거	혈당 측정으로 인슐린 요구량을 결정한다.
수분 공급 국시 03, 20	방법	의식이 있을 때 경구로 수액을 공급한다. 의식이 없을 때 생리식염수를 정맥 내 주입한다.
	근거	적절한 수분을 공급하여 다뇨, 과도 호흡, 구토로 상실한 수분을 보충하고 탈수를 예방한다.
인슐린 투여	방법	심한 탈수로 조직 관류 감소에 의한 흡수 감소에 정맥으로 처방에 의한 속효성 인슐린(RI)을 주사한다. 국시 05, 13, 15 피하를 통해 인슐린을 투여할 때까지 인슐린을 생리식염수에 섞어 정맥으로 주입한다.
	근거	피하조직이 탈수되어 혈액 관류가 좋지 않기 때문에 인슐린을 피하로 투여하지 못한다. DKA는 인슐린 부족에 의한 당을 사용하지 못하여 지방 분해로 케톤체인 산 축적과 고삼투압과 탈수를 일으킨다. 인슐린은 세포의 당 사용 능력 증가로 혈당 감소와 지방 분해를 방지하여 케톤산 생성을 억제시킨다.
지속적 주입	방법	12~24시간 동안 인슐린을 정맥 주입한다. 혈당이 250mg/dL 이하로 감소하면 혈당이 떨어지는 것을 막기 위해 정맥수액에 dextrose를 첨가하거나 5%D/W 1L를 사용한다.
	근거	산증이 교정되기 전 혈당 수치가 먼저 정상으로 회복된다. 인슐린 주입이 중단되면 케톤체가 재축적되어 산증 악화로 인슐린 주입으로 산증을 교정한다.
혈당 재측정	방법	혈당을 재측정한다.
	근거	시간마다 혈당을 측정하여 첫 24시간 동안 혈당을 200~300mg/dL로 유지한다.
고칼륨혈증	기전	체액소실＋산증 → 고칼륨혈증 $K^+ > 5.0mEq/L$
	관찰	고칼륨혈증 증상을 관찰한다. 오심, 설사, 장경련, 장음 항진, 식욕부진, 빈맥, 서맥, 심장마비 무호흡, 근육 경련, 근력 약화, 마비, 감각 이상, 핍뇨

저칼륨혈증	기전	인슐린 주입으로 세포 외 칼륨이 세포 내 이동 수분 공급이 혈장량을 증가시켜 혈청 내 칼륨 저하< 3.5mEq/L 수분 공급이 소변을 통한 칼륨 배설 증가
	관찰	칼륨저하증 징후 변비, 마비성 장폐색, 복부팽만, 식욕부진, 구토, 부정맥, 느리고 약한 맥박, 근육 허약, 마비, 다리 경련, 감각이상, 건반사 감소 다뇨(신장 내 소변 농축 능력 억제)

예방 : 지식부족 R/T 고혈당 관리에 대한 정보부족

인슐린	방법	인슐린 주사 교육으로 처방대로 인슐린을 투여한다.
	근거	DKA는 인슐린 부족에 의한 세포가 당을 사용하지 못하여 지방 분해로 케톤체인 산이 축적되어 발생된다.
단당류	방법	당성분이 많은 음식은 피한다. 음식에 꿀, 설탕, 시럽, 젤리, 잼 등을 첨가하지 않는다.
	근거	단당류, 이당류는 빨리 소화되어 포도당으로 전환되어 혈당치에 미치는 영향이 가장 크다.
탄수화물	방법	탄수화물(다당류)과 단백질, 지방 함유 식품과 함께 준다.
	근거	탄수화물(다당류)과 단백질, 지방 함유 식품과 함께 주면 흡수가 느려져 혈당 반응이 낮아진다.
스트레스	방법	스트레스를 조절하고 스트레스에 혈당 변화를 관리한다.
	근거	스트레스에 에피네프린, cortisol로 간에서 포도당 생산을 촉진한다.
질병 예방	방법	고혈당의 유발 요인인 발, 다리 감염, 상기도 감염, 요로계 감염, 질염 조절과 감염 증상 인식과 질병을 예방한다.
	근거	질병, 감염에 인슐린 저항으로 인슐린 요구량이 증가한다.
질병 시	3~4hr	질병이나 오심, 구토에 혈당과 소변 내 케톤량을 3~4hr마다 측정하며 오심, 구토가 DKA에 의한 증상인지 확인한다. 혈당증가(300mg/dL), 소변 내 케톤량 증가 : 의사에게 보고
	인슐린	질병이나 오심, 구토에 저혈당이 아니라면 인슐린 양을 줄이지 않고 평소와 같은 양의 인슐린 투여로 DKA가 발생하지 않도록 한다. 3~4hr마다 regular Insulin(RI)으로 보충할 수 있다. 속효형 작용시간 : 30분, 최대 효과 시간 : 2~4시간
혈당 측정	방법	매 식전, 잠자기 전 혈당을 주기적으로 측정한다. 혈당이 250mg/dL 이상이면 소변 내 케톤을 검사한다.
	근거	혈당의 주기적 측정으로 고혈당을 인지한다.

고삼투성 고혈당성 비케톤성 증후군
(HHNS, Hyperosmolar Hyperglycemic Nonketotic Syndrome)

정의		제2형 당뇨병 환자에게 발생하며 HHNS에서 DKA보다 탈수가 심하고 사망률이 더 높다.
원인	급성 질환	인슐린 저항과 관련, 감염, 폐렴, 심근경색, 뇌졸중, 췌장염
	약물	혈당 상승 약물 : steroid, loop이뇨제, thiazide이뇨제(저칼륨혈증은 췌장에서 인슐린 분비를 억제함), nicotinic acid, 갑상샘호르몬(T₄는 당원 분해와 포도당 신생 작용과 인슐린 길항제로 인슐린을 분해시켜 인슐린 감소로 당뇨)
병태생리	고혈당증	이용할 인슐린이 부족하여 고혈당증이 된다.
	탈수	고혈당증으로 삼투질 농도 증가로 삼투성 평형을 유지하기 위해 세포 안 수분이 세포 밖으로 빠져나가 삼투성 이뇨 현상으로 체액 손실, 전해질 소실, 의식 장애가 초래된다.
	케톤증 없음	인슐린 양은 있어 케톤증과 산증이 생기지 않고 위장계통 증상이 없다.
임상증상 국시 18	다뇨, 다음	
	심한 탈수	빈맥, 저혈압, 구강 점막 건조, 피부 탄력성 저하, 갈증, 쇼크 BUN 상승 : 탈수로 증가, 6~20mg/dL
	신경계 증상	뇌기능 장애, 지각장애, 반신마비, 발작, 혼수
간호	수액공급	쇼크, 심한 저혈압에 생리식염수(0.9% NaCl, 0.45% NaCl) 주입
	인슐린 투여	고혈당증 교정 위해 저농도의 속효성 인슐린을 계속 주입 혈당이 250mg/dL에 저혈당 방지 위해 dextrose를 수액에 혼합하여 주입
	포타슘	수액에 포타슘 첨가

당뇨성 케톤산증, 고삼투성 비케톤성 혼수 비교

요인	DKA	HHNS(HNKC)
당뇨병 종류	제1형 당뇨병	제2형 당뇨병
사정	다뇨, 다음, 다갈, 다식, 따뜻하고 건조한 피부, 홍조를 띤 모습, 탈수(저혈압, 빈맥, 건조한 점막, 의식 수준 변화)	
	오심, 구토, 복통, 호흡 시 아세톤 냄새, Kussmaul 호흡	Kussmaul 호흡과 호흡 시 아세톤 냄새, 오심과 구토만 제외하고 DKA와 같음
혈당	300~1,500mg/dL	600~3,000mg/dL
혈청 내 케톤 임용 25	증가	정상
소변 내 케톤	증가	정상
pH	대사성 산증	보통 정상이거나 경한 대사성 산증

혈청 삼투질 농도	300~350mOsm/kg (정상 275~295mOsm/kg)	350mOsm/kg 이상
중재	인슐린 및 생리 식염수의 정맥 내 투여, 소변 배설량이 적당하면 K⁺을 투여한다. pH가 7.0 이하이면 중탄산염 투여	인슐린 및 생리 식염수의 정맥 내 투여, 소변 배설량이 적당하면 K⁺ 투여
예방법	스트레스 발생이나 질환 예방	DKA와 같다.

혈관 병변

대혈관 병변	뇌혈관 질환	뇌혈관에 죽상경화성 변화로 일과성 허혈 발작 증상이 생긴다.
	관상동맥 질환	관상동맥에 죽상경화성 변화가 생긴다.
	말초혈관 질환	하지의 혈관에 죽상경화성 변화가 오면 말초혈관에 폐쇄성 혈관질환이다. 하지의 심한 폐쇄성 동맥 질환으로 말초맥박 감소, 간헐적 파행증, 괴저, 절단이 된다. * 말초혈관 : 심장과 뇌의 혈관 외에 혈관
미세혈관 병변	당뇨병성 망막병증	
	당뇨병성 신병증	

대혈관 합병증

정의

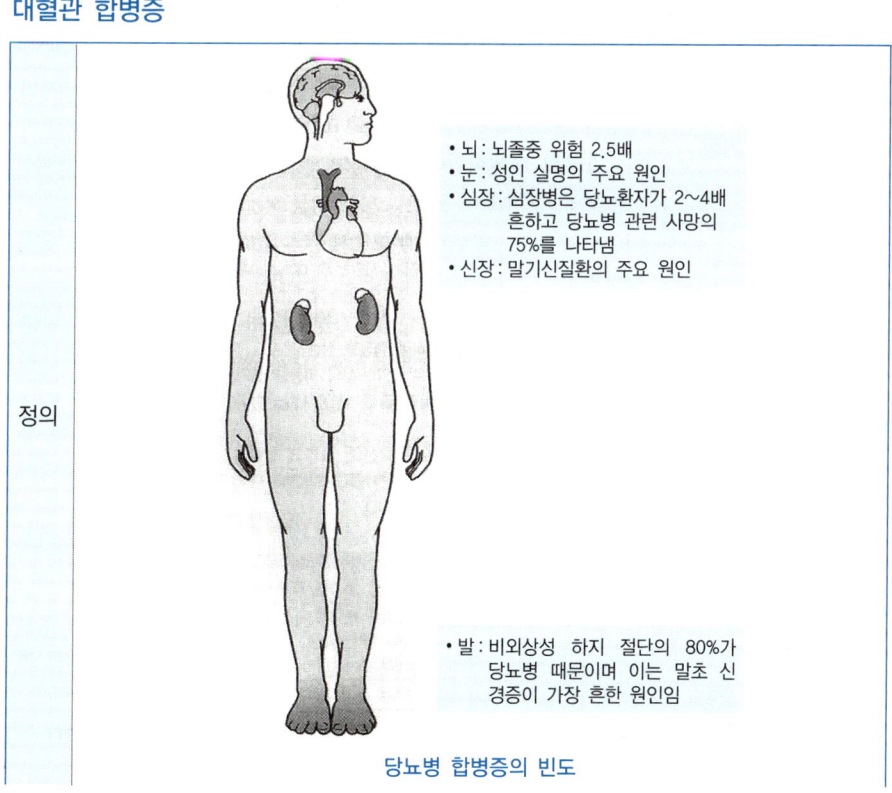

- 뇌 : 뇌졸중 위험 2.5배
- 눈 : 성인 실명의 주요 원인
- 심장 : 심장병은 당뇨환자가 2~4배 흔하고 당뇨병 관련 사망의 75%를 나타냄
- 신장 : 말기신질환의 주요 원인
- 발 : 비외상성 하지 절단의 80%가 당뇨병 때문이며 이는 말초 신경증이 가장 흔한 원인임

당뇨병 합병증의 빈도

정의		당뇨병이 지속되면 혈관에 죽상경화증 초래로 혈관 폐쇄로 뇌졸중, 관상동맥 질환, 말초혈관 폐쇄가 가능하다. cf) 고혈압 합병증 : 뇌졸중, 유두 부종, 관상동맥 질환, CHF, 말초동맥 질환, 동맥류, 신부전
기전	고혈당	만성적 고혈당에 의한 혈관 손상으로 발생한다.
	고혈압	고혈당에 의해 내피세포 감소로 산화 질소 생성을 억제하여 혈관 이완 기전을 손상시킨다. ＊ 혈관 내피에서 산화 질소, 내피 유래(내피 세포성) 이완 인자가 혈관 이완, 평활근 성장 억제, 혈소판 응집 억제
	이상지질혈증	인슐린 저항성은 이상지질혈증으로 혈액 유리 지방산, 중성 지방, 콜레스테롤이 증가한다. 인슐린 저항성으로 혈중 유리지방산을 지방세포에 흡수시키지 못해 혈중 유리 지방산이 증가한다.

눈에 영향 국시 04

수정체 변화	높게 상승된 혈당에 의해 수정체 내 수분 축적으로 수정체 부종으로 시력 흐림이 생긴다.
백내장	수정체 혼탁으로 백내장이 생긴다.
녹내장	혈관 신생에 의해 방수 흡수 장애로 녹내장이 생긴다. ＊ 쉴렘관에서 방수가 정맥으로 유출

미세혈관 합병증

당뇨병성 망막병증 국시 10	기전		만성 고혈당에 모세혈관과 세동맥의 혈관 기저막에 비정상적인 포도당 분자 형성으로 미세혈관이 손상되어 혈관폐쇄를 유발한다. 망막의 미세혈관이 손상되어 망막의 허혈로 시력을 잃는다. ＊ 망막에 시세포들이 있다.
	단계 국시 08	비증식성 망막병증	망막의 혈관 경화증으로 망막 혈관에 미세 동맥류나 망막 내 미세출혈이 있다.
		증식성 망막병증	망막의 모세혈관이 폐색되면 보상 작용으로 망막에 혈액을 공급해 주기 위하여 망막 내부와 유리체(초자체)에 신생 혈관이 생긴다. 신생 혈관은 매우 약해서 터지고 신생 혈관이 유리체를 수축시키면서 망막을 끌어 당겨 망막이 박리되어 시력을 잃는다. 망막출혈이 있으면 '부유물'이나 '거미줄'이 보인다. 심한 시력 손상 가능성이 높다.
	예방	검안경 검사, 안저 검사 국시 16	당뇨병 발병 후 수년 내 망막 손상 가능으로 검안경 검사나 안저 검사를 받아 망막 동맥 손상을 조기 발견한다. 망막 동맥은 육안으로 볼 수 있는 가장 미세한 동맥이다.

당뇨성 신병증 (당뇨 신장병)	기전	혈당이 상승하였을 때 신장 혈관에 미치는 압력 증가로 신장 손상이 일어난다. 모세혈관인 사구체의 기저막이 두꺼워지고 단백질 투과성이 증가하여 소변으로 단백질이 소실된다.
	증상	콩팥기능 부전, 고혈압, 부종, 저혈당 증가 국시23 : 신장의 기능 저하로 인슐린이 배설되지 않고 혈액 중 인슐린이 오래 남아 있어 인슐린 용량을 감소시킨다.
	검사	매년 알부민뇨와 알부민/크레아티닌 비를 측정하기 위해 소변검사를 한다. 단백뇨(알부민뇨) 혈액 요소 질소와 크레아티닌 증가 국시23 * 근육 대사 부산물인 크레아티닌

당뇨병성 신경병증

정의		말초신경계인 척수신경의 감각신경과 자율신경에 영향을 미치는 질병 * 말초신경계 : 뇌신경, 척수신경, 자율신경(교감신경, 부교감신경)

기전		
		
		신경원(neuron)의 구조 : 세포체, 수상돌기, 축삭
		
		고혈당에 의해 손상받은 혈관의 허혈과 고혈당이 신경 세포에서 소비톨(소르브산, sorbitol)과 과당 축적으로 탈수초화를 초래하여 신경 전도가 늦어진다.
		* 소비톨 : 포도당 대사 산물
		* 탈수초화
		  다발성 경화증 : 중추신경계에서 탈수초화
		  길랭-바레증후군 : 말초신경계에서 탈수초화

종류 ☆ 말자	말초 신경병증	감각신경의 다발성 신경증으로 감각이상, 감각저하, 신경병변 통증
	자율 신경병증	자율신경계 침범 : 전신에 광범위한 기능 손상

당뇨병성 말초 신경병증(감각 신경병증) 임용 19

정의		감각신경의 다발성 신경증으로 감각이상, 감각저하, 신경병변 통증
모노필라 멘트 검사 임용 19	정의	당뇨병성 말초 신경병증의 선별 검사
	방법	발에 10g 정도의 압력을 주어 압력 감각을 알아 본다. 눈을 감은 상태에서 모노필라멘트(단사)를 피부에 직각으로 대고 휘어지도록 눌렀을 때 느끼는지 검사한다.
	비정상	발 부위 10곳을 검사하여 4곳 이상을 느끼지 못하면 이상이 있다.

당뇨병성 자율 신경병증

정의		자율신경계 침범 : 전신에 광범위한 기능 손상
증상	순환기	직립성 저혈압, 빈맥, 실신
	위장	위 배출 지연으로 위 무력, 복부팽만, 당뇨병성 변비
	비뇨생식기계	배뇨곤란, 이완성 방광(방광 팽만에 감각 소실로 요정체, 신경성 방광), 발기부전
	발한 신경증	사지 발한이 감소하여 발이 건조, 발에 염증, 궤양
	저혈당증 결여	저혈당 증상인 심계항진, 떨림, 발한, 불안, 초조를 느끼지 않는다. 증상을 동반하지 않은 MI

발의 병변

기전

당뇨병성 신경병증 임용 19 ☆말	말초 신경병증 (m/c)	감각신경 병변은 통증과 압력에 감각 저하로 손상을 잘 입는다.
	발한 신경증	자율신경기능 상실로 발한 신경증으로 건조하여 궤양이 생길 위험이 높다. 피부의 땀샘이 위축되어 땀 분비를 감소시키고 발이 건조하고 갈라진 부위에 염증이 쉽게 생긴다.
말초혈관 질환 임용 19		하지의 크거나 중간 크기의 혈관에 죽상경화성 변화가 오면 말초혈관에 폐쇄성 혈관질환이다. 하지의 심한 폐쇄성 동맥 질환으로 말초맥박 감소, 간헐적 파행증, 괴저, 절단이 된다. * 말초혈관 : 심장과 뇌의 혈관 외에 혈관
면역손상 임용 19	호중구와 대식세포	고혈당증으로 호중구와 대식세포의 화학 주성 기능과 식균 작용이 감소되어 감염에 저항력 감소로 세균 침입이 쉽고, 상처 치유가 늦어진다. * 화학 주성 기능 : 화학 주성 기능에 의한 호중구와 대식세포의 이동
	곰팡이 성장	고혈당은 세균 or 곰팡이 성장에 좋은 환경을 제공한다.
당뇨병성 발궤양 임용 19		발의 연조직 상처로 당뇨병성 발궤양이 시작한다. 발에 생긴 작은 상처로 세균이 침입하면 급속히 퍼져나가 발가락이 썩어가는 괴저가 발생한다. 당뇨병성 족부 괴저는 치료에 잘 반응하지 않고 세균 감염이 진행하여 발목이나 무릎을 절단해야 한다. 전기패드, 뜨거운 목욕물, 맨발로 걷는 것, 발톱을 깎다가 피부 손상, 꼭 끼는 신발, 신발 속 이물질로 생긴다.

증상

혈관계	발 올릴 때 피부 창백, 차가운 발, 말초맥박 소실
신경계	저림감, 통증, 촉각, 진동감각 소실, 발한 감소, 심부건 반사 소실, 슬개건 반사 소실
피부계	피부 건조, 피부 감염, 피부 발적, 피부 상처, 피부 궤양

지식부족(발간호) R/T 정보부족 임용 11 / 국시 03

발 관찰	매일 발에 상처, 발적, 갈라진 틈, 궤양, 물집이 있는지 발을 관찰한다.
발 관리 임용 19	적절한 씻기, 말리기, 윤활제 바르기 매일 부드러운 비누와 따뜻한 물로 발을 깨끗이 씻는다. 국시 24 발가락 사이를 부드럽게 두드려서 말린다. 완전히 건조시킨 후 윤활제로 건조하지 않도록 촉촉하게 유지한다. 윤활제는 발가락 사이에 사용하지 않는다. 국시 24 곰팡이균(무좀, 백선)은 고온 상태, 습한 곳에 잘 자라서 발가락 사이 물기나 로션으로 습기가 남아 있으면 안 된다. 공무원 22 땀이 나는 발에 가벼운 파우더를 뿌린다. * 아토피성 피부염 : 목욕 후 피부의 수분이 증발되어 건조되기 전 수분이 남아 있는 3분 이내 보습제, 치료 연고를 바른다. * 고환검진 | 좋은 시간은 몸이 따뜻해진 목욕 직후이다. * 전립샘 마사지 | 더운물로 목욕하며 전립샘을 마사지한다.
발톱 관리	샤워나 목욕 후 손톱, 발톱을 손질한다. 발톱은 양끝을 눙글게 하지 밀고 직선으로 다듬어야 한다. 국시 24 / 공무원 21 시력이 나쁜 상태에서 발톱을 깎다가 상처를 줄 수 있으므로 시각장애가 있거나 발톱이 두꺼운 경우 전문가가 발톱을 깎는다.
양말	깨끗하고 잘 흡수되는 양말을 신는다. 보온을 위해서 양말을 신는다.
신발	신발 공무원 20 | 혈액 순환에 장애를 주는 꼭 끼는 신발이나 양말을 신지 않는다. 신발은 발에 잘 맞고 앞이 막히고 앞이 트인 신발을 신지 않는다. 국시 24 뒤꿈치가 높은 굽의 신발을 신지 않는다. 새 신발은 천천히 길들여서 물집이 생기지 않도록 한다. cf) 목발 보행 : 발에 잘 맞고 굽이 낮고 튼튼하고 밑창이 있는 신발 신발 안 | 신발 안에 거친 면이나 이물질이 있는지 살핀다.
상처 예방	당뇨병성 발 궤양은 발의 연조직 상처로 시작하며 외상이나 뜨거운 것, 뜨거운 깔개에 접촉하지 않는다. 피부경결을 깎아내지 않는다. 공무원 22 맨발로 걷지 않는다. 국시 24
작은 상처	베인 상처는 따뜻한 물과 부드러운 비누로 깨끗이 하고 깨끗한 드레싱으로 덮어준다. 작은 상처에 자극성 없는 소독액으로 닦고 필요시 항생제를 복용한다. 요오드액, 머큐롬 같은 색깔이 있는 소독약은 피한다. 알코올, 반창고를 사용하지 않는다. cf) 절단 간호 : 찰과상이 있을 때 일회용 밴드를 사용하지 않는다. 일회용 밴드는 연한 피부면을 자극하여 사용하지 않는다.

CHAPTER 13 감각계

1 개론

안구 해부도

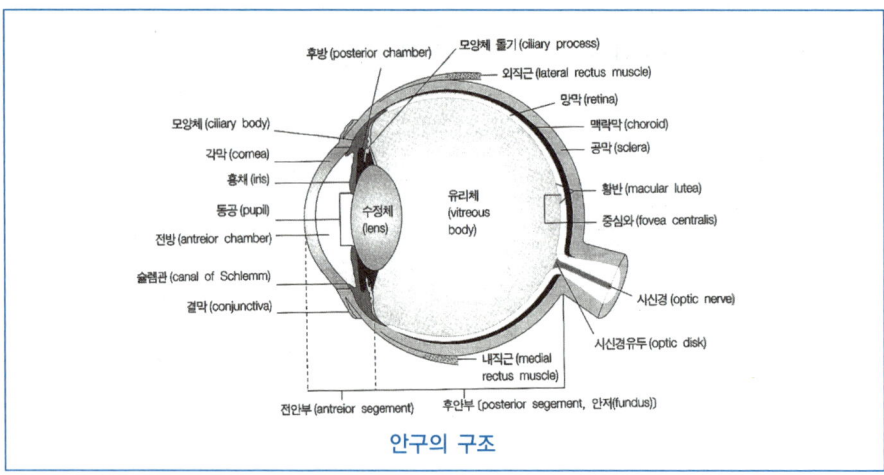

안구의 구조

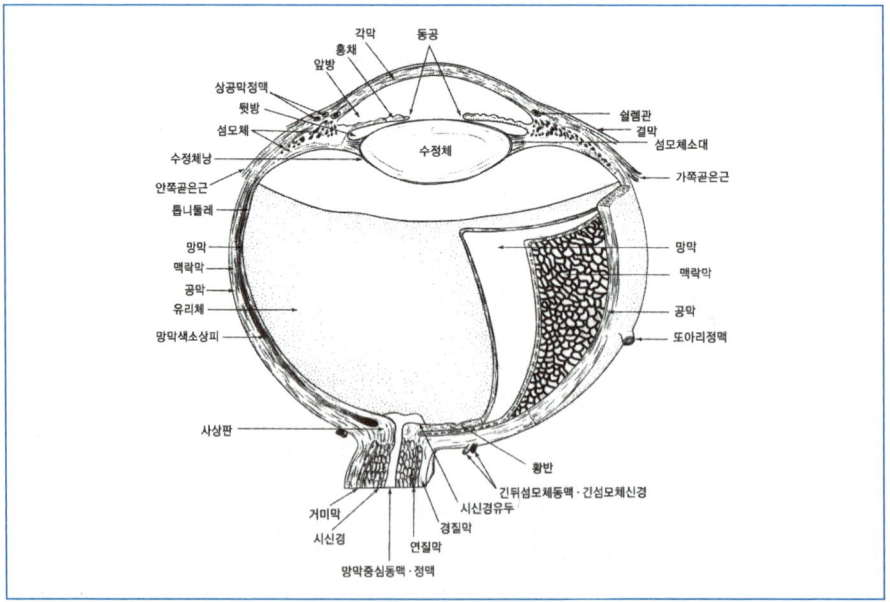

포도막(uveal tract) 국시 08

안구 중간층 = 홍채 + 모양체 + 맥락막 ★ 맥모 홍		
홍채	청색, 회색, 흑색 색깔의 도넛 모양	
	중앙	빛을 방출× 검게 보이는 동공
	홍채 근육(동공 조임근과 동공 산대근)	빛의 양에 따라 동공 크기 조절
모양체 (섬모체)	정의	모양체는 홍채와 맥락막의 가장자리를 잇는 조직
	수정체 조절	모양소대 섬유를 수축 및 이완하여 수정체 조절
	방수 생산	방수는 모양체에서 생산
	방수 유출	모양주(섬유주)를 지나 쉴렘관으로 방수 유출
맥락막 국시 03	맥락막은 망막과 공막 사이에 있고 혈관이 풍부하여 망막에 영양 공급	

황반	망막의 중심부로 시세포들이 밀집되어 있다. 공무원 20 ex) 황반변성 : 눈의 황반에 변성이 일어나 시력장애를 일으킨다.
시신경 유두 국시 06	생리적 맹점 부위 생리적 맹점은 시선 중 귀쪽으로 12~15° * 시신경 : 망막에서 받은 자극을 뇌로 시각 정보를 전달하는 신경

유두부종(Papilledema)

원인 국시 08	고혈압	고혈압성 위기 시 시신경 유두부종으로 시력 손상이 온다.
	중심 정맥압 상승	정맥귀환 장애로 중심 정맥압 상승
	뇌압 상승	외상, 종양, 지주막하 출혈, 뇌막염의 뇌압 상승 뇌척수액에 의한 정맥 울혈로 유두부종 발생
증상	지속적 유두부종은 시신경 위축으로 시력 상실	

검안경 검사

방법 임용 08

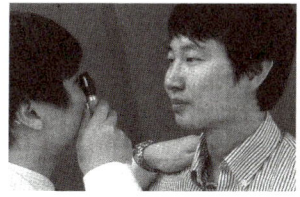
눈보개검사 A

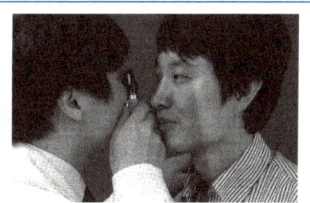
눈보개검사 B

방법	어두운 곳	어두운 곳에서 동공이 확대되기 때문에 안저를 검사하기 쉽다.
	손잡이	검안경의 손잡이는 수직에서 경사지게 비스듬히 잡는다.
	시선	대상자는 검진자의 어깨 넘어 멀리 떨어진 벽의 어느 지점에 시선을 맞추도록 한다.

방법	적색 반사 [임용 22]	대상자로부터 30~40cm 떨어진 곳에서 환자의 시선 방향의 15° 외측에서 검안경으로 동공에 직접 빛을 비춘다. 검안경 빛이 망막에 반사되어 동공에 적색 반사를 확인한다.
	망막검진	검진자의 다른 쪽 손 엄지를 대상자의 눈썹에 대고 검안경이 대상자의 눈썹에 거의 닿을 정도로 불빛이 적색 반사에 초점이 맞도록 유지하면서 동공을 향해 15° 외측으로 경사지게 다가가 망막구조를 본다.
결과	적색 반사	망막에 검안경 빛이 반사되어 적색 반사가 생긴다.
	적색 반사가 없을 때	각막의 불투명 수정체의 불투명 & 초자체의 혼탁 백내장 : 수정체의 혼탁 망막 박리 미숙아 망막증 : 망막의 혈관병변성 변화로 산소농도가 높아지면 정상적인 모세혈관 형성을 방해한다. 보상적으로 비정상적인 섬유혈관 세포가 견인 망막 박리를 일으킨다.

2 녹내장

정의	섬유주(모양주)와 쉴렘관의 폐쇄로 눈의 전방에 위치한 방수 유출이 안되어 안압 상승으로 망막과 시신경이 변화된다. 시신경이 위축되어 시력상실과 시야결손이 초래되는 진행성 시신경 병증이다. 실명의 중요한 원인 중 하나로 적절한 치료를 하지 않으면 영구 시력이 손실된다. * 시신경 : 망막에서 뇌로 시각 정보 전달
방수	모양체에서 형성 → 홍채와 모양체의 후방 → 수정체 앞쪽을 지나 동공을 통해 → 홍채와 각막 사이의 전방 → 전방에서 방수는 섬유주(모양주)를 지나 쉴렘관으로 가서 전방 모양 정맥을 통하여 방수 정맥으로 간다.

종류 ☆ 녹내장은 광협이다
광우각형 녹내장(primary wide angle glaucoma) = 개방각 녹내장

정의	만성 녹내장 가장 흔한 형태, 유전적 소인을 포함하여 여러 요인
기전	전방각(홍채 각막각)은 정상이고 섬유주와 쉴렘관의 폐쇄로 인한 방수 유출로의 높은 저항으로 방수 배출이 감소된다. 방수는 생성된 양만큼 눈에서 빠져 나올 수 없어 점차로 상승된 안압은 망막과 시신경 손상을 초래한다. 비치료 시 실명이 초래된다.

증상 국시 05, 12, 19	양측성	
	완만	진행 속도가 완만하여 조기에 증상을 알아내기 어렵다.
	통증 없음	통증이 없으나 녹내장이 지속되면 둔한 통증이 있다.
	시야 상실	초기 : 작은 초승달 모양의 결손인 암점(맹점)에서 단계적으로 큰 시야결손으로 진행 주변 시력의 흐려짐으로 시작
	시력 상실	단계적 시력 손상으로 색 변화를 감지하지 못한다.
	무지개색 달무리	후기 : 불빛 주위에 무지개색 달무리(강한 빛 주위에 생긴 동그란 고리)

협우각형 녹내장(angle closure glaucoma) = 폐쇄각 녹내장

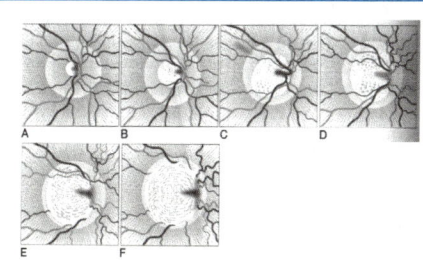
녹내장성 시신경 변화의 진행 소견

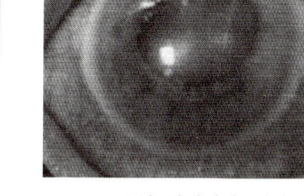
급성 폐쇄각 녹내장

정의		급성 녹내장, 가족력 경향
기전		전방각(홍채 각막각)이 협착으로 홍채가 각막쪽으로 이동되어 전방 각이 좁아져 섬유주와 쉴렘관이 폐쇄가 된다. 갑작스런 방수 배출 방해로 안압이 증가되어 망막과 시신경 손상을 초래한다.
증상 국시 16	불투명한 각막	각막은 부종으로 혼탁되어 각막의 안개현상, 구름이 낀 것 같거나 흐린 시야, 눈이 침침
	주변 시야 상실	주변 시야 상실 국시 05 안압이 상승되면 망막과 시신경이 위축되어 시력 상실과 시야 결손이 생긴다.
	시력 상실	안경으로 교정되지 않은 심각한 시력 상실, 실명
	무지개색 달무리	불빛 주위에 무지개색 달무리가 서린다.
	안통	방수 유출이 막히면서 안압이 올라 눈의 심한 통증이 있다. 제5뇌신경의 안신경 감각 가지에서 방사된다.
	두통	
	안구충혈	
	동공 확장, 대광반사 소실	동공 조임근인 홍채 근육 마비로 동공 산동, 대광반사 소실
	오심, 구토	미주신경 자극으로 오심, 구토, 복부 불편감 * 두개내압 상승 : 뇌압 상승에 따른 뇌간 압력으로 연수의 구토 중추를 자극하여 구토

속발성 녹내장

원인	외상, 포도막염, 홍채염, 혈관신생질환, 안구종양 dexamethasone(덱사메타존) : 방수 배출 장애로 안압이 증가되어 녹내장이 생긴다. 당뇨병 : 혈관 신생에 의해 방수 배출 장애로 안압이 증가되어 녹내장

검사

시야 검사	정의	녹내장 시력 / 정상 시력 시야 검사는 주변 시야 상실의 정도 평가로 맹점을 알 수 있음
	만성 광우각형 (개방각) 녹내장	초기에 작은 초승달 모양 결손에서 점진적으로 큰 시야 결손으로 진행
	급성 협우각형 (폐쇄각) 녹내장	시야가 빨리 감소
시신경 유두 검사 (검안경 검사, 안저 검사)	정의	시신경 유두 황반 중심와 정상 안저 / 녹내장성 유두 함몰 유두 지름의 반보다 더 커진 생리적 유두 함몰이 유두 가장자리로 확대된다. 망막혈관들은 그 안과 아래에 가라앉아 있거나 코쪽으로 치우쳐 있게 된다.
	유두 함몰 증가	시신경 유두 함몰의 비율 증가(0.6 이상)로 커지고 깊어진다. 정상 비율 0.3, 유두 지름의 반보다 적다.
	유두 회백색, 창백	시신경 유두가 회백색, 창백 정상 시신경 유두 : 노란 오렌지색~크림 분홍색 정상 유두 함몰 : 엷은 노란색

안압 측정	특징	녹내장에서 상승 안압은 하루에도 여러 번 변동되어 하루에 여러 번 측정 정상 10~21mmHg
	광우각형(개방각) 녹내장	22~23mmHg
	협우각형(폐쇄각) 녹내장	30mmHg 이상
우각경 검사	특징	전방각(홍채와 각막 사이)경 검사로 우각과 우각 주변의 변화 검사
	협우각형(폐쇄각) 녹내장	우각(홍채 각막각) 협착

약물 국시 14 ☆ β탈에 삼콜했다

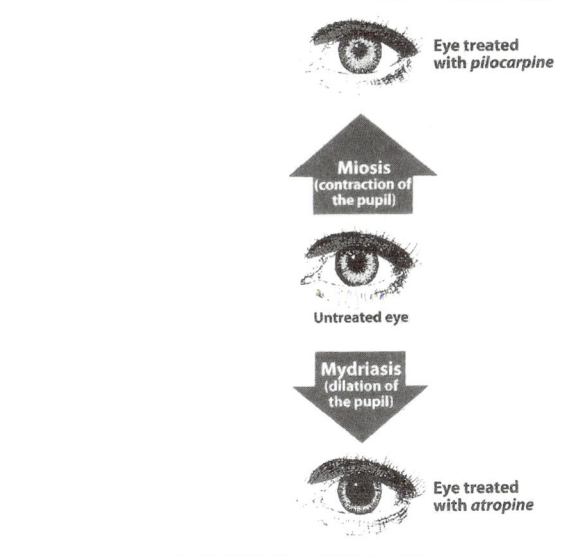

눈의 홍채 및 모양근에 대한 Pilocarpine 및 atropine

방수 생성 감소	탄산탈수 효소 억제제	약명	acetazolamide(diamox)
		기전	탄산탈수효소를 억제하여 눈의 방수 생성을 감소시켜 안압을 낮게 유지한다. * 탄산탈수효소 : 탄산의 탈수 반응을 가역적으로 접촉하는 효소
	β-교감신경 차단제	약명	timolol, levobunolol
		기전	β-교감신경 차단제로 눈의 방수 생성을 감소시켜 안압을 감소한다.

		약명	필로카핀(Pilocarpine hydrochloride) 국시 23
방수 배출 증가	콜린성 작동제	기전 국시 00, 05	콜린성 작동제로 동공 수축을 일으켜 홍채 각막각 증가로 방수가 흡수 부위로 더 많이 순환하여 방수 배출 증가로 안압을 하강시킨다.
		적응증	급성 폐쇄각 녹내장
		간호	사용 후 1~2시간 동안 동공 수축과 시력이 흐려져 어두운 환경에 적응이 어렵다. 축동제(pilocarpine) 점안 후 동공 축소로 시력이 흐려져 1~2시간 동안 운전하지 않는다.
	삼투성 제제	약명	mannitol, 글리세린
		적응증	폐쇄성 녹내장에서 안압 감소, 두개내압 상승
		기전	삼투작용으로 수분 배설을 증가시켜 안압을 빨리 감소한다.

간호중재

검사		녹내장 가족력 환자는 매해 정규적 시력 검사와 안압 측정 원발성 광우각형(개방각) 녹내장, 협우각형(폐쇄각) 녹내장 : 유전적 소인
안약	평생	녹내장은 치료되는 것이 아니고 조절하는 것이다. 처방된 안약은 증상이 없을 때에도 계속 사용하며 평생 필요하다. 조기에 치료해서 시력 상실을 예방한다.
	팔찌	환자임을 알리는 카드, 팔찌, 처방된 안약을 지닌다.
안압 감소 국시 14	기전	녹내장이나 백내장 수술 후 몇 주 동안 눈에 긴장이 가는 안압 상승 활동은 피한다. * 두개내압 상승 : 변비, 기침, 복부와 흉부 내 압력 증가
	흥분	불안, 흥분을 피한다.
	기침	
	오심, 구토 국시 20	오심, 구토를 피한다.
	변비	변비 예방 위해 위장 기능을 규칙적으로 유지한다. 배변 시 장 운동을 위해 긴장하는 힘을 주지 않는다.
	꼭 끼는 옷	몸에 꼭 맞는 옷, 셔츠 깃, 장식품이 꼭 끼는 옷을 피한다.
	무거운 물건	무거운(3kg 이상) 물건을 들거나 힘을 주지 않는다.
	허리 구부리기	물건을 집을 때도 허리는 펴고 무릎을 구부린다.
	성교	

3 백내장(Cataract)

병태생리	백내장 임용25 은 수정체가 흐리거나 불투명한 것으로 시진시 수정체가 회색이나 우유빛으로 보인다. 노화로 수정체 내 대사기전에 변화가 생겨 수정체가 섬유화되고 밀도가 증가한다. 수정체의 혼탁과 투명도 감소로 빛을 망막까지 전달하지 못하여 망막에 선명한 상을 맺지 못한다. * 수정체 : 정확한 상을 만들어내기 위해 망막 위에 초점을 맞춘다.	
원인 국시 04	나이	50세경에 시작되어 나이가 들면서 진행되며 시력장애의 주 원인
	외상성 백내장	눈, 머리에 타박상, 눈의 관통, 안구 내 이물질
	중독 백내장	코티코스테로이드 : 수정체 혼탁으로 백내장이 생긴다.
	동반된 백내장	당뇨병 : 눈의 수정체 혼탁으로 백내장이 생긴다. 햇빛 노출
	합병 백내장	녹내장, 망막박리
	선천성 백내장	임신 초기 풍진, 다운증후군
증상 국시 99, 02	흐린 시력	선명하게 볼 수 없고 약간 뿌옇게 보인다. 색깔 인식 감소
	주간맹	주간맹으로 밝은 곳에서 동공 수축이 일어나고 눈부심이 심해 시력이 매우 감퇴 불빛이 밝지 않을 때 동공이 이완되므로 잘 본다.
	수정체 근시	핵백내장의 경우 수정체가 볼록해져 수정체의 굴절률이 증가하여 근거리 글씨를 잘 보게 됨 * 핵백내장 : 수정체 중앙에 혼탁 발생
	단안 복시	부분적 혼탁으로 수정체의 각 부분마다 굴절 상태가 다를 때 한쪽 눈으로 사물을 보아도 두 개로 보인다.
	눈부심	안구매체의 불균일로 수정체로 들어오는 빛의 산란 때문에 눈부심이 일어난다.
	하얀 동공	수정체가 혼탁되어 하얀 동공이나 통증이 없다.
검사	적반사 소실	수정체의 혼탁으로 망막에 빛이 반사가 안 되어 적색 반사가 소실된다. * 적색 반사가 없는 것 : 각막의 불투명, 수정체의 불투명, 초자체의 혼탁, 백내장, 망막 박리, 미숙아 망막증, 망막아 세포종(망막에 악성 종양)
	세극등 현미경 검사	수정체가 혼탁된다. 높은 확대율로 눈의 전방검사이다. 각막, 방수, 수정체, 초자체 앞쪽의 비정상을 정확히 알 수 있다.

인공 수정체 삽입술

혼탁된 수정체를 제거한 후 인공 수정체를 삽입한다.

인공 수정체 삽입술(백내장 수술) 후 간호

통증 사정 [국시 20]	초기 통증을 사정한다. 통증은 수술 후 합병증으로 안압 상승, 눈의 전방 출혈일 수 있다.
안압 감소 [국시 14, 20]	안압 상승은 수술 후 합병증으로 활동을 제한한다.
안대	안대는 외부 충격으로부터 수술 받은 눈을 보호한다. 수술 후 2~3주(1개월) 동안 밤에 사용한다.
물 제한	수술 후 1주일간 눈에 물이 들어가지 않도록 세수, 머리감기, 탕 목욕은 1주일 후에 한다.
잠자기	수술한 쪽으로 잠자지 않는다.

4 황반변성

황반	망막의 중심부로 시세포들이 밀집되어 있다.
분류	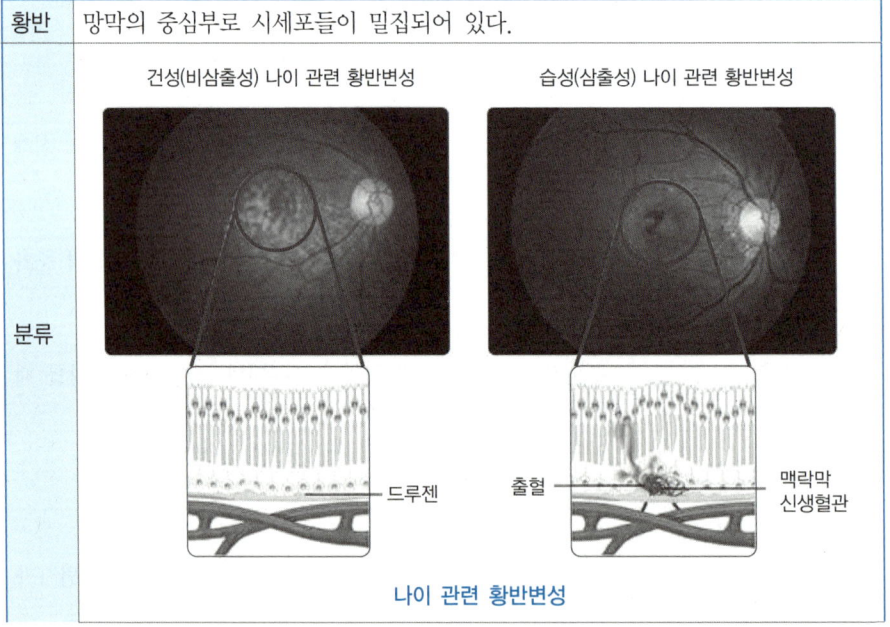

나이 관련 황반변성

분류	건성(비삼출성) 황반변성 임용 25	망막에 드루젠이라는 노폐물이 쌓여 망막의 황반이 위축되며 황반변성의 대부분을 차지한다. 황반에 시세포가 서서히 파괴되어 황반 기능이 떨어지고 통증 없이 중심부 시력이 감소하기 시작한다.
	습성(삼출성) 황반변성	황반 밑 망막과 맥락막 사이에 신생혈관이 자라난다. 이 혈관은 매우 약하고 터지기 쉬워 삼출물과 혈액이 흘러나와 황반에 손상을 입힌다. 황반의 손상은 비교적 빠르게 일어나 진행 속도가 빠르다. 중심시력 감소, 시력저하, 변형시증, 새로운 암점, 실명이 생긴다. ※ 변형시증: 물체 형태가 찌그러져 보이는 시력장애
검사	암슬러 격자 검사	격자 무늬 선이 그려져 있다. 중앙의 한 점을 응시하며 격자 무늬가 왜곡되어 보이거나 어느 한 부분이 보이지 않는 비정상적 소견이 있으면 황반이 문제이다.
치료	비삼출성	삼출성으로 진행할 가능성이 있으므로 새로운 증상이 나타난 경우 검사받도록 한다.
	삼출성	시력보존을 위해 레이저 광응고술, 경동공 온열요법, 방사선치료, 수술을 한다. 최근에 신생혈관 생성을 억제하는 약(anti-VEGF)을 안구 내 주사한다.
간호	선글라스 국시 21	원인인 과도한 자외선 노출로 선글라스를 착용한다. 남아 있는 시력을 최대한 유지한다.
	항산화제 국시 21	항산화제를 섭취한다.
	심혈관계 질환 예방	심혈관계 질환을 예방하고 치료한다.

5 맥립종(다래끼)

정의 임용 95	원인균은 포도상구균이다. 안검의 부속선이나 눈썹의 모낭에 생긴 급성 화농성 염증이다.	
증상	발적, 충혈, 종창, 통증 눈꺼풀에 아픈 굳은 덩어리가 만져진다. 감염된 지 3~4일이 되면 화농되어 피부로 터져 나온다.	
치료	항생제	원인 제거 위해 항생제 투약
간호 임용 95	냉찜질	초기에 돋기가 화농되기 전이라면 냉찜질하여 흡수시킨다. 냉찜질은 함염증 : 국소적 신진대사를 저하시켜 항염증, 진통 효과 부종 감소 : 혈관 수축으로 혈류량을 감소시켜 부종 감소
	더운물 찜질	돋기가 화농되었다면 더운물을 찜질하여 혈액 순환을 증가시켜 완전 화농시켜 환부가 터지면 자연 배농한다.
	짜지 않기	다래끼를 짜내지 않는다. 짜는 것은 봉와직염을 유발하거나 감염을 안검 전체로 퍼진다. * 봉와직염 : 작은 외상 후 1~2일째 나타나며 진피와 피하조직에 발생되는 세균성 감염
	안대 하지 않기	안대를 하지 않는다. 안대는 눈의 온도를 높여 박테리아를 성장시킨다.

CHAPTER 14 청각 장애

1 개론

귀의 구조와 기능

귀의 구조 국시 01	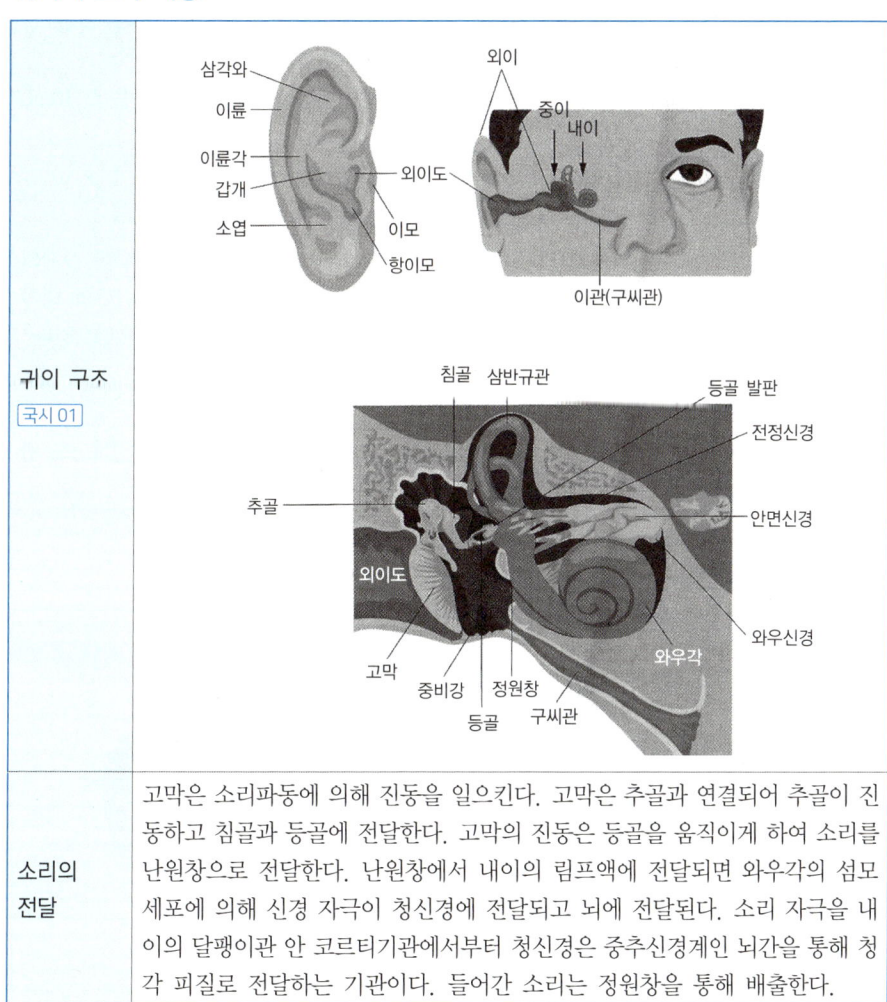
소리의 전달	고막은 소리파동에 의해 진동을 일으킨다. 고막은 추골과 연결되어 추골이 진동하고 침골과 등골에 전달한다. 고막의 진동은 등골을 움직이게 하여 소리를 난원창으로 전달한다. 난원창에서 내이의 림프액에 전달되면 와우각의 섬모세포에 의해 신경 자극이 청신경에 전달되고 뇌에 전달된다. 소리 자극을 내이의 달팽이관 안 코르티기관에서부터 청신경은 중추신경계인 뇌간을 통해 청각 피질로 전달하는 기관이다. 들어간 소리는 정원창을 통해 배출한다.

평형검사

정의		8뇌신경 검사로 안뜰(전정) 기능 검사로 평형을 유지하는 기능 사정
보행검사	방법	일직선상을 걷게 하여 한쪽으로 기울어지는지 평가
족답검사 (stepping test)	방법	한 지점에서 제자리 걷기를 시킨 후 신체의 회전, 이동 조사
Romberg 검사	방법	눈을 뜬 상태에서 두 팔은 몸 양옆으로 자연스럽게 내리고, 무릎과 발을 모으고 서 있게 하여 흔들림이 있는지 관찰한다. 눈을 가리고 똑바로 서게 하여 직립 반응 검사
	정상	정상적으로 약간의 흔들림이 있을 수 있으나 평형을 유지
	전정 문제	눈을 감은 상태에서만 흔들림, 시각이 전정기능 보상 cf) 소뇌성 실조증: 눈을 감으나 뜨나 모두 흔들림 [국시 17]
열량 검사 (caloric test, 온도 자극 검사, 온도 안진 검사, 냉온 검사, 온도 눈떨림 검사) [국시 15]	방법	온도 자극 검사로 앉거나 앙와위를 취하고 침상 머리를 30도 상승시킨다. 외이도를 통하여 체온보다 차가운 물이나 따뜻한 물을 5~10mL 넣는다.
	금기	고막 천공이 있는 경우는 금기이다.
	정상	제3, 6, 8뇌신경이 정상이면 안구진탕이 나타난다. 전정과 뇌간 기능 측정으로 이도로 냉수나 온수를 넣어 신체와 주입된 물의 온도 차이가 삼반규관 내 속림프(내림프)의 대류 흐름을 자극하여 안구진탕, 어지러움, 오심, 구토를 일으킨다. * 전정 기관: 삼반규관과 전정, 제3뇌신경: 동안신경, 안구운동, 제6뇌신경: 외전 신경, 안구의 측면 운동
	비정상	전정이나 뇌간 기능 상실로 냉수나 온수 30mL를 주입하고도 반응이 감소한다.

귀약 투약 [국시 04, 09]

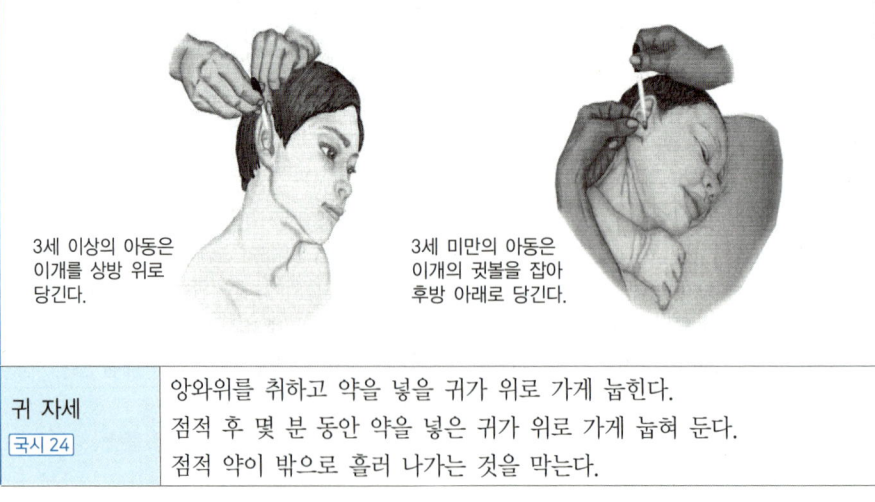

3세 이상의 아동은 이개를 상방 위로 당긴다.

3세 미만의 아동은 이개의 귓볼을 잡아 후방 아래로 당긴다.

귀 자세 [국시 24]	앙와위를 취하고 약을 넣을 귀가 위로 가게 눕힌다. 점적 후 몇 분 동안 약을 넣은 귀가 위로 가게 눕혀 둔다. 점적 약이 밖으로 흘러 나가는 것을 막는다.

당기기 국시 24		3세 미만 아동은 귓바퀴를 후하방으로 부드럽게 당기고, 3세 이상 아동은 귓바퀴를 후상방으로 당기면 외이도가 직선으로 되어 약이 잘 들어간다.
마사지		귀의 앞쪽을 즉시 부드럽게 마사지 해 주면 약물이 이도로 잘 들어간다.
거즈 막기		안에 들어간 약물을 거즈가 빨아들이는 것을 막기 위해 미리 약물 몇 방울로 거즈를 적신다. 약물이 외이로 흘러나오지 않게 거즈로 막으며 다른 분비물이 흘러 나올 정도로 느슨하게 막는다.

2 외이도염

원인균		녹농균(Pseudomonas) : 가장 흔하다. staphylococcus, streptococcus
유발인자	알칼리화	외이도 피부의 알칼리화
	습도 증가	수영, 목욕으로 습도 증가
	물리적 자극	귀파기, 보청기의 물리적 자극
증상	소양감	
	발적	외이도 발적
	종창	외이도 종창으로 외이도가 막힘 귀 충만감, 전도성 난청으로 청력 감소
	분비물	외이도 분비물, 삼출성 이루
	귀통증	귓바퀴를 움직이면 귀통증이 심해짐 cf) 급성 중이염 : 이통, 귀에서 분비물
	발열	
	경부림프선 종대	
치료 원칙	세척과 건조	3% 생리식염수로 외이도 세척으로 귀를 청결히 하고 건조 유지가 가장 중요
	산성액	산성액으로 외이도의 산도 유지로 세균, 곰팡이 증식 억제
	항생제	녹농균(Pseudomonas)에 대한 항생제(국소, 경구) GM, Tobra와 ticarcillin(항녹농균성 페니실린류)이나 Piperacillin 함께 투여
	스테로이드제	스테로이드제 도포
간호	따뜻한 수건	따뜻한 수건으로 온열 요법을 실시하여 통증 완화
	면봉 금지	면봉은 염증으로 약해진 귀에 상처, 재감염 위험으로 면봉 금지
	귀마개	외이염은 수영으로 잘 생기므로 수영 시 귀마개 사용

3 중이염

급성 화농성 중이염

정의	상기도 감염(S. pneumoniae, H. influenzae) 후 부적절한 수유 방법, 노리개 젖꼭지 사용, 간접 흡연에 발생한다. 3주 이하로 갑작스럽고 빠르게 유스타키오관과 중이에 침범한 병원균에 의한 염증이다. 중이강 내 화농성 분비물이 있고 고막천공이 있다.
병태생리	
이관의 기능	아동과 성인 유스타키오관의 비교 유아 이관과 성인 이관의 차이 이관은 대기압과 중이의 압력을 동일하게 유지하기 위해 중이를 환기한다. 중이의 분비물을 비인두에 배출한다. 유스타키오관은 중이와 비인두를 연결하는 해부학적 통로로 평소에 중이는 비인두와 단절되었으나 삼키거나, 하품, 재채기를 할 때 비인두와 통한다. 유스타키오관이 열리면서 중이는 환기가 된다.
중이 전파 국시 03	울거나 재채기하거나 코를 풀면 이관이 열리며, 이관을 통하여 비인두의 상기도 감염원인 세균이 공기 압력 차이로 중이강 내로 들어가 전파되어 중이에 삼출물이 축적된다. 유아의 유스타키오관은 넓고, 짧고, 곧은 수평으로 비인두의 균이 중이강으로 전파가 잘 된다. 국시 14

증상 국시 02, 14	발열	40도의 고열이고 배농 시 열 하강
	이통	상기도 감염 후 이통, 박동성 이통, 이통은 음식을 씹을 때 심해진다. 머리를 좌우로 흔들거나 아픈 귀를 문지르거나 세게 잡아당긴다. 고막이 천공되기 전 이통이 심하고 삼출물 압력에 고막이 파열되면 화농성 분비물 배출, 통증, 발열 소실
	이루	중이의 삼출물이 증가하여 압력 증가로 고막이 파열된다. 고막 천공이 일어나서 농성 이루로 귀에서 분비물이 나온다.
	충만감	귀의 충만감, 부종
	청력 손상	전도성 난청, 이명 : 삼출액은 소리를 전달하는 중이 역할 방해 고막 천공에 난청 호소
	소화기계	삼출물 형성으로 구토, 식욕 저하, 설사
이경 검사	방법 임용 10	외이도와 고막을 관찰하려면 대상자의 이도에 잘 맞는 가장 큰 검경을 쓴다. 3세 미만 아동은 귓바퀴를 후하방으로 부드럽게 당기고, 3세 이상 아동은 귓바퀴를 후상방으로 당기면 외이도가 직선으로 된다.
	정상 고막 국시 03	이완부 (pars flaccida) 추골의 장돌기 추골의 단돌기 고막의 제부 (umbo) 긴장부 (pars tensa) 윤 (annulus) 광추 (light reflex) 고막의 구조 투명하며 진주빛 나는 회백색 눈에 보이는 뼈의 경계면이 분명, 추골의 단돌기, 장돌기(추골병) 빛이 반사 : 광추면, 이경 빛이 5~7시 사이에서 반사 고막의 움직임이 있다.
	급성 화농성 중이염	고막천공 고막이 광택이 없고 발적, 충혈성 부종, 팽륜된 고막 광추면과 경계선이 상실되고 추골의 장돌기의 윤곽이 불명확 부동성 고막

통기 검이경	방법	고막의 운동성 검사를 위해 이경을 외이도에 삽입하여 밀폐가 잘 되도록 하고 공기를 주입해 고막의 움직임을 확인한다.
	정상	이도에 공기가 들어가면 고막이 안으로 움직인다. 이도의 공기가 제거되면 고막은 바깥쪽으로 나온다.
	중이염	급성 화농성, 삼출성, 만성 중이염에서 고막에 양압 또는 음압을 보낼 때 움직임이 감소한다.
합병증		삼출성 중이염이나 만성 중이염으로 이행 전도성 난청 유양돌기염 뇌막염 : 중이염, 급성 부비동염의 세균, 화농이 두개구조물을 통해 지주막하 감염으로 뇌척수액, 연막에 염증을 일으킨다.

삼출성 중이염

정의		고막천공이 없으며 발열, 이통 등이 없이 고막 뒤 중이 내 삼출액이 있는 염증이다.
병태생리		유스타키오관 폐쇄에 의해 중이강의 환기 장애를 일으켜 중이강은 음압 상태가 된다. 음압에 대한 보상 작용으로 고막은 내측으로 함몰되고 중이 점막의 모세혈관의 투과성이 높아져 혈관으로부터 중이강 내로 수분이 나와 중이강 내 음압을 감소시키며 중이에 삼출액이 고인다.
원인 국시 11		알레르기 비염, 만성 부비동염, 아데노이드 증식증, 재발성 화농성 중이염, 급성 상기도염, 간접 흡연, 부적절한 수유 방법, 급격한 기압 변화
증상		이통, 발열이 없다. 이명, 이폐색감
	청력장애	전도성 난청, 자신의 음성이 크게 울려 들리는 자성 강청 TV 소리를 크게 하거나 주의가 산만한 것은 청력 장애 삼출액은 소리를 전달하는 중이 역할을 방해한다.

고막 소견	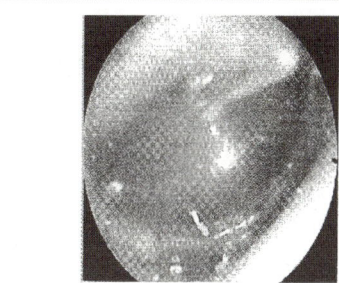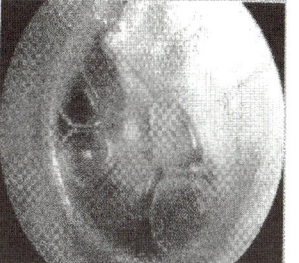삼출성 중이염 환아의 우측 및 좌측 고막 사진 광택 소실, 뿌옇게 불투명한 회색, 호박색 고막 고막의 내함, 삼출액 선, 기포, 고막의 움직임 감소

만성 중이염

정의	3개월 이상 중이에 염증, 6개월에 3회 이상, 일 년에 6회 이상 염증 고막의 천공과 중이와 유양돌기의 비가역적 만성적 염증으로 이루, 난청 동반 * 유양돌기 : 중이 뒤에 위치하며 공기로 차 있다.	
증상	무통성 이루, 귀의 팽만감, 이명, 현기증, 전도성 난청, 청력 장애	
합병증 임용 96 / 국시 04 ★ 고전 안에 나온 유뇌 이미진	전도성 난청	소리를 전달하는 중이 장애로 전도성 난청
	고막 천공	고막 천공은 고막의 영구적 천공
	진주종	천공으로 편평 상피조직이 중이강과 유양돌기에 자라 진주종 형성
	이경화증	중이의 등골에 뼈가 증식되어 이경화증
	미로염 국시 14	미로염으로 감각신경성 난청, 평형 이상(내이) 발생 * 뼈 미로는 달팽이(와우), 안뜰(전정), 반고리뼈관이 있고 막미로는 뼈미로 내 있다. 막미로 내부는 내림프로 채워져 있고 뼈미로와 막미로 사이는 외림프로 채워져 있다.
	유양돌기염	유양돌기에 염증
	뇌막염, 뇌농양	뇌막염, 뇌농양
	안면신경마비	안면신경이 등골과 난원창 근처에 위치

간호

감염 R/T 병원체 존재 (급성 중이염) ↓ 아동이 열이 나지 않는다. 국시 01, 06, 09	상승	방법	머리를 상승시키고 아프지 않은 쪽으로 눕힌다.
		효과	통증을 최소화한다.
	얼음주머니	방법	감염된 귀에 얼음주머니를 대준다.
		효과	냉으로 혈관이 수축하여 부종 감소로 중이 압력을 감소시키고 통증을 감소시킨다.
	배액	방법	귀에서 배액이 되면 생리식염수, 과산화수소수에 적신 면봉이나 마른 면봉으로 외이를 깨끗이 닦고 건조시킨다. 귀를 솜으로 느슨하게 막는다.
		효과	닦고 건조시켜 감염이 확산되지 않도록 감염을 예방한다.
	세척 금지	방법	외이도에 화농성 물질과 괴사조직이 발견되면 천공된 것으로 세척하지 않는다. ex) 두부손상 : 두개골 골절이 의심될 때 두피에 난 상처를 세척하지 않는다. 세척 시 사용되는 용액, 불순물과 세균이 뇌로 들어갈 수 있다.
		효과	통증 : 세척 시 통증이 심하다. 중이강 유입 : 고막 천공으로 배농액, 괴사조직들이 중이강 내로 흘러들어갈 위험이 있다.
	귀마개	방법	환기관(고막 절개관) 삽입 동안 목욕물, 수영장의 물은 세균 감염 가능성으로 귀마개를 사용한다.
		효과	귀마개로 중이에 오염된 물이 들어가 감염되는 것을 피한다.
	항생제 임용 12	방법 국시 22	처방된 항생제의 정해진 기간 동안 투여한다.
		근거	중이염 증상이 모두 소실되었을지라도 항생제 투여를 중단하면 중이염의 원인균이 살아서 병이 재발된다.

지식결핍 R/T 중이염 발생 ↓ 중이염 발생 원인을 알고 원인에 대한 대처 능력을 갖는다. 임용 12	수유 자세 국시 02	방법 국시 22	중이염 예방 위해 영아를 앉힌 자세에서 수유한다.
		근거	영아가 똑바로 누워서 빨 때, 우유가 유스타키오관으로 들어가 유스타키오관을 자극하거나 막아버리고 중이염을 일으킨다.
	모유 영양	방법	모유 영양을 한다.
		근거	모유 영양은 영아에게 면역체가 전달되고 상체가 높은 수유 자세로 중이염을 예방한다.
	노리개 젖꼭지 제한	방법	영유아가 잘 때 노리개 젖꼭지를 물어서는 안 된다.
		근거	영유아가 노리개 젖꼭지를 물고 빨면 비인두에서 유스타키오관을 통해 병원균이 유입된다.
	코 풀기 제한 국시 23	방법	코를 세게 풀거나 양쪽 코를 막은 채 코를 풀지 않는다. 코를 풀 때는 한쪽 콧구멍과 입을 벌린다.
		근거	상기도 감염이 있을 때 코를 세게 푸는 것과 코를 막고 풀 때 이관이 열려 비인강 내 병원균이 중이로 전파 위험이 있다.
	간접 흡연 제한	방법	담배 연기를 제거한다.
		근거	간접 흡연에 노출된 아동은 중이염 위험이 높다. 담배 연기는 유스타키오관을 자극하여 중이염을 유발한다.
	이관통기법	방법	삼출성 중이염에서 상기도 급성 감염이 없는 경우 Valsalva법으로 코를 쥐고 입을 다문다. 풍선을 불거나 무가당 껌을 씹는다.
		근거	유스타키오관을 강제로 열리게 하여 공기를 넣어주어 중이의 환기를 촉진시킨다.

4. 이경화증

정의 국시 07	중이 장애로 중이의 등골에 뼈가 증식되어 음의 진동이 내이에 효과적으로 전달되지 않는다.
원인	유전적 질환, 만성 중이염
증상 국시 08	전도성 청력상실 청력상실은 10대 후반에서 20대 초반 젊은 여성에게 발생 부드럽고 작게 말하는 소리를 듣기 힘들어한다. : 저음이 들리지 않는다. ※ 메니에르병 <table><tr><td>초기</td><td>저음역 감각 신경성 난청</td></tr><tr><td>후기</td><td>전음역에 걸친 감각 신경성 난청</td></tr></table>
진단	음차검사에서 전도성 난청으로 골전도가 공기전도보다 크다.
치료	청력 증진을 위하여 보청기(음을 증가시켜 전도성 난청에 효과) 사용 외과적으로 등골 절개술(가동술) : 수술로 90% 완치된다.

5. 메니에르병(Meniere's disease)

정의 국시 05, 16	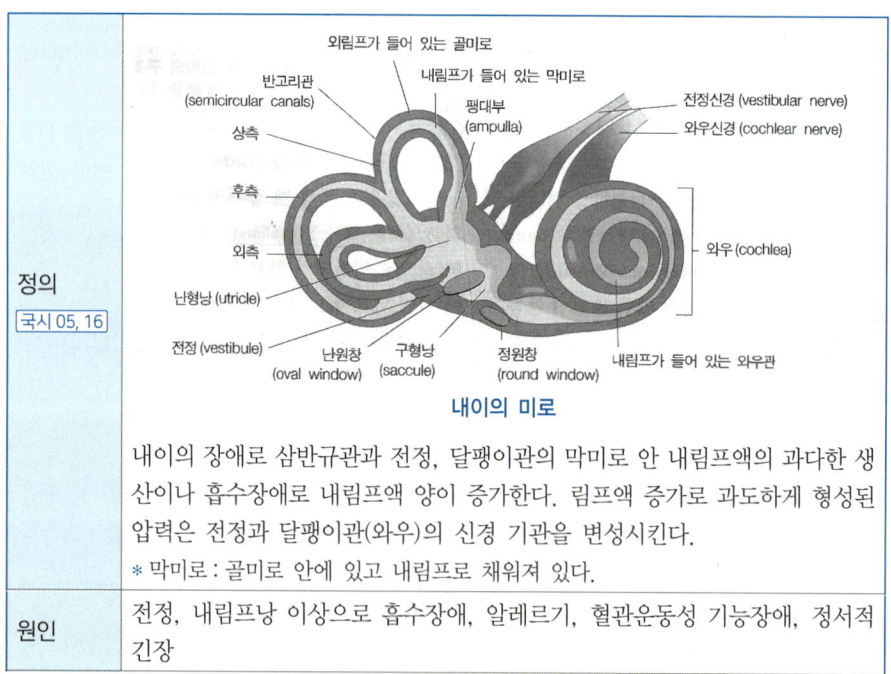 내이의 미로 내이의 장애로 삼반규관과 전정, 달팽이관의 막미로 안 내림프액의 과다한 생산이나 흡수장애로 내림프액 양이 증가한다. 림프액 증가로 과도하게 형성된 압력은 전정과 달팽이관(와우)의 신경 기관을 변성시킨다. ※ 막미로 : 골미로 안에 있고 내림프로 채워져 있다.
원인	전정, 내림프낭 이상으로 흡수장애, 알레르기, 혈관운동성 기능장애, 정서적 긴장

증상 국시 01, 05 08, 12 ★ 이현난	감각신경성 난청		
	이명		
	현기증	오심, 구토를 동반한 심한 현기증(현훈, 회전성 어지러움)	
	균형 장애	운동실조	
	안구진탕	* 안구진탕증, 균형장애, 운동실조 : 내림프가 삼반규관의 한쪽으로 몰리거나 소뇌 장애에 의해 발생	
	이충만감		
	월경 전 증상	수분 정체가 나타나는 월경주기 동안 증상이 심해진다. 에스트로겐이 RAA작용으로 염분, 수분 축적	
검사	청력검사	초기	저음역 감각 신경성 난청 린네와 웨버 검사 : 감각 신경성 난청에 손상받은 귀에서 공기와 뼈 전도가 감소한다.
		후기	전음역에 걸친 난청
	Romberg 검사 (평형 감각 검사) 국시 06	눈을 감을 때 균형 장애가 있다.	
	전정기능 검사 (온도 눈떨림 검사) 국시 04, 05	전정기능 검사(열량 검사, 온도 눈떨림 검사)의 냉온 자극 검사에서 병변 측 안구진탕의 반응 감소 이도로 냉수, 온수를 넣어 내림프에 대류 흐름 유발 정상 : 안구진탕 * 전정 신경 : 전정과 반규관에 분포하며 평형 감각	

약물요법 국시 04, 08

진정제	약명	diazepam(valium), lorazepam(ativan)
	기전	GABA를 활성화시켜 뇌에서 흥분된 조직을 억제하여 현훈을 없애준다.
항히스타민제	약명	dimenhydrinate(dramamine), 디펜히드라민[diphenhydramine (benadryl)], meclizine
	기전	항현훈/항구토제 H₁수용체 길항제로 중추에서 H₁수용체를 차단하여 중추신경을 억제하여 현기증을 감소시킨다. 전정기관의 경로에 의해 매개하는 오심과 구토를 감소한다. * 구토 중추 : 화학수용체 자극대(dopamine, 5-HT), 내장구심자극(dopamine, 5-HT, acetylcholine, histamine), 대뇌겉질
항콜린성	약명	atropine, propantheline bromide(Pro-Banthine : 경직성 방광, 긴박성 요실금에서 사용-), glycopyrrolate(Robinul) ex) 염증성 장질환 : belladonna, propantheline, 복통, 설사 감소
	기전	부교감신경 차단제로 위장관 반사를 감소시켜 오심, 구토를 감소시킨다.
이뇨제	약명	hydrochlothiazide, amiloride(aldosterone 길항제)
	기전	이뇨제로 내림프액 양을 저하시켜 귀의 충만감과 압력을 완화한다.

치료

| 수술 | 약물 치료에 반응이 없고 현기증 발작이 일상생활에 지장이 크면 수술을 고려한다. |

간호 국시 11, 17, 19

침상 안정	방법	심한 현훈에 즉각적으로 편평한 바닥에 눕혀서 현훈이 멈출 때까지 눈을 감고 움직이지 않는다. 베개로 환자의 머리 양쪽을 지지하고 침대 난간을 올리고 침상 안정을 취한다.
	근거	심한 현훈에 안정을 취하여 사고를 예방한다.
운전, 기계 작동 제한	방법	운전과 기계 작동을 하지 않는다.
	근거	심한 현훈에 운전과 기계 작동에 의한 사고를 예방한다. ex) 발작, 교감신경 차단제(시야 흐림, 어지러움)
낙상 예방	방법	사다리, 지붕 등 높은 곳에 오르는 것은 금지한다.
	근거	높은 곳에 오르지 않도록 하여 낙상을 예방한다.
수영 제한	방법	수영은 피한다. ex) 발작 : 수영 시 익사 위험이 높아 친구나 인명 구조원과 함께 한다.
	근거	현훈에 수영에 의한 사고를 예방한다.
식이 제한 국시 21, 23	방법	☆ No Cats(caffeine, alcohol, tobacco, salt, stress) 초콜릿, 커피, 카페인, 흡연, 알코올을 피한다.
	근거	이러한 섭취는 증세를 악화시킨다. * 소화성 궤양 : 카페인 - 혈관 수축, 위산과 펩신 자극 / 술, 양념 강한 음식 - 위산 자극
염분 제한 국시 07, 21, 23	방법	염분 제한 식이를 한다.
	근거	염분 제한 식이로 내림프액 양을 감소한다.
유발 요인 제한	방법	소음, 불빛, 스트레스, 피로를 감소시킨다.
	근거	증상 유발 요인을 제거한다.
균형 운동	방법	균형 장애, 운동 실조에 균형 운동을 한다. 균형 운동은 머리를 위아래, 좌우로 천천히 움직인다. 국시 22
	근거	균형 운동으로 손상된 균형 체계를 보상하여 현훈을 감소한다.

중추성과 말초성 현훈(현기증)의 감별

구분		말초성 어지럼증	중추성 어지럼증
원인		메니에르 질환, 내이염(미로염)	뇌경색, 편두통
원인분위		전정기관(세반고리반, 전정신경)의 이상	신경계(소뇌기관)의 이상
어지럼증 양상	회전성	회전성 어지럼증이 빈번함 자기 주위가 빙빙 도는 것 천정이나 벽이 빙빙	다양한 형태의 어지럼증 핑 돌거나 눈앞이 캄캄 또는 희미해짐
동반증상	구역 및 구토	정도가 더 심함	정도는 말초보다 약하나 더 오래감
	청각 관련 증상	난청, 이명, 귀의 통증, 귀의 충만감	동반하지 않음
	신경계 이상 증상	동반하지 않음	구음장애, 운동실조, 마비, 감각이상, 소뇌증상 등 동반

6 난청

난청 유형 [임용 04 / 국시 05]

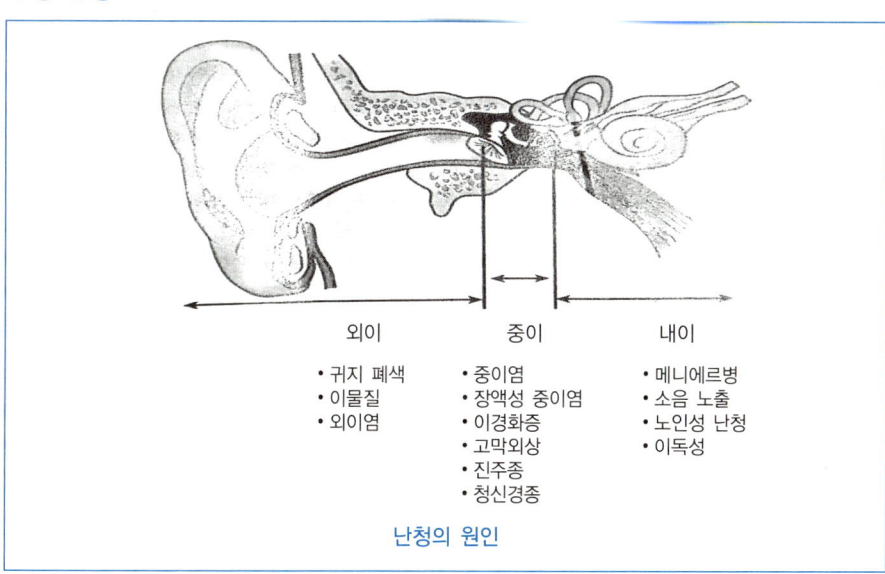

난청의 원인
- 외이
  - 귀지 폐색
  - 이물질
  - 외이염
- 중이
  - 중이염
  - 장액성 중이염
  - 이경화증
  - 고막외상
  - 진주종
  - 청신경종
- 내이
  - 메니에르병
  - 소음 노출
  - 노인성 난청
  - 이독성

		전도성 난청	감각 신경성 난청	
정의		음을 전달하는 외이, 중이의 전도장애이다. 외이도, 고막, 중이를 통해 음이 전도되는 과정에 장애이다.	내이, 청신경, 뇌까지의 청각로의 장애이다. 물리적 음향 에너지를 전기적 음향 에너지로 바꾸어 중추에 전달하는 기관인 내이의 이상이나 뇌로 전달하는 청신경의 신경 전도상의 질병, 외상에 의해 발생하는 청력 손상이다.	
원인	귀지	귀지에 의한 이도 폐쇄	감염성 질환	유행성이하선염, 수막염
	중이염	급성 중이염, 삼출성 중이염, 만성 중이염		
	고막 문제	고막 천공, 고막 비후, 수축, 반흔	귀 독성 약물	Aminoglycoside	이독성 Streptomycin kanamycin, amikacin, gentamycin, neomycin, tobramycin
	진주종	만성 중이염, 고막 천공 결과로 케라틴화된 편평 상피조직이 중이강과 유양 돌기부에 침입		Loop diuretics	lasix(furosemide) 가역적 감각신경성 난청 초래
				NSAID	Aspirin(Salicylate) 이독성, 신장 독성
				항암제, Cisplatin, vincristine	양측성, 비가역적 청력 상실 발생 Cisplatin : platinum (백금) 약제 vincristine : 천연물질 유도제(미세관 억제제)
			노인성 난청	노화로 발생하는 달팽이관(와우기관) 속 코르티기관(음파를 신경흥분으로 전환) 내 유모세포와 신경세포의 퇴행성 변화이다.	
			소음	소음에 의해 달팽이관(와우기관) 속 코르티기관(음파를 신경흥분으로 전환) 내 유모세포 손상 양측성, 4,000Hz 근처 고주파에서 시작	
			외상	머리나 귀 외상, 뇌 좌상	

원인	이경화증	등골에 뼈가 증식되어 음의 진동이 내이에 전달되지 않음	메니에르병	내림프액이 증가하여 내이의 장애
			미로염	만성 중이염으로부터 미로염 이행
			청신경종	제8뇌신경의 신경종으로 제8뇌신경에 생기는 양성 종양
			이해면화증	내이 안에 비정상적 해면상 골조직 형성 cf) 전도성 난청 : 진주종, 이경화증

난청의 사정
전도

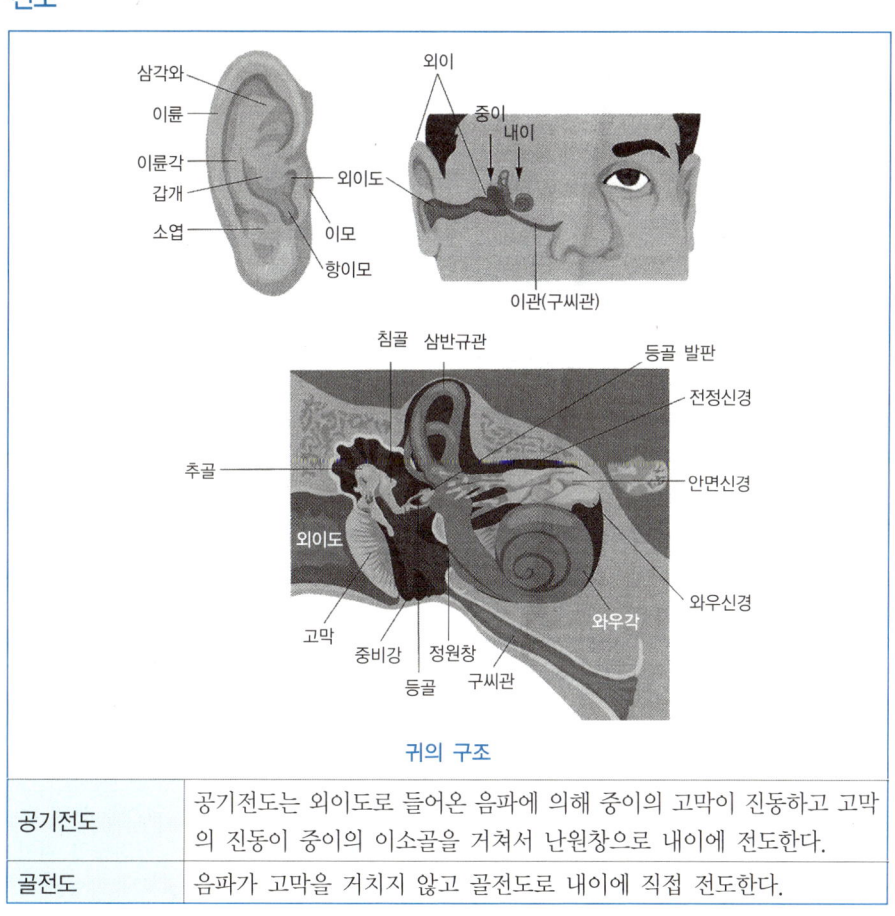

귀의 구조

공기전도	공기전도는 외이도로 들어온 음파에 의해 중이의 고막이 진동하고 고막의 진동이 중이의 이소골을 거쳐서 난원창으로 내이에 전도한다.
골전도	음파가 고막을 거치지 않고 골전도로 내이에 직접 전도한다.

		Weber	Rinne
		골전도	골전도, 공기전도 비교
정상		편위×	공기전도 > 골전도
전도성 난청	공기전도↓, 골전도↑	환측에서 잘 들림	공기전도 < 골전도 공기전도보다 골전도에서 더 크게 오래 듣는다.
감각신경성 난청	공기전도↓, 골전도↓	정상에서 잘 들림	공기전도 > 골전도 손상받은 귀에서 공기전도와 뼈전도가 감소한다. 골전도보다 공기전도에서 더 크게 오래 듣는다.

웨버 검사(Weber test) 임용 15 / 국시 15

방법	골전도에 대한 검사로 음차를 가볍게 진동시켜 대상자의 머리 위에 두거나 앞이마에 놓고 대상자에게 음이 어디에서 들리는지 묻는다.
결과	정상: 음은 중앙에서 들리거나 양쪽 귀에서 동등하게 들린다. 일측성 전도성 장애 국시 00 　결과: 골전도 증가로 음은 장애가 있는 귀에서 잘 들린다. 　기전: 골전도로 전달된 음은 정상적으로 외이를 통해 빠져 나가지만 전도성 난청은 정상 공기전도의 길이 막혀 음파 유출 방해로 강한 내이 진동을 일으켜 크게 오래 들린다. 일측성 감각신경성 난청 　결과: 골전도 감소로 음은 건강한 귀에서 잘 들린다. 　기전: 골전도로 전달된 음은 감각신경성 난청의 내이나 청신경 장애로 청신경 전도가 되지 않는다.

린네 검사(Rinne test) 임용 15

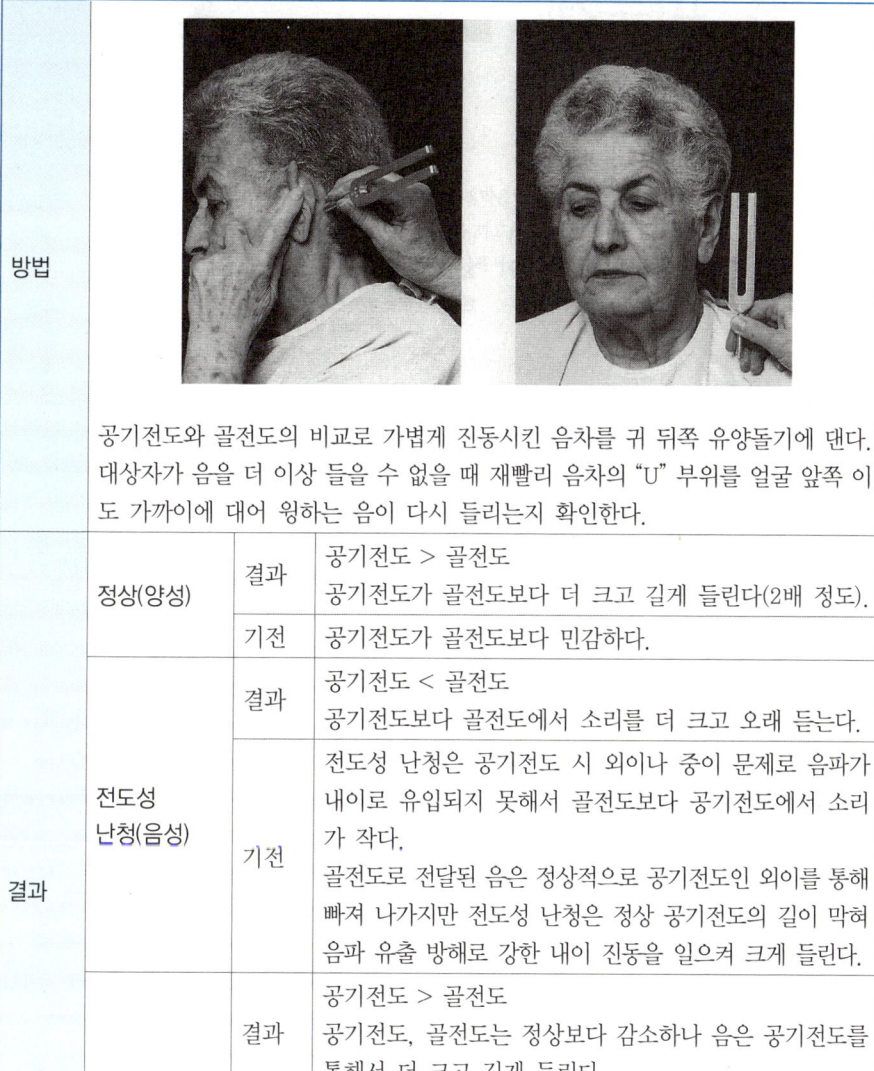

방법			공기전도와 골전도의 비교로 가볍게 진동시킨 음차를 귀 뒤쪽 유양돌기에 댄다. 대상자가 음을 더 이상 들을 수 없을 때 재빨리 음차의 "U" 부위를 얼굴 앞쪽 이도 가까이에 대어 윙하는 음이 다시 들리는지 확인한다.
결과	정상(양성)	결과	공기전도 > 골전도 공기전도가 골전도보다 더 크고 길게 들린다(2배 정도).
		기전	공기전도가 골전도보다 민감하다.
	전도성 난청(음성)	결과	공기전도 < 골전도 공기전도보다 골전도에서 소리를 더 크고 오래 듣는다.
		기전	전도성 난청은 공기전도 시 외이나 중이 문제로 음파가 내이로 유입되지 못해서 골전도보다 공기전도에서 소리가 작다. 골전도로 전달된 음은 정상적으로 공기전도인 외이를 통해 빠져 나가지만 전도성 난청은 정상 공기전도의 길이 막혀 음파 유출 방해로 강한 내이 진동을 일으켜 크게 들린다.
	감각신경성 난청(양성)	결과	공기전도 > 골전도 공기전도, 골전도는 정상보다 감소하나 음은 공기전도를 통해서 더 크고 길게 들린다.
		기전	감각신경성 난청은 물리적 음향 에너지를 전기적 음향 에너지로 바꾸는 내이나 청신경 장애에 의한 신경전도에 문제이다. 공기전도, 골전도가 감소하나 공기전도를 통해서 더 크고 길게 들린다. 공기전도가 골전도보다 민감하다.

보청기

전도성 난청	전도성 청력상실 환자는 보청기 사용으로 소리를 증폭하여 청력상실을 개선한다. 국시 24
감각신경성 난청	보청기는 유용하지 않는데 언어뿐 아니라 배경소음까지 증폭시킨다. 소리 강도가 증가할수록 불편감을 유발한다.

15 피부계

1 개론

피부병변의 분류

일차 피부병변	이차 피부병변
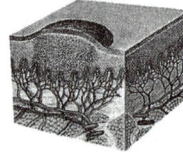 **피진(macule)** 둥글고, 편평하며 피부색만 변화가 온 직경 1cm 이내의 부위 예 : 주근깨, 점상출혈, 홍역, 편평모발(nevus)	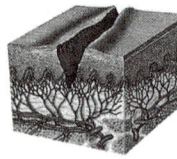 **균열(fissure)** 표피에서 진피에 걸쳐 선상의 균열이나 파괴가 있으며, 건조하거나 습함 예 : 무좀, 입 가장자리의 갈라진 틈
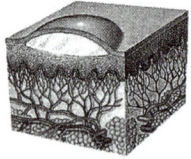 **구진(papule)** 직경 1cm 미만의 단단하고 융기된 병변 예 : 사마귀, 융기모반	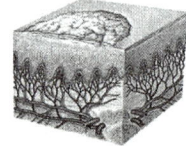 **인설(scale)** 비정상적 각질화와 탈락에 의해 죽은 표피세포가 과다하게 만들어짐 예 : 성홍열이나 약물 반응 후의 피부탈락
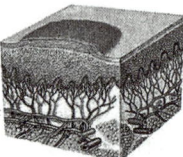 **수포(vesicle)** 둥글고 직경 1cm 미만이며, 표면이 장액성 액체로 차 있는 병변 예 : 바리셀라(수두), 대상포진, 2도 화상	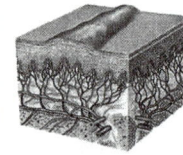 **반흔(scar)** 정상피부를 대치하는 비정상적 결체조직의 형성 예 : 외과적 절개나 치유된 상처
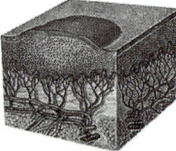 **판(plaque)** 직경 1cm 이상이며, 둥글고 표면이 융기되어 있고 단단한 병변 예 : 건선, 지루성 각화증	 **궤양(ulcer)** 표피와 진피의 상실로 움푹파인 불규칙한 모양 예 : 욕창, 하감
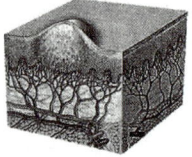 **팽진(wheal)** 직경은 다양하며, 단단하고 부종이 있으며 불규칙한 형태를 띤 부위 예 : 곤충에 물린 곳, 두드러기	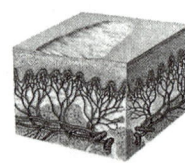 **위축(atrorhy)** 표피와 진피가 얇아져서 생기는 피부의 함몰 예 : 노화피부, 선상피부위축증
농포(pustule) 화농성 액체로 가득찬 융기된 표재성 병변 예 : 여드름, 농가진	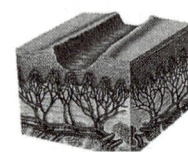 **찰상(excoriation)** 표피의 상실로 인해 진피가 노출된 부위 예 : 옴, 찰과상이나 긁힌 것

일차 병변
질환의 초기 병변 임용 96 ★ 피구판이 팽반으로 이루어짐

피진(반점, macule)	정의	직경 1cm 이내로 편평하며 둥글고 피부색 변화
	예	주근깨, 점상출혈, 편평모발(nevus)
반(patch)	정의	반의 크기가 1cm 이상 편평, 불규칙한 형태
	예	백반
구진(papule)	정의	직경 1cm 미만의 단단하고 융기된 병변
	예	사마귀, 융기모반, 여드름, 수두
판(plaque)	정의	직경 1cm 이상, 둥글고 표면이 융기되어 단단한 병변
	예	건선, 지루성 각화증, 판형의 홍반성 낭창
팽진(wheal)	정의	진피, 피하조직에 깊이 침투하는 혈관 부종 직경은 다양하고 부종이 있으며 불규칙한 형태를 띤 부위
	예	곤충에 물린 곳, 두드러기
결절	정의	1~2cm 정도이고 융기되고 구진보다 깊고(진피, 피하) 단단하게 형성
	예	통풍 결절(외이, 팔, 손가락의 관절 주위에 생김), Herbeden 결절(골관절염, 손가락의 원위지 관절에 뼈의 과잉 증식), Bochard 결절(골관절염, 손가락의 근위지 관절에 뼈의 과잉 증식)
종양	정의	2cm보다 크며 심부에 존재하는 융기된 형태로 단단
	예	상피종, 섬유종, 지방종, 흑색종
낭(cyst)	정의	표피 낭종 피부, 피하 층에 싸여 있는 덩어리로 융기되고 단단하지 않으며 액체, 반액체가 들어 있다.
수포(vesicle)	정의	둥글고 표면이 장액성 액체로 차 있는 병변
	예	2도 화상, 수두, 대상포진, 접촉성 피부염
농포(pustule)	정의	화농성 액체로 가득찬 융기된 표재성 병변
	예	여드름, 농가진

이차 병변

1차 병변이 변한 것으로 원발진이 진행하여 변화된 병변

찰상(excoiation)	정의	긁어서 생긴 상처로 표피 상실로 진피가 노출된 부위
	예	옴, 찰과상이나 긁힌 것
미란(erosion)	정의	표피가 박리되어 떨어져 나간 축축하고 반짝거리는 부분 반흔 없이 치유됨
	예	수두
균열(fissure)	정의	표피에서 진피에 걸쳐 선상의 균열이나 파괴
	예	무좀, 입 가장자리의 갈라진 틈
궤양(ulcer)	정의	표피, 진피, 피하 조직의 상실로 움푹 파인 불규칙한 모양 흉을 남기며 치유
	예	욕창, 연성하감, 매독하감(경성하감), 3도 화상
인설(scale)	정의	비정상적 각질화와 탈락에 의해 죽은 표피 세포가 과다하게 만들어짐
	예	성홍열, 비듬, 건선, 박리성 피부염
위축(atrophy)	정의	표피와 진피가 얇아져서 생기는 피부의 함몰
	예	노화피부, 선상 피부위축증
반흔(scar)	정의	진피, 피하의 조직 손상 후 정상피부를 대치하는 비정상적 결체 조직(섬유조직)
	예	외과적 절개나 치유된 상처
가피(crust)	정의	혈액, 농혈청이 마른 부분
	예	농가진, 습진, 찰과상 위의 딱지
태선화	정의 [임용 21]	표피와 진피의 일부가 가죽처럼 거칠고 두꺼워지고 단단한 피부
	예	만성 피부염, 아토피 피부염

질환 분류

피부 자극		자극성 접촉피부염
과민반응		알레르기 접촉피부염(4형 지연형 과민반응), 담마진(1형 즉시형 과민반응)
진드기		옴(옴진드기)
바이러스		단순포진(HSV), 대상포진(VZV), 사마귀(HPV)
세균	표재성	농가진(연쇄상구균, 포도상구균)
	진피, 피하	봉와직염(연쇄상구균, 포도상구균)
	모낭, 피지선	절종(절종증), 독종(포도상구균) ex) 맥립종(다래끼) : 부속선이나 눈썹의 모낭에 발생하며 포도상구균으로 발생
진균		백선(무좀)(피부 사상균, 곰팡이균)

전파

전파됨	옴, 단순포진, 대상포진, 사마귀, 농가진, 백선
전파 안됨	봉와직염, 절종(절종증, 독종)

2 접촉피부염

자극(원발) 접촉피부염과 알레르기 접촉피부염 비교

종류	자극성 접촉피부염	알레르기 접촉피부염
정의	자극성 물질과 접촉한 후 알레르기성 반응이 아닌 원발성으로 온다. ex) 강산, 강알칼리에 의한 피부염, 주부습진, 기저귀 피부염, 누공, 회장루 누공 주위에 피부염	제4형 지연형 과민반응 : 초기의 감작기 단계와 재차 접촉시의 발현기로 구성된다. 어떤 물질에 이미 과민성을 가지는 사람이 알레르기성 물질에 재차 접촉 후 발생한다. ex) 옻나무, 금속류(니켈), 화장품, 고무, 가죽 제품 cf) 제1형 즉시형 과민 반응 : latex allergy, 피부 테스트, 음식물 알레르기, 약물 알레르기, 두드러기
발생	모든 사람	감작된 사람
빈도	발생 빈도가 높다.	발생 빈도가 낮다.
시기	급성, 만성	지연 반응 : 제4형 지연형 과민 반응 (24시간 이후 일어나는 과민 반응)
첩포 검사	음성	양성
증상	합성세제에 의한 자극 피부염 주부습진 물질에 따라 다양한 증상 따갑고 화끈거린다. 빨리 나타남 원인제거 시 신속히 소실	접촉성 피부염 알레르겐 또는 항원에 의한 지연성 과민반응으로 발생한다. 정상인에게는 발생하지 않으나 원인 물질에 감작된 사람에게만 증상이 유발된다. 대부분 후천적이며 어떤 알레르기 항원에 1주 가량 접촉된 후 감작되어 나타나게 된다. 공통적 병변 지연 반응 원인제거에도 지속적 병변

진단 국시 07

첩포 검사 (패치 검사, patch test) 국시 17, 24	방법 임용 24	피부(팔 안쪽, 등)에 조사하고 싶은 물질을 묻힌 천을 48시간 붙여둔다. 떼어낸 직후와 그로부터 48시간 후 판정한다. cf) 튜베르클린 검사 : 48~72시간 내 경결된 부위의 크기를 확인한다.
	결과	알레르기성 접촉피부염 진단으로 제4형 지연형 과민반응 국시 05 에서 과민반응이다. 2~4일 후 뚜렷한 반응으로 홍반, 구진, 부종, 소수포, 소양증(가려움증), 작열감이 지속한다.

3 담마진(Urticaria, 두드러기) 국시 99, 00

정의		제1형 즉시형 과민반응 팽진의 혈관성 피부 질환으로 진피와 피하조직에 깊이 침투하는 혈관 부종 ex) 곤충에 물린 곳, 두드러기 cf) 접촉성 피부염 : 제4형 지연형 과민반응
원인	약물	penicillin : 연쇄상구균, 포도상구균, 세균성 심내막염, 매독, 임질에 사용 salicylates : NSAID로 부작용은 과민반응 sulfonamides : 요로 감염 약물
	음식물	딸기, 토마토 땅콩 조개, 새우, 생선(고등어) 초콜릿 우유, 치즈, 달걀
증상 국시 99, 00	전신	전신에 생길 수 있다.
	팽진	단단하고 부종이 있으며 불규칙한 형태를 띤 부위
	발적	창백한 중심부와 홍반성 주변부
	심한 소양감	
치료 국시 07	항히스타민제 국시 01	담마진이 히스타민 분비에 의해 초래된다. H_1 수용체 차단제로 피부의 H_1 수용체 부위에 결합하여 히스타민이 결합되는 것을 막아 히스타민 작용을 차단한다.
	스테로이드	스테로이드 투여로 증상 완화
	칼라민 로션	칼라민 로션은 신경말단부위에 냉감 효과로 피부를 시원하게 해준다.
	금기	만성 두드러기에 아스피린, NSAID을 금한다. NSAID로 부작용은 과민반응 : 아라키돈산이 리폭시게나제 대사 쪽으로 전환되어 류코트리엔 증가로 발생

4 옴(Scabies), 개선

원인 임용 93	인체 옴 진드기에 의한 접촉성 전염성 피부 질환이다.	
기전	옴 진드기는 피부에 침투하여 조그만 선모양의 누공을 형성하고 암컷은 피부를 파고 들어가 알을 낳는다. 1일 2~3개 알을 2달 동안 낳고 성충은 죽으며 알은 3~4일 이내 부화하고 10일 이내 성숙하여 자신의 누공을 형성한다. cf) 이의 수명 : 30일	
잠복기	1달, 옴에 접촉된지 4주 후 증상이 나타난다.	
임상증상 임용 93 국시 06	수로	
	염증 반응	옴 진드기가 들어온 지 30~60일 후 감작되어 염증 반응 예전에 진드기에 감작된 경우 노출된 지 48시간 후 염증 반응
	야간 소양증	야간 소양증으로 밤에 심하다.
	구진	구불구불한 다수의 융기의 홍반성 구진(1차 병변, 1cm 미만 융기된 병변)
	누공	피부에 누공, 구멍, 터널(수로, burrow), 표피 박리가 일어난다.
	소수포	
	발생 부위	손가락 사이, 손목, 전박(아래 팔), 겨드랑이, 유방, 배꼽 주위, 허리, 등하부, 생식기 주위, 대퇴부 내측
현미경 검사	손으로 긁지 않은 구진, 누공, 선상의 병소 부위를 메스를 사용해 구진, 누공의 윗부분을 제거하여 슬라이드 위에 올려 놓은 후 현미경으로 검사한다.	
전파	직접 전파	직접 접촉에 의해 전파
	간접 전파	더러운 의복과 수건, 이불의 공동 사용에 의한 간접 전파

약물

약명	린단(lindane), 퍼메트린(permethrin), crotamiton ex) 이 제거 약물: lindane, permethrin	
방법	목욕	옴 제거 약물을 사용하기 전 미지근한 물에 비누 목욕을 한다.
	1회 도포	1회의 도포로 치료, 1주 후 반복 가능 목 아래로 야간에 전신 도포하고 오전에 씻어낸다. 옴은 표재성 피부질환으로 한 번에 적당량을 발라준다.
	8~12시간 후 목욕	약을 바른 후 깨끗한 의복을 갈아입고 피부에 8~12시간 작용하므로 8~12시간 동안 두었다가 목욕을 해서 약물을 제거한다.
	2~3주간 지속	옴 진드기는 한 번에 다 죽지만 소양증, 발진, 피부병변은 2~3주 지속된다. 이 기간 이후에도 가려움증이 있으면, 재검사를 받는다.

간호

ex) 전파 경로별 주의 중 접촉 주의: 가운과 장갑, 개인별 사용, 이동 제한

손 씻기	방법	환자와의 접촉 전후 손 씻기를 수행한다.
	근거	손 씻기로 환자와의 직접 접촉으로 인한 직접 전파를 차단한다.
장갑	방법	검사 및 간호 중 장갑을 착용한다.
	근거	장갑 착용으로 피부와의 직접 접촉으로 인한 직접 전파를 차단한다.
세탁	방법	입었던 옷, 린넨류, 타올은 격리하여 뜨거운 물로 세탁한다. 세탁이 불가능한 의복과 침구류는 비닐봉지에 수 주간 넣어 재감염을 방지한다.
	근거	뜨거운 물의 세탁으로 옷, 린넨류, 타올에 의한 간접 전파를 차단한다.
가족 관찰	방법	가족 구성원에게 옴의 임상징후를 확인하고 가족 구성원은 옴의 증상이 있든 없든 예방적 치료를 받는다.
	근거	옴 진드기는 직접 접촉으로 인한 직접 전파와 매개물에 의한 간접 전파로 전염성이 높다.
접촉자 관찰	방법	학교에 아동의 상태를 알려 옴 침입 증상을 관찰한다.
	근거	접촉자에 조기진단과 조기치료를 한다.

5 단순포진

원인균		단순포진 바이러스 1형(herpes simplex virus 1형)
형태	제1형	입술 헤르페스(헤르페스성 구내염)
	제2형	생식기 헤르페스(genital herpes) : 성교 같은 직접 접촉을 피한다.
기전		나이, 면역 억제기간에 의해 질병이 악화한다. 피로, 스트레스는 재발을 촉진한다. 1차 감염 후 바이러스는 말초신경을 타고 올라가 체내 신경절에 잠복해 있다가 면역력이 저하되면 피부의 감각신경 경로를 따라 옮겨 다니면서 반응한다. 국시02
전파	직접 전파	피부와 피부의 접촉 또는 피부와 점막의 접촉에 의해 전파된다. 키스의 직접 접촉을 피한다.
	간접 전파	립스틱을 같이 사용하지 않는다.
구순포진 (oral herpes) 임상증상		**단순포진** 단순포진 바이러스(Herpes Simplex Virus ; HSV)에 의한 감염으로 이는 두 가지 형태가 있는데 HSV-1은 생식기(성기) 이외의 부위에서 발생하며 HSV-2는 성기에만 감염을 일으킨다. 피부와 점막 경계 부위에 급성으로 나타나는 수포성 병변이 특징적이다.
	통증	소양감, 작열감, 통증, 수포(물집)에 통증
	발진	홍반성 발진
	수포	군집 이룬 소수포로 집단의 무리를 지어 피부, 점막의 코, 볼, 입술 대부분 입 주위에 많이 관찰
	농포	삼출물이 나오는 농포
	가피	가피 형성
	발열	
	초발성	재발성보다 초발성일 때 심한 증상
합병증		안면 신경마비, 삼차 신경통
치료	acyclovir 국시04	항바이러스 약물, acyclovir로 바이러스의 DNA 합성을 방해로 바이러스의 복제를 차단하여 바이러스 확산 감소와 치유 촉진

6 대상포진(Herpes Zoster)

원인균 [임용 96, 13]	바리셀라 조스터 바이러스(varicella zoster 바이러스) 잠복기의 수두(varicella)가 재활성화된 것	
발병 빈도 증가	50~60세 이후(노인), 면역기능 약화, 악성 종양, 백혈병, 림프종 재발은 드물며 재발하는 경우 면역 저하를 의심한다. [국시 01, 06, 20]	
발병기전 [임용 13] [국시 01, 06, 08]	수두의 원인균인 varicella zoster 바이러스가 신경절에 잠복하여 면역 기능이 떨어지면 잠복 바이러스가 피부의 말초신경(뇌신경, 교감신경, 척수신경)의 감각신경을 따라 움직이며 재활성화한다.	
전파	급성기, 수포 형성 시기 대상포진의 수포로부터 직접 접촉이나 흡입을 통해 전파된다. 수두를 앓지 않은 사람이거나 면역력이 저하된 사람에게 전파된다. 면역기능이 정상인 사람에서 공기를 통해 전파시키지 않으나 감수성자에게 바이러스는 공기 전파를 한다. 수포가 딱지가 생기면 전염 가능성은 거의 없다.	
증상 [임용 92, 13] [국시 01, 06, 08]	통증	발진에 앞서 4~5일 전부터 악성 통증, 통증과 함께 발진으로 타는 듯한, 작열감, 신경통, 압통 시신경 침범 : 눈에 통증 * 다발성 경화증 : 갑작스런 안구 통증과 급격한 시력 장애
	반점 [국시 20]	**대상포진** varicell-zoster 바이러스에 의한 감염증으로, 부분적으로 면역이 있는 사람에서 각 신경근 및 뇌신경세포에 잠재하고 있던 바이러스가 재활성화되면서 발생한다. 계절적인 변화없이 발작적으로 발생하고 환자의 2/3가 40세 이상이며 병변은 수일간 발진이 존재한다. 저절로 없어지며 국소적으로 수일간 불편함을 준 뒤 아무런 합병증 없이 사라진다. 통증 → 반점 → 구진 → 수포 → 농포 → 가피 형성 홍반성 발진(붉은 반점), 군집된 구진 부위는 지각 신경의 분포로 흉수신경, 뇌신경을 따라 편측의 일측성으로 군집된 선형(넓은 띠 모양)을 이룬다. 흉부(50%), 뇌신경(20%, 삼차신경), 요추신경(15%), 천골신경(5%)

증상 임용 92, 13 국시 01, 06, 08	수포	붉고 부어오른 피부에 바이러스가 증식되어 작은 수포군 대상포진의 수포는 군집된 선형으로 나타나고 단순포진은 집단으로 나타난다.
	농포	일부에서 농포가 된다.
	가피	농포가 터져서 가피 형성
합병증		감염, 반흔 대상포진 후 신경통증 임용 13 삼차 신경통(제5뇌신경) 눈의 합병증(삼차 신경의 안가지 침범)
진단검사	챙크 (Tzanck) 도말법	수포가 터지지 않도록 소독한 후 메스로 수포의 윗부분을 제거하고 작은 큐렛을 사용해 긁어낸다. 채취된 체액 성분, 세포를 슬라이드 위에 놓고 현미경으로 검사한다. ex) 단순포진, 대상포진의 바이러스성 감염, 천포창(수포성 질환) 감염
	PCR	바이러스를 직접적으로 확인하는 중합효소연쇄반응(PCR)으로 진단에 유용하다.
예방접종		대상포진의 과거력 유무에 상관없이 예방접종을 통해 예방한다. 60세 이상 성인에서 1회 접종

치료 국시 20

아시클로버 (acyclovir) 제제 국시 04, 17	3일 안	감염 초기 첫 병소 이후 48~72시간 이내 도움이 된다.
	구강	구강으로 고용량 투여
	정맥 주사	감염이 심하면 acyclovir를 정맥 주사한다. acyclovir는 신세뇨관에 침전되므로 다량의 수분 섭취를 격려한다.
	기전	항바이러스제로 acyclovir는 바이러스의 DNA 합성을 방해로 바이러스의 복제를 차단한다. 바이러스 확산 감소와 치유를 촉진한다. 감염 진행 방지로 피부 병변 치유 촉진과 동통을 감소한다.
	국소적 Acyclovir 연고	피부 표면 바이러스수를 감소시켜 초기 헤르페스 감염, 통증을 감소시킨다. 재발성 감염 시 국소적 치료는 효과가 없다.

간호

알코올 제한 임용 13	알코올은 피부를 지나치게 건조하게 한다.	
수렴성 습포	적응증	수포, 농포, 궤양성 질환, 아토피성 피부염, 수두
	방법	찬물이나 생리식염수와 Burow 용액이나 마그네슘 현탁액을 1:10, 1:20로 희석하여 사용
	효과 국시 13	염증 상태 완화, 치유 증진 통증 완화 냉습포는 혈관 수축을 일으켜 소양감 경감 감염된 부위의 배액 피부의 삼출물, 가피, 인설 제거
대상포진 전파	접촉 제한 국시 20	급성기, 수포 형성기에 면역억제 상태나 수두에 민감한 사람들에게 전염성이 높다. 면역이 저하된 사람과 접촉하지 않는다.
		수두의 격리기간 / 가피 형성까지 수포 내 바이러스는 딱지가 되면 없어진다.
		구순포진(단순포진) 바이러스 전염 / 최초 3~5일
	손 씻기 임용 13	전파 예방 위해 처치 후 손을 철저히 씻는다.

7 사마귀(우췌, Warts)

정의	피부 또는 점막에 인유두종 바이러스 감염에 의한 표피의 양성 종양 HPV 유형 중 65가지가 피부와 점막에 감염을 일으킨다.
원인균 임용 96	인유두종 바이러스[human palpilloma virus(HPV)], papova virus hominis
병태생리	피부 또는 점막에 인유두종 바이러스는 표피를 과다 증식하는 편평 상피 세포 증식을 유발하고 염증 반응을 자극하지 않는다. 편평 상피 세포 : 편평화한 다각형의 세포로 세포질은 약간 치밀하다. ex) 진주종 : 케라틴화된 편평 상피 조직이 고막 안 중이와 유양돌기부에 침입
증상	손 사마귀 / 청소년에게 나타난 발바닥 사마귀

증상	구진, 결절	피부 표면에 황색, 갈색의 형태로 두꺼운 케라틴 과잉 형성으로 표면이 오돌도돌한 구진(1cm 미만 크기로 피부가 솟아오른 것)이나 결절(융기된 형태, 1~2cm 정도이고 단단하고 깊고 진피, 피하), 양성 표피 종양 형태
	부위	노출 부위인 손, 발, 손바닥, 발바닥, 손등, 다리, 얼굴에 호발한 개가 생기기도 하고 다수가 생기기도 한다.
	발바닥	발바닥에 생기는 경우 체중의 압력으로 내부로 자라서 통증 유발
전파	직접 전파	HPV 감염자의 직접 피부 접촉으로 감염
	자가 전파	한 부위에서 다른 부위로 자가 전파
치료		사마귀는 중재 없이도 자연적으로 해소되기도 한다. 전기건조법, 한냉수술, 각질박리제 요법

8 농가진(Impetigo)

정의		감염성이 매우 높은 표재성 세균 피부감염이다. 피부를 파괴하는 손상 후 발생할 수 있다. 국시 23
원인균 임용 92 국시 04		group A β-용혈성 연쇄상구균(group A beta-hemolytic streptococi) : 연쇄상구균에 의한 농가진은 드물지만 합병증으로 급성 사구체 신염 발생 황색 포도상구균(staphylococcus aureus) 복합된 다수 세균
	*급성 사구체 신염	상부 호흡기 감염, 피부 감염에 의해 형성된 A군 β-용혈성 연쇄상구균으로 항원-항체 면역 복합체 형성
	*류머티즘 열	상기도 감염 후 A군 β-용혈성 연쇄상구균으로 항원-항체 면역 복합체 형성에 의한 항체 반응이 결합 조직을 공격하는 자가면역 반응
발생빈도 임용 92		여름 중기에서 말기, 덥고 습한 기후
전파 국시 07	직접 전파	전염성이 높으며 직접 환부와의 접촉
	간접 전파	환자가 입고 있던 의복, 만진 수건, 장난감으로 간접 전파
	자가 전파	병변을 긁은 후 다른 부위를 만지면 자가-감염 발생
병태생리		감염성이 매우 높은 표피에 국한한 표재성인 연쇄상구균(streptococci)과 포도상구균(staphylococcus aureus)의 세균성 화농성 피부 감염이다.

증상 임용 11	양상		농가진 고름딱지증(농가진) 세균성 감염으로, 흔히 사슬알균(연쇄상구균), 포도알균(포도상구균) 감염에 의해 발생한다. 주로 어린이에서 발생하며, 피부에 물집이 생겨 터지면 딱지가 생긴다. 치료는 항생제의 약물요법이다. 홍반성 반점 → 붉은 구진 → 소수포, 대수포, 농포 → 파열 시 장액 농성 분비물 → 두터운 황갈색 가피 홍반의 작고 붉은색의 구진에서 작고 얇은 수포, 농포로 발달된다. 수포가 터지면서 장액농성 분비물이 배출되며 황색(벌꿀색)의 가피가 형성한다.
	부위		오염된 손가락이 닿는 얼굴, 코와 입 주변, 팔, 손, 다리 등 노출 부위에 나타난다. 전신적 발진은 없고 손바닥, 발바닥에는 생기지 않는다.
	소양증 임용 92		소양증으로 병변을 긁은 후 다른 부위를 만지면 자가-감염으로 발생한다.
합병증	group A β-용혈성 연쇄상구균에 의한 면역장애로 급성 사구체 신염 발생		
치료 국시 04	국소 항생제		Bactroban, 항생제 연고를 도포한다. 국시 23
	전신 항생제		처방된 약을 빠짐없이 복용하여야 농가진이 재발하지 않는다.
예방	찰과상		찰과상이 생겼을 때 물과 비누로 깨끗이 닦고 항생제 연고를 바른다. * 찰과상: 마찰에 의한 피부의 살갗이 벗겨진 표재성, 개방성 상처
간호	등교 금지	방법	보호자는 학교에 진단명을 알려야 하며, 아동은 전신 항생제 투여 시작 후 첫 24시간 동안 등교하지 않는다. **연쇄상구균 인두염, 수막 구균성 뇌막염** : 항생제 치료 시작 후 24시간 동안 격리
		근거	전염 가능 기간에 격리로 학교 내 전파를 막는다.

9. 봉와직염(봉소염, 연조직염, Cellulitis)

HEALTH TEACHER

정의	작은 외상 후 1~2일째에 나타나며 진피와 피하조직에 발생되는 세균성 감염 봉와직염은 전염되지 않는다. cf) 농가진 : 표재성 세균 감염, 전염시킴
원인균	A군 용혈성 streptococcus(연쇄상구균), 황색 staphylococcus(포도상구균)
병태생리 [국시 03]	피부를 손상시키는 질환, 선행 피부 감염, 작은 외상 후 1~2일째 나타나며 세균인 streptococcus(연쇄상구균), staphylococcus(포도상구균)이 피부를 침습적으로 통과하여 진피와 피하조직에 발생되는 세균성 감염이다. 진피까지 퍼지는데 표피까지 도달하지 않는다.

사정 [임용 13]		
	찔린 상처 부위의 봉와직염	봉소염
	외상	작은 외상
	급성 염증	홍반, 부종, 열감, 통증의 급성 염증반응
	불분명한 경계	병변의 경계부가 융기되지 않고 경계가 불분명하다.
	림프관염	주변 림프계로 붉은 선이 나타난다.
	전신증상	열, 오한, 권태감

치료	전신 항생제	전신 항생제인 cephalosporin 또는 erythromycin을 투여한다. 열이 있고 광범위한 봉소염이 있을 때, 항생제 주사요법을 위해 입원이 필요하다.
	acetaminophen, ibuprofen	통증을 완화시키고 열을 감소시킨다.

간호	부동(P)	환부의 부동화로 염증이 주위로 퍼져 나가지 않도록 한다.
	사지 상승(E)	사지의 상승으로 부종을 감소시킨다.
	냉찜질(I)	냉찜질로 항염작용, 통증, 불편감을 감소시킨다.
	휴식(R)	감염에 휴식으로 안위를 제공한다.

10. 절종(종기, Furuncle), 절종증(종기증, Furunculosis), 독종(큰종기, 옹종, Carbuncle)

정의	모낭염 → 절종 → 독종 포도상구균 임용 96 에 의한 모낭, 피지선의 급성 감염으로 모낭과 피지선의 피하조직에 깊숙이 발생한 감염과 농양의 모낭염(folliculitis) 여드름을 짜거나 털을 뽑아서 생긴 상처 cf) 여드름: 모낭의 상피 세포가 이상각화와 P. acnes에 의한 염증 반응	
증상과 징후	절종　　　　　옹종	
	부위	얼굴, 목, 전박, 둔부, 서혜부, 다리
	통증	모낭을 중심으로 통증이 심하고 압통
	홍반 결절	모낭염이 심해지고 커져서 홍반의 단단한 결절 * 결절: 1~2cm 융기되고 깊고(진피, 피하) 단단하게 형성
	농	수일 후 털구멍 표면에 농포에서 화농성 삼출액의 농이 배출되고 중심부는 괴사, 노란 농전(pus core) 형성
	궤양	농전(pus core)이 떨어져 나가면 궤양이 된다.
	반흔	치유된 후 반흔
절종증 (furunculosis)	절종이 여러 개 생기는 다발성 병변으로 발열, 식욕부진, 허약, 전신 불쾌감 같은 전신 증상을 수반	
독종(옹종, carbuncle)	포도상구균에 의한 모낭 주위 피부와 피하에 생기는 농양으로 두 개 이상 절종이 융합되어 다수의 농루가 있는 크고 깊게 발생한 심한 형태의 화농성 염증 광범위하게 부종, 발적, 통증이 심하고 파열되어 불쾌한 냄새가 나는 다량의 농 배출 전신 불쾌감, 오한, 발열 동반 cf) 담마진: 진피, 피하조직에 깊이 침투하는 혈관부종	
치료	전신 항생제	전신 항생제 요법으로 penicillin, erythromycin, dicloxacillin : 포도상구균 감염에 효과
	절개하여 배농	감염이 국소화될 때까지 환부는 짜지 않고 경결된 부위를 터트리지 않는다. 환부에 고름이 국소화되었을 때 절개하여 배농
간호	더운물 침수	환부를 더운물에 침수하여 감염을 국소화
	손 씻기	재감염 예방 위해 세심한 손 씻기
	린넨 분리	재감염 예방 위해 사용 후 린넨 분리

11 백선(무좀, Pedis)

정의		피부 표면, 손톱, 발톱과 모발의 진균 감염(곰팡이)
원인 임용 96		피부 사상균[피부에 감염하는 곰팡이(진균)]
증상		**족부백선** 피부의 진균성 감염으로 우리나라에서 가장 흔한 형태의 백선이다. 20~40대에 가장 잘 생기며 감염은 목욕탕, 수영장 등의 시설물에서 전염되거나 보행 등에 의한 기계적 자극과 같은 피부손상에 의한다. 가장 흔한 증상은 가려움증과 감염부위가 진물러진다.
	홍반성 구진	홍반의 발진이 발바닥, 발가락 사이에 생긴다.
	소양감	
	통증	타는 듯하거나 얼얼한 통증
	진무림	발가락 사이 피부가 허옇게 불어나듯 짓무름
	민싱직 인설	인설은 비정상적 각질화와 탈락에 의해 죽은 표피 세포가 과다하게 만들어진다.
검사	KOH 습식도말 검사	KOH를 사용하여 현미경으로 진균류 균사 발견 ex) 칸디다성 질염(진균성), 세균성 질염 : KOH 습식도말 검사 ＊균사 : 균사는 식물의 뿌리, 가지, 잎에 해당
	우드 램프 [우드(wood) 등] 검사	머리에 있는 진균 감염에 우드 램프를 사용한다.
전파		목욕탕, 수영장 등에서 환자에게서 떨어져 나온 인설을 통해 발에서 발로 전파한다.
치료	국소 도포용 항진균제	마이코나졸(miconazole), clotrimazole, ketoconazole 크림 진균성 칸디다성 질염에 사용
	항진균제	griseofulvin(피부 진균 감염 치료), itraconazole(광범위 항진균제)을 경구적 투여
간호		발을 깨끗하게 씻고 통풍을 잘 시켜 건조하게 유지한다.

12 피부암

역학	백인과 60세 이상 노인에게 많이 발생
원인	햇빛(자외선 : 피부암, 백내장 유발)의 과다한 장기간 노출
	비소, 화학적 발암 물질(라듐, 방사선 물질) 노출 국시 14 ☆ 크비라 피부암 크롬 : 폐암, 피부암 비소 : 피부암, 폐암, 백혈병, 간의 혈관육종 cf) 교사 안에서 공기의 질에 대한 유지·관리 기준 : 라돈(라듐이 붕괴할 때 방출하는 방사선 기체) 148Bq/m³ 1층 이하 교실
	만성궤양이나 흉터의 조직, 만성 자극
종류	**편평세포암 (편평상피암)** 표피의 각질 형성 세포에서 빨리 성장하며 전이가 잘된다.
	기저세포암 피부 기저층의 세포에서 발생하는 가장 흔한 표피 악성 종양, 천천히 성장하며 전이가 드물다. 병변 표면이 모세혈관 확장, 병변은 갈색-검은색
	악성 흑색종 악성 흑색종은 멜라닌 세포의 악성 종양이다. 빠르게 증가하며 쉽게 전이된다. 악성도가 가장 높다. **피부암(악성 흑색종)** 멜라닌 세포의 악성으로 생긴 종양으로 멜라닌 세포가 존재하는 부위에서는 어디에서나 발생 가능하며 피부에 발생하는 암 가운데 악성도가 가장 높다.

증상	특징	A. 비대칭 B. 경계 C. 색 D. 직경 A. Asymmetry : 비대칭 절반이 다른 절반과 다름 B. Border : 경계가 불규칙하고 가장자리가 흐림 C. Color : 다양한 색소침착, 갈색 또는 흑색 D. Diameter : 직경이 6mm 이상(연필에 달린 지우개의 크기) 흑색종의 특징(A, B, C, D)
	Asymmetry (비균등성)	비대칭으로 절반이 다른 절반과 다름
	Border(경계)	경계(테두리)가 불규칙, 가장자리가 흐림
	Color(색깔)	피부색 변화로 다양한 색소침착이다. 흰색, 푸른색, 갈색, 붉은색, 흑색의 얼룩덜룩한 색조
	Diameter (지름)	병소 크기 변화로 지름이 6mm 이상(연필에 달린 지우개 크기) cf) 이기생충 : 두피에서 6mm 이내는 활동적 침입 징후
	Evolving or change	진행 또는 변형 유무, 모양 변화, 새로운 증상(가려움, 딱지) 출현 편평했던 면이 고르지 못한 융기 단단하거나 연해지거나 부서지거나 껍질이 생기거나 인설(탈락되어 죽은 표피 세포)이 탈락되는 병소 변화

피부암 예방 교육 국시 05, 12

일광욕 제한	방법	일광 노출의 장기적 영향을 교육하고 일광욕이나 인공 선탠을 피한다.
	효과	태양의 자외선, 인공 선탠에 노출될 때 일광 화상이 일어나지 않더라도 피부손상은 일어나 피부암이 발생한다. 자외선, 인공 선탠으로 피부손상, 일광화상, 피부암이 발생한다.
자외선 차단제	방법	SPF 15 이상, UVA와 UVB를 모두 보호해 주는 제품을 사용한다. 야외활동 15~30분 전에 바른다. 하루 중 2~3시간마다 다시 바른다. 수영, 땀을 흘린 후 다시 바른다.
	효과	선스크린으로 피부손상, 일광화상, 피부암의 원인인 자외선을 차단한다.
모자	방법	모자는 가장자리가 넓어 얼굴, 귀, 경부를 가린다.
	효과	넓은 모자로 피부손상, 일광화상, 피부암의 원인인 자외선을 차단한다.
옷	방법	긴 소매와 긴 바지는 편안하고 가벼워야 한다. 태양광선의 침투를 허용하는 비치는 옷, 수영복은 피한다.
	효과	긴 소매와 긴 바지로 피부손상, 일광화상, 피부암의 원인인 자외선을 차단한다.
오전 10시~ 오후 2(3)시	방법	일광이 강렬한 시간인 오전 10시~오후 2(3)시 사이 야외활동을 피한다.
	효과	자외선이 강한 시간에 야외활동을 피함으로 일광화상, 피부손상, 피부암의 원인인 자외선을 피한다.

김기영
보건교사

PART 09

응급간호학

01 기본 응급처치술
02 환경응급
03 출혈과 쇼크
04 근골격계 손상
05 손상

CHAPTER 01 기본 응급처치술

1 개론

응급의료에 관한 법률

응급환자에 대한 신고 및 협조 의무 (제5조)	누구든지 응급환자를 발견하면 즉시 응급의료기관등에 신고하여야 한다. 응급의료종사자가 응급의료를 위하여 필요한 협조를 요청하면 누구든지 적극 협조하여야 한다.
선의의 응급의료에 대한 면책 (제5조의2)	생명이 위급한 응급환자에게 응급의료 또는 응급처치를 제공하여 발생한 재산상 손해와 사상(死傷)에 대하여 고의 또는 중대한 과실이 없는 경우 그 행위자는 민사책임과 상해(傷害)에 대한 형사책임을 지지 아니하며 사망에 대한 형사책임은 감면한다. * 민사책임 : 타인에게 손해를 가할 때 손해배상 책임 * 형사책임 : 법률에 의해 범죄로 규정 시 형사처벌
응급환자에 대한 우선 응급의료 등 (제8조)	① 응급의료종사자는 응급환자에 대하여는 다른 환자보다 우선하여 상담·구조 및 응급처치를 하고 진료를 위하여 필요한 최선의 조치를 하여야 한다. ② 응급의료종사자는 응급환자가 2명 이상이면 의학적 판단에 따라 더 위급한 환자부터 응급의료를 실시하여야 한다.

응급상황 시 기본 원칙 : 3C

현장조사 (Check)	상황과 부상자 확인 1. 현장은 안전한가? 2. 무슨 일이 일어났는가? 3. 몇 명이나 다쳤는가? 4. 도움을 받을 수 있는 사람은 있는가?
119나 응급의료 서비스 기관에 전화 연락(Call)	현장 조사와 동시에 119에 신고(육하원칙)한다. 사건 발생에 정확한 정보 제공 1. 응급상황 발생 장소(where), 시간(when) 2. 환자상태, 환자 수(who) 3. 응급상황의 발생 경위와 실시하고 있는 응급처치 내용(how) 4. 주위 위험요소 : 화재, 사고, 위험 물질 등(what)

응급처치 (Care)	응급처치 실시 1. 호흡계와 순환계 확인 　Airway(기도), Breathing(호흡), Circulation(순환) 2. 환자의 생명이 위급한지 평가한 후 적절한 응급처치를 시행한다.

응급환자 발생 시 교직원 행동 강령 임용 11

현장조사 (check)	현장의 안전여부와 환자 및 부상자 파악과 응급처치가 가능한 사람이 있는지 파악한다. 현장의 안전 상태와 위험요소를 확인한다. 사고 상황과 환자 및 부상자 수를 파악한다. 보건교사는 신속하게 환자의 활력증상을 포함하여 사정한다.	
119 신고(Call)	응급상황에 119 구급대에 연락하여 구조 요청하고 병원에 후송한다.	
응급처치(Care)	보건교사는 전문적 지식, 태도로 신속하고 자신감 있게 증상에 따른 응급처치를 한다. 구조요청과 동시에 신속하게 응급처치인 심폐소생술, 기도유지(A), 인공호흡(B), 지혈(C)을 한다. 응급상황에서 물, 약물 등 경구투여는 삼간다.	
이동	불가피한 경우를 제외하고 중증 부상이나 아픈 학생은 이동시키지 않는다. 2차 손상 예방을 위하여 꼭 이동이 필요한 경우 척추손상 예방을 위한 "목과 등"에 대한 응급처치 후 이동한다.	
구두 보고	상황을 판단하여 위급한 경우 전문 의료기관으로 즉시 후송되도록 학교 관리자인 학교장에게 구두 보고한다.	
학부모 연락	가능한 빨리 학부모에게 연락하고 학부모에게 연락이 되지 않을 경우, 학부모 권한 대행자에게 연락하고 의료기관에 후송한다. 교직원은 학부모에게 인계하기 전까지 의료기관에서 학생 상태를 관찰한다.	
후송	2명 이상	일반차량(승용차)으로 후송 시에는 운전자와 관찰자 등 최소 2명 이상이 후송한다.
	운전	보건교사 동행의 경우 환자 관찰 및 처치를 위하여 보건교사는 운전하지 않는다.
기록과 보고	환자의 활력 증상과 응급처치 상황을 육하원칙에 의하여 보건일지 또는 응급환자 기록지에 기록하고 학교장에게 보고한다.	
재발방지 대책	상황조사를 하여 사고발생 원인에 따른 재발방지 대책마련을 한다.	

중증 분류 체계(triage 체계) 임용 09 ☆ 긴응비 지!

* 천식환자의 최대호기유속 : 녹색구역, 황색구역, 적색구역

긴급환자 임용 16 국시 02, 19	적색	생명을 위협하는 응급상태로 즉각적인 응급처치를 시행하지 않으면 생명을 잃을 가능성이 있다.	A	상기도 폐색 국시 20
			B	심한 호흡곤란, 호흡정지 개방성 흉부열상(가슴열상), 긴장성 기흉(긴장 공기가슴증), 연가양 흉곽(동요가슴), 지속적 천식 * 긴장성 기흉 : 손상된 폐조직을 통하여 흡기 시 흉막강 내로 공기가 들어가지만 호기 시 나오지 못하는 심한 기흉 * 연가양 흉곽 : 다발성 늑골 골절로 역행성 호흡운동
			C	심장마비 순간이 인지된 심정지 수축기 혈압이 80mmHg 이하 쇼크 대량 출혈 청색증 동반 흉통 저체온증(중심 체온이 35도 이하) 개방성 복부 열상, 골반골절을 동반한 복부 손상 원위부에서 맥박이 촉지 안 되는 골절
			D	혼수 상태의 중증 두부손상 경추 손상이 의심되는 경우 50% 이상 2~3도 화상, 기도화상을 동반한 중증 화상 안면 화상 경련, 저혈당 * 경추 손상으로 영구적 손상으로 사지 마비나 생명을 잃는다.
응급환자	황색 (노란색)	즉각적인 치료가 없더라도 사망하거나 중대한 장애를 초래하지 않으나 몇 시간 내 응급처치를 시행하지 않으면 생명을 잃거나 치명적 합병증이 발생할 수 있다. 수시간 내 치료를 요하는 응급 상태		안구의 돌출성 외상, 폐쇄성 뇌손상
				중증 출혈 경추 이외의 척추골절 다발성 골절, 움직일 수 없는 폐쇄성 골절
				중증 화상 50% 미만 화상, 감전 화상(심부 조직 손상심함)
				내장 손상 : 위장관 천공, 췌장과 담낭계 손상, 비뇨생식기 손상, 질식을 동반하지 않은 흉부 손상

비응급환자	녹색 [공무원 22]	구급처치 수준의 치료가 요구되는 경한 질환, 손상으로 중재가 몇 시간 지연되어도 생명에 지장이 없는 상태	소량 출혈, 감압(압력을 줄이는)을 요하는 척추손상, 단순 골절, 탈골, 연조직 상해, 피부 손상, 경증 타박상, 열상, 동상, 경증 화상, 정신과적 장애
지연환자	검은색	사망자 두부나 몸체가 절단된 경우 20분 이상 호흡이나 맥박이 없는 환자 심폐소생술을 시행하여도 효과가 없다고 판단되는 경우	

START(Simple Triage And Rapid Treatment) ☆ 걸자호 순의

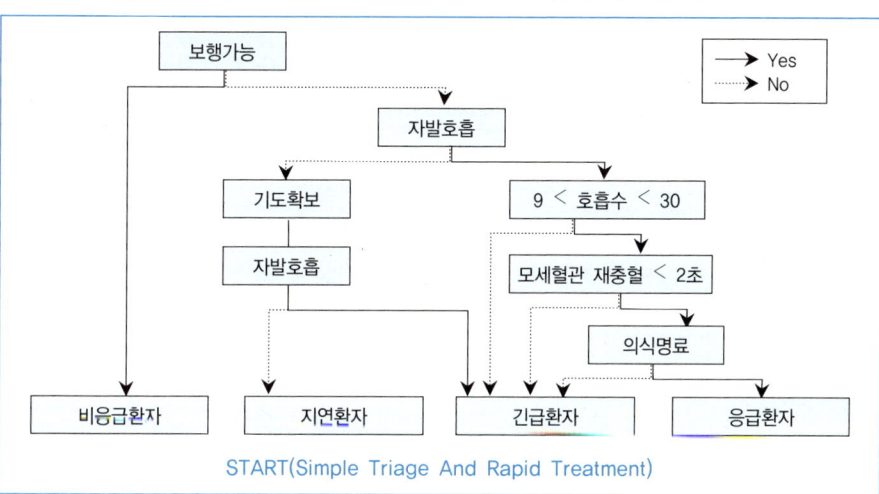

START(Simple Triage And Rapid Treatment)

걸을 수 있는 경우 [임용 16]	예 →	비응급환자		
↓ 아니오				
자발 호흡평가	아니요 →	기도유지 [공무원 23]	→ 호흡	긴급환자
↓ 예			→ 무호흡	지연환자
호흡수	30회/분 초과 →	긴급환자		
↓ 30회/분 이하				
순환 ☆ 모요	모세혈관 충혈 2초 초과, 요골맥박(-) →	지혈	긴급환자	
↓ 모세혈관 충혈 2초 이하, 요골맥박(+)				
의식상태 ☆ 의구	구두 명령에 반응하지 않음	긴급환자		
	구두 명령에 반응함 [공무원 23]	응급환자		

응급상황에서 환자 사정 : XABCDE 국시 22

X : 대량 출혈(Control exsanguinating hemorrhage) 공무원 24	대량출혈(심각한 외부출혈)이 있는 경우 최우선으로 지혈을 한다.	
기도유지 & 경추 고정 (Airway) 공무원 23	기도가 개방되고 유지되는지 본다. 기도 확보를 위해 하악 거상법(경추 손상 의심 없을 때) 또는 하악 견인법(경추 손상 의심)을 시도한다.	
호흡(Breathing) 평가	호흡 확인 위해 보고 듣고 느낀다.	
순환(쇼크 유무) 평가 (Circulation)	경동맥(머리로 가는)과 요골 동맥(상지 순환)의 수와 질을 비교한다. 출혈과 출혈이 심각한지 피부 색깔, 체온을 본다. ex) 쇼크 : 창백, 청색, 축축, 차가움	
의식장애(Disability, 신경학적 평가)	A(alert)	명료 눈을 뜰 수 있고 질문에 정확히 대답
	V(response to verbal order)	소리에 반응
	P(response to pain)	피부를 꼬집거나 통증에 반응
	U(unresponse)	무반응 눈을 뜨지 못하고 피부를 꼬집어도 반응이 없다. ＊LOC : 의식 수준 5단계 – 명료, 기면, 혼미, 반혼수, 혼수
노출(Expose)	신속한 조사 위해 신체 노출로 호흡이상, 외상에서 중요한 출혈, 목, 가슴, 복부, 골반, 사지 순으로 노출한다.	

2 심폐소생술

심장마비 기전	맥박 없음	심장마비가 발생하면 심정지로 맥박이 없다. 심실빈맥(VT) → 심실세동(VF) → 심정지
	의식 소실	심박출량이 없으면 뇌관류가 적절하지 않아 의식을 잃는다.
	호흡마비	심장마비 후 곧바로 호흡마비 발생
목적 임용 98		심정지가 발생한 후 4분이 경과하면 뇌는 치명적 손상이다. 빠른 시간 내 심폐소생술 중 가슴압박은 혈액순환을 유발시켜 뇌와 심장으로 충분한 혈류 전달로 산소를 공급한다. 인공호흡은 산소화 유지, 이산화탄소 제거로 호흡을 유지시킨다.

일반적 사항 비교

신고우선 (call first) 임용 09	성인		성인에서 비외상성 심정지의 주요 원인은 심실세동이다. 심실세동의 효과적 치료는 제세동이다. 병원 전 상황에서 갑작스런 심혈관 허탈이 목격된 성인, 소아는 119에 신고하고 자동제세동기를 가져와서 자동제세동을 실시한다.
	심혈관 허탈이 없는 유아 & 소아		8세 이하 소아는 심정지 원인이 호흡 정지가 많으나 휴대전화 보급률이 높아 발견 즉시 신고한다.
기도유지	경추 손상 의심 없을 때 공무원 22		A. 혀와 후두개로 인한 기도폐색 B. 기도 개방 방법 두부후굴-하악 거상법(턱올리기)
	경추 손상 의심 공무원 24		턱을 당겨 기도 개방하는 방법(Jaw thrust technique) 하악 견인법(턱밀어올리기)
비율	성인		30 : 2
	영아, 유소아	의료제공자 1명 일반인 2명	30 : 2
		의료제공자 2명	15 : 2
	신생아 공무원 23	3 : 1	
나이 기준	영아		만 1세 미만
	소아		만 1세부터 만 8세 미만까지
	성인		만 8세부터
순환이 유지되어 심박동이 회복되면 인공호흡 임용 94	성인		분당 10~12회 인공호흡 5~6초당 1회
	영아, 소아		분당 12~20회 인공호흡 3~5초당 1회
전문기도삽관 이후	가슴 압박과 상관 없이 6초마다(분당 10회) 인공호흡 공무원 24		

2020년 가이드라인 변경

구급상황 (상담)요원의 심폐소생술 지도	구조자가 혼자이면서 휴대전화를 가지고 있는 경우, 구조자는 휴대전화의 스피커를 켜거나 핸즈프리(handsfree) 기능을 활성화한 후 즉시 심폐소생술을 시작하고 필요하면 구급상황(상담)요원의 도움을 받는다. 구급상황(상담)요원은 심장정지 상태라고 판단되면 '전화 도움 심폐소생술'의 시행을 지도할 것을 권고하며, 현장의 일반인이 응급의료종사자가 도착하기 전까지 심폐소생술을 시행할 수 있도록 도와준다.

병원 밖 심장정지 생존사슬

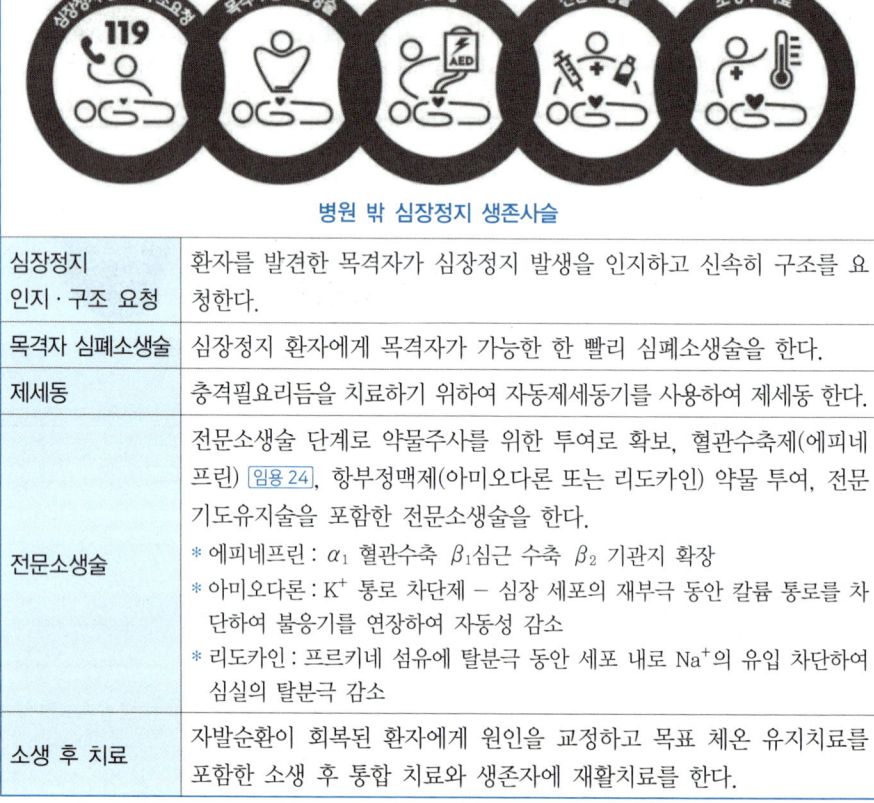

병원 밖 심장정지 생존사슬

심장정지 인지·구조 요청	환자를 발견한 목격자가 심장정지 발생을 인지하고 신속히 구조를 요청한다.
목격자 심폐소생술	심장정지 환자에게 목격자가 가능한 한 빨리 심폐소생술을 한다.
제세동	충격필요리듬을 치료하기 위하여 자동제세동기를 사용하여 제세동 한다.
전문소생술	전문소생술 단계로 약물주사를 위한 투여로 확보, 혈관수축제(에피네프린) 임용 24 , 항부정맥제(아미오다론 또는 리도카인) 약물 투여, 전문기도유지술을 포함한 전문소생술을 한다. * 에피네프린 : α_1 혈관수축 β_1 심근 수축 β_2 기관지 확장 * 아미오다론 : K^+ 통로 차단제 – 심장 세포의 재분극 동안 칼륨 통로를 차단하여 불응기를 연장하여 자동성 감소 * 리도카인 : 프르키네 섬유에 탈분극 동안 세포 내로 Na^+의 유입 차단하여 심실의 탈분극 감소
소생 후 치료	자발순환이 회복된 환자에게 원인을 교정하고 목표 체온 유지치료를 포함한 소생 후 통합 치료와 생존자에 재활치료를 한다.

기본 소생술의 요점 정리 [임용 10]

		성인	소아(1~8세 미만)	영아
심폐소생술 순서 [임용 17]		가슴압박(C) – 기도유지(A) – 인공호흡(B) 신생아와 익수 환자는 질식성 심정지로 ABC 권고		
심정지 확인		무반응 10초 이내 확인된 무호흡/심정지 호흡과 무맥박(의료인만 해당)		
순환 : 맥박확인	일반인	확인 안함	확인 안함	확인 안함
	의료인	경동맥	경동맥 또는 대퇴동맥	상완동맥
가슴압박 속도		분당 100~120회		
가슴압박 위치		흉골의 아래쪽 반 부분		유두선의 바로 아래 유두선과 흉골이 만나는 직하부 신생아 : 흉골 하부 1/3
가슴압박 깊이		약 5cm 최대 6cm는 넘지 말 것	4~5cm 가슴 깊이 1/3 [공무원 21]	4cm 가슴 깊이 1/3
가슴압박 방법		두 손	한 손 또는 성인과 같은 방법	1인 구조자 : 두 손가락 2인 구조자 : 흉부를 감싸는 엄지손가락
가슴 이완		가슴압박 사이에 완전한 가슴 이완		
가슴압박 중단		가슴압박 중단은 최소화(불가피한 중단 시 10초 이내)		
기도유지		두부후굴-하악 거상법(턱올리기) 하악 견인법(턱밀어올리기) : 경추 손상 의심		
호흡 : 첫 인공호흡		2회 인공호흡 (1초/1호흡)	2회 인공호흡(1초/1호흡) 입과 입 인공호흡	입-코입 인공호흡 또는 입-입 인공호흡 또는 입-코 인공호흡 구조자의 입으로 환아의 코와 입을 동시에 덮어 인공호흡을 한다. 입-코 인공호흡을 하는 경우 입을 막는다.
가슴압박 대 인공호흡 비율		30 : 2 [국시 03]	30 : 2(1인 구조자) 15 : 2(2인 의료구조자)	
심폐소생술 교육받지 않았거나 할 수 없는 일반인 구조자		'가슴압박 소생술' 시행		
이물에 의한 기도폐쇄		등 두드리기 복부압박(배밀어내기)		등 두드리기 흉부압박(가슴밀어내기)

신생아 소생술

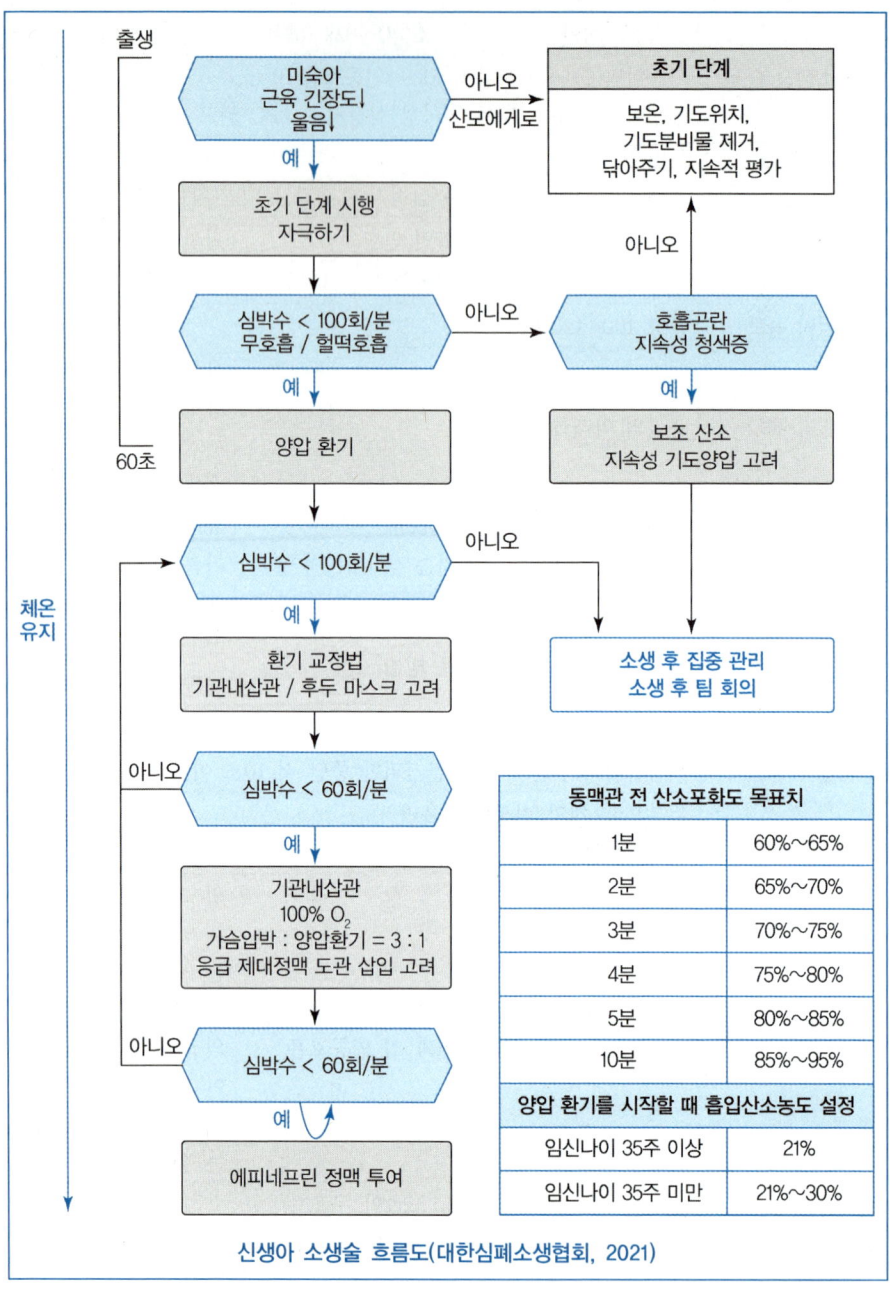

신생아 소생술 흐름도(대한심폐소생협회, 2021)

1단계: 초기 처치	 신생아 체위는 목을 조금 신전시킨 자세(냄새 맡는 자세)를 취함 호흡을 못하는 아이는 발바닥을 가볍게 두드리거나 등을 부드럽게 문질러서 자극을 줌
2단계: 환기 및 산소화	호흡 : 무호흡, 헐떡이는 호흡, 힘겨운 호흡 맥박수 : 분당 100회 미만
3단계: 가슴압박	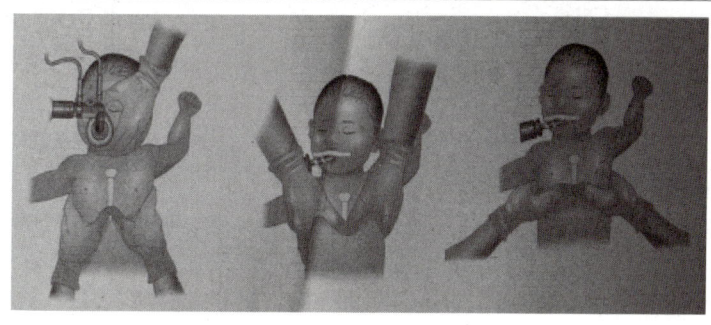 맥박수가 분당 60회 미만 감소에 가슴압박 실시 – 가슴압박 위치 : 흉골 하부 1/3 부위, 두 손가락 또는 두 엄지손가락을 감싼 방법으로 가슴압박 – 가슴압박 깊이 : 흉곽 전후 직경의 1/3 압박 – 가슴압박 대 인공호흡 비율 3 : 1 비율 　: 분당 120회 속도로 3회 압박과 1회 양압환기 시행(각각 행위는 0.5초 시행) – 전문기도기가 삽입되더라도 3 : 1 비율로 심폐소생술 진행 　: 심박 수가 분당 60회 이상 증가에 가슴압박 중단 　: 가슴압박 동안 산소 농도를 100%로 올려야 함
4단계: 약물 투여	탯줄 정맥으로 에피네프린 투여 환기 및 산소화를 충분히 하고, 가슴압박을 적절히 수행에도 심박동 수가 60회 미만이라면 수액과 약물 투여 필요 : 신생아의 정맥로로 탯줄 정맥이 가장 빠르게 사용

영아 비교

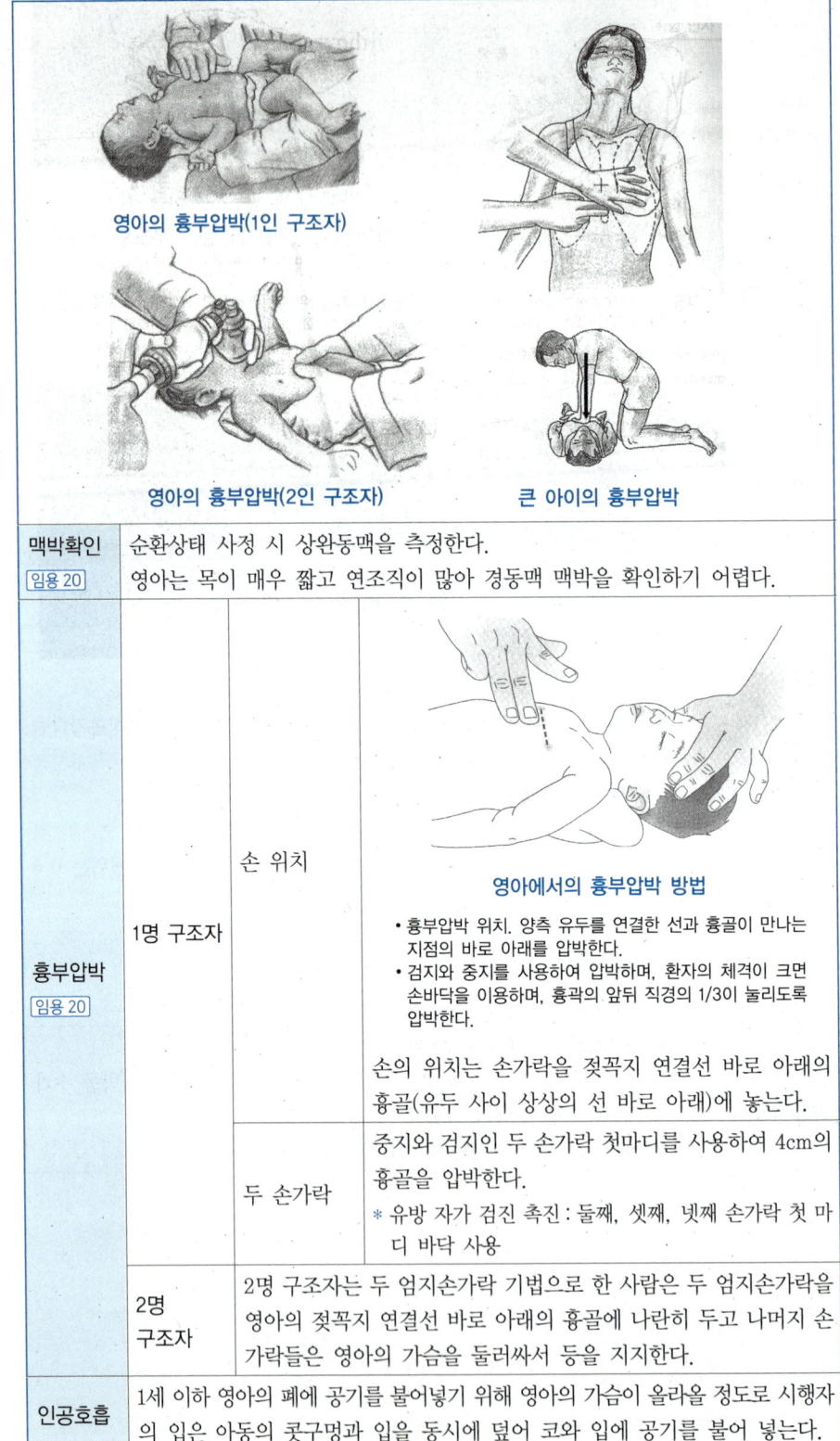

영아의 흉부압박(1인 구조자)
영아의 흉부압박(2인 구조자)
큰 아이의 흉부압박

맥박확인 [임용 20]	순환상태 사정 시 상완동맥을 측정한다. 영아는 목이 매우 짧고 연조직이 많아 경동맥 맥박을 확인하기 어렵다.	
흉부압박 [임용 20]	1명 구조자	손 위치	**영아에서의 흉부압박 방법** • 흉부압박 위치. 양측 유두를 연결한 선과 흉골이 만나는 지점의 바로 아래를 압박한다. • 검지와 중지를 사용하여 압박하며, 환자의 체격이 크면 손바닥을 이용하며, 흉곽의 앞뒤 직경의 1/3이 눌리도록 압박한다. 손의 위치는 손가락을 젖꼭지 연결선 바로 아래의 흉골(유두 사이 상상의 선 바로 아래)에 놓는다.
		두 손가락	중지와 검지인 두 손가락 첫마디를 사용하여 4cm의 흉골을 압박한다. ＊ 유방 자가 검진 촉진 : 둘째, 셋째, 넷째 손가락 첫 마디 바닥 사용
	2명 구조자		2명 구조자는 두 엄지손가락 기법으로 한 사람은 두 엄지손가락을 영아의 젖꼭지 연결선 바로 아래의 흉골에 나란히 두고 나머지 손가락들은 영아의 가슴을 둘러싸서 등을 지지한다.
인공호흡	1세 이하 영아의 폐에 공기를 불어넣기 위해 영아의 가슴이 올라올 정도로 시행자의 입은 아동의 콧구멍과 입을 동시에 덮어 코와 입에 공기를 불어 넣는다.	

보건교사의 심폐소생술(대한심폐소생협회)

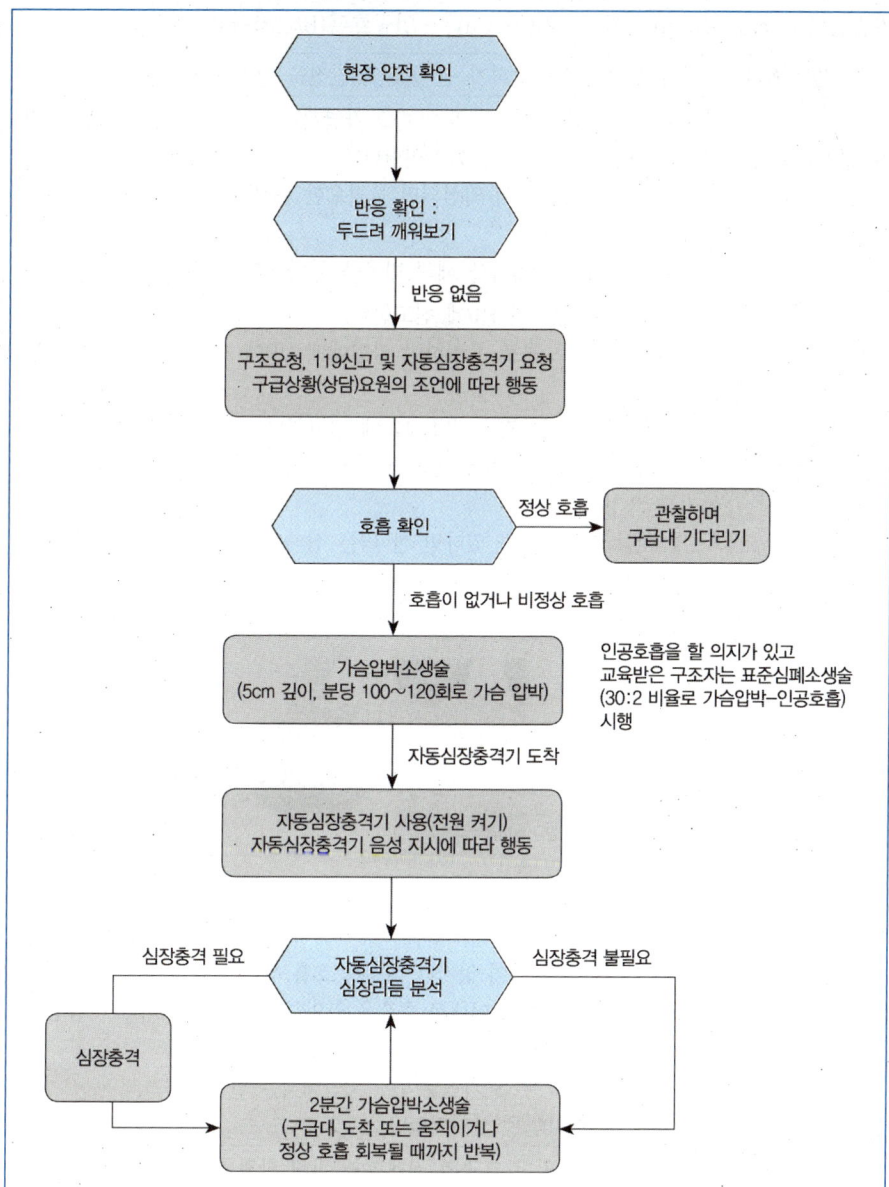

CPR단계 순서 : (C – A – B) 임용 09 / 국시 02, 13 ☆ 안의 신호

가슴압박(Compression) – 기도유지(Airway) – 인공호흡(Breathing) 임용 17

현장 안전 확인	쓰러진 사람에게 접근하기 전 현장의 안전을 확인한다.
의식과 반응 확인 국시 24	안전하다고 판단되면 환자의 어깨를 가볍게 두드리면서 "괜찮으세요?"라고 소리쳐서 의식과 반응을 확인한다. 환자의 머리, 목 외상이 의심되면 불필요한 움직임을 최소화하여 손상이 악화되지 않도록 한다. 1세 미만 영아는 발바닥을 때려 반응을 확인한다.
119 신고와 심장자동충격기 (자동제세동기) 요청	환자의 반응이 없으면 119에 신고한다. 주변에 큰 소리로 구조 요청하여 타인에게 119에 신고하도록 도움을 받는다. 주변에 아무도 없는 경우 직접 119에 신고한다. 즉시 응급 의료체계(119)에 전화를 걸어 심정지 발생을 알리고 자동제세동기를 요청한다. 두 명 이상의 구조자가 있다면 한 명은 심폐소생술을 시작하고 다른 한 명은 신고와 자동제세동기를 가져와 가능한 빨리 자동제세동기를 사용한다.
호흡과 맥박 확인 국시 20	심정지의 확인, 기관과 흉쇄유돌근 사이에서 목동맥의 맥박을 10초에 걸쳐 확인한다. 호흡은 119 신고 후 확인한다. 호흡을 확인하여 호흡이 없거나 비정상 호흡 상태(심정지 호흡)는 심정지 발생을 판단한다. 10초 이내로 호흡을 확인하여 호흡이 없거나 비정상 호흡 상태(심정지 호흡)와 경동맥 맥박을 확인한다. 맥박 유무 확인을 위해 가슴압박을 지연해서는 안 된다. 일반인의 맥박 확인은 삭제되었다.
가슴압박 (Compression) 국시 03, 06	**딱딱한 바닥** 국시 21 — 가슴압박 효과의 최대화를 위해 환자를 딱딱하고 편평한 바닥에 등을 대고 눕힌다. 환자를 침대에서 바닥으로 옮기지 않는다. **무릎 꿇은 자세** — 구조자는 환자 가슴 옆에 무릎 꿇은 자세를 취한다.

가슴압박 (Compression) 국시 03, 06	손 위치 국시 21		흉골(가슴뼈) 아래쪽 1/2에 위치하며 가슴압박 사이 손바닥이 가슴에서 떨어지지 않는다. 검상돌기(칼돌기)는 누르지 않는다. 검상돌기가 눌려 복강 내 장기 손상 가능성이 있다.
	손꿈치		한쪽 손꿈치(손바닥)를 압박 위치에 대고 그 위에 다른 손바닥을 평행하게 겹쳐 두 손으로 압박한다. 손가락은 펴거나 깍지를 끼며, 손가락이 가슴에 닿지 않도록 한다(늑골 골절 유발).
	수직 국시 21		어깨는 흉골 바로 위에 오도록 팔이 바닥에 수직을 이룬 상태에서 팔꿈치를 펴고 직각 자세를 유지한다. 옆에서 보았을 때 구조자의 어깨 - 구조자의 팔꿈치 - 대상자의 흉골이 일직선이 되도록 수직을 이룬다.
	압박		빠르게, 강하게, 규칙적으로 압박한다.
	체중		흉골의 아래쪽 절반 부위에 체중을 실어 압박한다. 무릎 이용 시 흉부 손상으로 무릎을 사용하지 않는다.
	깊이	기전	충분한 깊이의 가슴압박으로 적절한 혈역학적 효과를 갖는다.
		성인 국시 21	약 5cm를 시행한다. 최대 6cm는 넘지 말 것 6cm를 넘을 때 합병증 발생이 높아진다.
		소아	4~5cm
		영아	4cm
	속도 국시 14, 21		분당 100~120회를 유지한다.
	이완	방법	누르는 시간과 가슴이 다시 올라오는 시간 = 1 : 1로 동일하게 유지한다. 가슴압박 후 가슴이 정상 위치로 이완되도록 완전히 올라오도록 한다. 압박 후 이완시킬 때 구조자 손이 환자 가슴에서 떨어지지 않는다.

가슴압박 (Compression) 국시 03, 06	이완	근거	가슴압박 이후 가슴 이완으로 정맥 혈류가 심장으로 충분히 채워져 가슴압박 후 심박출량이 충분히 이루어진다. 공무원 23 ↕ 불충분한 가슴 이완은 흉강 내부 압력을 증가시켜 정맥 환류 감소로 심박출량을 감소시킴으로 뇌동맥, 관상동맥으로 가는 혈류가 감소한다.
	중단 최소화		가슴압박 중단을 10초 이내로 최소한으로 줄인다. 10초 이상 가슴압박 중단으로 뇌로 가는 산소 양이 적어지고 폐색전이 발생한다.
	비율		가슴압박과 인공호흡의 비율은 30 : 2로 정확한 횟수로 실시한다.
	교차		가슴압박 동안 인공호흡이 동시에 이루어지지 않도록 심장압박과 호흡이 교차되게 한다.
	교대		두 명 이상 구조자가 심폐소생술을 할 때 2분마다 또는 5주기(1주기는 30회 가슴압박 후 2회 인공호흡)의 심폐소생술 후 가슴압박 시행자를 교대해 준다. 임무를 교대할 때 가슴압박이 5초 이상 중단되지 않도록 한다. 구조자의 피로도를 줄이고 심폐소생술의 고품질을 유지한다. 구조자가 지치면 가슴압박 속도와 깊이가 부적절하다.
기도유지 (Airway)	일반인 구조자	두부후굴- 하악거상 (턱올리기, 턱 들어 올리기) 공무원 21	방법	한 손을 환자의 이마에 대고 손바닥으로 압력을 가하여 머리가 뒤로 기울어지게 하면서, 다른 손의 손가락으로 아래턱 뼈 부분을 머리 쪽으로 당겨 턱을 받쳐준다.
			근거	무의식 환자는 혀와 후두개가 이완되어 혀가 뒤로 넘어가 기도가 폐쇄된다. 두부후굴-하악거상(턱올리기)으로 혀를 목구멍에서 떨어지게 해 기도가 열린다.
	응급의료 종사자	두부후굴- 하악거상 (턱올리기)		머리, 목에 외상의 증거가 없는 환자에게 기도 유지
		하악견인법 (턱밀어 올리기) 임용 22 공무원 22 국시 22	적응증	경추 손상이 의심되는 경우
			방법	구조자는 심정지 환자의 머리 쪽에서 팔꿈치는 바닥에 닿게 하고 두 손을 각각 환자 머리의 양옆에 두고, 두 손으로 아래턱 모서리를 잡아 앞쪽(전방)으로 들어올린다. 입술이 닫히면 엄지손가락으로 입술을 열리게 한다.

인공호흡 (Breathing)	인공호흡 (2회)	목적	산소화 유지와 이산화탄소 제거
		입-입	두부후굴과 하악거상을 해서 기도를 개방하고 엄지손가락과 집게손가락으로 코를 막고 공기가 새지 않도록 환자의 입에 구조자의 입을 밀착시킨다. ＊마스크는 구조자가 환자의 입과 직접 접촉하지 않고 인공호흡을 할 수 있는 기구이며 마스크로 코와 입을 덮는다.
		정상 호흡	구조자가 숨을 깊이 들이 쉬는 심호흡이 아닌 평상시 정상 호흡인 500~600mL의 일회 호흡량과 같은 양의 보통 호흡을 한다.
		1초	1초에 걸쳐 불어 넣는다.
		과환기 제한	폐와 위에 공기를 과도하게 불어넣는 과도한 압력과 빠른 인공호흡을 시행해서는 안 된다. 과도한 압력과 빠른 인공호흡은 폐와 위에 공기가 유입되어 폐와 위가 팽창된다.
		동시 제한	가슴압박 동안에 인공호흡이 동시에 이루어지지 않도록 한다.
		가슴 상승	호흡으로 가슴 상승을 확인한다. 공무원24 환자의 가슴이 상승되지 않는다면 두부후굴-하악거상(턱올리기)을 정확히 한 다음 두 번째 인공호흡을 시행한다.
		코 열기	대상자의 흉곽이 올라오도록 1초간 불어넣은 후 1초간 코를 열어 주어 숨을 내쉴 기간을 부여한다. 구조자의 얼굴을 환자의 코와 입 사이에 가까이 하여 호기가 잘 이루어지는지 확인한다.

교수-학습 지도안, 심폐소생술 교육 내용, 학습지도안 특정 교수방법 선택 근거, 유의사항

주제 : 심폐소생술 배우기
일시 : 2025년 11월 16일
장소 : 1학년 1반 교실
대상 : 1학년 1반 학생들 또는 초등학교 6학년

단계	학습과정	교수자 활동과 교수 내용	학습자 활동	시간	자료 및 유의점
도입	동기유발	지하철에서 심장마비가 된 성인을 그곳에 지나가던 간호사가 심폐소생술로 환자를 살리게 된 신문기사를 읽는다.	심폐소생술 관련 신문기사를 들으며 떠오르는 생각을 발표한다.	5분	심폐소생술 파워포인트
	학습목표	학습목표를 파워포인트로 제시한다. **지적 영역** 학생은 심폐소생술의 목적에 대하여 설명할 수 있다. **정의적 영역** 심정지 환자가 발생한 경우 심폐소생술을 실천할 것을 선언한다. **심리운동영역** 심폐소생술의 CAB(가슴압박-기도유지-인공호흡) 3단계 모두 정확히 실시한다.	학습목표를 한 목소리로 읽는다.		
	선수학습 회상	지난 시간에 배운 기도폐쇄에 의한 하임리히법을 이해시킨다. 하임리히법은 상기도폐쇄로 산소공급이 감소된 것에 시행하고 심폐소생술은 심정지에 한다.	하임리히법과 심폐소생술의 관련성을 인식한다.		
전개	활동1	심폐소생술의 목적을 컴퓨터 파워포인트로 보면서 설명한다. 내용은 정리자료 참고	심폐소생술의 목적을 컴퓨터 파워포인트로 보면서 인식한다.	30분	심폐소생술 동영상, 심폐소생술 사람 모형
	활동2	심폐소생술에 대해 시범을 사용한다. 심폐소생술 단계에 대한 학습 자료로 설명하고 심폐소생술 단계를 학습용 동영상을 보여준다.	심폐소생술 내용을 학습 자료로 인지하고 심폐소생술 단계를 학습용 동영상을 시청하고 한다.		
		교사는 심폐소생술의 방법을 사람 모형으로 시범을 보여주며 설명한다. 학생 한 명씩 심폐소생술 방법을 사람 모형으로 연습의 기회를 제공한다.	교사의 심폐소생술 관찰 후 학생 한 명씩 심폐소생술 방법을 사람 모형으로 연습하여 심폐소생술에 대한 기술을 학습한다.		

정리 및 평가	정리 심폐소생술 목적, 단계에 대하여 학생의 발표와 시범을 보며 수업 내용을 정리한다. 형성평가 지적 영역 심폐소생술의 목적에 대하여 설명하는가? 정의적 영역 심정지 환자가 발생한 경우 심폐소생술을 실천할 것을 선언한다. 심리운동영역 성취기준 심폐소생술의 3단계 중 3단계 모두 정확히 실시한다. 평가기준 상 : 심폐소생술의 3단계에 따라 3단계 모두 정확히 실시한다. 중 : 심폐소생술의 3단계에 따라 2단계를 정확히 실시한다. 하 : 심폐소생술의 3단계에 따라 1단계를 정확히 실시한다.	10분	평가 방법 : 질문법, 관찰법

임신 여성을 위한 심폐소생술

담요, 타월	편평하고 단단한 바닥에 담요나 타월을 엉덩이 아래에 괴어 자궁을 측면으로 한 채 눕힌다. 앙와위 저혈압을 예방한다. 바로 누운 자세에서 자궁이 대동맥과 하대 정맥을 압박하여 정맥혈이 심장으로 돌아오는 것을 방해로 심박출량 감소에 의해 앙와위성 저혈압이 발생한다.
흉부압박	흉부압박은 자궁이 횡격막 위치를 높게 할 만큼 커져 있을 경우 일반 성인의 가슴압박 위치보다 약간 위인 흉골의 아래쪽 절반이 아닌 흉골의 중간 부위에서 시행한다.

합병증

가슴압박 합병증 임용 06	흉골 골절, 늑골 골절, 쇄골 골절이 유발된다.	
	심장 타박상, 심장 압전, 심낭 또는 흉강으로 출혈이 발생한다. * 심장 압전 : 심막강 내 비정상적 액체 저류	
	간, 비장의 파열이 생긴다.	
인공호흡 합병증	폐 과다팽창	심박출량 감소	과도한 압력과 빠른 인공호흡으로 폐의 과다팽창은 흉곽내압 상승으로 심장으로 정맥혈 귀환 감소로 심박출량이 감소한다.
	위 과다팽창	역류	과도한 압력과 빠른 인공호흡으로 위에 공기가 유입되어 위 팽창이다. 위 내용물의 역류로 구토에 의해 기도 폐쇄나 폐로 흡인되어 흡입성 폐렴이 된다.

3 자동심장충격기(자동제세동기)

정의	심정지가 발생한 환자에게 심정지 발생 초기에 심장이 정상적인 수축을 하지 않는 심실세동을 진단한다. 생명을 위협하는 세동을 제거하여 동성 리듬을 되찾기 위해 심장에 전류를 전달하는 응급시술이다.
기전	제세동은 흉벽에 전극 패드(paddles)를 올려놓고 적절한 전압을 심장에 통과시켜 전기충격을 주는 순간 심근 전체가 탈분극된 후 완전한 불응기에 빠뜨린다. 가장 우세한 심장박동기인 동방결절(SA node)이 회복되어 심장 작용을 정상으로 회복시킨다.
적응증	심실세동, 맥박이 없고 무의식인 심실빈맥 국시 21
	심실세동: 불규칙한 세동파 300~600회/분
	심실빈맥 (V tach): 심실기외수축이 3회 이상, 140~250회/분, QRS : 규칙적, 넓어진다 (0.12초 이상).

전극 위치

전외 위치법 임용 10	전극 하나	우측 쇄골 하부
		우쇄골 중앙선상 2번째 늑간
		흉골 우측 2번째 늑간
	다른 하나	좌측 유두 아래 중간겨드랑선
		좌측 유두 외측, 액와에서 7cm 아래
		좌측 전방액와선 4(5)번째 늑간
전후 위치법		

후면　　　전면
세동제거술을 위한 전후 패들의 위치

후면　　　전면
세동제거술을 위한 다기능 패드

	유도전극판 하나	좌측 흉골 위치(심첨부)
	다른 하나	좌측 견갑골 밑 위치
심박조율기	체내형 제세동기(심장충격기)나 심박조율기를 가진 환자는 삽입 부위로부터 최소 3cm 이상 떨어진 곳에 전극을 부착한다.	

자동심장충격기(자동제세동기) 작동법 임용 10, 24 ☆ 전원 패 리듬에 제 CPR을 하다

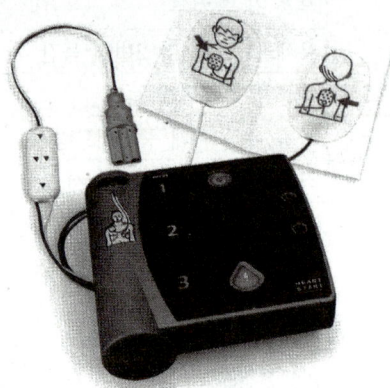

자동제세동기에 소아용 패드가 있다면, 제조사의 사용법대로 사용한다.

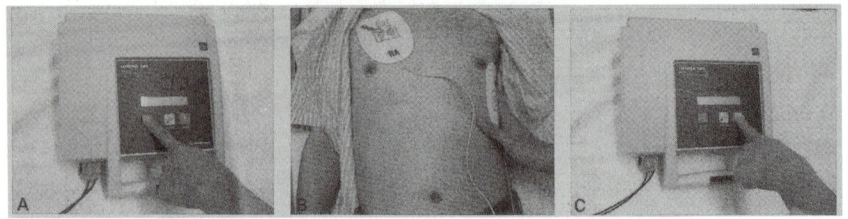

A. 전원을 켠다.　　B. 전극을 부착한 후 심전도를 분석한다.　　C. 심실세동이 감지되면 쇼크 스위치를 누른다.

자동제세동기 사용법

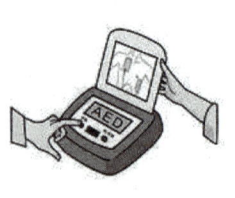　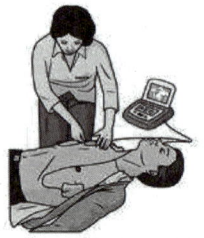　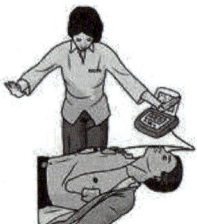

① 전원을 켠다.　　　② 두 개의 패드 부착　　　③ 심장리듬 분석

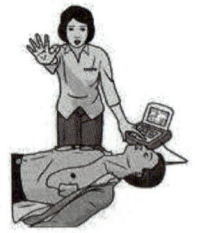　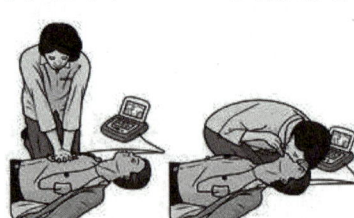

④ 제세동 시행　　　⑤ 즉시 심폐소생술 다시 시행

전원 켜기	자동제세동기를 심폐소생술에 방해가 되지 않도록 위치시킨다. 전원 스위치를 누르거나, 제세동기의 뚜껑을 열면 제세동기 전원이 켜진다.	
전극(패드) 부착 [임용 23]	세동 제거	
	부착	자동제세동기의 패드는 심장에 최대의 전류를 전달하도록 두 개의 패드를 포장지에 그려 있는 대로 환자의 가슴에 단단히 부착한다. 환자의 옷은 벗겨야 하며, 패드 부착 부위에 이물질이 있으면 제거한 뒤 패드를 부착한다. 소아(1세 이상 8세 미만)에게는 소아용 패드를 사용한다.
	한 패드(전극)	우측 쇄골 하부(오른쪽 빗장 뼈 아래)
	다른 패드(전극)	좌측 유두 아래 중간 겨드랑선(왼쪽 젖꼭지 아래의 중긴 겨드랑선)
심장리듬(심전도) 분석 [임용 21]	심장리듬 분석 스위치를 누른다. 자동제세동기가 환자의 심전도를 분석하는 동안 환자의 몸이 움직이지 않도록 심폐소생술을 포함한 환자에 대한 접촉과 모든 조작을 중단하고 물러나게 한다.	
제세동	심실세동이 확인되면 '제세동이 필요합니다'라는 음성 또는 화면 메시지와 함께 자동 충전된다. 제세동기가 자동 충전되고 환자와 접촉하지 말라는 음성 신호에 안전을 위하여 환자와 접촉 [임용 17] 한 사람이 있는지 확인한다. 모든 사람의 접촉을 금지한 뒤에 '제세동 버튼을 누르세요'라는 음성 또는 화면 지시가 나오면 제세동 스위치를 눌러 제세동으로 충격을 가한다. 수동식 제세동기는 200J(이상파형 : 120~200J, 단상파형 : 360J)로 제세동한다.	
2분간 표준 심폐소생술 [공무원 22]	제세동을 한 후에는 심장 리듬을 확인하지 않고 지체 없이 즉시 흉부압박부터 시행하는 심폐소생술을 2분간 5주기를 시행한다. [공무원 20] 심정지 환자는 제세동 직후 비관류 심장 리듬을 보이는 경우가 많아 제세동 직후 심폐소생술을 시행한다. 119구급대가 현장에 도착하거나 환자가 회복되어 깨어날 때까지 분석, 제세동(충격), 심폐소생술을 반복한다. 자동제세동기가 '제세동이 필요하지 않습니다'라고 분석한 경우 심폐소생술을 다시 시작한다.	

1세 미만 영아

1세 미만 영아에서 심정지는 주로 호흡 정지로 자동제세동기의 일상적 사용은 권장하지 않는다.
1세 미만 영아를 제세동할 때 수동제세동기를 사용하는 것이 좋다.
수동제세동기를 사용할 수 없을 경우 소아용 변환 시스템을 이용하나 두 가지 모두 이용할 수 없다면 성인용 자동제세동기 패드를 사용한다.

1세 이상 8세 미만 소아

소아는 심실세동의 빈도가 높지 않으나 소아에서 심실세동이 발생하면 제세동을 시행한다.
1세 이상 8세 미만 소아는 소아용 변환 시스템(전극 연결 부위에 장착되거나 제세동기에 변환 스위치가 있음)을 적용한다.
첫 번째 제세동에는 2J/kg 공무원23 을 사용하고 그 이후 제세동에는 4J/kg을 사용한다.

회복자세

호흡이 있고 외상의 흔적이 없으면 구토로부터 기도를 보호하기 위하여 측와위로 눕혀 회복자세를 취해준다. 국시24
환자의 한쪽 팔을 환자의 머리 아래에 넣고 환자의 다리를 굽혀주어 측와위 상태를 유지한다.

학습 주제 : 심정지에 자동제세동기 사용법
대상자 : 중학교 1학년
장소 : 행복 중학교 1학년 교실
일시 : 2025년 12월 5일 45분 수업
일반적 학습 목표 : 자동제세동기 사용법을 익혀 심정지 상황에서 자동제세동기 사용하여 생명을 구하도록 한다.

단계	학습 내용	교수자 활동	학습자 활동	시간	자료 및 유의점
도입	동기 유발	한 야구 선수가 경기 중 심정지 된 상황에서 자동제세동기를 사용하여 병원에서 치료 후 건강하게 된 사례와 다른 운동 선수는 경기 중 심정지 상황에서 아무런 처치를 받지 않아 식물 인간이 된 사례를 파워 포인트로 보여준다.	파워포인트를 보고 학생들의 의견을 발표하여 심정지된 상황에서 자동제세동기 사용의 중요성을 인식시킨다.	5분	
	학습 목표	파워포인트로 학습목표를 제시한다. 인지적 영역 자동제세동기의 심정지 환자에서 치료 기전을 설명할 수 있다. 심리운동영역 자동제세동기 사용방법의 5단계를 정확히 실시한다.	파워포인트로 학습목표를 보고 들으며 학습목표를 인식한다.		
전개	활동1	자동제세동기의 치료 기전과 지동제세동기의 절차를 PPT로 제시하고 설명한다.	PPT로 자동제세동기의 치료기전과 절차를 인식한다.	30분	
	활동2	교수 방법 : 시범 컴퓨터 동영상을 통해 자동제세동기 사용 방법을 보여준다. 교수 내용 : 자동제세동기 사용방법	교수자가 자동제세동기를 시범하는 것을 관찰 후 반복 수업으로 자동제세동기 사용방법을 인식하도록 한다.		
	활동3	실제 자동제세동기로 사용방법을 시범보인다.	모든 학생이 실제 자동제세동기로 사용방법을 연습으로 자동제세동기 사용방법 기술을 습득한다.		
정리 및 평가		교수자는 학생의 실제 자동제세동기로 사용하는 방법을 관찰하여 평가하며 학생들에게 수행 과정을 정리한다. 심리운동영역에 대한 성취기준 자동제세동기 사용 방법의 5단계를 정확히 실시한다. 평가기준 상 : 학생들은 자동제세동기 사용과정 5단계를 모두 정확히 실시한다. 중 : 학생들은 자동제세동기 사용과정 5단계 중 4단계를 정확히 실시한다. 하 : 학생들은 자동제세동기 사용과정 5단계 중 3단계를 정확히 실시한다.		15분	평가방법 : 관찰법

4 상기도 폐쇄

중요성		상기도 폐쇄는 저산소증으로 뇌의 저산소증과 함께 의식 상실, 심폐 정지를 일으킨다. 빠른 시간 내 기도를 막고 있는 이물질을 제거해 주어 기도를 확보하여 생명을 유지한다.
흡입과 질식 예방 국시 19	풍선	바람이 부분적으로 팽창되거나 빠지거나 터져버린 라텍스 풍선이 아동질식 사망 원인이다. 아동의 풍선은 어른이 직접 불어준다. 터진 풍선 조각은 주워서 버린다.
	음식물	견과류, 포도, 젤리, 팝콘 같은 음식물을 영아에게 주지 않는다. 영아가 씹기 쉽도록 음식물을 조그맣게 잘라서 준다.
	땅콩버터	땅콩버터 한 숟가락은 기도를 폐쇄할 수 있다 땅콩버터는 빵에 얇게 펴 바르지 않고 그냥 주어서는 안 된다.
	줄, 끈	아동이 미끄러지면 느슨한 줄에 매달려 줄이 목을 감게 된다. 모든 줄, 끈은 안전하게 매어 놓는다.

완전 기도폐쇄 증상 임용 05 / 국시 97, 00, 02, 07

호흡곤란	호흡곤란으로 호흡하기가 점차 어렵다.
청색증	얼굴, 입술이 파랗게 변한다.
기침×	기도폐쇄가 진행될수록 기침을 할 수 없다.
소리×	소리를 내는 것이 불가능하다.
말하지×	말하기가 불가능하다.
걷지×	일어나 걸으려 하는데도 걷지 못하고 비틀거린다.
촉킹-사인	양손이나 한 손으로 목을 감싸 쥐는 촉킹-사인이 있다. Choking sign
무의식	기도 전체가 폐쇄되면 질식과 뇌에 무의식 상태

```
                    기도폐쇄 분류
                   ┌─────┴─────┐
           기침 불가            기침 가능
         (완전 기도 폐쇄)      (부분 기도 폐쇄)
         ┌────┴────┐               │
     의식 없음   의식 있음        기침 유도
         │       ┌───┴───┐
     심폐소생술  성인 및 소아   영아
                하임리히법    5회 등 두드리기
                             5회 가슴압박 반복
```

의식이 있는 영아의 응급처치 임용 11 / 국시 17

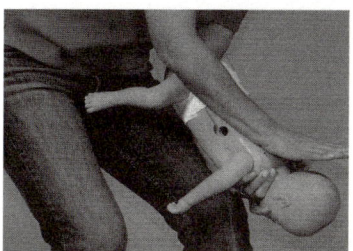
① 주위 사람에게 119 신고를 요청한다.
② 영아의 양쪽 어깨뼈 사이를 구조자의 손꿈치로 5회 등을 두드린다.

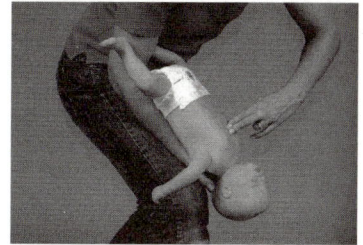
③ 영아 심폐소생술 시 가슴 압박점과 같은 위치인 영아의 젖꼭지 정중앙 바로 아래 복장뼈 위를 구조자의 두 손가락을 사용하여 5회 가슴압박을 실시한다.
④ 이물질이 제거될 때까지 이 절차를 반복한다. 만약 영아의 의식이 없어지면 심폐소생술을 시작한다. 인공호흡을 위해 기도를 개방할 때마다 입 안의 이물질을 확인한다. 이물질이 보이면 이물질을 제거한다.

의식이 있는 영아 기도폐쇄 시 처치

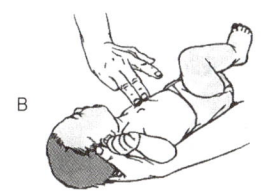

A. 5차례 양쪽 견갑골 사이를 때린다(five back blows).
B. 5차례 흉골 부위를 압박한다(five chest thrust).

영아가 기도 이물에 의해 질식했을 때의 응급처치

119	주위 사람에게 119 신고를 요청한다.	
등두드리기 5회 국시 22 공무원 24	영아 자세	영아의 얼굴을 밑으로 향하여 영아의 턱을 잡고 머리는 몸통보다 낮추고 구조자의 아래 팔(전박) 위에 놓으며 지지한다. 구조자는 자신의 팔을 넓적다리 위에 둔다.
	두드리기	구조자의 손바닥 끝(손꿈치, 손바닥의 두툼한 부분)으로 영아의 견갑골 사이를 힘주어 5회 내리친다. 어른에게 가해지는 힘보다 작은 힘을 사용한다.
돌리기	구조자가 영아의 머리를 몸통보다 낮춘 자세로 지지를 계속한다. 한 손으로 영아의 머리와 목을 받치고 다른 손의 엄지와 손가락으로 턱을 잡은 다음에 영아의 얼굴이 위를 향하도록 뒤집어 구조자의 넓적다리에 앙와위로 눕힌다.	
가슴압박 (가슴밀어내기) 5회 국시 22 공무원 24	영아의 머리가 가슴보다 아래로 향하도록 기울인 채 영아의 젖꼭지 정중앙 바로 아래 흉골 부위[양젖꼭지를 이은 가상선과 흉골이 만나는 지점 바로 아래(가슴 직하부)] 위치에 가슴두께의 1/3 깊이로 가슴압박을 빠르게 5회 시행한다. 이물질이 제거될 때까지 이 절차를 반복한다. ex) 심폐소생술 시 흉부압박 깊이 : 흉곽의 1/3 깊이 ※ 영아 : 영아에서 복부 압박으로 갈비뼈가 상복부 장기를 충분히 보호하지 못하고 간이 상대적으로 커서 복강 내 장기 손상 우려가 있다.	
입안 확인	가슴압박법을 시행한 후 입안을 확인하여 이물이 보이면 제거한다. 영아 의식이 없어지면 영아 심폐소생술을 시작한다.	

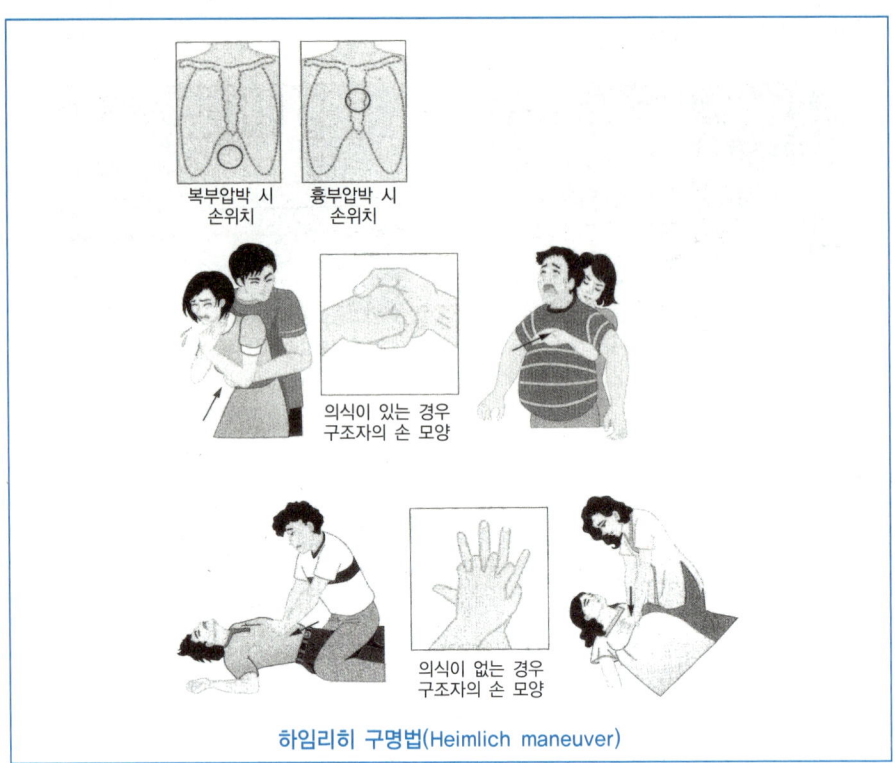

하임리히 구명법(Heimlich maneuver)

의식 시 하임리히법 = 복부압박법 임용 05 / 국시 24

기전		횡격막을 들어 올림으로 폐안에 남아 있던 공기가 한꺼번에 밀려나오면서 그 공기의 힘으로 기침을 하여 기도 입구를 막고 있는 이물질을 배출하여 공기가 통하게 한다.
방법	0단계 119 신고	'목이 막혔니?'라고 물어보며 기도폐쇄를 확인한다. 기도폐쇄가 의심되는 환자를 발견하면 즉시 응급의료체계로 도움을 요청한다. 긴급 환자 : A 상기도 폐쇄
	1단계 등 두드 리기	복부에서부터 힘 있게 기침을 여러 번 하게 한다. 심각한 기도폐쇄 징후를 보이며 효과적으로 기침을 하지 못하는 성인이나 1세 이상 소아 환자에게 즉시 등 두드리기(back blow)를 시행한다. 등 두드리기를 5회 시행한 후에도 효과가 없다면 5회 복부 밀어내기(abdominal thrust, 하임리히법)를 시행한다.

방법	2단계 처치자 자세	A. 이물이 배출될 때까지 복부압박을 6~10차례 실시한다. B. 환아가 서 있는 자세에서는 환아를 앞으로 안고, 한 손으로 주먹을 쥐고 한 손은 그 위를 덮고서 복부를 압박한다. **1세 이상의 소아에서의 복부압박(abdominal thrust method) 응급처치** 환자가 서 있는 자세에서 환자의 등 뒤에서 환자의 다리 사이로 처치자의 다리를 넣어 환자의 체중을 지지한다. 양팔을 환자의 겨드랑이 밑으로 넣어 허리를 팔로 감싼다. 흉부압박법 : 임산부, 비만한 사람은 환자가 서 있는 자세에서 환자의 등 뒤에서 양팔을 환자의 겨드랑이 밑으로 넣어 흉부를 팔로 감싼다.
	3단계 손 자세	오른손은 주먹을 쥐어 주먹 쥔 손의 엄지와 시지(검지) 부분을 검상돌기 아래와 배꼽 위의 배 중앙에 놓고 그 위에 왼손을 꼭 감싸 쥔다. 흉부압박법 : 임산부, 비만한 사람은 오른손은 주먹을 쥐어 주먹 쥔 손의 엄지와 시지부분을 환자의 흉골 중간에 놓고 그 위에 왼손을 꼭 감싸 쥔다.
	4단계 복부 압박	1초에 1회씩 환자의 배를 등쪽 구조자 방향으로 위로 강하고 빠르게 밀쳐 올린다. 내부 장기 손상을 예방하기 위해서 구조자의 손이 흉골의 검상돌기나 하부늑골 가장자리를 건드려서는 안되고 흉곽을 짓누르면 안 된다. 밀어올리는 손에만 힘을 준다. 흉부압박법 : 임산부, 비만한 사람은 흉골의 중앙부를 강하게 압박한다. 임용 10
	5단계 반복	기도폐쇄 징후가 해소되거나 환자가 의식을 잃기 전까지 계속 등두드리기와 복부밀어내기를 5회씩 반복한다. 성인 환자가 의식을 잃으면 구조자는 환자를 바닥에 눕히고 심폐소생술을 시행한다. 복부압박법을 시행한 후 입안을 확인하여 이물이 보이면 제거한다. 이물이 제거되면 기도를 열린 상태로 유지시키고 필요하면 구강 대 구강 인공호흡을 시행한다.

무의식 시 하임리히법

기도폐쇄 확인	어깨를 가볍게 두드리면서 '괜찮니?'라고 묻는다.
119 연락과 CPR	흉부 압박 30회 - 인공호흡 2회 - 이물질 확인과 제거 환자가 의식을 잃고 반응이 없을 때 다른 사람이 응급시스템에 연락하고 환자를 바닥에 눕히고 즉시 심폐소생술을 시행한다. 공무원 23 30회의 가슴압박을 시행한 후, 인공호흡을 시도할 때 육안으로 입 속을 관찰하여 이물질이 나왔는지 확인한다. 가슴압박으로 이물 배출을 기대할 수 있다. 입안에 이물질이 발견되면 손가락으로 이물질을 제거한다. 이물질이 보이지 않으면 인공호흡을 시도한다. 입안에 이물이 보이지 않는 상황에서 손가락을 넣어 이물을 빼려고 하면 안 된다. 이물을 인두 내로 깊게 밀어 넣거나 인두에 손상을 준다. 두 번의 인공호흡 후 이물이 제거될 때까지 가슴압박과 인공호흡을 반복한다. 인공호흡이 계속 불가능하면 기도가 폐쇄된 것으로 판단한다.

혼자 있을 때 하임리히법(Heimlich maneuver)

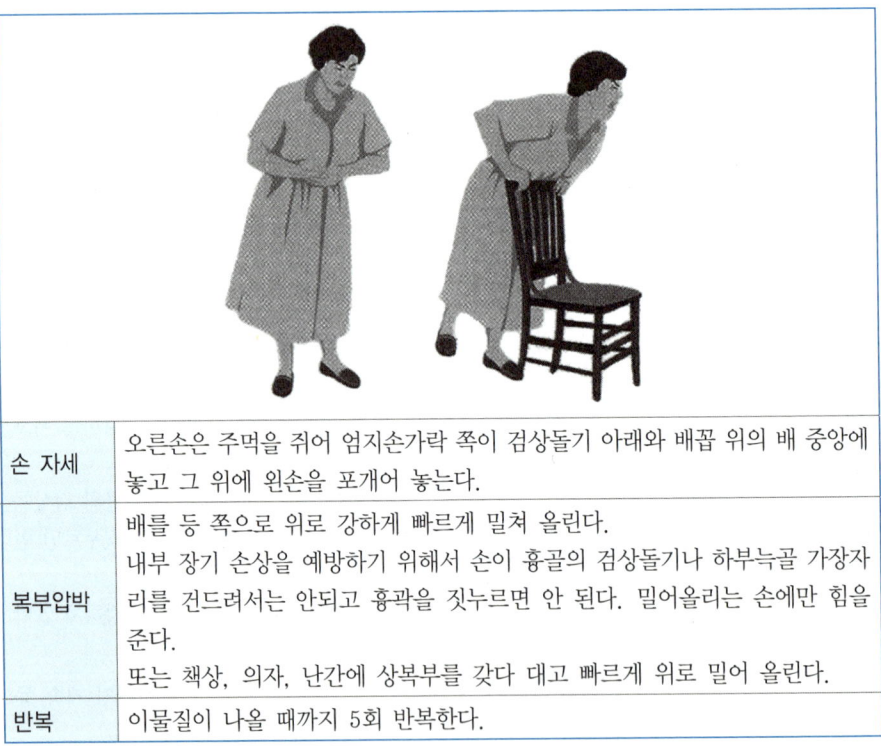

손 자세	오른손은 주먹을 쥐어 엄지손가락 쪽이 검상돌기 아래와 배꼽 위의 배 중앙에 놓고 그 위에 왼손을 포개어 놓는다.
복부압박	배를 등 쪽으로 위로 강하게 빠르게 밀쳐 올린다. 내부 장기 손상을 예방하기 위해서 손이 흉골의 검상돌기나 하부늑골 가장자리를 건드려서는 안되고 흉곽을 짓누르면 안 된다. 밀어올리는 손에만 힘을 준다. 또는 책상, 의자, 난간에 상복부를 갖다 대고 빠르게 위로 밀어 올린다.
반복	이물질이 나올 때까지 5회 반복한다.

교수-학습 지도안, 하임리히법 교육 내용, 학습지도안 특정 교수방법 선택 근거, 개념, 유의사항

주제 : 의식이 있는 아동의 기도 폐쇄에 따른 하임리히법 배우기
일시 : 2025년 11월 16일
장소 : 6학년 1반 교실
대상 : 6학년 1반 학생들

단계	학습단계	교수자 활동	학습자 활동	시간	자료 및 유의점
도입	동기 유발	아나운서가 TV프로 진행 중에 떡을 먹다가 목에 걸려 사망한 신문 기사를 학생들에게 읽어준다.	신문 기사를 들으며 기도폐쇄의 위험성을 인식한다.	5분	신문기사, 파워포인트
	학습 목표	학습목표를 파워포인트로 보여준다. 지적 영역 학생은 완전기도폐쇄의 증상에 대하여 4가지 이상 설명할 수 있다. 정의적 영역 학생은 기도폐쇄 시 응급처치에 대해 주위 사람들에게 설명하고 실행해 보이고 권한다. 심리운동영역 하임리히법의 4단계에 따라 4단계를 정확히 수행을 보인다.	파워포인트로 학습목표를 보며 학습목표를 인지한다.		
	선수 학습 회상	지난 시간에 배운 심폐소생술과 기도폐쇄에 의한 하임리히법의 관련성을 이해시킨다. 심폐소생술은 심정지로 심폐소생술을 하고 하임리히법은 상기도폐쇄로 산소 공급이 감소된 것에 시행한다.	심폐소생술과 하임리히법의 관련성을 인식한다.		

전개	활동1	학습 방법 : 강의 완전기도폐쇄의 증상을 그림과 글이 있는 컴퓨터 파워포인트로 보면서 설명한다. 학습내용 완전기도폐쇄증상	완전기도폐쇄의 증상을 파워포인트로 보면서 인식한다.	30분	완전기도폐쇄의 증상, 하임리히법 동영상, 학습자료, 완전기도폐쇄 시뮬레이션 상황
	활동2	학습 방법 : 시뮬레이션 하임리히법 단계를 담은 학습용 동영상 자료를 보여주고 학습 내용이 있는 학습자료를 학생들에게 나누어 주고 함께 읽으며 설명한다.	하임리히법 단계를 담은 학습용 동영상 자료를 시청하고 학습 내용이 있는 학습자료를 보며 교사의 설명을 들으며 인식한다.		
		기도폐쇄를 일으키는 상황으로 점심 급식에서 음식을 잘 씹지 않고 삼켜서 기도가 폐쇄된 상황을 만들어 교수자가 하임리히법을 실시한다. 학생들이 두 명씩 짝을 이루어 기도폐쇄를 일으키는 모의 상황을 만들어 하임리히법을 교대로 실시한다. 학습내용 : 의식 시 하임리히법= 복부압박법	기도가 폐쇄된 상황을 만들어 교수자가 하임리히법을 실시하는 것을 학생들은 관찰한다. 기도폐쇄의 모의 상황을 통해 하임리히방법을 실시하여 하임리히방법을 배운다.		
정리 및 평가		정리 교사가 기도폐쇄의 증상, 하임리히법에 대하여 설명하여 정리해준다. 형성평가 지적 영역 학생은 '완전기도폐쇄의 증상에 대하여 4가지 이상 설명할 수 있는가?'에 두 명씩 짝을 이루어 교대로 질문하여 평가한다. 정의적 영역 학생은 기도폐쇄 시 응급처치에 대해 주위 사람들에게 설명하고 실행해 보이고 권할 것을 선언한다. 심리운동영역 두 명씩 짝을 이루어 교대로 하임리히법의 4단계를 시범하여 평가한다. 성취기준 하임리히법의 4단계에 따라 4단계 모두 정확히 실시한다. 평가기준 상 : 하임리히법의 4단계에 따라 4단계 모두 정확히 실시한다. 중 : 하임리히법의 4단계에 따라 3단계를 정확히 실시한다. 하 : 하임리히법의 4단계에 따라 2단계를 정확히 실시한다.		10분	평가방법 : 질문법, 관찰법

5 실신

사정

정의		뇌혈류 감소에 순간적으로 의식을 잃는다.
미주신경 실신 (혈관 미주신경성 실신)	원인	오래 서 있을 때, 감정적 스트레스, 매우 덥거나 혼잡한 환경
	기전	움직이지 않고 오래 서 있거나 불안의 감정적 자극으로 교감신경 저하로 교감신경 지배를 받는 혈관들이 확장되나 이에 따른 보상 작용이 일어나지 않아 혈압이 떨어져 뇌의 산소와 포도당 감소로 발생한다. 이어서 미주신경의 활성화가 나타나 서맥, 혈압 하강, 연동운동 증가, 오심, 입에 침이 고인다.
	눈	앞이 캄캄해짐, 눈이 잘 안 보임
	심혈관계	심계항진, 빈맥을 느끼다가 서맥, BP 감소
	소화기계	연동운동 증가, 오심, 메스꺼움, 입에 침이 고인다.
	피부	창백한 피부, 손이 차가워진다.
	의식소실	잠시 동안 의식소실, 기절, 어지러움, 허약감 뇌혈류 감소로 자세를 유지하지 못하고 근육의 긴장성이 없어지면서 바닥에 쓰러지며 의식은 1분 내 회복한다.
기립성 저혈압		누워있거나 앉아 있다가 일어서면서 자세 변화로 수축기 혈압 감소, 빈맥 뇌혈관으로 혈액 공급이 부족하여 발생한다. 정상 앙와위-직립위 : 수축기압 20mmHg 이하
심장성 실신		심인성 실신은 기립 상태에 있지 않더라도 나타나며 누워있는 동안이나 어떠한 자세로도 발생한 실신이다. 심부정맥, 전도장애(아담스 스톡증후군), 좌심실 부전, 심장 압전
신경 정신증성 실신 (히스테리성 실신) 임용 92		극적인 상황에서 발생하며 아프지 않게 쓰러져 상처를 남기지 않는다. 불규칙한 경련 운동, 전신 연축이 있다. 맥박, BP, 피부색 변화 등 생리적 변화가 일어나지 않는다.

응급 간호 임용 05, 07 ☆ 실신한 공찬이 변측 금옷

cf) 신경인성 쇼크 ☆ 변옷 보안

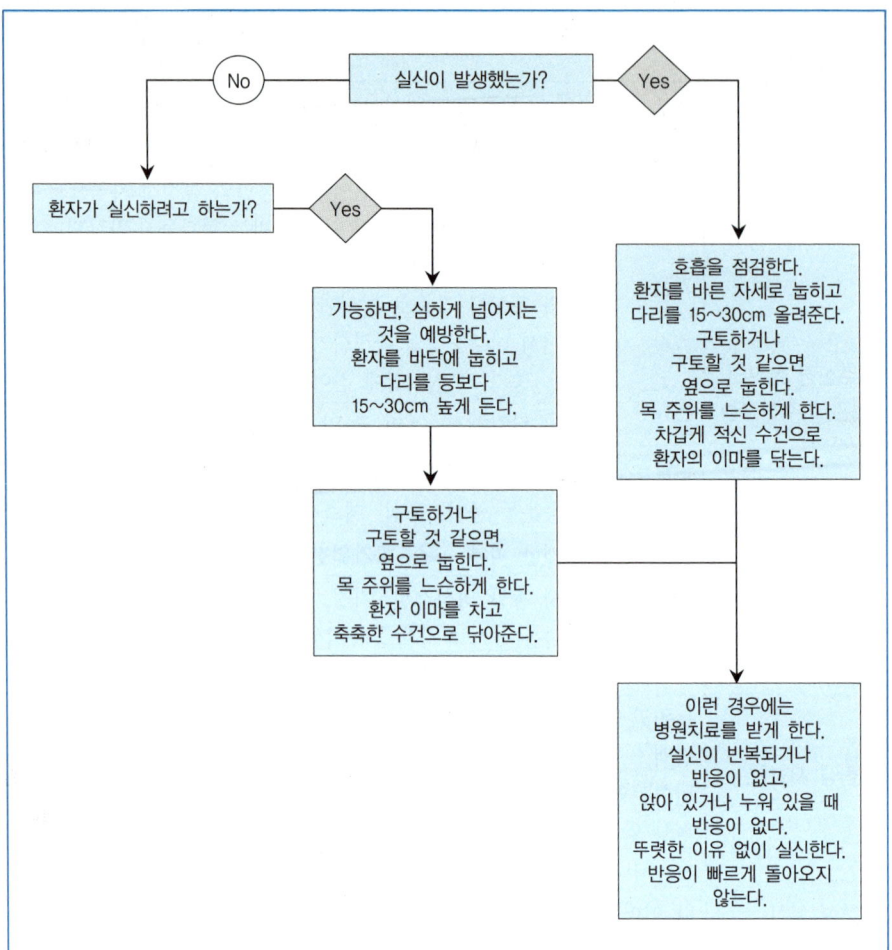

변형된 trendelenburg 자세	방법	앙와위로 눕히고 다리를 20~30cm로 상승하고 무릎은 곧게 뻗고 상체는 수평을 유지한다. 흉부는 수평, 경부는 편안하게, 머리는 가슴과 같은 수준이나 가벼운 베개 하나를 댄다.
	근거	뇌로 향하는 혈류량 부족으로 인한 실신에 변형된 trendelen-burg 자세이다. 사지로부터 정맥을 귀환시켜 심장 혈류량을 증가시킨다. 심박출량을 증가시켜 뇌로 혈류를 증가시킨다.
측위	방법	구토하거나 구토할 것 같으면 구토에 의해 흡인되지 않도록 분비물 제거 위해 고개를 한쪽으로 돌리거나 옆으로 눕힌다.
	근거	구토에 의한 흡인으로 고개를 한쪽으로 돌리거나 환자를 옆으로 눕게 하여 혀와 턱을 내밀고 분비물을 배액시킨다.
옷 느슨	방법	목, 가슴, 허리를 꼭 조이는 옷을 느슨하게 한다.
	효과	전체적 순환을 증진시킨다. * 두개내압 상승에서 옷 느슨 : 정맥 배액, 복압 감소
공기 흡입	방법	창문을 열어 신선한 공기를 흡입하게 한다.
	효과	신선한 공기 흡입으로 폐 순환을 증가시킨다.
금식과 설탕물	방법	의식이 완전히 회복되기 전 아무것도 먹이지 않는다. 의식이 있고 먹을 수 있으면 앉아서 당분이 있는 설탕물, 시원한 음료수를 마신다.
	효과	의식이 없을 때 인두 반사인 연하 반사 상실로 기도흡인 가능성이 있다.
찬 물수건	방법	환자의 이마, 얼굴에 찬 물수건을 대준다. 얼굴에 물을 뿌리거나 붓거나 때리지 않는다.
	근거	얼굴에 찬 물수건을 대주어 회복시킨다.
상처 확인	방법	실신으로 생긴 상처를 확인하고 치료한다.
	효과	대부분 실신은 곧바로 의식을 차리나 다른 원인에 의한 실신인지 점검한다.
병원 후송	증상이 완화되지 않으면 의식과 활력징후를 확인하여 병원으로 후송한다.	
	깨어나지×	4~5분 내 깨어나지 않고 반응이 없을 때
	이유×	뚜렷한 이유 없이 기절할 때
	반복	실신을 반복하여 의식을 잃은 적이 있을 때
	심장성 실신	앉거나 누워 있는 중 의식을 잃었을 때 심장성 실신 의심

CHAPTER 02 환경응급

1 고온장애

열손상의 유형별 주요 감별점

		열경련	열실신	열피로	열사병
기전		근육의 Na^+ 장애	말초혈관 이완	전해질이상, 수분의 과다한 부족	체온조절중추 이상
증상	근육통/근경련	+	−	+	+
	실신	−	+	+	+
	다한(발한)	+	+	+	−
	피부건조	−	−	−	+
	혈압저하	−	±	±	+
	의식장애	−	±	+	+
	혼수상태	−	−	−	+
	체온상승	경미	경미	38~40℃	40℃ 이상
	전신 경련	−	−	−	±
간호		이온음료 섭취	환자를 눕히고, 경구로 수분 공급	경증 시 이온음료 섭취, 중증 시 생리식염수 정주	즉시 체온을 낮춘다.

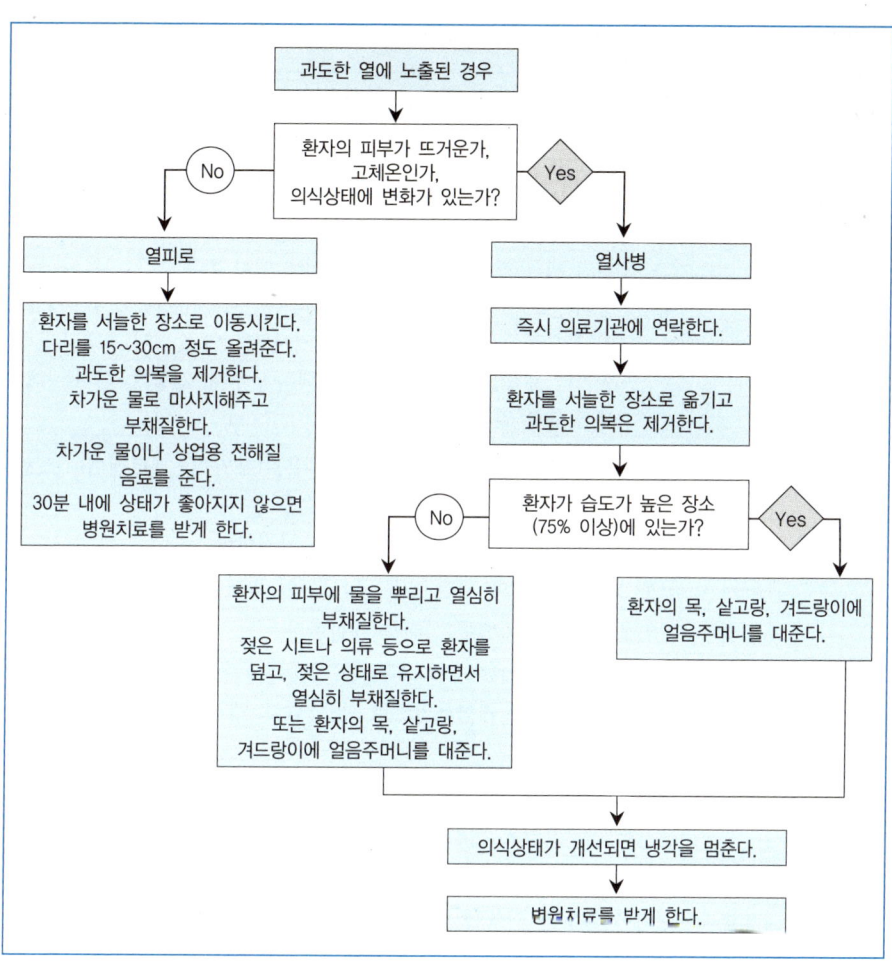

열경련

특징	체온은 정상이지만 발한은 심하다. 더운 환경에서 운동(일)을 한 후 운동과 관련된 근육에 통증이 나타난다.
진단 조건	더운 환경에서 운동(일) 후에 증상이 발현 운동과 관련된 근육의 통증 운동 시 심한 다한이 있음 운동 중 적절한 수분공급이 없던 경우
기전	고온에 노출되면 체온조절중추에 의해 교감신경계 작용으로 심한 발한이 있다. 수분과 나트륨이 과다하게 소실되고 수분만을 보충하여 생기는 염분 부족이다. 근육 내 Na^+의 상대적 결핍으로 팔, 다리, 복부 근육이 강직된다. cf) 열성 경련 : 열성 발작은 열과 관련하여 발생하는 아동의 일시적 장애 * 나트륨의 생리적 역할 : 골격근육 수축, 신경 충격 전달
증상	의식 명료, 현기증, 이명, 두통/ 약간의 저혈압, 빈맥, N/V, 차고 축축한 피부/체온은 정상, 약간 상승/팔, 다리 근육에 통증성 근경련

열경련 시 응급간호 [서울 04] 시옷 냉선이

휴식	방법	경련이 진정될 때까지 환자를 앉히거나 눕힌다.
	근거	앉히거나 눕혀 경련 중인 근육을 쉬게 한다.
시원한 환경	방법	고온으로부터 그늘지고 시원하고 공기와 바람이 잘 통하는 곳에 눕힌다.
	근거	대류, 복사에 의한 열소실을 최대화한다.
		복사: 직접 접촉 없이 물체와 물체 사이에 열이 이동. 몸의 온도가 주위 온도보다 높을 때 몸에서부터 방출되는 복사열이 몸으로 들어오는 복사열보다 커지므로 열 손실이 초래된다.
		대류: 공기의 움직임에 의해 열이 이동되는데 부채, 선풍기, 환기는 대류를 통한 열손실을 촉진시킨다.
이온음료	방법	의식이 명료하고 오심이 없을 때 이온음료(포카리, 게토레이), 스포츠 음료, 염분을 함유한 시원한 음료수를 준다. 알코올, 카페인 음료는 이뇨 작용으로 금지한다.
	근거	고온 노출로 발한에 의한 수분, 나트륨이 과다 소실된다.
맹물 제한	방법	식염을 타지 않은 맹물 섭취를 제한한다.
	근거	발한에 의한 나트륨이 과다 소실된 상태에서 맹물 섭취는 저소듐 상태를 악화시킨다. 저삼투압으로 세포 내로 액체가 이동되어 세포가 부풀어 오른다.
소금 제한	방법	소금은 충분히 이온음료를 섭취하기 전까지 투여하지 않는다.
	근거	충분한 이온음료를 섭취하기 전 소듐 정제는 위장을 자극하고 오심과 구토를 일으킨다.
스트레칭	방법	경련이 발생한 근육을 스트레칭 해 준다.
	근거	근 경련을 악화시킬 수 있어 경련 부위는 마사지하지 않는다.

열성 피로, 열탈진, 열성 쇼크(heat exhaustion)

기전 [공무원 18]	열손상 중 가장 흔한 유형이다. 고온 노출에 의한 교감신경계 작용의 심한 발한으로 땀을 심하게 흘린다. 수분, 염분의 심한 소실에 의한 체액 손실로 혈류량 감소와 염분과 수분의 보충이 불충분했을 때 탈수로 심박출량이 감소되어 순환 부족의 순환계 이상인 쇼크를 일으킨다.
증상	상승한 체온, 혈압 감소, 빈맥 N/V : 위장관 관류 감소 발한에 의한 탈수로 심한 갈증 심한 발한, 피부가 덥거나 차고 축축(혈액과 혈장이 급작스럽게 소실) 두통, 현기증, 이명, 심하면 의식 혼미(대뇌피질의 혈류량 부족)

응급간호 [임용 04] : 쇼크 응급처치 + 열간호

변형된 trendelen-burg 자세	방법		두부 외상이나 척추 손상 외에는 앙와위로 눕히고 다리를 20~30cm로 상승한다.
			무릎을 곧게 뻗고 상체는 수평을 유지한다. 흉부는 수평, 경부는 편안하게, 머리는 가슴과 같은 수준이나 가벼운 베개 하나를 대준다.
			cf) 머리를 아래로 위치시키는 자세는 뇌의 충혈과 복강 내 장기가 횡격막을 눌러서 호흡장애 유발로 금기
	효과		사지로부터 혈류 귀환을 돕고 심장 혈류량 증가로 심박출량을 증진시켜 생명 유지 장기에 관류를 유지하도록 돕는다.
시원한 환경	방법		고온으로부터 그늘지고 시원하고 공기와 바람이 잘 통하는 곳에 눕힌다.
	효과		대류, 복사에 의한 열소실을 최대화한다.
		복사	직접 접촉 없이 물체와 물체 사이에 매체인 공기에 의해 열이 이동 몸의 온도가 주위 온도보다 높을 때 몸에서부터 방출되는 복사열이 몸으로 들어오는 복사열보다 커지므로 열 손실이 초래
		대류	공기의 움직임에 의해 열이 이동되는데 부채, 선풍기, 환기는 대류를 통한 열손실을 촉진시킨다.
옷 제거	방법		꼭 끼는 의복은 느슨하게 한다. 땀으로 젖은 옷은 벗긴다. 옷을 얇게 입히거나 벗긴다.
	기전	방출	옷을 얇게 입거나 벗김으로 피부를 통해 열을 방출시켜 체온조절을 한다. 두꺼운 옷은 체온조절기전을 방해한다.
찬 수건	방법		피부에 차갑고 젖은 수건으로 닦았다가 닦는다. * 발열 간호에서 미온수 스펀지 : 전도, 증발
	기전	전도	차가운 수건으로 서로 다른 온도를 지닌 두 물체가 접촉하고 있을 때 운동 에너지의 형태로 열이 이동하는 것으로 열 이동률은 두 물체 사이 온도 경사도에 비례한다.
		증발	피부에 차갑고 젖은 수건은 신체 표면에서 수분이 기체로 되어 날아갈 때 물이 열에너지를 잃게 된다.
선풍기 바람	방법		선풍기 바람을 쐬주거나 부채질을 한다.
	기전		대류 선풍기 바람은 공기의 이동에 의해 열의 이동으로 선풍기의 차가운 공기가 환자에 오게 되는 교체 현상으로 체열이 손실된다. ex) 바람이 불면 시원하게 느끼는 것은 공기의 대류가 커지기 때문이다.

이온 음료	방법	의식이 명료하고 오심이 없을 때 이온음료(포카리, 게토레이), 스포츠 음료, 염분을 함유한 시원한 음료수를 준다. 알코올, 카페인 음료는 이뇨 작용으로 금지한다.
	근거	고온 노출로 발한에 의한 수분, 나트륨을 과다 소실한다.
맹물 제한	방법	식염을 타지 않은 맹물 섭취를 제한한다.
	효과	발한에 의한 나트륨의 과다 소실된 상태에서 맹물 섭취는 저소듐 상태를 악화시킨다. 저삼투압으로 세포 내로 액체가 이동되어 세포가 부풀어 오른다.

열성 실신(heat syncope)

원인		오래 서 있거나 별안간 작업자세를 바꾸거나 기온, 습도가 높아질 때 발생한다.
기전		더운 환경에서 서 있는 자세로 오랫동안 노출되면 피부 혈관확장과 하지의 정맥혈 정체로 심장으로 혈액 유입이 감소한다. 심박출량이 감소하고 뇌혈류 감소로 실신에 이른다.
증상		발한, 피부가 습하고 차다. 오심, 메스꺼움, 귀의 울림 체온 : 정상, 경미한 체온 상승, 저혈압, 빈맥 시력변화, 앞이 캄캄해짐, 눈이 잘 안 보임 뇌의 산소부족으로 실신, 수축기 혈압 감소로 잠시 의식 상실
간호	눕힘	방법 : 환자를 눕힌다.
		효과 : 눕혀서 뇌로 관류를 돕는다.
	시원한 환경	방법 : 고온으로부터 그늘지고 시원하고 공기와 바람이 잘 통하는 곳에 눕힌다.
		효과 : 대류, 복사에 의한 열소실을 최대화한다. 복사 : 직접 접촉 없이 물체와 물체 사이에 매체인 공기에 의해 열이 이동/몸의 온도가 주위 온도보다 높을 때 몸에서부터 방출되는 복사열이 몸으로 들어오는 복사열보다 커지므로 열 손실이 초래 대류 : 공기의 움직임에 의해 열이 이동되는데 부채, 선풍기, 환기는 대류를 통한 열손실을 촉진시킨다.
	이온 음료	방법 : 의식이 명료하고 오심이 없을 때 이온음료(포카리, 게토레이), 스포츠 음료, 염분을 함유한 시원한 음료수를 준다. 알코올, 카페인 음료는 이뇨 작용으로 금지한다.
		근거 : 고온 노출로 발한에 의한 수분, 나트륨이 소실된다.

열사병(heat stroke)

기전 [임용 24] [국시 23]	체온조절 중추 기능장애	뇌 시상하부의 체온조절 중추 기능장애로 전신의 발한이 정지된다. 땀의 증발에 의한 과도한 열을 방출시킬 능력을 잃어서 체온이 심각하게 상승된다.
	세포손상	체내에 열이 축적되고 과열에 의한 세포 손상으로 심장, 신장(신부전), 간, DIC(혈액 응고기전에 손상), 뇌사와 사망을 초래한다.
증상 [임용 11] [국시 99, 06]	중추신경계	이명, 두통, 현기증, 지남력 감소, 섬망, 혼수, 경련
	생체 징후	체온 40℃ 이상, 빈맥, 저혈압, 빈호흡
	심혈관계	심박출량 감소, 말초혈관저항 감소
	피부	땀을 흘리지 않음, 피부가 뜨겁고 건조한 붉은 피부 ex) DKA : 홍조를 띤 뜨거운 건조한 피부
	비뇨기계	핍뇨, 무뇨
	응고장애	자반, 결막출혈, 흑변, 혈변, 각혈, 혈뇨, 뇌출혈

열사병 응급 간호 [임용 12] ★ 시옷 냉선 마마

시원한 환경	방법	고열에 노출된 기간이 사망률과 관계가 깊으므로 빨리 시원한 환경으로 옮긴다. 환아의 머리와 어깨를 약간 높게 반좌위를 하고 체온을 빨리 떨어뜨린다.	
	효과	복사, 대류에 의해 체열 방출을 돕는다. 1분만 늦게 체온을 떨어뜨려도 열에 의한 세포손상으로 뇌, 심장, 신장, 간, 혈액 응고기전에 손상으로 심각한 후유증, 사망 위험이 커진다.	
		복사	직접 접촉 없이 물체와 물체 사이에 매체인 공기에 의해 열이 이동 몸의 온도가 주위 온도보다 높을 때 몸에서 방출되는 복사열이 몸으로 들어오는 복사열보다 더 커지므로 열 손실이 초래
		대류	공기의 움직임에 의해 열이 이동되는데 부채, 선풍기, 환기는 대류를 통한 열손실을 촉진시킨다.
옷 제거	방법	환자의 내의까지 의복을 벗긴다.	
	효과	옷을 벗김으로 피부를 통해 열을 방출시켜 체온조절을 한다. 두꺼운 옷은 체온조절기전을 방해한다.	
찬 수건	방법	환자를 시원하게 유지시키기 위해 힘차게 부채질을 한다. 시트에 물을 뿌려주어 젖은 상태로 유지시킨다. 물을 뿌리고 부채질하는 것은 습도가 낮은 환경에서 효과적이다.	

찬 수건	방법	환자를 시원하고 젖은 천으로 덮고 천에 상온의 미지근한 물을 뿌려주어 계속 물로 적신다. 천을 찾을 수 없으면 찬 물수건, 타월, 냉수에 적신 스펀지로 몸을 닦는다. 이마, 목, 가슴, 겨드랑이, 서혜부, 손, 발목 같이 커다란 정맥 부위에 얼음 주머니를 대어서 빨리 체온을 감소시킨다.
	효과	전도와 증발에 의한 열소실 증가로 심부 체온을 빨리 39℃ 이하로 낮춘다.
		전도: 서로 다른 온도를 지닌 두 물체가 접촉하고 있을 때 운동 에너지의 형태로 열이 이동하는 것으로 열 이동률은 두 물체 사이의 온도 경사도 비례
		증발: 피부에 차갑고 젖은 수건은 신체표면에서 수분이 기체로 되어 날아갈 때 열에너지를 잃게 되는 현상
얼음물 공무원 23	방법	얼음이 있는 큰 욕조에 환자를 담근다. 얼음물에 담가서 체온을 39℃까지 내려주어야 한다. 냉수욕은 10~40분 이내에 중심체온을 39℃ 이하로도 급격히 내릴 수 있으나, 증발기법보다 합병증이 많고, 환자를 얼음물에 담그면 말초혈관 수축으로 열의 발산 장애로 주의한다.
	효과	전도에 의한 열소실이 증가한다.
선풍기 바람	방법	선풍기를 사용하거나 부채질을 한다.
	효과	선풍기 바람이나 부채질로 대류에 의한 열소실을 증가시킨다.
마사지	방법	사지를 격렬하게 마찰시킨다.
	근거	체온을 낮추는 동안 마사지를 하여 피부의 혈관을 확장시키고 혈액순환을 증진시키고 체열 이동을 돕는다.
마른 천	방법	체온이 안정되고 의식 상태가 좋아지면 젖은 천을 마른 천으로 바꾸고 식히는 작업을 그만둔다.
	효과	필요 없이 몸을 식히면 저체온에 빠질 수 있다.
해열제 제한	방법	아스피린, 아세트아미노펜을 투여하지 않는다.
	효과	질병으로 발생한 프로스타글란딘 상승에 의한 발열인 시상하부의 set point 상승과 관계가 없어 해열제는 체온을 떨어뜨리는 데 효과적이지 않다.
후송	방법	열사병은 신속한 병원 후송과 입원 처치가 필요하다. 즉시 의료기관에 연락한다.

열쇠약

정의	고열에 의한 만성 체력소모이며, 고온작업자에게 나타난다.
증상	전신권태, 식욕부진, 위장장애, 불면, 빈혈, 몸이 수척해진다.
관리 공무원 18	영양공급, 비타민 B_1 공급, 충분한 휴식이 필요하다. *비타민 B_1 : 에너지 대사에 관여하므로 필요량은 에너지 소모량과 상관이 크다.

2 화상

응급기 병태생리
체액과 전해질 손실 국시 02, 07

모세혈관 투과성 증가	모세혈관 투과성 증가로 혈관 내 광대한 양의 체액과 단백질이 혈관 밖 간질 공간으로 이동한다. 혈관 내 단백질 감소로 교질 삼투압이 감소되어 많은 체액이 혈관으로부터 간질 공간으로 이동을 증가시켜 부종이 생기고 혈액량이 감소한다. 적혈구, 백혈구는 빠져나가지 않아 Hct 농축 증가, 혈액 점성이 증가한다.
손상된 피부	손상된 피부에서 증발로 불감응성 소실(50~400mL/hr)이 있다.
Na^+ 감소 국시 14	Na^+은 비정상적으로 간질 공간으로 이동하고 세포 내로 들어온다.
K^+ 증가	세포 손상으로 K^+은 세포 내에서 세포 외액으로 이동한다.

호흡기계

CO 질식	CO(일산화탄소)로 질식
상기도 부종 국시 23	뜨거운 가스, 자극 물질을 흡입하여 점막 부종을 일으켜 상기도 부종으로 기도폐쇄
폐렴	연기 흡입 손상은 섬모 활동 저하로 과도한 분비물을 흡입하여 호흡기 감염으로 기관-기관지염, 폐렴 ＊섬모: 먼지나 세균 등 외부 물질을 바깥으로 내보낸다.

사정 임용 11

응급상황 화상 임용 98	호흡기 (흡입) 화상 국시 23	호흡	흡입 손상, 기도 부종으로 기도폐쇄 천명음, 빠르고 얕은 호흡, 호흡곤란
		부위	얼굴, 목 화상 타버린 코털, 얼굴 털 호흡 시 연기가 나옴 비강, 구강 점막이 검게 변함 쉰 목소리, 음성 변화(후두 안 성대)
	화상 부위	부위	얼굴, 손, 발, 회음부인지 사정한다.
		얼굴	얼굴은 호흡기계 화상이나 음식 섭취 장애 가능성이 있다.
		손, 발	손, 발 화상은 스스로 관리하기 어렵고 일상생활에 지장을 준다. 손, 발은 표면에 혈관과 신경이 있다.
		회음부	회음부 화상은 감염이 잘된다.
	화상 범위		체표면적을 사정한다. 넓은 부위: 25% 이상 2도 화상, 10세 미만과 50세 이후에 20% 이상 2도 화상
	화상 깊이		모든 연령층의 3, 4도 화상
	전기 화상		전기에 의한 화상인지 사정한다. 전기의 강한 열에 의하여 심부조직 손상이 된다.

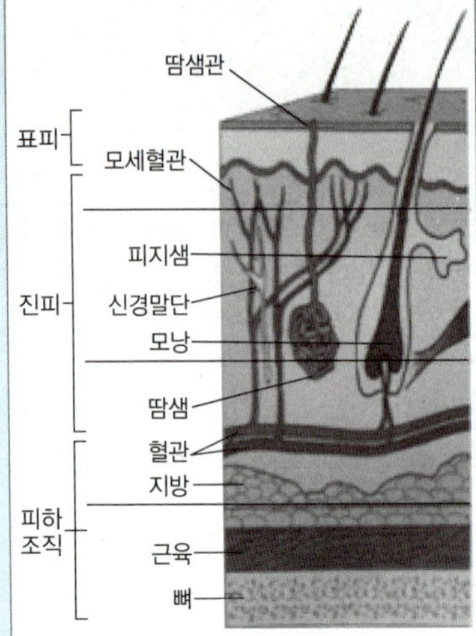

		특성	상처의 감각	치유과정
부분층 화상	1도 화상	• 수포와 표피 손상이 없음 • 홍반 • 압력을 주면 피부가 창백 • 부종 없음 • 피부색 : 분홍부터 적색	• 통증 있음	• 2~3일간 불편감 지속 • 3~7일 이내 표피 탈락
	2도 화상	• 습하고 반짝이는 피부 • 수포형성 • 압력을 주면 피부가 창백 • 부종 있음 • 피부색 : 적색 또는 창백	• 통증이 매우 심함 • 접촉, 공기의 흐름에 매우 민감	• 표재성 부분층 화상은 2주 이내 치유 • 심부 부분층 화상은 3주 이후 치유 • 화상의 깊이나 감염 여부에 따라 자가 피부이식 필요
전층 화상	3도 화상	• 피부색 다양(질은 적색, 흰색, 검은색, 갈색 등) • 혈전이 있는 혈관이 보임 • 창백하지 않음 • 수포 없음 • 부종 심함 • 피부색 다양(흑색, 적색, 백색)	• 감각 없음 (날카로운 핀으로 찔러도 감각이 감소)	• 자가 피부이식 필요 • 수주~수개월 이후 치유
	4도 화상	• 피부색 다양 • 심부는 숯처럼 까맣게 보임 • 사지의 움직임 제한 • 수포 없음 • 부종 심함 • 피부색 : 흑색	• 감각 없음	• 자가 피부이식 필요 • 사지절단 • 수주~수개월 이후 치유

화상 깊이 [국시 00]		깊이	감각	색	부종	압력	수포
	1도 화상 표재성 (Superficial)	표피	통증, 감각 과민	발적	가벼운 종창	압력을 가하면 하얗게 변함	
	2도 화상 중간층 (부분층, Partial thickness) [국시 04]	표피 + 진피 일부	신경손상으로 심한 통증	발적, 분홍색, 붉고 얼룩덜룩, 흰색	경미~중간 정도 부종	압력을 가하면 하얗게 변함	수액이 찬 수포, 수포 파열
	3도 화상 전층(Full thickness) [국시 06]	표피, 진피, 피하	신경파괴로 화상부위에 통증 없음, 감각장애, 3도 화상 주변에 통증	붉은 체리색, 검은 갈색, 검은색, 그을려진 표면, 흰색	부종 심함	압력을 가해도 하얗게 변하지 않음	
	4도 화상 심부 전층	표피, 진피, 피하, 근육, 뼈, 건	감각, 통증 없음	피부색은 다양, 심부는 숯처럼 까맣게 보임	부종 심함		수포 없음

화상 범위	9의 법칙	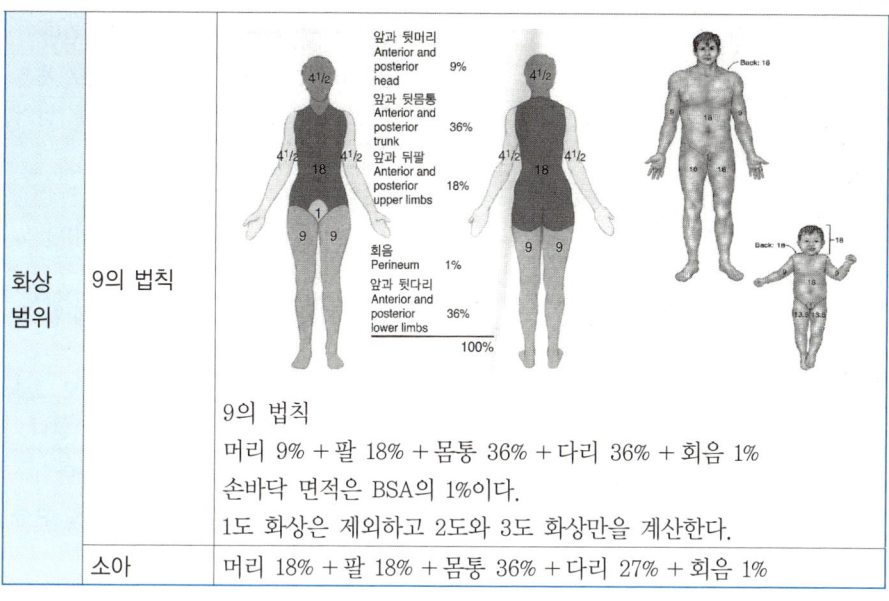9의 법칙 머리 9% + 팔 18% + 몸통 36% + 다리 36% + 회음 1% 손바닥 면적은 BSA의 1%이다. 1도 화상은 제외하고 2도와 3도 화상만을 계산한다.		
	소아	머리 18% + 팔 18% + 몸통 36% + 다리 27% + 회음 1%		

응급간호 [임용 11 / 국시 04, 08]

손상 위험성 R/T 화상 ↓ 화상과 관련된 손상을 갖지 않는다. ★ 물건이가 상보 수멸됐다 * 피부 기능: 체온손실과 수분손실 방지, 방어선으로 감염성 미생물로부터 신체 보호	부분 화상 (1, 2도)	물 [국시 06, 22]	방법	화상 부위를 물에 담가 통증이 사라질 때까지 물로 식힌다.
				물을 직접 끼얹지 못할 부분은 깨끗한 물에 적신 타올을 상처에 덮고 여러 차례 교환한다.
			근거 [국시 02]	통증 — 통증과 고통을 덜어준다.
				상처 깊이 — 냉기는 화기를 제거하여 화상의 깊이를 막아준다.
				수포 방지 — 수포발생을 방지한다.
		얼음 제한	방법	화상 상처에 얼음을 대지 않는다.
			근거	허혈 — 얼음으로 혈관이 수축하여 화상 부위에 허혈성 손상과 동상이 발생한다.
				저체온 — 저체온으로 쇼크 상태가 심화된다.

손상 위험성 R/T 화상
↓
화상과 관련된 손상을 갖지 않는다.
★ 물건이가 상보 수멸됐다
* 피부 기능:
  체온손실과 수분손실 방지, 방어선으로 감염성 미생물로부터 신체 보호

건조	방법		열이 식는 즉시 물기를 제거하고 건조시킨다.
	근거		화상의 손상된 피부를 통한 열 손실 증가로 체온이 저하된다. 물기는 증발로 열에너지를 잃어 체온을 저하시킨다.
차갑게 제한	적응증		전층 화상(3도 화상) 성인은 체표면적이 20% 이상[소아(어린이)나 노인은 10% 이상]의 넓은 범위 화상
	방법		3도 화상이나 화상 부위가 넓을 때는 차게 할 필요가 없어서 화상 부위를 찬물에 담그지 않는다. 그러나 3도 화상인데도 고통을 호소하면 1도, 2도 화상을 동반한 경우로 이 부위는 차갑게 한다.
	근거	고통	3도 화상은 고통을 느끼지 않는다.
		감염 위험	3도 화상은 감염 위험이 있으므로 찬물에 담그지 않는다.
		저체온	화상 부위에서 급속하고 과도하게 열이 소실되어 냉각시키면 화상 부위의 체온 저하와 중심 체온이 저하된다.
		순환 허탈	젖은 드레싱은 냉각으로 혈관을 수축시켜 순환기가 허탈된다.
상승	방법		팔다리에 화상을 입은 경우 심장보다 높게 상처를 올린다.
	효과	부종	화상 부위는 부종이 있으므로 중력에 의해 부종을 막는다.
		쇼크	상승으로 정맥 순환 귀환으로 혈류를 증가시켜 쇼크를 막는다.
보석, 옷 제거 공무원 20	방법		보석류, 의류를 제거한다.
	효과	순환 감소	화상으로 부종이 발생된 상태에서 옷, 보석류가 화상 주변 조직을 압박하여 조임으로 말초 조직에 혈류 순환을 감소시킨다.
		전도	보석은 금속을 통해 열을 전도시킨다.
옷 제거 제한	방법		옷이 화상 부위 피부에 붙었다면 떼어내지 않는다.
	효과		화상 부위 피부에 붙은 옷을 제거할 때 화상 부위 피부가 함께 탈락되어 화상 부위 악화와 감염을 일으킨다.

감염 위험성 R/T 피부 통합성 손상 ↓ 감염 위험성을 최소화한다.	수포 보호	방법	터뜨리지 않기	수포는 절대로 터뜨리지 않는다. 물집을 바늘로 딴다든가 붕대를 너무 졸라매어 터지게 하지 않는다.
		효과	보호막	표피가 손상되지 않도록 좋은 보호막이 된다.
			감염 예방	무균상태로 상처의 잠재적 감염을 예방한다.
			수분손실 예방	과도한 수분 손실을 막는다.
	멸균 드레싱이나 멸균 시트	방법		마른 멸균 드레싱이나 건조하고 깨끗한 멸균 시트로 상처를 덮는다. 머리나 얼굴은 가리지 않고 건조하고 깨끗한 멸균 시트로 감싼다.
		효과	감염 예방	멸균 드레싱으로 공기와 접촉을 막음으로 감염으로 보호한다.
			수분 손실 예방	수분 손실을 막아 쇼크를 예방한다.
			저체온 예방	화상된 피부로부터 열 손실로 인한 체온 손실을 예방하여 따뜻하게 하여 보온력을 제공한다.
			통증 감소	지지와 신경 말단에 공기가 닿는 것을 막아 통증을 감소시킨다.
	젖은 드레싱 제한	방법		화상 부위에 젖은 드레싱은 사용하지 않는다.
		근거	저체온	부위가 넓을 경우 저체온증을 유발시킨다.
			허혈	젖은 드레싱은 냉각으로 혈관수축을 촉진시켜 화상부위 순환 감소로 조직 손상이 가중된다.
	화상연고	방법		2도 화상 부위는 열을 식힌 후 화상 연고를 얇게 바른다. 화상 부위 열기가 식기 전 항생연고를 바르지 않는다. 열기를 내보내지 못해 상처를 악화시킨다.
		효과		화상연고는 병균 침입을 막아준다.
	바르기 제한	방법		병원으로 옮길 때는 아무것도 바르지 않는다. 탈지면을 화상 부위에 직접 대거나 국소적 투약, 참기름, zinc oil, 오일, 연고, 크림, 민간 약제, 가정용 치료제를 발라서는 안 된다.
		근거	감염 위험	살균이 되지 않아 감염 위험이 있다.
			제거 어려움	미란면에 부착되어 이물질이 되어 제거하기 어렵다.
			치유 어려움	치유가 어렵다.
			피부이식	피부이식을 못한다.
	파상풍 예방	방법		모든 화상 환자에게 파상풍 예방주사를 한다. 예방접종 기록이 없고, 접종 후 5년 이상에 파상풍 예방접종, 파상풍 면역글로불린 항체를 주사한다.
		근거		화상 상처에 혐기성균 가능성이 있다.

수액환원 위한 Parkland formula 임용 13

적응증	15% 이상 넓은 화상
공식	☆ 포(4)크(kg)랜드(면적) 4mL Lactated Ringer's solution × 체중(kg) × 화상을 입은 총 체표면적(TBSA%)
주입	전체 중 1/2은 화상 후 처음 8시간 내 준다. 전체 중 1/4은 화상 후 두 번째 8시간 내 준다. 전체 중 1/4은 화상 후 세 번째 8시간 내 준다.
주의	시간은 화상을 당한 시간으로 계산되며, 병원에 들어온 시간이 아니다.

급성기 합병증

위장관 궤양 = 컬링씨 궤양 (Curling's ulcer) 임용 93 국시 12	정의	급성 스트레스 궤양으로 50% 심한 화상 대상자(중증 화상)에서 나타난다.	
	기전	스트레스	화상을 입은 지 수시간 이내 스트레스 반응으로 교감신경 항진으로 위와 십이지장에 혈관을 수축시켜 국소 빈혈이 있다. 부교감신경 항진으로 위산 분비 증가로 위벽의 표재성 미란이 된다. * ICP 상승에서 cushing 궤양 : 시상하부 자극으로 미주신경이 활성화되어 아세틸콜린과 gastrin이 증가되어 염산 분비 증가로 cushing 궤양
		저혈량성 쇼크	저혈량성 쇼크 동안 소화기계에 혈액 공급 감소로 위장관 빈혈로 표면 점막의 괴사가 시작한다.
	증상	대변에 잠혈, 위의 팽만과 위출혈, 창백, 발한	
	간호	제산제, H₂ 수용체 길항제(ranitidine[Zantac], cimetidine[Tagament])	
구획증후군	기전	화상으로 형성된 두꺼운 가피가 혈관과 신경을 압박하여 혈관과 신경 장애 증상을 나타낸다.	

화학 약품 화상(경피중독 : 피부 접촉성 중독) 수용체

원인	산, 염기의 부식성 물질은 피부, 점막, 눈에 피부를 부식시킴으로 화상, 발적, 부종, 감염을 초래한다. 피부 통한 흡수로 중독 증상을 초래한다.	
증상	통증	화끈거림, 통증
	발적, 탈색	화상 부위 발적, 탈색
	부종	조직 부종
	호흡기 장애	화학물질 흡입한 경우 호흡기 장애

화학물질에 의한 화상의 응급처치

건조 화학 물질	방법	고형의 화학물질에 노출되었을 때에는 물로 씻기 전에 반드시 고형물질을 제거한다. 고형의 화학물질은 물과 혼합되면 심한 조직손상을 유발한다. 화학물질이 건조한 석회, 고형 분말(파우더) 형태이면 세척 전 피부에 묻어있는 건조 화학물질을 마른 솔(브러시)로 부드럽게 털어내어 석회를 제거한 다음 물로 씻어낸다.
	근거	건조한 석회, 분말(파우더)의 화학 물질은 물로 세척 시 물과 혼합되면 화학불이 꺼져 심한 조직손상을 유발한다.
수돗물 국시 03, 17	방법	화학 화상에서는 환자의 손상된 부위를 물로 씻는다. 약품으로 화상 시 약품이 묻은 의복, 양말을 제거 위해 시간을 지체하지 말고 즉시, 빠른 시간 안에, 적어도 20분간 다량의 흐르는 충분한 물로 물의 압력 없이, 상처와 주변 부위를 계속 반복 세척한다. 세척한 후 약품이 묻은 의복, 양말, 구두를 제거한다. 살균된 물, 생리식염수, 해독제를 찾기 위해 시간을 낭비하지 않는다.
	효과	수돗물로 상처부위를 씻어 내려 화학물질을 제거한다. 조직손상은 72시간 후까지 계속될 수 있다.

중화제 금기	방법	피부 중화제는 사용하지 않는다.
	근거	중독 물질의 화학적 중화는 다른 화학반응을 일으켜 피부에 손상, 상처 악화로 절대 금기이다. 중화는 발열 반응으로 열을 생산하여 열에 의한 화상이 발생한다.
말림	방법	깨끗한 수건으로 얼룩 있는 피부를 두드려 말리고 문지르지 않는다.
	효과	문지름으로 인한 피부 마찰은 피부 손상을 이끈다.
처치자	방법	비닐 에이프런을 쓰고 응급처치를 실시하여 화학물이 처치자에게 튀지 않도록 한다.
	효과	화상이 심한 독성 제제인 경우 자신의 피부를 보호한다.
병원 후송	방법	화학물질에 의한 화상은 반드시 병원 후송 화상치료로 살균제제, 파상풍 예방접종을 한다.
	근거	화학물질에 의한 화상은 눈, 호흡기, 피부 문제를 일으킨다.

화학 약품에 의한 눈의 화상

응급처치 [임용 96 / 국시 04, 08]

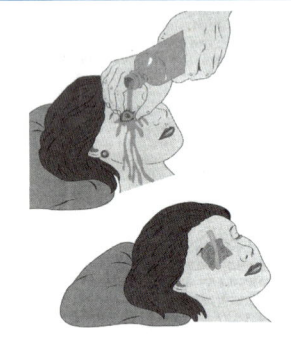

눈의 화학손상은 물이나 생리식염수로 충분히 세척한다. 적어도 5분간 세척한 후에 소독된 거즈로 덮어준다.

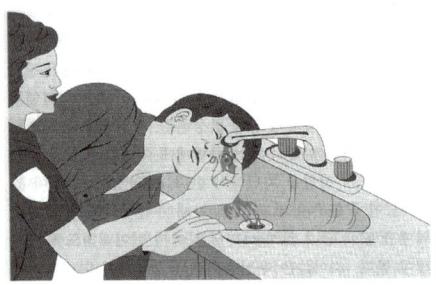

눈에 화학물질이 들어간 경우에는 환자의 눈을 흐르는 물로 씻는다. 눈을 씻을 때에는 눈을 벌려 세척이 잘 되도록 한다. 눈을 세척할 때 오염되지 않은 반대쪽 눈으로 오염물질이 들어가지 않도록 한다.

세척 [국시 19]	방법	눈이 오염된 경우에도 가능한 빨리 사고 즉시 충분한 양의 생리식염수나 깨끗한 흐르는 부드러운 물줄기로 눈을 벌리고 눈꺼풀을 뒤집어서 완전하게 씻어낸다. 물을 흘리는 동안 화학물질이 최대한 씻겨 나가도록 눈을 많이 움직이게 한다.
	효과	눈을 깨끗이 씻어 화학물질에 의한 눈 손상을 방지한다.
눈 위치	방법	미지근한 물이 나오는 수도꼭지 아래에 눈이 위치하도록 머리를 고정한다. 손상된 눈을 아래쪽으로 향하여, 눈을 안쪽에서 바깥쪽으로 물이나 식염수로 세척한다.
	효과	손상되지 않은 눈으로 화학 물질이 들어가지 않도록 씻는다.

시간	방법	눈이 오염된 환자에서 오염 물질이 산인 경우 5분이 필요하다. 염기인 경우 손상 작용이 연장되므로 눈을 벌리고 물로 15분 이상에서 수시간에 걸쳐 세정 시간이 필요하다.
	효과	알칼리성 물질로 하수구 청소제, 청소 약물, 암모니아, 가성 소다, 시멘트, 석고, 양잿물(세제가 나오기 전 세탁 물질)은 매우 센 염기이다.
중화제 제한	방법	화학물질로 중화시키지 않는다.
	효과	중화는 발열 반응으로 열을 생산하여 조직이 더 손상된다.
안과	방법	화학물질에 의한 눈의 화상은 즉시 안과를 간다. 안 세척은 병원에 도착할 때까지 계속한다.
	효과	눈에 화학물질이 들어가면 시력에 지장과 영구적 실명을 줄 수 있다. 처음 응급처치가 손상 후 시력을 좌우한다.

3 동상

동상	동상은 인체 조직이 얼어서 생기는 한랭 손상으로 온도가 빙점(0℃) 이하일 때 한랭에 의해 조직이나 세포의 수분이 결빙된 것이다.	
동창	건조한 추운 환경에 지속적 노출로 조직이나 세포의 수분이 결빙되지 않는다. 귀나 코에 발생하여 손상된 피부는 창백하다.	
침족병 = 참호족, 침수족 [임용 93]	1~10℃ 잔불에 지속적 노출 후 찬 젖은 족부는 조직의 동결 없이 생기는 한랭 손상이다.	
동상 종류	1도 동상	피부가 창백, 따뜻하고 부풀어 오르고 부드럽다. 저림, 감각마비, 통증
	2도 동상	수포를 가진 광범위한 삼출성 염증, 발적, 부종
	3도 동상	깊은 부위까지 동결, 괴사, 단단

간호 ☆ 온건 상보 수멸

따뜻한 장소	방법	부상자를 추운 곳으로부터 빨리 따뜻한 장소로 옮겨 동상 부위를 몸의 따뜻한 곳(겨드랑이, 배)이나 따뜻한 공기에 놓는다.
	근거	저온에 노출시키지 않고 몸의 따뜻한 곳(겨드랑이, 배)이나 따뜻한 공기로 동상 부위를 부드럽게 데워준다.
보석, 옷 제거	방법	조이는 보석, 시계, 옷을 제거한다.
	근거	동상의 부종 부위에 혈액순환을 방해하는 조이는 반지, 시계, 옷을 제거한다.
젖은 옷 제거	방법	젖은 옷은 제거한다.
	근거	젖은 옷은 증발에 의해 열을 손실시켜 체온을 저하시킨다.

미온수 침수	방법	40℃(37~42℃) 미온수(따뜻한 물)에 동상 부위를 20~30분 담근다. 온도계가 없으면 구조자의 팔 안쪽에 물을 떨어뜨리거나 팔꿈치를 물에 담가 물이 뜨거운지 확인한다. 따뜻한 물을 보충해 가면서 물이 식지 않도록 한다. 귀나 얼굴의 동상은 따뜻한 물수건을 대주고 자주 갈아준다. 동상 부위가 녹는 데 20~30분 걸리므로 빠르고 지속적으로 피부 조직이 부드러워질 때까지 계속한다.
	근거	녹이거나 온기를 중간에 단절하면 세포 손상이 증가한다.
제한	방법	병원에 도착하기 전 동상 부위가 다시 추운 환경에 노출된다면 따뜻한 물에 담그면 안 된다.
	근거	동상에 의한 손상 부위가 일시적으로 녹았다가 다시 결빙되는 경우 조직 손상이 심하다.
건조한 열 제한	방법	뜨거운 물주머니, 난로에 쬐는 건조한 열은 피한다. 공무원 24
	근거	뜨거운 물주머니, 난로에 쬐는 건조한 열은 상처 악화로 피한다.
멸균 드레싱	방법	건조하고 멸균 거즈로 손상 부위를 덮어주고 느슨하게 붕대를 감는다. 손가락과 발가락 사이에 건조한 멸균 거즈를 대어 습기를 흡수하고 서로 달라 붙지 않도록 한다. 동상은 감염되기 쉬우므로 상처 치료 시 철저한 무균법을 사용한다. 상처 시 파상풍 예방접종
	근거	멸균 드레싱으로 상처 부위를 감염으로 보호하고 유출액을 흡수한다.
상승 공무원 24	방법	부종 부위를 상승한다.
	근거	동상 부위는 부종이 있어 중력에 의해 부종을 막는다.
수포 보호 공무원 24	방법	수포는 터트리지 않는다.
	근거	물집은 표피가 손상되지 않도록 좋은 보호막이 되어 상처의 잠재적 감염을 예방한다.
마사지 제한 임용 94 공무원 24	방법	동상에 걸린 곳을 부드럽고 조심스럽게 다루며 마사지하거나 비벼서는 안 된다.
	근거	동상 부위를 마사지하거나 비비는 것은 손상을 이끈다. 동상 부위를 문지르면 세포 내 결빙된 날카로운 얼음 결정이 주위세포에 손상을 초래한다.
이동	방법	하지에 동상이 생겼다면 걷지 못하게 하고 대상자를 옮길 때는 복와위 또는 앙와위를 유지한다.
	근거	동상 부위로 걷는 것은 손상을 이끈다. 조직 파괴로 괴사된다.
	예외	대상자가 걸어야만 이송이 가능한 경우 치료소에 도달할 때까지 동결된 족부를 가온시켜서는 안 된다. 가온한 손상 부위는 걷거나 다시 한랭에 노출시켜도 안 된다.

4 익수

정의		익수는 물에 빠졌다가 살아난 경우이다.
응급처치	나뭇가지	물에 뛰어들지 말고 땅에서 손이나 지팡이, 나뭇가지, 로프를 이용해서 구조한다.
	수영	잘 훈련된 해상 구조요원이거나 환자가 의식이 없을 때는 수영으로 환자에게 접근해서 끌고 나온다.
	심폐소생술 [공무원 22]	구조자는 즉시 심폐소생술(A-B-C)을 시작하여 1시간 이상 계속한다. 폐 속에 들어간 물을 제거하기 위하여 많은 시간을 낭비하지 말고 심폐소생술을 계속하면서 빨리 병원으로 이송한다.
	기도 유지(A)	물속에서 환자를 꺼낸 후 의식이 없으면 기도를 유지한다. 구토물이 기관으로 들어가지 않도록 얼굴을 옆으로 돌린다. 손가락이나 흡인 기구를 사용하여 구강 내 토물을 제거한다.
	인공호흡(B)	인공호흡을 실시한다. 무호흡이면 수중에서도 인공호흡을 실시하며 물 밖으로 끌어낸다.
	흉부 압박법(C)	인공호흡과 병행하여 외흉부 압박법을 실시한다.

5 저체온증

정의		중심 체온(심부 체온)이 35℃ 이하이다. [임용 24] 체온이 35℃ 이하로 떨어지면 신체의 중요 장기들인 뇌, 심장, 폐 기능이 저하되고 열을 생산하는 방어기전이 상실한다.
노인의 저체온증 원인 [임용 13] ★ 노인은 체 근피가 심각하다	체온조절기전	체온조절기전 쇠퇴로 저체온에 혈관 수축 반응의 비정상이다. 추위에 혈관을 수축하여 체온을 보존하는 반응이 감소한다.
	근육 감소	근육 부족으로 한기(떨림) 감소
	피하 감소	단열 작용을 하는 피하조직 감소로 저체온
	심박출량 감소	혈액은 열의 전이로 체온 조절을 하나 노화로 심박출량 감소는 말초 혈류량이 감소되어 몸에 혈액이 감소되어 저체온
	감각인지 감소	온도에 대한 감각인지가 감소한다.

간호

따뜻한 장소	방법	찬 곳에 두지 않고 따뜻한 곳으로 이동한다.
	근거	저체온 환자에게 열손실이 없도록 한다. 체온이 28℃ 이하로 내려가는 심각한 저체온증에 치료하기 전 체온을 상승시킨다. 저체온증은 중추신경계 손상을 초래하며 체온이 저하되면 치료 효과가 없다.
이불, 담요	방법	보온을 위해 이불, 담요, 수건으로 감싸주며 전신을 따뜻하게 한다. 환아의 머리도 추운 공기로부터 보호해 준다.
	근거	몸을 따뜻이 보온하여 혈액순환을 돕는다. 몸의 열은 50~80%가 머리와 목을 통해 빠져나간다.
열제한 임용 13	방법	외부적 열을 공급하지 않는다.
	근거	열에 의한 혈관확장으로 심맥관계 허탈이 발생된다. ex) 동상 : 미온수에 침수하고 뜨거운 물주머니, 난로에 쬐는 일은 상처 악화로 피한다.
젖은 옷 제거	방법	젖은 옷은 벗기고 마른 옷으로 갈아입힌다.
	근거	젖은 옷은 증발에 의한 열손실로 체온을 저하시킨다.
움직임 제한	방법	움직임을 최소화한다.
	근거	저체온증 환자는 심근이 매우 불안정하여 부정맥 유발로 움직임을 최소화한다.
수평 상태	방법	수평 상태로 이송한다.
	근거	심혈관계 불안정으로 체위성 저혈압 방지를 위하여 수평 상태로 이송한다.
알코올 제한	방법	알코올을 제한한다.
	근거	알코올은 말초 혈관을 확장하고 이뇨 역할로 저체온증과 탈수를 악화시킬 수 있다.
제세동기	방법	무수축이어도 제세동기 사용
	근거	체온이 급격히 떨어져도 중요 장기들인 뇌, 심장, 폐의 기능이 저하되어 사망이 아니다.
따뜻한 음료	방법	의식이 회복하고 연하 반사가 나타나면 따뜻한 음료를 준다.
	근거	따뜻한 음료로 체온유지에 도움이 된다.

6 약물 중독

약물 중독 증상 비교

체온 증가	탄화수소	37.8~40℃
	아스피린	발한, 고열
간기능 손상	아세트아미노펜	
비정상적 혈액응고	아세트아미노펜	간 침범으로 비정상적 혈액응고이다.
	아스피린	COX-1 매개 트롬복산 A_2(TXA$_2$) 생성을 억제하여 혈소판 응집을 억제하여 출혈을 일으킨다.

부식제(강한 산 or 알칼리) 국시 07

종류	배수, 변기, 오븐 세척제, 전기 식기세척기 세정제, 곰팡이 제거제, 의치 세정제, 표백제, 액체 부식제는 가루보다 더 손상, 양잿물(빨래하는데 쓰이는 수산화 나트륨을 희석한 액체)
증상	입, 인후, 위에 심한 작열통, 부어 오른 점막입술, 혀, 인두 부종(호흡기 협착) 침을 흘리며 분비물을 삼키지 못함, 심한 구토(토혈), 불안, 흥분
치료	식도협착	식도협착에 반복적으로 팽창과 외과 수술 필요

간호	희석 국시 18, 20	찬물이나 우유로 부식제를 희석시킨다. 1~2컵의 찬물이나 우유는 실온이나 따뜻한 물보다 열을 잘 흡수한다. 너무 많은 물이나 우유를 마시면 구토 유발로 식도나 위 손상을 악화시킨다. ＊ 희석 금기 : 급성 기도 부종으로 기도폐쇄, 식도, 위, 장 천공 시 시도하지 않음
	기도개방 유지	인두 부종(호흡기 협착)으로 호흡기 기능을 원활하기 위해 기관 내 삽관 or 기계적 환기가 요구된다.
	금식	희석 이후 구강 섭취를 하지 않는다.
	금기 국시 20	구토×	구토는 점막을 재손상시켜 구토 유발은 금기
		위 세척×	식도 천공 위험으로 위장관 세척은 금기
		중화제×	중화제를 사용하지 않는다. 중화는 발열 반응으로 열을 생산하여 화학 물질의 열에 의한 화상 발생
		활성탄×	활성탄은 부식제에 잘 결합하지 않는다.

탄화수소 용품

정의	휘발유, 기름, 라이터 액, 테레빈유(유화용 물감을 녹이는 기름), 페인트 희석제		
기전	폐 조직에 흡인되어 화학성 폐렴을 일으킨다.		
증상	호흡기계	기침, 질식, 청색증, 호흡근 퇴축, 코를 벌렁거림, 타진 시 탁음	
		탁음	
		강도, 높이, 지속시간	중간
		발생	무기폐, 혈흉, 농흉, 대엽성 폐렴, 늑막 삼출액, 폐종양, 허파조직 경화
		기관지염, 화학성 폐렴 중 지질성 폐렴	
	심혈관계	빈맥	
	소화기계	구역질, N/V	
	중추신경계	흥분, 안절부절, 혼수, 감각 변화	
	체온↑	37.8~40℃	
치료	화학성 폐렴	산소, 수화, 고습도, 이차 감염 예방 위한 항생제 투여	
금기	구토 금기	흡인 위험	
	위 세척 금기	흡인으로 기관지염, 화학성 폐렴	
	활성탄 금기	석유 화학 제품은 활성탄에 잘 흡수되지 않는다. 활성탄 투여로 구토 유발이 호흡기도로 흡인되어 폐렴을 유발한다.	

아세트아미노펜

증상	소화기계	N/V
	간 침범	우상복부 통증, 황달, AST, ALT↑, 비정상적 혈액응고
	피부	발한, 창백
	신경계	혼돈, 혼미
응급	N-아세틸시스테인 (N-acetylcysteine, NAC, Mucomyst)	해독제인 N-acetylcysteine(N-아세틸시스테인, Mucomyst)을 구강으로 준다. 해독제의 역한 냄새 때문에 주스, 소다수에 희석시켜 준다. 구역, 구토로 복용할 수 없을 경우 정맥 주사용 제제가 있다. ex) 희석: 철분제, 요오드 요법, N-acetylcysteine(NAC, Mucomyst)

아스피린

증상 임용 93 국시 01	이 독성	이명
	위장관	오심, 구토, 복통 아스피린을 과량 섭취하면 위장관 점막을 자극하여 염증과 궤양을 일으켜 위장관 증상이 나타난다. COX-1이 매개하는 위벽에서 프로스타글란딘을 억제시킨다. 위벽을 보호하는 프로스타글란딘 감소로 위궤양을 일으킨다. * 프로스타글란딘 : 점액 생성, HCO_3^- 분비 자극, 위산 억제, 위점막의 미세순환 증가
	신장 독성	핍뇨
	중추신경계	불안, 혼수, 지남력 장애, 발작
	출혈경향	항혈소판 제제로 위장 출혈, 토혈, 혈뇨, 출혈 시간 연장 COX-1이 매개하는 트롬복산 A_2 생성을 억제하여 혈소판 응집을 억제하여 혈액 응고에 장애를 가져온다.
	발한, 고열	ex) 탄화수소 : 37.8~40℃ 상승
	호흡성 알칼리증	초기 호흡중추를 자극하여 과호흡을 유발하여 호흡성 알칼리혈증을 일으킨다.
	대사성 산증	후기 아스피린(Acetylsalicylic acid)은 살리실산을 생성하여 대사성 산증
	* NSAID 부작용 : 신장 독성, 위장관 장애, 위궤양, 이독성, 혈소판 응집 억제, 과민성	
응급	구토, 위 세척	복용 후 2시간 전에 구토, 위 세척을 한다.
	활성탄, 하제	복용 후 2시간 내 활성탄, 하제로 흡수를 줄인다.
	중탄산소다 (Sodium Bicarbonate)	$NaHCO_3$를 투여하여 대사성 산혈증을 교정한다.

약물 중독 치료

구토

적응증	의식이 있는 환자	무의식 환자는 구토 반사가 없다.
	섭취 1~2시간 이내	섭취 1~2시간 이내 효과적 중독 물질은 2시간 후 위 통과로 구토가 효과가 없다.
목적 국시 04	구토로 약물을 제거한다.	
방법	구토 반사 자극	인후에 손가락을 넣고 구토 반사를 자극한다.

금기 [임용 09] ★ 구토의 금기로 부탄의 경심이 출혈이 6개월임	부식제	부식성 물질(강산, 강알칼리) 섭취는 점막조직 파괴	
	탄화수소	탄화수소(유류제제)가 흡인 위험으로 폐렴	
	의식 혼수	의식이 혼미, 혼수 상태는 구토 반사가 없다.	
		혼미(Stupor) [국시 01]	환자 스스로의 자발적 움직임은 없다. 아주 강하고 지속적인 큰 소리, 통증, 밝은 빛의 반복적 자극에 의해서만 겨우 반응하거나 눈을 뜨며 반응이 부적절하지만 짧고 간단한 질문에 한두 마디 단어로 대답한다.
		혼수(Coma)	모든 자극에 전혀 반응이 없다.
	경련	경련을 일으키는 환자, 빠르게 경련을 일으키는 물질 섭취	
	심근경색	급성 심근경색 우려 환자	
	출혈	출혈 소인이 있는 환자	
	6개월 미만		
	임산부		

위세척(gastric lavage)

정의	튜브를 코나 입에 삽입하여 미지근한 생리식염수로 세척액을 위에 유입하고 배출하여 위 내용물을 씻어낸다.	
효과	위 내용물의 즉각적 제거(복용 후 1~2시간 이내) 활성탄 투여 경로 확보	
적응증	의식저하 [공무원 21]	구토를 하지 못하는 사람, 중추신경계 억압을 받는 사람, 혼수, 경련, 구개반사가 소실된 사람
	맹독성 물질	의식은 있지만 맹독성 물질을 다량 섭취한 경우
	2시간 경과×	독극물을 섭취한 지 2시간이 경과되지 않은 경우 위장관 흡수를 지연시키는 약물을 섭취한 경우 4~6시간 후에도 위세척으로 효과
금기	부식제	부식제를 먹은 사람은 위장관 세척 시 식도 천공 위험으로 금함
	탄화수소	유류제제는 흡인으로 기관지염, 화학성 폐렴 가능
	늦게 발견	너무 늦게 발견되면 위 속 독극물이 남아 있지 않은 것으로 추정
	치명률↓	치명률이 낮고 활성탄이 잘 흡수되는 약물
	날카로운 물질	날카로운 물질을 함께 섭취했을 때
	출혈성 소인	

흡착제(활성탄 : activated charcoal)

정의		독물질의 잔량을 흡착시키기 위해 활성화된 charcoal powder를 물에 타서 Ewald tube나 경구로 직접 투여 1~2시간 내 주어야 효과, 4시간 이후 → 효과×
기전	흡수억제제	흡수억제제로 위장에서 중독 물질에 붙어 혈액으로 흡수되는 것을 예방한다.
	투석효과	위장관 투석효과로 약물 농도가 높은 혈장에서 농도가 낮은 위장관 내로 확산한다.
방법	투여 전	반복 투여를 시작하기 전 장음이 들리는지, 복부팽만이 없는지 위장관 운동 확인
	투여	미온수	활성탄은 1g/kg을 미온수에 섞어서 복용 물 : 활성탄 = 4 : 1~8 : 1
		적은 양	구토할 경우 적은 양을 자주 반복해서 투여
	투여 후	하제 투여로 장의 배변 배출 자극으로 전신적 독 성분의 흡수 감소와 활성탄 제거
금기	부식제	부식제(강산, 강알칼리)는 활성탄과 잘 결합되지 않는다.
	탄화수소	석유, 휘발유는 활성탄에 잘 흡수되지 않는다. 활성탄 투여로 구토 유발이 기도로 흡인되어 폐렴 유발
	철, 리튬	철, 리튬은 흡수되지 않는 물질
	에탄올(알코올), 메탄올(메틸알코올)	

기타 약물 중독의 증상

약품(물질)	증상
Organophosphate (유기인계 농약)	아세틸콜린이 축적되어 동공 축소, 침 흘림, 복통, 구토, 설사, 요실금, 변실금, 기관지 수축, 눈물 흘림

해독제

Organophosphate (유기인계 농약)	atropine	
benzodiazepines	flumazenil(플루마제닐) : GABA 수용체의 길항제이다.	
acetaminophen	N-acetylcysteine 아세틸시스테인	
Co gas	산소	
opioid(morphine)	naloxone(날록손)	
atropine, TCA(유뇨증, 긴박성 요실금에 사용, 항콜린성, 항아드레너직, 항히스타민 부작용)	physostigmine	콜린 분해효소 억제제로 아세틸콜린 증가 중증근무력증, 치매에 사용

INH	pyridoxine (Vit B$_6$) [공무원 22]	* Vit B$_6$: levodopa의 효과 감소
메탄올 (알코올 램프 연료, 화공약품)		Ethanol(에탄올) 메탄올의 독성 대사물질 생성 방해 메탄올은 중추신경억제, 시각장애, 오심, 구토, 복통, 동공확장
철(iron)		데페록사민(deferoxamine)
납		calcium EDTA(칼슘 이디티에이)

응급처치

구토 [국시 04]	확인 [국시 20]		무엇을 얼마나 먹었는지 확인한다.
	금지 [국시 20]	구토 금지	구토를 금지하는 상황을 사정한다.
		의식 저하	혼미, 혼수의 의식이 없을 때 구토를 유발해서는 안 된다.
		부식제	부식성 독극물, 휘발유는 구토시키지 않는다. 부식성 독극물은 식도 등 내장 기관의 조직 손상
		휘발유	휘발유는 흡인으로 기관지염, 화학성 폐렴 유발
	2시간 이내		복용 후 2시간 이내는 약물이 위 속에 있어 구토를 유발한다.
	구토 반사		구토 반사를 확인하고 중독 약물을 구토하여 제거한다. 구토 반사는 설압자로 한쪽씩 교대로 인두 뒤쪽을 가볍게 자극하면 후인두벽에 닿으면 '게' 소리가 난다.
	손가락		인후에 손가락을 넣고 구토 반사를 자극하여 구토를 유발한다.
희석 제한			부식제(산과 알칼리)가 아닌 경우 독소는 희석하기 위해 물이나 우유를 주지 않는다. 액체는 마른 중독 물질을 빨리 녹여 위를 채우고 소장으로 보내 중독물을 더 빨리 흡수시킨다. 소화 작용으로 소장 내부의 융기를 통해 혈액 내부로 확산, 전달된다.
좌측위	방법		

왼쪽으로 누운 자세에서 위장의 위치

좌측위	방법	왼쪽 방향으로 누운 자세는 독극물이 소장으로 넘어가는 것을 지연시킨다. 좌측위 자세를 취해 준다. * 영아 수유 자세: 오른 쪽으로 눕힌다. 오른 쪽으로 눕혀야 위가 빨리 비워진다.
	효과	소장으로 들어간 독극물은 곧바로 흡수되어 혈액을 따라 온몸에 퍼진다. 왼쪽으로 눕히면 소장과 연결되는 위의 끝부분(유문)이 똑바로 서서 중력 영향으로 위 안에 있는 독극물이 유문 통과를 지연하여 소장으로 가는 시간을 최대 2시간까지 늦추어 흡수를 지연한다. 구토물이 폐로 들어가는 것을 막아준다.
독극물 분석		대상자 주위에 빈 약상자, 빈병, 독극물 용기, 약표지, 약물 일부가 남아 있는지 살핀다. 토물이 있으면 버리지 말고 보관하여 의사에게 보인다.
		나중에 독극물 성분을 분석하여 신속하고, 적절한 치료를 한다.

CO 흡입성 중독

CO 특징		무색, 무취, 무자극성 기체로 석유, 석탄의 불완전 연소
기전 국시 19		일산화탄소는 혈중 Hb과 결합하여 일산화탄소 Hb이 된다. 혈액의 산소운반 능력을 감소시킨다.
사정	중추신경계	뇌의 저산소증으로 두통, 근육허약, 심계항진, 현기증, 혼수
	피부색	피부 색깔은 분홍색, 선홍색, 청색증, 창백증
치료		대기압 or 고압 산소요법으로 100% 산소 투여 저산소증을 치료하고 CO 배출
간호 국시 03	신선한 공기	대상자를 신선한 공기가 있는 곳으로 즉시 옮긴다. 호흡, 순환 관리를 한다.
	옷 느슨	꽉 조이는 의복을 느슨하게 해준다. 호흡하기 쉽게 한다.
	측위	옆으로 눕힌다. 오심, 구토가 흡입되지 않도록 한다.
	CPR	필요시 CPR을 시작한다.

귀에 들어간 이물질

원인		벌레, 알갱이
증상		벌레의 경우 심한 통증과 큰 소음으로 환자는 놀라고 불안해하게 됨
처치	아래	이물이 들어간 귀를 아래로 하여 빨리 병원으로 이송
	콩	콩과 같은 동그란 이물질은 제거하기 힘드므로 병원에 이송 절대 물을 넣으면 안 된다.
	벌레	빛을 보고 벌레가 나오도록 손전등을 비추는 방법은 실제로 효과가 거의 없으므로 즉시 병원으로 간다. 집에서 핀셋이나 면봉으로 벌레를 제거하려는 것은 벌레를 자극하여 심하게 요동치게 하여 고막이나 외이도 손상을 가중시키므로 금한다.

CHAPTER 03 출혈과 쇼크

1 상처

손상 분류	폐쇄성 손상	타박상
	개방성 손상	찰과상, 결출상, 절상, 열상, 자상, 관통상
상처 분류 [임용 96]	타박상 (contusion)	**타박상(contusion)** / **혈종(hematoma)** 신체에 가해지는 물리적 충격으로 피부의 심부 조직이 파손된 경우 반상출혈(일명 '멍')을 유발시키지만 표피는 기능을 그대로 유지 / 피부의 바깥층 밑에서 상당량의 조직이 손상을 입고 심부에 혈액이 축적되어 생기는 종괴 둔탁한 물체에 세게 부딪쳐서 생기는 폐쇄성 상처로 하부 조직 내의 출혈(멍), 피하 출혈, 심부 조직 파괴
	찰과상 (abrasion)	**찰과상(쓸린 상처)** 마찰에 의한 피부의 살갗이 벗겨진 표재성, 개방성 상처 cf) 이차병변의 찰상 : 긁어서 생긴 상처로 표피의 상실로 진피가 노출된 부위
	결출상	귀, 손가락, 손에서 살이 찢어져 떨어진 상태로 늘어진 살점이 붙어 있기도 하고 완전히 떨어져 나가기도 한 상처 피부 일부가 본래 부위에서 완전히 찢겨져 없어졌거나 일부 부위가 피부에 피판처럼 달려있다.

상처 분류 [임용 96]	절상 (incised wound)	예리한 기구(칼, 외과용 매스 등)로 생긴 매끈한 베인 상처
	열상 (laceration)	가장자리가 불규칙하게 찢긴 개방성 상처
	자상 (puncture) [공무원 21]	피부나 피하조직이 바늘, 칼, 못 등 날카로운 물건으로 찔린 좁고 깊은 개방성 상처이다. 상처가 작지만 감염 위험으로 항생제나 파상풍 예방 위해 진료를 받는다.
	관통상 (penetrating injury)	유입된 물체가 심부의 조직이나 장기를 심하게 손상시켜 관통되는 개방성 상처

절상(베인 상처)

열상(찢긴 상처)

관통상

창상 봉합 [임용 92]	1차 봉합	손상이 발생한 수시간 이내 창상을 봉합한다. 4시간 이상 경과한 창상은 세균 오염과 감염이 증가한다. ＊피부 기능: 방어선으로 감염성 미생물로부터 신체 보호
	지연성 1차 봉합	치료 지연, 총상, 동물 교상에 의한 커다란 창상, 농, 타액, 질분비물, 분변으로 심하게 오염된 창상은 지연성 1차 봉합을 한다. 창상을 깨끗하게 한 후 습윤 드레싱하여 며칠 동안 창상을 두었다가 감염 징후가 없으면 창상을 봉합한다.

상처 간호 임용 12 / 국시 07

지혈 – 세척 – 소독 – 필요시 연고 적용 – 드레싱 – 필요시 부목

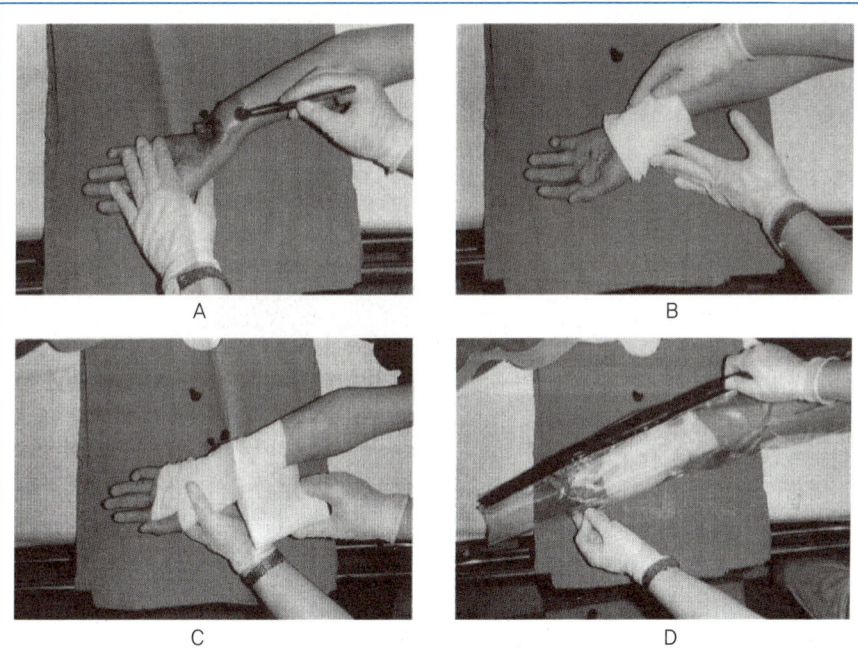

A. 창상에 소독거즈를 덮고 압박하여 지혈시킨다.
B. 소독거즈를 압박붕대로 감아서 지혈시킬 수 있다.
C. 드레싱 후에도 출혈이 계속되면 압박붕대 위에 다시 소독거즈를 덮어주면서 압박한다.
D. 창상 부위는 부목으로 고정하는 것이 바람직하다.

개방성 창상의 처치

장갑 착용	방법	가능하면 1회용 장갑을 착용하거나 처치 전 손을 깨끗이 씻는다. * 표준 주의 : 모든 환자의 혈액, 체액, 분비물, 배설물, 손상된 피부와 점막을 다룰 때 사용/장갑, 개인 보호장구, 손 위생, 기침 예절, 장비 세척 또는 폐기
	효과	손의 균이 상처 부위로 옮기는 것을 최소화한다.
옷 제거	방법	의복을 벗기는 것보다 상처 부위의 의복을 가위로 잘라서 전부 제거한다. 의복을 자를 때도 신체를 최소로 움직인다.
	효과	상처의 범위, 손상 정도를 정확히 평가한다. 상처 부위를 과도하게 움직이면 2차 손상, 통증을 유발한다.
지혈도모	직접 압박 방법	출혈 부위에 소독 거즈, 깨끗한 천을 대고 직접 압박하여 지혈시킨다. 천이 피를 빨아들이면 그 위에 다른 천을 덮고 처음 덮었던 천을 떼어내지 않는다.
	직접 압박 근거	압박하여 응괴 형성을 촉진하여 지혈시킨다.
	국소 거양법(E) 방법	상처의 출혈 부위를 심장보다 높게 들어준다.
	국소 거양법(E) 근거	국소 거양법은 중력 영향으로 손상된 팔다리로 혈액이 흐르는 것을 어렵게 하여 출혈을 감소시킨다.

지혈도모	간접 압박 (지혈점 압박)	방법	직접 압박으로 지혈되지 않으면 동맥의 근위부를 압박한다. 출혈 부위로 흘러나오는 도중의 지혈점을 손가락으로 누름으로 지혈시킨다. 상지 출혈은 상완동맥 압박, 하지 출혈은 대퇴동맥을 압박한다. * 지혈점 : 상처가 있는 곳보다 심장에 가까운 쪽의 지혈점
		근거	동맥을 압박하여 지혈시킨다.
상처세척	방법		흐르는 물로 상처를 씻어낸다. 멸균된 생리식염수나 흐르는 깨끗한 물을 상처 조직에 자극 없이 부드럽게 충분히 세척한다. 찬 세척 용액은 세척 후 몇 시간 동안 백혈구와 다른 세포들의 활동을 감소시킨다. 세척용액 온도는 실온과 같거나 높아야 한다. 세척액 온도는 체온 정도(37도 정도)가 이상적이다. 찬 용액은 상처온도를 낮추어 정상으로 회복하는 데 3~4시간 걸린다.
	근거	감염 감소	피부 표면이 상해서 세균이 침입하는 통로가 되고 괴사 조직, 이물질로 감염 우려가 있다. 세척으로 상처를 청결히 하여 감염 위험성을 감소한다.
		치유 지연	세균, 괴사조직, 이물질은 감염을 유발하여 치유를 지연시킨다. 세척하여 세균, 괴사조직, 이물질을 제거한다.
이물질	방법		두꺼운 패딩(padding)으로 관통한 물체를 고정한다. 패딩과 물체를 고정한다. 삽입된 이물질은 현장에서 제거하지 말고 거즈와 반창고로 고정하여 이송한다.

이물질	방법	뾰족한 물체에 찔렸을 때 찌른 물체가 박혀있는 경우 물체를 현장에서 빼지 말고 두꺼운 패딩(padding)으로 물체를 움직이지 않게 고정한다.	
	근거	이물질이 마개 역할로 지혈을 한다. 이물질을 뺄 경우 대량 출혈과 추가 손상을 유발하여 상태를 악화시킨다.	
드레싱	방법	작은 상처는 상품화된 밴드(반창고)로 드레싱하여 덮고 큰 상처는 소독거즈로 상처 부위를 덮는다. cf) 하이드로콜로이드 장점 : 습한 환경, 완전 폐쇄, 신생 혈관, 삼출물, 괴사 조직 제거, 통증 감소, 흉터 줄임 ☆ 삼 통신이 괴흉에게 폐습을 당했다	
	장점 임용 15 ☆ 삼지가 상감	지혈	압박으로 지혈을 한다.
		삼출물 흡수	적은 삼출물을 흡수시킨다.
		감염 감소	상처에 오염으로 감염을 감소한다.
		상처 보호	외상으로부터 상처를 보호한다.
	단점	상처 건조	상처 건조를 유발한다.
		치유 지연	상처 치유 촉진기능은 없다.
압박붕대 (C)	방법	개방성 상처 부위에 멸균거즈와 청결한 천을 대고 그 위에 붕대를 감는다.	
	효과	드레싱 고정	상처에 댄 멸균 드레싱이 제자리에 놓이도록 고정한다.
		손상 방지	부상당한 사지를 움직이지 않도록 하며 움직임으로 인한 추가적 손상을 방지한다.
		지혈	압박하여 혈관을 세게 감는 것으로 출혈을 감소시킨다.
		통증 감소	압박붕대로 지지하여 상처의 안정 유지로 통증을 감소시킨다.
부목(P)	방법	골절 유무와 관계 없이 손상 부위를 부목으로 고정한다.	
	효과	상처 부위를 부목으로 고정하여 움직이지 않도록 하여 추가적 손상 방지, 혈관 손상 감소로 출혈 감소, 통증 감소	
휴식(R)	방법	상처 부위를 과도하게 움직이지 않는다.	
	효과	2차적 손상×	2차적 손상, 통증을 방지한다.
		산소, 영양	손상 부위에 산소, 영양분 활용을 위해 휴식이 필요하다.
		대사율 감소	활동을 많이 하면 조직의 대사율 증가로 노폐물이 조직을 자극한다.
파상풍 예방접종	방법	상처 상태나 면역 상태에 따라 파상풍 예방접종을 한다.	
	근거	상처 부위가 넓거나, 얼굴에 상처, 상처가 작더라도 상처원인이 파상풍을 일으킬 수 있다. ＊ 파상풍 : 상처로부터 파상풍균의 감염	

상처소독 원칙

방법	1회	상처를 소독할 경우 소독솜은 1회만 사용한다.
	포셉	소독액이 적셔진 소독솜이나 거즈를 포셉으로 잡는다.
	순서	소독솜으로 오염이 가장 적은 곳에서 심한 부위 쪽으로, 위에서 아래로, 중심에서 가장자리로 닦는다. 국시 23
근거		피부에 존재하는 상주균 및 병원균이 상처로 옮기는 것을 방지한다.

항생제 연고

적응증	봉합이 필요하지 않은 작은 상처, 깊지 않은 상처, 찰과상에 항생제 연고를 얇게 바른다.
제한	봉합해야 하는 상처나 찔린 상처, 관통상에 항생제 연고를 사용하지 않는다. 연고가 상처에서 분비물 배출을 방해한다.
기전	연고는 세균을 죽여 감염 위험이 줄어든다.

붕대 종류 ☆ 나나 8수로 회환

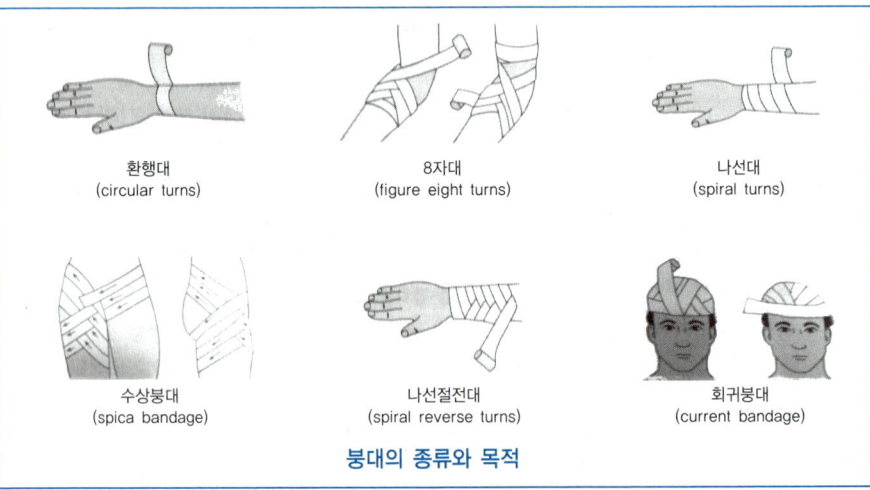

붕대의 종류와 목적

붕대법	방법	목적
돌림붕대 (환행대) 공무원 22	동일한 부위를 여러 번 겹쳐서 감음	붕대의 시작과 끝부분에 사용한다.
나선붕대	붕대의 1/2 또는 2/3를 겹쳐 나선형으로 올라가며 감음	몸통, 상박, 손목과 같이 원통형의 신체부위를 감을 때 사용한다. ＊상박: 어깨부터 팔꿈치까지 사이

나선절전붕대 공무원 20, 22	**나선절전대** 붕대를 30도 각도로 위로 감아 올린 후 반대로 접어서 아래로 내리며 붕대가 1/2 겹치게 반복하여 감음	전박, 허벅지, 장딴지처럼 굵기가 다른 팔, 다리의 원추모양의 신체부위를 감을 때 사용함 * 전박 : 팔꿈치에서 손목까지
8자붕대 (팔자대) 국시 06 공무원 20	붕대를 사선으로 오르내리면서 2/3 겹치며 반복해서 감음	관절을 고정할 때 가장 적합함
수상붕대	각을 만들기 위해서 상하행으로 서로 겹쳐 건너가게 하면서 감음 * 각 : 한 점에서 시작하여 두 개의 반직선이 이루는 도형	엄지손가락, 어깨, 가슴, 엉덩이, 서혜부 등에 적합함
회귀붕대	신체 말단부위를 붕대의 끝부분을 접어 반대부분으로 넘겨 붕대 2/3가 겹치게 반복함 붕대를 앞뒤 좌우로 회귀하여 모자 모형을 만든 후 고정한다.	머리, 손끝, 발끝 같은 신체 말단을 감쌀 때 적합함

1) 피부손상과 관련된 감염의 위험성

손 씻기	방법	처치 전 손을 깨끗이 씻는다.
	근거	손의 균이 상처 부위로 옮기는 것을 최소화한다.
장갑 착용	방법	가능하면 1회용 장갑을 착용한다.
	근거	손의 균이 상처 부위로 옮기는 것을 최소화한다.
상처세척	방법	찰과상과 열상에 표면 더러움인 흙, 턱 부분의 휴지 제거위해 멸균된 생리식염수로 부드럽게 충분히 세척한다.
	근거	괴사 조직, 이물질은 감염 유발로 치유를 지연시킨다.
드레싱	방법	큰 상처는 소독거즈로 상처 부위를 덮는다. 상품화된 밴드(반창고)로 드레싱 하여 덮는다.
	효과	개방성 상처를 덮어주어 균으로부터 상처 보호
		감염 예방 개방성 창상이 오염되지 않도록 한다. 먼지, 흙의 이물질로부터 상처 보호로 2차 감염 위험성↓
		부목 기능
파상풍 예방접종	방법	상처 상태, 대상자 면역상태에 따라 파상풍 예방접종을 한다.
	근거	상처부위가 넓거나, 얼굴에 상처가 난 경우, 상처가 작더라도 상처의 원인이 파상풍을 일으킬 수 있다.

2) 연조직 손상과 관련된 급성 통증

　오른쪽 손목에 통증을 호소

　염좌 : 인대(뼈와 뼈 연결), 관절 응급 간호 : PRICE 방법

3) 외상과 관련된 출혈의 위험성

옷 제거	방법	의복을 벗기는 것보다 상처 부위의 의복을 가로로 잘라서 전부 제거한다.
		의복을 자를 때도 신체를 최소로 움직인다.
	근거	연조직 상처의 범위, 손상 정도를 정확히 평가한다.
		상처 부위를 과도하게 움직이면 2차적 손상을 유발한다.
지혈도모	\multicolumn{2}{l}{지혈의 필요성: 개방성 상처인 열상과 찰과상에서 출혈이 심하다.}

지혈도모	직접 압박	출혈 부위에 소독거즈, 깨끗한 천을 대고 직접 압박
		천이 피를 빨아들이면 그 위에 다른 천 덮는다.
		처음 덮었던 천을 떼어내지 않는다.
	국소거양법	염좌 발생 즉시 환부를 심장보다 높은 곳에 상승 → 출혈, 부종↓
		개방성 상처인 열상과 찰과상 상처 부위를 심장보다 높이 올린다.
		중력 영향으로 정맥혈액 귀환을 증진시켜 지혈, 종창 감소
	간접 압박 (지혈점 압박)	출혈 부위로 흘러나오는 동맥 근위부를 손가락으로 누름
		상지 출혈 : 상완동맥 압박
		하지 출혈 : 대퇴동맥 압박
압박붕대 고정	방법	큰 상처는 소독거즈로 상처 부위를 덮는다.
	효과	드레싱 고정
		지혈 : 혈관을 세게 감는 것으로 압박 → 출혈↓ / 부상당한 사지 움직× → 혈액손실↓
부목고정	방법	골절의 유무와 관계 없이 손상 부위를 부목으로 고정
	효과	상처 부위를 부목으로 고정하여 움직이지 않도록 하여 추가적 손상 방지, 연조직, 혈관 손상 감소로 출혈 감소
휴식	방법	상처 부위를 과도하게 움직이지 않는다.
	효과	2차적 손상, 출혈 유발 방지

4) 자전거 사용과 관련된 지식부족

　창의적 체험 활동 중 교사의 사전 안전 지시를 어기고 친구들과 경쟁적으로 자전거를 타고 달리다가 넘어짐. 헬멧과 보호장구를 미착용한 상태였음

2 출혈

지혈점

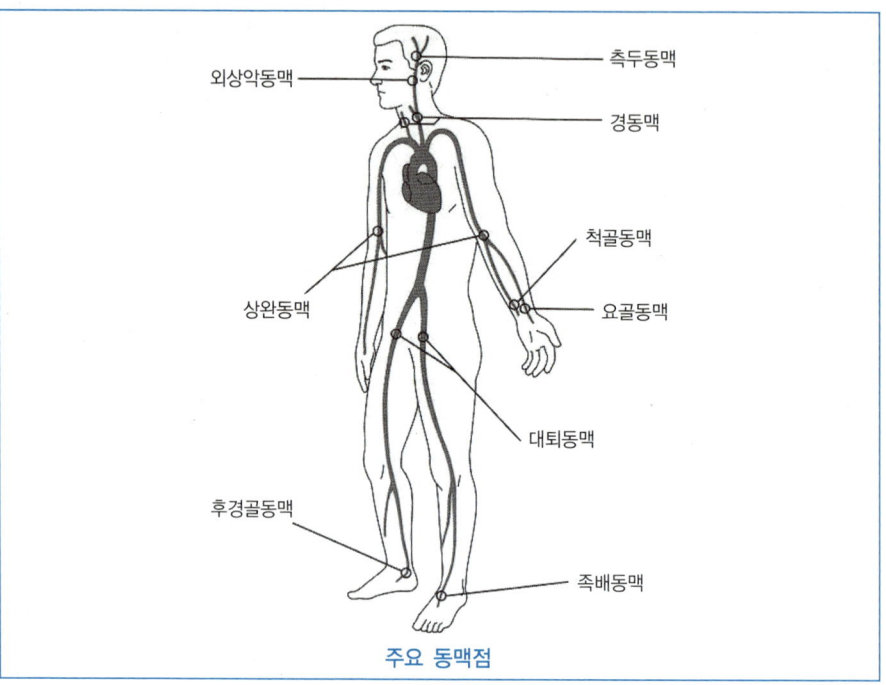

주요 동맥점

외부출혈 간호 [임용 98 / 국시 04]

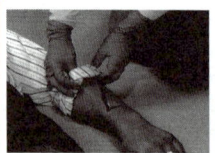  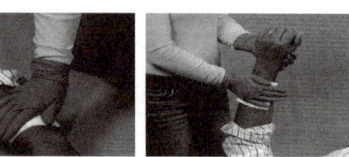 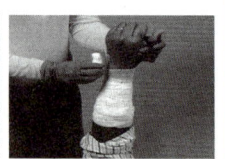

① 의학 검사용 장갑을 끼고 상처부위를 노출한다.
② 직접 압박을 실시한다.
③ 상처에 압박을 유지하면서 심장보다 위로 상처 입은 팔다리를 들어 올린다.
④ 드레싱 위에 붕대를 대고 상처 위에서 아래까지 붕대를 감는다.
⑤ 만약 지혈되지 않는다면 위팔 또는 넙다리에 압박점을 압박한다.

외출혈 처치

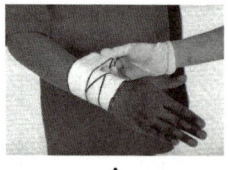 

A   B   C

A. 붕대를 두 번 연속적으로 돌려 감는다.
B. 교차되도록 돌려 감는다.
C. 두 번 연속적으로 돌려 감아서 끝내고 붕대를 안전하게 고정한다.

나선 붕대법

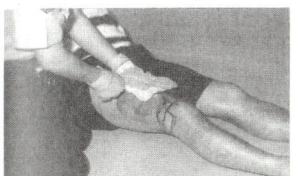 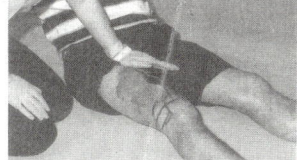
A. 국소압박법　　　　　　B. 선택적 동맥점압박법

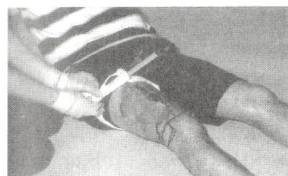 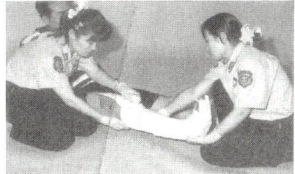
C. 지혈대 사용법　　　　　　D. 부목을 이용한 지혈법

외부출혈을 조절하는 방법

장갑 착용	방법	의학 검사용 장갑을 착용한다.
	효과	손의 균이 상처 부위로 옮기는 것을 최소화한다. 혈액 전파에 의한 질병으로부터 자신을 보호한다.
옷 제거	방법	의복을 벗기는 것보다 상처 부위의 의복을 가위로 잘라서 전부 제거한다. 의복을 자를 때도 신체를 최소로 움직여 상처 부위를 노출시킨다.
	효과	옷 제거로 출혈 시작 부위를 찾는다. 상처 부위를 과도하게 움직이면 출혈을 유발한다.
지혈도모	직접 압박	방법	직접 압박(국소 압박) 응급처치 장갑이나 깨끗한 천을 이용하여 출혈부위를 약 10분 정도 압박한다. 피에 젖은 거즈는 제거하지 않고 덧댄다. 출혈이 계속되면 직접 압박하면서 상처를 심장부위보다 높이고 압박붕대를 감는다. 출혈 부위에 소독거즈나 깨끗한 천을 대고 직접 압박한다. 처음 덮었던 천을 떼어내지 않고 천이 피를 빨아들이면 그 위에 다른 천을 덮는다.
		효과	직접 압박으로 응괴 형성을 촉진하여 지혈을 도모한다. 피를 빨아들인 천을 제거하면 이미 형성된 응괴를 떨어지게 하여 지혈을 방해한다.
	국소 거양법(E)	방법	출혈 부위를 심장보다 높게 상승한다.
		효과	중력 영향으로 손상된 팔다리로 혈액이 흐르는 것을 어렵게 하여 출혈을 감소시킨다.

지혈도모	간접 압박 (지혈점 압박)	방법	동맥압박점 위치 / 요골, 상완동맥 압박점 / 상완동맥 압박하는 모습 **동맥압박 응급처치** 국소 압박으로 지혈되지 않거나 압박붕대 위로 출혈량이 많을 시 상처의 근위부 동맥을 압박 지혈(출혈부위 압박과 동맥압박 동시 사용 바람직)한다. 지혈점은 맥박점으로 사용되며 피부에 가까이 지나가거나 골격 위로 지나가는 동맥의 맥박을 감지하는 동맥점이다. 출혈 부위로 흘러나오는 동맥 근위부를 손가락이나 손으로 누른다. 상지 출혈은 상완동맥 [국시 05] 을 압박하고, 하지 출혈은 대퇴동맥을 압박한다.
		효과	출혈 부위의 지혈점 압박으로 지혈을 도모한다.
	지혈대	적응증	팔과 다리에만 사용한다. 사지 절단에 의한 대량 출혈 환자나 직접 압박으로 지혈되지 않는 출혈에 생명이 위협받는 상황이다. 지혈대 사용은 합병증 초래로 지혈의 마지막 수단으로 상처에서 가까운 동맥을 완전히 차단한다.
		합병증	지혈대로 주위 조직을 압박하면, 원위부의 정상 조직으로 혈액 순환이 되지 않는다. 산소 및 영양물을 공급받지 못하여 신경 손상, 근육 손상, 조직괴사를 유발한다.
		방법	A, B, C, D A. 출혈부위 바로 위에 7~10cm 넓이의 띠를 2번 감는다. B. 띠를 묶어서 매듭을 짓고, 그 위에 막대를 놓는다. C. 막대를 다시 매듭하고, 출혈이 멈출 때까지 막대를 감는다. D. 출혈이 멈추면 막대 감는 것을 멈추고, 막대를 다시 고정한다. **지혈대의 적용 단계**

지혈도모	지혈대	방법	지혈대 공무원 24	출혈 부위에서 심장쪽에 다리는 대퇴부에 넓이 5~10cm 되는 삼각건, 타올, 스카프, 넥타이의 지혈대를 2번 감는다. 지혈대는 면적이 넓은 것을 사용한다. 끈, 철사 같이 폭이 좁은 것은 피부에 손상과 조직 괴사로 사용하지 않는다.
			지혈봉	지혈대를 1번 매듭지어 묶고 그 위에 지혈봉을 놓고서 다시 단단히 묶는다. 지혈봉을 손잡이로 사용하여 출혈이 멈출 때까지 단단히 조인다.
			고정	혈액순환을 막아서 출혈이 멈추면 지혈봉(나무막대)을 더 이상 조이지 말고 고정한다. 매어 쥔 것이 풀리지 않도록 지혈대로 지혈봉을 감아서 고정한다.
		주의 사항	부위	직접 상처×	지혈대를 직접 상처에 닿지 않게 한다.
				몸통, 관절부위× 임용 13	지혈대를 팔꿈치나 무릎 등 관절부위에 착용시키지 않는다. 몸통과 팔꿈치, 무릎의 관절 부위에 지혈대 사용은 신경 손상으로 금기이다.
			압력 공무원 24	압력은 수축기압보다 약간 높게 한다. 지혈대를 착용시키면 병원에서 출혈을 조절할 때까지 느슨하게 하면 안 된다.
			시간	지혈대를 묶은 시각을 기록지와 환자 이마에 기재하여 묶은 시간을 표시한다. 20분 이상 사용하면 신경, 근육 손상을 받는다.
			노출	묶은 부위를 노출한다.
이물질	방법			이물질을 현장에서 빼지 말고 그 자리에 두꺼운 패딩으로 이물질을 움직이지 않게 고정시킨다.
	효과			이물질이 마개 역할로 지혈을 한다. 이물질을 뺄 경우 대량 출혈과 추가 손상을 유발하여 상태를 악화시킨다.

압박붕대 (C)	방법	멸균 거즈	개방성 상처 부위에 멸균거즈, 청결한 천을 대고 그 위에 붕대를 감는다.
		압력	너무 느슨하면 벗겨지고, 너무 세게 감으면 혈액 흐름이 나빠지기 때문에 알맞은 강도로 감는다.
		순환	탄력붕대를 너무 세게 감음으로 동맥 순환 저하로 창백한 피부, 냉감, 맥박 결손, 통증, 얼얼한 느낌(감각 이상), 마비에 바로 탄력붕대를 풀어준다. 증상이 전부 사라질 때까지 탄력붕대를 풀었다가 약간 느슨하게 감아준다.
	근거	드레싱 고정	상처에 댄 멸균 드레싱이 제자리에 놓이도록 잡아주어 고정한다.
		손상 방지	움직임으로 인한 추가적 손상을 방지한다.
		지혈	혈관을 압박하여 출혈을 감소시킨다. 부상당한 사지를 움직이지 않게 하여 혈액손실을 감소한다.
		통증 완화	압박붕대로 지지하여 상처의 안정 유지로 통증을 완화한다.
부목(P)	방법		심한 출혈이 있는 손상 부위를 부목으로 고정한다.
	효과		상처 부위를 부목으로 고정하여 움직이지 않아 추가적 손상 방지, 혈관 손상 감소로 출혈 감소, 통증을 감소한다.
휴식(R)	방법		상처 부위를 과도하게 움직이지 않는다.
	효과		2차적 손상, 출혈을 방지한다.
출혈성 쇼크	방법		출혈성 쇼크 증상을 보일 때 변형된 trendenlenburg 자세를 취해준다. 앙와위로 눕히고 다리를 20~30cm로 상승한다. 무릎을 곧게 뻗고 상체는 수평을 유지한다. 흉부는 수평, 경부는 편안하게, 머리는 가슴과 같은 수준, 가벼운 베개 하나를 댄다.
	효과		뇌의 충혈을 막고 사지로부터 정맥귀환으로 심장 혈류량을 증가시켜 심박출량 증가로 관류를 시킨다. 복부 장기가 횡격막을 압박하지 않게 한다.

토혈 간호 : 위장기관 출혈 국시 12, 14

cf) 구토 간호	
손상 위험성	휴식, 좌위/측위, 구강위생, 문지르기, 환경
체액결핍	급성기 금식, 수분 섭취

옆으로 국시 24	토하는 양이 많을 때 머리를 옆으로 돌려 토물을 기도로 흡인하지 않는다.
얼음주머니	위 부분에 얼음주머니를 대어 출혈을 억제한다. 얼음은 혈관을 수축시켜 지혈을 시키고 압박으로 응괴 작용을 도와 지혈을 도모한다.
구강위생	입안의 혈액 냄새로 구토를 유발한다. 구토는 재출혈을 일으켜 입안을 양치질한다.
NPO	토혈한 직후 금식한다. 단, 얼음조각을 물려주는 정도이다. 물이나 음식은 오심, 구토를 유발하여 흡인을 초래하고 수술 시 합병증을 일으킨다.
변형된 trendenlenburg position	다량의 출혈이 있으면 변형된 trendenlenburg position의 shock position을 취한다.
안정	조용히 눕혀서 심신의 안정을 갖는다. 불필요한 움직임은 쇼크가 촉진한다.
진찰	일시적으로 토혈이 멈추더라도 토혈을 일으키는 질환 확인 위해 전문의진찰이 필요하나.

3 쇼크

정의

> 순환계가 주요 기관에 충분한 혈액을 공급할 수 없어 말초 혈액 순환 부족으로 조직의 산소 부족과 대사 산물이 축적된 상태이다. 신체 조직으로 가는 혈액 관류가 저하되면 산소와 영양분이 세포에 도달하지 못하여 세포가 죽는다. 관류 저하로 손상된 세포들이 증가하면 기관의 기능 장애가 일어난다.

위장관 출혈을 일으킨 원인

aspirin	위장관 출혈, 위궤양	위벽을 보호하는 COX-1이 매개하는 prostaglandin 합성 억제한다. 위내층을 보호하는 점액 생성을 감소시키고 위속의 HCO_3^- 분비 감소, 염산 분비를 증가시켜 소화성 궤양에 걸릴 가능성이 높아 위장관 출혈이 발생한다. 위 속에서 prostaglandin = 점액 생성, HCO_3^- 분비 자극, 위산 생성 억제
	혈소판 응집 억제	항혈소판 제제로 COX-1이 매개하는 트롬복산 A_2 생성을 억제하여 혈소판 응집을 억제하여 출혈을 일으킨다.
위궤양	위장관 출혈	궤양이 혈관 부위를 통과하여 침식해 들어갈 때 위장관 출혈이 발생한다.

보상 작용 [국시 00, 05] ☆ 교시 신!

* 탈수, 울혈성 심부전의 보상 기전 : 교감신경계(CO 증가), 신장(RAA), 시상하부(ADH, 갈증)

교감 신경계	부신수질		심박출량이 감소되면 교감신경계 자극으로 부신수질에서 E, NE 분비로 호흡, 심박동수, 심장 수축력, C.O↑ [임용 21], BP↑, 혈관이 수축한다.
	소동맥	활동성 조직	활동성 조직의 소동맥 확장으로 중추신경계로 뇌, 심장, 간, 골격근, 신체의 중요 기관으로 혈류량 증가
		비활동성 조직	비활동성 조직의 소동맥 수축으로 위장관, 신장, 피부, 말초조직의 혈류량 감소
신장 [국시 07]	RAA		신장에 혈류가 감소하여 Renin은 간에서 생성되는 angiotensinogen에 작용하여 angiotensin Ⅰ으로 변화하여 Angiotensin Ⅰ은 폐의 전환효소에 의해 angiotensin Ⅱ로 된다. Angiotensin Ⅱ는 부신피질로 가서 알도스테론 분비를 촉진시켜 원위세뇨관과 집합관에서 Na^+, 수분 재흡수를 증가시켜 혈류량↑, U·O↓ Angiotensin Ⅱ는 혈관을 수축시킴으로 혈압을 정상으로 증가
시상하부	ADH		저혈량에 자극으로 시상하부와 뇌하수체 후엽에 전달하여 ADH(항이뇨호르몬)분비가 촉진한다. 항이뇨호르몬은 세뇨관과 집합관에서 수분 재흡수를 촉진시켜 체액량을 정상으로 조절한다.
	갈증		탈수로 시상하부의 갈증 중추를 자극하여 갈증을 호소한다.

증상 국시 01, 04, 08, 18 ☆ Vital! 피부가 소신 중! 탈수 피부는 모발이 건조한 경창청 차이다

Vital	체온 저하		뇌 혈류 감소로 뇌의 체온 조절 중추 손상으로 체온이 감소한다.
	빠르고 약한 맥박 국시 22		심박출량 감소로 교감신경계가 자극되어 빠르고 약한 맥박이다.
	호흡	빠르고 얕은 호흡	교감신경계 작용으로 빠르고 얕은 호흡이다.
		빠르고 깊은 호흡	조직관류 감소로 혈액의 산소운반 능력이 감소하여 탄산가스 증가, 산독증으로 CO_2를 배출하려고 과다 호흡으로 호흡 수와 깊이가 증가한다.
	혈압 감소 국시 19, 22		심박출량 감소로 수축기압, 맥압이 감소한다. * 정상 맥압 : 35~45mmHg
피부	건조한 점막		수분 감소로 건조한 점막이다.
	발한	초기	교감신경자극으로 발한이 있다.
		후기	신장을 통해 수분, 나트륨 배설이 안되 한선을 통해 배설로 발한이 있다.
	차고 축축함 국시 14		피부가 축축한 것은 혈액, 혈장이 급작스럽게 손실이다.
	창백		교감신경자극($α_1$수용기)으로 말초혈관 수축으로 피부는 창백하다.
	청색증		혈류량 감소로 O_2 감소로 청색증이다.
	모세혈관 충만 시간지연		관류 감소로 손톱 부위 모세혈관 충만 시간이 지연된다. 정상 : 2초 이내
	경정맥압 감소		경정맥 압력은 우심방 압력을 반영한다. 순환 혈류량이 감소할 때 경정맥압이 감소한다.
	경정맥 팽대 (심인성 쇼크)		심박출량 감소로 정맥계 울혈로 경정맥이 팽대하다.
소화 기계	갈증호소		탈수로 시상하부의 갈증 중추를 자극하여 갈증을 호소한다.
	장음↓, 오심·구토		심박출량 감소로 위장관 조직 관류 감소로 위장기능 변화로 장음 감소, 오심·구토가 있다.
신장계	U·O↓ 국시 22, 23		심박출량 감소로 신동맥압이 감소하여 사구체 혈류량이 감소하여 사구체 여과감소와 R-A-A기전 활성화로 소변량(U·O)이 감소한다.
	요비중↑		요비중이 증가한다. 정상 : 1.010~1.030
중추 신경계	초기		교감신경자극으로 불안, 안절부절, 초조하다. 심박출량 감소로 교감신경자극으로 동공이 산대된다.
	말기		뇌혈관에 O_2, 당질 공급 감소로 의식 변화, 어지러움, 현기증, 실신, 무의식, 동공의 대광 반사가 느리다.

쇼크 종류 ★ 제! 심분패

저혈량성 쇼크 국시 01, 02 ★ 화상 탈출	기전	**혈관으로부터 혈액 또는 체액의 손실** 출혈, 탈수, 화상으로 혈액, 체액의 손실로 전신 동맥압이 낮아져 조직의 관류가 감소된다. 인체 대사 과정에 필요한 요구량에 비해 혈액량이 부족한 상태이다.
	출혈성 쇼크	전혈을 다량 손실하여 전신순환 혈액량이 부족하다.
	탈수성 쇼크	많은 체액이 유실되는 경우로 구강 섭취 저하와 지속적 구토, 심한 설사, 과다한 발한, 다량 소변 배출, 당뇨병성 쇼크로 온다.
	화상성 쇼크	불감응성 소실: 손상된 피부에서 증발로 발생하는 불감응성 소실 모세혈관 벽 투과성: 모세혈관 벽의 투과성이 증가하여 알부민, 나트륨, 물이 혈관 밖인 간질 공간과 주변 조직으로 이동한다. 혈관 내 단백질 감소로 교질삼투압이 감소되어 많은 체액이 혈관으로부터 간질 공간으로 이동을 증가시켜 부종이 생기고 혈액량이 감소한다.
심인성 쇼크 국시 16, 18	기전	심장의 펌프기능 감소로 심장 박출량이 감소하여 조직의 관류가 감소되어 인체 대사 과정에 필요한 요구량에 비해 혈액량이 부족하다. 심장의 박출력이 부진하면 전신에 필요한 혈액을 충분히 공급하지 못하고 대사 산물의 배설이 곤란하다.
	원인 국시 19	**펌프기능 부전** 심근경색증, 판막 부전증, 부정맥, 심근 비대로 심장의 펌프기능 장애이다.
폐쇄성 쇼크	기전	긴장성 기흉, 혈흉, 심장압전에 의하여 이완기 오른쪽 심방 압력의 증가에 의한다. 정맥 혈류가 심장 내로 들어가지 못하여 심박출량 저하로 쇼크가 발생한다.
	원인	심장 압전증: 심낭에 혈액, 체액이 축적하여 심장 압박 긴장성 기흉: 손상된 폐조직으로 부터 흉막강 내 공기가 들어간다. 흉막강 내 압력이 증가하여 종격동이 변위되고 대혈관을 눌러 심장으로 돌아오는 혈류 장애 ＊종격동 : 흉골 뒤에 위치하며 식도, 기관, 대혈관, 심장이 있다.

분배성 쇼크 : 혈관 확장성 ☆신아패	신경성 쇼크	기전	**혈관의 확장** 혈관의 평활근을 조절하는 교감신경계 자극이 감소하여 혈관의 평활근이 이완되어 혈액이 정체되어 순환 혈량이 감소하여 조직 관류가 감소한다.	
		척수 마취 국시 18		
		척수손상	척수손상으로 교감신경계 기능이 차단되면 혈관이 이완되어 혈압 저하	
	아나필락틱 쇼크 (화학적 쇼크)	기전	제1형 즉시형 과민성 반응으로 히스타민, 브라디키닌, 프로스타글란딘이 유리된다. 혈관 확장, 모세혈관 투과성 증가로 모세혈관으로부터 체액이 간질 공간으로 이동하여 순환 혈량이 감소하여 혈압, 말초 혈류, 조직 관류를 감소한다.	
	패혈성 쇼크 국시 06	정의	박테리아가 생성한 다량의 독소가 혈관 내에서 전신성 염증 반응	
		초기	기전	세균에서 유리된 독소가 혈관 내로 들어가 전신 혈관을 확장시키고 모세혈관 투과도를 증가시켜 간질 공간으로 수분 이동으로 혈압이 저하되어 쇼크가 온다. 보상 작용으로 심박출량이 증가한다.
			증상 국시 23	혈관이완으로 피부는 따뜻, 홍조, 건조
		후기	기전	심장에서 심근억제인자가 유리되고 정맥귀환량 감소로 심박출량이 감소한다.
			증상	응고, 혈전, 혈관 저항 증가 창백, 차고, 축축, 얼룩덜룩, 체온 감소, 발한 2차적으로 폐울혈, 악설음, 천명음 졸음, 혼수 ex) 패혈증 : DIC 발생

약물치료

교감신경 효능제	약명	epinephrine(α, β항진제), dopamine(α, β항진제) * 전문 소생술 : 혈관수축제(epinephrine)
	기전 국시 04	저혈압에 α_1교감신경을 항진시켜 혈관 수축과 혈관 투과성 감소로 말초혈관 저항을 증진시켜 전신적으로 혈압을 상승시킨다. β_1교감신경을 항진시켜 심박동수, 심근 수축력 촉진, 심박출량을 증가시켜 혈압을 상승시킨다.
날록손 Narcan (Naloxone) 임용 11	기전	아편제의 해독제 쇼크에서 뇌로부터 엔돌핀과 엔케팔린의 아편양 물질들이 방출한다. Narcan(Naloxone)은 쇼크 시 아편 수용체에 아편제제와 경쟁하여 마약류 효과를 차단시켜 호흡 억제를 개선시킨다.

쇼크 응급처치 임용 09 ★ 변측금옷 보안

cf) 실신 응급간호 : 변형된 trendelenburg 자세, 측위, 옷 느슨, 공기 흡인, 찬물 수건, 금식, 상처확인, 선행요인 ★ 공찬이 변측금옷

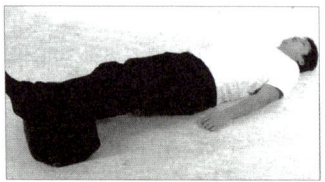
일반적인 쇼크 환자의 자세 : 다리를 상체보다 높여준다.

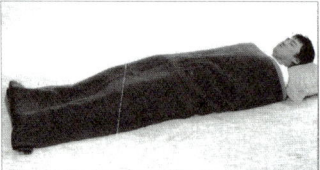
체온 유지가 필요한 환자

의식이 없고 구토가 의심되는 환자

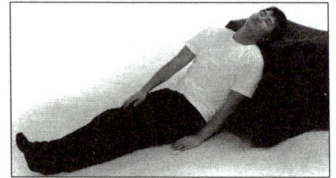
가슴부상 호흡장애. 심장질환 환자

쇼크 환자의 자세

회복의 징후로는 피부색이 돌아오고 의식정도가 개선되며 소변 배출량과 순환의 안정으로 혈압과 맥박이 정상치로 돌아오는 것 등을 말한다.

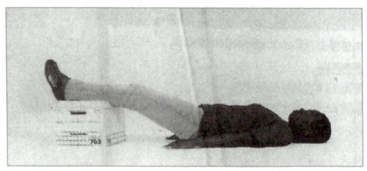
A

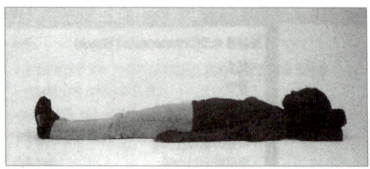
B

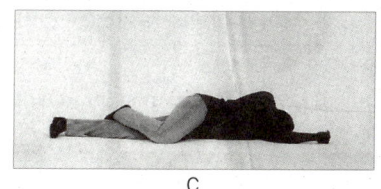
C

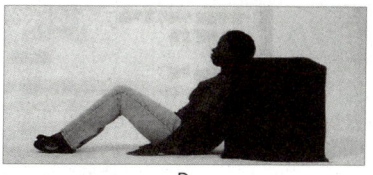
D

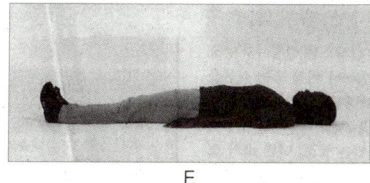
E

A. 일반적인 쇼크 자세
B. 머리 손상환자의 경우 머리를 높인다(단, 척추손상이 의심되지 않는 경우).
C. 무의식 또는 뇌중풍 환자는 회복자세로 눕힌다.
D. 호흡곤란, 가슴 손상 또는 심장발작 환자에게는 반 앉은 자세(반좌위)를 적용한다.
E. 척추손상이나 다리 골절이 의심되면 환자의 자세를 수평으로 유지시킨다.

쇼크 자세

원인 처치	골절	골절, 관절 손상이 의심되는 경우 부목을 댄다. 골절은 출혈을 유발하고 쇼크를 악화시킨다. 개방골절로 인한 출혈로 쇼크는 뼈에 혈관이 많아 외상 결과 많은 양의 혈액 소실로 발생한다. 골절 시 환부를 고정하여 통증과 출혈을 감소시킨다.
	출혈	주요 혈관 손상으로 출혈이 있을 경우 출혈 부위에 소독거즈, 깨끗한 천을 대고 직접 압박하여 지혈한다. 튀어나온 뼈끝에는 손상 위험으로 직접 압박하지 않는다. 출혈 부위 압박으로 응괴형성을 도와 지혈시킨다. 출혈 부위를 상승시켜 지혈시킨다.
변형된 trendelenburg 자세 국시 04	방법	두부 외상이나 척추손상을 제외하고 앙와위로 눕히고 다리를 20~30cm로 상승한다. 무릎을 곧게 뻗고 상체는 수평을 유지한다. 흉부는 수평, 경부는 편안하게, 머리는 가슴과 같은 수준이나 가벼운 베개 하나를 대준다. cf) 하지의 30cm 이상 상승이나 머리를 아래로 위치시키는 자세는 뇌의 충혈과 복강 내 장기가 횡격막을 눌러서 호흡장애로 금기
	효과 임용 21	사지로부터 정맥 혈류 귀환을 돕고 심장 혈류량 증가로 심박출량을 증진시켜 생명 유지 장기에 관류를 돕는다.

변형된 trendelenburg 자세 국시 04	주의		경부, 척추, 흉부, 복부, 골반, 고관절 골절에 고정을 먼저 한다.
			심인성 쇼크 : 순환성 과부담으로 금기
			호흡곤란, 가슴 손상 또는 심장발작 환자는 반 앉은 자세(반좌위)를 적용한다.
측위	방법		구토가 심한 경우에는 옆으로 눕힌다. 구토에 의한 흡인으로 분비물 제거 위해 고개를 한쪽으로 돌려서 혀와 턱을 내밀고 분비물을 배액시킨다.
	근거		쇼크 환자는 언제라도 구토할 수 있다.
			혈액 공급이 감소되어 위장관 조직 관류가 부적절하여 위장관과 복부 기능 감소로 오심·구토가 유발되어 흡인 위험이 높다.
안정	방법		조용한 곳에서 안정시킨다.
	효과		심한 불안은 상태를 악화시키므로 안심시키고 조용히 쉬게 해준다.
옷 느슨	방법		목, 가슴, 허리를 조이는 옷을 느슨하게 한다.
	효과		꼭 조이는 옷을 느슨하게 하여 혈액 순환을 도모한다.
			옷 느슨 : 무의식, ICP 상승, CO 중독, 실신, 쇼크
젖은 옷 벗김	방법		차고 젖은 옷을 벗긴다.
	기전	전도	쇼크는 저체온이 있는데 찬 옷으로부터 전도로 몸의 열이 이동하여 체온이 하강된다.
		증발	발한으로 젖은 옷의 수분이 증발할 때 몸에 있는 열에너지를 잃어 체온이 하강된다.
보온	방법		심한 오한을 호소할 때 수족의 보온에 유의하여 모포와 시트로 전신을 싸준다.
			담요로 너무 많이 덮지 말고, 지나치게 따뜻하게 하지 않는다.
	효과	체온 보존	체온 손실을 막고 체온을 보존한다.
		혈액 순환	보온으로 혈액 순환을 증가시켜 쇼크 진행을 막는다.
열 금기 국시 10	방법		체온 조절을 위해 열을 이용하지 않는다.
	기전	말초혈관 이완	열을 조직에 가하면 말초혈관이 이완되어 쇼크 초기 혈관 수축을 위한 인체 방어기전이 방해된다.
			* 저체온 : 열에 의한 혈관 확장으로 심맥관계 허탈 발생, 동상 : 건조한 열은 상처 악화로 제한
		대사작용	외부 열은 대사 작용을 촉진하여 O_2 요구량이 증가하여 심장 부담으로 쇼크 상태를 악화시킨다.
저체온법 금기 국시 96	방법		체온이 심하게 상승된다고 해도 저체온법을 사용하지 않는다.
	기전		저체온법으로 혈관이 수축하여 혈액이 느려지므로 미세 순환에 지장을 준다.
금식	방법		금식하여 먹을 것, 마실 것을 주지 않는다. 갈증을 호소하면 물이나 생리식염수로 적신 거즈를 적셔 입술을 축여준다.
	근거		위장 관계의 혈액 공급 저하로 위장 운동이 감소되어 위 내용물을 구토하여 질식, 흡인성 폐렴 위험이 있다.
병원 후송			맥박, 혈압, 소변량, 의식 상태를 주시하며 병원에 후송한다.

4 과민반응

제1형 즉시형 과민반응 – 아나필락시스 생리적 기전

시기	음식, 약물, 염료(조영제), 곤충에 물리거나 벌에 쏘임의 특정 알레르기원에 노출 후 수초~수분 이내 발생
정의	이전에 접촉한 적이 있는 allergen에 두 번째에 접촉했을 때 급성으로 호흡기계, 심혈관계, 소화기계, 피부에 동시에 알러지 반응을 일으킨다.
기전 [국시 15]	제1형 즉시형 과민성 반응으로 과민반응을 유발하는 항원이 체내에 들어오면 IgE [국시 06]가 형성되어 비만세포, 호염기구에 붙는다. 다시 같은 항원이 비만세포와 호염기구에 있는 IgE수용체가 있는 IgE와 결합한다. 비만세포를 활성화시켜 히스타민, 프로스타글란딘, 브라디키닌 같은 매개물질을 분비한다. 매개물질은 기도의 평활근 수축, 혈관확장, 모세혈관 투과성 증가로 모세혈관으로부터 체액이 간질 공간으로 이동하여 갑작스런 혈압 저하로 저혈압, 말초 혈류의 조직 관류 감소, 후두부종, 호흡곤란을 나타낸다.
아나필락틱 쇼크 증상 [국시 19]	호흡기계	후두 부종, 상기도 부종 → 기관 부분적 폐쇄 → 호흡 장애, 호흡곤란 코막힘, 콧물, 가래, 기침, 기관지 경련, 천명음, 협착음, 목쉰 소리, 청색증
	심맥관계	빈맥 > 서맥, 약한 맥박, 심한 저혈압, 창백, 순환 부전 : 말초 혈관 허탈로 창백
	위장관계	오심, 구토, 설사, 복부 산통
	피부, 점막	결막 충혈, 가려움증, 눈물, 안면 혈관성 부종, 안검 부종, 입술 부종 소양증, 열감, 발적, 두드러기(담마진 : 팽진, 창백한 중심부와 홍반성 주변부)

약물

약물			
Epinephrine 임용 11 국시 05, 18	기전	기관지 확장	β_2 : 기관지와 세기관지를 확장한다.
		심근 수축	β_1 : 심근 수축, 심박출량 증가로 관류를 증진한다.
		혈관 수축	α_1 : 혈관 수축으로 혈관 투과성 감소로 부종을 감소한다.
	방법	Epinephrine 피하주사, 근육주사, 설하로 투여, 흡입 필요시 같은 양을 15~20분마다 반복	
Benadryl (항히스타민제)	기전	히스타민 H_1-수용체 차단제로 작동 세포의 H_1수용체 부위에 결합하여 히스타민이 결합되는 것을 막아 히스타민 작용을 차단한다. 즉시형 과민반응(제1형 과민반응)에서 나타내는 히스타민의 염증 매개물질 방출을 억제한다. 히스타민에 의한 염증 반응으로 홍반, 부종, 화끈거림, 소양증을 감소한다.	
	적응증	알레르기성 비염의 재채기, 가려움증, 콧물 감소, 아토피성 피부염, 담마진	
corticosteroid 국시 05	기전	면역억제	당질코르티코이드의 치료 작용은 면역억제활성이다. 순환 림프구의 감소작용과 항원의 반응에 대한 백혈구와 대식세포(큰 포식세포)의 능력을 억제한다.
		항염증 사포비	cytokines 감소 : 당질코르티코이드의 치료 작용은 항염증작용이다. 당질코르티코이드는 염증유발성 cytokines의 생산과 유리를 감소시킨다.
			포스포리파아제 A_2 억제 : 포스포리파아제 A_2(phospholipase A_2)를 억제하여 막결합 인지질에서 아라키돈산(프로스타글란딘 및 leukotriene의 전구물질)의 유리를 차단한다. Prostaglandins 및 leukotriene 생산 감소가 항염증작용의 핵심이다.
			비만세포와 호염기구막 안정화 : 비만세포와 호염기구막을 안정화시킴으로 염증반응에 영향을 미치며, 히스타민 유리를 감소시킨다.
		결과	염증매개물질인 히스타민, cytokines, 프로스타글란딘, leukotriene 방출을 억제한다. 모세혈관 투과성과 점막 부종 감소와 기도 수축을 억제하여 기관지 내경을 증가시킨다.
β_2 adrenalin agonist	기전	기관지 이완	기도 평활근에 있는 β_2-수용기를 자극하여 세기관지, 기관지 평활근 이완, 기관지 경련을 완화한다.
	방법	단기작용 : Albuterol(Ventolin), 메타프로테레놀Metaproterenol (Metaprel)의 속효용 β_2 adrenalin agonist 흡입	

벌레 독에 의한 아나필락틱 쇼크 응급간호

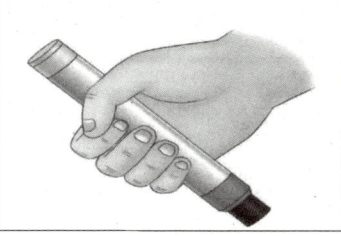

① 주사침이 있는 검은 끝부분이 아래로 향하도록 잡는다.

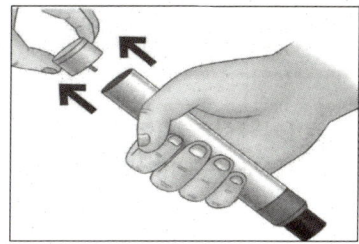

② 노란 뚜껑(안전핀)을 당겨서 제거한다.

③ 주사기 검은 끝 부분을 허벅지 바깥쪽에 수직으로 딸깍 소리가 날 때까지 세게 누르고 10초간 유지한다.

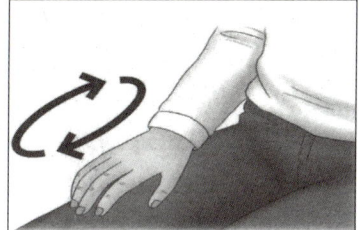

④ 주사기를 제거하고 약물 흡수를 돕기 위해 주사 부위를 10초 동안 문지른다.

119	방법		바로 119에 연락하여 응급실로 이송한다.
	근거		벌에 의한 손상 후 과민반응으로 사망하는 환자의 2/3 이상이 쏘인 후 한 시간 이내 사망한다.
에피네프린	방법	잡기	에피네프린 자가 피하 주사기를 주사기 바늘이 나오는 부분인 검은 부분을 아래로 향하도록 한 손으로 잡는다.
		안전뚜껑	안전뚜껑(캡)을 연다.
		수직 주입	앉거나 누운 자세에서 에피네프린 자가 주사기를 수직(90도)으로 넙다리(대퇴) 외측 상부로 딸깍 소리가 날 때까지 세게 밀어 주입하고, 그 상태를 10초 유지하여 약물이 충분히 주입되게 한다.
		10초 마사지	주입 후 주사 부위를 10초 마사지하여 약물이 잘 흡수되게 한다. 상태가 호전되지 않을 경우 첫 주사에서 5~15분 후 새 에피네프린 주사기로 다시 투여할 수 있다. cf) NTG 투여 : 5분마다 1정씩 3회까지 투여한다.
변형된 트렌버그 자세	방법		무반응 환자는 변형된 트렌버그 자세로 눕힌다. 등이 바닥에 닿도록 눕히고 하지를 높여 저혈압 쇼크에 대응한다.
	근거		심장으로 정맥혈액의 순환이 증가한다.
낮은 자세	방법		쏘인 부분을 심장보다 더 낮게 유지한다. ＊학교보건법 : 사전에 학부모의 동의와 전문 의약품을 처방한 의사의 자문을 받아 제1형 당뇨로 인한 저혈당 쇼크 또는 아나필락시스 쇼크로 인하여 생명이 위급한 학생에게 투약 행위 등 응급처치를 제공하게 할 수 있다.

벌에 쏘였을 때 응급처치 국시11

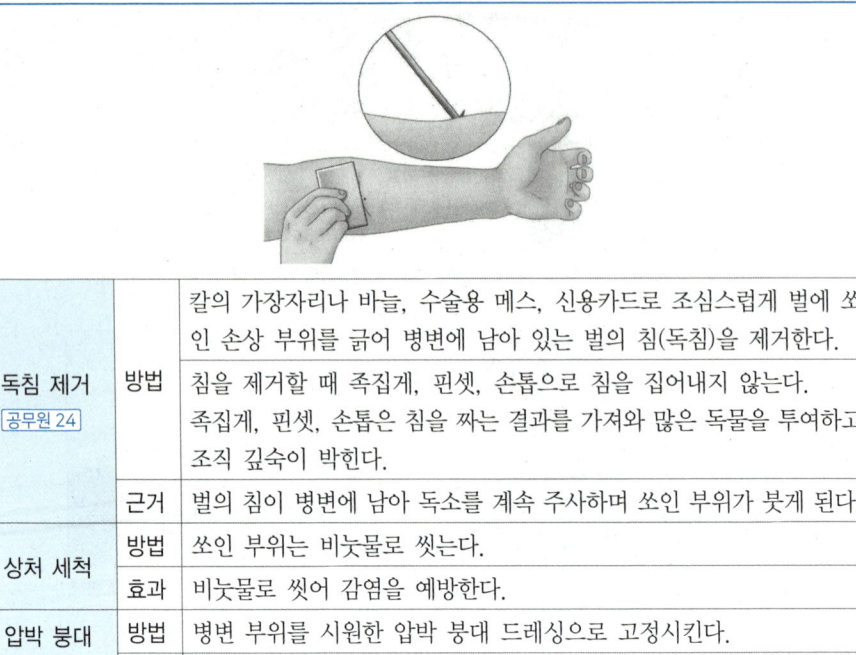

독침 제거 공무원24	방법	칼의 가장자리나 바늘, 수술용 메스, 신용카드로 조심스럽게 벌에 쏘인 손상 부위를 긁어 병변에 남아 있는 벌의 침(독침)을 제거한다.
		침을 제거할 때 족집게, 핀셋, 손톱으로 침을 집어내지 않는다. 족집게, 핀셋, 손톱은 침을 짜는 결과를 가져와 많은 독물을 투여하고 조직 깊숙이 박힌다.
	근거	벌의 침이 병변에 남아 독소를 계속 주사하며 쏘인 부위가 붓게 된다.
상처 세척	방법	쏘인 부위는 비눗물로 씻는다.
	효과	비눗물로 씻어 감염을 예방한다.
압박 붕대 (C)	방법	병변 부위를 시원한 압박 붕대 드레싱으로 고정시킨다.
	효과	고정을 통해 지지로 손상과 통증을 감소한다.
얼음 찜질 (I)	방법	20분간 얼음찜질을 한다.
	효과	흡수 속도↓ : 병변 부위의 얼음찜질은 독소의 흡수 속도를 느리게 한다.
		부종과 통증↓ : 얼음찜질은 혈관 수축으로 주사 부위 부종과 통증을 감소시킨다.

과민반응 예방법

곤충	방법	항원인 곤충을 피한다.
	옷	밝고 꽃무늬가 있는 옷은 쏘는 곤충을 유인하므로 입지 않는다.
	냄새	향수, 화장품, 향비누, 강한 비누 냄새는 벌레를 유인하므로 벌에 쏘이지 않도록 야외 놀이 직전에 사용을 피한다.
	곤충 퇴치제	곤충 퇴치제(DEET)는 수시간 동안 보호해 주지만 수영, 땀 흘림, 비를 맞은 후에 다시 바른다.
피내 반응 검사(피부 반응 검사, AST : After Skin Test) 국시 02, 18	방법	과민반응 유발물질 투여 전 피내 반응을 검사한다. 약물을 증류수 또는 생리식염수로 희석하여 0.02~0.05mL(수포 지름이 5~6mm)를 피내 주사하고 팽진 주변을 표기한다. 검사 15분 후 결과를 해석한다.
	양성	발적/경결이 10mm 이상은 약물에 과민반응
	위양성	5~9mm에 재검사하거나 식염수 대조검사 시행 반대쪽에 동량의 생리식염수를 피내 주사하여 결과 비교
	음성	5mm 미만에 해당 약물 투여 가능

5 비출혈

가장 흔한 비출혈 부위 [임용 92]			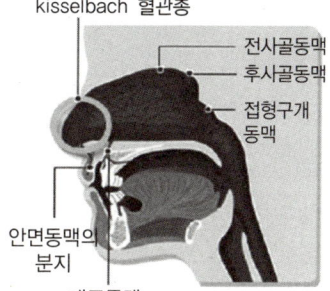 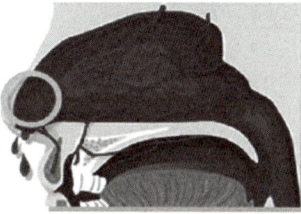 〈전방 비출혈〉 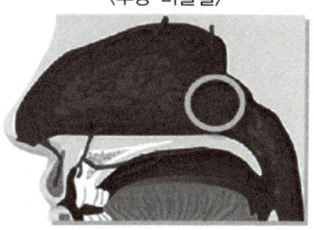 〈후방 비출혈〉 **비중격의 혈관분포와 비출혈의 종류** 비전정부(비강의 전방부)에 혈관이 많은 키셀바 부위(kisselbach's area)	
원인 [임용 92]	국소적 원인	외상, 비중격 천공, 비중격 만곡, 비염, 급성 부비동염		
	전신적 원인	혈액 질환	백혈병	골수 기능 장애로 혈소판 감소로 출혈
			혈우병	응고인자 8번 부족으로 2차 지혈 과정 장애로 심부 출혈 ＊비출혈: 얼굴에 강타를 입거나 상처를 입은 후 치명적 비출혈
			자반증 ITP	항체로 덮여진 혈소판은 대식 세포에 의해 파괴된다. 혈소판 감소로 1차 지혈 장애로 피부, 점막 내 출혈이 생긴다.
			괴혈병	비타민 C는 결합 조직을 구성하는 콜라겐 합성에 필요하다. 괴혈병은 비타민 C 부족 시 결합 조직에 이상으로 출혈이 발생한다.
		혈관 질환	고혈압, 동맥경화증	
		간장 질환	간세포 손상으로 응고인자(프로트롬빈) 합성 저하로 출혈	

비출혈 응급 간호 [임용 07 / 국시 00, 02, 07] ★ 비출혈로 손 앞에 냉거로 혈안 재의

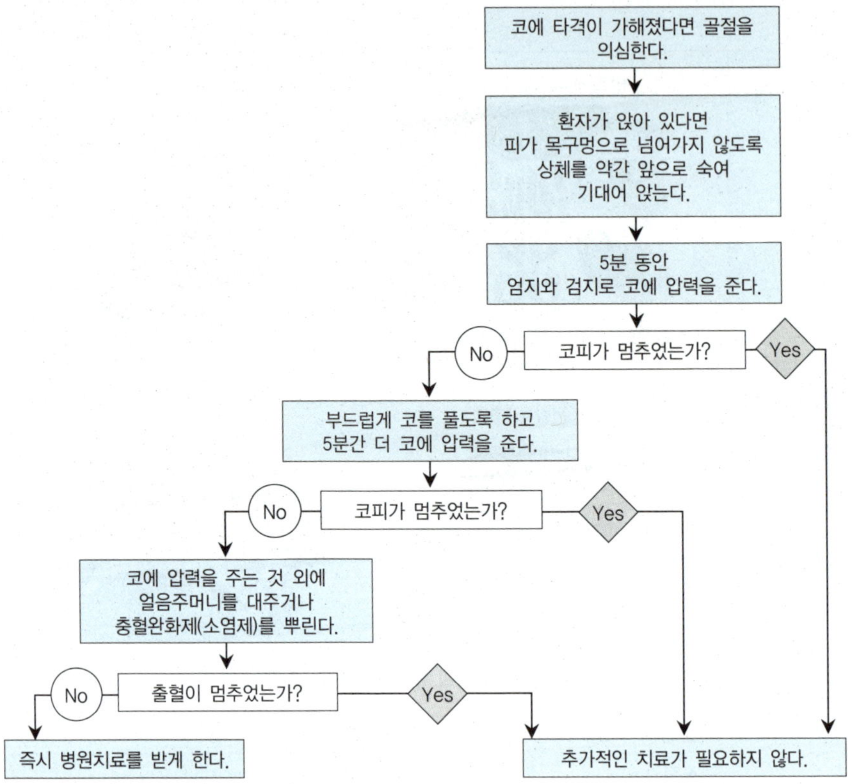

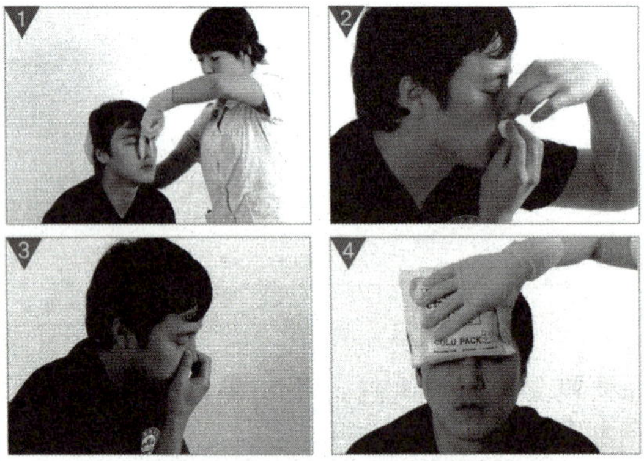

```
코에 타격이 가해졌다면 골절을
의심한다.
        ↓
환자가 앉아 있다면
피가 목구멍으로 넘어가지 않도록
상체를 약간 앞으로 숙여
기대어 앉는다.
        ↓
5분 동안
엄지와 검지로 코에 압력을 준다.
        ↓
    코피가 멈추었는가? — Yes → 추가적인 치료가 필요하지 않다.
        │ No
        ↓
부드럽게 코를 풀도록 하고
5분간 더 코에 압력을 준다.
        ↓
    코피가 멈추었는가? — Yes → 추가적인 치료가 필요하지 않다.
        │ No
        ↓
코에 압력을 주는 것 외에
얼음주머니를 대주거나
충혈완화제(소염제)를 뿌린다.
        ↓
    출혈이 멈추었는가? — Yes → 추가적인 치료가 필요하지 않다.
        │ No
        ↓
즉시 병원치료를 받게 한다.
```

올바른 비출혈 지혈 방법 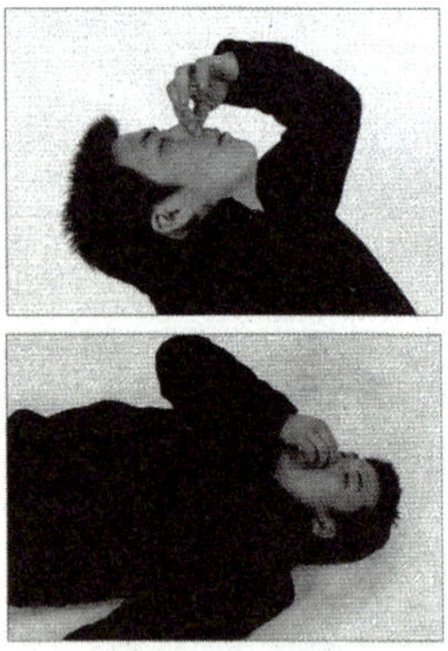 | **바르지 못한 방법**

코의 출혈은 앉은 자세로 고개를 앞으로 숙여 피가 흘러내리도록 하며 연조직 손상으로 출혈이 생기면 냉찜질과 함께 양쪽 콧구멍을 손으로 압박한다. 기도로 피가 넘어갈 수 있으므로 절대로 목을 뒤로 젖히지 않는다.

※ **코피 출혈 시 응급처치 주의사항**: 지혈 후 10분 간격으로 지혈을 확인 후 30분간 지혈 후에도 계속 출혈이 발생하면 쇼크가 발생할 가능성이 있기에 신속히 병원으로 이송한다.

앞으로 숙이기	방법	똑바로 앉은 자세에서 머리를 앞으로 숙인다.	
		비출혈 시 자세	
	효과	출혈 감소	출혈 부위가 심장보다 높게 유지되는 자세이다.
		기도 흡입 감소	고개를 앞으로 숙여 피가 흘러내리도록 하며 코피의 혈액이 기도로 흡입되어 폐로 유입되지 않게 한다.
		위 흡입 감소	코피의 혈액을 삼켜 목 뒤로 넘어가서 생기는 오심, 토혈을 감소시킨다.
손가락 압박	방법	콧구멍을 집어 압력을 줌으로써 지혈한다. 엄지와 집게손가락으로 양쪽 비중격(코의 부느러운 부분)을 5~10분 압박한다. 10분 후에도 출혈이 계속되면 다시 10분간 압박한다.	
	근거	비중격을 압박하며 응괴 형성을 증진시켜 지혈을 한다.	
거즈 압박	방법	깨끗한 솜, 면구, 탈지면이나 바셀린 거즈로 두껍지 않게 말아서 코 안 비전정에 삽입하고 가볍게 압박하여 지혈시킨다. 너무 심하게 압박하면 출혈부위 주변의 비점막을 손상시키며, 5~10분 동안 탈지면을 교환하지 않는다.	
	효과	거즈의 압박으로 응괴형성을 촉진한다.	
냉찜질	방법	코 부위를 냉찜질한다.	
	효과	냉찜질은 혈관을 수축시켜 지혈시킨다.	
혈액 뱉기	방법 [공무원 23]	인두, 구강 내 혈액은 삼키지 말고 뱉는다.	
	효과	출혈량 확인	후방에서 출혈되는 코피는 혈액을 삼켜서 출혈량이 작은 것으로 간과된다. 혈액을 뱉어 출혈량을 확인한다.
		오심, 토혈	인후를 통해 위로 들어가는 경우 오심, 토혈이 유발된다.

안심	방법	불안을 감소하기 위해 대상자를 안심시킨다.
	근거	비출혈은 불안을 일으킨다.
재출혈 예방	방법	비출혈이 멎은 뒤에도 심하게 코를 풀지 않는다. 공무원 23 코로 세게 숨을 들이 마시지 않고 입으로 쉰다. 공무원 23 쿵쿵거리기, 침 뱉기, 기침, 말하기를 하지 않는다. 심한 운동을 피한다. 아스피린이나 비스테로이드성 소염제, 항혈소판제제를 사용하지 않는다. * 아스피린에서 출혈 : 항혈소판 제제로 COX-1이 매개하는 트롬복산 A_2 생성을 억제하여 혈소판 응집을 억제하여 출혈 경향이 있다.
	효과	비출혈의 유발요인은 혈액 응고를 방해한다. 비출혈의 유발요인을 피하여 재출혈을 예방한다.
의료기관	출혈 지속	30분 경과해도 출혈상태가 여전하면 의료기관으로 보낸다.
	자주 발생	비출혈이 자주 발생하고 코의 질환, 혈액질환 유무를 조사해서 원인질환 치료 위해 병원으로 후송한다.
		코의 질환 : 비중격 천공, 심하게 비중격 만곡, 비염, 급성 부비동염
		혈액 질환 : 백혈병, 혈우병, 자반증, 괴혈병

04 근골격계 손상

1 염좌

정의	염좌는 관절 부상으로 관절 주위 인대(힘줄 = 뼈와 뼈를 연결)나 인접조직이 과하게 늘어나거나 뒤틀려서 삔 것이다.	
증상	통증	관절운동 시 통증으로 관절을 사용하면 심해진다.
	압통	손상 부위를 누르면 압통이 나타난다.
	부종, 종창	손상 부위 혈관에서 출혈되면 부종 발생
	변색, 반상출혈	염좌는 관절 부위 혈관 파열을 유발하여 반상출혈로 색깔이 변할 수 있다.
	운동 제한	통증에 의해 사지 운동 장애와 관절이 느슨하여 관절가동 범위가 감소한다.

폐쇄성 연부조직 손상의 응급처치 ★ PRICE

휴식(Rest)	지혈, 부종 감소, 통증 감소
냉포(Ice)	지혈, 부종 감소, 통증 감소, 근육경련 감소
압박(Compression)	손상 방지, 지혈, 부종 감소, 통증 감소
거상(Elevation)	지혈, 부종 감소
부목(Protection, Splint)	손상 방지, 지혈, 부종 감소, 통증 감소,

응급 간호 : PRICE 방법(뼈와 관절, 근육 손상을 처치하는 PRICE법)

임용 06 / 국시 13, 14, 17

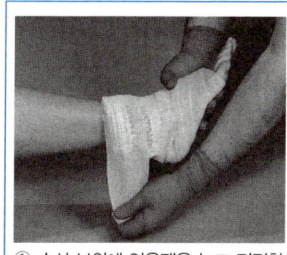
① 손상 부위에 얼음팩을 놓고 적절한 위치에서 얼음팩이 20~30분 동안 유지되도록 탄력붕대를 이용한다.

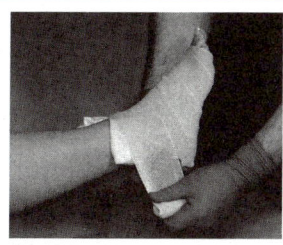
② 얼음을 제거하고 압박붕대를 사용하여 3~4시간 그대로 둔다.

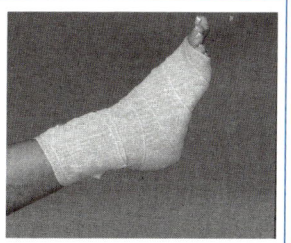
③ 가능하면 심장보다 더 높이 손상 부위를 올려놓는다.

RICE법 절차

Rest(안정)	Ice(냉찜질)	Compression(압박)	Elevation(올림, 거상)
추가손상을 방지하기 위해 활동을 최소화하고 휴식을 취함	혈관을 수축시키면 지혈의 작용이 있으며 통증을 감소시킴	통증부위에 직접 압박을 가하여 국소적 종창을 줄임	손상 부위를 심장보다 높게 올려서 부종을 감소시킴

Rest	휴식 국시 23	방법	관절을 사용하려 하거나 움직이면 증상이 심해지므로 상해 발생 상황에서 휴식과 안정을 취한다.
		근거	상해 발생 상황에서 움직이면 통증, 출혈과 다친 곳의 혈액순환이 증가되어 부종을 유발하여 조직 손상이 심화된다.
Ice	얼음찜질 국시 23	방법	피부에 얼음을 대주어 10~20분 실시한다. 조직 손상 가능성으로 30분 이상 적용하지 않는다.
		효과 임용 24 — 지혈, 부종↓	다친 곳을 차게 해주면 혈관을 수축시켜 혈류량을 감소시켜 출혈과 부종이 감소한다.
		통증↓	찬 기운은 얼얼함으로 통증 마비 효과가 있다. 냉각이 지각적으로 우세하여 통증을 감소시킨다. 신경전달속도 감소로 대뇌에 도달하는 통증을 감소시킨다.
		근육경련↓	근육에 전달되는 신경말단부 활동을 감소시켜 근육경련을 감소시킨다.
Compression	압박붕대 고정	적응증	골절, 염좌, 탈구 고정, 출혈, 상처
		상승	심장으로 정맥혈액 귀환을 돕기 위해 사지를 심장보다 높게 하고 다친 곳을 탄력붕대로 감아준다.
		방법 — 자세 공무원 22	가장 편안한 자세의 기능적인 해부학적 위치로 관절을 지지한다. 인대 및 관절근육의 긴장을 피하도록 관절을 약간 구부린 상태의 정상 체위를 유지하면서 붕대를 감는다. 붕대를 감을 때 대상자와 마주 보고 감아야 균등한 힘과 적절한 방향을 유지한다.
		패드	다친 주위를 패드, 양말, 수건으로 싸고 위에 탄력붕대를 감아주면 다친 부위에 골고루 압력을 준다. 마찰로 인해 피부가 벗겨지지 않도록 뼈 돌출부위에 패드를 넣는다.

Compression	압박붕대 고정	방법	시작 [공무원 22]	붕대는 심장의 먼 쪽에서 시작하여 가까운 쪽으로 감아간다. 탄력붕대로 감을 때는 정맥혈이 아래로 가는 것을 막기 위해, 말단쪽에서 시작한다.
			압력 [국시 23]	붕대는 부드럽고 주름이 없이 감아야 한다. 너무 느슨하면 벗겨지고, 너무 세게 감으면 혈액 흐름이 나빠져 약간의 압박을 가하면서, 알맞은 강도로 감는다. 탄력붕대를 너무 조이지 않도록 너무 꽉 감지 않는다. 너무 꽉 감으면 혈액순환을 막는다.
			순환	탄력붕대를 너무 세게 감음으로 동맥순환 저하로 창백한 피부, 냉감, 맥박 결손, 얼얼한 느낌, 통증, 마비에 바로 탄력붕대를 풀어준다. 증상이 사라질 때까지 탄력붕대를 풀었다가 약간 느슨하게 감아준다.
			손가락, 발가락 [공무원 22]	손가락, 발가락은 다친 쪽과 다치지 않은 쪽의 색깔을 비교하기 위해 붕대를 감지 않는다.
			매듭 [공무원 22]	매듭이 상처 부위에 오지 않게 한다.
		근거	관절 고정	염좌된 관절의 고정과 지지를 한다.
			손상 방지	움직임으로 인한 추가적 손상을 방지한다.
			통증 완화	압박붕대로 지지하여 상처의 안정 유지로 통증을 완화한다.
			지혈	혈관을 압박하여 출혈을 감소시킨다.
			부종 억제	근육 압박으로 정맥귀환을 좋게 하여 부종을 감소한다.
Elevation	상승 [국시 23]	방법		염좌가 발생한 즉시 환부를 심장보다 높은 곳에 위치한다.
		효과		중력의 작용으로 혈액을 아래쪽으로 가게 하여 출혈과 부종을 억제한다.
Protection	보호	방법		심한 염좌에 부목을 대준다.
		효과		부목으로 손상 부위를 부동 상태로 유지하여 움직이지 않는다. 환부를 많이 움직이면 손상 초래로 부목으로 통증, 출혈, 부종을 경감한다.

2 골절

골절 종류

폐쇄성 단순 골절	내부에 골절이 발생하여 혈관과 조직 손상으로 내부 출혈을 일으킨다. 뼈 자체만 금이 가고 피부를 찢거나 뼈가 조각나지 않는다.
개방성 복합 골절	골절로 근육과 피부에 상처가 생겨 감염과 출혈이 심하다.

골절 형태

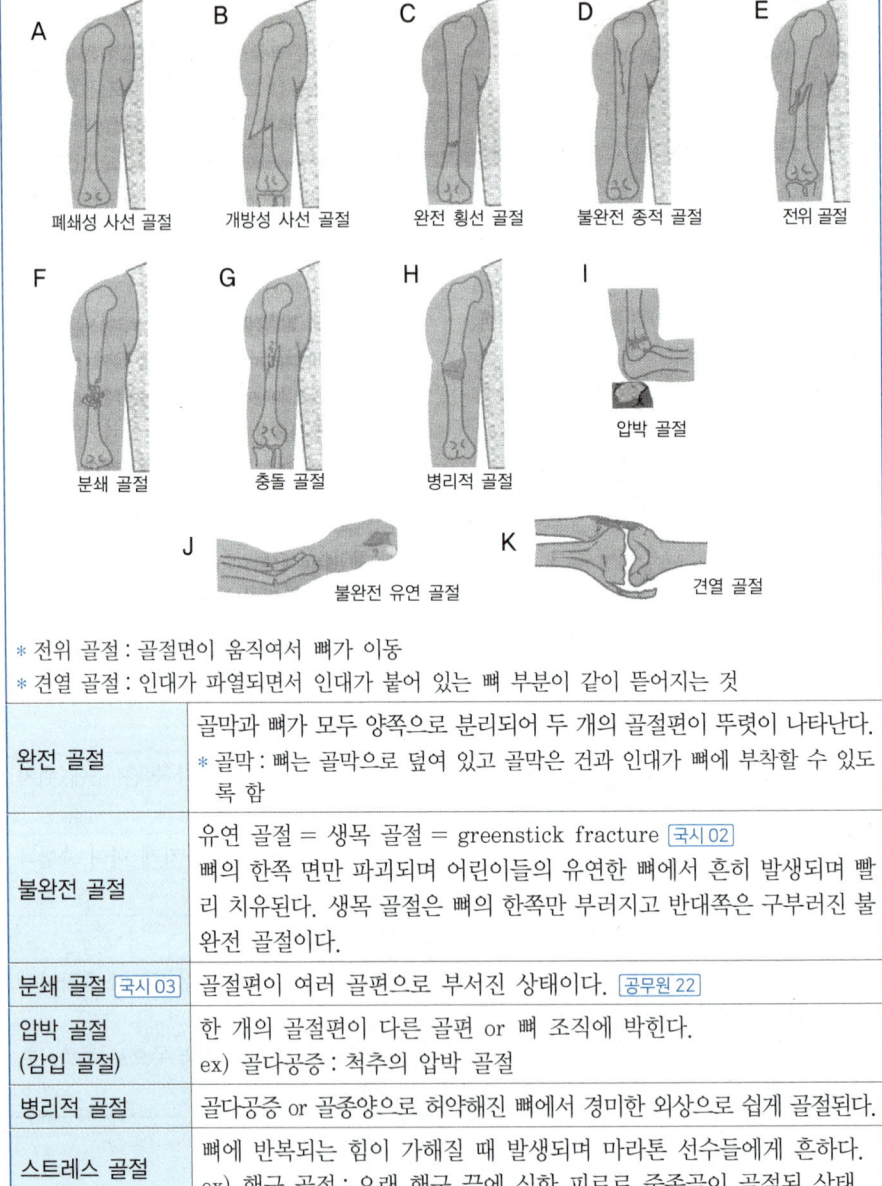

A 폐쇄성 사선 골절 B 개방성 사선 골절 C 완전 횡선 골절 D 불완전 종적 골절 E 전위 골절
F 분쇄 골절 G 충돌 골절 H 병리적 골절 I 압박 골절
J 불완전 유연 골절 K 견열 골절

* 전위 골절 : 골절면이 움직여서 뼈가 이동
* 견열 골절 : 인대가 파열되면서 인대가 붙어 있는 뼈 부분이 같이 뜯어지는 것

완전 골절	골막과 뼈가 모두 양쪽으로 분리되어 두 개의 골절편이 뚜렷이 나타난다. * 골막 : 뼈는 골막으로 덮여 있고 골막은 건과 인대가 뼈에 부착할 수 있도록 함
불완전 골절	유연 골절 = 생목 골절 = greenstick fracture [국시 02] 뼈의 한쪽 면만 파괴되며 어린이들의 유연한 뼈에서 흔히 발생되며 빨리 치유된다. 생목 골절은 뼈의 한쪽만 부러지고 반대쪽은 구부러진 불완전 골절이다.
분쇄 골절 [국시 03]	골절편이 여러 골편으로 부서진 상태이다. [공무원 22]
압박 골절 (감입 골절)	한 개의 골절편이 다른 골편 or 뼈 조직에 박힌다. ex) 골다공증 : 척추의 압박 골절
병리적 골절	골다공증 or 골종양으로 허약해진 뼈에서 경미한 외상으로 쉽게 골절된다.
스트레스 골절	뼈에 반복되는 힘이 가해질 때 발생되며 마라톤 선수들에게 흔하다. ex) 행군 골절 : 오랜 행군 끝에 심한 피로로 중족골이 골절된 상태

골절의 치유과정 국시02 ★ 혈세 가골재

cf) 상처 치유 과정 : 지혈과 염증기 – 증식기 – 재형성기

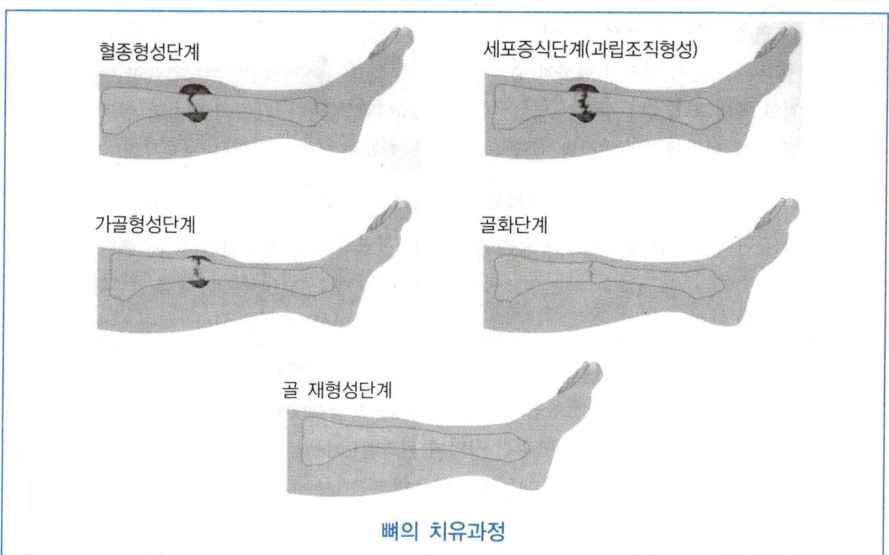

뼈의 치유과정

혈종형성단계	골절 후 즉시 그 부위에 출혈이 생기고 혈종이 형성된다. 혈종에 섬유소 그물망이 형성되어 손상받은 뼈를 둘러싼다.
세포증식단계 (육아조직단계, 과립조직형성)	2~3일 내 혈종 주변을 섬유아 세포가 둘러싸 혈종은 육아조직으로 대치된다.
가골형성단계	손상 후 6~10일 육아조직이 변화되어 가골이 형성된다. 가골은 정상적 뼈의 직경보다 넓고 크고 느슨히게 짜여진 뼈와 연골 덩어리로 일시적 부목 역할을 하나 체중부하나 긴장을 견뎌낼 만큼 강하지 않다. 가골 형성이 확인되면 골격 견인을 중단한다.
골화과정단계 임용 96	골막과 피질 사이 외가골, 피질 절편 사이 가골, 골수에 가골을 형성한다. 3~10주가 지나면서 가골은 뼈로 변화하여 진성 가골인 무기염류가 축적되어 단단히 결합된다. 진성 가골로 변화될 때 석고 붕대를 제거하고 움직임을 제한적으로 허용한다. * 피질 : 치밀골로 외층에서 밀도가 높고 조밀한 뼈 조직
골 재형성단계	가골은 점차로 진성 뼈가 되면서 강해진다. 조골세포와 파골세포의 작용에 의해 재형성되어 딱딱한 형태로 영구적 뼈가 된다.

아동기 골절 특징 국시 17

빠른 치유	빠른 골절의 치유 속도로 아동 골막은 성인에 비해 혈액 공급 풍부, 골생성이 잘 된다. * 골막 : 골막에는 신생골 형성에 관련된 골모 세포가 있다. 공무원 20
성장판 영향	성장판(골간단과 골단 사이 존재)은 외부 충격에 손상을 많이 받는 부위로 성장판 손상은 뼈의 후기 성장 방해로 영구적 기형을 유발한다. * 골간단 : 장골의 갈라진 부분으로 골간과 골단이 만나는 곳
생목 골절 (생나무 골절) 국시 02, 19, 23 공무원 23	불완전 골절로 뼈의 유연성이 있다. 강한 충격이 있을 때 충격을 분산하여 골절 증상(압통, 부종, 반상출혈, 마찰음, 변형, 가성 운동, 운동 제한)이 나타나지 않을 수 있다.
완전 골절	가장 흔한 유형이다. 골편이 분리된다.

간호사정 임용 01

통증	골절 부위의 근육경련으로 심한 통증과 움직이면 악화된다.
압통	손상 부위를 누르면 심한 통증을 호소한다.
부종	체액, 혈액이 손상 부위에 모여 부종은 골절 후 출혈에 의해 초래된다.
반상 출혈	혈관 손상으로 반상 출혈, 변색이 있다.
마찰음	안정되지 않은 골편이 부딪히는 소리, 삐걱거리는 소리가 있다.
변형	 변형된 고관절 골절이 있는 환자는 손상받은 하지가 짧아지고 외측으로 회전되어 있다. 손상되지 않은 쪽과 비교해 보면 변형은 외형상 정상적 상태가 아니다. 골절된 사지로 뼈 선열 변화와 사지가 짧아지고 각이 형성된다.
운동 제한	절룩거리거나 비정상적으로 걷는다. 손발 움직임이 현저하게 감소한다.
가성운동	관절이 아닌 부위에서 굴곡, 회전이 발생하는 가성운동이 있다.
개방성 골절	개방성 골절은 손상된 피부에서 골격이 관찰된다.
쇼크	기전	혈액상실로 쇼크를 유발한다.
	증상	체온 저하, 빠르고 얕은 호흡, 빠르고 약한 맥박, 혈압 저하 건조한 점막, 발한, 차고 축축한 피부, 창백한 피부, 손톱 부위 모세혈관 충만 시간 지연, U·O 감소, 갈증, 불안, 초조, 의식수준 저하

말초신경혈관 기능장애 위험성 R/T 말초신경혈관계의 손상 [국시 99, 02]

① 팔에서 확인 : 순환기능 – 손목의 맥박을 확인한다.

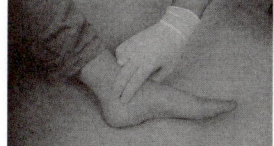
② 다리에서 확인 : 순환 – 뒤쪽 정강 뼈 맥박을 확인한다.

③ 감각 – 손가락을 눌러본다.

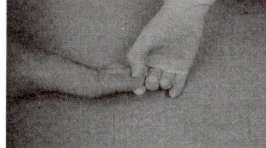
④ 감각 – 발가락을 눌러본다.

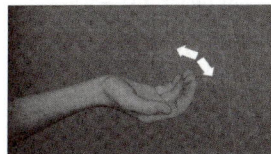
⑤ 운동 – 손가락을 움직여본다.

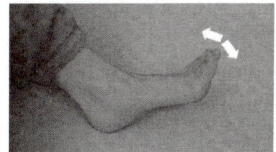
⑥ 운동 – 발가락을 움직여 본다.

팔다리의 CMS 확인

혈관계 ☆ 냉창고 통맥수 마감	창백	방법	상지, 손, 하지, 발의 피부색을 시진하여 반대편과 비교한다.
		효과	혈관 손상으로 창백하다.
	피부냉감	방법	손등으로 온감을 측정한다.
		효과	비정상적 냉감이다.
	맥박	방법	요골 맥박의 촉지 / 후경골 맥박의 촉지 사지손상 시에 순환기능에 대한 검사의 첫단계는 손상부위의 원위부에서 맥박을 감지해 보는 것이다. 손상부위 원위부에서 맥박을 감지한다. ＊긴급 환자 : 원위부에서 맥박이 촉지 안되는 골절
		효과	맥박이 없는 맥박 결손은 혈관손상이나 부종으로 혈관 압박의 폐쇄로 발생한다.
	모세혈관 충만 시간	방법	손, 발톱은 창백하게 될 때까지 누른 후 뗀 다음, 다시 혈액이 충만되는 시간을 관찰한다.
		정상	2초 이내
		비정상	2초 초과로 지연된다.
	부종	방법	양측 사지 부종을 계측한다.
		효과	손상 부위 조직, 혈관, 뼈 손상으로 부종이 있다.
신경계	원인		통증증가, 저림, 무감각은 신경혈관계 손상, 구획 증후군 증상이다.
	감각	방법	손상된 손가락, 발가락을 꼬집어 보고 그 감각을 설명하도록 한다.
		증상	감각 이상, 저린감, 얼얼한 느낌, 둔한 감각, 무감각
	통증		극심한 통증은 구획 증후군으로 빨리 보고한다.
	운동		마비에 손가락, 발가락을 움직여 보도록 한다.

응급간호 [임용 10]

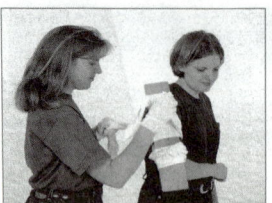 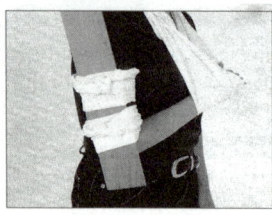 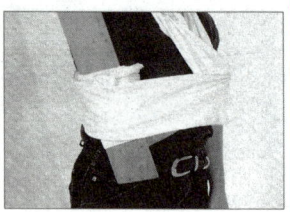

① 손상당한 팔을 조심스럽게 가슴 위로 가로질러 놓는다. 만약 가능하다면, 경성부목과 팔의 바깥 부분을 묶는다. 만약 경성부목을 사용할 수 없다면, 단계 2로 간다.

② 걸이 안으로 팔을 놓는다.

③ 붕대(접은 삼각붕대)로 팔을 가슴에 고정한다.

위팔 부목법

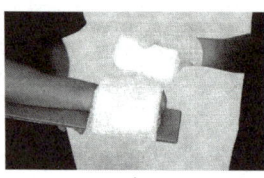 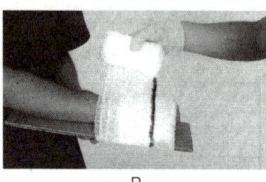 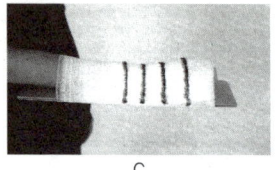

A   B   C

A. 손목, 손이나 손가락 골절에 부목을 적용한다.
B. 거즈로 된 탄력붕대를 사용한다. 팔꿈치까지 붕대를 감아준다.
C. 앞에서 감은 붕대의 반이나 3/4 정도를 겹치게 감는다.

골절 응급처치 시 주의사항

- 현장이 위험하지 않는 한 환자를 옮기지 않는다.
- 손상이 의심되면 반드시 고정뼈를 맞추려 하지 않는다.
- 개방성 골절로 인해 피부 밖으로 튀어나온 뼈 끝은 다시 넣지 않도록 하며, 감염에 주의한다.
- 손상 원위부의 순환, 감각, 운동기능(PMS)을 검사한다(고정 전, 후).
- 부목은 가볍고 단단하며 신체의 폭과 비슷하고, 한 관절 넘는 긴 길이를 사용한다.
- 고령의 환자는 주로 퇴행성 질환이나 노환으로 인한 골절로 통증이 적을 수 있다. 이럴 경우 환자의 안위에 중점을 둔다(덜 적극적인 처치).

감염 위험성 R/T 연조직 손상, 뼈의 손상

멸균 거즈	방법	개방성 골절 부위 상처와 노출된 뼈를 멸균 거즈를 말아서 뼈 주위에 대고 상처를 덮는다.
	효과	상처를 덮어서 옮겨야 뼈와 연조직 상처의 감염과 오염을 최소화한다.
패드	방법	패드를 두껍게 덧대고 튀어나온 뼈에 압력을 주지 않는다.
	효과	뼈에 압력으로 인한 손상을 방지한다.
압박과 압박 제한 [국시 22]	방법	골절 부위 상부 혈관을 압박하여 지혈한다. 혈관 손상으로 출혈이 있을 경우 출혈 부위에 소독거즈, 깨끗한 천을 대고 직접 압박하여 지혈한다. 튀어나온 뼈끝에 손상 위험으로 직접 압박하지 않는다.
	효과	출혈 부위에 압박으로 응괴형성을 도와 지혈시킨다.
밀어 넣기 제한	방법	개방골절에 노출된 뼈, 연조직을 그대로 두고 돌출된 뼈를 밀어 넣지 않는다.
	효과	개방골절은 뼈와 연조직 손상과 관련된 감염, 골수염, 파상풍 위험이 있다. 돌출된 뼈를 밀어 넣음으로 손상이 유발될 수 있다.
압박붕대 (Compression)	방법	멸균 거즈와 패드 위로 견고히 부착되도록 탄력붕대로 감는다.
	효과 — 고정	압박붕대로 골절된 뼈와 멸균 거즈와 패드의 고정과 지지를 한다.
	효과 — 손상 방지	움직임으로 인한 추가적 손상을 방지한다.
	효과 — 통증 완화	압박붕대로 지지하여 상처의 안정 유지로 통증을 완화시킨다.
	효과 — 지혈	혈관을 압박하여 출혈을 감소시킨다.
	효과 — 부종 억제	근육 압박으로 정맥혈액 귀환을 좋게 하여 부종을 감소한다.

손상 위험성 R/T 골절 부위의 연조직 손상 [국시 10]

옷 제거	방법	상처 부위에 꼭 끼는 옷을 입고 있으면 가위로 잘라서 벗긴다. ex) 옷 제거 : 출혈, 상처, 골절
	효과	골절이 의심되는 부위의 의복을 모두 제거하여 부종, 반상출혈, 변형, 개방창을 관찰한다.
휴식(Rest)	방법	환부는 부목을 대기 전에 절대 움직이지 않는다. 운송 시 손상 부위가 움직이지 않게 한다.
	효과	움직임으로 인한 연조직, 신경, 혈관 손상을 방지한다. 환부를 많이 움직이면 연조직, 신경, 혈관 손상을 초래하여 통증을 일으킨다.

부복고정 (Protection)	방법	드레싱 국시 14	부목을 사용하기 전 개방 상처 부위에 멸균 드레싱을 덮는다. 개방된 상처는 부목을 대기 전 깨끗하게 드레싱하여 상처를 덮어서 옮겨야 감염을 예방한다. 부목은 개방 상처의 반대편에 대어준다.
		패드	신체의 접히는 부분(관절)과 부목 접착면에 솜, 패드를 밑에 대고 고정시킨다.
		즉시	골절, 탈구가 있을 때 이동하기 전 발견한 즉시 부목으로 고정시킨다.
		움직임 최소화	2명 응급처치자가 있다면 한 명은 손상된 곳을 지지해주어 부목을 완전히 댈 때까지 팔다리 움직임을 최소화한다.
		견인	손상으로 변형된 사지를 축에 평행하게 견인을 시행한다. 부러진 사지가 굽어져 고정하기 어려우면 바로 펴기 위해 조심스럽게 견인한다. 심하게 변형된 골절 시 원위부를 조심스럽게 견인하여 부목에 잘 맞도록 사지를 일직선으로 맞춘다. 변형된 사지가 일직선으로 잘 펴지지 않으면 변형된 위치 그대로 고정한다. 공무원 22 올바른 사지 정렬은 환자를 편안하게 하고 하지의 추가 손상을 줄인다. * 경추 손상 : 목이 전후, 좌우로 구부러진 경우 머리와 몸체를 정중 축에 평행한 일직선 위치로 기도 유지. 통증 증가나 심한 저항에 견인을 시행하지 않고 경부는 변형된 자세 고정
		정복제한	골절 부위가 겹쳐 있을 때 그 각도를 곧게 펴려고 하지 말고 있는 그대로(대상자가 취한 자세로 고정) 지지한다. 골절 부위의 과도한 움직임이나 조작은 피한다. 변형된 사지는 정복하려 시도하지 않는다. 튀어나온 뼈를 제자리로 밀어 넣지 않는다. 골절 부위를 잡아당기지 않는다. 골편을 제거하지 않는다. 무리하게 정복을 시도하다 인대나 근육 손상을 심각하게 하고 통증을 준다.

부목고정 (Protection)	방법	넓고 긴 부목	부목은 골절 부위보다 넓고 긴 것으로 신체의 폭과 비슷하고 가볍고 단단한 것을 사용한다.
		체간	부목 사용 시 체간(몸의 중추 부분)과 함께 골절 부위의 위, 아래 관절을 함께 고정하여 움직이지 않도록 한다.
		묶기	붕대나 삼각건으로 부목을 댄 부위를 감아 고정한다. 손상된 부위 바로 위에 묶지 않는다.
		손가락과 발가락	부목을 단단하게 대어주되 부목을 댄 후 손가락과 발가락을 노출시킨다.
		신경혈관	골절 원위부에서 맥박, 감각, 운동을 주기적으로 확인하여 이상이 있는 경우 부목을 약간 느슨하게 한다.
	효과 임용 06	손상×	부러진 뼈 끝이 움직이지 않도록 한다. 골절된 뼈가 많이 움직임으로 관절, 근육, 연조직, 신경, 혈관 손상에 의한 통증, 출혈, 부종을 경감한다.
		개방성 골절	폐쇄성 골절이 개방성 골절로 악화되는 것을 막는다.
		쇼크 예방	움직이지 않도록 하여 출혈 감소로 쇼크를 예방한다. 뼈에는 혈관이 많기 때문에 외상 결과로 많은 양의 혈액 소실로 쇼크가 발생된다.
		지방 색전증×	부목 고정으로 골절부위 골수의 지방조직이 혈관으로 유입되지 않아 지방색전증을 예방한다.
상승 (Elevation)	방법		부목으로 고정 후 환부를 심장보다 높은 곳으로 상승시킨다.
	효과		중력 작용으로 혈액을 아래쪽으로 가게 하여 출혈, 부종을 억제한다.
얼음찜질 (Ice)	방법		얼음을 대주어 10~20분 동안 실시하며 조직 손상 위험으로 30분 이상 적용하지 않는다. 얼음은 피부에 직접 닿지 않도록 한다.
	효과	통증 감소	찬 기운은 얼얼함으로 통증 마비 효과가 있다. 냉각이 지각적으로 우세하여 통증을 감소시킨다. 신경전달속도 감소로 대뇌에 도달하는 통증을 감소시킨다.
		근육경련 감소	근육에 전달되는 신경말단부 활동 감소로 근육경련 감소로 통증을 감소시킨다.
		출혈, 부종 감소	다친 곳을 차게 해주면 혈관을 수축시켜 혈류량을 감소시켜 출혈, 부종을 감소시킨다.
보온	방법		편안하고 따뜻한 상태로 보온한다.
	효과		골절로 인한 쇼크로 차고 축축한 피부에 보온시킨다.
후송	방법		손상 부위를 움직이지 않고 후송시킨다.
	효과		손상 후 6시간 내 깨끗하게 봉합되나 24시간 이상 지연되면 개방 치료를 해야 한다. cf) 상처 치료 : 4시간 이상 치료가 지연되면 감염 위험 증가

합병증

신경혈관 손상	기전	신경 혈관 손상은 날카로운 골절편에 의한 손상이나 석고나 부목, 압박붕대의 압력으로 발생한다.
	증상	창백증, 냉감, 무맥, 부종, 무감각, 통증, 마비
	간호	석고붕대를 풀거나 부목 제거
쇼크	기전	뼈에는 혈관이 많기 때문에 외상 결과로 혈액 소실, 쇼크를 일으킨다. 개방 골절은 폐쇄성 골절보다 출혈량이 많다.
	예방	적절한 부목을 제공하여 더 이상 손상받지 않도록 한다.
지방색전증 [국시 98]	기전	골절 부위의 골수 안 지방조직에서 유리되어 혈관으로 지방조직이 유입된 결과로 지방색전증이 발생한다.
	증상 [국시 01, 06]	뇌색전증: 뇌색전증으로 어지러움, 혼돈, 섬망, 혼수
		폐색전증: 빈호흡, 호흡곤란, 빈맥, 흉통, 천명음, 기침, 다량의 흰색 객담, 객혈, 청색증
		신장색전: 색전이 신장에 이르면 소변에서 유리 지방산 검출, 옆구리 통증, 서혜부로 방사통 **감염성 심내막염** 색전 : 뇌경색, 폐색전, 비장경색, 신장경색, 혈관색전
		혈관색전: 결막, 구강 점막, 경구개, 가슴에 혈관 색전에 의한 점막, 피부 출혈
	예방 [국시 04]	부목으로 골절부의 부동화로 자세를 고정시키는 동안 골절된 뼈를 적절하게 지지한다. 최소한의 골절 처치
구획증후군	※ '석고붕대 합병증' 참조	

3 절단된 부위

절단된 손가락의 응급간호 [임용 11]

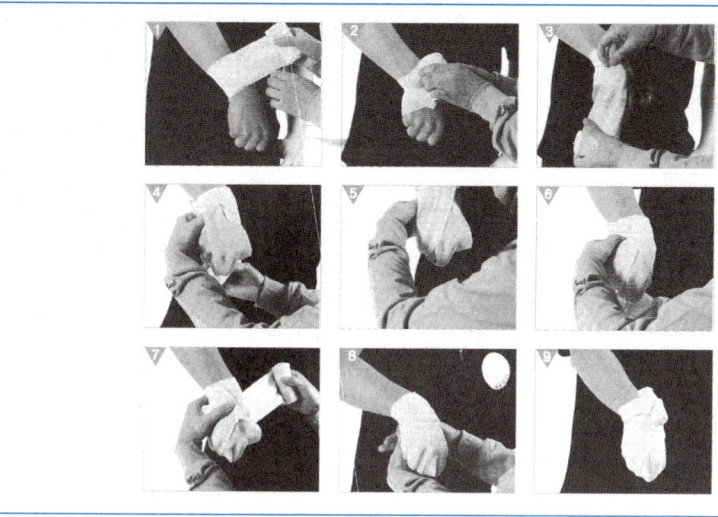

지혈도모	직접 압박	방법	절단 부위의 오염 물질을 제거하고 출혈 부위에 소독 거즈, 깨끗한 천을 대고 직접 압박한다. 처음 덮었던 천을 떼어내지 않고 천이 피를 빨아들이면 그 위에 다른 천을 덮는다.
		효과	직접 압박으로 응괴작용을 도와 지혈을 도모한다. 이미 형성된 응괴를 떨어지게 할 수 있어 피를 빨아들인 천을 제거해서는 안 된다.
	국소 거양법(e)	방법	출혈 부위를 심장보다 높게 상승한다.
		효과	중력 영향으로 손상된 팔다리로 혈액이 흐르는 것을 어렵게 하여 출혈↓
	간접 압박 (지혈점 압박)	방법	출혈 부위로 흘러나오는 손상된 곳과 심장 사이 동맥 근위부의 지혈점을 손가락이나 손으로 눌러 압박한다.
		효과	출혈 부위의 지혈점 압박으로 지혈을 도모한다.
지혈대×		방법	절단된 손가락의 출혈 조절 위해 지혈대를 대서는 안 된다.
		효과	지혈대는 재접합술에 필요한 조직, 혈관, 신경이 파괴된다.
압박붕대 고정(C)		방법	상처 부위에 멸균거즈, 청결한 천을 대고, 그 위에 붕대를 감는다. 절단 부위 전후 좌우로 회귀하는 회귀붕대와 절단된 부위 위에 두 번 정도 덧감는 환행대로 고정한다. ＊ 환행대 : 동일 부분을 여러번 감는 방법
	효과	고정	상처를 댄 멸균 드레싱이 제자리에 놓이도록 잡아주어 고정한다.
		손상 방지	움직임으로 인한 추가적 손상을 방지한다.

압박붕대 고정(C)	효과	지혈	혈관 압박으로 출혈을 감소시킨다. 부상당한 사지를 움직이지 않게 하여 혈액손실을 감소시킨다.
		통증 완화	압박붕대로 지지하여 상처의 안정 유지로 통증 완화
절단 부분	방법		모든 절단된 조직, 신체를 찾아 이름, 날짜, 시간이 적힌 라벨을 붙이고 아동과 함께 즉시 수지접합수술이 가능한 병원에 이송한다.
	효과		병원에서 절단된 부위를 재접합(접합과 이식)한다.
씻기	방법		절단된 부위를 생리식염수나 흐르는 물에 가볍게 씻어준다.
멸균 거즈	방법		생리식염수나 깨끗한 물에 멸균 거즈를 적셔 꽉 짠 거즈에 절단된 조직을 감싸면 건조와 감염을 예방한다. 절단 부위를 물기가 흐르는 젖은 거즈에 싸면 안 된다. 또는 절단된 조직은 건조한 멸균 거즈나 깨끗한 천으로 싼다.
	효과		젖은 물질에 싸 놓으면 조직이 물에 젖어 부드러워지므로 접합이 어려워진다.
비닐 주머니	방법		거즈에 싼 부위는 비닐 주머니나 플라스틱 주머니에 넣어 보관하며 비닐이나 플라스틱 주머니는 외부로부터 물이 스며들지 않도록 한다.
얼음물(I)	방법		절단된 조직을 담은 주머니를 얼음물(얼음)이 담긴 비닐 주머니에 넣는다. 주머니를 얼음물(얼음)에 넣으면 조직의 괴사가 거의 없으므로 접합술의 성공률이 높다. 절단부는 차게 하고 얼리지 않는다. 절단된 신체 일부가 얼음이나 물에 직접 닿지 않도록 한다. 얼음 속에 넣으면 조직이 얼어서 괴사한다.
	근거		온도를 낮추는 것이 보존에 도움이 된다. 절단된 부위가 얼게 되면 접합할 수 없다.

CHAPTER 05 손상

1 폐쇄성 기흉

원인	원발성 자연기흉	외상 없이 늑막강 내 공기 축적이다. 선천적 허약으로 공기가 폐에서 늑막강으로 누출된다.
	이차성 자연기흉	COPD, 천식, 폐렴 같은 폐질환 결과로 발생한다.
	비관통 외상	비관통 외상 시 늑골 골편이 폐를 찌름
병태생리 임용 13, 19 국시 01	\<혈흉\> 혈액으로 충만된 흉막강(혈흉) / 벽측 흉막 / 창상 부위 / 장기 늑막 / 허탈된 폐 / 혈흉 / 폐 / 심장 \<혈흉과 기흉\> 흉막강 내 공기(기흉) / 창상 부위 / 흉막강 내 혈액(혈흉) 혈흉은 흉강 내로 혈액이 유입되는 손상이다.	
흉강에는 음압이 있어 폐의 탄력성과 균형을 이룬다. 기흉으로 흉막강 내 공기가 축적되어 음압을 유지가 되지 못해 흉강내압이 대기압과 동일해지면 폐가 허탈된다. * 허탈 : 탄력이 떨어져 폐가 확장되거나 편평해짐		

증상 국시 00, 03 07, 13	통증 임용 19	흡기 시 급작스럽고 날카로운 통증 깊은 흡기 시 갑작스러운 압력으로 공기로 차 있는 허파꽈리가 파열되어 흉막강 내 공기가 축적되어 벽측 흉막의 통증 감수체를 자극하여 통증이 생긴다.
	호흡곤란	힘이 많이 드는 가쁜 숨, 얕고 빠른 호흡, 호흡곤란, 흉부압박감
	기침	
	창백	저산소증으로 창백 or 청색증
	교감신경계	약하고 빠른 맥박, 발한, 불안, 초조
	촉진	촉각 진탕음 소실
	타진 국시 19	타진 시 공기가 폐에서 늑막강으로 누출되어 병소 흉부의 과공명음 <table><tr><th>강도</th><th>높이</th><th>지속시간</th><th>비정상 소견</th></tr><tr><td>매우 강함</td><td>매우 낮음</td><td>매우 길다</td><td>폐기종, 기흉</td></tr></table>
	청진	호흡음 감소 or 소실, 병소 있는 흉부의 움직임 손실
간호	산소 투여	산소를 투여하면 흉막강 내 공기가 점차 흡수
	흉관 삽입 국시 21	심한 기흉은 흉관을 삽입하여 밀봉배액을 하여 공기를 제거하고 폐를 재팽창시킨다. 밀봉 배액 중인 환자의 흉관이 몸에서 완전히 빠졌을 때 개구부를 막는다.
	제한	자연 기흉 병력 환자는 스쿠버 다이빙을 피하고, 대기압이 낮은 높은 고도에서 비행기를 타지 않는다.

2 개방성 기흉

| 정의 | 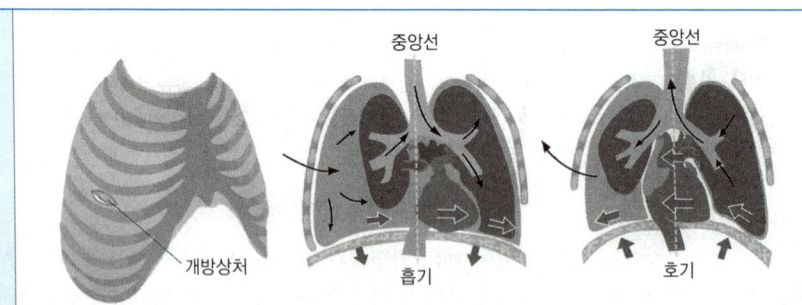
화살표는 공기의 움직임이고 굵은 화살표는 구조물의 움직임이다.
개방성 기흉
외상에 의해 흉벽에 구멍이 생겨 흉벽 상처로 대기의 공기가 흉곽 안 늑막강 내로 공기가 들어가 호흡 운동에 따라 공기가 상처를 통해 늑막강 안과 밖으로 들어갔다 나왔다 하며 늑막 내압이 상승하여 폐의 일부분 or 전체가 허탈된다.
개방성 흉부 손상 중증 분류체계(triage)의 긴급 환자로 생명을 위협하는 응급 상태 |

증상		
		흉통, 호흡곤란, 빈맥
	청색증	저산소혈증, 청색증
	흡인음	상처 가까이에서 흡인음이 들린다.
	과공명음	손상된 흉곽에서 과공명음
	기관	흡기 시 기관이 침범되지 않은 쪽으로 이동하고 호기 시 기관이 중앙으로 이동
	피하기종	기도, 폐 손상으로 흡입된 공기가 목과 가슴의 피하조직으로 들어가 피하기종(피부 밑 공기증) 피하기종은 자연 흡수되며 촉진하면 셀로판을 비비는 것 같은 염발음
간호 국시 13 ★ 개방성 기흉 환자가 호즉삼이다	호기 후 압박	숨을 들이마시게 한 후 충분히 숨을 내쉰 호기 직후 상처를 막아 공기가 흉강 내로 들어가지 않게 한다. 상처를 막을 때 반드시 숨을 모두 내쉰 다음 막는다.
	즉시 압박	ABC's를 우선적으로 확인하고 환자를 안정시킨다. 손상부위를 드레싱한다. 거즈의 한쪽 면은 들어간 공기가 나올 수 있도록 막지 않고 3면만 밀폐시킨다(3면 드레싱). 개방성 상처는 어떤 것이든지 즉시 그 상처를 안전하게 덮어준다. 흉부의 개방창을 막을 만한 적당한 것이 없을 때 우선 손바닥으로라도 막는다. 소독된 거즈를 찾기 위해 시간을 낭비하지 말고 처치자의 손, 손수건, 타올, 스카프, 식품포장용 랩, 깨끗한 비닐봉투로 흉부 개방창을 막아 압박한다. 적합한 드레싱 기구(vaseline, 거즈)가 준비됐을 때 단단히 드레싱한 후 넓은 테이프로 고정한다.
	3면 드레싱	거즈의 한쪽 면은 들어간 공기가 나올 수 있도록 막지 않고 3면만 밀폐시킨다(3면 드레싱). 외부 공기가 흉강 안으로 진입하는 것을 드레싱이 막고 호기 시에는 열린 면으로 흉강 내 공기가 유출된다.
	긴장성 기흉 관찰	환자 상태가 좋지 않으면 드레싱이 긴장성 기흉을 초래한 것인지 확인한다. 긴장성 기흉 증상, 종격동 변위 증상 관찰로 흉막강 내로 공기가 들어가기만 하고 나가지 못하는 긴장성 기흉은 위험하다. 막고 있을 때 호흡 상태가 나빠지면 공기가 나가도록 터준 후 다시 막는다.

3 긴장성 기흉

정의	긴장성 기흉은 공기가 흉강 내에 계속 축적되면서, 주위 장기(심장, 폐, 횡격막, 종격동 등)를 상당한 압력으로 압박하는 것이다. 손상된 폐조직을 통하여 흡기 시 흉막강 내로 공기가 들어가지만 호기 시 나오지 못하는 심한 기흉이다. 숨 쉴 때마다 공기가 흉강 내 계속 축적되면서 주위 장기인 종격동, 폐, 심장, 대혈관, 횡격막을 압박한다. 병소 쪽 폐는 허탈되고 대혈관을 눌러서 심장으로 돌아오는 혈류 장애를 이끈다. 종격동 변위는 건강한 폐를 압박하여 환기를 감소시킨다. * 중증 분류 체계에서 긴급 환자 : 긴장성 기흉	
원인	폐쇄성 기흉, 개방성 기흉 합병증	
증상 국시 10, 12	심한 흉통	
	호흡곤란	심한 호흡곤란, 무호흡
	청색증	늑간 퇴축, 비공 확장
	교감신경계	안절부절, 흥분, 빈맥
	흉곽의 비대칭	흡기 시 손상되지 않은 폐가 움직이고 난 후 손상된 쪽이 서서히 움직이거나 전혀 움직이지 않는 비대칭적 흉곽운동
	피하기종	
	타진	손상된 쪽 흉곽 타진 시 과공명음(공기가 폐에서 늑막강으로 누출)
	청진	손상된 쪽 호흡상실, 폐음 감소
	저혈압	심장으로 돌아오는 피가 적어 C.O 감소, 약한 심음, 저혈압
	경정맥 팽창 임용 19	공기가 흉강 내 축적하여 대정맥과 심장이 압박되어 심장으로 정맥 환류를 방해하여 경정맥이 팽대된다.
	폐쇄성 쇼크	긴장성 기흉, 혈흉, 심장압전에 의하여 이완기 오른쪽 심방 압력의 증가에 의한다. 정맥 혈류가 심장 내로 들어가지 못하여 심박출량 저하로 쇼크가 발생한다.

증상	종격동 변위	종격동은 건강한 쪽으로 변위, 후두, 기관의 변위 * 종격동 : 심장, 식도, 기관을 포함하는 폐 사이 공간
[국시 10, 12]	PMI 변위	중앙쇄골선과 좌측 5번째 늑간이 만나는 부위에서 최대박동이 나타나는 위치
흉부 X-선 촬영 [임용 19]		흉부 X-선 촬영에서 흉막강 내 공기가 있고 폐가 허탈되고 폐의 용적이 감소되며 손상되지 않은 쪽으로 종격동과 기관이 변위된다.
간호		※ '개방성 기흉' 참조

4 늑골 골절

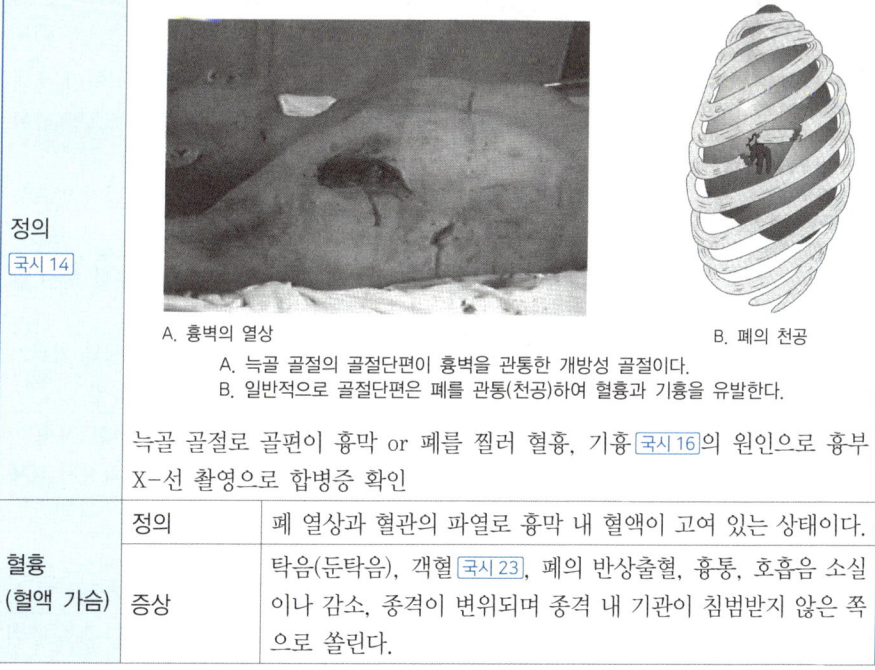

A. 흉벽의 열상   B. 폐의 천공
A. 늑골 골절의 골절단편이 흉벽을 관통한 개방성 골절이다.
B. 일반적으로 골절단편은 폐를 관통(천공)하여 혈흉과 기흉을 유발한다.

정의 [국시 14]		늑골 골절로 골편이 흉막 or 폐를 찔러 혈흉, 기흉 [국시 16]의 원인으로 흉부 X-선 촬영으로 합병증 확인
혈흉 (혈액 가슴)	정의	폐 열상과 혈관의 파열로 흉막 내 혈액이 고여 있는 상태이다.
	증상	탁음(둔탁음), 객혈 [국시 23], 폐의 반상출혈, 흉통, 호흡음 소실이나 감소, 종격이 변위되며 종격 내 기관이 침범받지 않은 쪽으로 쏠린다.

증상 [국시 12]	염발음	염발음은 골절된 부분이 호흡할 때 나는 소리
	흡기 시 통증	흡기 시 통증은 늑골 골절의 첫 번째 증상 갈비뼈가 부러지면 늑간 신경을 자극하여 숨을 쉬거나 기침을 하거나 움직일 때 통증이 있다. * 늑간 신경 : 제1흉추 신경에서 제12흉추 신경으로 구성 ex) 폐쇄성 기흉 : 흡기 시 급작스럽고 날카로운 통증
	얕은 호흡	통증으로 얕은 호흡
	무기폐, 폐렴	통증으로 숨을 얕게 쉬고 기침을 하지 않아 분비물 정체 * 무기폐 : 폐의 일부 또는 전부가 허탈되어 공기가 없거나 줄어든 상태, 기관지 분비물에 의한 기도 폐색으로 폐 환기가 감소하여 말초기도에 남겨진 가스가 폐모세혈관에 흡수되어 폐가 허탈된다.
	선홍색 객담	폐가 손상되면 선홍색 객담
	피하기종	늑골 골절에 의해 기도, 폐 손상으로 공기가 목과 가슴 피하조직으로 들어가 촉진으로 셀로판을 비비는 소리
간호 [국시 04]	삼각건 붕대	삼각건을 이용하여 늑골 골절을 지지해 준다. 상지를 늑골 골절 부위에 고정함으로, 상지가 일종의 부목역할을 수행한다. 다친 부위에 푹신한 베개, 부드러운 물건을 대어 삼각건 붕대로 고정시키거나 베개 대신 팔을 이용하여 함께 묶으면 팔이 부목역할로 갈비뼈가 움직이지 않도록 고정한다. 삼각건을 세게 묶지 않도록 하여 흉벽 운동이 방해받지 않도록 한다.
	탄력붕대 제한	내장손상이 없을 때 탄력붕대, 반창고, 흉대로 흉부를 묶지 않는다. 심호흡과 흉곽의 움직임을 제한하여 환기 장애 발생과 기관지 분비물이 적절하게 배출하지 않아 폐렴, 무기폐 유발
	Fowler 체위	Fowler 체위나 semi-Fowler 체위, 호흡하기 편안한 자세 Fowler 체위는 횡격막의 하강으로 폐가 최적으로 확장된 자세이다.
	심호흡과 기침	심호흡과 기침을 자주 하고 체위를 자주 변경 깊게 숨을 쉬고 기침으로 폐렴, 무기폐가 생기지 않도록 한다.
	가슴 지지	심호흡이나 기침을 할 때 손상 부위를 손으로 지지, 흉부 주위를 감싸주거나, 가슴을 가만히 눌러주어 편안하게 호흡한다.

5 연가양 흉곽(동요가슴, flail chest)

정의		다발성 늑골 골절로 역행성 호흡운동이다. 중증 분류 체계에서 긴급 환자 : 연가양 흉곽
병태생리	흉곽 손상	연가양 흉곽의 역리운동 (흡기 / 호기) 흉곽 외상에 따른 복합적 늑골 골절의 중증 손상으로 기흉, 혈흉, 혈기흉을 동반한다. 흉곽 뼈가 서로 연결되지 못하는 다발성 늑골 골절로 흉벽이 불안정하여 정상에서 흡기 시 폐가 이완되고 호기 시 폐가 수축하는 흉곽의 정상 움직임이 방해를 받는다.
	흉곽의 역리운동	역행성 호흡 운동으로 정상 호흡과 반대로 움직여 흡기 시 폐가 수축하여 안으로 들어가고, 호기 시 폐가 이완으로 흉곽이 밖으로 부풀어 나오는 역리운동은 환기를 감소시켜 저산소증, 고탄산증, 호흡부전을 초래한다.
증상	흉통	흉부의 심한 통증으로 제한된 호흡 & 비효과적 기침
	역행성 호흡	흉곽의 역리운동, 감소된 호흡음
	호흡곤란	얕고 빠른 호흡, 호흡곤란, 호흡성 산증, 고탄산증, 청색증
	빈맥, 저혈압	기흉, 혈흉으로 종격동 변위는 건강한 폐를 압박하여 환기를 감소시키고 대혈관을 눌러서 심장으로 돌아오는 혈류 장애를 이끈다.
	흉곽 변형, 피하기종, 쇼크	
간호	압박 드레싱	연가양 분절을 손바닥으로 지지해 주고 손상된 쪽에 모래주머니나 압박 드레싱을 대어 준다. 손상된 쪽으로 환자를 눕혀 외부 고정으로 호흡을 편하게 할 수 있다. cf) 늑골 골절 : 삼각건을 세게 묶지 않도록 하여 흉벽의 운동이 방해 받지 않도록 한다. 탄력붕대, 반창고, 흉대로 흉부를 묶지 않는다.
	Fowler 체위	Fowler 체위나 semi-Fowler 체위 Fowler 체위는 폐가 최적으로 확장된 자세이다.
	심호흡과 기침	심호흡과 기침을 자주 하고 체위를 자주 변경한다. 깊게 숨을 쉬도록 하고 기침을 해서 폐렴, 무기폐가 생기지 않도록 한다.

6 안구 이물

증상

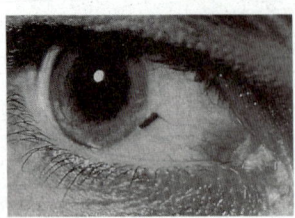

각막에 위치한 작은 이물질은 눈물의 분비를 촉진하고, 발적과 함께 심한 이물감을 일으킨다.

눈에 무엇인가 있는 느낌, 흐릿한 시력, 각막의 상피세포가 손상되면 통증, 눈물 흘림 & 수명, 각막 or 결막에 이물질이 보이지 않으면 눈꺼풀을 뒤집어 본다.

각막과 결막, 하안검의 이물 국시 05

눈을 열어 젖혀 이물질을 확인한다.

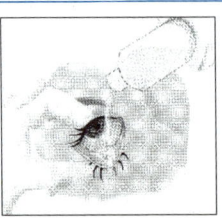
따뜻한 물로 씻어내어(물흘림) 이물질을 제거한다.

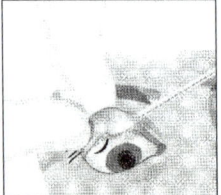
물로 씻어지지 않을 경우 면봉 등으로 제거한다.

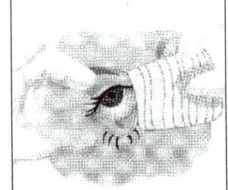
젖은 거즈나 깨끗한 천으로 제거한다.

이물질 응급처치 시 주의사항

생리식염수로 지속적인 세척을 하면 작은 입자도 씻어낼 수 있다. 하지만 마찰을 만들 경우 결막이나 각막에 미세한 상처를 줄 수 있기에 무리한 세척은 눈의 악화를 만들 수 있다.

비비지 않기	눈을 비벼 이물을 제거하려 하지 않는다. 이물질을 제거하려고 눈을 비비면 각막이나 결막 표면에 상처를 낼 수 있다.
눈물	눈을 감아 눈물과 함께 먼지가 흘러나오게 한다.
면봉	생리식염수로 적신 면봉 끝이나 젖은 거즈나 깨끗한 천으로 주의 깊게 제거한다.
생리식염수	눈을 열어 미지근한 생리식염수로 눈을 씻어내어 이물질을 제거한다.
안과	각막 이물이 제거되지 않으면 안과에서 제거한다.

상안검 이물

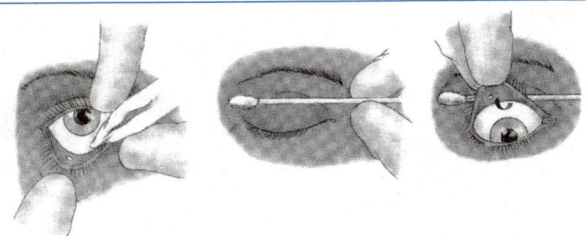

눈에 들어간 이물질을 제거한다.

아랫눈꺼풀 : 만약 눈물이 흘러 부드럽게 세척이 되면 이물질을 제거하려고 하지 않는다. 부드럽게 아랫눈꺼풀을 아래로 잡아당긴다. 미지근한 물로 부드럽게 씻어내면서 이물질을 제거하거나 젖은 멸균 거즈를 이용해 이물질을 제거한다.

윗눈꺼풀 1 : 환자에게 아래를 쳐다보도록 한다. 위속눈썹을 부드럽게 밑으로 잡아당긴다. 윗눈꺼풀의 겉에 면봉을 그림과 같이 올려놓는다.

윗눈꺼풀 2 : 면봉 위로 눈꺼풀을 뒤로 젖힌다. 이물질이 발견되면 젖은 멸균거즈나 미지근한 물로 씻어낸다.

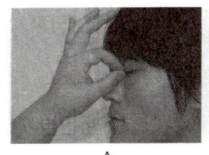	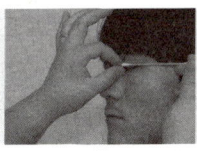	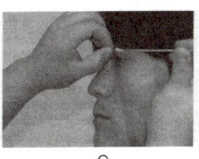	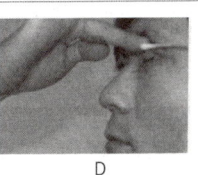
A	B	C	D

A. 엄지와 검지로 상안검의 측면이나 속눈썹을 잡고 안구에서 분리되도록 천천히 잡아당기는 동안 환자는 아래쪽을 보게 한다.
B. 면봉은 상안검 외표면의 중앙을 따라 수평으로 둔다.
C. 안검을 앞쪽과 위쪽 방향으로 잡아당기거나 면봉으로 안검을 뒤로 말거나 접어 올려서 안검의 하부표면을 노출시킨다.
D. 만약 이물질이 발견되면 생리식염수로 적셔진 소독 면봉으로 부드럽게 제거한다.

상안검 아래에 위치한 이물질 제거

상안검 잡기	엄지와 검지로 상안검을 안구에서 분리되도록 천천히 밑으로 잡아당기는 동안 환자는 아래쪽을 본다.
면봉	면봉은 상안검 외표면 중앙을 따라 수평으로 둔다.
노출	면봉 위로 안검을 뒤로 젖혀 안검 하부 표면을 노출시킨다.
제거	이물질이 발견되면 생리식염수로 적신 면봉으로 부드럽게 제거한다.

각막외상 검사 임용 09

방법	플루오레세인 형광 염료를 떨어 뜨려 각막을 염색하여 평가한다.
외상	외상 시 녹색

7 전방출혈

정의	전방으로 출혈되어 홍채의 일부, 전체가 불명확해지는 상태 * 전방 : 각막과 홍채 사이 A. 눈의 둔상은 홍채의 앞에 있는 전방에 혈액이 축적되는 전방출혈을 일으킨다. B. 눈에 둔상이 있는 환자는 안구보호대를 착용시킨다. C. 반대쪽의 안구운동을 최소화하기 위해서 양쪽 눈을 모두 가린다.	
원인	눈의 충격, 관통상에 의한 출혈	
증상	최근 눈손상 기왕력, 전방에 혈액이 차 있음. 눈부심, 시력 장애, 부유물, 과도한 눈물, 전방출혈이 많으면 동공폐쇄, 시력저하, 통증 & 수명	
간호 임용 96	semi-Folwer	semi-Folwer 자세로 침상 안정한다. 전방출혈을 각막의 시각적 중심으로부터 떨어지도록 중력을 이용하여 전방출혈을 하전방에 국한한다.
	안정	TV 시청과 독서는 금지한다. 3~5일 동안 갑작스럽게 눈을 움직여서는 안 된다. 재출혈 시 녹내장으로 진행한다. ex) 속발성 녹내장 : 눈의 외상
	안대	쉬게 하기 위해 양쪽 안대나 눈가리개로 보호한다. 눈 깜박임, 안구 운동으로 추가적 눈 손상을 예방한다. 전방출혈 병력 아동은 운동에 눈 보호구를 사용한다.
	압박 금지	직접 압박을 가하면 손상 초래로 금지한다.
	안압 증상	혈액이 섬유주(모양주)를 막으면 안압 상승으로 외상성 녹내장 위험이 있다. 섬유주(모양주)를 확장시켜 쉴렘관으로 가서 방수를 유출시킨다. 안압이 증가하는 징후를 감시한다. 통증(방수 유출이 막히면서 안압이 올라 통증), 오심, 구토(미주 신경 자극), 두통, 안구 충혈, 시력 저하, 흐린시야, 시야 감소, 광원 주위 무지개
	의뢰	안과 전문의에게 의뢰

8 관통상

특징	조각이 눈꺼풀, 각막, 공막을 통해 눈에 들어가 안구 속, 뒤에 박힐 수 있다.
증상	눈에 통증, 갑자스럽게 맞은 느낌, 침입 상처를 볼 수 있다. 침입한 위치, 투사물이 있는 곳에 따라 시력에 영향을 준다.

간호 [임용 92 / 국시 02]

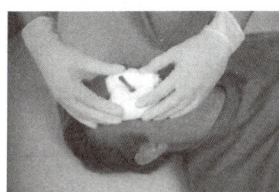 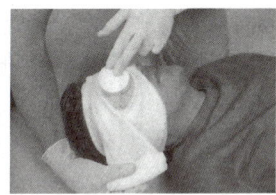 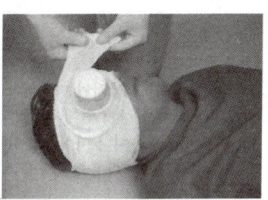

눈에 박혀 있는 기다란 물체를 움직이지 못하게 고정한다(외부의 충격으로부터 눈을 보호하기 위해 종이컵을 사용한다).

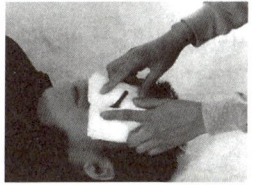 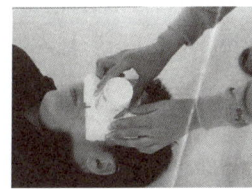 

종이컵이나 붕대로 만든 도넛 모양의 패드로 부상당한 눈을 보호한다. / 눈을 보호하면서 이물체를 움직이지 않도록 붕대를 감는다. / 다치지 않은 눈도 가려주어 안구가 움직이지 않도록 한다.

이물체 관통 시 응급처치 주의사항

추가 손상을 막기 위해 다치지 않은 눈도 가려서 다친 눈이 움직이지 않도록 한다. 환자가 앉은 상태로 발견되었다면 환자를 눕히지 않는다. 앞이 보이지 않는 환자에게 자신이 누구인지 알리고 응급처치를 시행하기 전에 시행할 응급처지에 대하여 간단하게 설명해 준다.

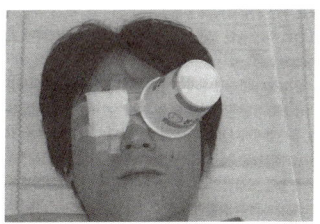

눈 안의 커다란 이물질은 그대로 두고 소독거즈와 붕대를 이용하여 고정한다. 안구의 움직임을 방지하기 위하여 손상되지 않은 눈도 덮어주어야 한다.

넓게 드레싱	방법	눈 안의 커다란 이물질은 그대로 두고 깨끗한 거즈로 이물 주위를 넓게 드레싱한다. 눈을 관통한 물체를 절대로 제거하지 않는다.
	근거	물체가 움직이지 못하도록 고정하여 이물질이 박힌 상처를 감소시킨다. 안구 이물을 제거하면 추가 손상과 출혈이 생길 수 있어 제거하지 않는다.
종이컵	방법	손상 받은 눈 위에 종이컵으로 위치시킨다.
	근거	외부 충격으로부터 눈을 보호하기 위해 종이컵을 사용한다.
붕대	방법	이물질, 드레싱, 종이컵을 붕대로 감는다.
	근거	이물질이 움직이지 않도록 하여 눈을 보호한다.
안대	방법	양쪽 눈의 움직임을 예방하기 위해 반대편 손상되지 않은 눈에도 안대를 해준다.
	근거	눈깜박임, 안구 운동으로 추가적 눈 손상을 예방한다.
안정	방법	침상을 안정하고 머리를 움직이지 못하게 한다.
	근거	움직임 감소로 추가적 눈 손상을 예방한다.
압박 금지	방법	안구에 압박이 가해지지 않는다.
	근거	눈에 직접 압박을 가하면 손상 초래로 금지한다. 안구 후방 혈관에 압력으로 혈류 공급 저하로 망막 손상, 압박으로 초자체가 외부로 유출될 수 있다.
비비기 금지	방법	눈을 비비지 않게 한다.
	근거	눈을 문지르면 추가적 눈 손상이 된다.
점안약 금지	방법	안과 전문의의 지시 없이 어떠한 점안약도 사용하지 않는다.
	근거	눈에 손상을 줄 수 있다.
의뢰	방법	안과 전문의에게 의뢰한다.

9 망막박리 [국시 00]

유발요인 [국시 02]	노화, 백내장 적출, 망막 퇴화, 외상, 고도 근시, 가족적 소인		
병태생리	유리체 견인에 의한 망막박리의 개념도 망막박리 (박리된 망막 detached retina, 망막 찢어짐 retinal tear, 수정체 lens, 체액 fluid, 유리체액 vitreous humor) 가장 일반적인 원인은 열공 망막박리이다. 망막 변성으로 망막이 찢어진다. 망막 열공을 통해 초자체(유리체)에서 나온 액체가 망막 밑으로 스며들어 맥락막과 분리되어 망막이 맥락막으로부터 혈액의 영양공급이 차단된다. 망막의 시세포가 죽게 되어 영구적 시력상실이 일어난다.		
증상 [임용 13] [국시 11, 18]	섬광	섬광은 초자체가 망막을 끌어당겨 일어난다.	
	시력 감소	한부 눈의 시야가 흐리고 시력 감소	
	시야 결손	위, 아래, 좌우에서 커튼을 드리운 것 같은 시야 결손 망막 상부가 박리되면 시야 하부 결손이 일어난다. 박리가 황반까지 확대되면 중심 시야 상실이 초래된다.	
	부유물	눈앞에 부유물로 어두운 점이 떠다닌다. 눈 앞 부유물은 망막 파열 시 초자체 내로 혈구가 유출되기 때문이다.	
	통증 없음	통증, 충혈은 없다. 망막에 통증섬유가 분포되지 않아 통증이 없다. * 충혈 : 결막 혈관이 확장되어 흰자위가 벌겋게 보인다.	
검안경 검사	박리된 망막은 망막에 작은 구멍이나 찢어지고 안구 내로 들뜬 모양과 청회색이다. * 정상 망막 : 적분홍색 * 정상 시신경 유두색 : 노란 오렌지색, 유두함몰 : 엷은 노란색 * 녹내장 : 시신경 유두 회백색, 창백		
치료	수술	망막 아래 액체의 배액이나 열공, 박리 진행 예방 위해 즉시 수술한다.	
간호 [임용 13]	안정	손상 진행을 막기 위하여 발견 즉시 절대 안정한다. 갑작스럽게 머리를 움직이거나 눈의 긴장을 피한다. 안압 상승을 유발할 만한 행동을 하지 않는다. ex) 안대와 안정 : 관통상, 전방출혈, 망막박리	
	안대	눈의 움직임을 감소시키기 위해 눈에 안대를 댄다.	
	자세	환자의 체위는 의사의 처방에 따르며 박리된 위치에 따라 결정한다.	

10 치아 손상

치아가 빠진 경우 [임용 07]

치아 확인	방법	영구치 손상에는 빠른 대처가 필요하다. 구강 손상을 입었을 때 없어진 치아를 찾아 준다.
	근거	치과에서 치아의 재이식술을 시도할 수 있다.
치관 잡기	방법	치관(치아 머리)을 감싸고 치근(뿌리 부분)은 만지지 않는다.
	근거	치근과 치아 주위 인대의 손상을 방지한다.
치아 세척	방법	이가 더럽다면, 식염수를 부어 가볍고 부드럽게 치아를 헹군다.
	근거	치근부의 이물을 가볍게 씻어낸다.
인대조각	방법	인대조각을 제거하지 않는다.
	근거	빠진 치아에 붙어 있는 어떠한 인대 조각도 제거하지 않는다.
압박	방법	발치된 출혈 부위에 멸균거즈를 대주고, 압박하여 지혈시킨다.
	근거	치아의 탈구는 많은 양의 출혈을 일으켜 압박으로 응괴 형성을 촉진시켜 지혈시킨다.
찬우유, 생리식염수	방법 [임용 96]	빠진 치아를 찬 우유, 생리식염수에 담그거나, 젖은 거즈에 싸거나 입안의 혀 밑에 보관하여 즉시 치과로 간다. 우유, 생리식염수가 없다면 치아를 입에 물고 온다. 환자 나이가 어려서 삼킬 위험이 있을 때 보호자의 입에 보관해서 온다. 입에 물고 있다가 삼킬 수 있으므로 어린이에게 권장하지 않는다.
	근거	치근막의 세포가 살아 있도록 치근막 보호를 위하여 치근막이 건조하지 않고 습기 있게 보존한다. 건조하게 보관하며 재이식 실패에 영향을 준다. 우유는 칼슘과 마그네슘 같은 성분이 있으므로 빠진 치아를 보존하기에 좋은 환경이다. 세균 성장을 최소화하기 위해 차갑게 유지한다.
즉시 치과	방법	빨리 치아의 재이식술을 시도하도록 즉시(30분 이내) 치과에 간다.
	근거 - 치아주위 인대 손상	빠진 치아주위 인대의 비가역적 손상은 30~60분 후 일어난다.
	근거 - 치근 손상	뿌리의 비가역적 손상이 되며 치아가 30분 이내 재이식된다면 70%는 뿌리가 손상되지 않는다. cf) 유치는 발육되기 시작한 영구치가 손상될 수 있어 재이식하지 않는다.

반쯤 빠진 치아

반쯤 빠진 치아는 빼지 않는다.
그대로 제자리에 붙이고 치과에서 치아를 고정시킨다.

11 뱀에 의한 교상

증상	시기	뱀의 독은 신경계, 호흡기계, 심혈관계에 영향
		독낭 / 독아 / 독사 / 무독사
		뱀에게 물린 자국
		독사의 경우 2개의 큰 자국이 보인다.
		독의 유무와 상관없이 국소 종창, 독사인 경우 심한 통증 사독은 국소 조직 괴사 얕은 호흡, 혈압하강, 빈맥, 오심, 구토, 갈증 손상 부위 무감각, 둔한 느낌, 근육 마비 현기증, 혼수, 사망
		사독은 응고장애로 전신 출혈로 반상출혈, 혈변, 혈뇨

응급관리 국시 17

cf) 상처 간호 : 장갑착용, 옷 제거, 상처세척, 지혈 도모(직접 압박, 국소거양법(e), 간접 압박), 이물질, 드레싱, 압박붕대(c), 부목(p), 휴식(r), 파상풍 예방접종

상처 세척	방법	비누와 물로 부드럽게 교상 부위를 닦아낸다.
	근거	상처 세척으로 교상 부위의 사독을 최소화하고 감염을 예방한다.
드레싱	방법	얇은 멸균 드레싱으로 상처를 덮는다.
	근거	교상 부위의 피부 손상에 이물질로부터 오염되지 않도록 상처를 덮어주어 균으로부터 상처 보호로 2차 감염을 감소시킨다.
가볍게 묶기(C) 공무원 22	방법	상처 부위 위쪽을 넓은 천으로 동맥이 압박되지 않을 정도로 가볍게 묶어준다. 묶은 위치의 아래에서 맥박이 촉진될 정도의 압력으로 묶는다.
	근거	독소가 사지의 정맥을 따라 퍼져 나가는 것을 차단한다. 너무 세게 묶으면 혈류가 차단되어 조직 괴사를 유발한다.
부목(P) 공무원 22	방법	심장과 상처 사이를 가볍게 묶음 / 부목으로 고정 환부에 부목을 대주어 환부를 절대 움직이지 않는다.
	근거	움직이면 독액의 흡수가 촉진된다. 부목 : 골절, 탈구, 염좌, 상처부위, 출혈, 뱀에 의한 교상

휴식(R)	방법	대상자를 뱀으로부터 안전한 장소로 옮기고 독이 순환되지 않도록 안정하고 몸을 움직이지 않는다.
	근거	조용히 안정하는 것이 독소가 전신으로 퍼져나가는 속도를 느리게 하며 움직이면 독이 몸으로 퍼진다. 환자가 흥분하면 혈액 순환량이 많아져 독의 전파 속도가 빨라지므로 안심시킨다.
보석, 의복 제거	방법	부종이 심해지기 전 조이는 보석, 의복을 제거한다.
	근거	독사인 경우 국소 종창이 악화된다. 조이는 보석, 의복에 의해 혈액 순환을 방해하여 조직 손상이 악화된다. • 화상: 의류, 보석류 제거 / 보석도 금속을 통한 열의 전도, 조직을 압박하여 혈액 순환 감소 • 동상: 반지, 시계 제거 / 동상 부위의 혈액 순환을 방해하는 조이거나 젖은 옷, 반지, 시계 제거
낮은 자세 (E금지) 공무원 22	방법	손상 부위를 심장보다 낮게 한다.
	근거	손상 부위를 심장보다 낮게 하여 독이 심장으로 귀환을 방지하여 심장을 통해 전신으로 전파되지 않도록 한다.
얼음 금지 (I금지) 공무원 22	방법	물린 자리에 얼음을 대지 않는다.
	근거	물린 자리는 사독에 의해 조직 괴사가 있으며 얼음으로 조직 괴사가 악화된다. • cf) 주사, 벌에 쏘인 자리: 얼음 주머니를 대준다. 혈관 수축 작용으로 독에 의한 붓기를 가라 앉힌다. 아픔이 가시는데 도움이 된다. • cf) 화상: 동상과 저체온으로 쇼크 상태 심화로 화상 상처에 얼음을 대면 안 된다. • cf) 절단된 부위: 얼음 속에 넣으면 조직이 얼어서 괴사하므로 얼음 위에 보관한다.
상처 절개 금지 공무원 22	방법	칼로 상처 절개는 도움이 되지 않아 금지한다.
	근거	이러한 처치 때문에 의료기관으로 이송시간이 늦어지는 것이 해롭다.
금식 공무원 20	방법	입으로 어떤 것도 주지 않고 알코올, 카페인 음료를 금지한다.
	근거	음식은 독의 흡수를 촉진시키므로 금지시킨다. 알코올을 투여하면 순환량이 증가하여 독소가 전신으로 퍼지는 속도가 빨라지므로 투여하지 않는다.
병원 이송	방법	빨리 병원으로 이송한다.
	근거	병원에서 항사독소 치료를 받는다. 항사독소는 물린 지 4시간 내 투여한다.

김기영
보건교사

PART 10

노인간호학

01 노인 인구
02 노화
03 노인의 건강문제
04 신경인지장애

01 노인 인구

1 노인장기요양보험

인구 고령화 분류	고령화 사회		65세 이상 노인인구가 7% 이상
	고령 사회		65세 이상 노인인구가 14% 이상
	초고령 사회		65세 이상 노인인구가 20% 이상
신체기능 사정	ADL	일상생활 수행능력(동작)	정의	노인들의 일상생활 기능 상태인 음식 먹기, 대소변 보기, 목욕하기, 옷 입기, 움직이기에 독립적 기능 정도이다. * ADL : Activities of Daily Living
			의의	일상생활 기능상태가 잘 안 되는 경우 독립적 생활이 불가능하여 시설에 조기 입원, 가족들에게 의지하는 생활을 한다.
	IADL	수단적 일상생활 수행능력(동작)	정의	집안관리, 가사, 음식 준비, 세탁, 전화사용, 약물복용, 금전관리, 기동력, 대중교통수단 이용, 쇼핑이다.
	AADL	진보된 일상생활 수행능력(동작)	정의	자발적, 개별적 활동으로 골프 치기, 교회 참석하기, 자원봉사하기이다.
			의의	ADL, IADL 장애보다 먼저 발생한다.

노인장기요양보험의 정의

목적	2008년 7월에 도입 노인장기요양보험법에 따라 고령이나 치매 등 노인성 질병으로 타인의 도움 없이 살기 어려운 노인에게 간병, 수발, 목욕, 간호, 재활요양서비스를 제공한다. 노후생활 안정과 가족 부담을 덜어주기 위한 국가와 사회의 공동 책임하에 제공하는 사회보험제도이다. ☆ 고건 노산연 * 보험 : 노인장기요양보험, 건강보험, 연금보험, 고용보험, 산재보험
보험자	보험자는 국민건강보험공단이다.
보험료	노인수발보험료의 산정 및 징수는 국민건강보험 시스템을 활용하여 국민건강보험료와 통합 징수하고 국민건강보험공단은 각각 독립회계로 관리한다.

장기요양급여 [공무원 15]	신체활동·가사활동 지원 또는 간병 등의 서비스(현물 급여)나 이에 갈음하여 지급하는 현금이다.
심사과정	① 장기요양인정(국민건강보험공단) 신청 → ② (공단직원) 방문조사 → ③ (등급판정위원회) 장기요양인정 및 등급판정 → ④ (국민건강보험공단) 장기요양인정서 및 개인별 장기요양 이용계획서 통보 → ⑤ (장기요양기관) 서비스 이용

서비스 이용체계 [임용 12]

01 장기요양인정신청 및 방문신청 국민건강보험공단	02 장기요양인정 및 장기요양등급판정 등급판정위원회	03 장기요양인정서, 개인별 장기요양 이용계획송부서 국민건강보험공단	04 장기요양급여 이용계약 및 장기요양 급여 제공 장기요양기관

장기요양인정 신청절차

장기요양인정신청 (국민건강보험공단) [공무원 10]	장기요양보험 가입자(국민건강보험 가입자와 동일) 또는 그 피부양자나 의료급여 수급권자로서 65세 이상의 노인 또는 65세 미만의 자로서 치매·뇌혈관성질환 등 노인성 질병을 가진 자가 국민건강보험공단에 의사소견서를 첨부하여 장기요양인정을 신청한다. 장기요양 1등급 또는 2등급을 받을 것으로 예정되는 자로서 거동이 현저하게 불편하거나 도서·벽지 지역에 거주하여 의료 기관을 방문하기 어려운 자는 의사소견서를 제출하지 않는다. * 의료급여 : 생활유지 능력이 없거나 일정 수준 이하 저소득층 대상으로 국가재정에 의하여 기본적 의료혜택 제공의 의료보장		
방문조사 (공단직원)	방법	국민건강보험공단 소속직원(장기요양관리요원인 사회복지사, 간호사)은 직접 방문하여 신청인의 심신상태, 기능상태, 요양요구조사 실시	
	조사	기능상태	신체기능, 일상생활 수행능력(동작)(ADL), 수단적 일상생활수행능력(동작)(IADL), 인지기능, 문제행동
		요양요구	간호욕구, 재활욕구, 주거환경조사
등급판정 (등급판정위원회)	판정	공단은 신청서, 의사소견서, 조사결과서 등을 등급판정위원회에 제출하며 등급판정위원회는 심의·판정을 하는 때 신청인과 그 가족, 의사소견서를 발급한 의사 등 관계인의 의견을 들을 수 있다. 등급판정위원회는 등급판정기준에 따라 신청서를 제출한 날로부터 30일 이내에 장기요양급여를 받을 자로 판정을 완료한다.	
	연장	정밀조사가 필요한 경우 등 부득이한 경우 30일 이내로 연장 가능하다.	

장기요양수급자 인정		신청자격요건을 충족하고 6개월 이상 혼자서 일상생활을 수행하기 어렵다고 인정하는 경우 심신상태 및 장기요양이 필요한 정도 등 등급판정 기준에 따라 수급자로 판정한다. 1. 장기요양 1등급 : 심신의 기능상태 장애로 일상생활에서 전적으로 다른 사람의 도움이 필요한 자로서 장기요양인정 점수가 95점 이상인 자 ☆ 키 195cm 2. 장기요양 2등급 : 심신의 기능상태 장애로 일상생활에서 상당 부분 다른 사람의 도움이 필요한 자로서 장기요양인정 점수가 75점 이상 95점 미만인 자 ☆ 275 발사이즈 3. 장기요양 3등급 : 심신의 기능상태 장애로 일상생활에서 부분적으로 다른 사람의 도움이 필요한 자로서 장기요양인정 점수가 60점 이상 75점 미만인 자 ☆ 360 각도에서 4. 장기요양 4등급 : 심신의 기능상태 장애로 일상생활에서 일정부분 다른 사람의 도움이 필요한 자로서 장기요양인정 점수가 51점 이상 60점 미만인 자 ☆ 전번 451- 5. 장기요양 5등급 : 치매환자로서 장기요양인정 점수가 45점 이상 51점 미만인 자 ☆ 545 6. 장기요양 인지지원등급 임용 22 / 공무원 17 : 치매환자로서 장기요양인정 점수가 45점 미만인 자
유효기간	1년 (제19조)	장기요양인정 유효기간은 최소 1년 이상으로 한다. 장기요양인정 유효기간은 2년으로 한다(시행령 제8조).
	같은 등급	장기요양인정의 갱신 결과 직전 등급과 같은 등급으로 판정된 경우 • 장기요양 1등급의 경우 : 4년 • 장기요양 2등급부터 4등급까지의 경우 : 3년 • 장기요양 5등급, 인지지원등급의 경우 : 2년
	6개월	등급판정위원회는 장기요양 신청인의 심신상태 등을 고려하여 장기요양인정 유효기간을 6개월의 범위에서 늘리거나 줄일 수 있다.
	신청	장기요양인정의 갱신신청, 장기요양등급 등의 변경신청, 이의신청 절차가 있다.
장기요양인정서, 개인별 장기요양 이용계획서		요양인정자는 국민건강보험공단으로부터 장기요양인정서, 개인별 장기요양 이용계획서를 송부받아 장기요양기관 국시 20 과 이용계약을 체결하면 장기요양급여를 받을 수 있다.
장기요양급여 시작 (장기요양기관)		장기요양인정서가 도달한 날부터 장기요양급여를 시작한다. 다만, 돌볼 가족이 없는 경우 등은 신청서를 제출한 날부터 장기요양급여를 받을 수 있다.
갱신절차 (시행규칙 제8조) 공무원 20		장기요양인정의 갱신 신청은 유효기간이 만료되기 전 30일까지 이를 완료하여야 한다. 장기요양인정의 갱신을 신청하려는 수급자는 장기요양인정의 유효기간이 끝나기 90일 전부터 30일 전까지의 기간에 장기요양인정 갱신신청서에 의사소견서를 첨부하여 공단에 제출하여야 한다.

장기요양급여 종류 ☆ 특재시

재가급여 국시 16 경기 08 ☆ 방방방주단	방문요양 공무원 21	장기요양요원(요양 보호사) 국시 23 이 수급자의 가정을 방문하여 신체활동 및 가사활동을 지원한다. ex) 목욕, 배설, 화장실 이용, 옷 갈아 입히기, 세발, 취사, 청소, 세탁 * 인지 활동형 방문요양 : 치매 상병이 있는 장기요양 1~5등급 수급자에게 인지 자극 활동과 잔존 기능 유지 향상을 위한 사회훈련을 제공하는 급여이다. 수급자와 함께 옷 개기, 요리하기가 있다.
	방문목욕	장기요양요원이 목욕설비를 갖춘 장비를 이용하여 수급자의 가정을 방문하여 목욕을 제공
	방문간호	장기요양요원인 간호사 등이 의사, 한의사, 치과의사의 방문간호지시서에 따라 수급자의 가정을 방문하여 진료의 보조, 간호, 요양에 관한 상담, 구강 위생을 제공
	주·야간보호	수급자를 하루 중 일정한 시간 동안 장기요양기관에 보호하여 신체활동 지원 및 심신기능 유지·향상을 위한 교육·훈련을 제공
	단기보호 서울 04	수급자를 일정 기간(월 9일 이내이며 1회 9일 이내 범위에서 연간 4회까지 연장가능) 동안 장기요양기관에 보호하여 신체활동 지원 및 심신기능 유지·향상을 위한 교육·훈련을 제공
	기타 재가급여	수급자의 일상생활·신체활동 지원 및 인지기능의 유지·향상에 필요한 용구를 제공하거나 가정을 방문하여 재활에 관한 지원을 제공
시설급여 ☆ 노요 노요	정의	장기요양기관이 운영하는 노인의료 복지시설에 장기간 동안 입소하여 신체활동 지원 및 심신기능 유지·향상을 위한 교육·훈련을 제공 cf) 노인 전문병원 제외
	노인요양시설	치매, 중풍 등 노인성 질환 등으로 심신에 상당한 장애가 발생하여 도움을 필요로 하는 노인을 입소생활시설에서 서비스 제공
	노인요양 공동생활가정	위 노인에게 가정과 같은 주거 여건과 급식, 요양, 일상생활에 필요한 편의 제공함을 목적으로 하는 시설
특별현금 급여 임용 22 공무원 17 ☆ 특가요	가족요양비 공무원 22	도서벽지에서 요양시설 이용이 곤란한 지역 거주자로 가족이 수발하는 경우
	특례요양비	수급자가 미지정 시설(양로원, 장애인복지시설) 이용 시 지급
	요양병원 간병비	요양병원 입원 시 간병비 지급 * 요양병원 : 노인 환자들이 여명을 보내기 위해 입원하는 병원

장기요양급여 제공기준 및 급여비용 산정방법 등에 관한 고시
(보건복지부고시 제2023-289호)(제2조 급여제공의 일반 원칙)

재가급여 우선	장기요양급여는 수급자가 가족과 함께 생활하면서 가정에서 장기요양을 받는 재가급여를 우선으로 제공한다.
1등급 또는 2등급	장기요양등급이 1등급 또는 2등급인 자는 재가급여 또는 시설급여를 이용할 수 있다.
3등급부터 5등급 임용 22 ★ 주주치	3등급부터 5등급까지인 자는 재가급여만을 이용할 수 있다. 다만, 3등급부터 5등급에 해당하는 자 중 다음 어느 하나에 해당하여 등급판정위원회로부터 시설급여가 필요한 것으로 인정받은 자는 시설급여를 이용할 수 있다. 1. 주수발자인 가족구성원으로부터 수발이 곤란한 경우 2. 주거환경이 열악하여 시설입소가 불가피한 경우 3. 치매 등에 따른 문제행동으로 재가급여를 이용할 수 없는 경우
인지지원등급	인지지원등급 수급자는 주·야간보호급여, 단기보호급여 및 종일 방문요양급여, 기타 재가급여만을 이용할 수 있다.

장기요양급여 제공기준 및 급여비용 산정방법 등에 관한 고시

장기요양 가족휴가제 급여제공기준 (제36조의2)	가정에서 1·2등급 수급자 또는 치매가 있는 수급자를 돌보는 가족의 휴식을 위하여 1·2등급 수급자 또는 치매가 있는 수급자는 연간 10일 이내에서 월 한도액과 관계없이 단기보호급여를 이용하거나 방문요양급여를 1회당 12시간 동안 이용(종일 방문요양급여)할 수 있으며, 종일 방문요양급여를 2회 이용한 경우 1일로 산정한다.

등급별 급여 종류

1등급	2등급	3등급	4등급	5등급	인지지원등급
재가급여, 특별현금급여					주·야간보호급여, 단기보호급여 및 종일 방문요양급여, 기타 재가급여
시설급여					
장기요양 가족휴가제 (단기보호급여 10일, 종일 방문요양급여 20회)					

시설급여 ★ 주주치
1. 주수발자인 가족구성원으로부터 수발이 곤란한 경우
2. 주거환경이 열악하여 시설입소가 불가피한 경우
3. 치매 등에 따른 문제행동으로 재가급여를 이용할 수 없는 경우

장기요양 가족휴가제(단기보호급여 10일, 종일 방문요양급여 20회) : 치매가 있는 3~5등급, 인지지원등급

노인 복지시설 [공무원 12]

노인주거 복지시설	양로시설	노인을 입소시켜 급식과 일상생활에 필요한 편의 제공
	노인공동생활가정	노인들에게 가정과 같은 주거여건과 급식, 일상생활에 필요한 편의 제공
	노인복지주택	노인에게 주거시설을 분양 또는 임대하여 주거의 편의, 생활지도, 상담 및 안전관리 등 일상생활에 필요한 편의 제공
노인의료 복지시설	노인요양시설, 노인요양 공동생활가정	
재가노인 복지시설	방문요양, 방문목욕, 방문간호, 주·야간보호, 단기보호	
노인여가 복지시설	노인복지관, 경로당, 노인교실	

재원조달		장기요양보험료 60%, 국가 20%, 이용자 20%(15%)
수발급여비용 [임용 19] [지방 09]	20%	시설급여, 의사소견서, 방문간호지시서 발급비용
	15%	재가급여(방문요양, 방문목욕, 방문간호, 주·야간보호, 단기보호)
	무료	기초생활수급권자 : 공공부조로 저소득 국민으로 부양 의무자가 없거나 있어도 부양을 받을 수 없는 가구로 최저 생계 보장, 자활 조성 위해 생계 보호, 주거보호, 교육보호
	부담금 60% 감경	본인일부부담금의 60% 감경 : 시설급여 8%, 재가급여 6%, 의사소견서 발급비용 10% 부담 기초생활수급권지를 제외한 의료급여수급권자 소득·재산 등이 보건복지부장관이 정하여 고시하는 일정 금액 이하인 자. 다만, 도서·벽지·농어촌 등의 지역에 거주하는 자에 따로 금액을 정할 수 있다. 천재지변 등 보건복지부령으로 정하는 사유로 생계가 곤란한 자
	비급여	전액 본인 부담

장기요양기관 지정

지정	장기요양기관을 설치·운영하고자 하는 자는 보건복지부령으로 정하는 장기요양에 필요한 시설 및 인력을 갖추고 관할 구역으로 하는 시장·군수·구청장으로부터 지정을 받는다.
통보	시장·군수·구청장은 장기요양기관을 지정한 때 지체 없이 공단에 통보한다.

노인장기요양보험법의 방문간호

정의	장기요양 인정 5등급 이상 판정받은 수급자의 가정을 방문하여 진료의 보조, 간호, 요양에 관한 상담, 구강 위생을 제공한다.
목적	거동 불편 노인의 보건의료서비스 접근성 제고이다.
기관	노인장기요양보험법에 의한 재가장기요양기관, 노인복지법에 의한 재가노인복지시설
방문간호 지시서	방문간호지시서 발급과 방문간호가 다른 기관에서 실시되는 경우 (www.longtermcare.or.kr) 의사, 한의사, 치과의사가 장기요양인정자를 직접 진찰한 후 발급하는 방문간호지시서에 의해 실시한다.
기간	방문간호지시서의 유효기간은 발급일로부터 180일이며, 유효기간 내 재발급이 가능하다. 방문간호지시서는 의사가 수급자를 직접 진찰한 경우에만 산정할 수 있으며, 진찰행위 없이 지시서 내용을 수정, 변경한 경우에는 산정할 수 없다.

비용	주 3회	서비스 대상자의 장기요양등급, 질병명에 관계없이 1회 방문당 서비스 제공시간에 따라 수가가 산정되며, 주 3회까지 산정할 수 있다.
	서비스 제공시간	서비스 제공시간에 따라 30분 미만, 30분 이상 60분 미만, 60분 이상으로 구분되며 장기요양등급, 질병명에 상관없이 1회 방문당 서비스 제공시간에 따라 산정
	응급상황	응급상황에는 3회를 초과하여 산정이 가능하고, 오후 6시 이후에는 20%가 가산되고 심야, 공휴일에는 30%가 가산된다. *초과 : 기준이 되는 수는 포함하지 않으면서 그 수보다 큰 수

02 노화

1 생리적 노화 이론

산화기 이론, 유해산소 이론(Free radical theory), 자유기와 리포푸신 이론

기전	정상 산소 대사과정에서 산화기(자유기, 산화과정에서 유해산소)가 생산되며 세포 내에 축적되면 단백질, 효소, DNA 등에 손상을 주어 노화 현상을 초래한다. 자유기는 산화 작용에 의해 생성되는 노폐물인 리포푸신이다. 리포푸신이 세포 손상을 회복하는 능력에 나쁜 영향을 미친다. 리포푸신 양이 많아져 노화가 발생한다.
예방	특정 항산화 물질을 사용하면 노화 지연으로 산화기 생성을 억제한다. Vit C, E : 항산화 기능

교차연결 이론, 결체조직 이론(Cross-linked or connective tissue theory) 국시 08

기전	노화로 심장, 혈관, 근육, 뼈, 피부의 결체조직과 결체조직 구성분인 탄력소, 콜라겐이 변화한다. 정상으로 분리되어야 할 분자구조가 노화로 포도당과 단백질이 결합할 때 교차결합 단백질이 축적되어 분자 사이에 강한 연결고리를 형성하여 문제를 야기한다. 결체조직인 콜라겐의 교차연결 형성이 증가하여 수화도가 떨어지고 단단해진다. 세포 외액 감소로 수화가 감소된다. 노후된 탄력소가 단단한 조직으로 변화, 섬유화되어 근육 수축력이 감소한다. 피부가 노화되면 건조해지고 탄력성을 잃고 피부 주름, 백내장이 발생한다. * 백내장 : 수정체가 섬유화되고 밀도 증가
중재	교차연결 감소 위해 지방, 설탕 제한은 교차결합반응을 느리게 한다.

마모 이론(소모 이론, Wear and tear theory)

기전	인체의 세포와 장기는 오래 과도하게 사용하고 남용하면 중요한 부분에 마모가 일어나 닳게 된다. 조기 노화와 질병이 일어나 인체기능이 저하된다. 신체적, 정서적 스트레스에 의해 마모된다. 나이가 들면 마모로 인한 손상을 회복시키는 능력이 저하되어 질병에 이환되고 사망하게 된다. ex) 과음하는 사람에게 간 질환 발생
스트레스	스트레스 세포의 마모 현상

2 심맥관계

노화에 따른 심혈관계 변화

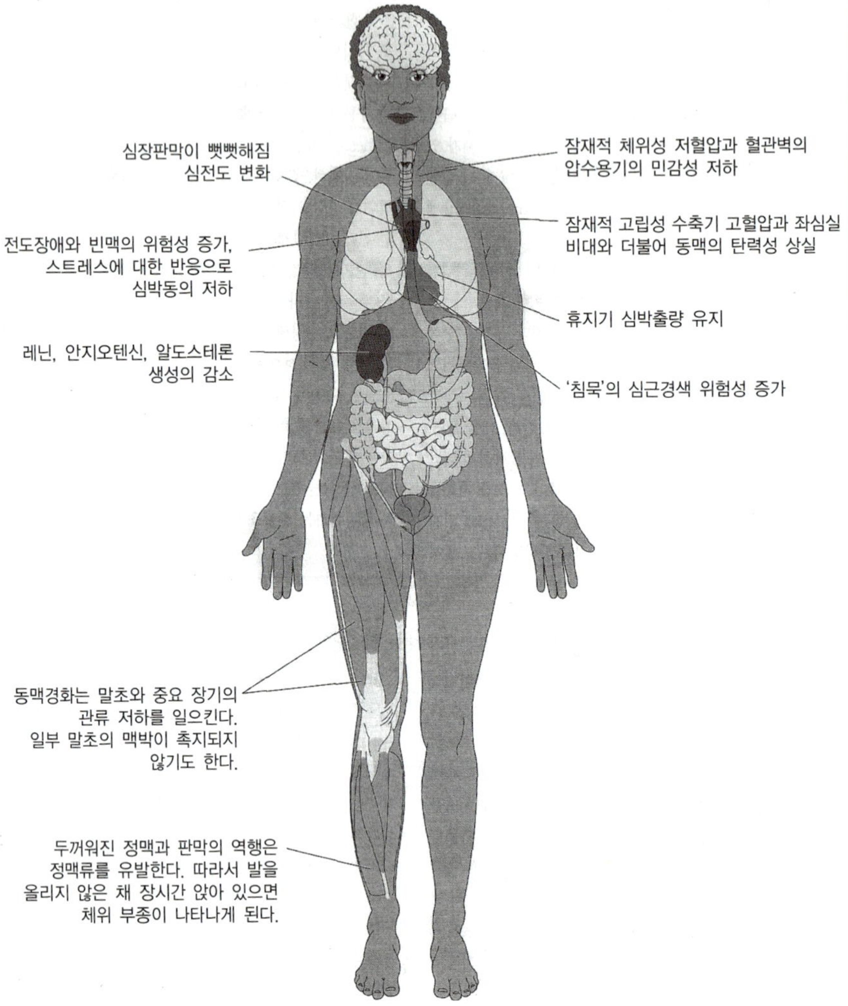

- 심장판막이 뻣뻣해짐 심전도 변화
- 전도장애와 빈맥의 위험성 증가, 스트레스에 대한 반응으로 심박동의 저하
- 레닌, 안지오텐신, 알도스테론 생성의 감소
- 동맥경화는 말초와 중요 장기의 관류 저하를 일으킨다. 일부 말초의 맥박이 촉지되지 않기도 한다.
- 두꺼워진 정맥과 판막의 역행은 정맥류를 유발한다. 따라서 발을 올리지 않은 채 장시간 앉아 있으면 체위 부종이 나타나게 된다.
- 잠재적 체위성 저혈압과 혈관벽의 압수용기의 민감성 저하
- 잠재적 고립성 수축기 고혈압과 좌심실 비대와 더불어 동맥의 탄력성 상실
- 휴지기 심박출량 유지
- '침묵'의 심근경색 위험성 증가

노화에 따른 심혈관계의 정상적인 변화

심장계 국시 07	심장 근육	탄력성 감소		심장근육 내 교차 연결된 콜라겐 증가, 엘라스틴의 강직으로 탄력성 감소로 확장력 감소와 심근 수축력 감소로 심박출량이 감소한다.
		좌심실벽 비대 국시 04		심근층 근육 세포의 크기 증가로 좌심실벽이 비대된다.
	심장판막	심장판막은 콜라겐 퇴행, 섬유화, 지방축적으로 경화되고 두꺼워진다. *.섬유화 : 장기의 일부가 굳는 현상		
	전도계	동방결절	세포수 감소	동방결절 내 심박동 조절자의 세포수 감소로 동방결절의 기능장애에 의해 동성 서맥이 유발된다.
			섬유화	동방결절(상대정맥과 우심방 접합부에 위치)은 노화에 따라 섬유화된다.
		방실결절		방실결절 내 섬유화로 방실결절의 불응기가 증가한다.
혈압	혈압 증가 국시 00, 05	동맥벽이 노화되어 탄력성 감소, 콜라겐 퇴행, 지질 침착과 섬유화로 동맥벽의 경직이 심해 말초 혈관 저항력이 증가하여 혈압이 증가한다. 혈압 요인 : 1회 심박출량, 혈액량, 혈액 점성도, 세동맥 수축, 동맥의 탄력성		
	기립성 저혈압	혈압의 압수용기 조절에 민감성 감소로 기립성 저혈압이 된다. 입수용기 반응 감소로 동맥압 하강 시 빠르게 혈압은 증가하지 못한다. * 동맥압 수용체 : 경동맥동, 대동맥궁, 좌심실벽에 존재 * 동맥압 상승 시 - 미주신경 자극 : 심박동 감소 - 교감신경 자극 감소 : 혈압 감소		

3 호흡기계

노화에 따른 호흡기 특징

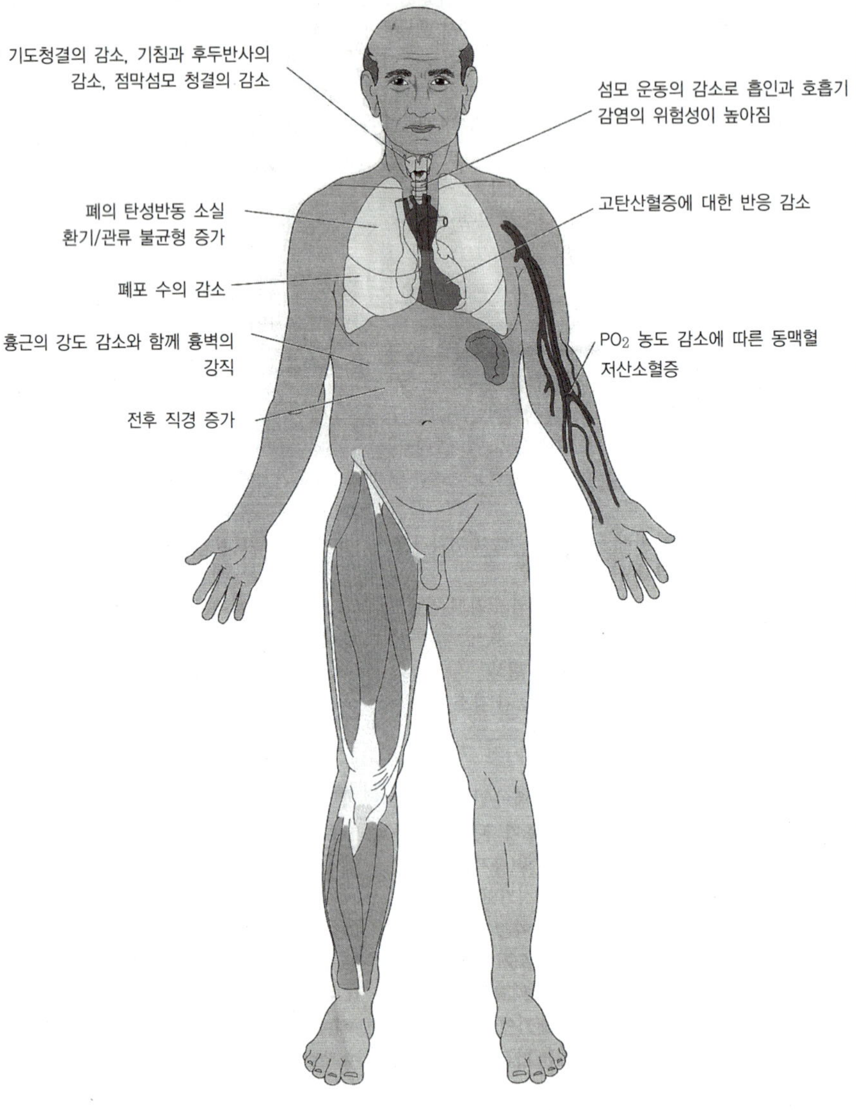

- 기도청결의 감소, 기침과 후두반사의 감소, 점막섬모 청결의 감소
- 폐의 탄성반동 소실 환기/관류 불균형 증가
- 폐포 수의 감소
- 흉근의 강도 감소와 함께 흉벽의 강직
- 전후 직경 증가
- 섬모 운동의 감소로 흡인과 호흡기 감염의 위험성이 높아짐
- 고탄산혈증에 대한 반응 감소
- PO_2 농도 감소에 따른 동맥혈 저산소혈증

노화에 따른 호흡기계의 정상적인 변화

환기	화학수용체 공무원 20	저산소혈증과 과탄산혈증에 중추성(CO_2 자극)과 말초성(O_2 결핍)의 화학수용체 반응이 감소한다. * 중추성 화학감수체 : 정상인에서 호흡자극으로 연수 근처에 위치하며 뇌척수액 내 pH와 CO_2(이산화탄소)에 대한 중추성 화학감수체의 반응으로 조절 * 말초성 화학감수체 : 이산화탄소 농도가 상승하여 중추성 화학감수체가 기능하지 못할 때, 동맥혈 내 산소 농도가 저하되면 말초성 화학감수체 반응으로 호흡수 증가
	흉곽	**흉곽 강직**: 늑연골의 석회화, 흉곽의 강직 증가, 흉곽의 신전성 감소, 늑골의 움직임이 적어진다. * 흉곽 : 가슴의 골격, 늑연골(늑골의 끝에 연한 뼈 부분)
		척추 후만증 임용 09 / 국시 05 : 척추 후만증 노인은 전후경 증가로 흉곽이 짧아진다. * 술통 모양 가슴 - 정의 : 흉곽의 전후 지름 증가 - 원인 : COPD, 노화, 영유아
	호흡근육 국시 03	**호흡근 감소**: 호흡근의 양, 강도 감소로 흉부 근육 수축력, 흉벽의 신장력과 탄력성 감소, 횡격막 강직 * 호흡근 : 외늑간근, 늑골간근, 횡격막근
		호흡부속근 사용: 승모근(머리 뼈에서 어깨 뼈까지 부착), 흉쇄유돌근(쇄골과 흉골의 두부), 내늑간근 같은 호흡 부속근을 사용한다.
폐포 국시 03	탄력성 소실	폐포에 콜라겐의 교차 연결 증가와 엘라스틴의 경직으로 폐 조직의 탄력성이 소실된다. * 건강한 성인 : 3억개 폐포
	폐포 수 감소	기능하는 폐포 숫자는 감소한다.
	폐포 표면적 감소	가스 교환하는 폐포의 표면적이 감소한다.
	계면활성제 감소	폐포에서 계면활성제 생산이 감소한다. * 계면활성제 : 표면장력을 감소시켜 폐가 팽창하고 폐포가 쪼그러드는 것 방지
폐모세혈관	모세혈관 수	가스교환할 수 있는 모세혈관 수가 줄어들어 환기-관류 부적절로 산소분압이 감소한다.
	폐모세혈관 혈류	심박출량 감소로 폐모세혈관의 혈류 흐름이 감소한다.
결과	폐활량 감소 공무원 20	폐활량 감소(80% 미만), 흡기량(흡기력)과 호기량(호기력) 감소(70% 미만), 잔기량이 증가한다.
	환기 관류 불균형	폐환기량 감소와 폐모세혈관의 관류 감소로 환기와 관류의 불균형을 초래한다. * 정상 폐포 환기량 : 폐 관류량 = 4L/m : 5L/m = 0.8 : 1
	산소분압 감소	일회 호흡량 감소, 얕은 호흡이 저산소증, 동맥의 산소분압이 감소한다.

4 비뇨생식기계

노화에 따른 변화

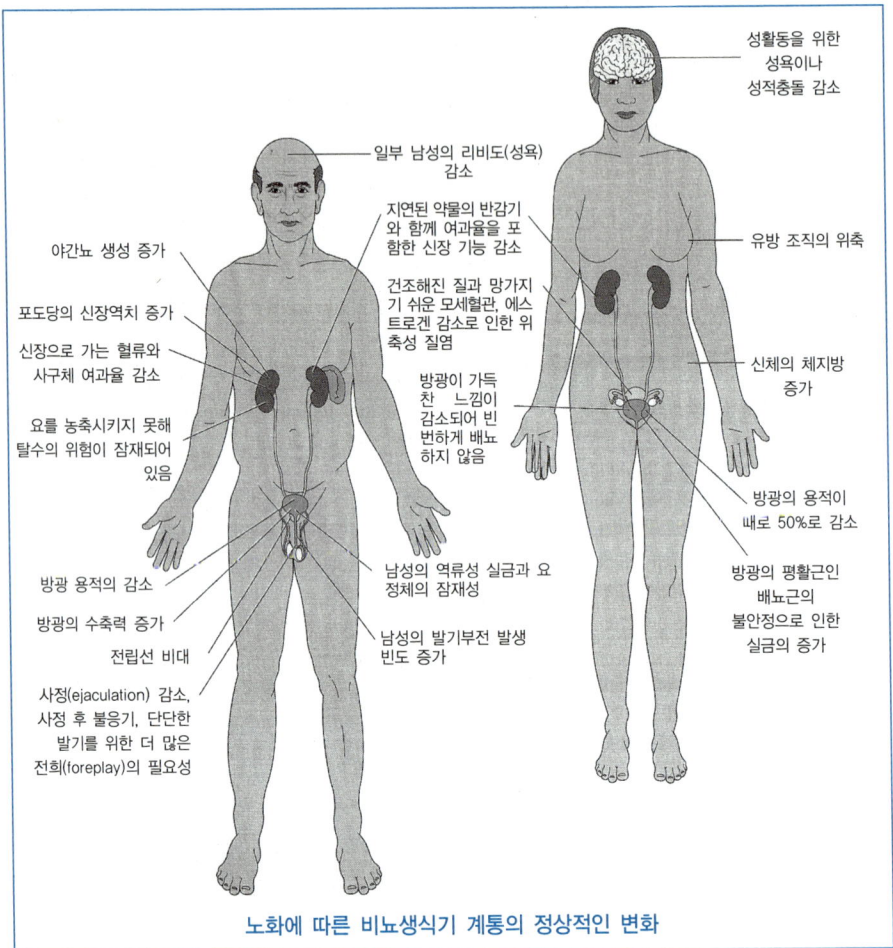

노화에 따른 비뇨생식기 계통의 정상적인 변화

신장 국시 06	사구체	네프론 수 감소로 사구체 수 감소, 사구체막 경화와 심박출량 감소로 신혈류 흐름 감소로 사구체 여과율이 감소하여 CCr 감소, 단백뇨가 검출된다. 약물을 투여하면 약물 배설 지연과 반감기가 길어진다. ＊반감기 : 약물 복용 후 체내의 약물이 50% 감소하는 데 필요한 시간 ＊네프론은 사구체, 세뇨관계로 구성
	세뇨관	네프론 수 감소로 세뇨관 수 감소와 세뇨관막 경화로 세뇨관 기능이 저하되어 소변의 농축과 희석 기능이 저하된다.

정상 성인 사구체 여과율	120~125mL/분
만성 신부전	3개월 이상 60mL/분 이하

방광	자율신경 분포 감소 [국시 05]	방광의 자율신경 분포가 감소하고 방광의 가득찬 느낌이 감소되어 배뇨하지 않는다.
	확장 능력 저하 [임용 11 / 국시 02]	방광 근육 내 탄력조직의 섬유화와 비후로 확장하는 능력이 제한되어 방광용적이 250mL 정도 감소로 빈뇨가 있다. * 정상 : 방광 내 400~500cc 소변이 차면 방광 내 부교감신경 자극 * 노화로 심장근육 내 교차 연결된 콜라겐 증가, 엘라스틴의 강직으로 탄력성 감소로 확장력 감소와 심근 수축력 감소로 심박출량 감소
	수축력 저하	방광근의 섬유화와 비후로 방광 평활근의 수축력이 저하되어 요 흐름, 힘이 감소되고 방광이 완전히 비워지지 않으며 잔뇨량이 증가한다.
	괄약근 긴장도 감소	노화로 요도 내 괄약근이 약화되어 소변을 참는 능력이 감퇴된다.

탈수 ☆ 탈수가 있는데도 지신으로 갈수 있나?

지방	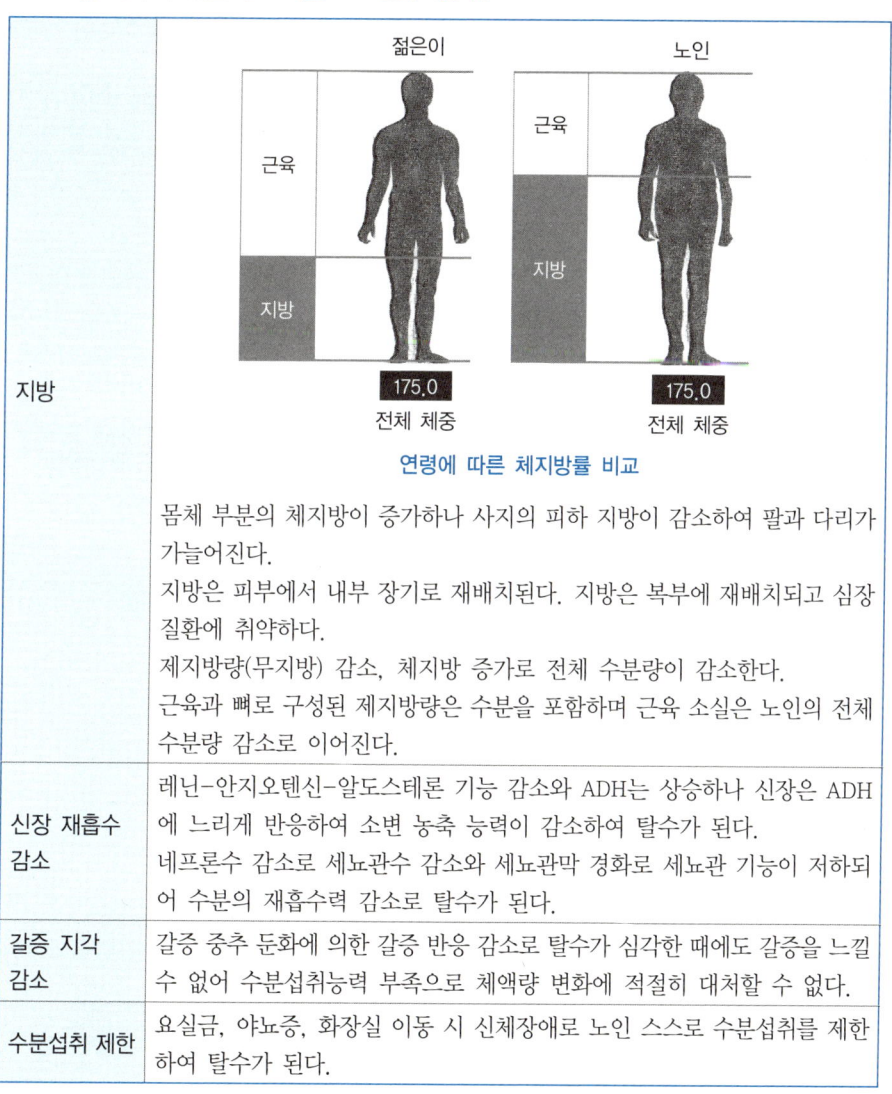 연령에 따른 체지방률 비교 몸체 부분의 체지방이 증가하나 사지의 피하 지방이 감소하여 팔과 다리가 가늘어진다. 지방은 피부에서 내부 장기로 재배치된다. 지방은 복부에 재배치되고 심장질환에 취약하다. 제지방량(무지방) 감소, 체지방 증가로 전체 수분량이 감소한다. 근육과 뼈로 구성된 제지방량은 수분을 포함하며 근육 소실은 노인의 전체 수분량 감소로 이어진다.
신장 재흡수 감소	레닌-안지오텐신-알도스테론 기능 감소와 ADH는 상승하나 신장은 ADH에 느리게 반응하여 소변 농축 능력이 감소하여 탈수가 된다. 네프론수 감소로 세뇨관수 감소와 세뇨관막 경화로 세뇨관 기능이 저하되어 수분의 재흡수력 감소로 탈수가 된다.
갈증 지각 감소	갈증 중추 둔화에 의한 갈증 반응 감소로 탈수가 심각한 때에도 갈증을 느낄 수 없어 수분섭취능력 부족으로 체액량 변화에 적절히 대처할 수 없다.
수분섭취 제한	요실금, 야뇨증, 화장실 이동 시 신체장애로 노인 스스로 수분섭취를 제한하여 탈수가 된다.

5 소화기계

노화에 따른 특징

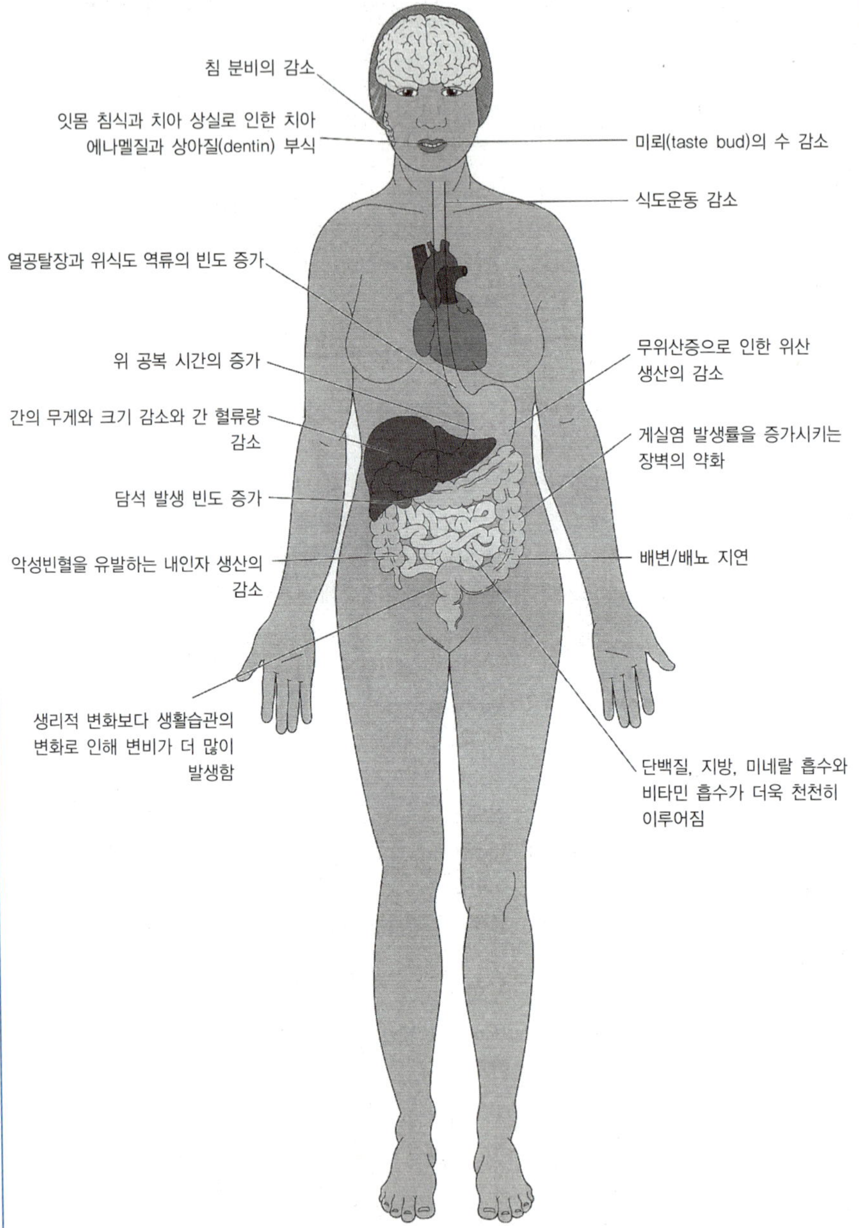

- 침 분비의 감소
- 잇몸 침식과 치아 상실로 인한 치아 에나멜질과 상아질(dentin) 부식
- 미뢰(taste bud)의 수 감소
- 식도운동 감소
- 열공탈장과 위식도 역류의 빈도 증가
- 무위산증으로 인한 위산 생산의 감소
- 위 공복 시간의 증가
- 간의 무게와 크기 감소와 간 혈류량 감소
- 게실염 발생률을 증가시키는 장벽의 약화
- 담석 발생 빈도 증가
- 배변/배뇨 지연
- 악성빈혈을 유발하는 내인자 생산의 감소
- 단백질, 지방, 미네랄 흡수와 비타민 흡수가 더욱 천천히 이루어짐
- 생리적 변화보다 생활습관의 변화로 인해 변비가 더 많이 발생함

노화에 따른 위장관과 관련된 정상적인 변화

미각	기전	혀가 위축되면서 유두의 미뢰 감소로 맛 감각 수용체가 감소된다. * 미뢰 : 맛을 느낀다.	
	증상	단맛, 짠맛 국시 03	단맛, 짠맛을 감지하는 미뢰는 기능이 떨어져 단맛, 짠맛은 둔해져 미각 역치는 높아진다. 신맛, 쓴맛을 제외하고 맛의 역치 상승으로 맛을 인지하기 위해 설탕과 소금을 과도하게 사용하여 단맛과 짠맛농도를 증가시킨다. | 역치 | | |---|---| | 낮은 역치 | 약한 자극에도 흥분 | | 높은 역치 | 강한 자극을 주어야만 흥분 |
		신맛, 쓴맛	혀 뒤쪽 신맛, 쓴맛을 감지하는 미뢰는 기능을 잘 한다.
타액 임용 09	침샘의 위축과 섬유화로 타액 분비가 줄어들어 타액 점도 상승, 구강 건조증이 된다. 타액의 아밀라아제(프티알린) 감소로 탄수화물(전분) 분해 능력이 감소한다. 구강 건조는 먹고 삼키고 말하는 것이 어렵다. 타액은 구강 박테리아 균주를 억제하고 충치를 예방한다. 구강 건조는 치아에 해롭다. amylase : 다당류 → 이당류로 분해 * 췌장의 외분비 : 아밀라제, 트립신, 리파제, 중탄산		
위	위 운동력 감소		위에서 십이지장으로 음식이 넘어가는 시간이 길어져 위장관 배출 시간이 증가한다.
	위점막 위축	위세포 위축	위 세포 중 주세포에서 pepsinogen분비와 벽세포에서 내인성 인자, HCl을 분비한다. 위의 혈류 감소로 위점막이 위축한다.
		펩신 감소	펩신은 단백질 분해와 음식을 반유동식의 유미즙으로 분해한다. 펩신 감소로 단백질 소화 방해와 소화장애가 있다.
		염산 감소	위점막 위축으로 염산(HCl) 감소 : 산에 녹는 약물 흡수가 감소한다. 위액의 알칼리화 초래로 철분, 비타민 B_{12}, 칼슘의 흡수장애가 있다.
		내적 인자 감소	위점막 위축으로 내적 인자 분비 감소로 회장에서 비타민 B_{12} 흡수 장애가 있다.
		질환	위축성 위염, 악성 빈혈, 위암 발생률이 증가한다. | 만성 위염 | A형 | 자가면역성 위축성 위염 | |---|---|---| | | B형 | H.pylori 감염 |

장	소장과 대장 점막 위축		혈류량이 감소하여 소장과 대장 점막 위축으로 영양분 흡수가 감소한다. 단백질, 지방, Vit B, Vit B_{12}, Vit D, 무기질, 칼슘, 철분 흡수가 불완전하다.
	대장	비타민 K군 저하	장의 정상 상주균 감소로 비타민 K군 합성이 저하된다. 장 내 정상 세균총은 비타민 K를 합성하여 혈액 응고에 이용한다. ex) 신생아 : 장에 정상 상주균이 없어 비타민 K군 부족
		변비	대장의 운동성 감소 직장벽의 탄력성 감소 변의를 느끼는 감각이 둔해진다.
간	구조	간 크기 감소	간세포 감소, 간 혈류 감소로 간의 무게와 양, 크기 감소
		섬유성 증가	간에 섬유성 조직 증가로 손상받은 간세포의 재생력 감소
	기능	저장 감소	간에 저장하는 능력 감소 | 간의 저장	
---	---
비타민 저장	지용성 비타민 A, D, E, K, 수용성 비타민 B_{12}
철분 저장	간에 철분은 ferritin으로 저장	
		합성 감소	간에서 단백질 합성, 콜레스테롤 합성, 총 담즙산 합성 감소
		대사 감소	약물 대사를 돕는 간효소의 활성 감소로 간에서 대사되는 약물 제거가 느려져 약물이 축적한다. ＊간효소 : 간세포 속 대사 작용에 필요한 다양한 효소들

6 근골격계

근골격계의 특징

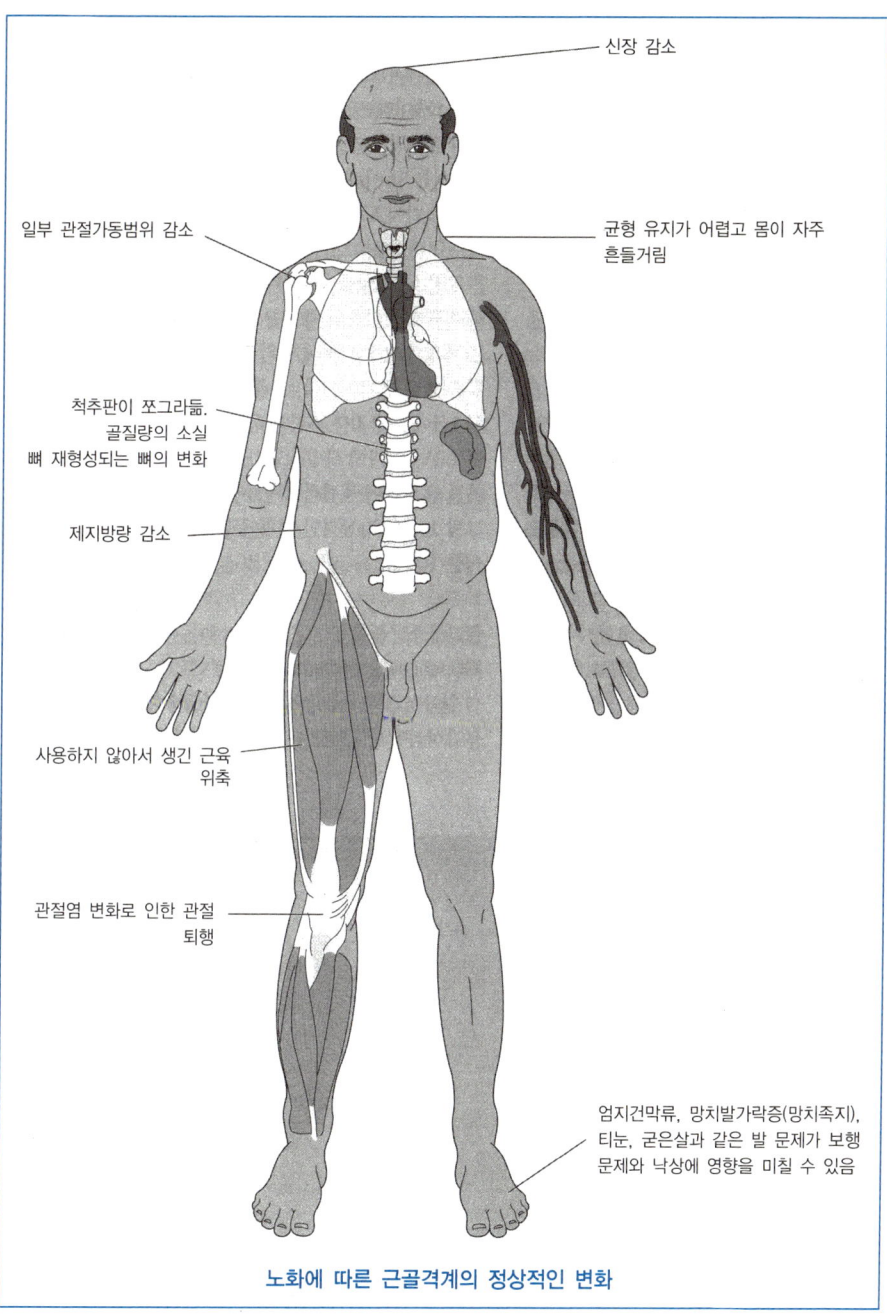

노화에 따른 근골격계의 정상적인 변화

골격근	기전 국시 08	골격근 감소	골격근의 세포 수 감소, 근육의 위축으로 근육수축의 속도, 힘, 지구력이 감소한다.
		탄력성 감소	근육의 탄력성이 없다.
		단백질 감소	위에서 혈류량이 감소하여 점막 위축으로 단백질을 분해하는 펩신 감소와 장에서 혈류량이 감소하여 점막 위축으로 단백질 흡수가 감소한다. 간에서 단백질 합성이 감소한다. 근육활동을 위한 단백질 감소는 근육이 감소한다.
		지방, 섬유질 침착	근육의 섬유성은 증가, 근육에 지방이 침착되어 근조직의 재생력이 감소한다. ex) 간에 섬유성 조직 증가로 손상받은 간세포의 재생력 감소
	영향	근력 감소	근육량 소실은 근력, 근지구력 저하를 초래한다. 근력 소실로 신체활동이 감소하면 근육 소실로 낙상의 선행요인이다.
		수분량 감소	근육과 뼈로 구성된 제지방량은 수분을 포함한다. 근육 소실은 노인의 전체 수분량 감소로 이어진다.
		열생산 감소	근육 감소로 열생산을 하는 근육운동 감소로 열생산이 어렵다.
		약 흡수율 감소	근육의 모세혈관 감소와 근육량 감소와 근육에 지방이 축척되면 근육주사 약물의 흡수율이 감소한다. 국시 05
관절 변화 국시 08, 22			결체조직인 관절의 연골, 활막, 인대, 건이 섬유화되고 탄력성이 상실되어 관절의 가동력이 제한된다. * 활막 : 관절 강을 둘러싸는 내층의 막, 활액 분비로 관절 운동 * 건 : 근육을 뼈에 부착
추간판			수핵에서 수분 감소와 추간판 주위 혈관 수가 감소하여 영양, 산소 감소로 추간판이 쉽게 변성된다.

7 감각기계

노화관련 피부기계 변화

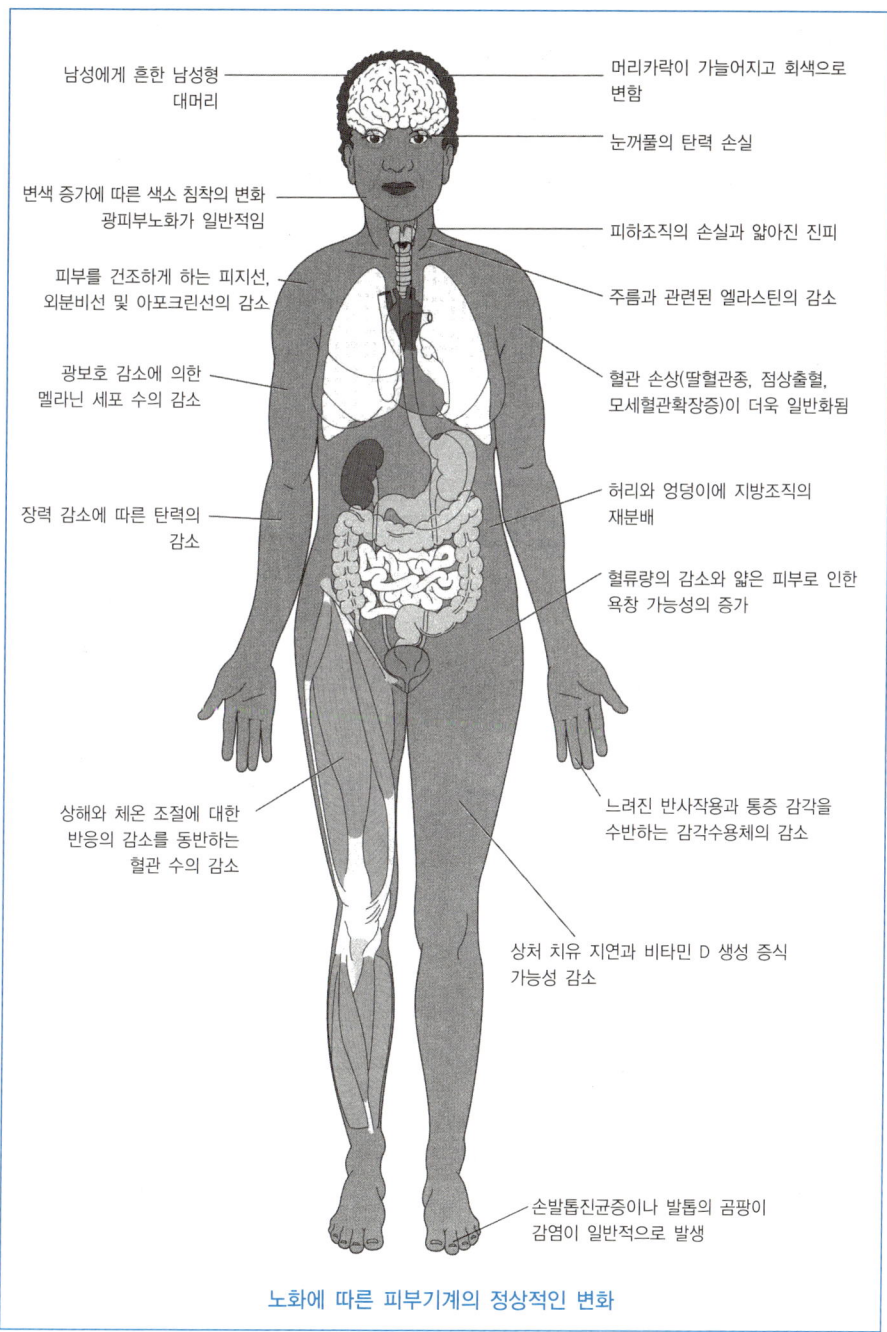

노화에 따른 피부기계의 정상적인 변화

눈 국시 14, 22	동공	홍채의 조절능력 감소로 동공이 축소하여 시야가 좁아지고 동공 반응과 빛에 대한 적응이 늦다.
	빛의 투과량 감소	짧은 파장을 가진 청색 계통 색깔 확인이 어렵다. 파랑, 초록, 보라색 구별이 어렵다.
후각 국시 04	원인	후각 수용기 퇴화	코에 있는 감각기관 위축으로 후각 수용기 퇴화로 후각신경의 민감성이 감소한다. 노화된 후각 뉴런은 재생되지 않는다. *후각 수용기 : 후각 물질의 화학 자극을 받아 후각 신경에 정보를 바꾸어 주는 세포
		뇌 후각신경 감소	뇌의 후각신경(제1 뇌신경)이 감소한다.
	증상		후각은 미각을 자극한다. 후각기능 감퇴는 미각을 감소시키고 식욕이 감소한다.
감각과 반사	감각 약화 국시 02		감각수용체의 신경말단 수 감소로 척수 후근의 수초 상실로 감각신경 전달이 감소한다. 열과 통증에 역치가 증가한다. 국시 22 촉감, 통증과 열의 감지 기능 약화, 자극에 대한 반응시간이 지연된다.
	반사 약화		느려진 반사작용으로 반사운동도 약해지며 반응행동과 협응운동도 느려진다.
피부 국시 06	진피와 피하		얼굴, 목, 손, 종아리에 진피와 피하조직 손실로 얇아진다.
	피부 분비선	피지선 국시 06	외분비선인 피지선의 위축과 감소로 피부를 건조하게 한다. 피지 감소는 수분 증발을 촉진한다. 피지에 함유된 지방산이 항균 기능이 있다. 국시 21
		땀샘 국시 00, 10	에크린 땀샘(이마, 손바닥, 발의 땀샘)과 아포크린 땀샘(겨드랑이, 항문주위 땀샘) 감소로 땀분비가 감소된다. 체온의 항상성 유지 능력 장애로 발한에 의한 열소실 감소로 고체온증이 된다. *아포크린 땀샘 : 체온 조절은 적다. *사춘기 아포크린 땀샘 : 사춘기 호르몬의 영향으로 아포크린 한선의 발달로 분비물이 피부 표면 박테리아에 의해 분해될 때 남성적 체취를 유발

03 노인의 건강문제

1 노인성 난청(Presbycusis)

기전 임용 11		노화과정은 감각신경성 난청의 원인이다. 와우기관(달팽이관)의 코르티기관 내 유모 세포(음파를 신경충격으로 전환)와 신경세포의 퇴행성 변화로 감각신경성 난청을 초래한다.
증상	양측성	청력 소실이 양측성, 대칭성
	점진적	느리고 점진적 난청
	고음	고음을 듣지 못한다. 임용 11 고음, 중등도음, 저음 순으로 감지력 퇴화 초기 : 고음역 감각신경성 난청, 후기 : 전음역 감각신경성 난청 ex) 소음 * 메니에르병, 이경화증 : 초기 – 저음역 감각신경성 난청, 후기 – 전음역 감각신경성 난청
	난청 증상	

2 노인의 약물요법

노인의 특징

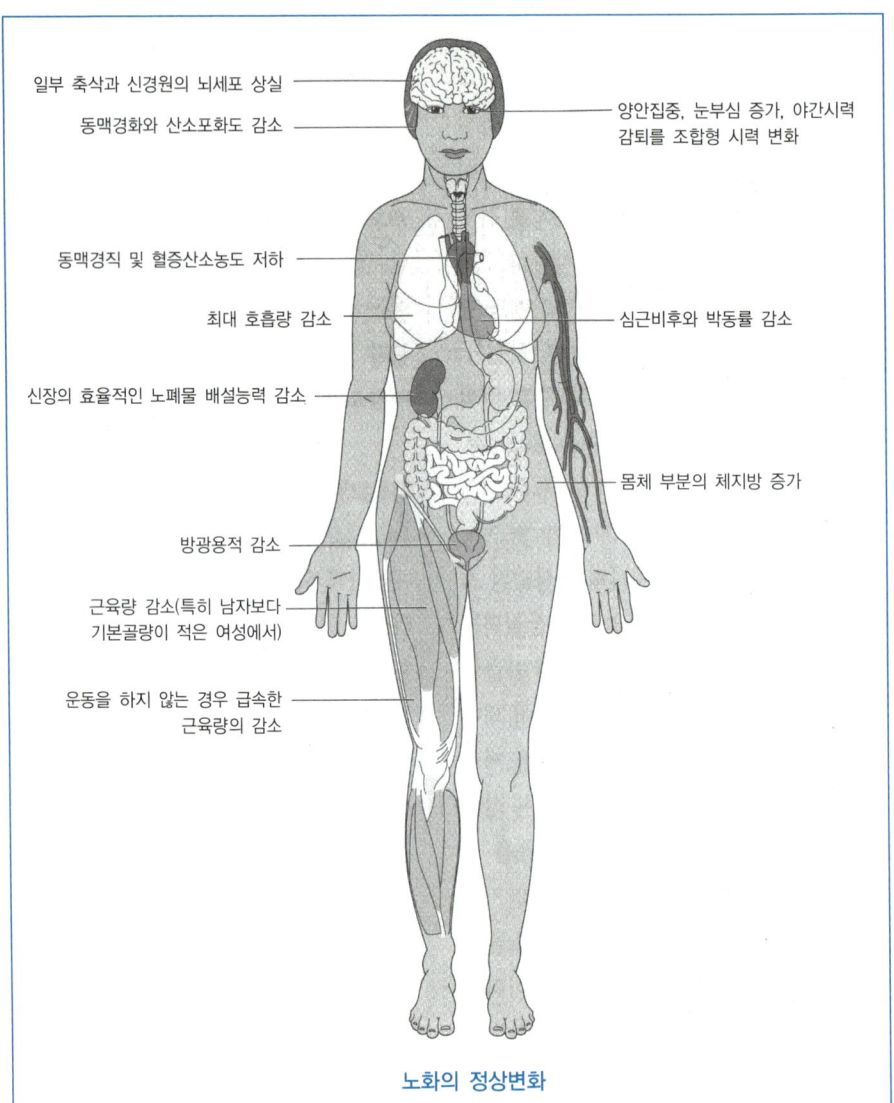

노화의 정상변화

약동학(pharmacokinetics)

| 정의 | 인체에 약물을 흡수(Absorption), 분포(Distribution), 대사(Metabolism), 배설(Elimination) 과정을 다루는 것으로 ADME라고 부른다. |

약물의 동태

흡수	기전	약물 흡수는 약물이 투여 부위로부터 혈류 내로 이동하는 과정이다. 구강 투약은 위산도와 위장관계 운동성에 따라 흡수에 영향을 준다.
	투여 시기	경구투여 경우 공복에 약물 흡수가 빠르며 위 내용물이 많을 때 약물의 흡수가 늦으며 위점막에 약물 자극도 적다.
분포	기전	분포란 약물이 혈류를 떠나 세포외액과 조직세포에 퍼진 농도이다. 분포는 단백질 차이, 수용성 약물은 체액 차이, 지용성 약물은 체지방률 차이에 의해 영향을 받는다.
	혈장단백	혈장 알부민은 주요한 약물 결합 부위이다. 단백과 결합된 약물은 유리 상태로 되는 시간이 느리므로 작용 부위에 분포되는 것도 늦어져 천천히 나타나며 오랫동안 지속된다. 약물 대사나 배설에 의한 제거 시 결합약물이 단백질로부터 해리되어 유리 약물 농도를 유지시킨다. 유리 상태의 약물만이 모세혈관을 통과하여 각 조직에 분포되고 배설된다.
	체액	수용성 약물은 세포외액에 분포한다. 수용성 약물은 세포의 지질막을 통과하여 세포내액으로 들어갈 수 없다.
	체지방률	체지방률은 지용성 약물의 체내 분포에 영향을 미친다. 지용성 약물은 체지방에 저장되어 분포되고 포화되어 혈중 농도가 낮아진다.
대사	기전	대사는 생체변환으로 약물을 배설이 용이한 수용성 형태로 변화시키며 간에서 일어나고 신장계를 통한 물질 배설을 촉진한다. 노화나 간 기능 저하로 약물이 느리게 대사되어 약물이 체내에 쌓이는 것이 축적이다. 국시 15 약물 축적은 약물 독성 위험이 있다. * 축적작용 : 약물을 계속 투여했을 때 흡수에 비해 배설 또는 해독이 지연되는 경우 이전에 투여한 약물이 체내에 축적
배설	기전	배설은 신체로부터 약물을 제거하는 과정이다. 신장은 약물을 배설하는 주요한 경로이다. 신장의 기능 부전은 배설에 지장을 준다.

반감기 = 약이 절반이 될 때

절반	약물의 반감기(half-life)는 약물 복용 후 약물이 50% 감소하는데 필요한 시간이다. 약물 반감기는 약물의 흡수 속도, 분포, 간에서 대사, 신장에서 배설에 영향을 받는다. 체내에 약물이 얼마나 오래 남아 있는가는 약물을 얼마나 자주 복용해야 할지를 결정한다. 1회 복용한 약은 4~5번 반감기에 거의 완전히 배설된다.
항정상태	약을 규칙적 간격으로 여러 번 복용하면 4~5번의 반감기를 거친 후에야 항정상태(steady state)에 도달한다. 항정상태에서 약물의 혈장 농도가 일정하게 유지된다. 항정상태는 약물의 투여속도와 배설속도가 같을 때이다.

노화에 따른 약동학 국시06

흡수 국시00	구강투약 - 점막 위축	위와 장의 혈류 감소로 위와 장의 점막 위축으로 위와 장의 흡수 면적이 감소되어 약물효과가 감소한다.
	구강투약 - 위산 감소	위점막 위축으로 위산 감소로 위장 내 pH 증가로 알칼리성에 용해되는 약물은 흡수가 증가하나 산성에 용해되는 약물은 흡수가 감소한다. * 칼슘, 철분, Vit B_{12} : 능동적 이동에 고농도 수소이온 필요
	구강투약 - 위장 운동 저하	위와 장의 운동 저하로 위와 장의 내용물이 비워지는 시간 지연으로 약물 흡수 속도가 감소한다.
	근육투약 국시05	근육의 모세혈관 감소와 근육량 감소와 근육에 지방이 축적되면 근육주사 약물의 흡수율이 감소한다.
	피부투약	표피, 진피, 피하조직의 혈관의 순환 감소는 피부에 바르는 약흡수 감소와 느리게 흡수되어 약의 반감기가 길어진다.
분포	혈장단백결합 임용12	노인은 혈류량이 감소하여 소장과 대장 점막 위축으로 영양분 흡수가 감소된다. 단백질 흡수 감소로 혈청 알부민이 저하된다. 약물과 결합하는 혈장단백질(알부민) 결핍으로 혈중 유리 증가, 분포 증가로 약물 독성이 초래된다.
	수용성 약물	노인은 총 체내 수분량 감소로 수용성 약물의 분포 감소와 혈장농도 증가로 독성이 증가한다.
	지용성 약물	노인은 지방량 증가로 지용성 약물의 지방조직에 축적되어 지용성 약물의 분포 증가로 제거가 늦고 작용시간이 증가한다. 반감기가 증가하고 혈장농도가 감소한다. ex) 노인에서 지방량 증가로 지용성 항정신병 약물들의 반감기 증가
대사	간 대사 감소	간세포 수 감소와 간효소의 활성 감소와 간 혈류 감소와 간에 섬유성 조직 증가로 간의 대사능력이 저하된다. 간에서 대사되는 약물 제거가 느려져 약물의 혈장농도 증가, 반감기 증가와 약물이 축적된다. 국시17
배설	신기능 감소	네프론 수 감소로 사구체 감소와 사구체막 경화와 신장 혈류 감소에 의해 신기능 감소로 신사구체 여과율 저하, 크레아티닌 청소율이 감소된다. 약물 배설이 느려져 반감기가 길어지고 혈장 약물농도가 증가하고 약물중독 위험이 있다.

신생아와 영아

분포	신생아와 영아는 간이 미성숙하여 혈청 단백 수준이 낮으며 단백결합 부위가 적다. 신생아와 영아의 알부민은 성인보다 약물에 결합 능력이 낮다. 단백과 결합하려는 약물은 낮은 단백결합 능력으로 결합하지 못한 약물의 혈청 농도가 증가하여 독성을 가져온다. 비결합 부분이므로 신체로부터 빠르게 배설되어 제거된다. 혈청 농도증가와 빠른 배설로 투여용량을 낮추거나 잦은 투약이 필요하다.
대사	간의 미성숙 때문에 신생아와 영아의 약물대사 능력은 저하된다. 국시 24 간에서 대사되는 약물의 반감기는 길다. 투약의 빈도와 용량도 줄인다. 유아기 동안 대사율은 높아 약물이 빠르게 대사되므로 고용량 또는 잦은 투약이 요구된다.
배설	영아기(신생아기) 동안 신장배설 감소는 약물 반감기를 연장하고, 신장을 통해 배설되는 약물에 독성을 증가시킨다. 영아기 동안 용량 감소가 필요하다. 3세가 되면, 사구체여과율은 성인수준을 능가하고, 약물은 빨리 제거된다.

약역학(pharmacodynamics)

정의	약물이 몸에 대한 반응으로 수용체에 붙어서 작용하는 생체 반응의 작용기전이다.

약물의 효력과 최고효능 : 용량-반응 곡선에서 효력과 최고효능을 측정할 수 있다.

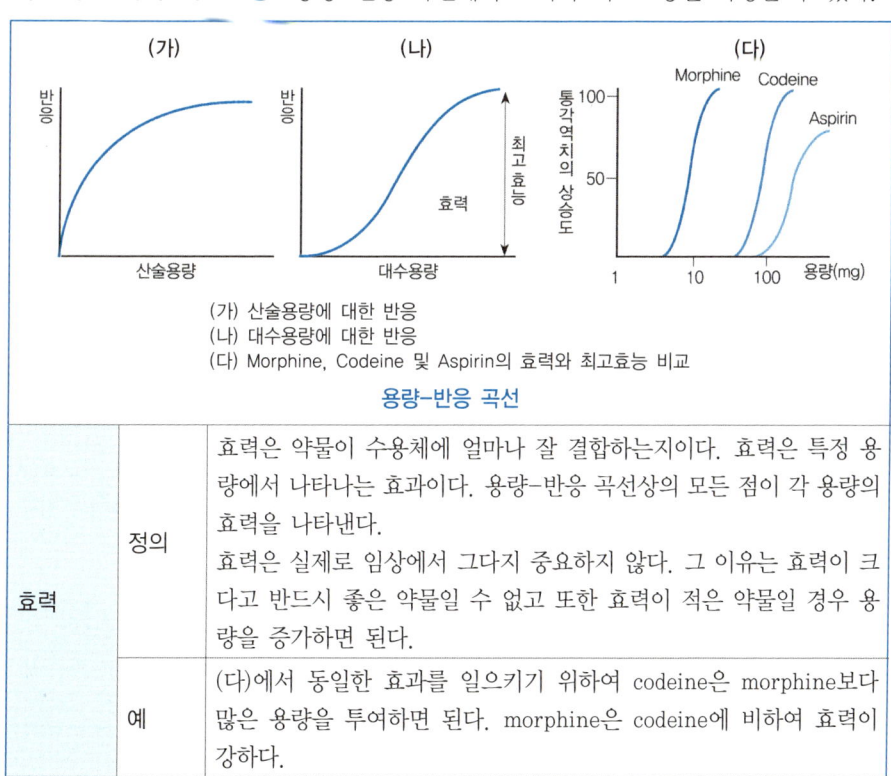

(가) 산술용량에 대한 반응
(나) 대수용량에 대한 반응
(다) Morphine, Codeine 및 Aspirin의 효력과 최고효능 비교

용량-반응 곡선

효력	정의	효력은 약물이 수용체에 얼마나 잘 결합하는지이다. 효력은 특정 용량에서 나타나는 효과이다. 용량-반응 곡선상의 모든 점이 각 용량의 효력을 나타낸다. 효력은 실제로 임상에서 그다지 중요하지 않다. 그 이유는 효력이 크다고 반드시 좋은 약물일 수 없고 또한 효력이 적은 약물일 경우 용량을 증가하면 된다.
	예	(다)에서 동일한 효과를 일으키기 위하여 codeine은 morphine보다 많은 용량을 투여하면 된다. morphine은 codeine에 비하여 효력이 강하다.

효능 (최고효능)	정의	효능(최고효능)은 그 약물이 일으킬 수 있는 최고효과(반응)이다. 각 약물이 가지고 있는 내인성 활성이다. 수용체를 활성화하여 세포 반응을 일으키는 약물의 능력이다.
	예	(다)에서 morphine과 codeine의 최고효능은 같으며 이들의 최고효능은 aspirin보다 크다. morphine과 codeine은 대부분 통증을 완전히 없앨 수 있으나 aspirin은 아무리 대량을 투여하여도 약한 진통 효과 밖에 나타나지 않는다.

내인성(내재) 활성(intrinsic activity)

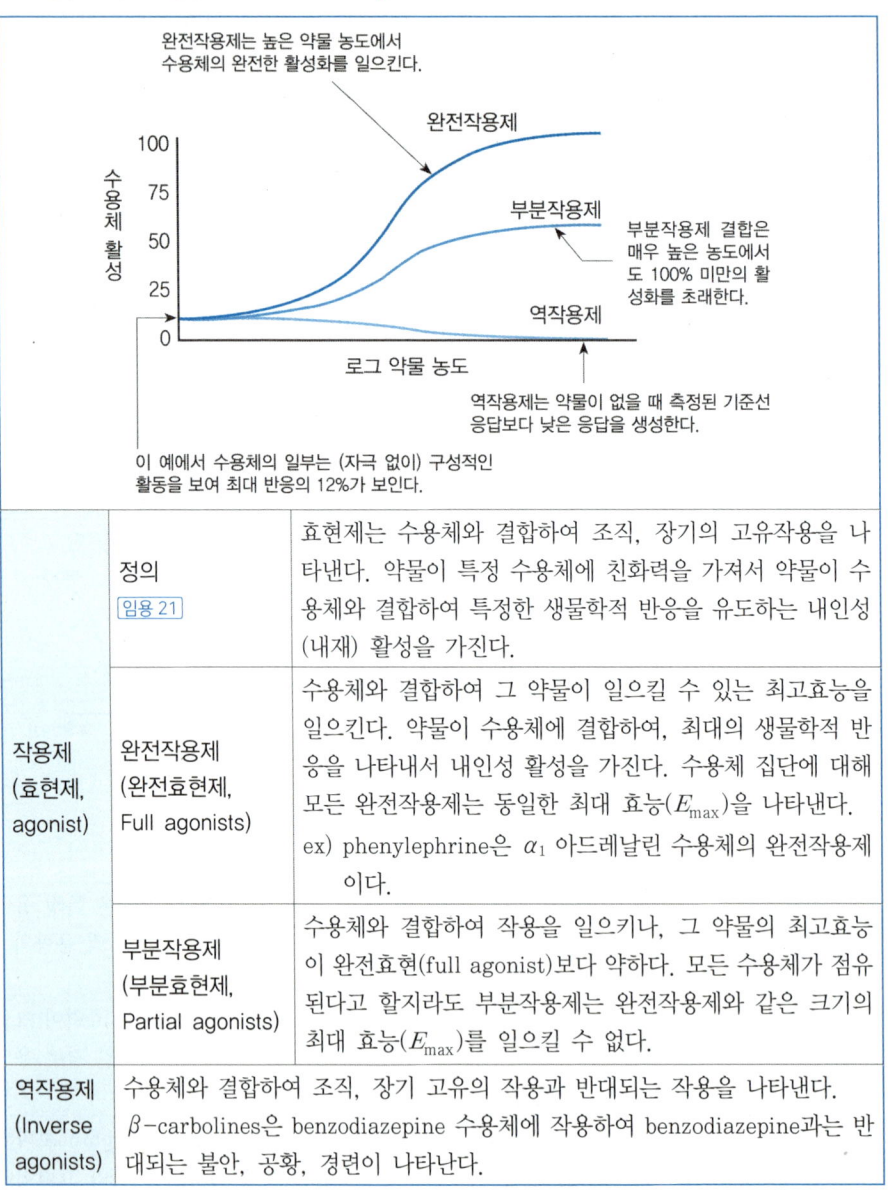

작용제 (효현제, agonist)	정의 임용 21	효현제는 수용체와 결합하여 조직, 장기의 고유작용을 나타낸다. 약물이 특정 수용체에 친화력을 가져서 약물이 수용체와 결합하여 특정한 생물학적 반응을 유도하는 내인성(내재) 활성을 가진다.
	완전작용제 (완전효현제, Full agonists)	수용체와 결합하여 그 약물이 일으킬 수 있는 최고효능을 일으킨다. 약물이 수용체에 결합하여, 최대의 생물학적 반응을 나타내서 내인성 활성을 가진다. 수용체 집단에 대해 모든 완전작용제는 동일한 최대 효능(E_{max})을 나타낸다. ex) phenylephrine은 α_1 아드레날린 수용체의 완전작용제이다.
	부분작용제 (부분효현제, Partial agonists)	수용체와 결합하여 작용을 일으키나, 그 약물의 최고효능이 완전효현(full agonist)보다 약하다. 모든 수용체가 점유된다고 할지라도 부분작용제는 완전작용제와 같은 크기의 최대 효능(E_{max})를 일으킬 수 없다.
역작용제 (Inverse agonists)		수용체와 결합하여 조직, 장기 고유의 작용과 반대되는 작용을 나타낸다. β-carbolines은 benzodiazepine 수용체에 작용하여 benzodiazepine과는 반대되는 불안, 공황, 경련이 나타난다.

길항제 (대항제, Antagonist)	기전 [임용 21]	(그래프: 약물 농도에 따른 생물학적 영향 — 약물 단독, 비경쟁적 길항제 약물, 경쟁적 길항제 약물. 단독 또는 비경쟁적 길항제의 존재하에 약물을 위한 EC_{50}, 경쟁적 길항제의 존재하에 약물에 대한 EC_{50}) 길항제는 주효 세포의 수용체와 결합은 하되 조직, 장기 고유 기능을 나타내지 못한다. 작용제가 그 수용체와 결합하는 것을 방해하여 효현제의 작용을 봉쇄한다. 길항제는 높은 친화성으로 수용체와 결합하지만 내인성 활성은 0(zero)이다. [공무원 21]
	예제	acetylcholine은 심장에서 콜린 수용체(cholinergic receptor)와 결합하여 심장 박동수를 감소시키는 콜린 효현제이다. atropine은 길항제로 심장의 콜린성 수용체와 결합은 하지만 그 자체는 작용이 없고 acetylcholine 작용이 나타나지 못하게 한다.
	경쟁적 길항제 (Competitive antagonists)	경쟁적 길항제는 약의 효력을 감소시킨다. 길항제와 작용제가 다같이 동일한 수용체 부위에 가역적으로 결합한다. 경쟁적 길항제는 수용체의 결합부위에 작용제의 결합을 차단하여 수용체를 불활성 상태로 유지한다. 경쟁적 길항제는 작용제의 효력을 감소시킨다. 경쟁적 길항제가 있을 때 작용제를 더 많이 넣으면 일반적 약효를 기대할 수 있다. 항고혈압제인 terazosin은 α_1-아드레날린 수용체에서 내인성 리간드인 노르에피네프린과 경쟁하여 혈관 평활근의 긴장도를 감소시켜 혈압을 감소시킨다. * 내인성 리간드: 생체에 결합하여 특정 효과를 나타내는 물질
	비경쟁적 (비가역적) 길항제 (Irreversible antagonists)	작용 약과는 다른 수용체에 결합하거나 수용체에 결합하지는 않지만 길항 효과를 나타낸다. 비경쟁적 길항제는 작용제의 효능(E_{max})을 감소시킨다.

치료지수(therapeutic index)

정의 [임용 20]	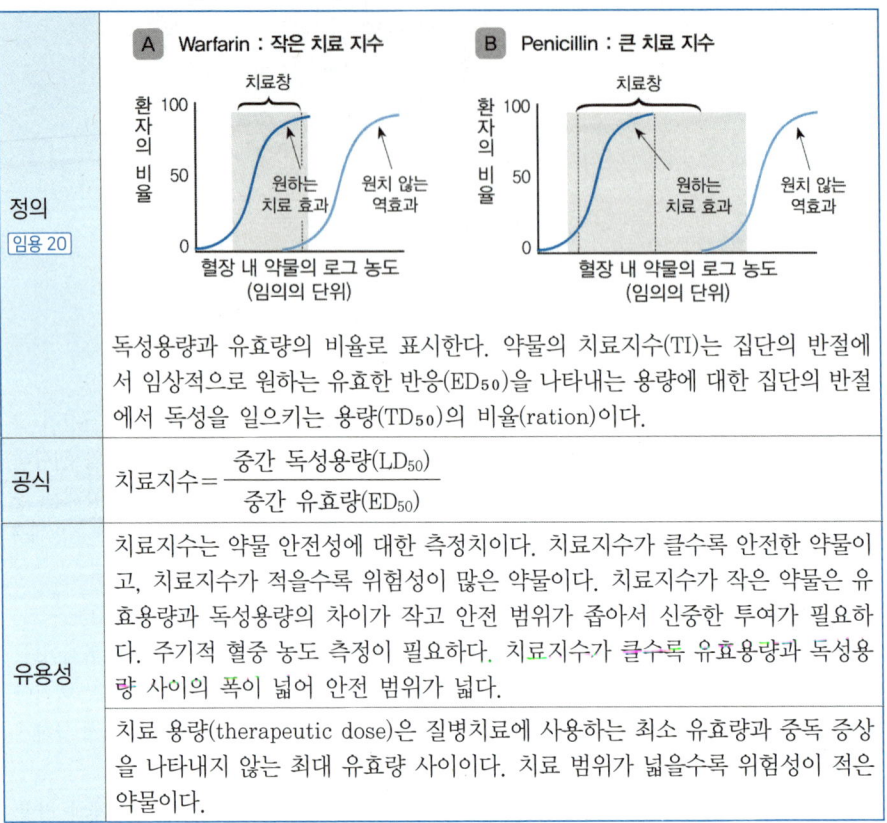 독성용량과 유효량의 비율로 표시한다. 약물의 치료지수(TI)는 집단의 반절에서 임상적으로 원하는 유효한 반응(ED$_{50}$)을 나타내는 용량에 대한 집단의 반절에서 독성을 일으키는 용량(TD$_{50}$)의 비율(ration)이다.
공식	치료지수 = $\dfrac{\text{중간 독성용량(LD}_{50})}{\text{중간 유효량(ED}_{50})}$
유용성	치료지수는 약물 안전성에 대한 측정치이다. 치료지수가 클수록 안전한 약물이고, 치료지수가 적을수록 위험성이 많은 약물이다. 치료지수가 작은 약물은 유효량과 독성용량의 차이가 작고 안전 범위가 좁아서 신중한 투여가 필요하다. 주기적 혈중 농도 측정이 필요하다. 치료지수가 클수록 유효용량과 독성용량 사이의 폭이 넓어 안전 범위가 넓다.
	치료 용량(therapeutic dose)은 질병치료에 사용하는 최소 유효량과 중독 증상을 나타내지 않는 최대 유효량 사이이다. 치료 범위가 넓을수록 위험성이 적은 약물이다.

약물 상호작용 [공무원 22]

상합작용	두 가지 이상 약물을 병용할 때 그 효과가 각 약물작용의 산술적 합으로만 나타난다(예 2+3=5). 상합작용은 aspirin과 codeine을 병용할 때와 같이 대부분 약물의 병용 투여에서 볼 수 있다.
상협작용	약물을 병용할 때 그 효과가 각 약물작용의 산술적 합보다 크게 나타난다(예 2+3=20). Epinephrine과 cocaine을 병용하면 상협작용으로 각 약물작용의 산술적 합보다 강한 혈압상승이 나타난다. 상협작용을 나타내는 약물을 병용하면 각 약물을 단독으로 사용할 때보다 소량으로도 충분한 효과를 내고 각 약물의 독성을 줄일 수 있다.
상승작용	어떤 특정작용이 훨씬 강하게 나타난다(예 2+0=10). 진통작용을 가진 fentanyl과 진통효과가 전혀 없는 phenothiazine(항정신병 약물) 계통인 droperidol을 병용할 때 진통효과가 fentanyl을 단독 사용할 때보다 강하다.
길항작용 [공무원 20]	2종 이상 약물을 병용할 때 각 약물 작용이 약해지거나 나타나지 않는다. 수용체에 결합하는 약물 능력을 차단하거나 수용체를 활성화시키는 능력을 차단한다.

노인 투여량 결정 [국시 09]

체중, 간, 신장 기능
ex) 체중이 평균 이하 환자, 간, 신장 기능 감소된 환자의 약물용량 감소

3 노인 학대

정의	노인 학대는 노인에 신체적, 정서적, 성적 폭력 및 경제적 착취 또는 가혹행위를 하거나 유기 또는 방임을 하는 것이다(노인복지법 제1조의2 제4호). ☆ 신정성 경제적 학대 cf) 아동학대 ☆ 방임은 신정성을 가진 정의 물 보유교 신체적 학대, 정서적 학대, 성적 학대, 물리적 방임, 정서적 방임, 의학적 방임, 교육적 방임, 보호관련 방임, 유기	
종류	신체적 학대	정의	물리적 힘 또는 도구를 이용하여 노인에게 신체적 또는 정신적 손상, 고통, 장애를 유발시키는 행위
		예	침대 등에 묶어서 움직이지 못하게 한다. 집 밖으로 나가지 못하게 하거나 집으로 들어오지 못하게 한다. 칼 등의 흉기로 위협한다. 꼭 먹어야 할 약물을 못 먹게 한다. 불필요한 약물을 강제로 먹게 한다. 강제로 일을 강요한다.
	정서적 학대	정의	비난, 모욕, 위협, 협박 등의 언어 및 비언어적 행위를 통하여 정서적으로 고통을 주는 행위
		예	고함을 지르거나 욕을 한다. 말이나 행동을 통해 무시한다. 이성교제나 사회활동을 방해한다. 자신에 대한 주요 결정에 소외시킨다.
	성적 학대	정의	성적 수치심 유발행위나 성폭력(성희롱, 성추행, 강간) 등 노인의 의사에 반하여 강제적인 성적 행위
		예	원하지 않는데 강제로 성관계를 강요하거나 몸을 만진다. 성적 수치심을 주는 성적인 농담이나 희롱을 한다. 사람들이 보고 있는데 성적 부위를 드러내고 옷이나 기저귀를 교체한다.
	경제적 학대 국시 22	정의	노인의 의사에 반하여 노인의 재산 또는 권리를 빼앗아가는 행위로 경제적 착취, 재산에 관한 법률 권리 위반, 경제적 권리와 관련된 의사결정에서 통제 행위
		예	허락 없이 재산을 가로챈다. 허락 없이 인감을 사용하여 피해를 준다. 자신의 돈을 마음대로 사용하지 못한다.
	방임	정의	부양의무자로서 책임이나 의무를 거부, 불이행, 노인의 의식주 및 의료를 적절하게 제공하지 않는 행위와 자기방임을 포함한다.
		예	거동이 불편한 어르신에게 돌봄을 제공하지 않는다. 생활비가 없는 어르신에게 경제적 도움을 주지 않는다. 의료적 치료가 필요한 어르신을 방치한다.
	자기 방임	정의	자신을 돌보지 않고 자해하거나 돌봄을 거부해서 생명이 위협받는다. 노인 스스로가 최소한의 자기보호 관련 행위를 포기하여 심신이 위험한 상황, 사망에 이른다. 노인 스스로 의식주 제공, 의료 처치 등의 최소한의 자기 보호 관련 행위를 포기한다.

종류	유기	정의	보호자 또는 부양의무자가 노인을 버리는 행위
		예	연락을 두절하고 왕래하지 않는다. 시설이나 병원에 입소시키고 연락을 두절한다. 낯선 장소에 버린다.
신고			누구든지 노인 학대를 알게 된 때에는 이를 노인보호 전문기관 또는 수사 기관에 신고하고 직무상 노인학대를 알게 된 해당하는 자는 신고를 의무화함(노인복지법 제39조의6) 공무원 22 의료기관에서 의료업을 행하는 의료인 등 cf) 아동학대 : 시도·시군구 또는 수사 기관에 신고

4 노인우울증

가성치매 정의

우울에 의해 인지기능이 가역적으로 손상
주요 우울장애 노인은 기억력 장애 호소로 치매의 초기 증상으로 오인된다.
우울증이 완화되면 기억력이 향상된다.

* 섬망 임용 22 : 급성 뇌증후군으로 혼동에서 의식장애, 지남력 장애, 인지장애, 초조함, 행동장애(과다한 행동), 사고장애, 지각장애(환각, 환청)를 일으키며 단기간 증상으로 3주 내 회복된다.
* 주요 우울장애 : 활성기 증상(5가지 이상)이 2주 이상 지속
* 기분 부전 장애 : 경미한 우울 증상(2가지 이상)이 2년 이상 지속

섬망, 치매, 우울 비교

양상	섬망	치매	우울(가성치매)
정신병력		흔하지 않음	흔함
발생시기	급속하며 종종 야간에 발생	정확하지 않음. 잠행성, 알지 못하는 사이 발생	확실하며 생의 변화와 일치하며 종종 갑작스러움
질병과정	변동이 있으며 밤에 악화되고 명확한 간격을 나타냄		아침에 악화되고 낮에 나타남 상황에 따라 변동적임
진행 속도	갑작스러움	느리지만 일정한 진행 속도	빠른 진행 속도
증상 지속 기간	수시간에서 한 달 이내	장기적	단기적 적어도 2주 정도이며 수개월에서 수년간임

인지기능

양상	섬망	치매	우울(가성치매)
사고	조직적이지 못하고 왜곡, 느리거나 점점 빨라지는 말시작과 일관성이 없는 화법	인지기능 변화가 가장 먼저 발생 사고 빈곤, 판단장애, 적당한 언어를 찾는 것과 추상적인 것을 다루는 데 어려움	감정변화가 가장 먼저 발생 사고는 정상
인지기능 상실에 자각	인지기능 상실에 자각이 감소됨 * 병식 : 환자가 특정한 기분, 사고, 지각에 이상이 있다고 알고 있는지 질환의 일부라고 파악하는지 살핀다.	인지기능 상실에 자각하지 못함	인지기능 상실에 비교적 자각
의식	변동적, 기면상태 * 기면 : 자극이나 언어, 질문에 쉽게 깨어나 대화가 가능하고 외부 자극이 없으면 각성 상태를 유지하지 못하고 자려고 한다. ex) 의식 수준 : 기민, 기면, 혼미, 반혼수, 혼수	대체로 정상	정상
지남력	변화가 심하며 지남력 장애가 있음	초기 : 시간 지남력 장애 후기 : 장소, 사람에 지남력 장애	
최근 기억/ 먼 기억력 상실		최근 기억상실이 큼	최근 기억 / 먼 기억력 상실
특정 기억상실		흔하지 않음	흔함
주의 집중력	주의력 장애	종종 산만함	치매보다 좋으나 집중력 장애

정서와 지각

양상	섬망	치매	우울(가성치매)
감정		감정 불안정, 급격한 변화, 초조	우울, 감정은 일관되게 불쾌, 무감동, 피로, 자살 위험 있음
자신의 증상에 정서반응		다양함, 무관심	매우 불편해 함 우울을 부정하기도 함
지각, 사고내용	왜곡됨 : 착각, 환각, 망상	지각 이상이 종종 나타남 : 착각, 환각, 망상	환각, 망상

* 착각 : 실제적 외부 자극을 잘못 인식하는 현상
* 환각 : 외부 자극이 실제로 없음에도 마치 외부에 자극이 있는 것처럼 지각 체험
* 망상 : 현실에 맞지 않는 불합리하고 잘못된 믿음, 생각

행동과 수면

양상	섬망	치매	우울(가성치매)
사회적 기술 상실		후기에 사회적 기술 상실	초기에 사회적 기술 상실
정신운동성 행동	다양함 : 운동감소, 운동과다 또는 혼합됨	실행증 : 운동기능은 정상이나 운동성 활동의 수행능력 장애	정신운동성 지체 또는 흥분
수면-각성 주기	수면-각성 장애가 있으며 수면주기가 역전됨	자주 깨어남	수면-각성 장애가 있으며 이른 아침에 깨게 됨

Mini-Mental State Examination(MMSE, 간이정신상태검사) 비교

	섬망	치매	우울(가성치매)
MMSE	산만하여 과제에 집중하지 못하여 성취가 낮으나 환자가 회복되면 향상됨	MMSE에 협조적이지만 부정확하며 성취는 낮음 잘못된 답을 자주하며 검사와 싸우면서 적절한 답을 하는 데 많은 노력을 함	MMSE에 비협조적이거나 받지 않음 '모른다'는 답을 자주하며 노력을 거의 하지 않고 자주 포기하며 무관심함
'모른다'는 답변		흔하지 않음	흔함
과업수행 노력		많이 함	적음
유사한 과업 수행 능력 장애		일관성 있게 보임	다양

04 신경인지장애

1 섬망(Delirium)

정의 임용 22	급성 뇌증후군으로 혼동에서 의식장애(의식의 흐림), 지남력 장애, 집중력 장애, 기억력 장애, 언어 장애, 행동장애(심한 과다행동), 시공간 장애 또는 지각 장애(환각, 환시, 착각)가 갑작스럽게 발생하며 단기간 증상이다. 주요 신경인지장애와 달리 회복이 가능하다. 국시 13 병원, 익숙지 못한 환경에 부적응으로 발생한다. * 위기 : 불안이 증가하고 인지 기능이 감소하며 행동 와해로 위기는 4~6주 단기간에 긍정적, 부정적으로 해결
예후	적절한 방법으로 치료하지 않을 경우, 돌이킬 수 없는 신경적 손상을 야기한다. 환자의 25%는 생존하지 못한다.
기전	도파민계 과다 활성, 콜린계 저하, 억제성 신경전달물질 GABA 감소 cf) 파킨슨 실환 : 도파민 감소, 콜린성 항진 * 조현병 : 도파민 증가 D_2(중변연계) – 양성 증상, 도파민 감소 D_1(대뇌피질) – 음성 증상, 세로토닌 증가 – 음성 증상
진단기준	A. 집중력 장애(주의를 집중하고, 유지하고, 이동하는 능력 감퇴)와 환경에 대한 인식 능력의 감소가 동반되어 있음 B. 장애가 단기간 동안(대개 몇 시간에서 며칠) 걸쳐 나타나며, 원래의 집중력과 인식능력의 변화가 있으며, 하루의 경과 중에도 변하는 경향이 있다. C. 인지에 부가적인 변화가 있음(예) 기억력 장애, 지남력 장애, 언어 장애, 시공간 장애 또는 지각 장애) D. 진단기준 A와 C의 장애가 기존에 존재하거나 확립된 또는 발생중인 신경인지 장애로 설명되지 않는다. E. 장애가 다른 의학적 상태, 물질 중독 또는 금단(예) 약물 남용 또는 처방약물에 의한) 또는 독성 물질의 노출 또는 여러 원인들에 의한 직접적 생리적 결과라는 병력, 신체 진찰 또는 검사실 검사 소견과 같은 증거가 있다.
증상	의식장애	혼미에서 과다활동까지 다양
	인지장애	사고가 조직화되지 않고 관심의 범위가 빨리 변한다.
	정신 운동성 장애	환각, 망상, 공포, 불안, 편집증
	지각장애	아무것도 없는데도 벌레가 피부를 기어가는 것을 느끼는 시각적, 촉각적 환각

증상	수면각성주기 장애	낮보다 밤에 심해진다. 국시 12
	뇌손상, 사망	증상을 인식하지 못하고 지나치거나, 원인을 치료하지 않으면 영구히 돌이킬 수 없는 뇌손상, 사망을 한다.
간호	친숙한 환경	시간, 장소, 사람에 자주 알려준다. 국시 24 지남력을 가지도록 친숙한 환경을 만든다. 가족구성원들, 친구들이 대상자와 접촉하고 이야기한다.
	조명 국시 23	방에 적절한 조명을 한다. 국시 24 밤에도 조명등으로 적절한 자극을 유지한다. 국시 11
	자극 감소 국시 23	환자 인식을 방해하는 소음, TV, 모니터 경보기의 자극을 줄인다.
	의사소통 국시 23	부적응적인 인지를 가진 대상자에게 단순하고 구체적인 용어를 사용하고 직접적이며 사실적인 대화를 한다.

2 루이소체 치매

치매 정의	기억, 언어, 판단력 등의 여러 영역의 인지 기능이 감소하여 일상생활을 수행하지 못하는 상태이다.
병리소견	루이체 치매(루이소체 치매, 레비체 치매, dementia with Lewy body) 대뇌피질과 뇌간에서 루이소체(Lewy body)가 축적되어 발생한다. 전체 치매 환자의 10~25%를 차지한다. 루이소체는 알파 신뉴크레인(α-synuclein)이라는 비정상적인 단백질의 응집이다.
루이소체 주요 또는 경도 신경인지 장애의 DSM	A. 주요 또는 경도 신경인지장애의 기준을 충족한다. 　＊경도인지장애 : 기억력과 사고에 약간의 눈에 띄는 측정 가능한 인지 저하가 있지만, 나이, 교육수준에 비해 기억장애가 있으며, 독립된 생활이 가능하다. 치매 진단은 내려지지 않는다. B. 장애는 점진적 발병하고 점진적으로 진행한다. C. 루이소체 신경인지장애의 핵심적 진단 특징과 시사적 진단 특징의 조합을 충족한다. 　1. 핵심적 진단 특징 　　a. 주의력과 각성의 현저한 변화와 함께 인지기능의 굴곡이 심하다. 　　b. 자세하고 잘 구성된 환시가 빈번히 나타난다. 　　c. 인지 기능저하 후 나타나는 파킨슨증 증상 　2. 시사적 진단 양상 　　a. REM 수면 행동장애 　　b. 항정신병 약물에 대한 예민성 D. 장애는 뇌혈관 질환, 다른 신경퇴행성 질환, 물질의 효과 또는 다른 정신 신경학적 전신 질환으로 더 잘 설명되지 않는다.

임상양상	3대 증상 : 인지 기능 저하, 환시, 파킨슨 증후군 파킨슨의 운동 증상 : 강직, 보행 장애가 있다. 안정 시 진전은 적다. 반복되는 환시, 환청 REM 수면 행동장애 : 꿈을 꾸면서 꿈에서 일어나는 행동을 실제로 표현 명료한 의식과 혼동이 교대 : 변동하는 인지장애 정형 항정신병 약물에 심한 부작용이 있다. 비정형 항정신병 약물인 리스페리돈에도 과민성을 일으켜 쿠에티아핀이나 크로자핀이 선호된다. ＊환시 : 아무것도 없는데 눈에 보이는 것
치료	특별한 치료 방법은 없으며, 보조적 치료

3 전두측두엽 치매

정의	뇌의 전두엽(인격과 태도, 정서 조절, 운동·운동언어 중추) 또는 측두엽(기분과 감정, 언어 이해)의 위축과 관련 있는 진행성 신경 세포의 퇴화이다. 인지 기능 저하보다 행동과 인격 변화, 언어 장애가 특징이다. 공간 지남력이 상대적으로 보존되고 실행증이 거의 나타나지 않는다. ＊실행증 : 대체로 두정엽의 손상
역학	전체 치매의 6%이다. 평균 발병연령도 낮아 젊은 사람에서 발병한다.
원인	유전력이 강하다.

주요 또는 경도 전두측두엽 신경인지장애 DSM-5 진단기준	A. 주요 또는 경도 신경인지장애의 기준을 충족한다.
	B. 장애는 서서히 시작되고 서서히 진행한다.
	C. (1) 또는 (2)를 충족한다.
	  1. 행동유형
	    a. 다음 행동 증상들 중 3가지 이상
	      ⅰ. 탈억제 행동 : 에티켓을 무시하고 성적인 언급과 유치한 행동을 한다.
	      ⅱ. 무감동 또는 무기력
	      ⅲ. 동정 또는 공감의 소실 : 차갑고 무관심한 태도
	      ⅳ. 보속증, 상동적 또는 강박적/관습적 행동 : 몸을 긁거나 입맛다시는 행동
	      ⅴ. 구강기능항진과 식습관 변화
	    b. 사회 인지(사회적 상황에 대한 인지 과정) 그리고/또는 집행 능력의 뚜렷한 저하
	  2. 언어유형
	    a. 언어생산의 형태, 단어찾기, 사물이름대기, 문법 또는 단어 이해에서 언어 능력의 뚜렷한 저하
	D. 학습, 기억 그리고 지각 운동기능의 비교적 유지

주요 또는 경도 전두측두엽 신경인지장애 DSM-5 진단기준	E. 장애는 뇌혈관질환, 다른 신경퇴행성질환, 물질의 효과 또는 다른 정신·신경학적·전신 질환으로 더 잘 설명되지 않는다. 1. 가족력 또는 유전자 검사에서 전두측두엽 신경인지장애의 원인이 되는 유전적 돌연변이의 증거, 신경 영상검사상 전두 및 측두엽의 불균형적인 병소의 증거가 있으면 진단된다. 2. 유전 변이와 신경영상의 증거가 없을 때 진단한다.	
증상	초기 인지변화는 기억력 저하보다 추상적 사고, 성격, 행동, 언어 장애가 있다.	
	성격 변화	성격 변화와 사회적으로 부적절한 행동, 상황에 맞는 적절한 감정표현이 어렵다.
	실어증	실어증으로 언어를 사용하고 이해하는데 어려움을 보인다. 적절한 단어 선택과 사물의 이름을 말하는데 어려움(명칭 실어증)이 있다.

4 혈관성 치매

특성	혈관성 치매(Vascular dementia, 다발성 뇌경색 치매) [임용 93] 알츠하이머형 치매(AD) 다음으로 흔한 치매의 원인	
기전	흡연, 활동 저하, 고혈압, 고지혈증, 당뇨, 뇌졸중, 심혈관 질환의 과거력으로 뇌의 큰 동맥 폐쇄보다 세동맥에 의한 폐색으로 발생한다.	
주요 또는 경도 혈관성 신경인지장애 진단기준	A. 주요 또는 경도 신경인지장애의 진단기준을 충족한다. B. 임상적 특징은 다음 중 어느 하나가 제시하는 바와 같이 혈관성 병인과 일치한다. 1. 인지결핍의 시작이 하나 이상의 뇌혈관 사건과 시간적으로 관련됨 2. 복합적 주의력과 전후 수행기능에서 저하의 증거가 뚜렷함 C. 병력, 신체진찰 그리고/또는 신경영상의학적 소견상 신경인지 결손을 설명하기에 충분하다고 여겨지는 뇌혈관 질환이 존재한다는 증거가 있다. D. 증상이 다른 뇌질환이나 전신장애로 더 잘 설명되지 않는다.	
증상	행동 변화	기억상실, 배회, 실금, 지시 이행의 어려움, 다리를 질질 끄는 걸음걸이, 일상생활 관리 능력 문제가 알츠하이머병과 유사하게 나타난다.
	정서 불안정	우울, 감정적 불안정, 자제할 수 없는 감정적 상태
	국소적 신경 증상	어지러움증, 언어장애, 반사나 신경 기능의 비정상적 소견, 마비

증상	계단식 악화	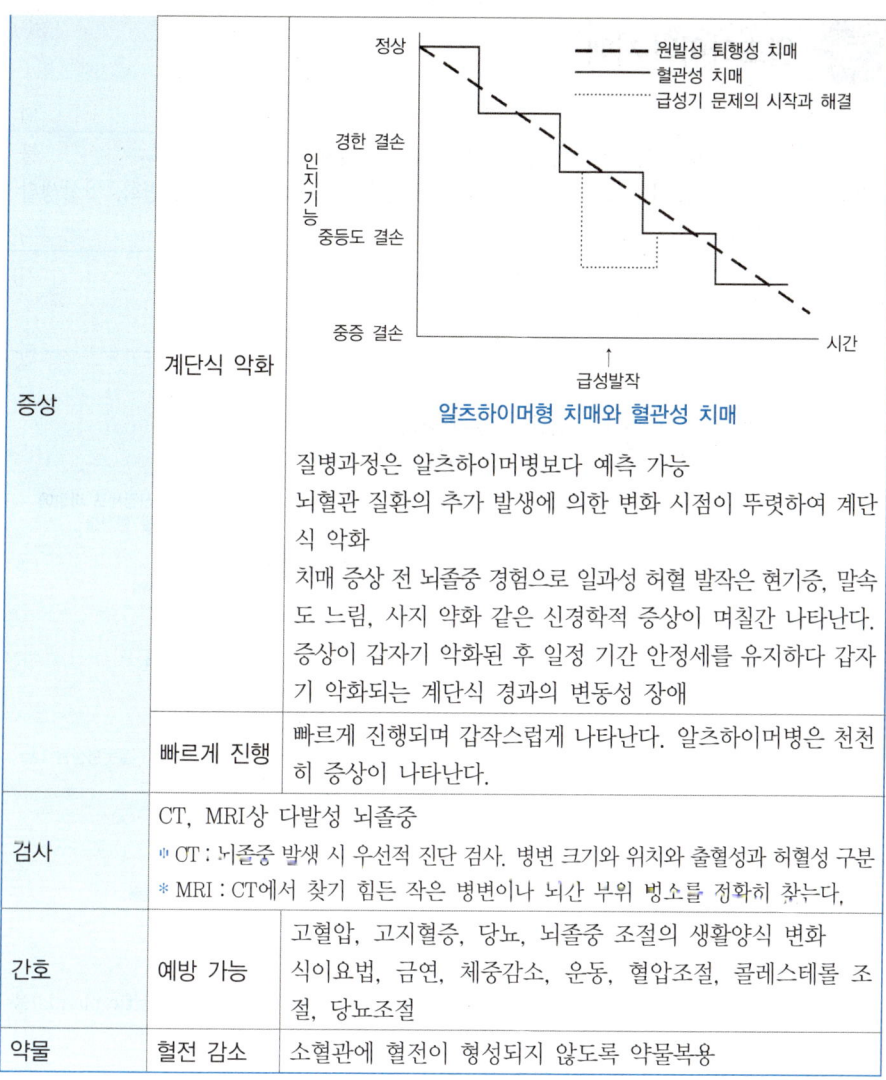알츠하이머형 치매와 혈관성 치매 질병과정은 알츠하이머병보다 예측 가능 뇌혈관 질환의 추가 발생에 의한 변화 시점이 뚜렷하여 계단식 악화 치매 증상 전 뇌졸중 경험으로 일과성 허혈 발작은 현기증, 말속도 느림, 사지 약화 같은 신경학적 증상이 며칠간 나타난다. 증상이 갑자기 악화된 후 일정 기간 안정세를 유지하다 갑자기 악화되는 계단식 경과의 변동성 장애	
	빠르게 진행	빠르게 진행되며 갑작스럽게 나타난다. 알츠하이머병은 천천히 증상이 나타난다.	
검사		CT, MRI상 다발성 뇌졸중 * CT : 뇌졸중 발생 시 우선적 진단 검사. 병변 크기와 위치와 출혈성과 허혈성 구분 * MRI : CT에서 찾기 힘든 작은 병변이나 뇌간 부위 병소를 정확히 찾는다.	
간호	예방 가능	고혈압, 고지혈증, 당뇨, 뇌졸중 조절의 생활양식 변화 식이요법, 금연, 체중감소, 운동, 혈압조절, 콜레스테롤 조절, 당뇨조절	
약물	혈전 감소	소혈관에 혈전이 형성되지 않도록 약물복용	

알츠하이머형 치매와 혈관성 치매의 비교

특성	알츠하이머형 치매	혈관성 치매
연령	75세 이상	60세 이상
성별	여성 흔함	남성 흔함
질병력 : 고혈압, 죽상경화성 혈관질환, 뇌졸중, 일과성 허혈발작, 말초혈관질환	덜 흔함	흔함
시간에 따른 증상 진행	덜 흔함 점진적 악화	흔함 계단식 악화
국소적 신경증상	덜 흔함	흔함
정서 불안정	덜 흔함	흔함 갑작스러운 웃음과 울음을 보인다.
지적장애	전반적	부분적

5 알츠하이머 치매

| 정의 | 뇌 위축을 일으키는 만성 진행성 퇴행성 질환으로 치매의 60% 신경세포 파괴로 기억장애, 판단, 시각, 공간 지각 상실, 성격 변화, 일상생활 불능이 있다. |

알츠하이머형 치매 병태생리

구조적 임용 10 ★ 베타	\multicolumn{2}{l	}{}
	\multicolumn{2}{l	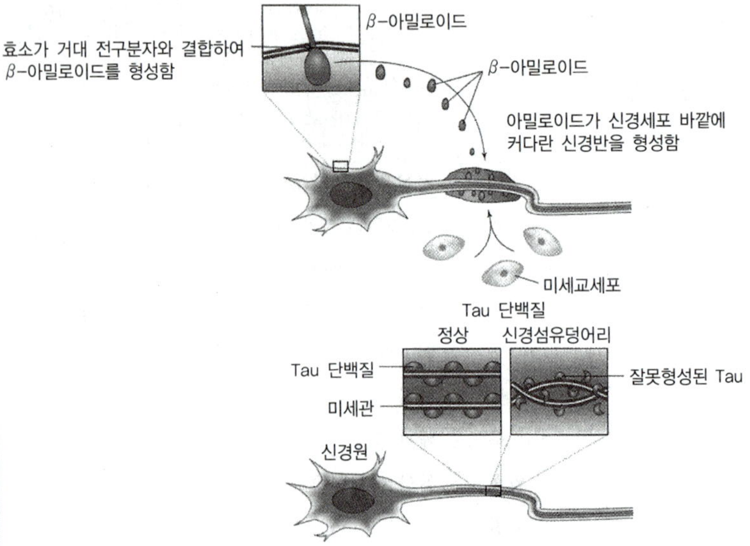}{알츠하이머병의 원인 기전 이론}
	\multicolumn{2}{l	}{유전적으로 뇌에 베타 아밀로이드 단백질이 존재하여 신경반(neuritic plaque)을 형성한다. 타우 단백질의 변성이 오고 신경원을 죽게 한다. 뉴런 소실과 뇌피질 위축이 있다. * 타우 단백질 : 뉴런에 미세소관 연결 단백질이다. 해마의 뉴런이 파괴되면 기억상실이 있다. * 해마 : 기억하는 기능을 한다.}
화학적 ★ 아노세!	아세틸콜린 감소	베타 아밀로이드 단백질은 아세틸전달효소(acetyltransferase)를 감소시켜 아세틸콜린의 부족이다. 대뇌피질의 부교감신경 전달을 방해하여 인지기능과 기억 장애가 있다. * cholinesterase(아세틸콜린 분해 효소) : 아세틸콜린을 분해하여 아세틸콜린을 감소시킨다.
	노어에피네프린, 세로토닌 감소	노어에피네프린, 세로토닌 같은 신경흥분 전달물질도 시간이 흐름에 따라 서서히 상실한다. ex) 우울 : 도파민 감소, NE, 세로토닌 감소
	glutamate 과흥분	흥분성 신경전달물질인 glutamate에 의한 glutamate NMDA 수용체의 과다한 자극이 발생한다.

알츠하이머병으로 인한 주요 또는 경도 신경인지장애의 진단기준 [임용 10]

신경인지장애	A. 주요 신경인지장애 또는 경도 신경인지장애 진단기준을 충족
서서히	B. 1개 이상의 인지 영역에서 인지감퇴가 서서히 시작되고 서서히 진행하는 소견(주요 신경인지장애인 경우 적어도 2개 이상의 인지 영역의 손상이 있어야 함)
알츠하이머병	C. 다음의 유력 알츠하이머병 또는 가능 알츠하이머병 진단기준을 만족

	주요 신경인지장애	알츠하이머병으로 인한 주요 신경인지장애의 경우 :
		 유력 알츠하이머병은 아래 1, 2 두 가지 충족 시 진단 가능함
		 그렇지 않으면 가능 알츠하이머병으로 진단해야 함
		 1. 가족력 또는 유전자 검사상 원인적인 알츠하이머병 유전자 변이 증거
		 2. 다음 3가지 모두 충족
		   a. 기억 및 학습, 그리고 적어도 하나 이상의 다른 인지영역 저하의 명백한 증거(자세한 병력 또는 반복적인 신경심리 평가에 근거함)
		   b. 지속적이고 서서히 진행하는 인지기능 저하, 오랜 기간 정체됨이 없어야 함
		   c. 다른 원인이 없음(인지 저하에 요인으로 보이는 다른 신경퇴행성 또는 뇌혈관 질환 또는 다른 신경과, 정신과 장애, 전신 질환이 없음)

	경도 신경인지장애	알츠하이머병으로 인한 경도 신경인지장애의 경우 : 유력 알츠하이머병은 가족력 또는 유전자 검사상 원인적인 알츠하이머병 유전자 돌연변이의 증거가 있으면 진단 가능하고, 원인적인 알츠하이머병 유전자 돌연변이의 증거가 없는 경우라면 아래 3가지를 모두 충족하면 가능 알츠하이머병으로 진단해야 함 1. 기억 및 학습 저하의 명백한 증거 2. 지속적이고 서서히 인지기능 저하, 오랜 기간 정체됨이 없어야 함 3. 다른 원인이 없음(인지 저하에 요인으로 보이는 다른 신경퇴행성 또는 뇌혈관 질환 또는 다른 신경과, 정신과 장애, 전신 질환이나 상태가 없음)
제외	D. 인지장애가 뇌혈관질환, 다른 신경퇴행성질환, 물질 영향 또는 다른 정신과, 신경과 장애 및 전신질환에 의해 더 잘 설명되지 않음

치매 증상

기억장애	초기	새로운 정보에 학습장애와 최근 기억(단기 기억) 장애 * 기억 검사 : 즉각 저장(등록)과 회상, 최근 기억(단기 기억), 장기 기억(과거 기억)
	후기	장기 기억 장애 자신의 생년월일과 배우자의 죽음 같은 중대한 사건을 인지하지 못한다.
	기억장애 인지 부족	기억력이 감퇴되었다는 사실조차 자각하지 못한다. cf) 가성치매 : 인지기능 상실에 지각
지남력 상실	지남력	시간, 장소, 사람에 지남력 상실(중기)
	초기 [임용 11]	시간에 지남력 상실
	점차	장소와 사람에 지남력 상실 사람에 지남력은 이름, 나이, 가족을 식별하고 있는지 질문한다.
	의식장애 없음	지남력이 심하게 손상되어도 의식장애는 없다. * 의식장애 : 기민, 기면, 혼미, 반혼수, 혼수
주의력 장애		정신활동에 초점을 맞추고 유지하는 능력 감소로 겉으로 산만하게 보인다. cf) 가성치매 : 치매보다 좋으나 주의력 장애
판단력 장애		판단력 장애로 일상적 일을 수행하는 데 어려움을 겪는다. 생활 주변에 일어나는 문제에 적절히 대처하지 못하는 문제해결능력 장애를 보인다.
실행기능장애 (수행기능장애, 실행능력 장애)	정의	기획, 조정, 유지, 추상적 사고능력 장애이다. 전두엽과 관계되며 계획 수립, 목표지향적 행동, 추상적 사고, 판단, 추론, 통찰 등의 고위 기능이 포함된다.
	원인	대뇌피질 전두엽 : 고도의 지적 기능, 학습
	증상	문제를 해결하지 못하고 개념을 유추하지 못한다. 판단, 추리, 문제해결, 의사결정 능력 손상
파국반응 (과도한 반응)	정의 [임용 22]	스트레스 상황에서 지적 능력, 이해와 판단력 부족으로 심한 초조를 보인다. 언어적·신체적 공격, 야간 배회, 통제할 수 없는 행동 등의 파국 반응으로 이어질 수 있다.

언어장애

실어증	실어증은 언어에 이해나 표현이 안 되는 장애이다. 실인증보다 먼저 나타난다. cf) 구음장애 : 발성기관의 이상
명칭 실어증	사물의 이름을 부르는 능력에 영향으로 정확한 단어를 찾지 못하는 명칭언어 장애이다. 사물의 이름 대신 '이것', '저것'으로 칭하거나 단어의 의미나 물건의 용도를 말한다.
착어증	듣고 이해한 단어를 정확하게 말할 수 없는 상태이다. 뜻이 유사한 단어나 발음이 비슷한 단어를 내어 단어음을 만들 수 있으나 단어의 의미를 알 수 없다. '말이 안된다'를 '입시 안된다'로 '사닥다리'를 '파닥다리'
신어조작증	과장되고 부적절하게 말을 만드는 조어증이다. 기존에 있는 말 등을 압축하여 특별한 말을 만들기도 하고 전혀 새로운 부호를 써서 대상자에게 의미를 아는 새로운 단어나 표현을 만들어 낸다. 다른 사람에게 단어나 표현의 의미가 이해되지 않는다. 두 부부를 압축하여 '두부'라는 새로운 단어
작화증 임용 96, 11	무의식적으로 기억하지 못하는 부분을 조작적으로 메우는 현상 ex) 콜사코프 증후군 : 섬망의 베르니케 증후의 잔재로 오는 만성적 장애로 지속적 기억상실 장애로 이를 메우기 위한 작화증
반향어	앵무새처럼 상대방의 말을 그대로 따라 한다.

실행증

정의		실행증은 운동기능은 정상이나 운동성 활동의 수행능력 장애이다. 운동기관에 손상이 없고, 손상 받은 부분을 움직일 수 있으나 의도하는 대로 사용하지 못하여 어떤 행동을 제대로 수행할 수 없다.
관념 실행증	증상	물건을 사용하는 데 필요한 지식과 순서 개념의 부족이다. 간단하고 분리된 움직임은 수행하지만 패턴화된 운동 '순서'에 따른 연속된 움직임을 수행하지 못한다. ex) 수저를 사용하여 음식을 먹거나 여러 가지 동작이 연속적으로 이루어지는 과업을 수행하지 못한다. 차를 넣기 전에 물을 따른다.
	원인	대체로 두정엽 장애 * 두정엽 : 체감각을 통해 유입된 정보를 통합하여 신체, 공간을 인식하고 운동 기획
관념운동성 실행증	증상	필요한 움직임을 잘 수행하고 자발 운동은 가능하나 명령 받은 운동은 장애 ex) 얼굴을 씻을 수 있으나 "세수하세요."와 같은 지시를 수행하지 못한다.
	원인	우성 대뇌반구(좌반구)에 병변, 대체로 두정엽 장애
착의 실행증	증상	옷의 부분들을 이해하는 능력이 없고 옷을 입을 때 필요한 일련의 동작이 없다. 의복을 입거나 벗는 것이 불가능하다.

실인증 임용 10

정의	감각기능은 정상이나 대상을 인지하거나 감별하지 못한다. 대뇌피질 영역인 두정엽, 측두엽, 후두엽 병변을 나타낸다. 지적기능, 언어기능, 감각기능에 이상이 없음에도 사물을 인지하지 못하고 그 의미를 파악하거나 감별하지 못한다. 시각, 청각, 촉각, 감각 정보의 해석 장애
영향	실인증은 기능장애를 일으키며 입안에 먹을 수 없는 물건을 넣거나 토스터기에 물을 붓는 위험행동을 유발한다. 화장실을 인식하지 못한다. 가정용품을 제 장소에 두지 못한다.
시각 실인증	시력은 정상일지라도 흔한 사물을 알아보는 능력의 상실이다. 시각 실인증은 무엇을 인지하지 못하느냐에 따라 얼굴 실인증, 물체 실인증, 색실인증으로 나눈다. 지시한 사물이 무엇인가를 알지 못하는 그 물건의 용도를 인지하지 못하는 상태로 보고서는 알지 못하나 만지거나 소리를 들으면 알게 된다. 거울 징후 : 거울에 비친 자신의 얼굴을 알아보지 못한다. ex) 열쇠가 무엇을 위한 도구인지 어떻게 사용하는 것인지 잊어버린다. ex) 후대동맥 손상 : 시각 실인증
상모(얼굴) 실인증	다른 물건을 인식하는 것은 상대적으로 완전하지만 낯익은 사람의 얼굴을 인지하지 못한다.
청각 실인증	흔한 소리를 알아보는 능력의 상실이다. 소리를 들을 수 있으나 무슨 소리인지 인식하지 못하고 의미를 이해하지 못한다.
촉각 실인증	촉각이 정상임에도 촉각에 의해 모양이나 사물을 인식하지 못한다. 손바닥에 쥐어준 물건을 알아맞히지 못한다. * 실체 감각 검사 : 두 눈을 감은 상태에서 손바닥에 놓인 물체가 무엇인지 인지
서화 실인증	피부에 씌어진 글, 숫자를 알아맞히지 못한다. * 숫자 확인 검사 : 손바닥에 볼펜으로 숫자나 글자를 써서 올바르게 감지할 수 있는지 확인

시각공간 능력장애

정의	시력 문제가 없더라도, 공간과 위치가 왜곡되어 보이거나 물체를 부정확하게 해석하거나 방향을 올바르게 인식하지 못한다.
시각공간 기능	시각적 주의력, 지각, 시공간 기억, 구성능을 포함하는 복합적 기능이다. 뇌의 우측 두정엽과 관련된다. <table><tr><td>우뇌의 기능</td></tr><tr><td>시간, 장소, 사람에 대한 지남력, 시각, 공간적 관계 인지, 다양한 음조에 듣는 능력</td></tr></table>
시각공간 능력 장애	길을 잃어버리고, 필요한 물건들을 적절히 배치하지 못한다. 도형, 그림을 주고 그대로 그려 보게 하면 제대로 그리지 못한다(구성력). 집, 사람, 시계의 모양을 그리지 못한다.

일몰 증후군(Sundown Syndrome) 임용 22

인지기능은 밤에 악화된다. '해가 진 뒤' 불안해하고 안절부절못함, 초조 증가, 혼동, 지남력 상실, 주의력 저하, 배회 국시 18, 문제행동(보행장애, 실수로 넘어짐)이 악화된다.

Mini-Mental State Examination(MMSE : 간이 정신상태검사)

정의	치매 대상자를 선별하기 위해 인지기능 사정 검사	
구성	지남력	시간 지남력, 장소 지남력
	기억	즉각적 저장과 회상
	집중 & 계산	주의집중력 & 계산력
	언어력	명령 시행, 읽기와 쓰기 능력
	시각공간능력(구성능력)	시각적 구성으로 오각형을 보고 그리기

항목	내용	
시간 지남력	년, 월, 일, 요일, 계절	
장소 지남력	나라, 시/도, 현재 장소명, 몇 층	
즉각 저장	비행기, 연필, 소나무	
주의집중과 계산	100 - 7, 위의 정답 - 7, 위의 정답 - 7, 위의 정답 - 7, 위의 정답 - 7, 집중력(연속적으로 7 빼기)	
기억회상	비행기, 연필, 소나무 3~5분 후에 불러 주었던 단어를 회상한다.	
언어	이름 대기(2) : 손목시계(1), 볼펜(1) 명칭 실어증	
	명령시행(3) : "종이를 뒤집고(1), 반으로 접은 다음(1), 저에게 수세요.(1)" 관념 운동성 실행증	
	따라 말하기(1) : "백문이 불여일견" 운동 실어증	
	읽고 그대로 하기(1) : "눈을 감으세요." 실독증	
	쓰기(1) : "오늘 기분이나 오늘 날씨에 대해서 써보십시오." 실서증	
시각공간능력	보고 그리기(1) : 오각형	
결과	24점 미만 공무원 23	치매 가능성, 총점 30점
	시각공간능력 (구성력) 검사 이상	시각과 운동능력에 이상이 없는 구성력 검사 이상 치매, 두정엽 손상 의미, 지적발달장애
	치매	MMSE에 협조적이지만 부정확하다.
	가성치매	MMSE에 비협조적, 받지 않으려고 한다.

검사

양성자 방출 단층촬영(PET) 검사
뇌의 대사가 저하된 것이 나타난다. 뇌 혈류의 변화를 통해 뇌의 어느 부위가 활성화되는지를 알아본다.

약물

콜린분해효소 억제제(Cholinergic agonists), 아세틸콜린에스트라제 억제제(acetylcholinesterase inhibitors)

★ 치(cholinesterase inhibitor)매(memantine)에 동네(donepezil)의 탁(tacrine) 트인 강가(rivastigmine)에 갈란다(galantamine)

기전	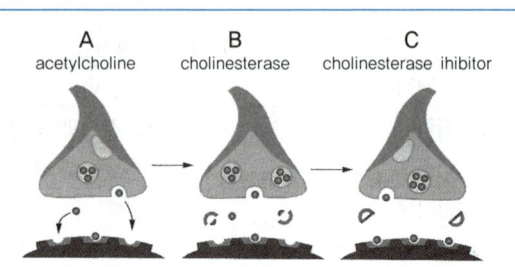 콜린에스테라제(cholinesterase) 억제제의 기전 아세틸콜린(A)은 신경시냅스부터 방출되어 시냅스 건너편으로 메시지를 전달한다. 콜린에스테라제(B)는 아세틸콜린을 분해한다. 콜린에스테라제 억제제(C)는 콜린에스테라제를 차단함으로써 아세틸콜린이 메시지를 전달하기 위한 시간을 벌어준다. 알츠하이머병에서 베타 아밀로이드 단백질은 아세틸전달효소(acetyltransferase)를 감소시켜 콜린성 세포의 상실이 인지기능 장애를 일으킨다. 아세틸콜린에스트라제 억제제(acetylcholinesterase inhibitors, AChEIs)는 콜린분해효소 억제제로 콜린분해효소를 억제하여 아세틸콜린계를 항진시켜 인지기능을 향상시킨다.
Tacrine (타크린) 국시 06	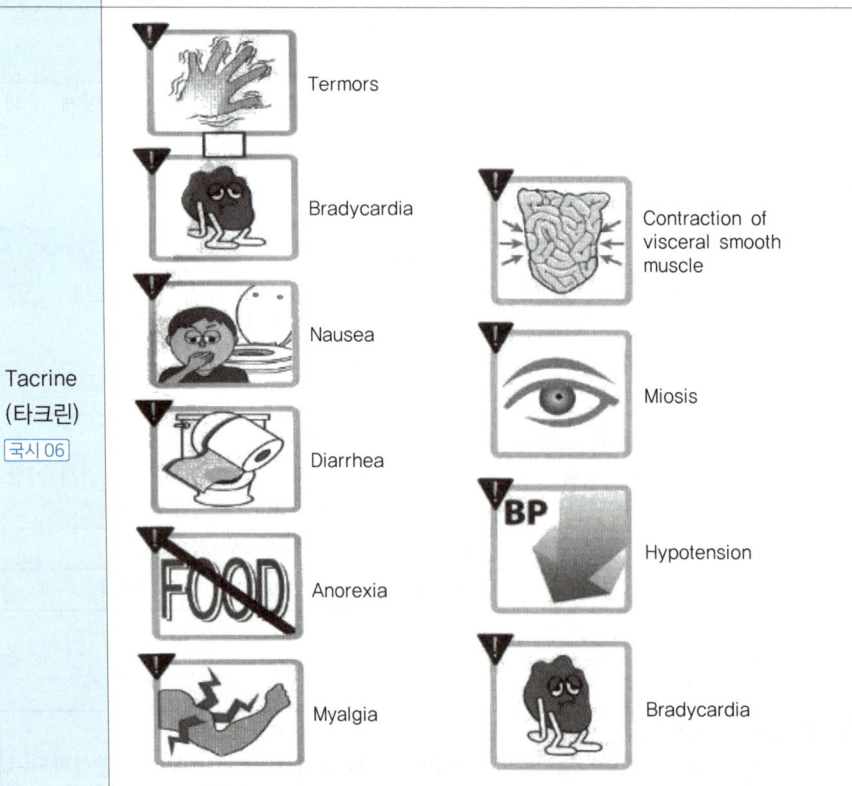 아세틸콜린에스트라제 억제제의 유해작용 피조스티그민의 일부 작용

Tacrine (타크린) 국시 06	Tacrine(Cognex) 약물의 반감기가 짧다. 부작용 : 서맥, 저혈압, 호흡억제, 위장장애(오심, 구토, 설사, 식욕부진), 진전, 근육통, 근경축, 축동
제2세대	도네페질Donepezil(Aricept), Rivastigmine(Exelon), Galantamine(Reminyl) 제2세대 콜린에스트라제 억제제 Donepezil : 하루에 1번 복용
중증 근무력증	중증 근무력증에서 사용 neostigmine(prostigmin), pyridostigmine(mestinon)

NMDA 수용체 길항제(NMDA receptor antagonist)

약명	메만틴Memantine(Ebixa, namenda)
기전 임용 22	알츠하이머병에서 흥분성 신경전달물질인 glutamate가 작용하는 NMDA 수용체가 비정상적으로 활성화된다. Memantine은 NMDA 수용체에서 glutamate가 과잉으로 활성화되는 것을 막아 병의 진행을 막는다. * glutamate : 글루탄산염의 과잉 노출로 신경 세포에 해를 주는 신경 독성이 있다. cf) 파킨슨병 : amantadine : 도파민 분비제 : 도파민 신경 세포를 자극하여 도파민 분비를 촉진한다. NMDA 수용체 길항 작용으로 NMDA 수용체 자극을 감소시킨다.
부작용	신경계	현기증, 두통, 졸음, 피로, 혼돈, 동요, 좌불안석
	심폐계	고혈압
	소화기계	변비

항정신병 약물

적응증		망상, 환각, 초조 행동, 공격적 행동, 억제불능 같은 행동문제
종류	전형적	loxapine(Loxitane), haloperidol(Haldol) 저역가 항정신병 약물(chlorpromazine)은 항콜린성 부작용 때문에 금기
	비전형	risperidone(Risperdal), olanzapine(Zyprexa), quetiapine(Seroquel) 부작용이 적다.

정서적 인지적 노인의 간호전략

현실안내(현실지남력 훈련, reality orientation) 국시 08 / 공무원 23

방법	인지기능이 저하된 환자들에게 시간, 장소, 사람에 기본적 정보를 제공한다. 현실 생활에 필요한 정보를 학습시킨다.
효과	시설 노인들에게 시간, 장소, 사람에 자각을 증진시켜 혼돈을 감소한다.

단기 반복교육

방법	단기 반복교육을 시킨다.
효과	단기 반복교육으로 최근 기억(단기 기억)을 강화시킨다. * 최근 기억(단기 기억) : 당일의 사건의 정보

회상요법 국시 17

방법 임용 11	대화를 통해 과거의 경험이나 사건에 대한 기억을 자연스럽게 회상하도록 돕는다.	
효과	기억력 국시 05	과거 기억을 활용하여 기억력을 향상시킨다.
	감정	과거에 고착된 감정들을 대화를 통해 감정을 표출시킨다.
	자존감	대상자의 독특성을 확인시켜 줌으로 자존감을 높인다.
	응집력	공유를 하므로 집단의 응집력, 소속감을 높인다.

참고문헌

성인간호학, 이향련 외, 수문사, 2010년~
성인간호학, 전시자 외, 현문사, 2010년~
성인간호학, 군자출판사 학술국, 군자출판사, 2011년~
건강사정, 김금순 외, 군자출판사, 2008년~
건강사정, 이강이 외, 현문사, 2007년~
건강검진, 김명자 외, 정문각, 2010년~
노인과 건강, 최영희 외, 현문사, 2006년~
노인간호학, 윤숙희 외, 수문사, 2010년~
노인간호학, 박명화 외, 정담미디어, 2008년~
노인간호학, 고자경 외, 한미의학, 2010년~

저자 김기영

연세대학교 간호대학 학사, 석사 졸업

현) • 희소임용고시학원 보건교사 강사

전) • 해커스임용학원 보건교사 강사
 • 박문각 임용고시학원 보건교사 강사
 • 박문각온라인 보건교사 임용고시 강사

[저서] • 김기영 보건교사 이론서 ❶, ❷, ❸, ❹ (미래가치)
 • 김기영 보건교사 기출문제 상(미래가치)
 • 김기영 보건교사 기출문제 하(미래가치)
 • 김기영 보건교사 암기노트 상·하(미래가치)
 • 김기영 보건교사 마인드맵(미래가치)
 • 김기영 보건교사 주제별 키워드 암기노트(미래가치)
 • 김기영 보건교사 영역별 키워드 암기노트(미래가치)

카페주소: 김기영 전공보건교실 cafe.daum.net/kkynurse

김기영 보건교사 ❹

인 쇄 : 2025년 3월 18일
발 행 : 2025년 3월 26일
편저자 : 김기영
발행인 : 강명임·박종윤
발행처 : (주) 도서출판 미래가치
등 록 : 제2011-000049호
주 소 : 서울시 영등포구 선유로130 에이스하이테크3 511호
전 화 : 02-6956-1510
팩 스 : 02-6956-2265

ⓒ 김기영, 2025 / ISBN 979-11-6773-558-4 13510
• 낙장이나 파본은 교환해 드립니다.
• 이 책의 무단전재 또는 복제행위는 저작권법 제136조에 의거하여 처벌을 받게 됩니다.

정가 35,000 원